바둑 新 사전 시리즈

전단의 모티브 및 교란과 양동작전에 대한 전술을 체계적으로 풀어낸 전술사전!

전술 新 사전

07

양재호 九단 해설

BM 성안당

머리말

　바둑에 있어 전술이란 전략 즉 계획, 구상, 아이디어와 같은 추상적 개념을 반상(盤上)에 구현하는 작업이다. 그런데 전술을 단순히 부분적인 기술만으로 생각한다면 바둑의 깊이를 간과하는 것이다. 전투가 일어나고 그 전투가 끝나면 또다시 싸우는 식의 전술은 하등한 차원의 기술이다. 전술이란 판 전체를 읽는 힘이 필요하다. 부분적인 전투는 잔수에 불과한 것이다. 전체가 유기적으로 움직이는 과정에 필연성을 만드는 것이 전술의 핵심이다.

　일반적으로 알고 있는 잔수와 같은 수법은 간단한 수읽기로 해결되지만, 고도의 작전을 필요로 하는 전술은 수읽기로만 해결되지 않는다. 이것은 부분 행마의 집합체로 구성된 국면의 전체적인 움직임을 제대로 파악해야만 그때마다 알맞는 전술이 가능해진다. 그런 의미에서 초반전술은 포석, 정석, 행마를 모두 포함하는 전반적인 시스템이며, 중반전술은 공방의 테크닉과 형세판단을 모두 포함하는 전반적인 시스템이다. 모든 전술은 판 전체를 얼마만큼 합리적으로 운영하느냐에 따라 그 질적 고하가 결정된다. 예를 들어 침입과 삭감은 교란전을 통해 목적하는 바를 얻을 수 있고, 공격이란 항상 목표를 다양하게 설정하여 간접적으로 시행해야 목적하는 바를 얻을 수 있다.

　이 책에서는 가장 최근에 정립된 60여 개의 초반전술 패턴을 분석하여 전단의 모티브가 되는 부분을 주로 다루었고, 또 실전에서 발생한 40여 개의 다양한 중반전술 패턴을 분석하여 교란과 양동작전에 대해 주로 다루었다. 전체적으로 현대감각에 맞춰 스토리를 전개하였으며, 최신연구성과도 그때마다 반영하였다. 여러분은 이 책에서 전술이란 무엇인지 감상하기 바란다.

　한수 한수 자세하게 배우려는 것은 다른 분야의 책에서도 얼마든지 가능하므로, 이 책에서는 국면의 전체적인 추이를 감상하여 각자의 기력 수준에 따라 사고하고 느끼고 이해하는 것만으로도 실력향상에 큰 보탬이 될 것이다. 아무쪼록 새로운 차원으로의 여행을 즐기고 감상하기 바라며, 여러분의 기력 향상을 기대한다.

양재호

전술 新사전 차례

제1부 초반전술

제39형

제40형

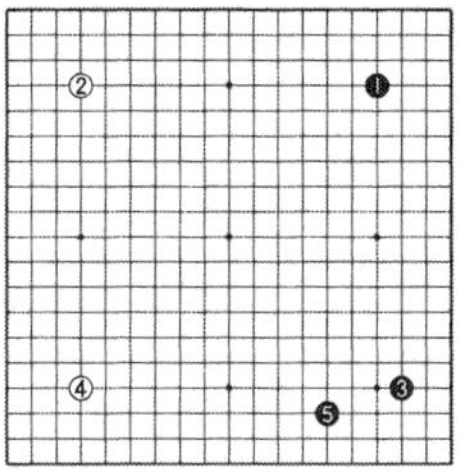

제41형

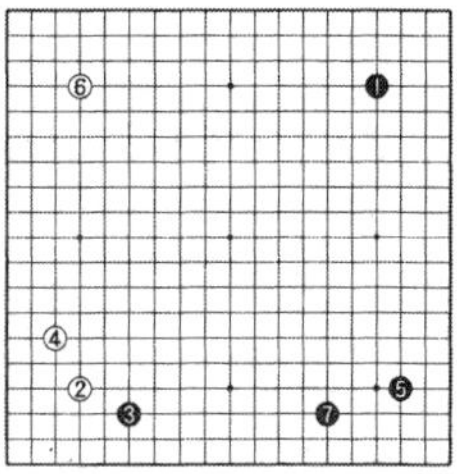

제42형

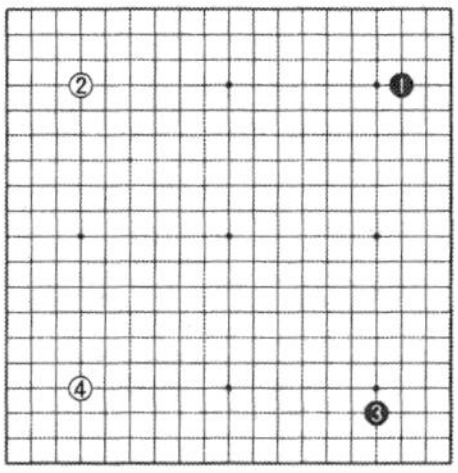

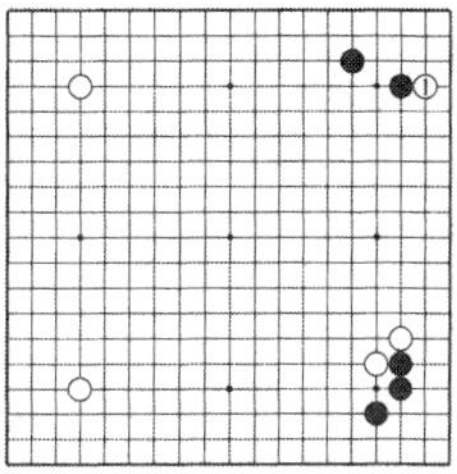

제43형

제44형

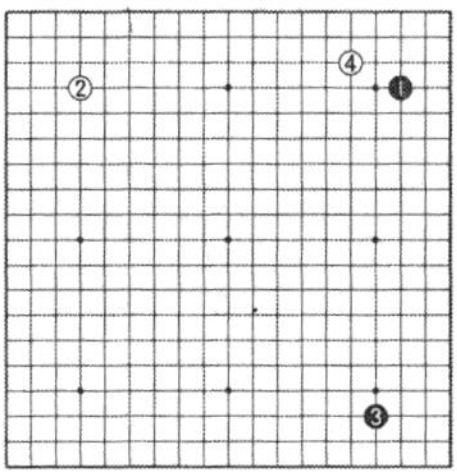

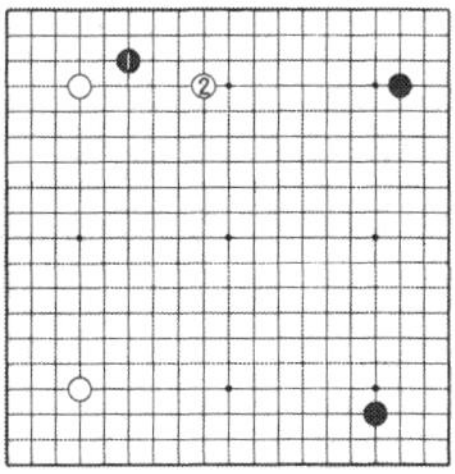

제45형

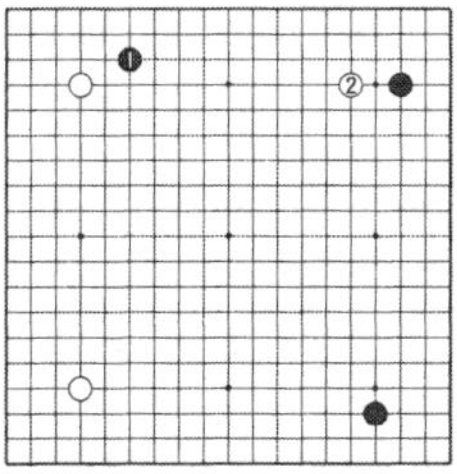

제46형

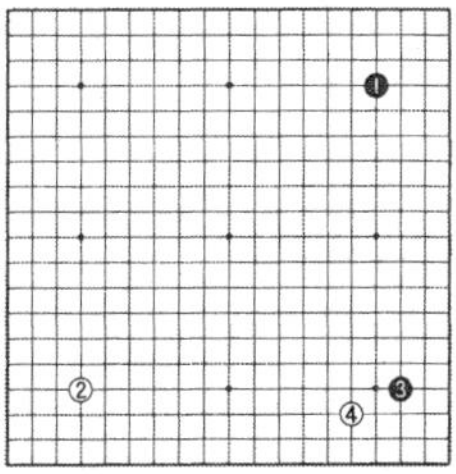

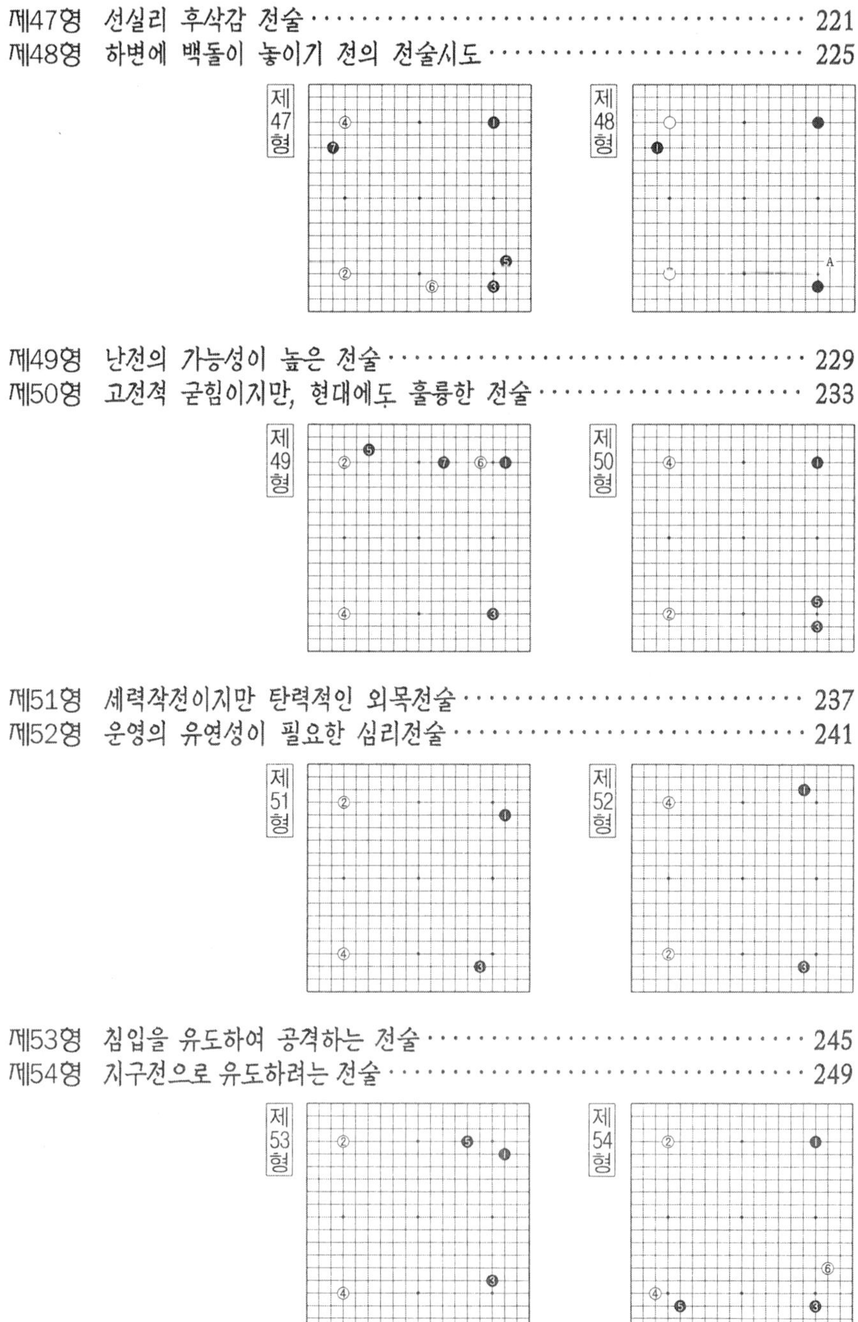

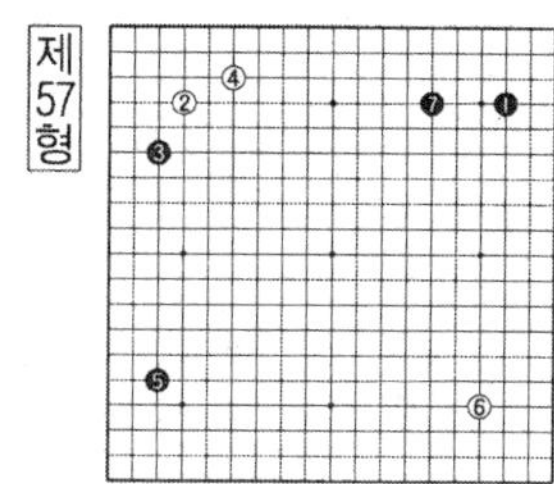

제2부 중반전술

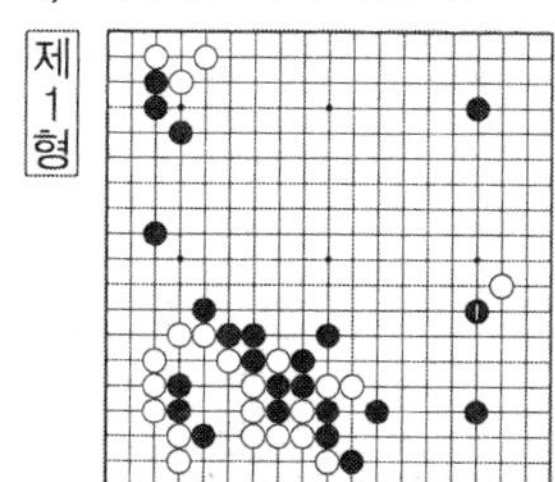
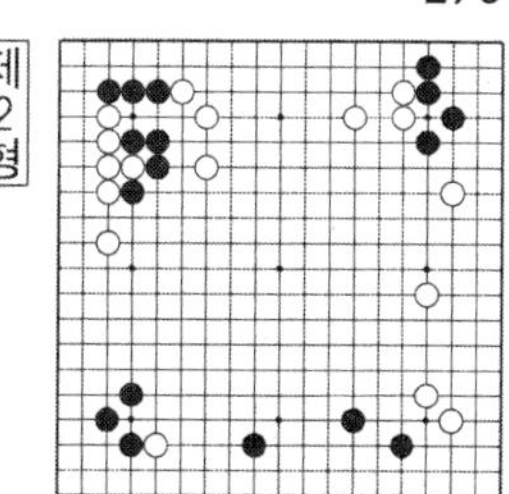

11

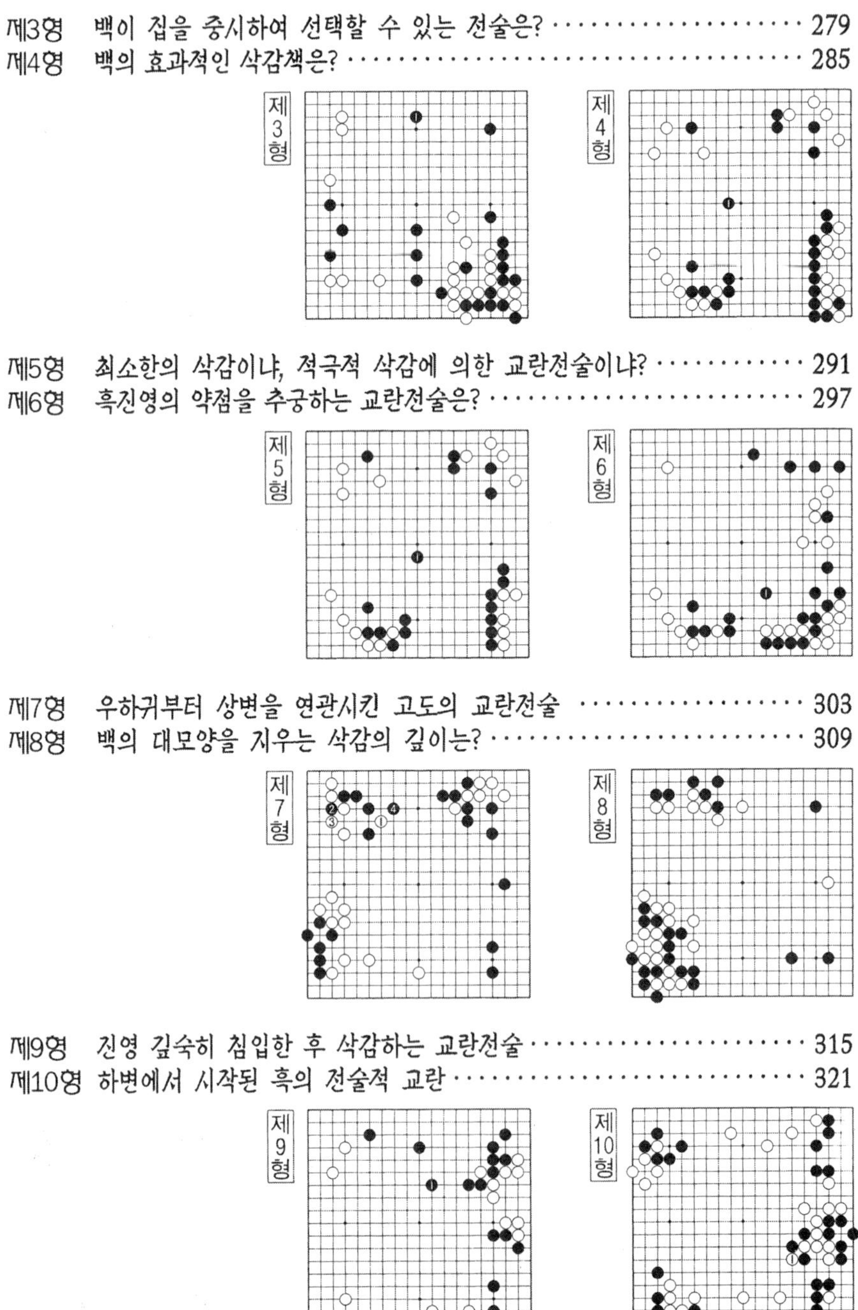

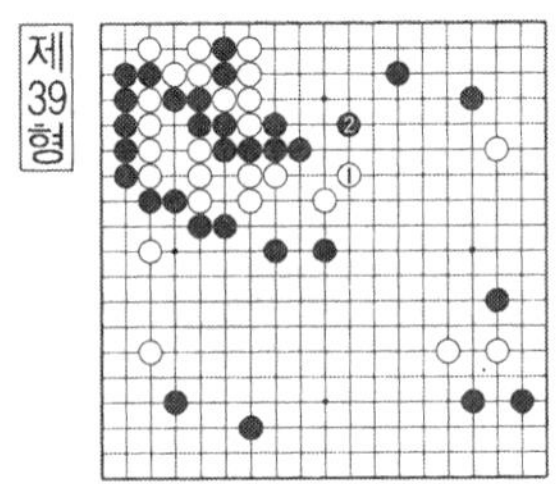

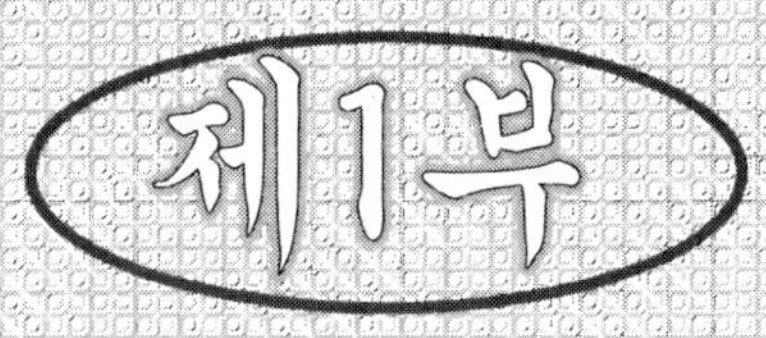

초반전술

초반전술

제1형

대모양의 3연성 전술

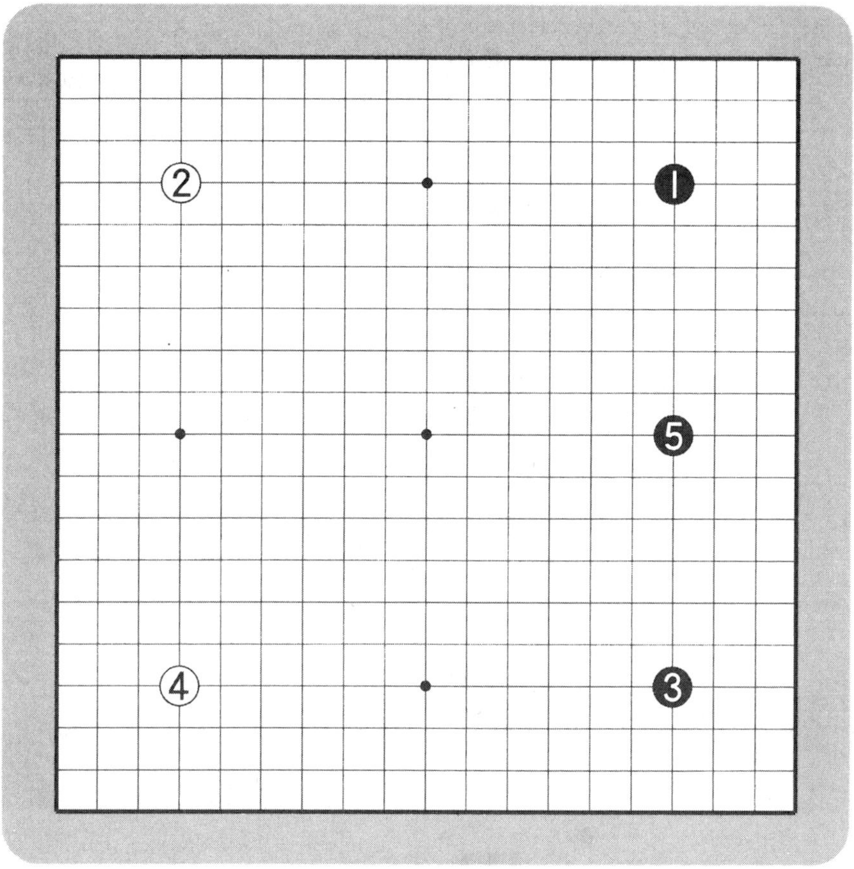

흑의 3연성은 일반적으로 흑5로 두는 것을 시점으로 한다. 대단히 호쾌한 전술이어서 이 패턴의 대가 다케미야(武宮正樹) 9단의 전성기 시절 한때 폭발적인 인기를 누리기도 했다. 이 패턴은 대모양을 펼치려는 취지에서 고안된 것인데, 초반전술 중 가장 단순하다고 생각하기 쉽지만 사실은 그렇지만도 않다. 중요한 전술적 포인트를 놓치면 순식간에 무너지는 단점도 가지고 있는 것이다. 이러한 이유로 이 전술은 집에 민감한 현대바둑에서는 드물게 사용되고 있다.

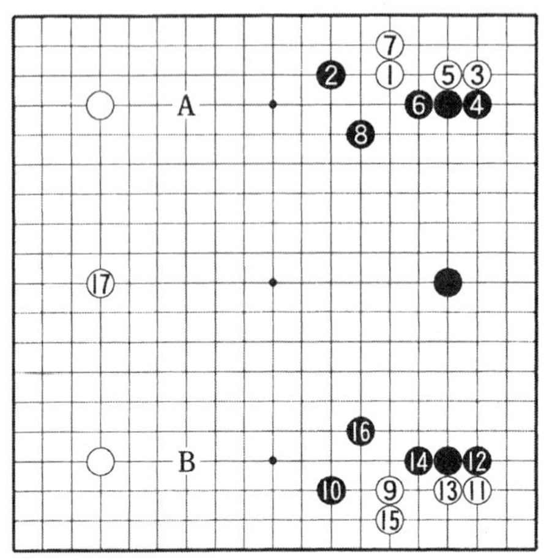

1도(구형 패턴／백 다소 뒤짐)

이 진행이 다케미야류의 3연성으로는 최초일 것이다. 백17 이후 흑은 A나 B로 두게 되는데, 이 진행은 백이 흑 진영을 삭감하거나 진영 깊이 침입하기가 쉽지 않아 다소 불만이다. 그 원인은 백15의 수비에 있다. 이 수로는—

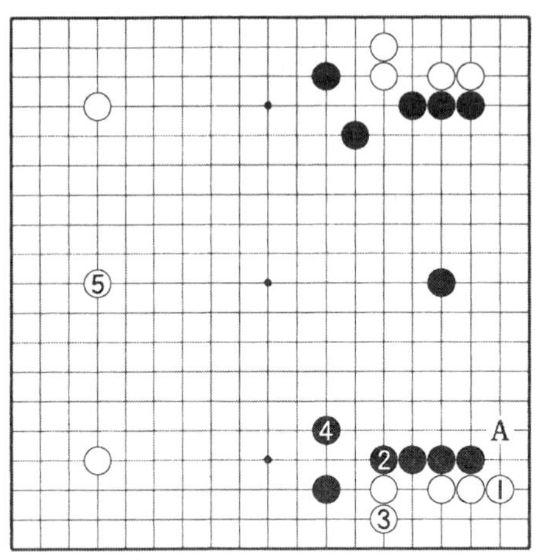

2도(백의 대응／서로 어울림)

백1로 두는 수가 함축성있는 수비였다. 1도와 다른 점은 백A의 침입이 남아있다는 것이다. 흑도 이 점이 기분 나쁘다면 달리 두는 수가 없는 것은 아니다. 흑2로는—

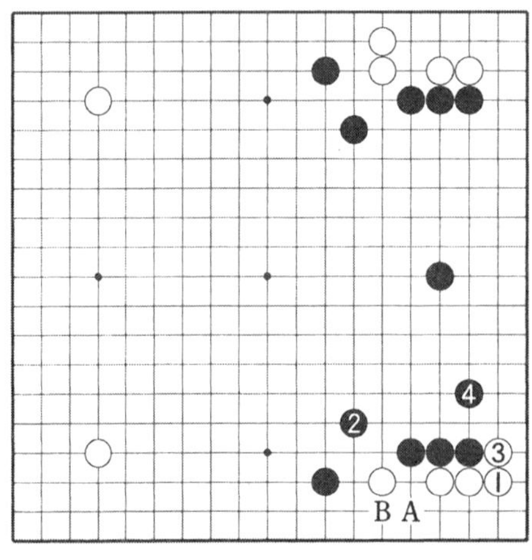

3도(흑의 대응／서로 어울림)

흑2의 봉쇄도 있다. 이때 백도 3으로 꼬부리는 수가 절대가 된다. 백이 이곳을 손뺀다면 거꾸로 흑이 이 곳을 막게 되어 백은 가일수하지 않을 수 없다. 흑A의 치중으로 죽음이 있기 때문이다. 흑4 이후 흑에게는 A, B 등의 끝내기 맞이 남아 있다.

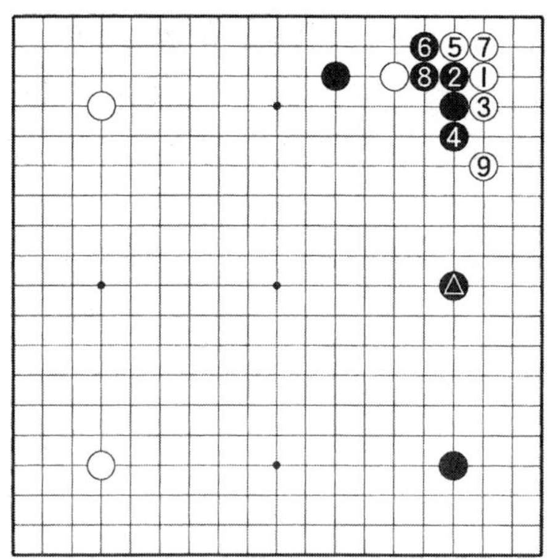

4도(흑 정석선택 미스)

백1에 대해 흑2로 막는 것은 정석은 외우고 있지만 이해가 부족하다고 밖에 말할 수 없다. 백9까지 진행되고 나면 흑△의 위치가 어정쩡한 것이다. 더구나 3연성의 취지는 어디로 갔는지 알 수가 없다.

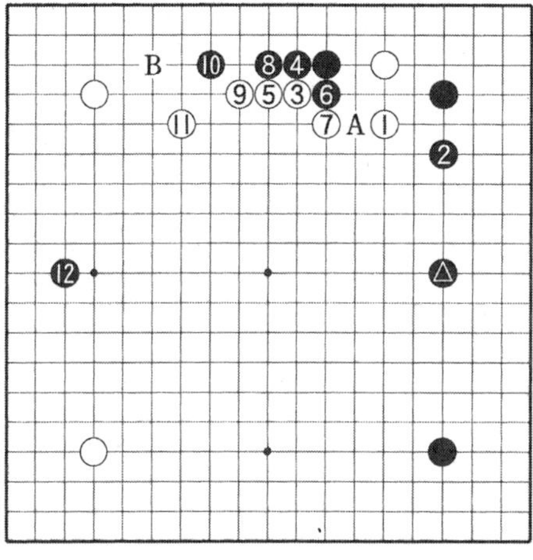

5도(백 정석선택 미스)

백1·3으로 두는 수는 백이 정석을 잘못 선택한 것이다. 이 정석은 먼저 둔 흑이 선택할 수 있다. 백11이 절대이기 때문에 흑은 12로 갈라쳐 백은 집에서 흑에게 뒤지게 된다. 흑△가 미리 놓여져 있기 때문이다. A와 B는 언제나 맞보기로 존재한다.

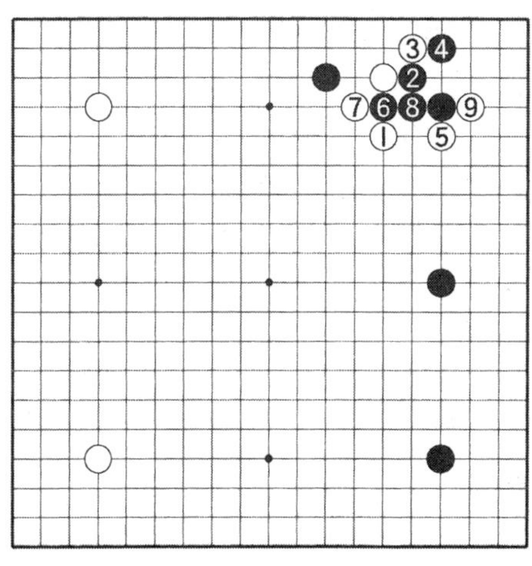

6도(흑 3연성 붕괴)

흑2는 백을 무겁게 하여 공격하려는 의도지만 백은 3 이하 9까지 변신해 버린다. 3연성의 근본 취지를 망각하여 전술에 일관성이 없는 진행이다.

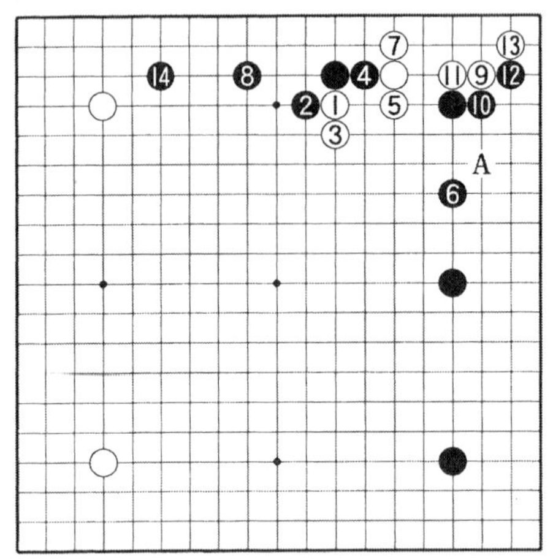

7도(구형 패턴/흑 앞서 감)

이 진행은 한때 유행했던 패턴이다. 그러나 흑14를 선점하는 흑의 흐름이 스피디하여 초반의 주도권을 장악하게 되므로 근래에는 두어지지 않고 있다. 참고로 흑12는 백 A의 침입을 방비하고 있다.

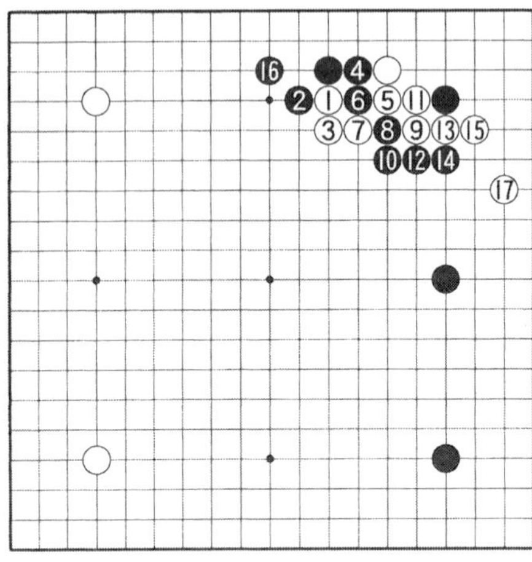

8도(흑 집으로 손해)

흑6·8로 우직하게 끊어 전투로 가고 싶은 마음이 들 수도 있겠지만 백은 결코 싸우지 않는다. 백17까지 만들어진 귀의 백집은 생각보다 큰 것이어서 흑은 집부족이 될 공산이 크다.

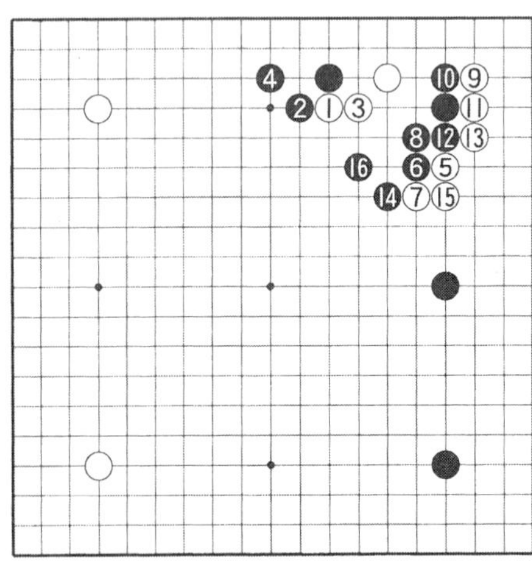

9도(구형 패턴/서로 어울림)

백3으로 두는 수도 한때의 정석이었다. 그러나 이 진행은 쌍방 불만이 있어 근래에는 두어지지 않는다. 흑으로서는 3연성의 취지가 약해진 부담이 있고, 백으로서는 백3점을 제압한 흑의 자세가 너무 완벽한 것이 불만이기 때문이다.

스피디한 수순을 함축한 전술

　　백1에 대해 흑2로 점잖게 받는 패턴이 제1형의 후속타로 고안된 3연성 초반전술이다. 이 패턴은 일견 협공보다 격렬함이 적은 듯 보이지만 사실은 스피디한 수순을 내재하고 있는 함축된 전술패턴이다. 속도면에서 빠르다는 점이 현대의 요구와 부합하여 상당기간 유행하게 되었고 근래에도 둘 수 있는 보편적인 패턴이라 할 수 있다.

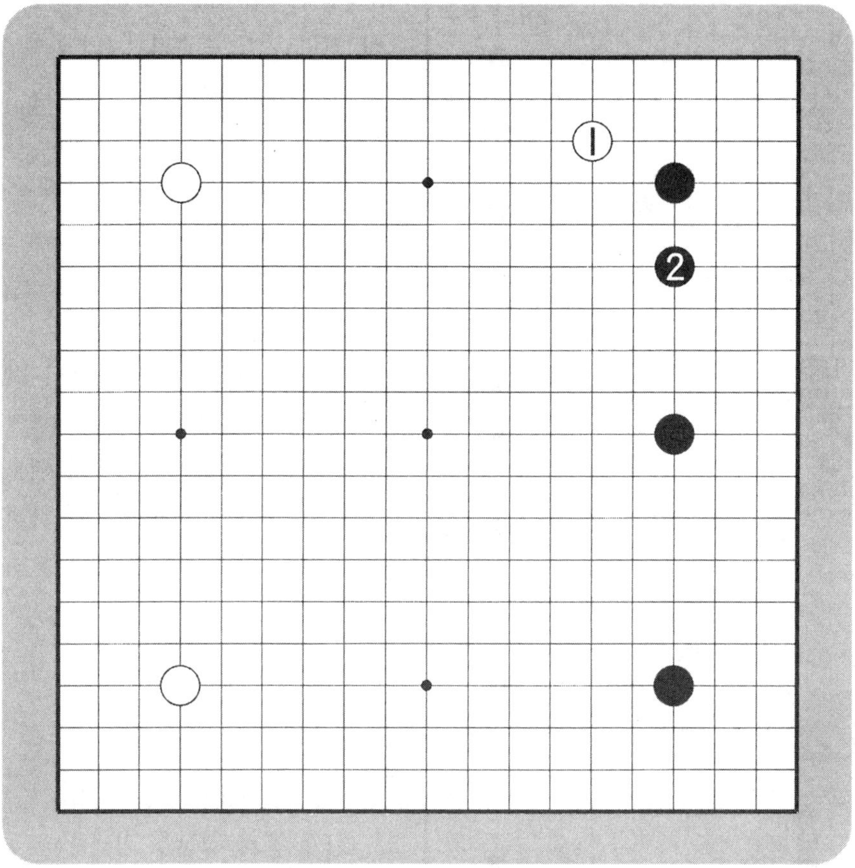

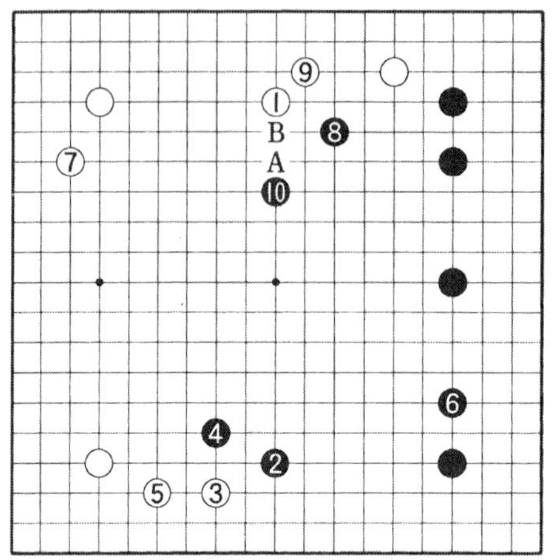

1도(흑10 다케미야류)

백1은 3연성을 의식한 착상이다. 이때 흑2·4로 모양을 확장하고 흑6으로 진영을 완성하는 단계까지가 이 형의 숨은 수순이다. 이때 백7로 수비하면 흑은 8·10으로 다시 진영을 확장한다. 흑10은 A도 가능하지만 B의 후속수단을 가진 이 수가 다케미야류다. 또 백7로—

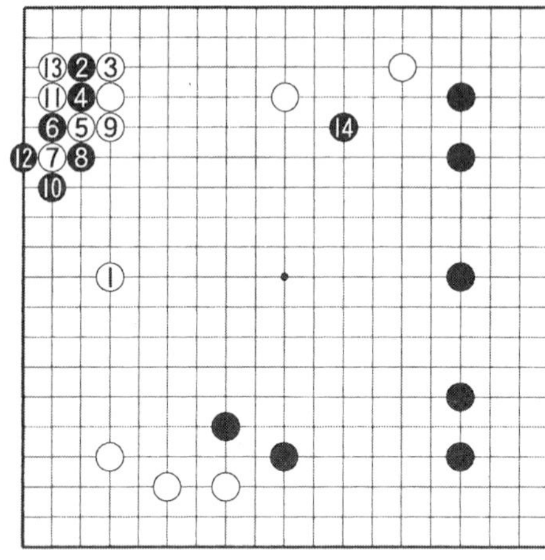

2도(백1 실속없는 전개)

백1로 전개하는 것은 실속이 없다. 3연성의 취지는 모양의 확장에 있기 때문에 흑2로 침입하여 백모양을 파괴한 다음 흑14를 선점하게 되면 백은 집도 모양도 흑에게 뒤지고 만다.

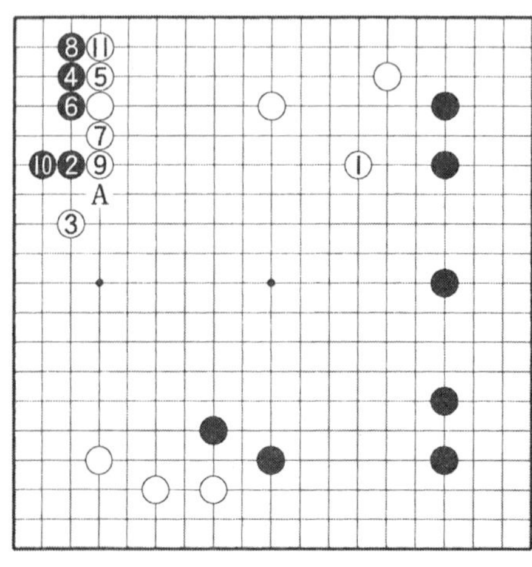

3도(백의 견제/흑의 대안)

백1로 흑의 확장을 견제하는 것도 생각할 수 있지만 흑은 2 이하로 두어 불만이 없다. 백11 이후 흑은 A로 두어 곧바로 싸울 수도 있다. 이러한 이유로 근래에는 백이 1도의 백1로 전개하는 것을 꺼리는 경향이 있다.

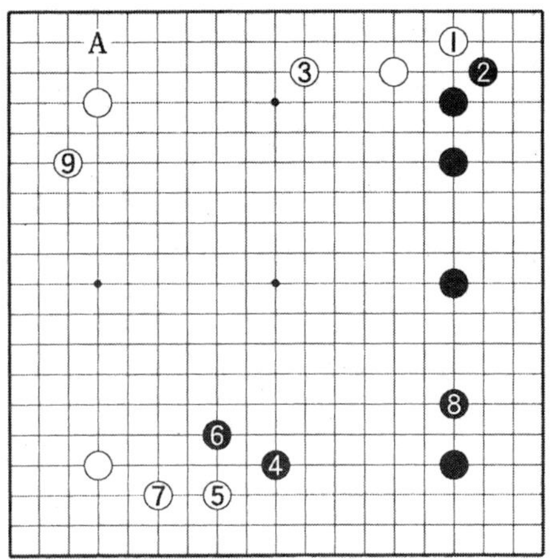

4도(백 실리로 대항)

백은 1도의 전개보다 백1로 두어 착실하게 집으로 대항하는 것이 근래의 경향이다. 흑과 모양으로 경합하는 것은 흑이 선수를 잡고 있기 때문에 뒤쳐질 수밖에 없다고 생각한 것이다. 백9 이후는 흑A 정도의 침입이 예상된다. 또 흑8로—

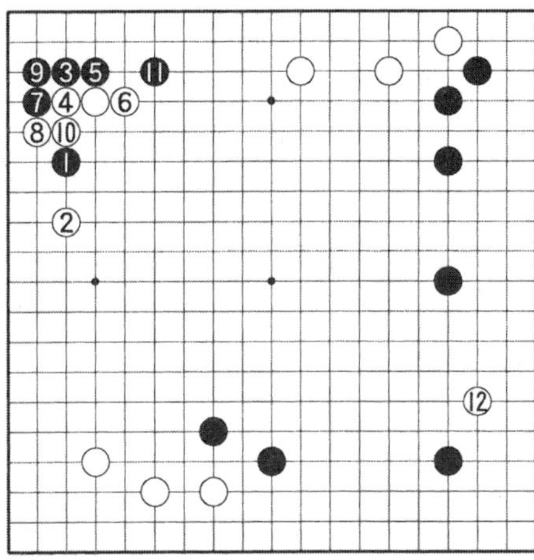

5도(접근은 3연성 변조)

흑1로 접근하는 것은 3연성의 취지와는 거리가 있다. 물론 둘 수 없는 것은 아니지만 백2로 협공하여 선수를 잡은 백이 12로 침입하면 백이 스피드 면에서 앞서갈 수 있기 때문이다. 또 흑1로—

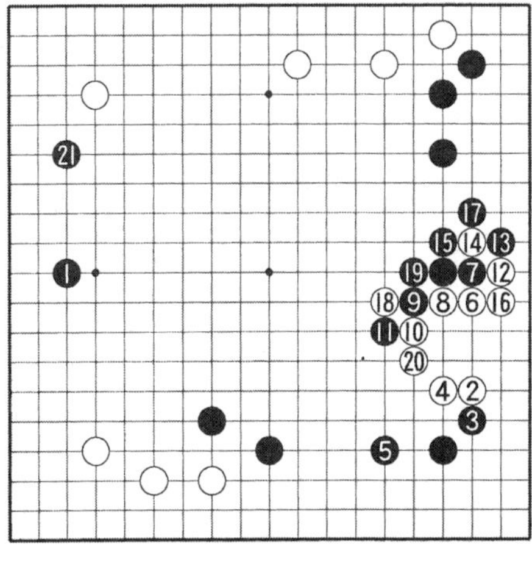

6도(5도보다는 낮지만)

흑1에 갈라치는 것도 생각할 수 있지만 아무래도 백2로 침입하게 되면 진영이 분할되어 3연성의 근본 취지와는 맞지 않는다. 물론 이 진행은 5도보다 낮고 또 흑이 불리한 것도 아니지만 운영상의 일관성이 없다는 뜻이다.

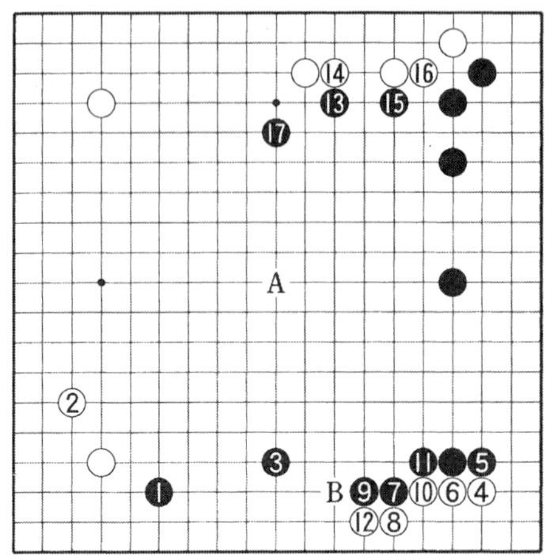

7도(욕심많은 확장)

4도의 흑4로 본도 흑1에 걸치는 수도 있다. 이때는 백이 4로 3·三에 침입하는 패턴이 근래의 추세다. 이때 흑5로 막아 흑17까지 대모양을 만들려는 것은 욕심이다. 백이 A 정도로만 삭감해도 흑은 공격이 쉽지 않다. B의 약점이 있기 때문이다. 어쩌면 백은 직접―

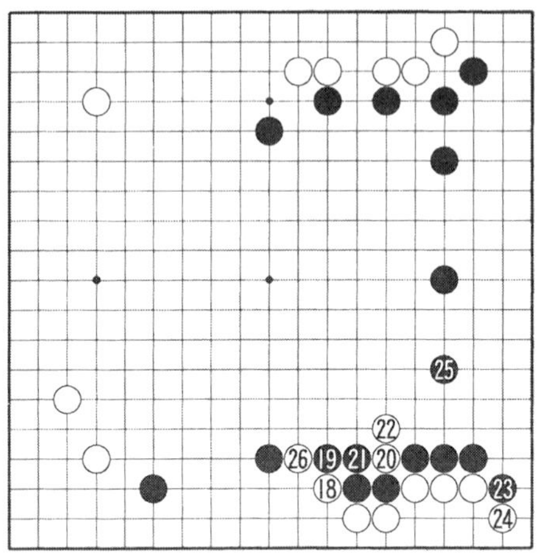

8도(흑의 약점)

백18 이하로 추궁할 지도 모른다. 백26의 끼움이 통렬하여 흑의 대모양은 곳곳에 약점이 노출되므로, 흑은 큰집을 만들기 쉽지 않을 것이다.

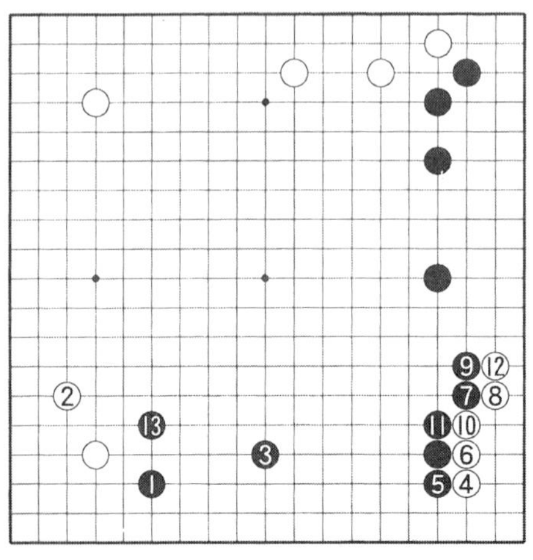

9도(흑의 대안)

7도의 흑5로는 본도 흑5로 막는 것이 바람직하다. 흑13의 수순을 얻을 수 있어 하변을 중심으로 다시 모양을 키울 수 있기 때문이다. 바둑의 사고란 이렇게 소프트한 맛이 있어야 한다.

제3형

중앙에 영향력을 갖춘 전술

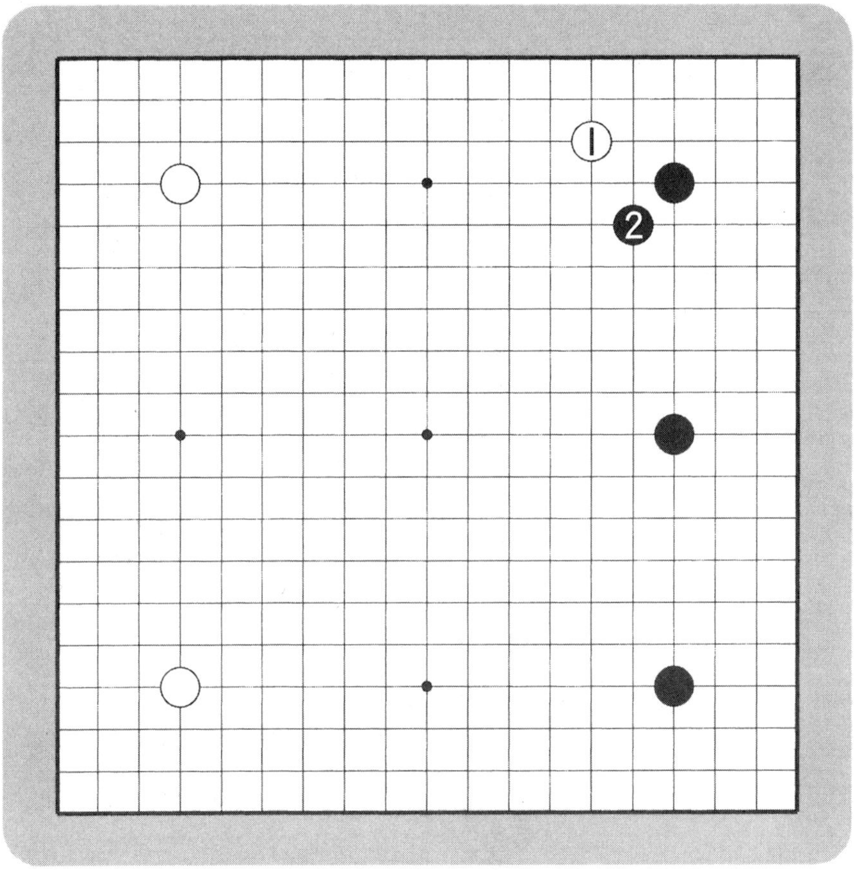

백1에 대해 흑2로 마늘모하는 패턴은 가장 최근에 고안된 3연성 초반전술이다. 이 패턴은 협공이나 한칸받기보다 느슨한 듯 보이지만 사실은 중앙에 가장 영향력을 많이 가진 전술패턴이다. 이 수가 다케미야 9단에 의해 두어지기 전까지는 2가지 전술의 실험이 있었는데, 이 부분은 제4형과 제5형에서 다루었다.

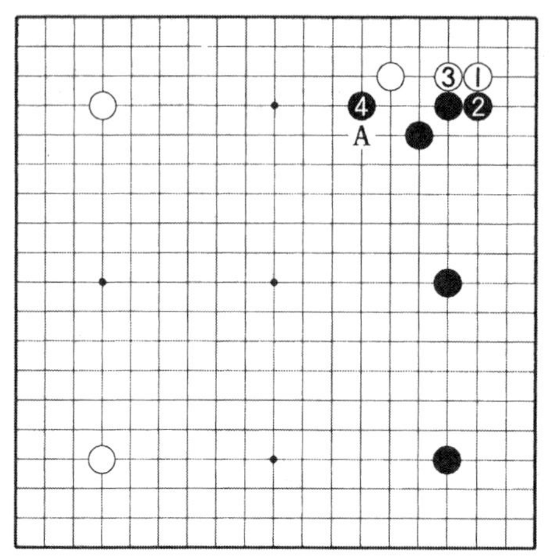

1도(예전의 사고)

예전에는 흑이 백1의 침입에 대해 흑2로 막는 수가 거의 절대라고 생각했었다. 흑4까지 진행시켜 대모양을 우변에 만드는 것만 생각했기 때문이다. 이 발상이 바뀌게 된 것은 다케미야 9단의 실험에 의해서이다. 참고로 흑4는 A에 둘 수도 있으나 그것은 느슨한 수다.

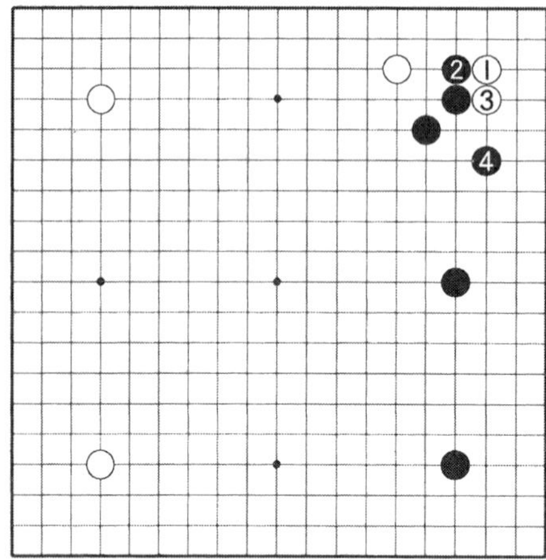

2도(최근의 수법)

백1에 대해 흑2로 막고 흑4로 늦추어 받는 수가 다케미야 9단 회심의 한 수로, 근래에는 이 수 외에 달리 두는 수는 개발되지 않고 있다. 이 패턴의 진행은 3도인데 3도의 결과를 살펴보면—

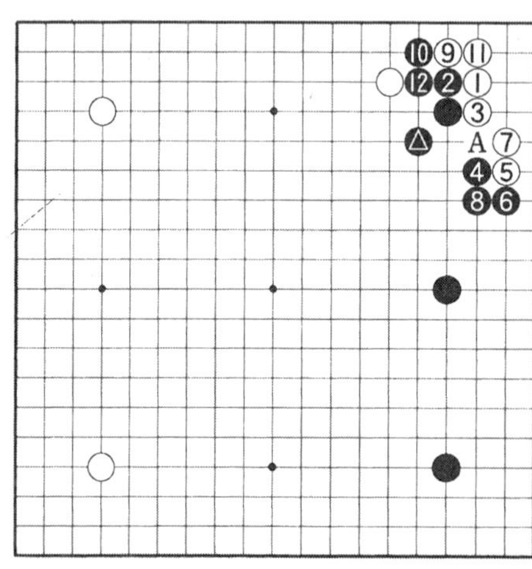

3도(수나누기 분석)

백이 3·三에 침입하여 만들어지는 형태와 거의 일치하는데 다른 점이 있다면 흑돌이 A의 곳 대신 흑△에 있는 것이다. 아무래도 흑돌이 A보다는 흑△의 곳에 있는 편이 능률적이므로 이 결과는 흑이 나쁘지 않다. 이것이 다케미야 9단의 연구였다. 계속된 진행을 보면—

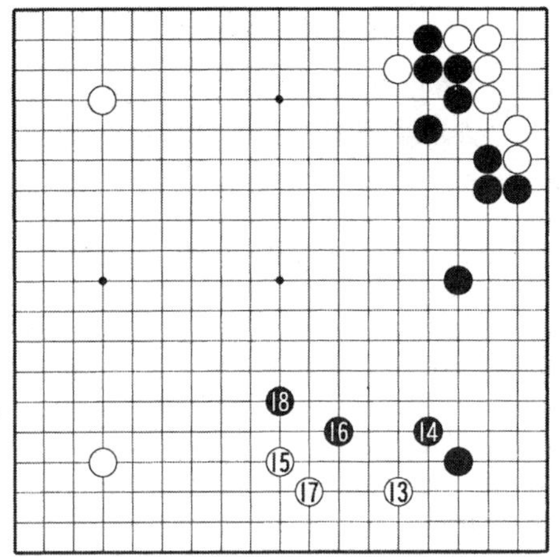

4도(스피드는 부족하지만)

흑18까지 흑의 대모양작전이 진행되고 있는데, 흑에게 흠이 있다면 스피드가 다소 떨어진다는 점이다. 따라서 일방가로 편재될 우려도 있다. 흑이 조금 더 스피드를 내려면 이전에 3도의 흑12로 잇는 수순을 보류하고—

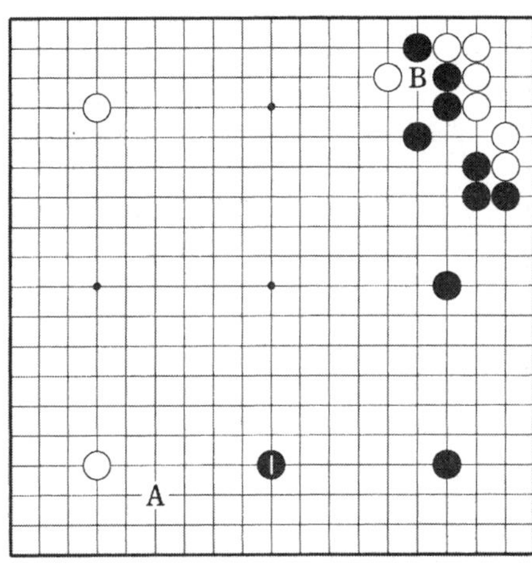

5도(흑의 전환)

흑1로 전개하는 수가 속도감있는 진행이다. 이 수로 흑A에 두는 것은 대모양이 쪼개질 우려가 있다. 그리고 B의 곳은 권리가 서로 절반이므로 현재는 그렇게 큰 곳이 아니다.

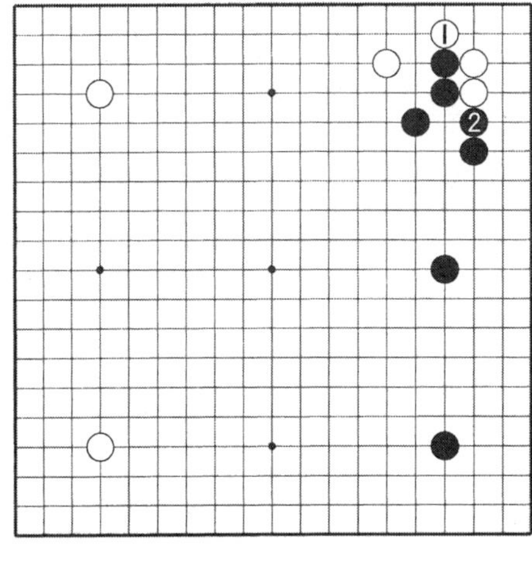

6도(수순을 바꾸면)

또 부분적으로 이곳은 수순의 이해가 있어야 한다. 3도의 백5로 본도처럼 백1의 곳을 먼저 젖히면 흑은 2로 받는 수도 생각할 수 있으며—

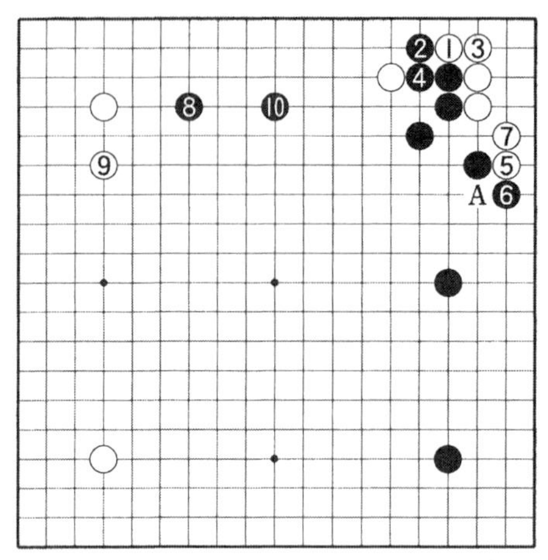

7도(흑 상변 개척)

흑은 2 이하로 둔 후 흑10까지 상변을 개척할 수도 있다. 이때 흑은 A의 절단을 두려워해서는 안된다. 백이 이 곳을 끊는다면—

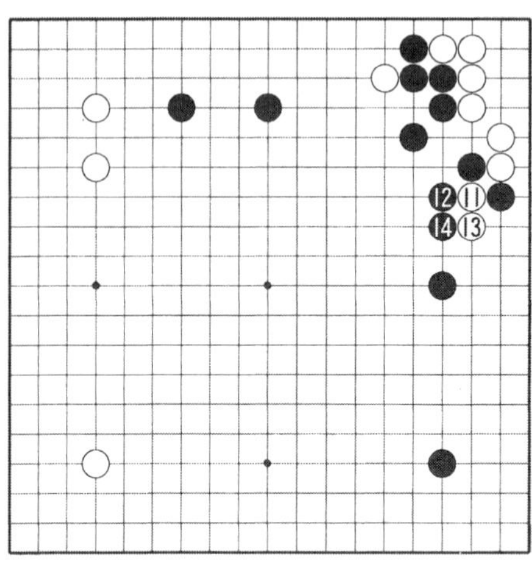

8도(아낌없이 버린다)

흑12 이하로 아낌없이 버리고 상변에 커다란 진영을 구축하는 것이 일관성있는 작전이다.

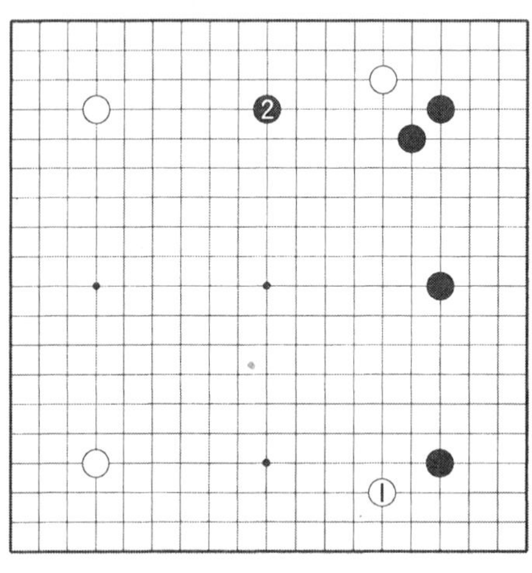

9도(전환은 불가)

백1로 전환하는 수도 생각할 수 없는 것은 아니지만, 흑2의 곳이 쌍방 전술상의 요처이므로 공격의 주도권은 당분간 흑에게 있다.

초반전술

제4형

공격에 위력적인 4연성 전술

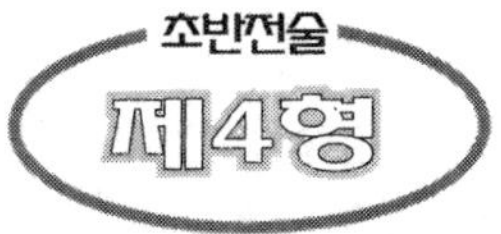

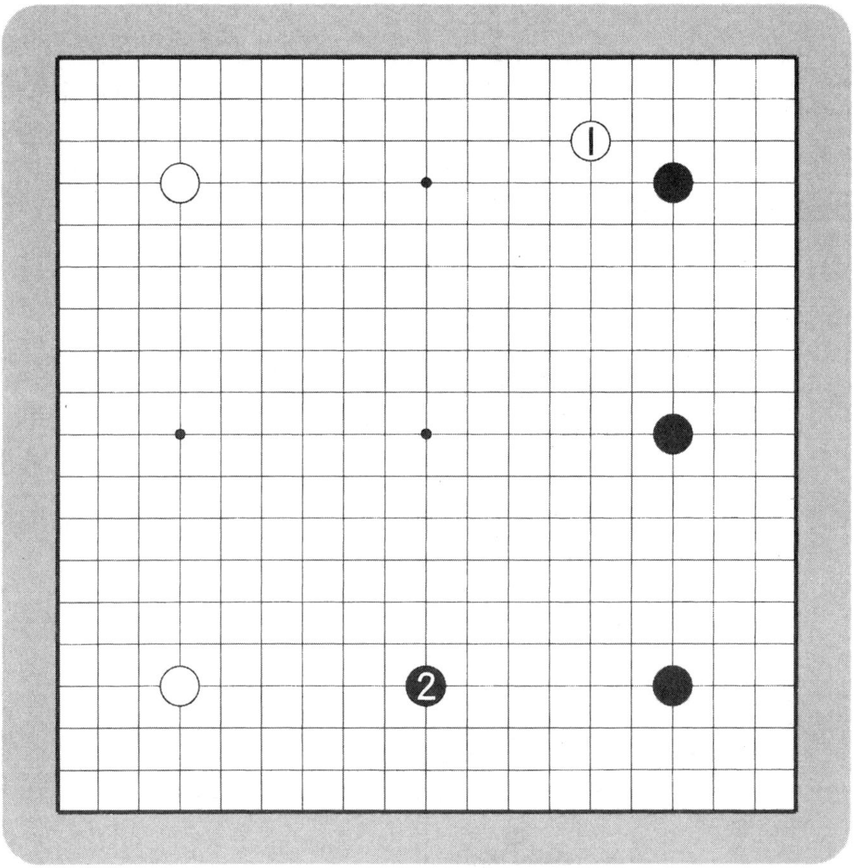

백1에 대해 직접 응수하지 않고 흑2로 4연성하여 전환하는 패턴은 제2형 이후에 고안된 3연성 초반전술이다. 이 패턴은 협공이나 한칸받기보다 속도면에서 빠르지만 수순을 생략한 만큼 변화가 더욱 다양하다. 집을 중시하는 현대의 바둑에 다소 부합하지 않아 잘 두어지지 않는 경향이 있지만, 공격력 강한 기풍의 소유자가 구사하면 대단히 위력적이다.

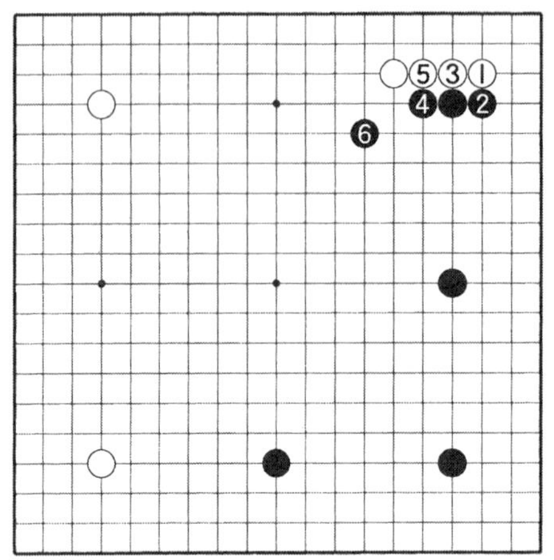

1도(예전의 진행1)

흑의 4연성은 백1의 침입을 유도하여 대모양을 구축하려는 것이 본래의 목적이다. 그러나 예전에는 3·三침입이 자주 두어졌는데 지금은 거의 두어지지 않는다. 수순중 흑6이 느슨하다고 생각되면 2도와 같이 밀어붙이는 방법도 있다.

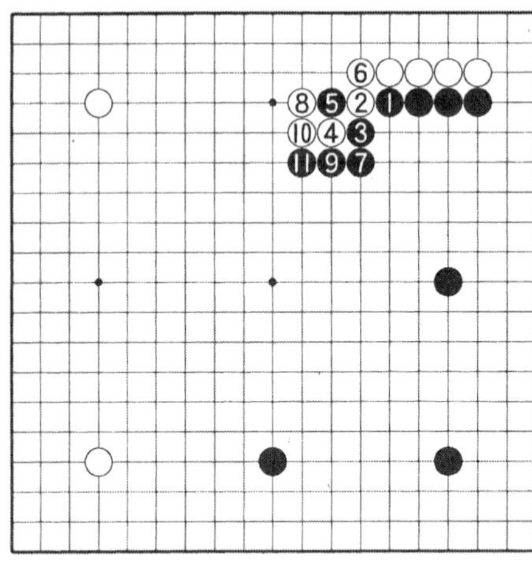

2도(예전의 진행2)

흑1 이하로 계속 확장하는 것도 예전에는 자주 두어졌던 패턴이다. 그러나 흑의 모양이 단조로와 침입한 백을 적절히 공략하지 못하면 집부족이 될 수 있다.

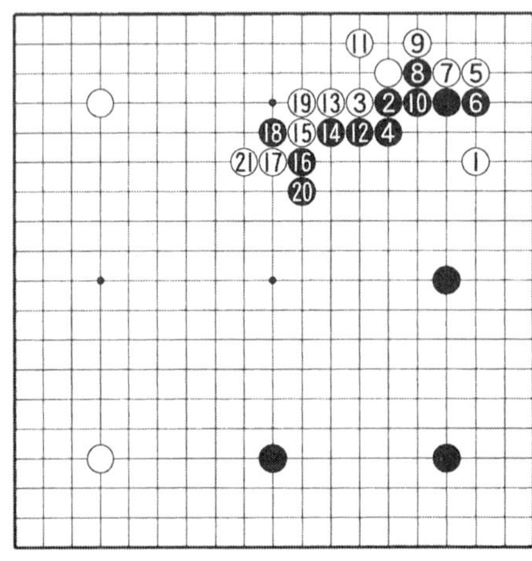

3도(예전의 진행3)

백1로 두는 수법도 있었다. 이때 흑2로 붙여 세력을 키우는 것은 대단히 호쾌한 작전이긴 하지만 이 진행도 요즘은 두어지지 않는다. 흑으로선 집부족이 될 수 있다는 부담감 때문이다.

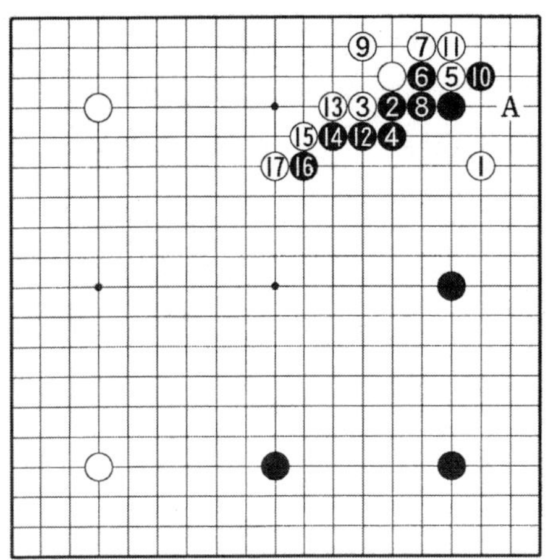

4도(백의 신수법)

백5로 붙이는 수법이 현대적인 감각이다. 3도에 비하여 이 진행은 백이 더 유리하다. 백에게는 A로 두어 사는 수가 보장되어 있기 때문이다.

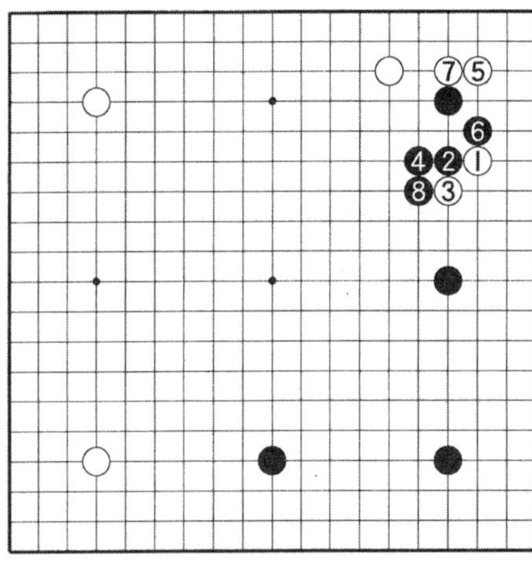

5도(흑 완만)

백1에 대하여 흑2로 붙이는 방향이 현대적인 취향이지만, 이 진행도 흑이 다소 느슨하여 불만일 것이다.

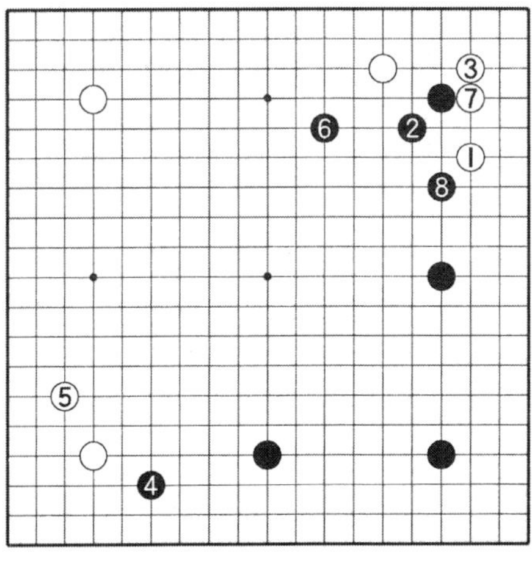

6도(다케미야 9단의 연구)

백1의 양걸침에 대해 흑2의 마늘모로 머리를 내밀고 스피디하게 두는 것이 다케미야 9단의 새로운 연구였다. 흑6이 좋은 감각이며 흑8까지 중앙작전은 대체로 맞아 들어가는 느낌이다.

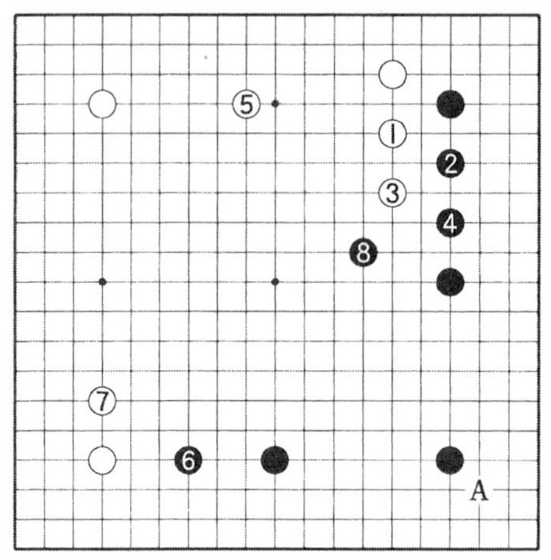

7도(모양대 모양)

백1은 6도의 흑의 중앙작전을 거부하는 전술인데, 흑8까지 쌍방 서로 대모양을 구축하는 단조로움이 있어 실리위주의 기풍에게는 별로 재미가 없을 것이다. 흑8은 대모양의 분기점이며, 이 다음 백은 A쯤 침입하는 흐름이 예상된다.

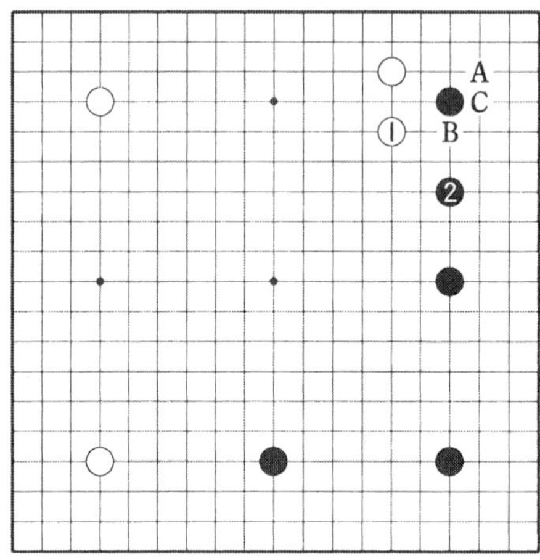

8도(사라진 수법)

백1에 흑2로 두는 수법도 연구된 바 있었다. 그러나 백에게 A, B, C 등의 약점을 노출시키기 때문에 잘 두어지지는 않는 전술이다.

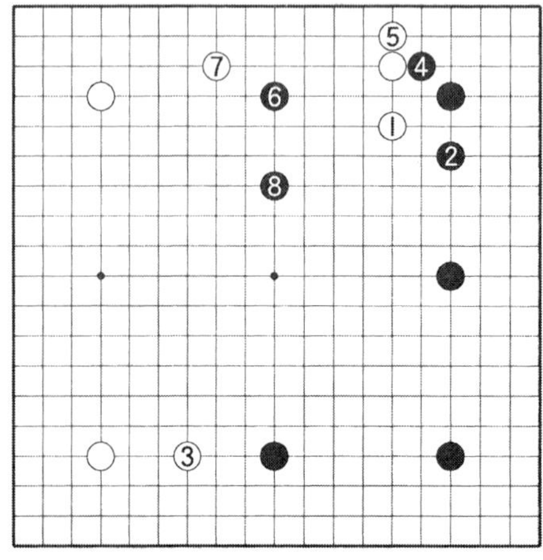

9도(손빼는 것은 불가)

백1로 두고 손을 빼어 백3에 전환하는 것은 흑4 이하 흑8까지 백의 모양이 무겁다. 그리고 중앙으로 흑의 돌이 자연스럽게 진출되어, 백이 주도권을 잃을 가능성이 많다.

상변의 입체화를 노린 전술

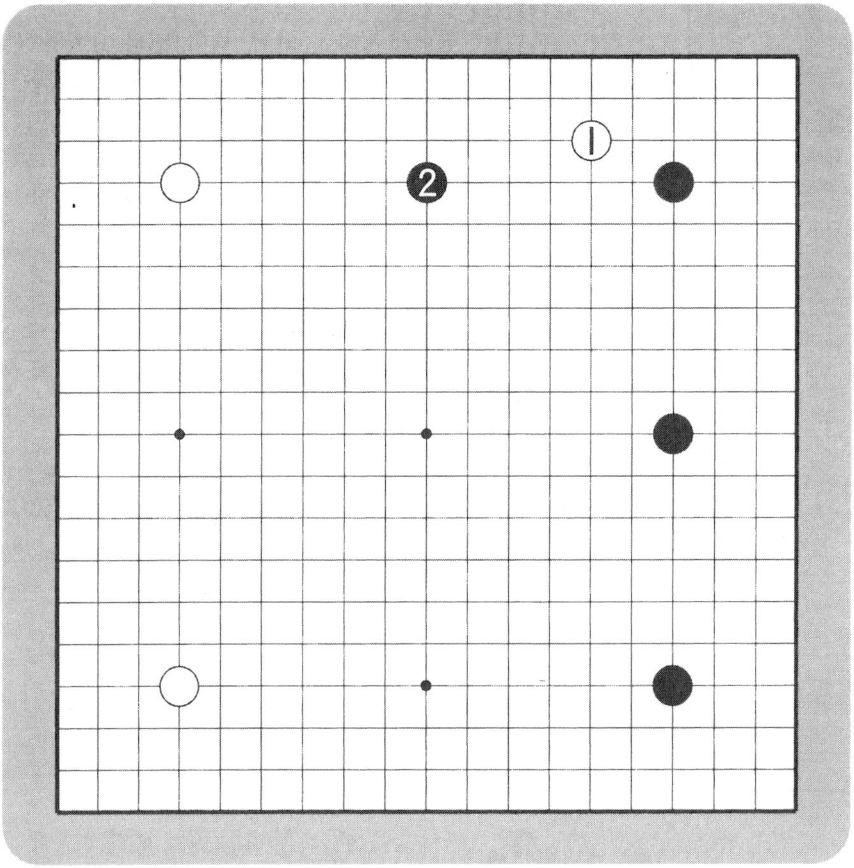

백1에 대해 흑2로 협공하는 패턴은 제4형 이후에 고안된 3연성 초반전술이다. 이 패턴은 한칸협공보다 느슨하지만 사실은 상변을 입체화시키려는 의지가 담긴 전술이다. 이 패턴도 다케미야 9단의 실험으로 그 가치가 입증되었다.

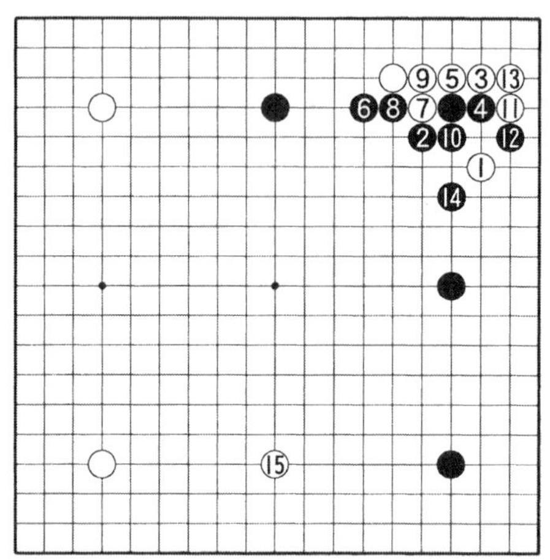

1도(흑 불만)

백1에 대해 흑2로 머리를 내미는 것은 주변을 고려하지 않은 발상이다. 이 진행은 애초의 협공이 무의미하게 되어, 백이 15의 요처를 선점하는 순간 흑은 집에서 뒤진다.

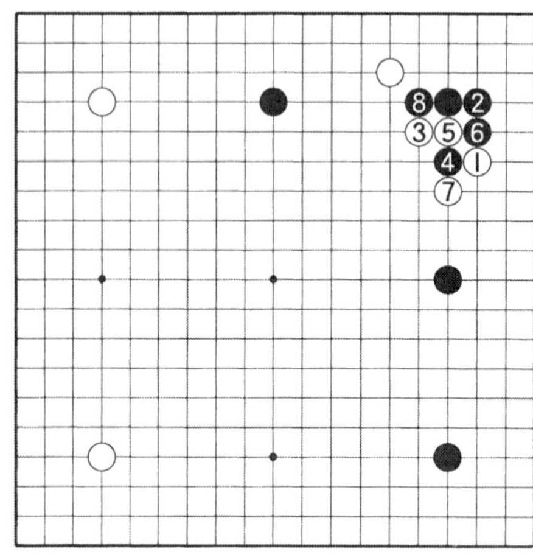

2도(흑의 강수)

백1에는 흑도 2로 강력하게 싸우는 수가 있다. 주변에 흑의 기착점이 있기 때문이다. 흑8로 밀고 나오면 백에게 설사 흑4 한점의 따냄을 허락해도 백을 관통 분리할 수 있어 만족이다.

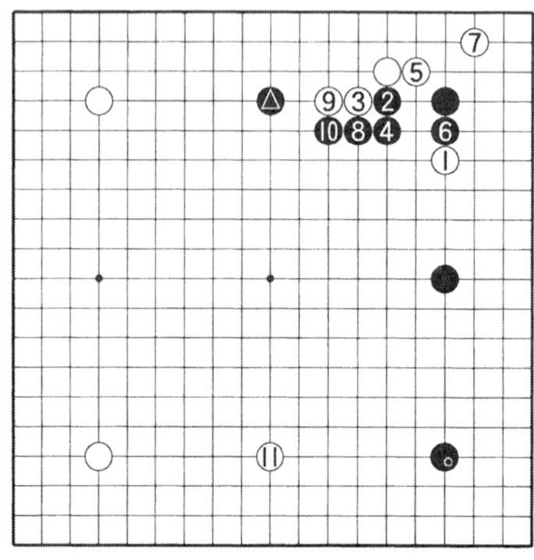

3도(흑 다소 유리)

백1에는 흑10까지 봉쇄하는 수가 있어 흑이 다소 유리하다. 백은 11을 선점하겠지만 흑▲가 자기 몫을 충분히 하고 있으므로 흑이 둘만한 것이다.

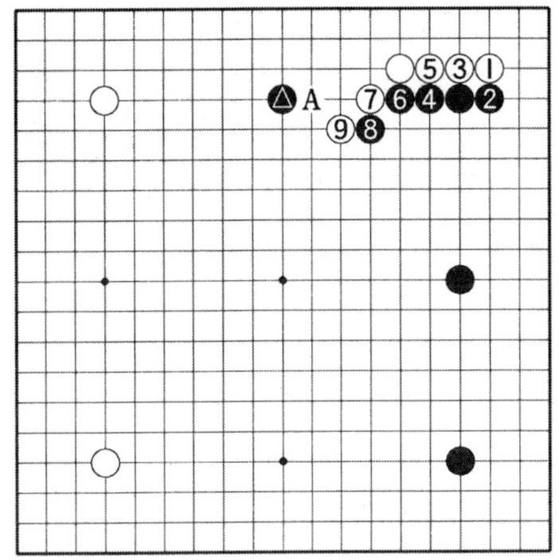

4도(흑 방향착오)

백도 3·三에 침입하는 수가 최선인데 이때 흑이 2쪽을 막는 것은 막는 방향을 착각한 것이다. 흑▲가 A보다 한칸 멀리 있어, 백9까지 젖혀 올리면 분리되어 흑은 고전을 면할 수 없다.

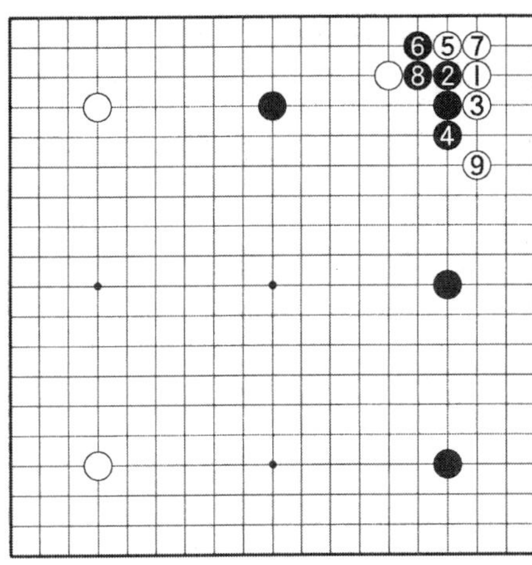

5도(올바른 진행)

흑2로 막아 백9까지 진행시키는 정석이 올바른 선택이다. 여기서 다케미야 9단의 연구가 있었다. 처음에 흑이 넓게 협공한 의도는 이 정석 선택과 더불어 몇 수의 전술적 수순이 전제되어 있는데—

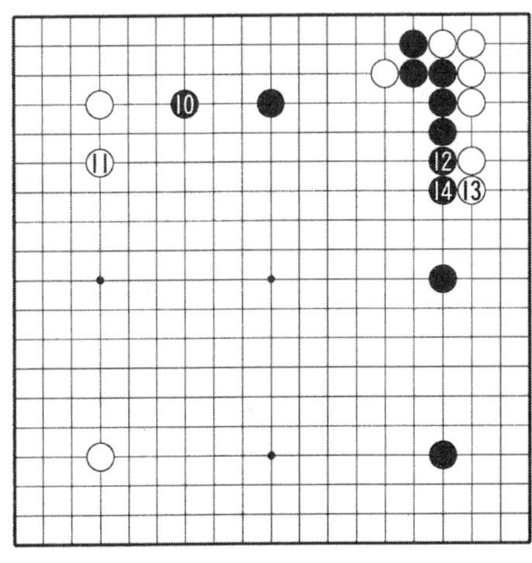

6도(전술적 수순)

흑은 5도에 이어 흑10을 선수하고 방향을 바꾸어 흑14까지 밀어 상변과 우중앙을 연결하는 대모양을 만들 수 있다는 계산이었다. 여기서 하나의 수순을 검토할 필요가 있는데—

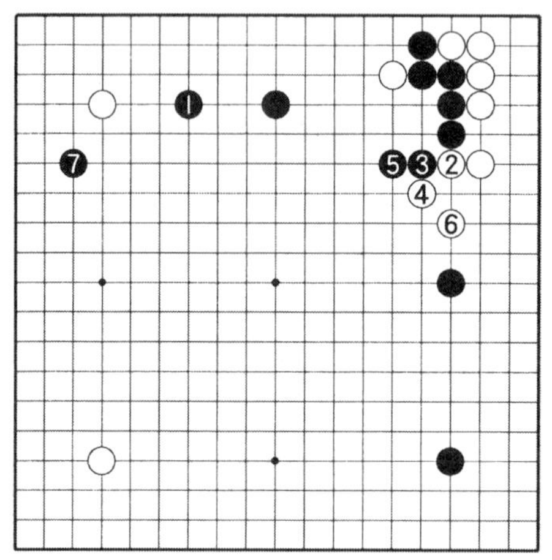

7도(흑 한발 앞섬)

흑1에 대해 백이 응수하지 않고 백2로 이곳을 밀어 올린다면, 흑은 7의 곳을 두는 수순을 얻어 백보다 한발 앞선다는 계산이다.

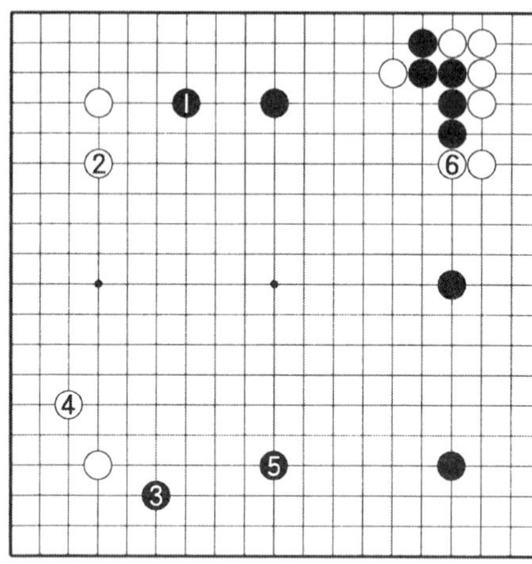

8도(흑 모양 균열)

또 흑1 이후 6도의 수순을 택하지 않고 흑3·5로 하변을 두는 것은 흑의 감각에 문제가 있다. 백6의 곳을 허락하면 애써 만든 대모양에 균열이 생기게 된다.

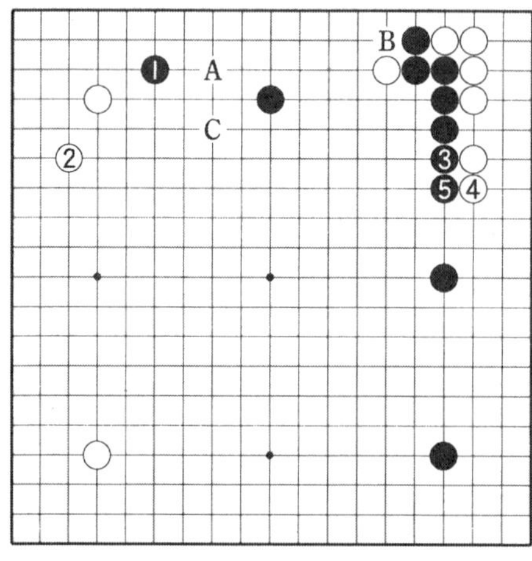

9도(흑1 선택미스)

그리고 중요한 것은 8도의 흑1의 위치다. 만약 본도 흑1로 낮게 둔다면 모양을 구축하려는 일관성이 부족한 것이다. 흑5까지 둔 후 흑진에는 B의 맛을 노린 A의 침입이나 C의 삭감수단이 남게 된다.

초반전술

제6형

2연성 전술의 시발점

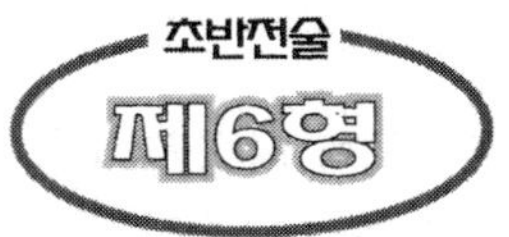

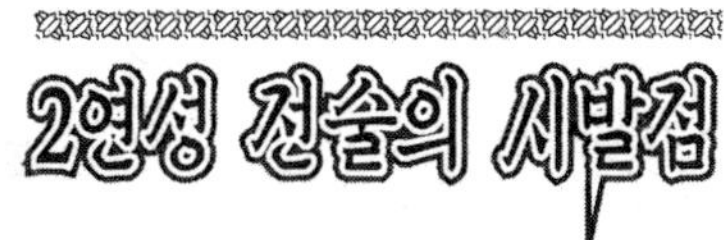

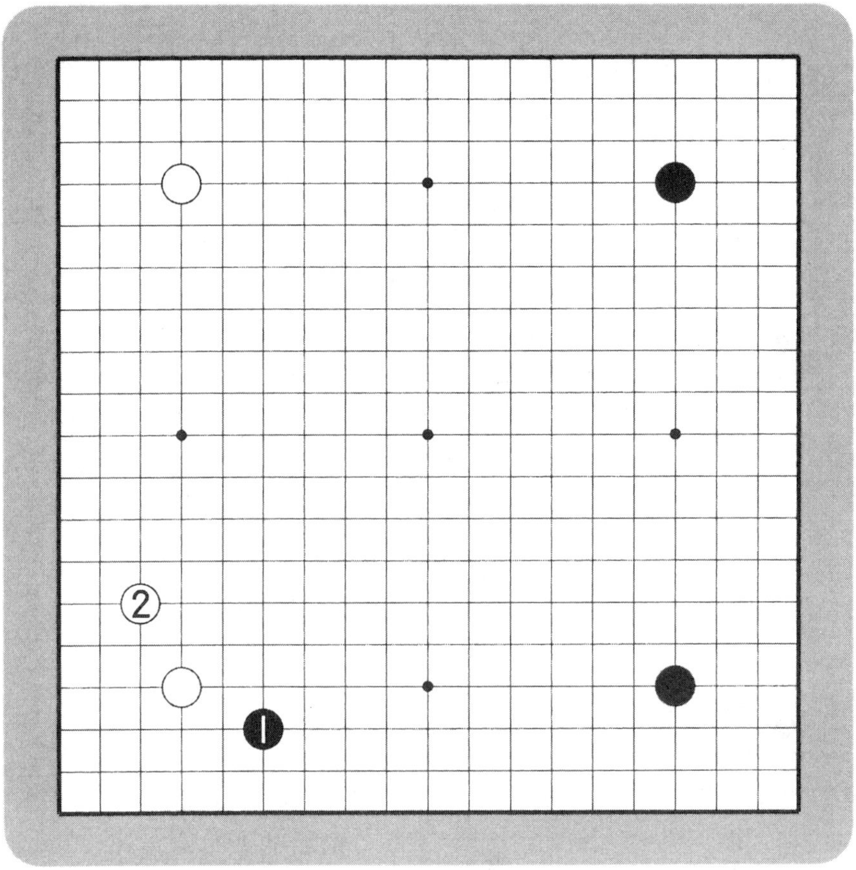

흑1의 날일자걸침과 백2의 날일자받기는 2연성의 초반전술 중 가장 보편화된 전술패턴이다. 이 패턴은 90년대 후반에 중국식과 더불어 가장 많이 사용되었고, 특히 한국의 조훈현 · 이창호 사제에 의해 실험된 2연성 전술의 시발점이기도 했다.

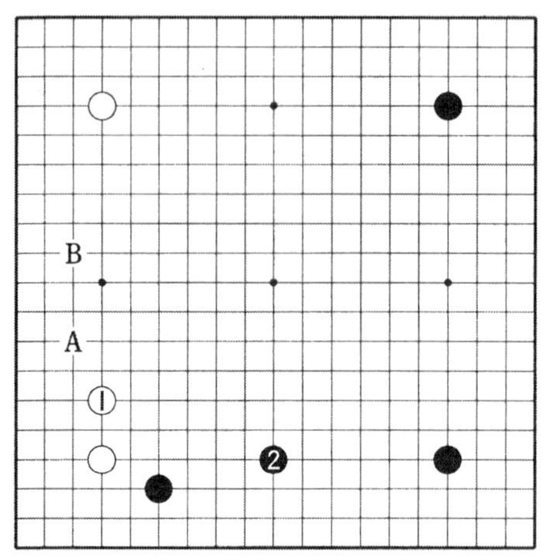

1도(사라진 받기)

백1로 처음부터 높게 받는 수는 근래에 와서 거의 사라진 수다. 그 이유는 나중에 A의 접근과 B의 갈라침이 기분 나쁘기 때문이다.

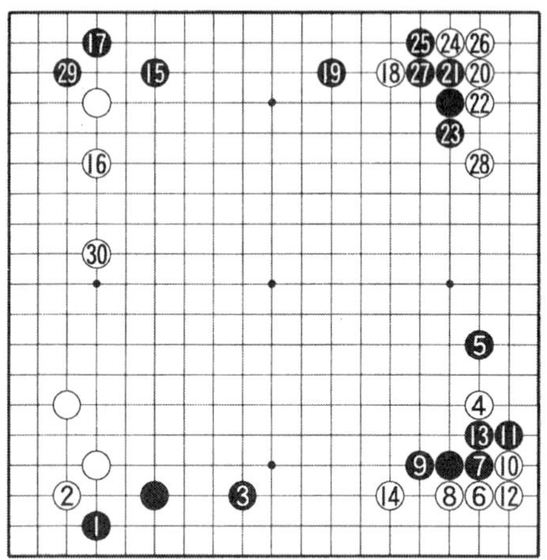

2도(유행했던 전술)

흑1부터 백30까지는 한동안 유행했던 실전적 진행이다. 그러나 단조로운 감이 없지 않아 요즈음은 두어지지 않는다. 이 변화에서 눈여겨볼 점은 흑1에 대해 백이 응수를 보류하고 두는 것으로—

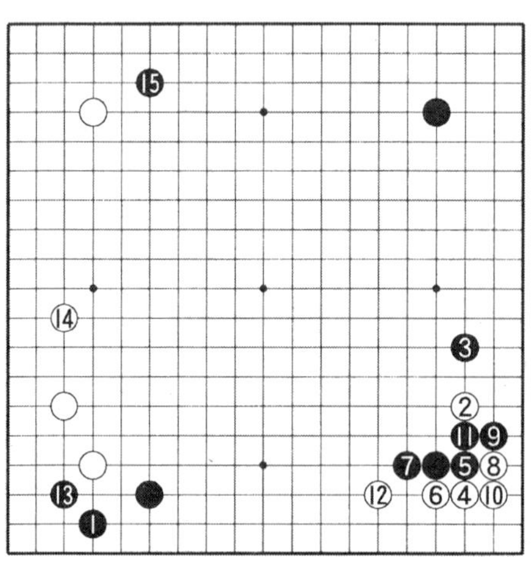

3도(당시의 흐름)

백2로 먼저 걸쳐 흑13을 허락한 실전도 있었는데, 이 진행도 요즈음은 두어지지 않고 있다. 아마도 단조로운 진행이라는 생각이 들어서일 것이다. 수순 중 흑3에 대하여—

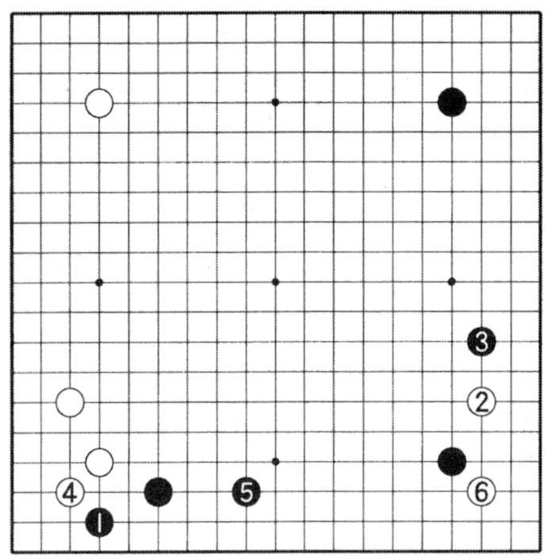

4도(다시 원점으로)

백4에 먼저 두면 2도로 환원된다. 어쨌든 이 진행은 변화의 폭이 제한된다는 문제점이 있다. 그래서 5도와 같이 걸치는 방향을 바꾸는 흐름도 있었다.

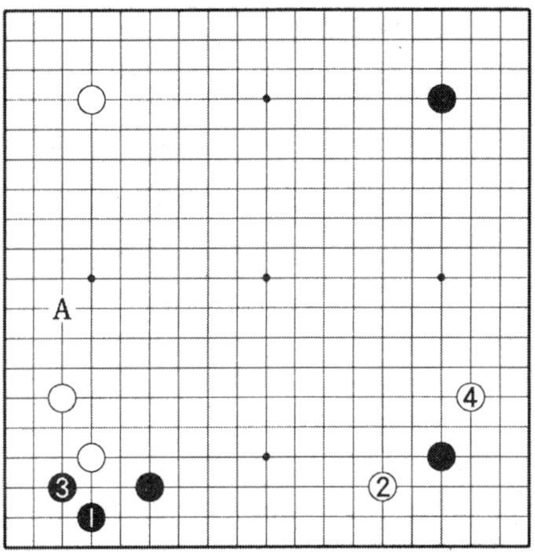

5도(난전의 양상)

흑1때 백2쪽에서 걸치는 것이다. 흑3으로 외면하면 백4의 양걸침으로 진행된다. 이 흐름은 쌍방 누가 먼저 전환하여 A의 곳을 차지하느냐 하는 주도권 쟁탈전으로 치닫게 된다.

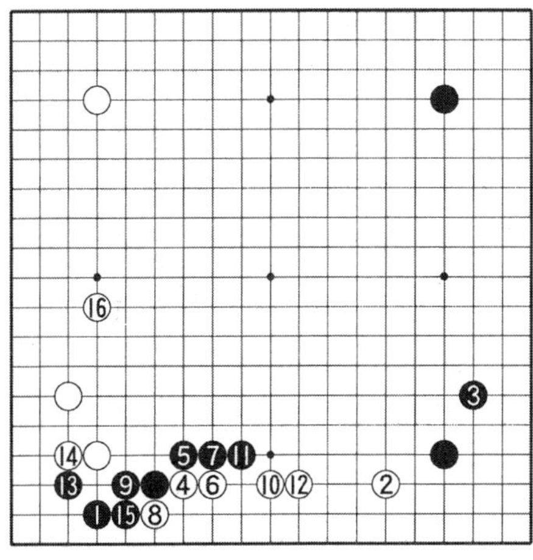

6도(흑3／백의 주문)

백2로 걸칠 때 흑3으로 곱게 받아두면 백의 주문에 걸린다. 백은 즉시 4로 붙여 16까지의 진행을 선택하게 되며, 이 결과는 하변과 좌변을 모두 둔 백이 당연히 앞서 있다.

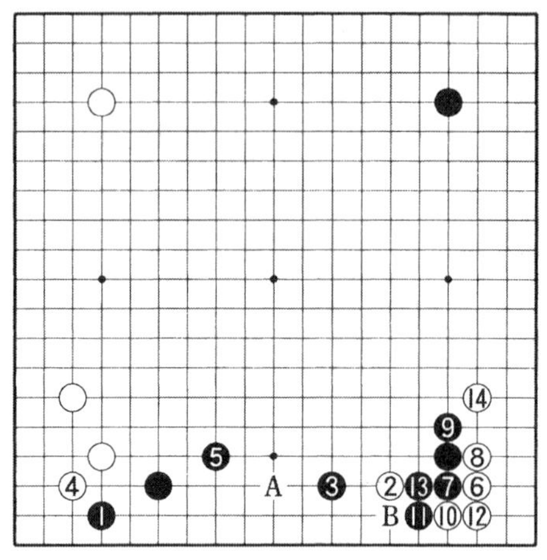

7도(흑진에 수있다)

흑은 5, 6도를 기피하여 흑3으로 먼저 협공할 수도 있다. 다만 유의할 점은 흑5의 수비가 예전 같으면 그럴듯한 자리겠지만, 실은 이 흑진에 B의 약점을 이용한 A의 침입이 남아 있기 때문에 이 진행은 흑이 나쁘다. 따라서 흑5로는—

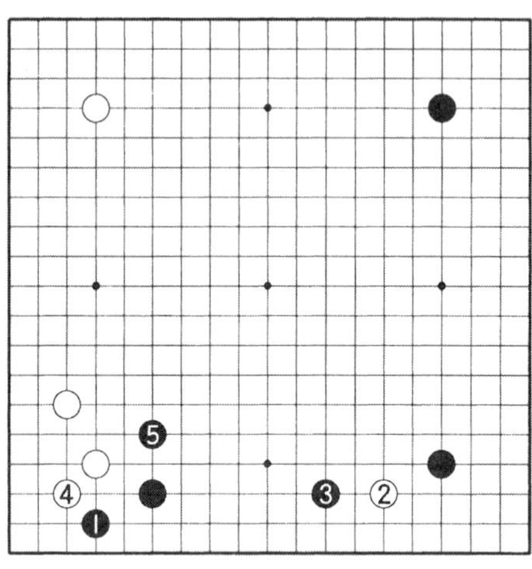

8도(이것이 전술)

본도 흑5로 두어 흑3과의 간격을 능률적으로 관리하는 것이 좋다. 바로 이런 감각이 전략적 구상을 성취시키는 전술이라는 것이다.

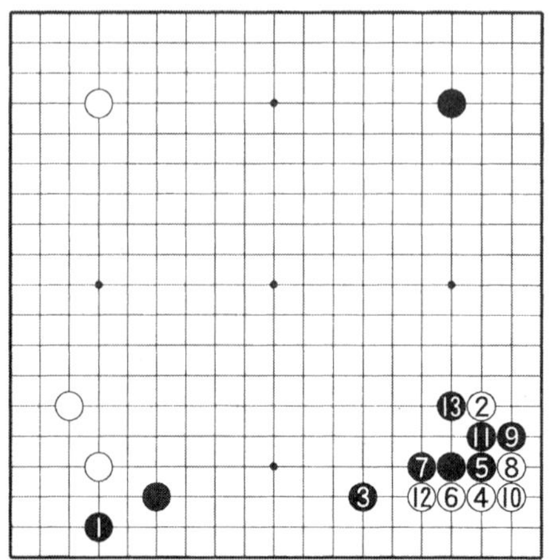

9도(흑의 유도)

백2에 대해 협공하지 않고 흑3의 눈목자로 받는 것도 훌륭한 전술이다. 이때 백이 3·三에 뛰어드는 것은 흑이 바라는 바다. 그리고 백12 때 흑13으로 백 한점을 제압해 두는 것이 포인트가 된다. 이것이 바로 현대적 감각의 전술형 정석이다.

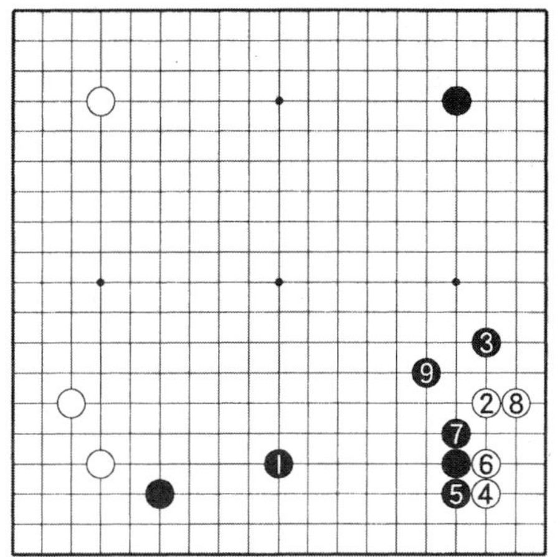

10도(보편화된 정석진행)

흑1로 높이 전개하는 것은 백4의 3·三침입때 흑5쪽을 막으려는 계산이다. 만약 6쪽을 막는다면 흑1의 위치가 높아 전술적 가치가 소멸된다. 그리고 흑9의 봉쇄는 축과 관련이 있음도 함께 알아두는 것이 좋다.

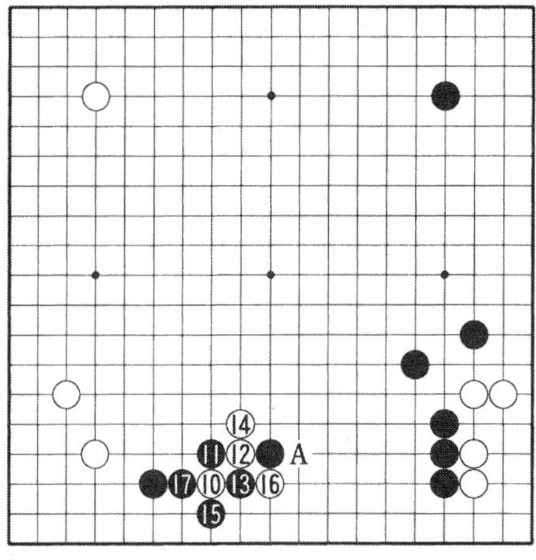

11도(축 관계)

백10·12로 준동할 때 흑13·15로 강력하게 대항해도 A의 축이 성립하지 않아 무사하다. 따라서 백도 이 점을 감안하여—

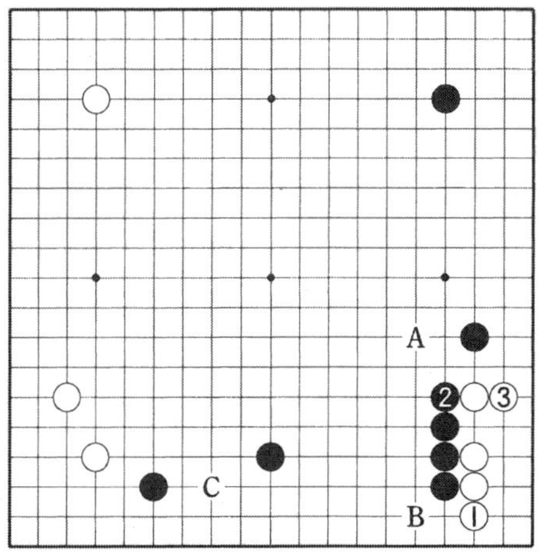

12도(백의 계산)

백1로 두어 흑2로 막을 때 백3으로 수비하고 나면, 흑이 축을 염려하여 흑A로 지켜도 이 흑진에는 B의 끝내기와 이를 이용한 C의 침입수단이 남는다.

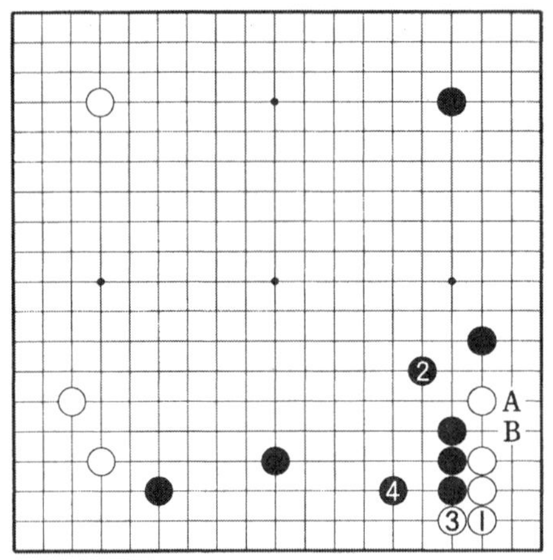

13도(흑의 별책)

흑도 2로 지키고 백3에는 흑4로 수비하는 작전도 있다. 이후 흑에게는 A, B 등의 노림수가 남아있는 것이 매력이다. 또 수순 중 백3은 절대의 수로 흑에게 이곳을 막히면 오히려 후수로 살아야 한다.

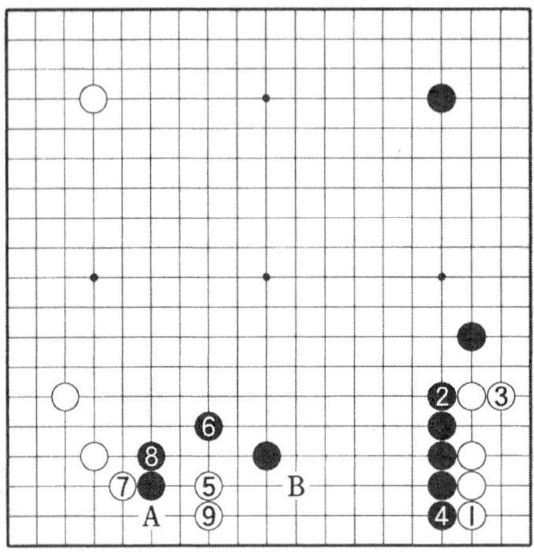

14도(백의 침입)

12도의 A대신 흑4로 막는다면 백5로 침입하는 수가 강력해진다. 흑이 6으로 세력을 펴도 백에게는 백7·9의 좋은 수순이 있다. A와 B를 맞보는 수단인데 흑도 그냥 당하기만 하는 것은 아니고―

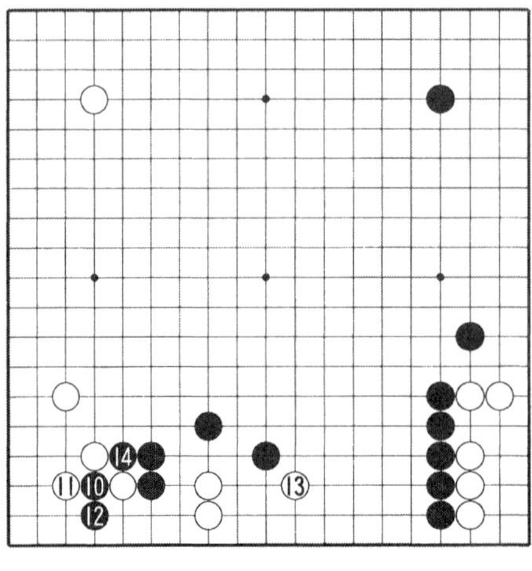

15도(흑의 대응)

흑10으로 껴붙이는 대항수단이 있다. 백도 11로 둔 후 13으로 탈출하는 수가 최선인데 이후는 대단히 복잡하다. 따라서 중급자에게는 13도 정도가 무난할 것이다.

초반전술 **제7형**

변화가 많은 현대형 한간협공 전술

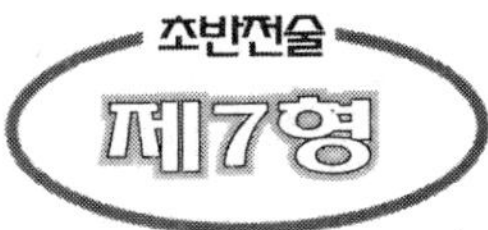

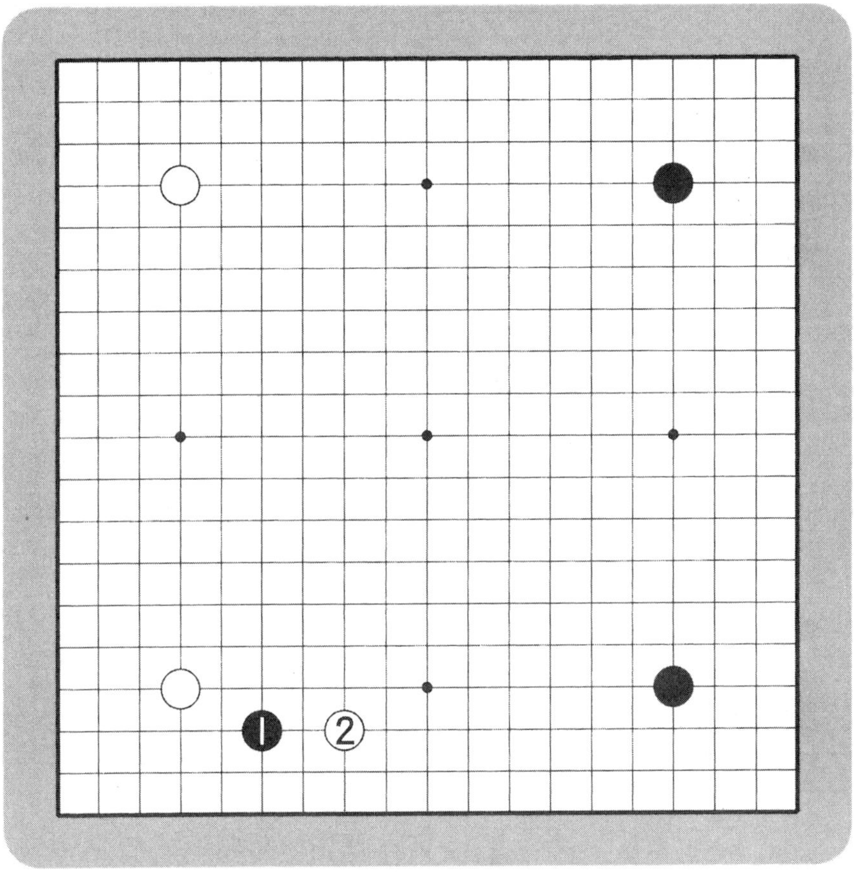

흑1에 대해 백2로 한칸 협공하는 패턴은 가장 자주 두어지는 2연성 초반전술 중 하나이다. 이 패턴은 많은 변화가 연구 검토되었으나 대부분 대형 정석으로 진행되어 간단명료한 현대바둑의 취향과 맞지 않기 때문에 근래에는 간단한 부분전술만 사용되고 있다.

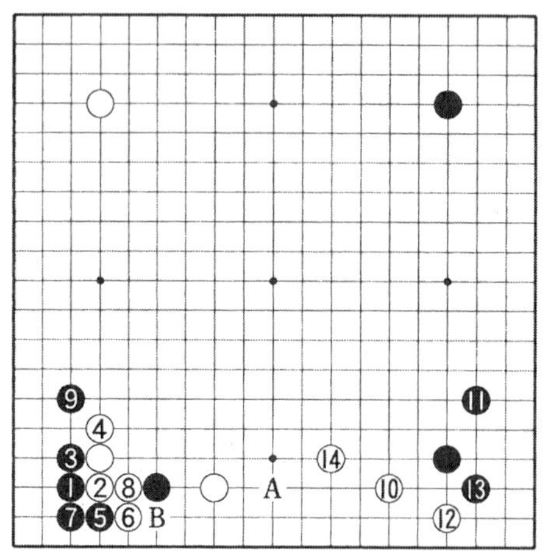

1도(예전의 진행)

이 패턴에서는 흑1부터 백14까지 두어졌었는데, 이 백진에는 B를 이용한 A의 침입이 강력하여 요즈음은 이렇게 두지 않는다.

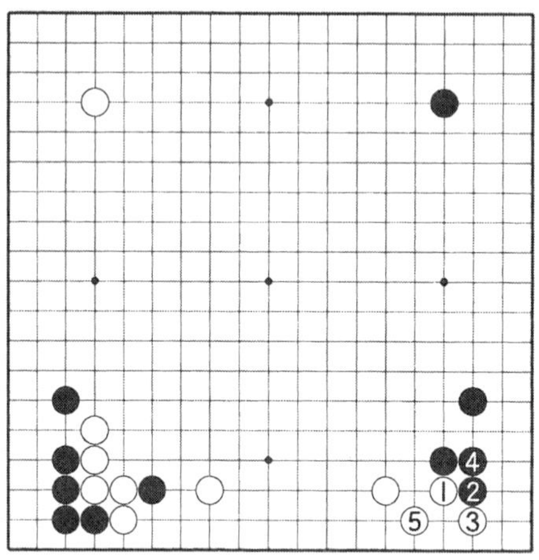

2도(백 유리)

백이 1·3·5로 강력하게 두어 모양을 잡는 방법도 두어졌었는데, 이 결과는 백 모양이 워낙 탄력적이어서 자체로 하변을 자동적으로 지키고 있어 흑이 기피하게 되었다.

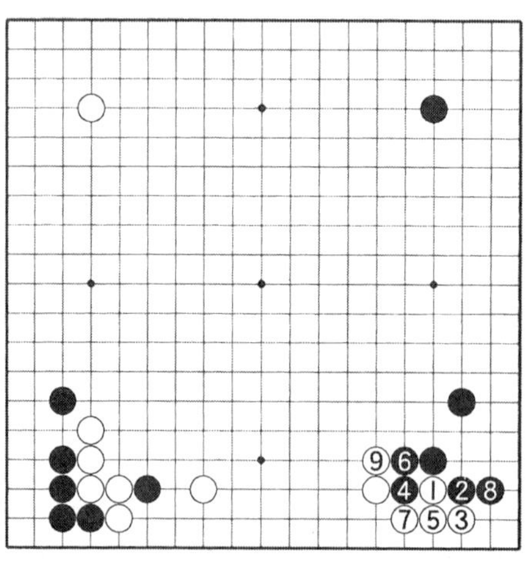

3도(백 유리)

백1·3에 대해 흑4로 반발하는 수도 두어진 바 있지만, 이 결과도 백9로 미는 자세가 힘차 흑이 기피하게 되었다.

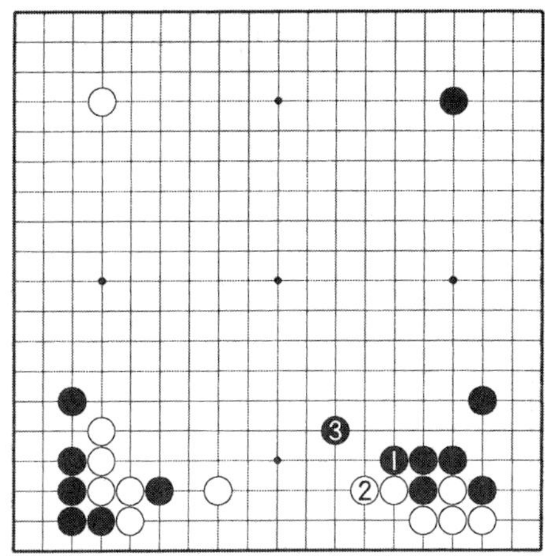

4도(흑의 편법)

3도의 흑8로는 이와 같이 두어 하변을 제한하는 정도일 것이다. 이 결과라면 흑도 중앙이 두터워 만족이다.

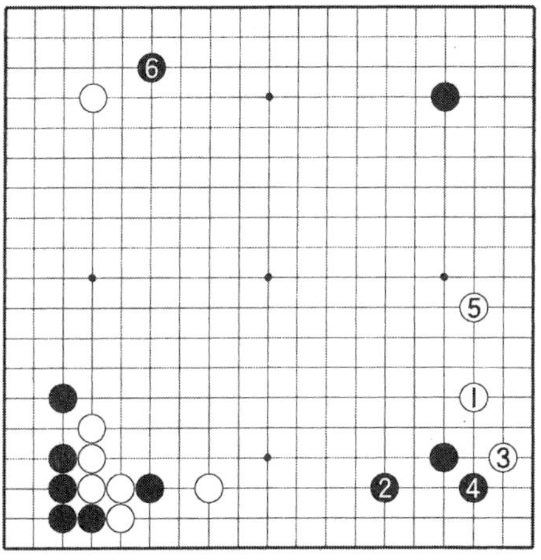

5도(백의 방향전환)

백은 1쪽을 걸치는 수도 있는데 흑6까지 쌍방 무난한 결과일 것이다. 그러나 이러한 무미건조한 전술은 근래에 보기 힘들다. 그 이유는 전략적 구상이 결여되어 있기 때문인데, 이러한 구상이 엿보이는 수를 하나 보자면—

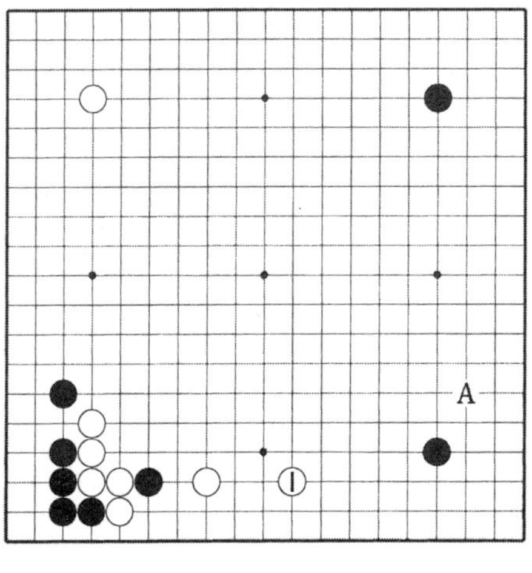

6도(함축된 수비)

백1로 두는 수는 이창호 9단의 독특한 수비수법이다. 이 수에는 자체수비 외에 A의 걸침뿐 아니라 다른 곳의 진행을 예의 주시하려는 전략적 사고가 담겨 있다.

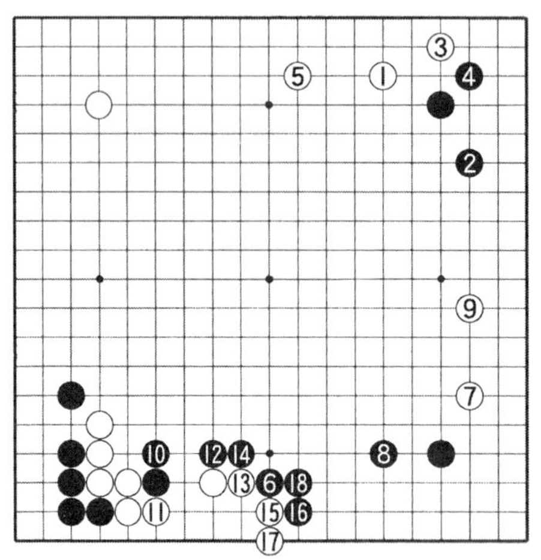

7도(흑6／전술적 요충지)

6도 백1의 수비는 본도처럼 흑이 6의 곳으로 육박했을 때 그 가치를 알 수 있다. 흑18까지 봉쇄된 백은 아직도 완생이 아니기 때문이다.

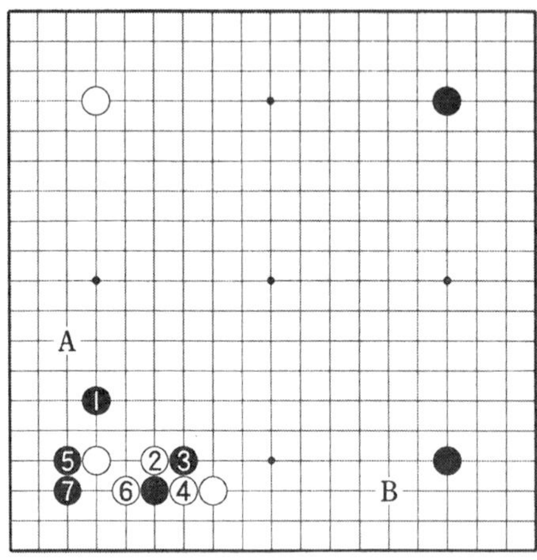

8도(전술형 정석／높은 양걸침)

흑1로 두는 수법은 한동안 유행했던 전술형 정석이며, 흑7 이후 백은 A 또는 B로 두는 것이 보편적이다.

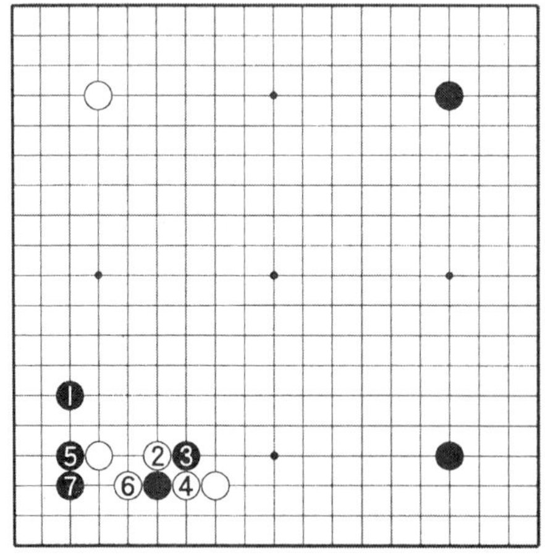

9도(전술형 정석／낮은 양걸침)

흑1로 두는 것도 마찬가지다. 이 정석에는 매우 복잡한 변화가 숨어 있지만, 백으로서는 흑7까지 두는 것이 무난한 진행이라는 결과가 발표되어 있다.

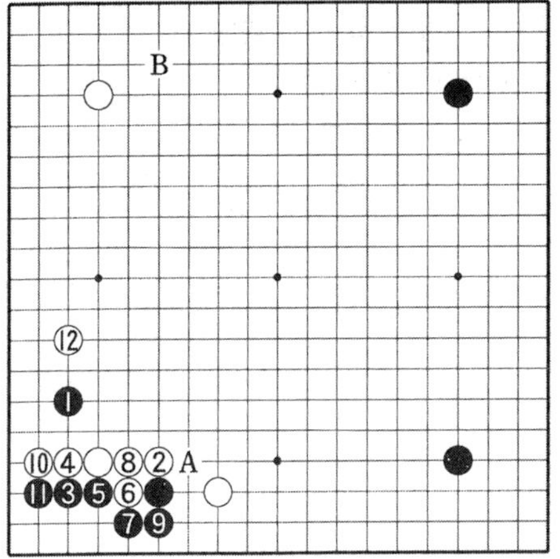

10도(전술형 정석／3·三침입)

백2에 대해 곧바로 흑3에 들어가는 수법도 꽤나 유행했던 전술형 정석이었다. 백12까지가 이 정석의 갈림인데, 이 다음 흑은 A부터 두어 급전으로 끌고 가는 방법과 B 등으로 우회하면서 천천히 A를 노리는 두 가지 전술을 선택할 수 있다. 수순 중 백10·12의 수순을 간과하여―

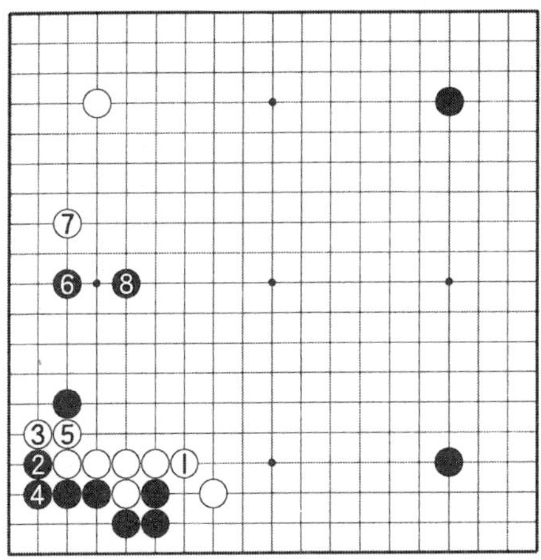

11도(백 세력 무용지물)

백1로 두는 것은 흑에게 2·4를 선수 당하고 6·8의 수순을 허락하면, 그동안 쌓은 백 세력이 무용지물이 되어 크게 불리하다.

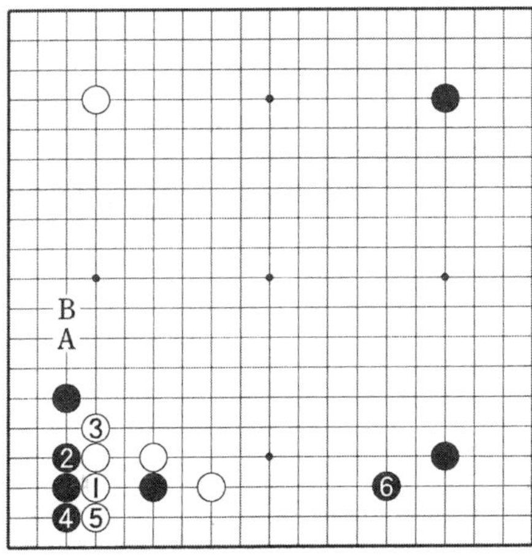

12도(백의 취향)

백은 1쪽을 막을 수도 있다. 이 수도 거의 최근까지 두어진 수법이다. 여기서 백5는 대단히 큰 곳으로 흑6을 허용하더라도 그 가치는 있다. 백이 A, B의 곳을 다가서는 것이 통렬하기 때문이다. 수순 중 흑4로는―

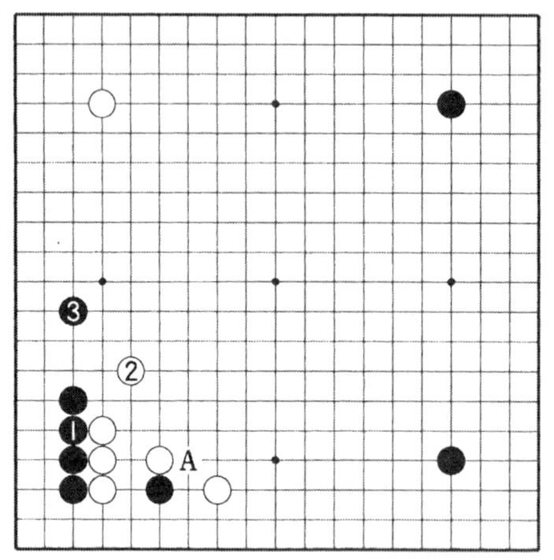

13도(흑의 취향))

흑1로 튼튼하게 잇는 방법도 최근에 두어진 바 있다. 이 수의 의미는 흑1쪽의 약점을 완벽히 보강하여 A의 노림을 강하게 작용시키려는 것이다. 따라서 백도 2로 간접 보강하고 전환하는 것이 좋다.

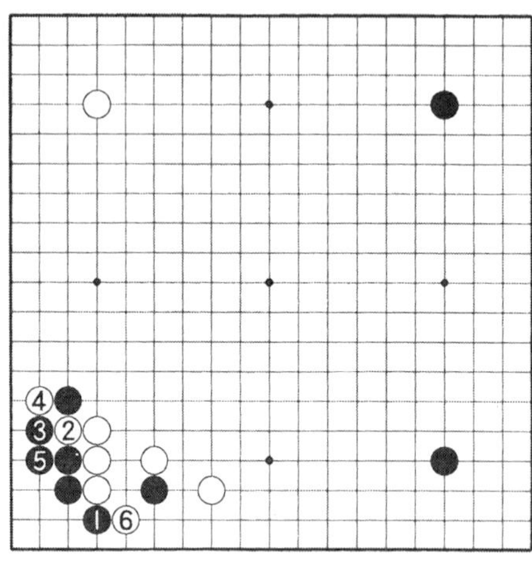

14도(흑 착각)

13도 흑1로 본도의 흑1로 젖힌 것은 기본정석으로 환원시키려는 생각이겠지만, 이것은 중급자들이 흔히 착각하기 쉬운 수읽기다. 이때 백은 즉시 6에 두지 않고 백2·4로 먼저 끊어두는 수순이 있어, 이 결과는 흑이 크게 손해다.

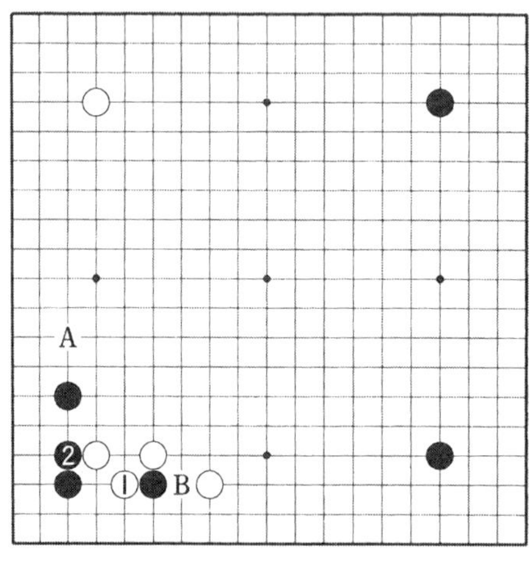

15도(백 손해)

백1로 두는 것은 간명을 기하려는 생각이지만 흑2로 둔 다음 백A가 선수로 듣지 않으며, 또 흑B로 준동하는 약점이 남아 백이 손해다.

제8형 조·이 사제의 오랜 실전실험이 담긴 전술

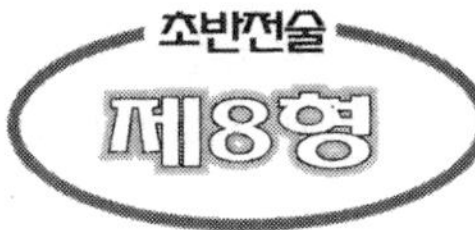

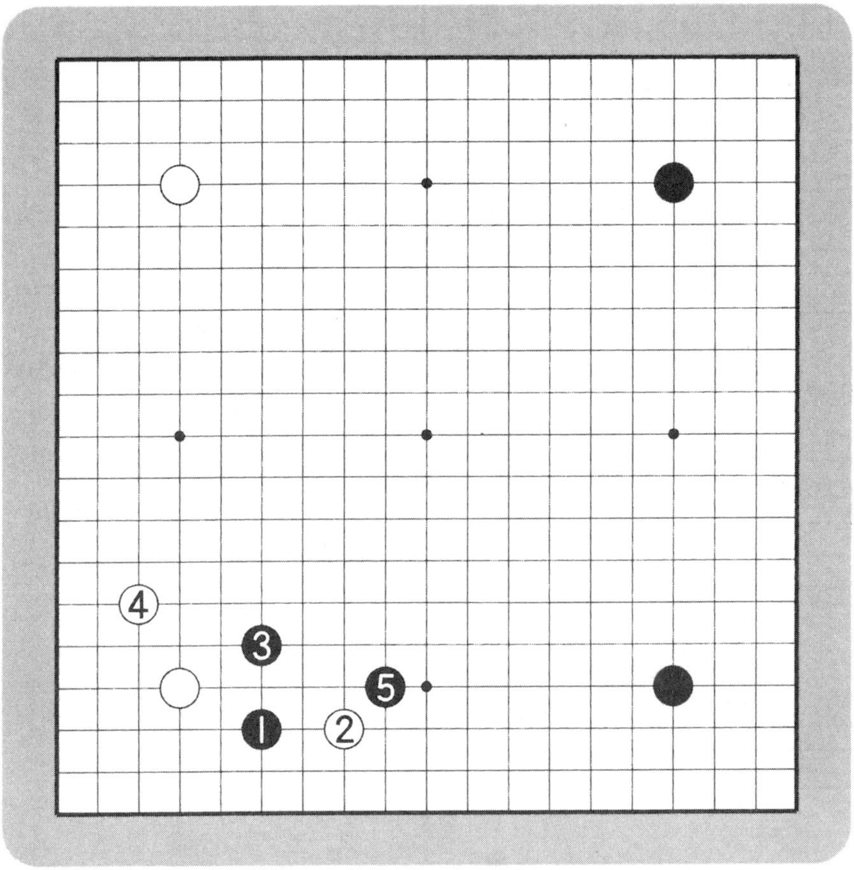

백2에 대해 흑3으로 뛰는 수법은 과거에는 사용되지 않던 패턴이었다. 이 수법이 유행하게 된 원인은 조훈현, 이창호 사제의 오랜 실전실험이 있었기 때문이라고 해도 과언이 아니다. 이 패턴은 전 국면의 안목이 필요할 정도로 변화가 많아 전술적 연구가 활발했고 그 결과 한때 폭발적인 유행을 하기도 했다. 그 중에서 가장 많이 사용된 패턴을 보기로 하겠다.

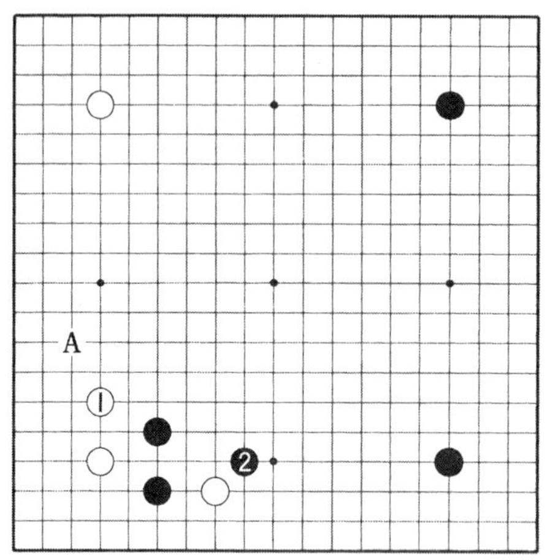

1도(백1은 두어지지 않는 추세)

기본형의 백4로 본도 백1로 높게 두는 전술은 근래에 잘 두지 않고 있다. 그 이유는 나중에 흑A로 접근하는 것을 꺼리기 때문이다.

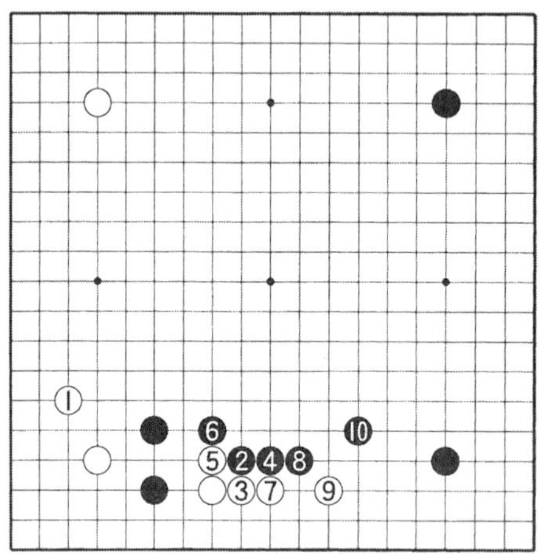

2도(현대판 전술의 분기점)

백9까지 진행되었을 때 좌하쪽의 단점을 방치하고 흑10으로 중앙을 봉쇄하는 수순을 발견한 것이 이 전술의 분기점이다. 이 수의 의미가 충분히 검증될 수 있는 이유는―

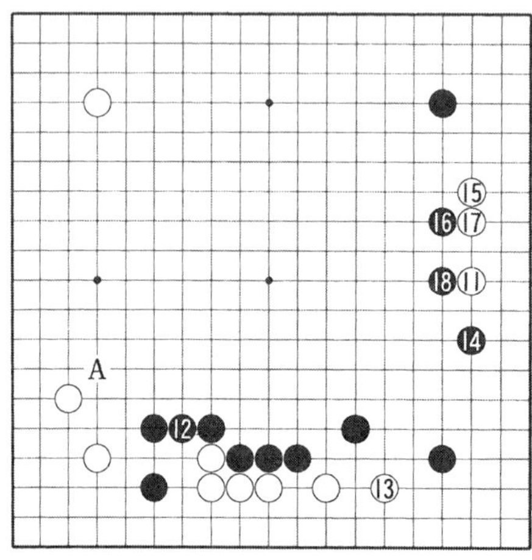

3도(백11／절대의 한 수)

백11로 두지 않을 수 없기 때문이다. 만약 이 수로 흑12쪽의 약점을 추궁한다면 흑은 선수처리하고 흑18로 3연성을 펼치게 되는데, 그렇다면 하변의 세력과 호응하여 흑 모양은 전국을 압도하고도 남는다. 따라서 백13까지는 필연이다. 또 수순 중 흑16·18을 당하는 것이 싫다면 백15는―

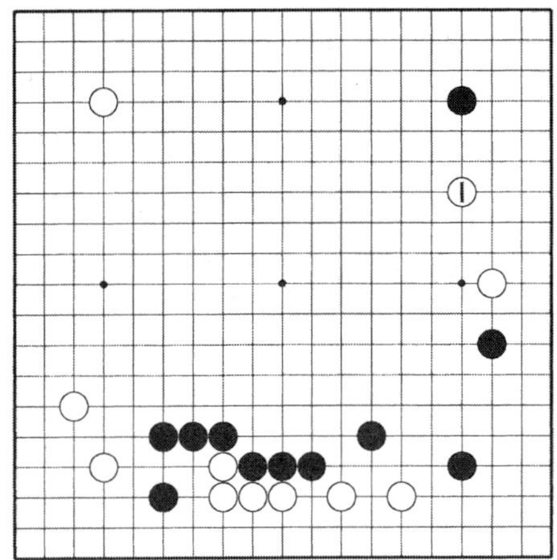

4도(백의 선택)

백1로 둘 수도 있다. 이 수는 우상귀 흑에 대한 영향력은 3도에 비해 떨어지지만 하변의 세력을 견제하는 의도가 있어 전략적이다.

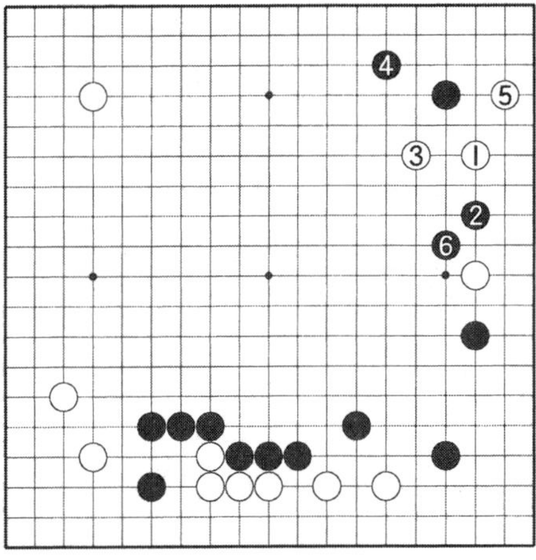

5도(백 무리)

백1로 귀에 근접하는 것은 이 경우 무리한 착상이다. 흑은 2로 뛰어들 것이 분명하며 백5때 흑6으로 한점을 제압할 것이다. 이 결과는 하변이 집으로 굳어지기 쉬워 백이 선택하기에는 무리가 따른다. 또 수순 중 백5로—

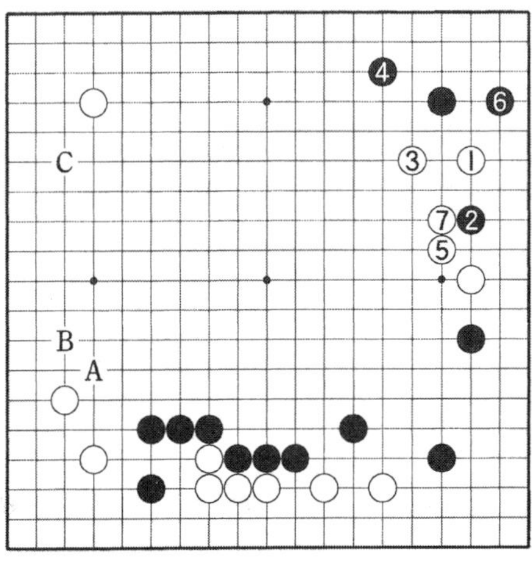

6도(흑 앞서 감)

본도 백5로 두면 흑도 6으로 귀를 지키게 되어 불만이 없다. 백7이 불가피할 때 흑은 선수를 잡아 A, B, C 등으로 전환할 수 있는데, 이 결과 흑이 한발 앞서가게 된다.

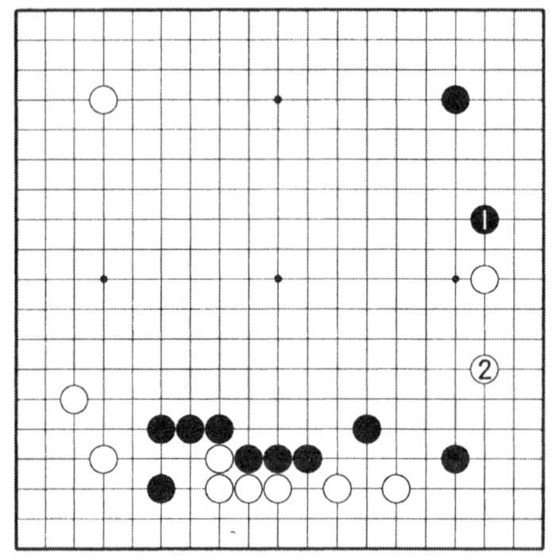

7도(흑 방향착오)

3도 흑14로 본도 흑1로 접근하는 것은 방향이 틀렸다. 백2로 안정하고 나면 하변 흑 세력이 제 구실을 할지는 의문이다.

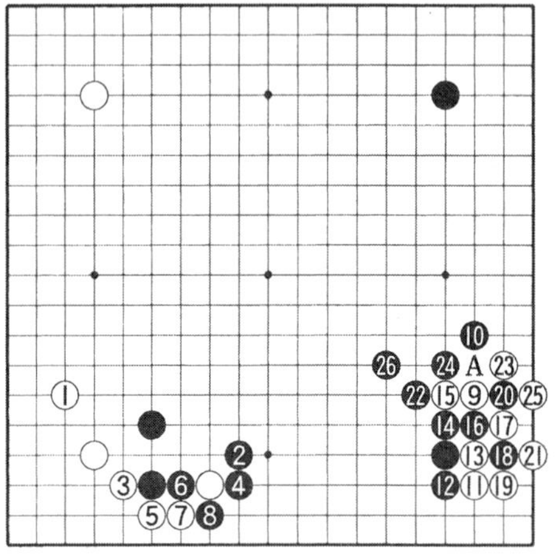

8도(백 실리형 전술정석)

백3으로 먼저 붙여두는 수법도 종종 사용되었다. 흑26까지의 진행은 실전에서도 등장한 바 있는데, 이 결과는 백 실리대 흑 세력의 전형적인 갈림이다. 또 우하귀 정석의 수순 중 흑26은 예전에는 A의 단수를 먼저 교환했지만 지금처럼 보류하고 지킬 수도 있다.

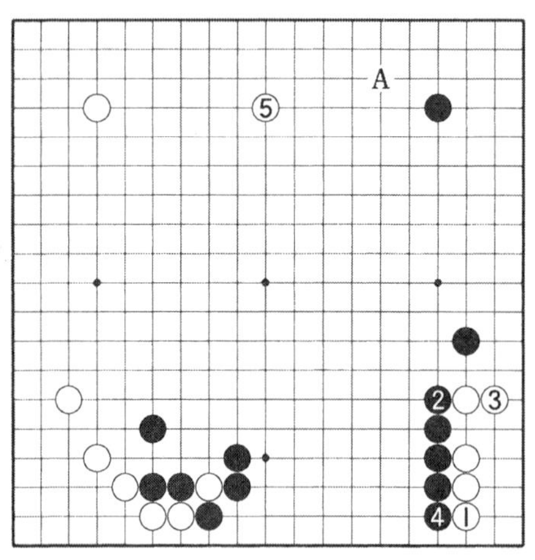

9도(백의 다른 선택)

백은 1로 두어 흑4를 두게 하고 백5로 전환할 수도 있다. 또 백5로는 A로 걸칠 수도 있지만 백5가 전략적 요충지임은 틀림없다.

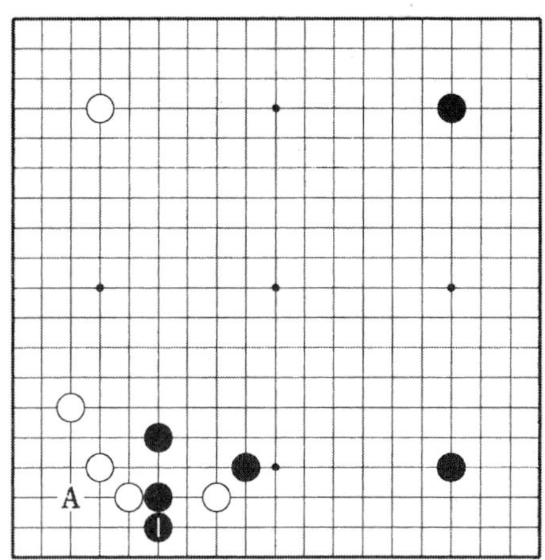

10도(흑의 반발)

흑1은 이 전술의 최후에 개발된 것이다. 이 수의 의미는 초반부터 백에게 집을 주기 싫다는 것이다. A의 침입이 너무도 유혹적이기 때문이다. 이 수는 잘못하면 백의 계략에 휘말릴 수도 있기 때문에 수순을 눈여겨 볼 필요가 있다.

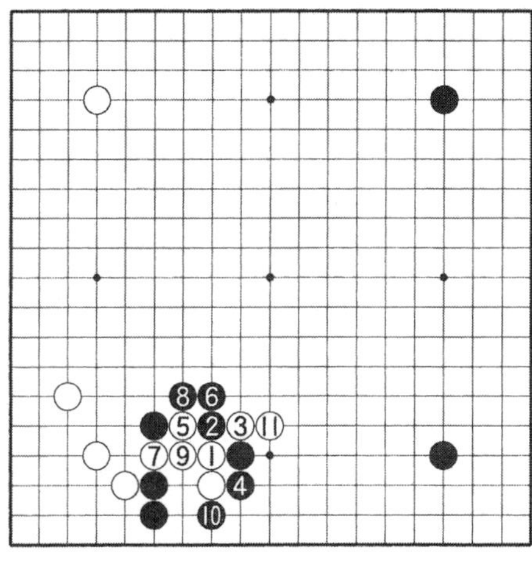

11도(백의 의도)

백은 1로 밀어 3으로 절단하려는 의도를 가지고 있다. 백11까지 백은 자연스럽게 중앙으로 진출할 수 있어 만족이며—

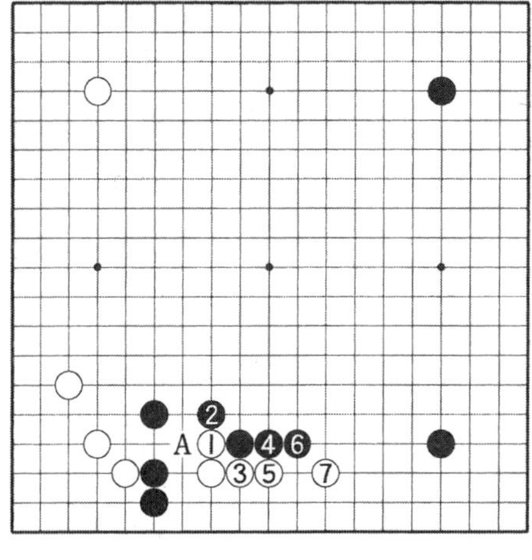

12도(흑의 약점)

백은 3으로 밀어 백7까지 둘 수도 있다. 이때 A의 약점이 흑으로서는 부담이다. 흑이 이곳을 당하는 것은 귀에 뒷맛이 남아 있지 않아 2도와는 차이가 있다.

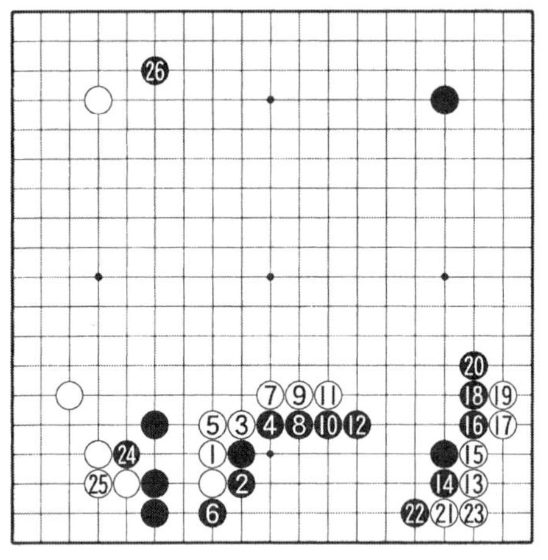

13도(흑의 대안)

흑은 처음부터 백1에 대해 흑2로 반발하는 수단을 준비해 두고 있었다. 이렇게 된다면 흑26까지의 진행이 예상되는데, 이 결과는 백의 중앙 말에 공격의 여지가 남아 흑이 약간 유리하다고 할 수 있다.

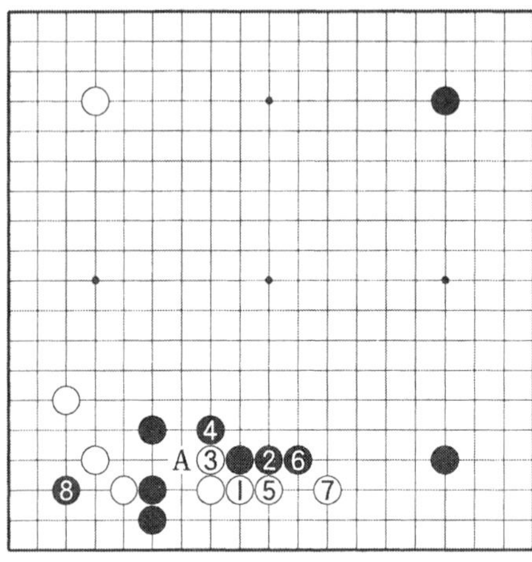

14도(백의 수순)

그렇다면 백도 1로 먼저 미는 것이 최선이 되지만, 백7때 흑도 8로 응수를 묻는 방법도 있어 난해한 진행이 예상된다. 이 변화는 12도에서도 성립할 수 있는데 아직 완성 단계라고 보기는 어렵다. 또 수순 중 백1로는—

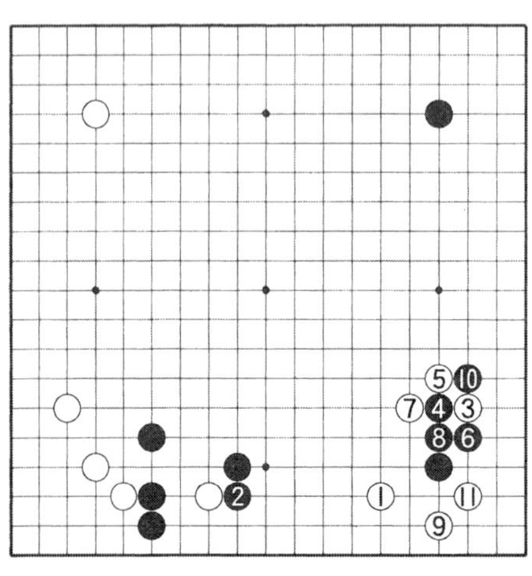

15도(백의 변신)

본도 백1로 변신할 수도 있다. 이때 흑2는 거의 절대이며 백3 이하 백11까지 둔 실전도 있었다. 이 결과는 백의 실리와 흑의 두터움이 어울렸다고 볼 수 있다.

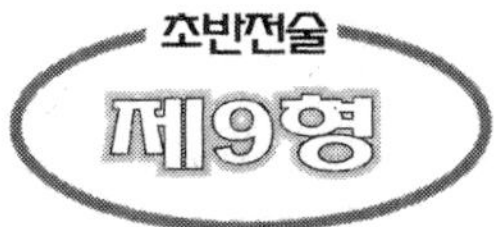

제9형 중앙의 영향력을 중시한 협공 전술

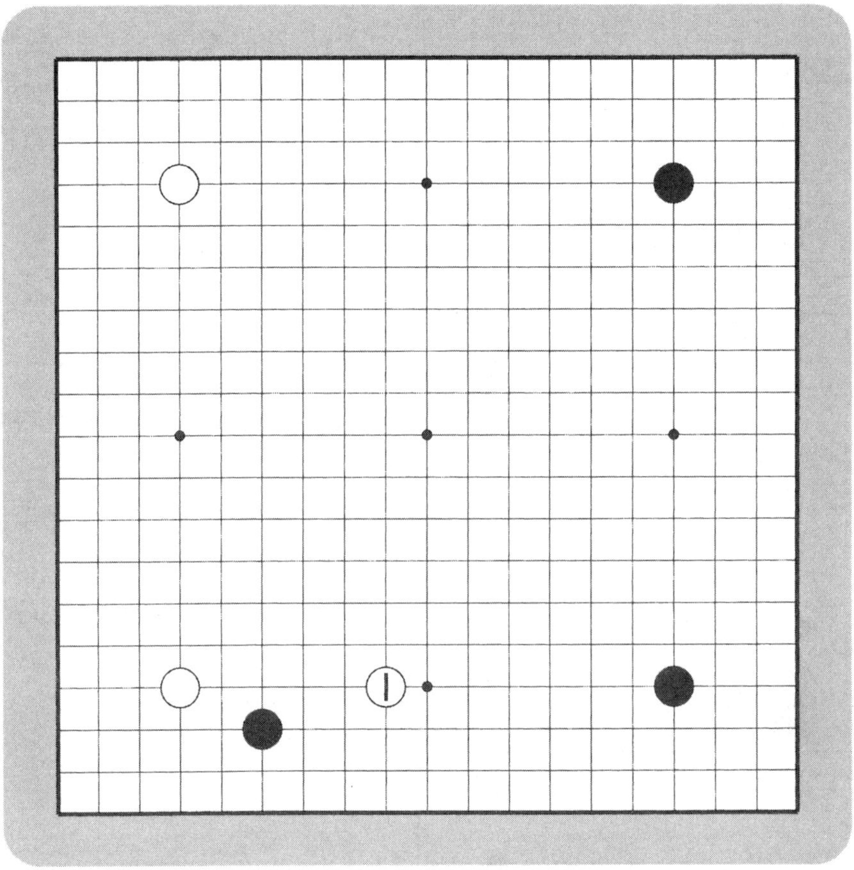

흑의 날일자걸침에 대해 백1로 두칸 협공하는 패턴은 근래에는 별로 두어지지 않는다. 그 이유는 한칸협공보다 격렬하지 못하여 주도적이고 능동적인 현대의 취향과 맞지 않기 때문이다. 그러나 돌의 위치만큼 중앙쪽의 영향력이 있음을 부정할 수는 없으며 따라서 공격적인 기풍의 소유자에게는 어울릴 수도 있다.

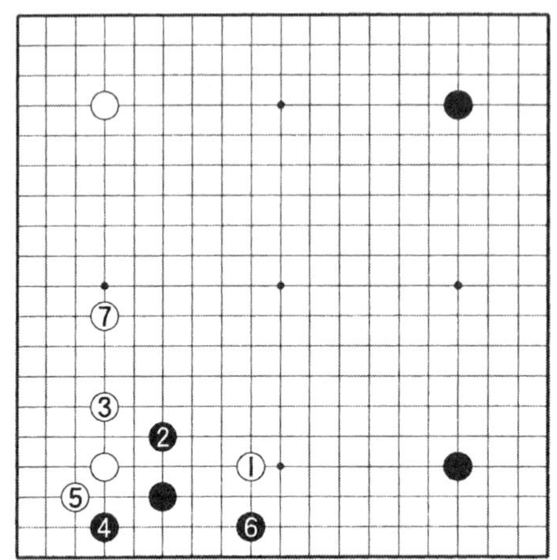

1도(예전의 정석)

백1에 대해 흑2로 뛰는 정석은 요즈음 자취를 감추었다. 그 이유는 흑의 모양에 이용당할 수 있는 약점이 많다는데 있다. 수순 중 백7은 예전에는 두어지지 않았지만 현대의 안목에서는 좌상귀와의 관계를 고려한 전략적인 수비다.

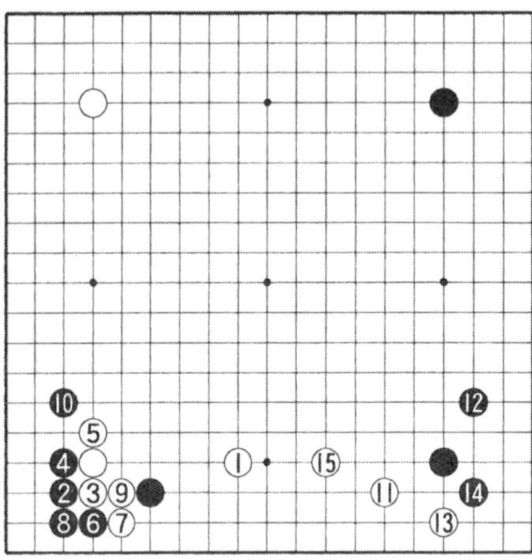

2도(백진에 수 있다)

백1로 두는 수는 근래에 보기 힘들다. 아무래도 적극성이나 실리면에서 한칸협공보다 느슨하다는 의견이 지배적인 모양이다. 예전같으면 백15까지 형성된 백진이 고저장단을 갖춘 훌륭한 모양이라고 했겠지만 이 백진에는 당장 흑이 준동하는 맛이 있는 것이다.

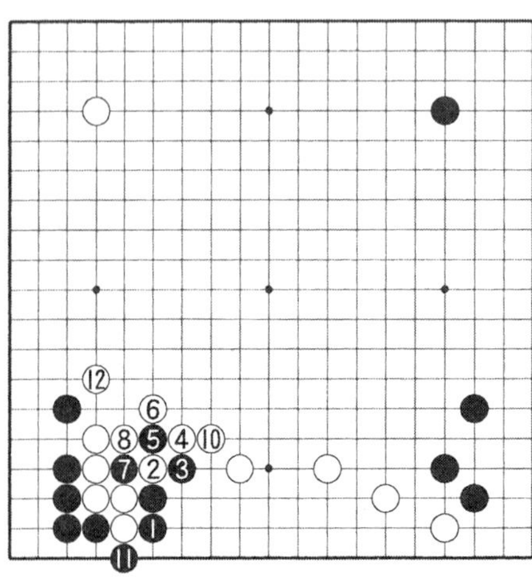

3도(상용의 수법)

흑1은 이 모양에서 준동하는 상용의 수법이며, 백12까지는 얼마 전까지도 실전에 등장했던 진행이다. 아무래도 집에 민감한 현대바둑의 취향과는 거리가 먼 성싶다.

⑨…이음

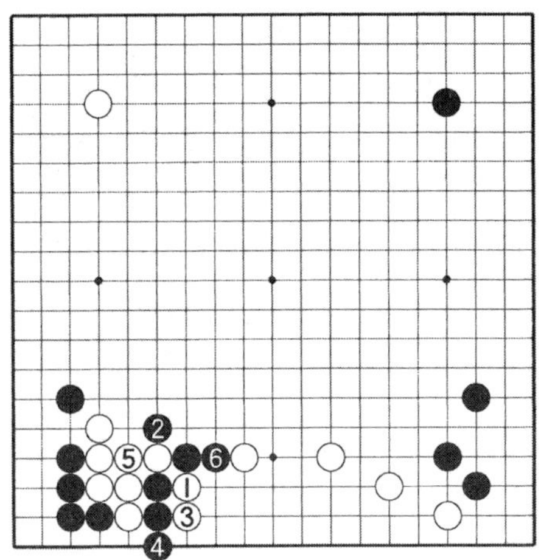

4도(백 착각)

백1·3은 흑4로 저항하는 수단을 착각한 것이다. 우선 백5의 이음이 쓰라리고 흑6에 이르러는 더 이상 수가 없다.

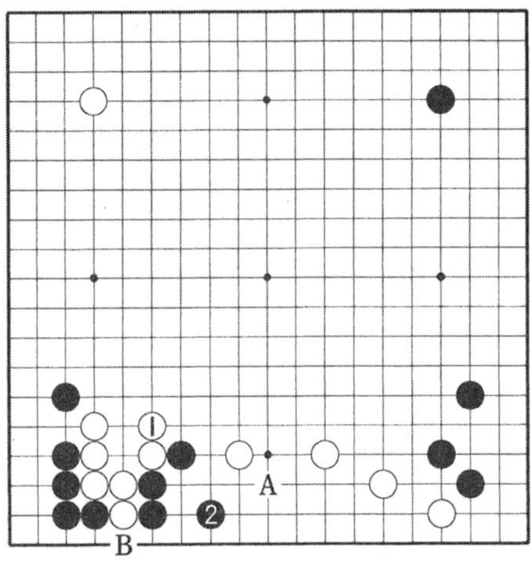

5도(백1 정수지만)

백1은 모양상 정수다. 그러나 흑2로 두는 수가 또한 모양의 급소다. 이 수는 A로 뛰는 수와 B로 넘는 수를 맞보고 있다.

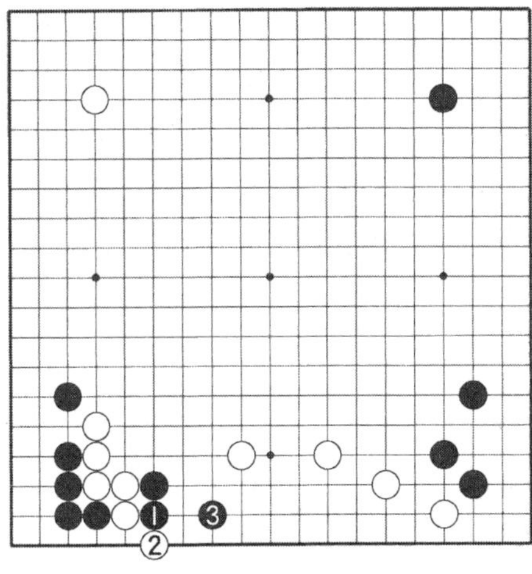

6도(마찬가지)

백2에 대해서도 흑은 3으로 응수하여 중앙으로 진출하는 수와 백진 깊숙이 쳐들어가는 수를 맞보게 되므로 5도와 대동소이하다.

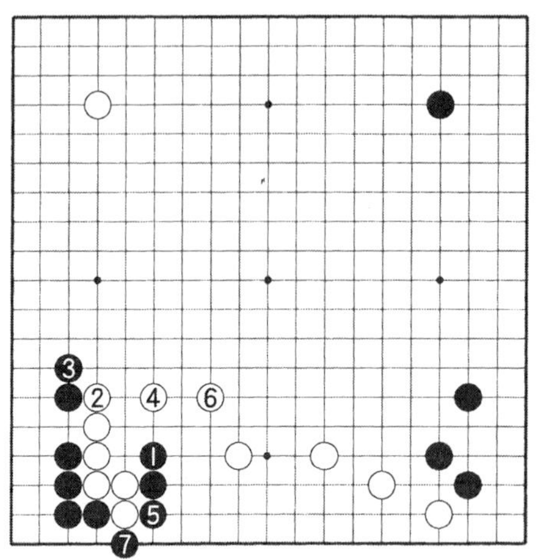

흑은 1로 급소를 제압할 수도 있
다. 이 수도 대단한 강수로 백은 6
정도로 만족하고 다른 곳으로 전환
할 수밖에 없는데, 우선 백2가 악
수인 관계로 백이 불리하다.

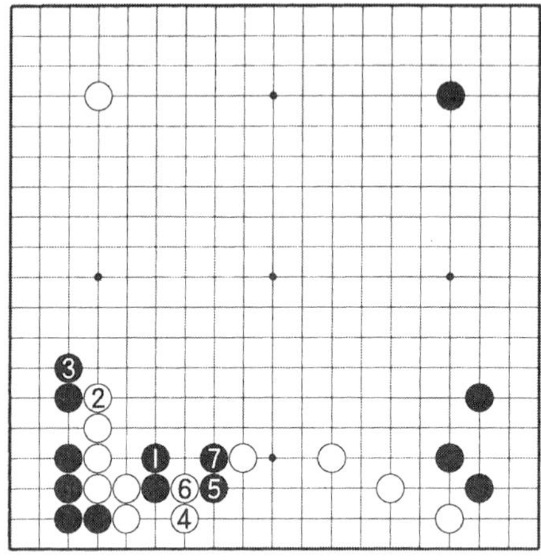

백4는 흑5·7의 반발을 불러 백
진이 분단되는 것을 막을 수 없다.

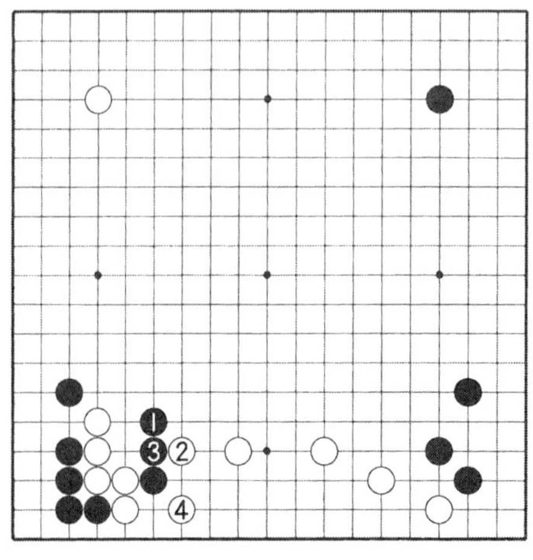

흑1로 한칸 뛰는 수는 일견 경쾌
한 듯 하지만 사실은 악수다. 이번
에는 백이 2·4로 넘게 되어 흑3
점이 무겁다.

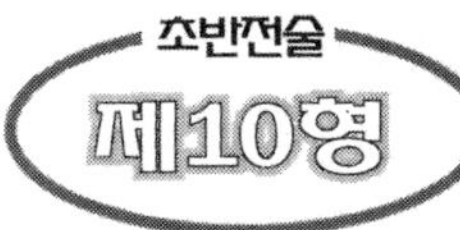

초반전술

제10형 방대한 변화의 90년대 후반 애용 전술

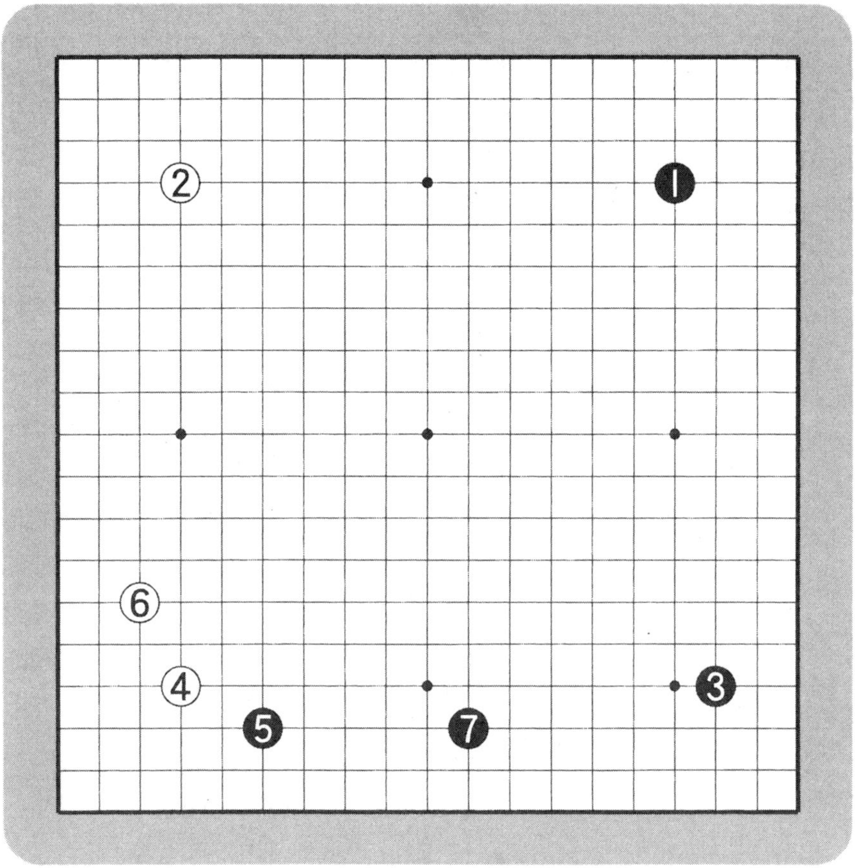

흑1부터 흑7까지의 진행은 미니 중국식의 가장 기본적인 포진이다. 이 패턴은 90년대 후반에 2연성, 중국식 기본형과 더불어 가장 애용되고 있는 초반전술이다. 이 패턴은 많은 기사들에 의해 연구 검토되어 그 변화만도 책 한권의 분량이 넘을만큼 방대하다. 여기서는 그 중 가장 많이 사용되고 있는 변화만 간추려 보기로 한다.

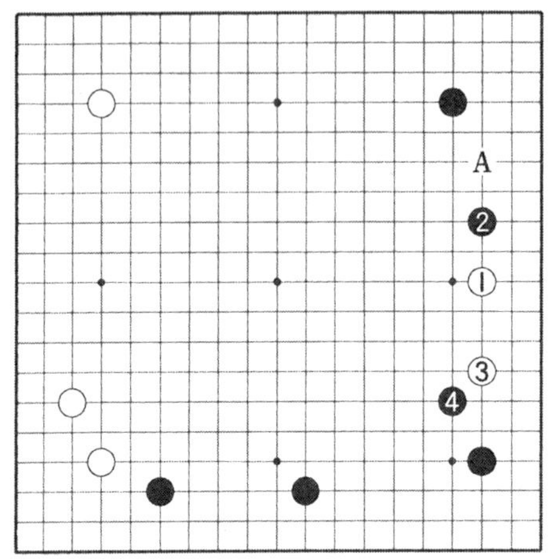

1도(최초의 형태)

현대의 바둑에서 백1은 거의 절대의 한 수로 평가한다. 그리고 흑4까지가 미니 중국식 초반전술의 시작이다. 그러나 흑2는 A의 약점이 눈에 거슬려 요즘 두지 않고 있다.

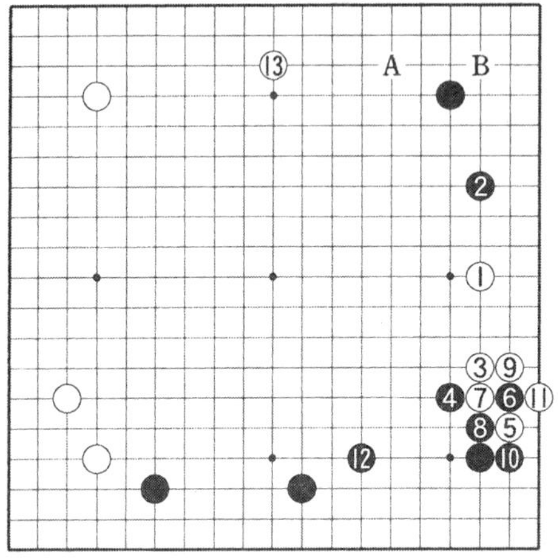

2도(최신형)

백1부터 백13까지의 진행이 최신형이다. 흑2로 접근하는 것이 튼튼하며 흑6의 건너붙임은 초등학생이 최초로 두었다는 유명한 신수다. 또 흑12의 수비가 이 변화의 끝인데, 백13으로는 A로 두는 수도 있지만 이편이 유연하다. 백은 B의 침입을 노리고 있다.

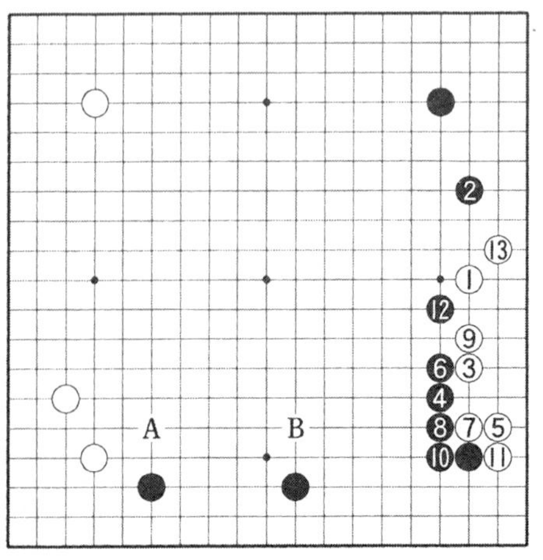

3도(예전의 진행)

백5에 대해 흑6으로 두는 것은 자취를 감추었다. 일단 흑 세력이 단조롭고 무엇보다 우하귀가 아직 정리되지 않았기 때문이다. 백13 이후 흑은 A의 모양확대가 절대적인 수로 남게 되는데 백B의 삭감이 눈에 거슬린다.

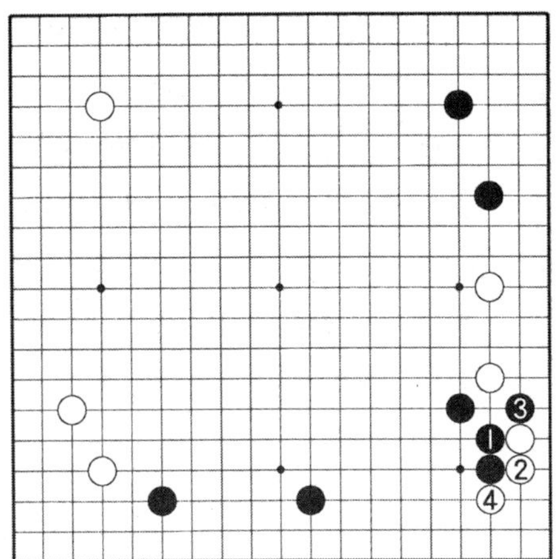

4도(2도의 변화)

흑1로 대항하는 수법도 사라진 변화이다. 그 이유는 백2로 밀고 흑3때 백4의 강수가 있어 이 변화는 흑이 취할 바가 못된다.

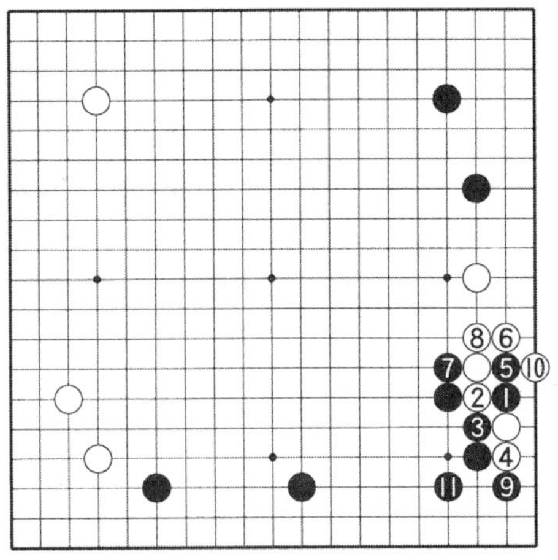

5도(처음에는 흑이 좋다고 한 변화)

2도의 수순중 백9로 본도 백4로 변화를 구했을 때 흑7 이하 11까지로 되면 흑7의 활용이 있어 흑이 유리하다고 판정을 내렸던 진행이다. 그러나 이 결과는 백이 완생형이며 무엇보다 흑진이 2도보다 견고하지 못한 것이다. 따라서 흑은 7로—

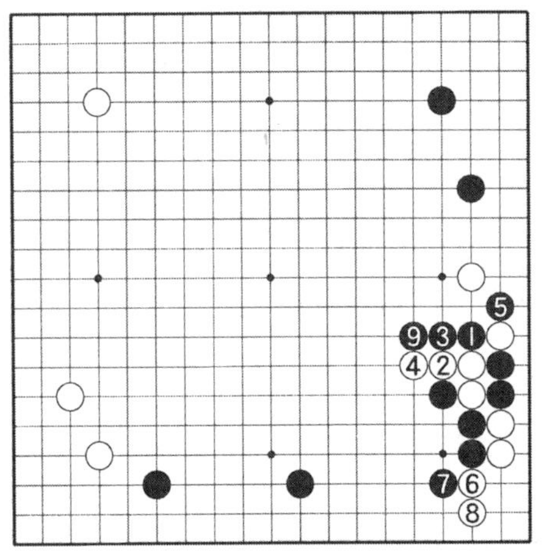

6도(흑 강력한 대항)

흑1로 끊어 변화하는 것이 좋다. 백6·8이 불가피할 때 흑9로 강력하게 밀어 올리면 우변으로부터 중앙에 이르는 흑 모양은 엄청나게 팽창한다.

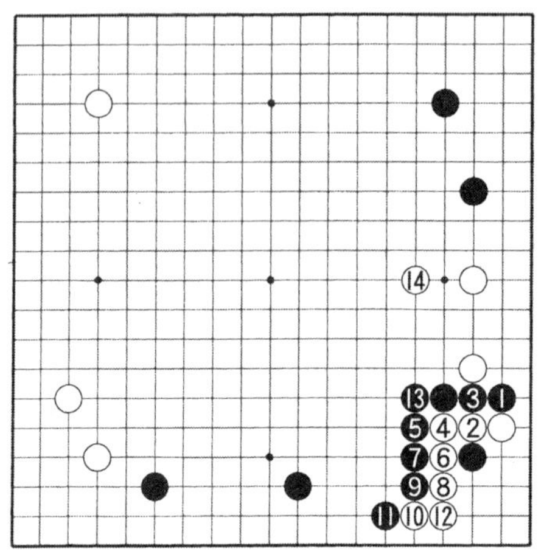

7도(처음에는 흑이 좋다고 한 변화)

이 진행도 처음에 흑이 좋다고 했던 변화인데 역시 번복되어야 마땅하다. 흑13이 불가피할 때 백14로 보강하게 되면 흑이 이 백을 공격하기란 쉽지 않다. 이 수순에는 흑의 조급함이 있었는데 흑5로는—

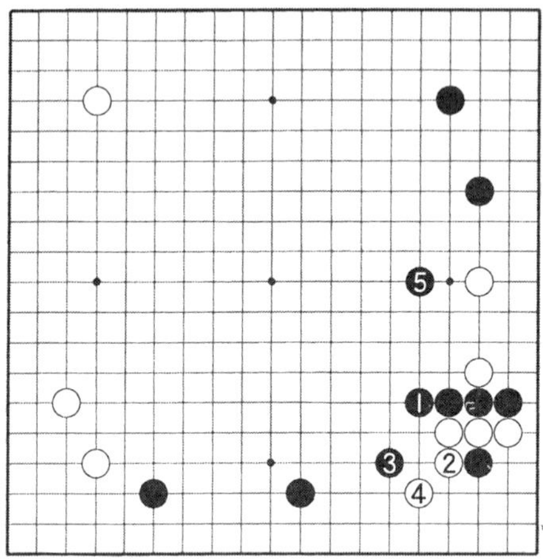

8도(흑 침착)

가만히 흑1에 뻗어두는 것이 침착한 수다. 백2로 보강하면 흑3으로 백4를 강요하고 흑5의 요처를 흑이 차지할 수 있는 것이다.

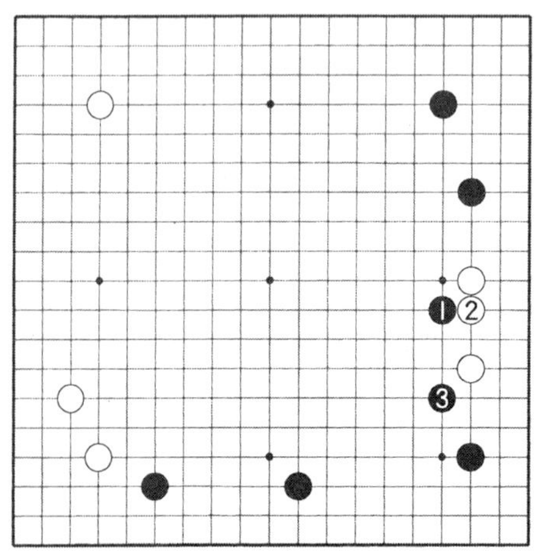

9도(흑의 활용)

흑1로 활용하고 흑3에 두는 것은 가장 최근에 두어진 전술인데, 이 변화에 대해서는 다음 형에서 알아보기로 하자.

초반전술

제11형

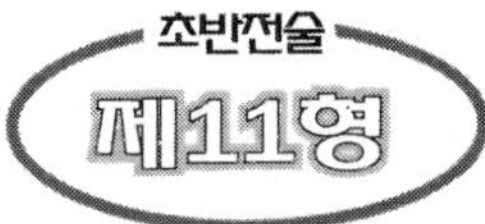

미니중국식에서 능률을 추구한 전술

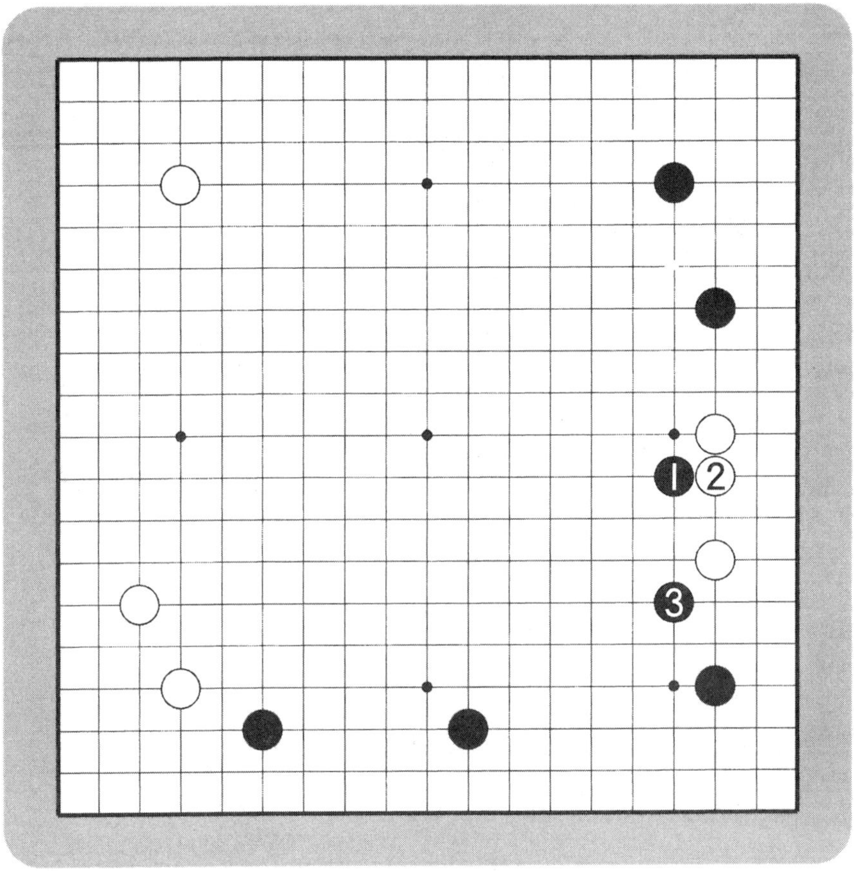

흑1로 백2를 강요하는 수법은 흔히 상용되는 수순이며 능률을 추구하려는 취지가 담긴 초반전술이다. 이 패턴은 근자에 와서 본래의 목적과는 달리 사용되고 있는데, 그 이유는 현대바둑이 부분적인 전술보다 기동력있는 흐름의 전술을 중시하기 때문이라고 보아야 할 것이다.

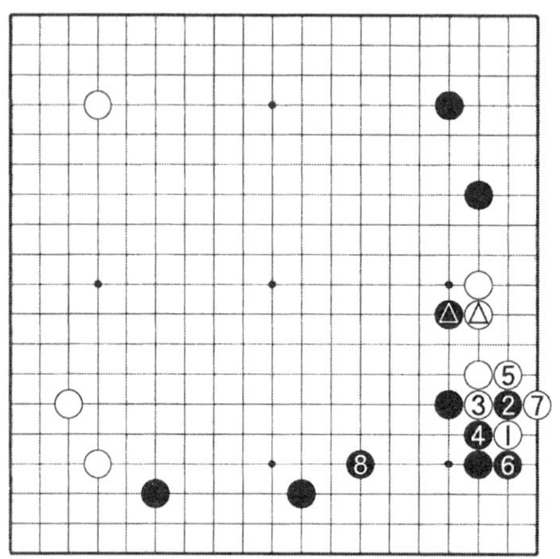

1도(응수타진의 의미)

흑▲, 백△의 응수타진은 이러한 형태의 상투적인 수법인데, 사실은 이 진행만으로 본다면 이 교환이 흑에게 이득인지 판단하기는 불가능하다. 오히려 흑은—

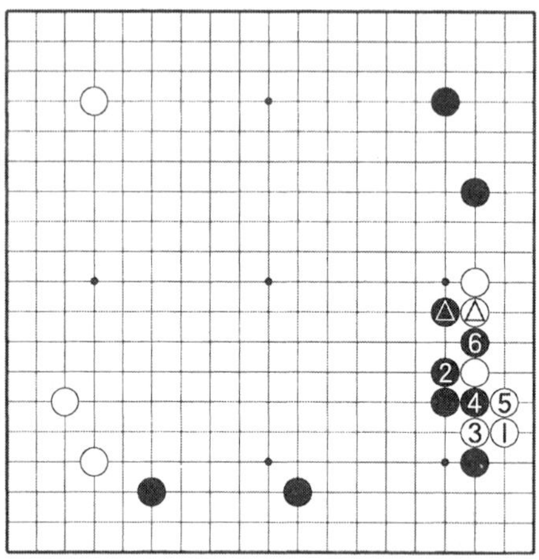

2도(흑의 강수)

백1때 흑2로 미는 수순을 구하는 것이 ▲, △교환의 의지를 살리는 길이다. 백3이라면 흑4·6으로 강력하게 대응할 수 있다. 또 백3으로—

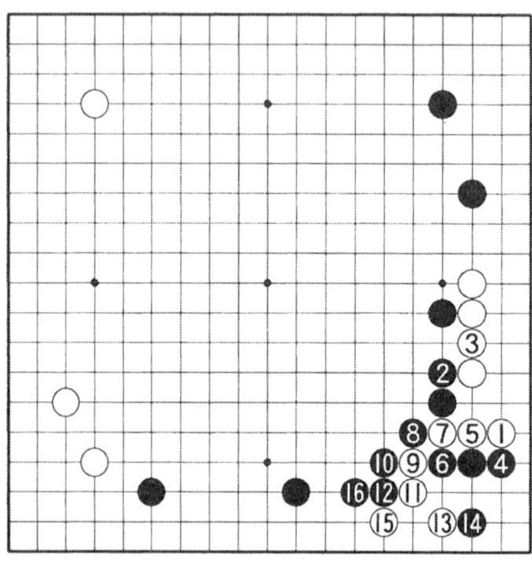

3도(흑의 강수)

본도 백3에 물러선다면 이때는 흑4로 막아 싸울 수 있다. 수순 중 흑6으로 늦추는 것이 포인트이며 백15때 흑16으로 늦추는 수 또한 강수다. 또 귀는 귀대로 대책이 강구되어 있다.

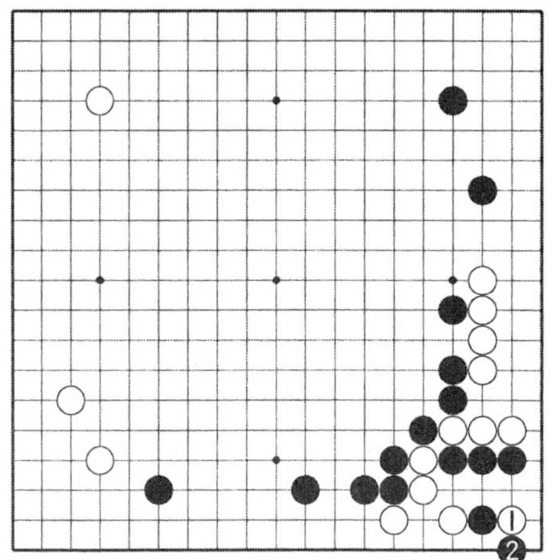

4도(흑의 대책)

백1의 상투적인 붙임에는 흑2로 두는 묘수가 준비되어 있는 것이다. 백은 후일 귀살이하는 맛 정도를 남기고 만족해야 한다.

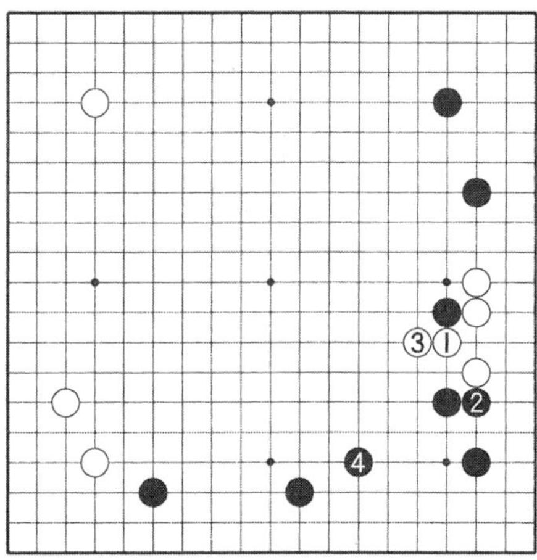

5도(백 최선)

백도 1로 두는 것이 현재로선 최선이다. 이때 흑2로 막는 것이 처음의 연구였는데 백3이라면 흑4로 수비하여 이 결과는 쌍방 무난하다.

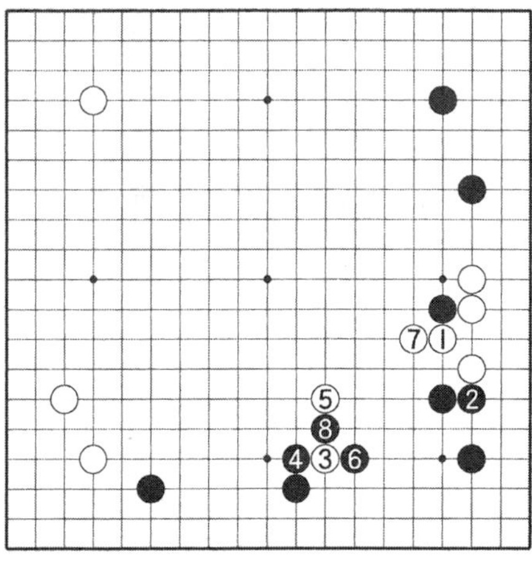

6도(백 별무소득)

백3으로 응수타진해 보는 수도 생각할 수 있지만, 백7의 곳이 요소에 해당하여 이 진행은 그리 신통치 못한 결과다.

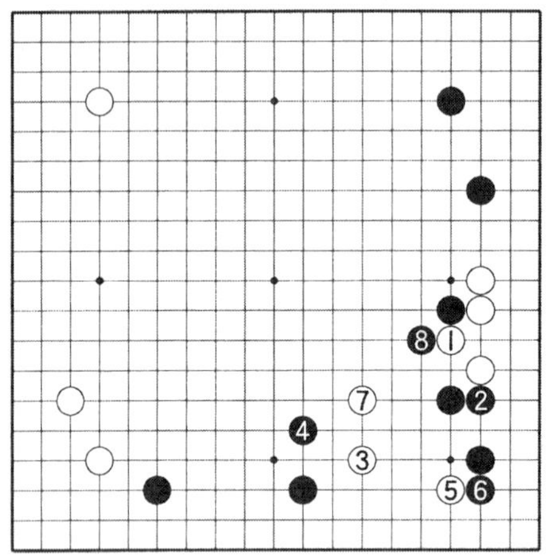

7도(흑 공세)

 백이 3 정도로 침입한다면 흑4로 추격한 후 흑8의 요소를 선점하여 공세를 주도하게 된다.

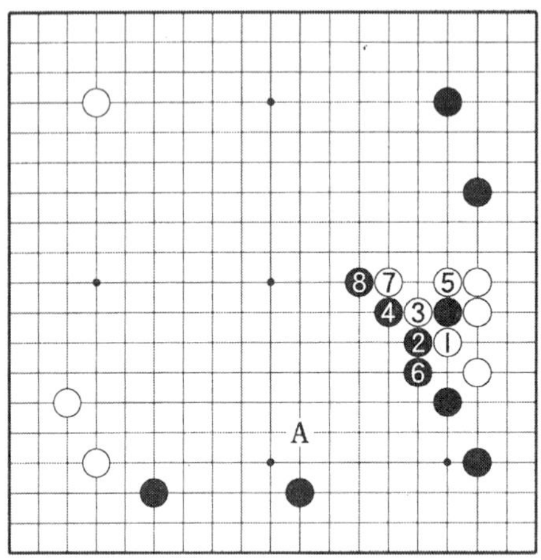

8도(흑의 능동적 전술)

 백1에 대해 흑은 2 이하로 중앙을 제압하는 능동적 전술을 구사하는 것도 일책이다. 이 진행은 백에게 A로 삭감하는 타이밍을 주지 않는 것이 중요하다.

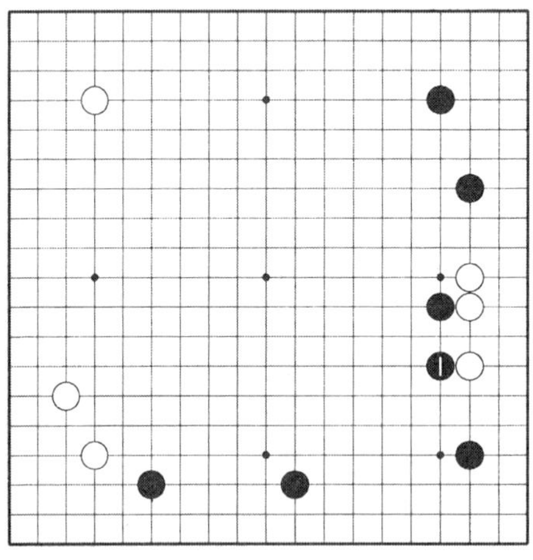

9도(최신형 미완성 전술)

 흑1로 두는 것은 제11형보다 훨씬 더 격렬한 수법인데 이 변화는 다음 형에서 다루기로 하자.

제12형 전투로 주도권을 잡으려는 적극적인 전술

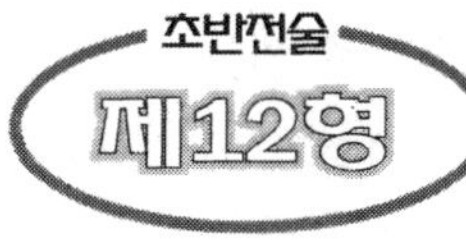

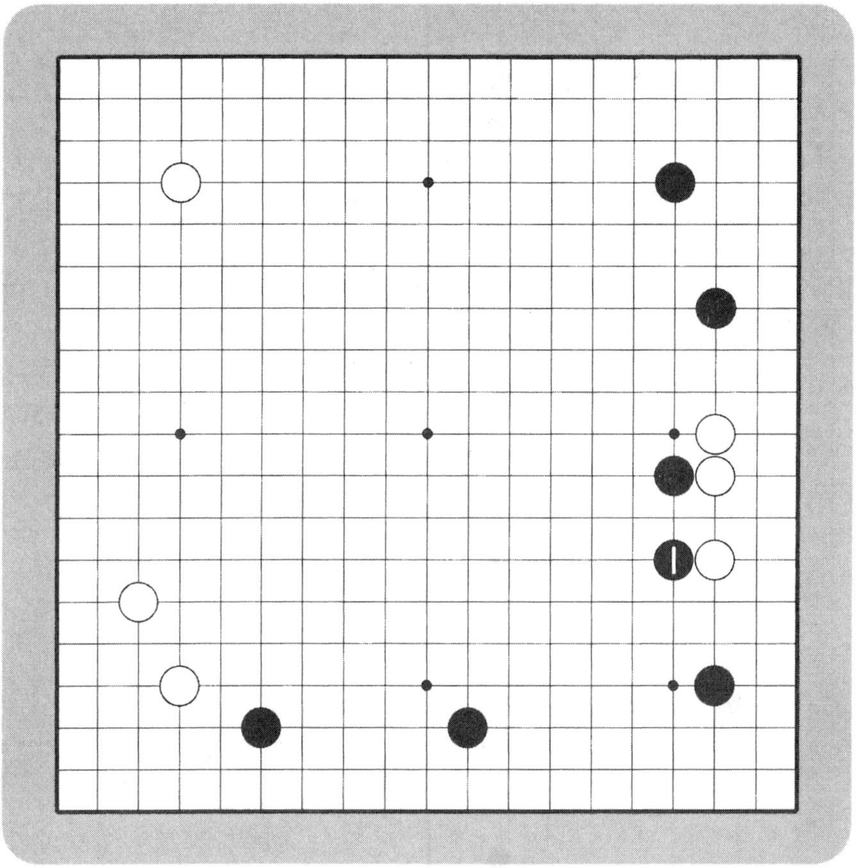

흑1의 붙임은 가장 최근에 실험된 격렬한 전술패턴이었다. 이 패턴은 하변에 배치된 흑돌을 활용하여 전투로 주도권을 잡으려는 적극적인 수법이며 아직도 연구가 진행되고 있는데, 백의 대응에 의외로 단순한 수단이 있어 찬성하기는 어렵다.

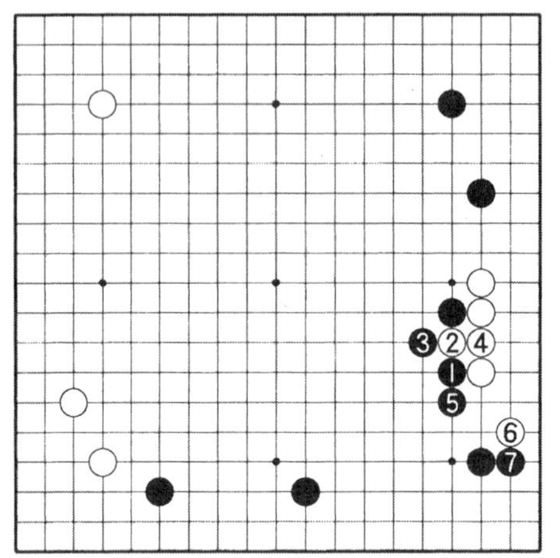

1도(제11형 3도로 환원)

백2·4로 두는 것은 제11형 3도로 환원된다. 따라서 백은 이 진행을 선택할 수 없다.

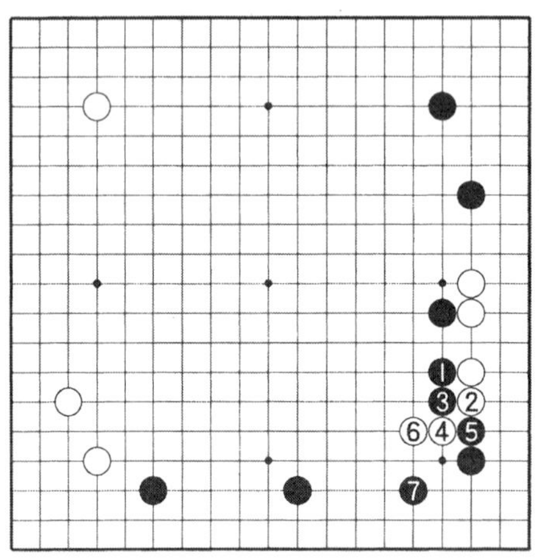

2도(백 무리)

백2 이하로 대항하는 것은 무리다. 흑7에 이르러 이 전투는 흑이 백2점을 공격하며 하변을 굳힐 수 있어 흑이 우세하다.

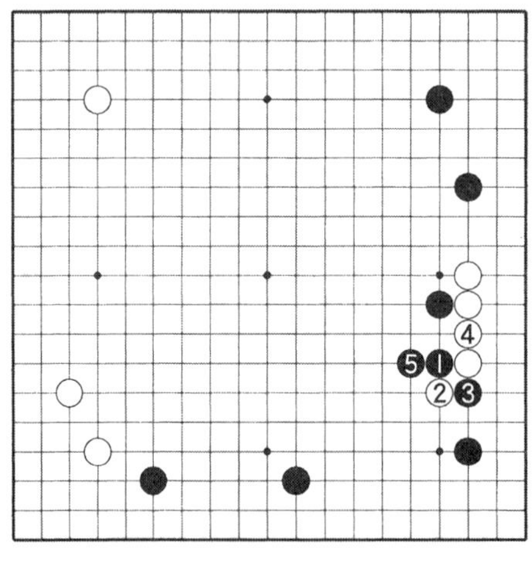

3도(백 무리)

백2로 반발하는 것도 역시 수월치 않다. 흑5로 뻗는 자세가 좋아 백이 계속 반발하면 우변 백에게까지 영향이 미칠지도 모른다.

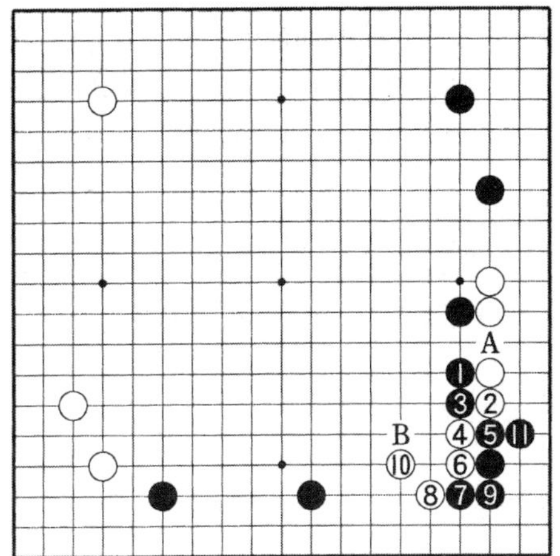

4도(전투)

2도의 백6으로 본도 백6에 두면 백10까지의 전투가 예상되는데 여기서 흑11의 수비가 침착한 수다. 이 수로 흑은 귀를 살면서 A와 B를 노리게 되어 흑이 다소 유리한 싸움이다.

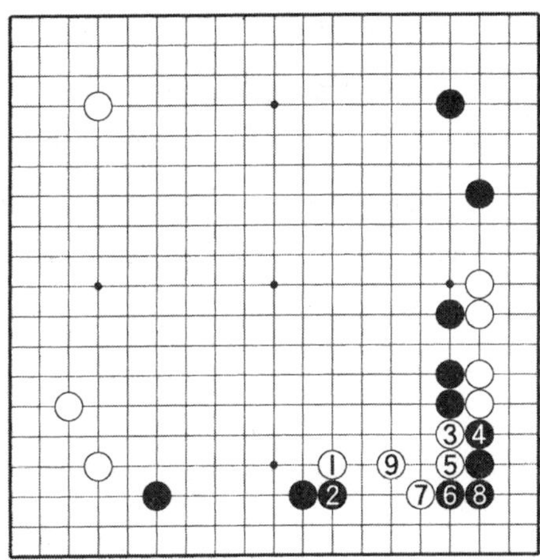

5도(백의 응수타진)

백은 사전에 백1로 응수타진할 수도 있다. 흑2로만 받아준다면 그때 백3을 실행하여, 이 진행이라면 백이 유리하다. 또 흑2로—

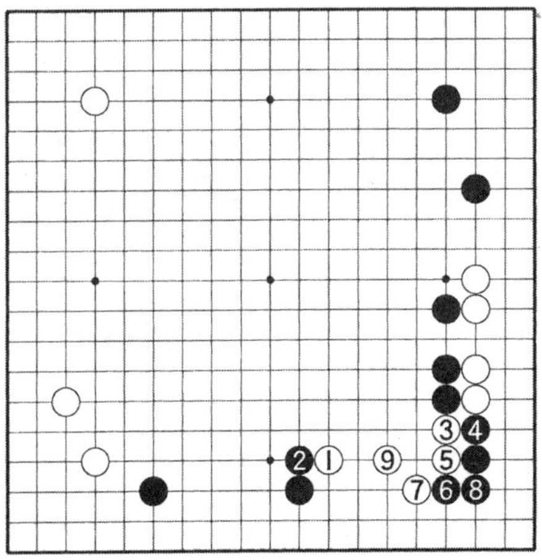

6도(백 유리)

백1에 대해 흑2로 받아도 백9까지 진행된다면 역시 백 모양에 탄력이 있어 흑이 좋지 않다. 따라서 흑도—

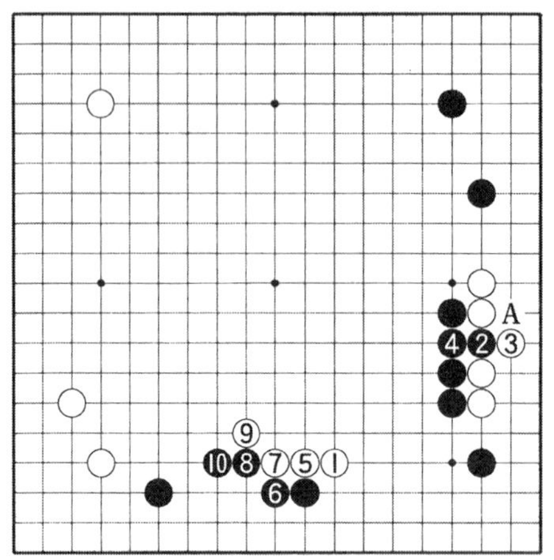

7도(흑의 대응)

백1에 응수하지 않고 흑2·4로 끼워 이어 A의 절단을 노리며 대응하는 수가 있다. 이후 흑10까지 진행이 예상되는데 이 결과는 예측 불허다. 또 수순 중 백5로—

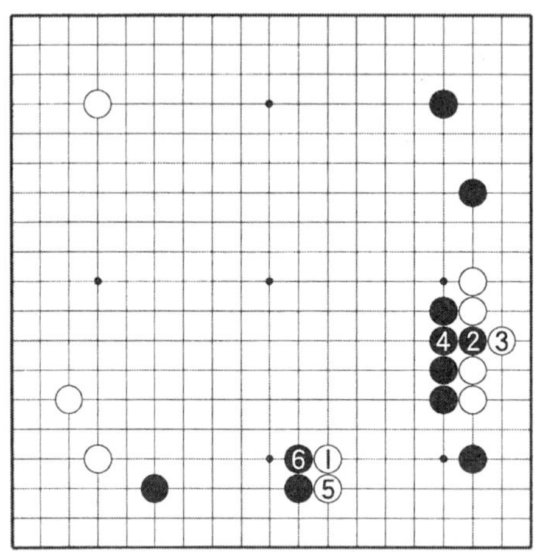

8도(백 불리)

본도 백5로 욕심을 내는 것은 흑6의 반발을 불러 우측 흑의 세력이 활용되므로 백이 불리하다. 지금까지의 변화에는 흑백 쌍방간에 복잡 미묘한 부분이 있었지만 의외로 백에게는 단순한 수순이 있다.

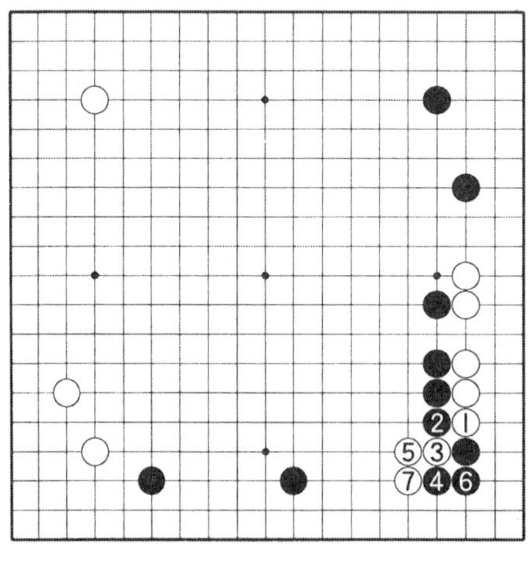

9도(백의 강수)

백에게는 백1·3으로 절단하는 강수가 있다. 이때 흑4는 대악수로 백7로 틀어 막히면 대책이 없다. 또 흑6으로—

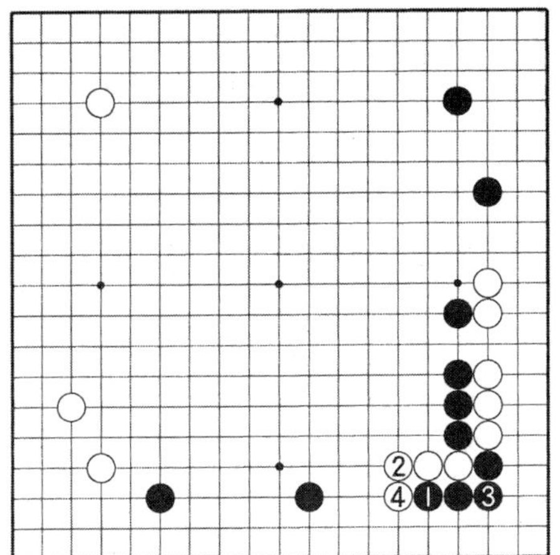

10도(흑 무리)

흑1로 한번 더 밀어도 백2로 침착하게 늘어두면 흑3때 백4로 막는 힘이 강하여 흑이 크게 불리하다. 따라서 9도의 흑4로는—

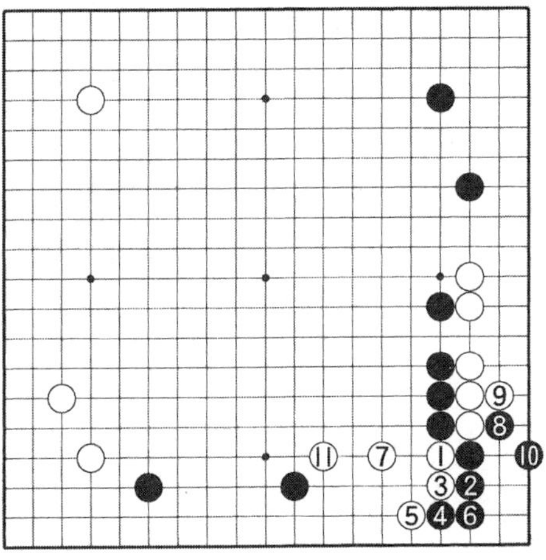

11도(백 주도권 장악)

본도 흑2가 절대이며 이후 백11까지가 거의 필연인데 이 결과는 백이 크게 우세하다. 또 수순 중 흑8·10도 거의 손뺄 수 없다. 만약 흑이 8을 두지 않고—

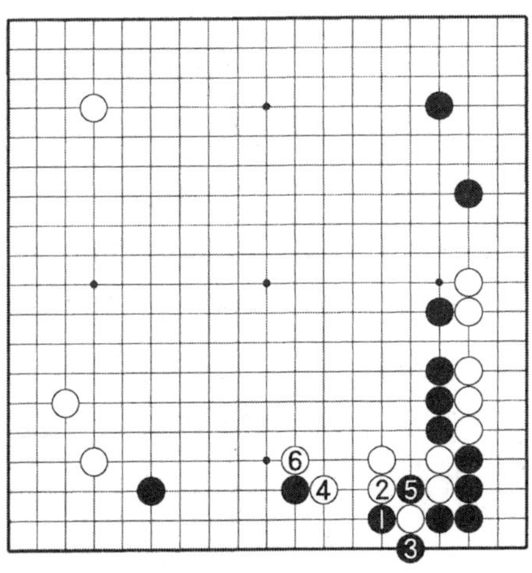

12도(백4·6 맥점)

흑1로 상투적인 응수타진을 하는 것은 백4·6의 통렬한 맥점이 있어 역시 흑이 좋지 않다. 이미 백2점은 자기 몫을 다했기 때문이다. 또 흑1로—

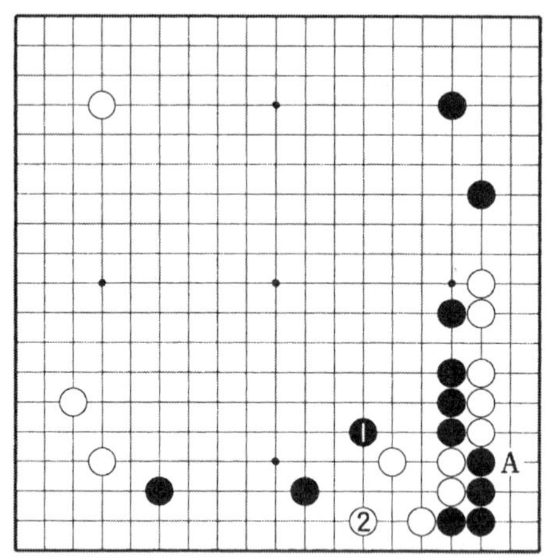

13도(흑 욕심)

본도 흑1로 봉쇄하려는 것은 백 2의 수비가 좋아 성공하지 못한다. 백2의 수비는 탈출과 백A로 잡는 수를 동시에 맞보고 있다.

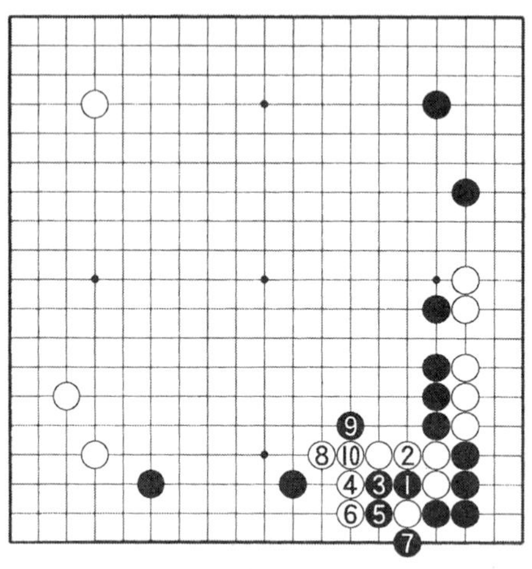

14도(흑 불리)

흑1에 끊는 것도 좋은 결과를 기대할 수 없다. 백10까지가 거의 필연인데 이 결과는 흑이 백을 공격할 힘이 없어 흑이 크게 불리하다.

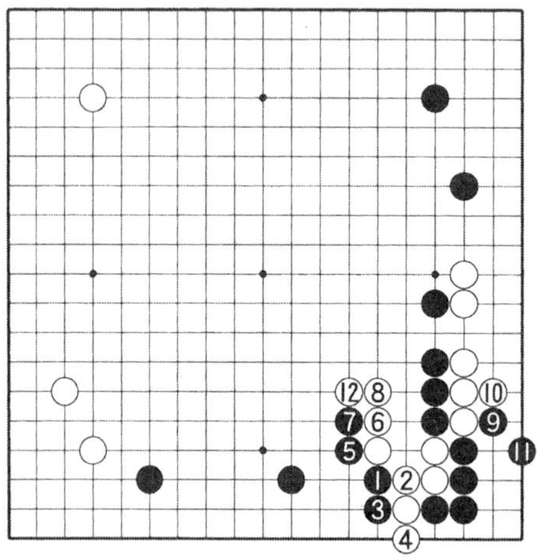

15도(흑 불리)

흑1로 붙이는 맥점이 그럴 듯 해 보이지만 백2 이하로 진행되면 백 12로 꼬부리는 점이 통렬하여 역시 백이 우세하다. 따라서 제12형은 백 이 9도 이하로 반발하여 우세하므로, 다른 연구가 나타나기까지는 전술적으로 다소 미비한 점이 있다고 하겠다.

제13형 유연한 진행을 바라는 높은 전개

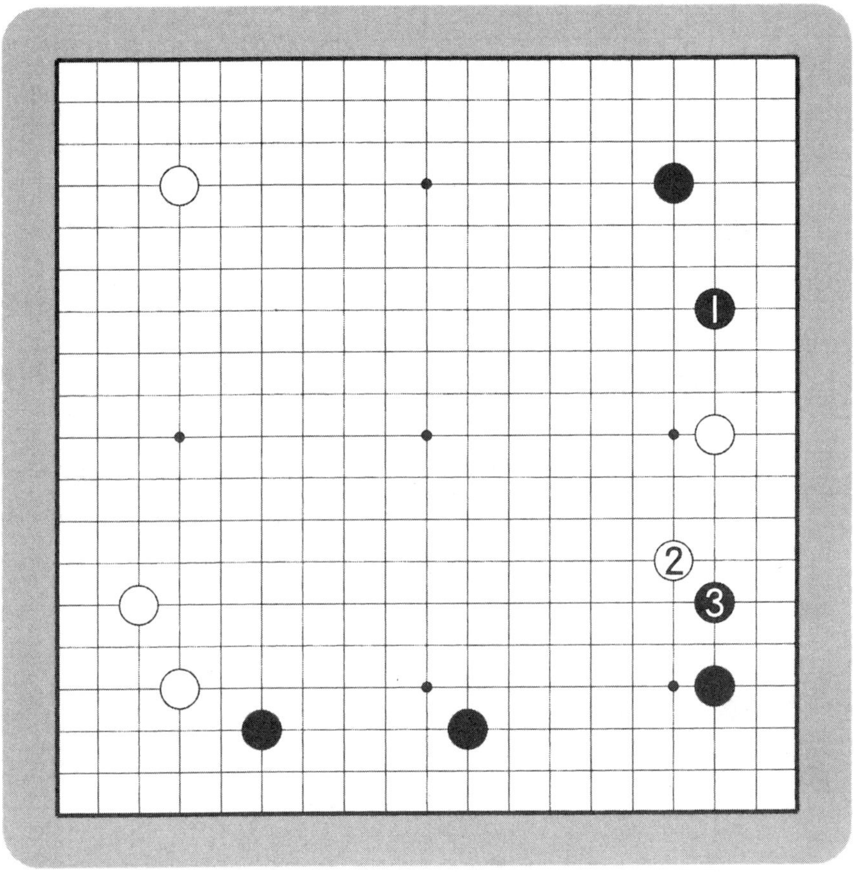

백2는 흑3으로 다가서면 백에게 좋은 결과가 나타나지 않아 잘 두어지지 않는 것이지만, 유연한 기풍의 소유자라면 시도해 볼만한 전술패턴이다. 이 패턴에도 함정이 있어 수순을 그르치면 초반 포인트를 쉽게 잃을 수도 있다.

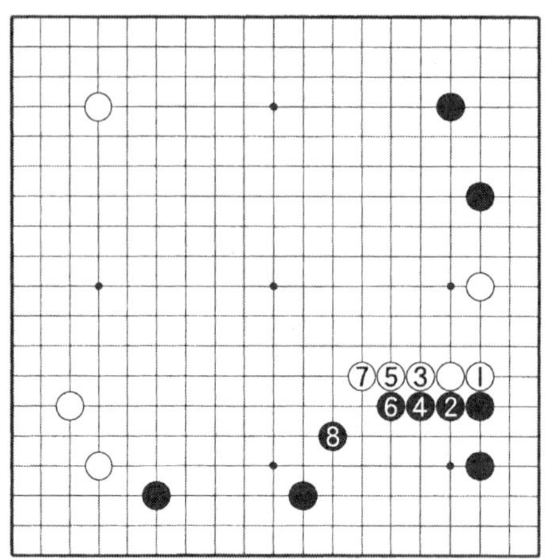

1도(흑의 주문)

제13형 흑3의 의미는 백1로 받게 하여 흑8까지 완벽한 집을 구축하려는 것이다. 이 결과는 흑이 30여집에 이르는 확정가를 가진데 반하여 백의 세력이 그 기능을 발휘할지 의문이므로 백이 불리하다. 따라서 백도 약간의 전술적 교란이 필요하다.

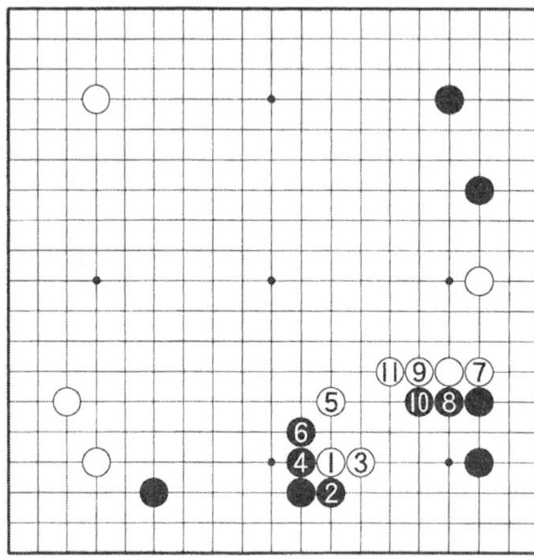

2도(흑 당함)

우선 백은 백1로 어깨짚는 수법을 생각할 수 있다. 이 때 흑이 집을 중시하여 흑2·4로 응수하면 그 즉시 백의 책략에 말린다. 백11까지 흑집은 볼품없이 줄어들어 백이 크게 우세하다.

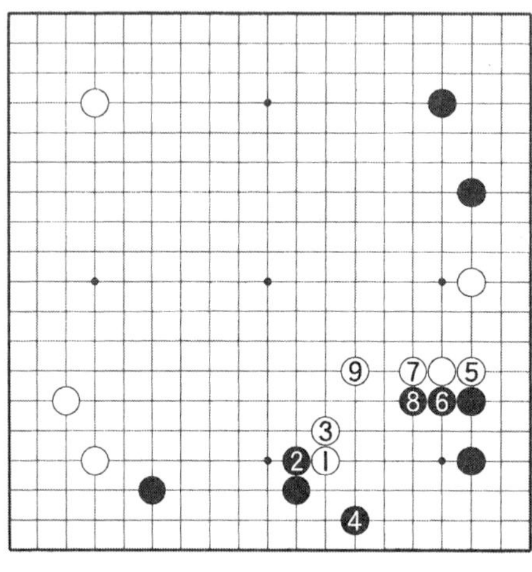

3도(역시 백 우세)

흑2 이하의 대응도 2도와 비교하여 별반 다르지 않다. 흑도 4로는 백5쪽을 미는 정도일 것이다.

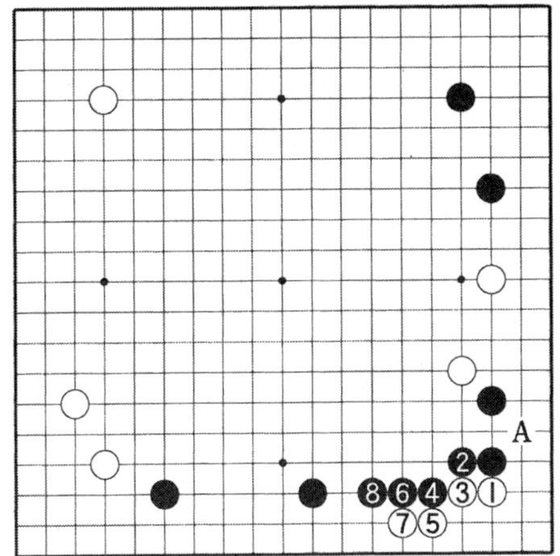

4도(지나친 응수타진)

백1의 응수타진은 상투적인 고급 수법이다. 그러나 이 경우는 우변 백2점을 고려하지 않은 것이다. 흑은 2 이하로 침착하게 두어 넉넉하다. 무엇보다 A와 같은 곳이 귀에 선수로 작용하므로 우변 백2점에 영향력을 가지고 있다.

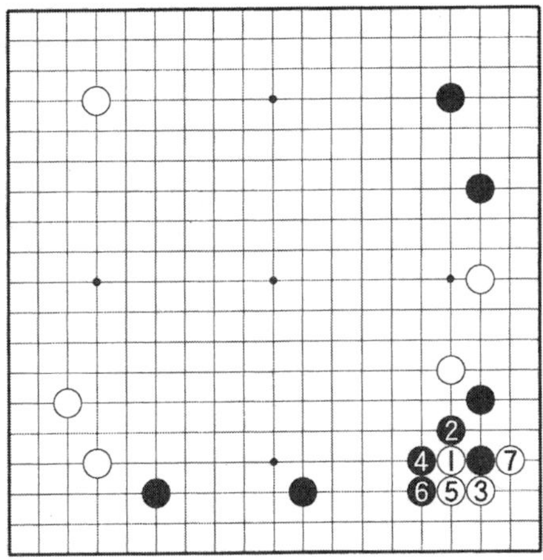

5도(난이도 있는 응수타진)

백1의 응수타진도 있다. 이 수는 4도보다 변화가 다양하며 그만큼 일리도 있다. 이 변화는 백7로 귀가 쉽게 살면서도 우변 백2점에 피해를 주지 않았으므로 백이 유리하다. 따라서 흑도 4로는—

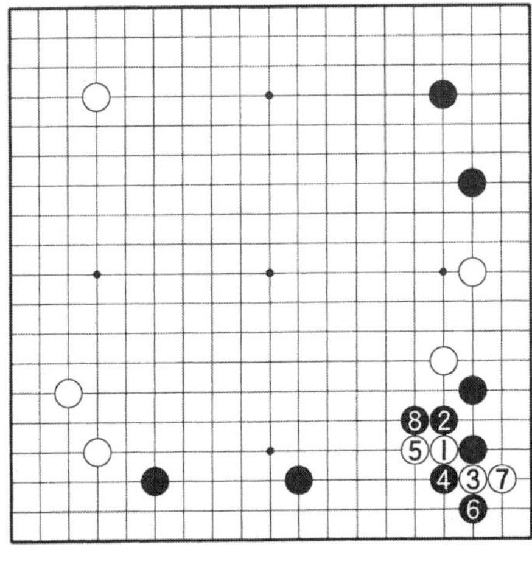

6도(백 무리)

본도 흑4쪽을 끊는 것이 온당하며 그리고 흑6으로 단수치는 것이 수순이다. 여기서 백이 7로 살리는 것은 무리다. 흑8에 대해 응수가 두절되기 때문이다. 따라서 백도 7로는—

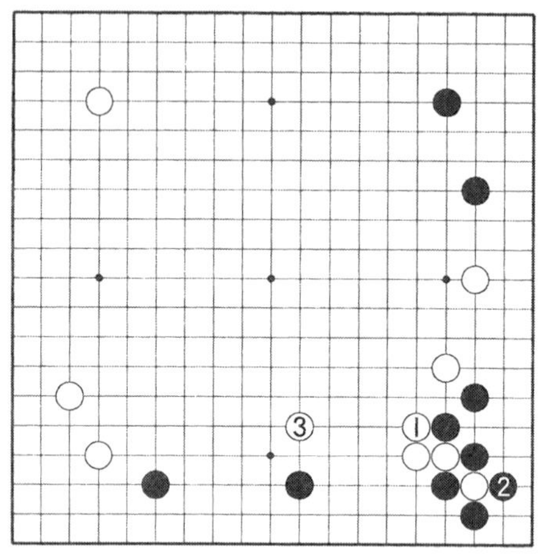

7도(백 둘만 함)

백1로 이곳을 막는 것이 정수다. 이때 흑2의 따냄은 절대이며 백은 3으로 중앙을 보강한다. 이 결과는 백이 흑에게 얼마간의 확정지는 허락하였으나 중앙을 제압하여 둘만 한 형세라고 할 수 있다.

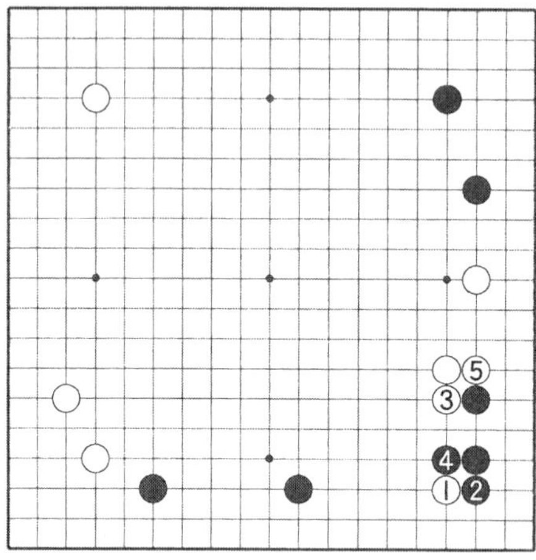

8도(최근의 연구)

백1로 응수타진하는 수법은 최근에 연구된 것으로 책략이 풍부한 수법이다. 흑2라면 백은 3으로 미는 수순을 얻을 수 있다. 백1의 효과다. 흑4로 후퇴할 수밖에 없을 때 백5로 눌러 백은 소기의 목적을 달성한 셈이다. 또 흑2로――

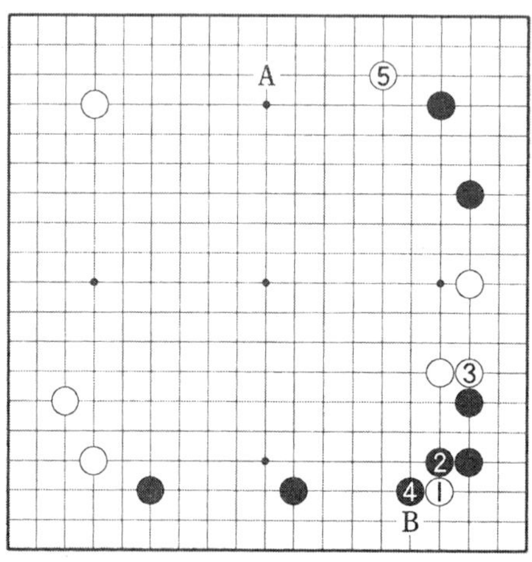

9도(함축성있는 수순)

흑2로 민다면 백은 더 이상 응수하지 않고 백3으로 수비한다. 흑이 4로 백 한점을 제압하지 않을 수 없을 때 백5로 전환하는 것이 이 응수타진의 전술적 수순인 것이다. 아직도 귀에는 백B의 뒷맛이 남아 있다. 수순 중 백5로는 A에 둘 수도 있다.

초반전술

제14형

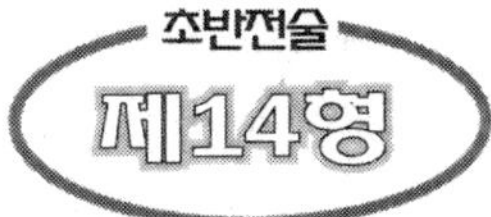

걸침을 보류한 함축성있는 전술

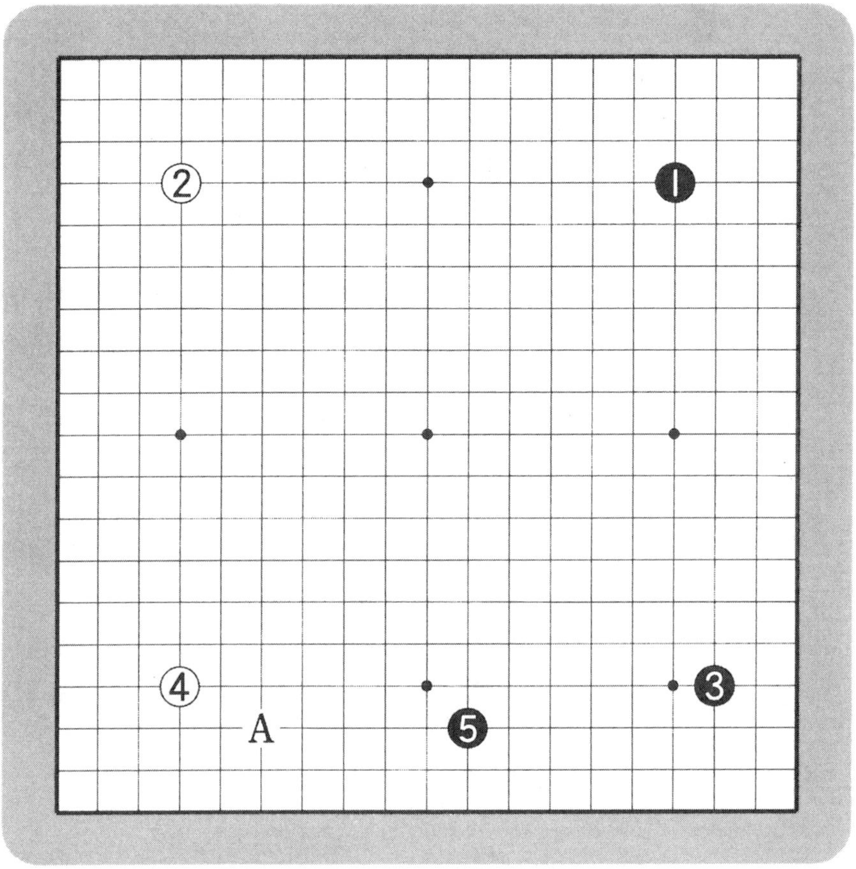

흑5는 A의 걸침을 보류한 만큼 함축성있는 착상의 전술패턴이라 할 수 있다. 백의 응수여하에 따라 복잡해질 수도 있고 단순해 질 수도 있지만, 중요한 것은 중국식 포진의 특성상 대모양을 주지 않으려는 발상이 백에게 요구된다.

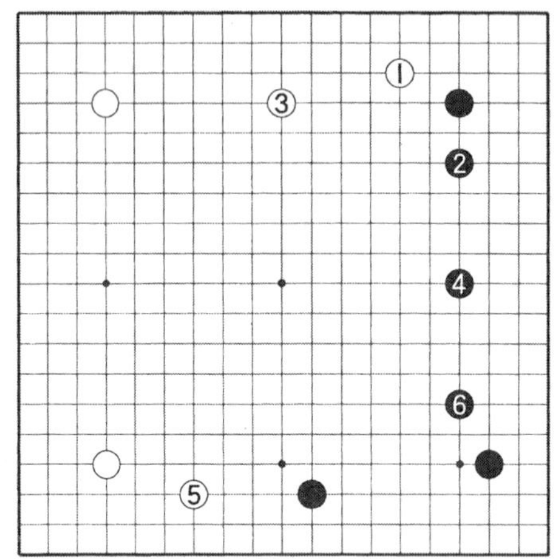

1도(백 수순을 놓침)

이 패턴에서 간과할 수 있는 수순이 있다. 백1이 그것인데 이 수는 흑4·6으로 진영을 구축하는 타이밍을 주게 되어 흑의 전술을 돕게 된다. 그러므로 백1로는—

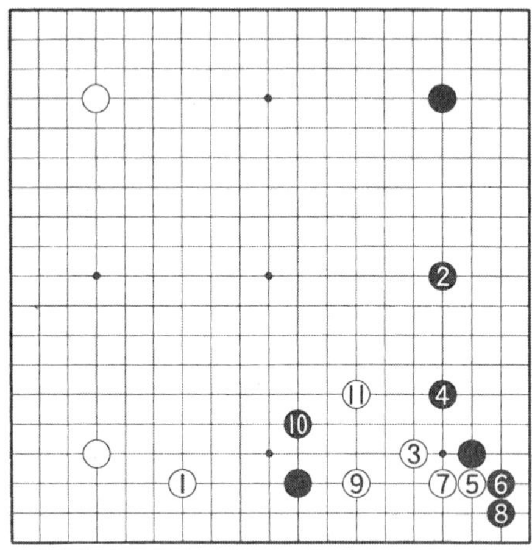

2도(백의 수순)

백은 1쪽을 먼저 두어야 하는 것이 초반전술의 핵심이다. 이 때 흑이 2로 수비한다면 백은 즉시 3으로 뛰어드는 수순을 얻을 수 있는 것이다. 백1의 기착점이 있기 때문에 백11까지 진행되면, 이 결과는 흑이 하변의 흑2점을 공격하는 흐름이므로 백이 좋다. 수순 중 흑8로—

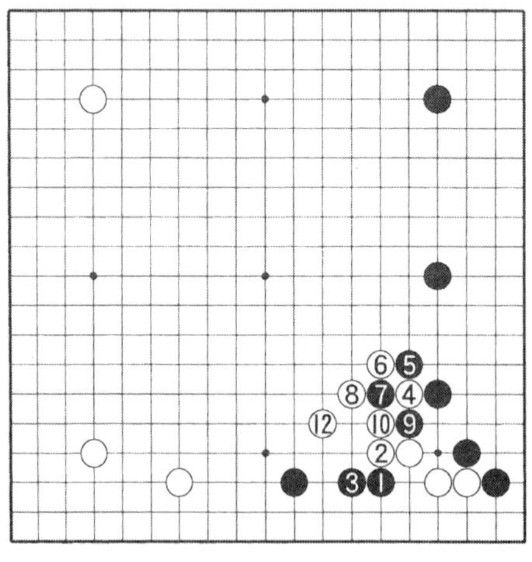

3도(백 크게 우세)

흑1로 육박하여 선공하려는 것은 백4 이하의 상용수법으로 대응하여 이 흐름도 백이 주도하게 된다.

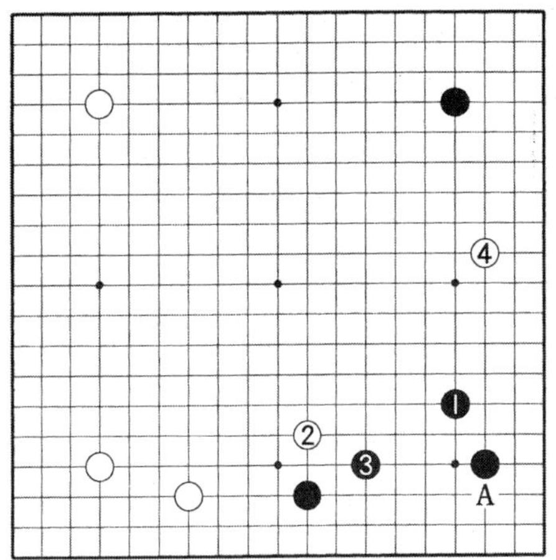

4도(약간 능률적이지만)

흑은 1로 수비하는 방법이 있다. 능률적으로 보이기는 하지만 백2로 삭감하고 백4로 갈라치면 흑의 진영이 제한되어 흑이 좋을 것은 없다. 또 흑진에는 A의 뒷맛이 있다. 참고로 백2를 능률적으로 지원하기 위해―

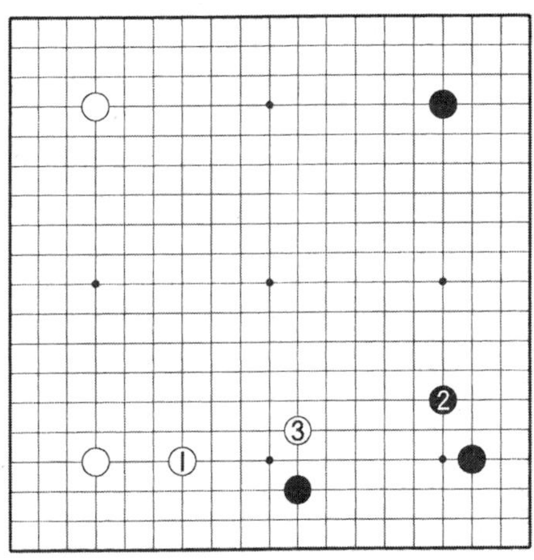

5도(실험됐던 수)

백1로 높게 둔 실전도 있다. 흑2라면 백3으로 두어 이 자세는 백이 4도보다 좋긴 하지만, 흑도 2로 두지 않는다면 백의 작전은 빗나가는 것이어서 주목받지는 못했다.

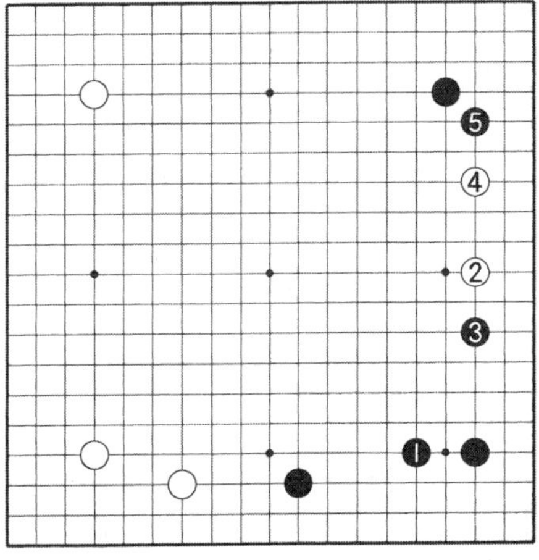

6도(정형화된 흐름)

흑1로 수비하여 백2를 유도하는 것이 가장 많이 두어진 흐름이다. 이때 백4는 흑5로 육박하는 점이 강력하여 잘 두어지지 않는다. 백4로는―

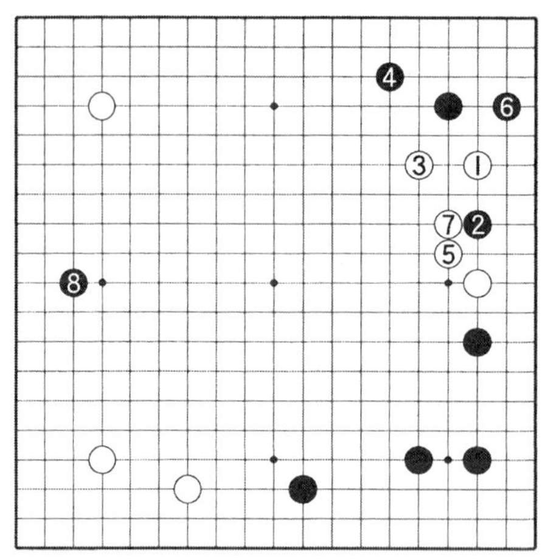

7도(적극적인 공방)

본도 백1로 걸치는 것이 적극적인 태도다. 흑도 2로 뛰어들어 이 수순이 쌍방 최선의 공방이다. 그러나 백5는 다소 느슨한 감이 짙다. 흑6으로 집을 차지하고 흑8로 전환하면 흑이 스피드에서 한발 앞선다. 따라서 백도 5로는―

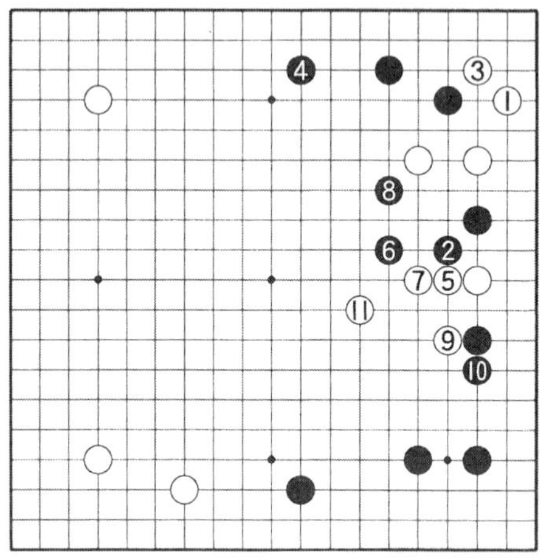

8도(현대의 전술)

백1로 두는 것이 가장 보편화된 현대의 초반전술이다. 백11까지 진행된 후 흑은 백을 계속 공격하는 흐름을 타게 된다. 여기서 잠깐 알아둘 필요가 있는 응수타진이 있는데―

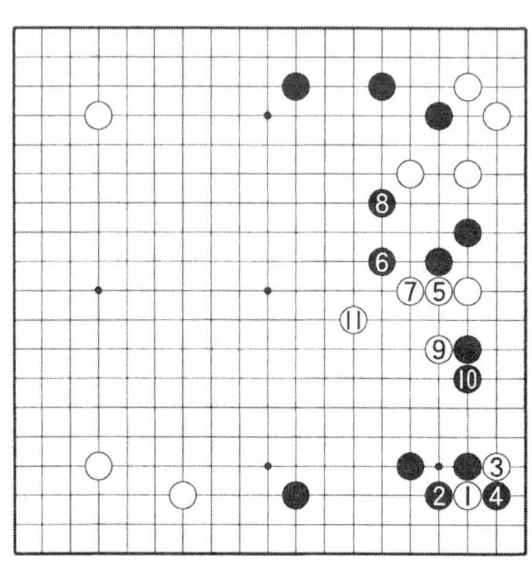

9도(상용의 응수타진)

우변 백돌을 움직이기 전에 백1·3으로 응수를 묻는 상용의 수법이 있다. 흑4로 두는 변화는 백에게 흑이 포인트를 잃을 공산이 크다. 그 이유는―

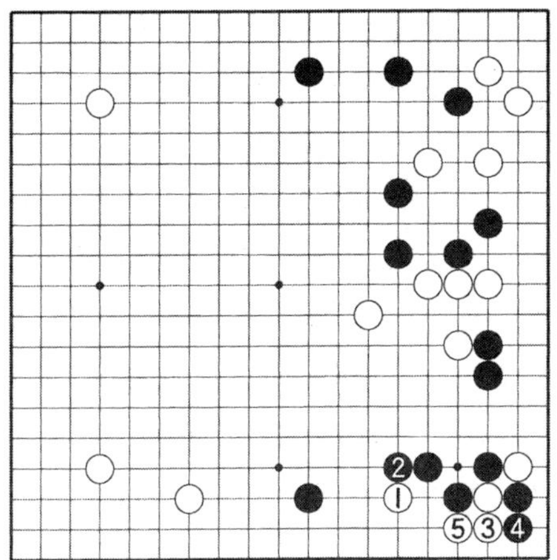

10도(뒷맛이 있다)

백은 어느 시점에 백1로 뛰어드는 통렬한 수단을 가지고 있다. 흑 2로 차단하면 이때 백3·5로 준동하여 이 흑진은 철저히 교란되고 만다.

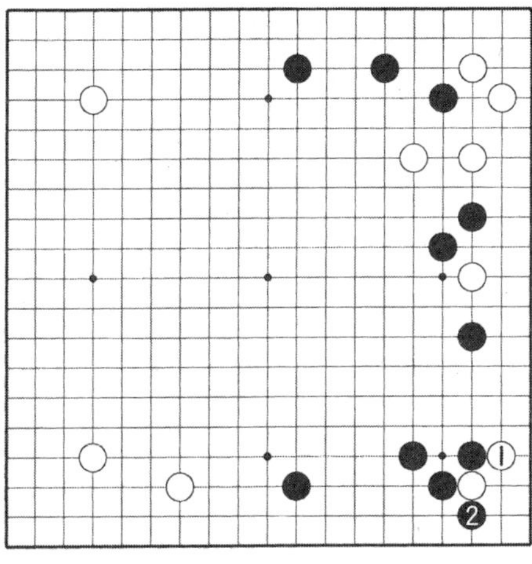

11도(흑의 정수)

백1에는 약간 이상한 듯 보이지만 흑2쪽의 단수가 정수다. 이렇게 두는 수법은 예전에는 전혀 고려하지 않았던 착상이다. 그러나 백도 전술의 여지가 전혀 없어진 것은 아니다. 백에게도—

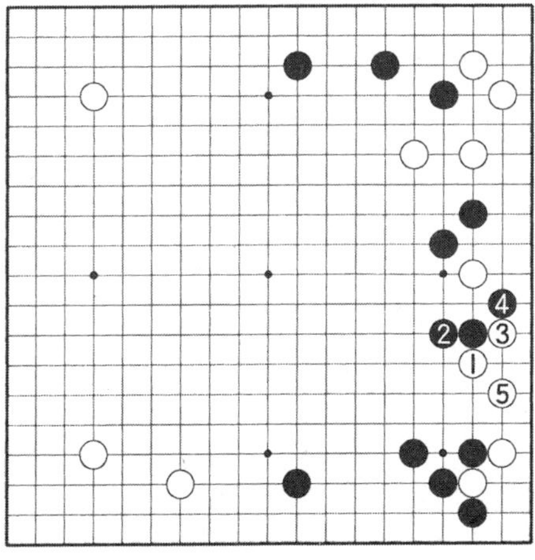

12도(백의 버티기)

백1로 붙여 응수를 묻는 수단이 있다. 백5 이후 백이 살기는 하겠지만 아무래도 백이 전세를 뒤바꿀 수는 없다.

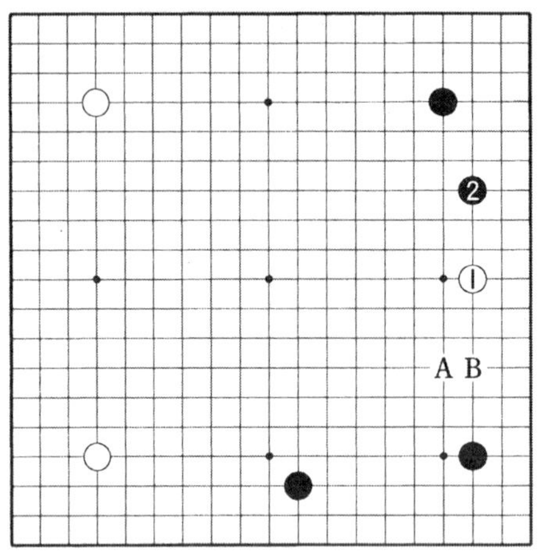

13도(굳힘의 생략)

2도 백1의 굳힘으로는 본도 백1로 먼저 갈라치는 전술도 있다. 이 전술의 의미는 우하귀의 굳힘이 없는 관계로 흑도 2쪽의 육박 외에는 생각할 수 없으며, 백은 여기서도 A, B 외에는 생각하기 어렵다. 따라서 약간의 변수는 있지만 흐름의 변화는 제13형과 유사하다.

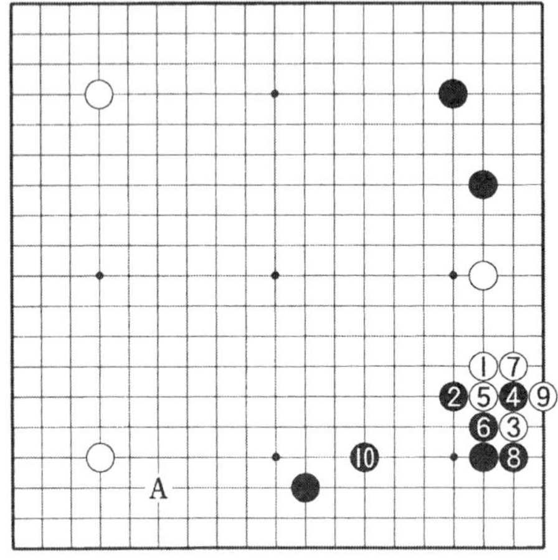

14도(정석화된 수순)

우선 백1로 두어 흑10까지의 모양은 제10형에서 다룬 것이다. 다만 흑A가 생략된 것이다. 그러나 백이 A로 둔다면 흑의 작전은 바뀔 수밖에 없다. 따라서 흑은 10을 두기 전에 A를 먼저 둘 수도 있지만, 백이 응수를 거부하고 우하귀에 둔다면 서로 어려운 진행이 될 것이다.

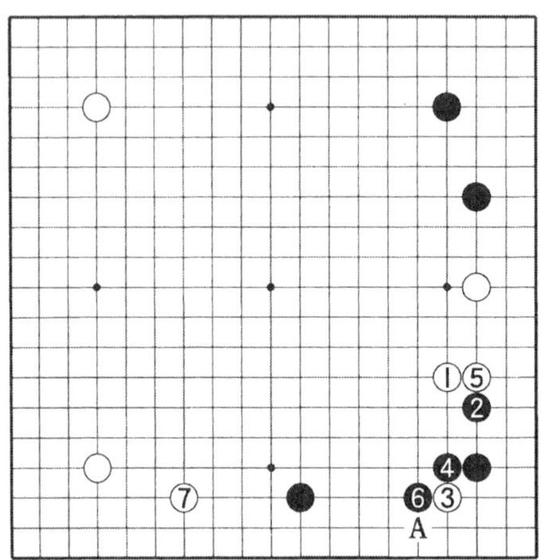

15도(흑 불리)

또 백1로 높게 둘 때 흑2로 육박하면 백3의 응수타진이 주효하다는 것은 제13형에서 설명한 바 있다. 특히 백7이 놓인 시점에서는 더욱 그렇다.

조반전술

제15형 다양한 변화를 추구한 미니중국식 파괴 전술

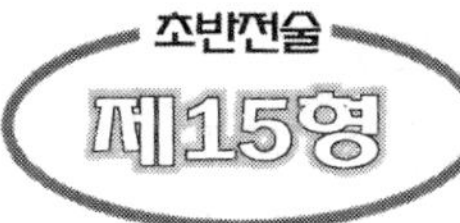

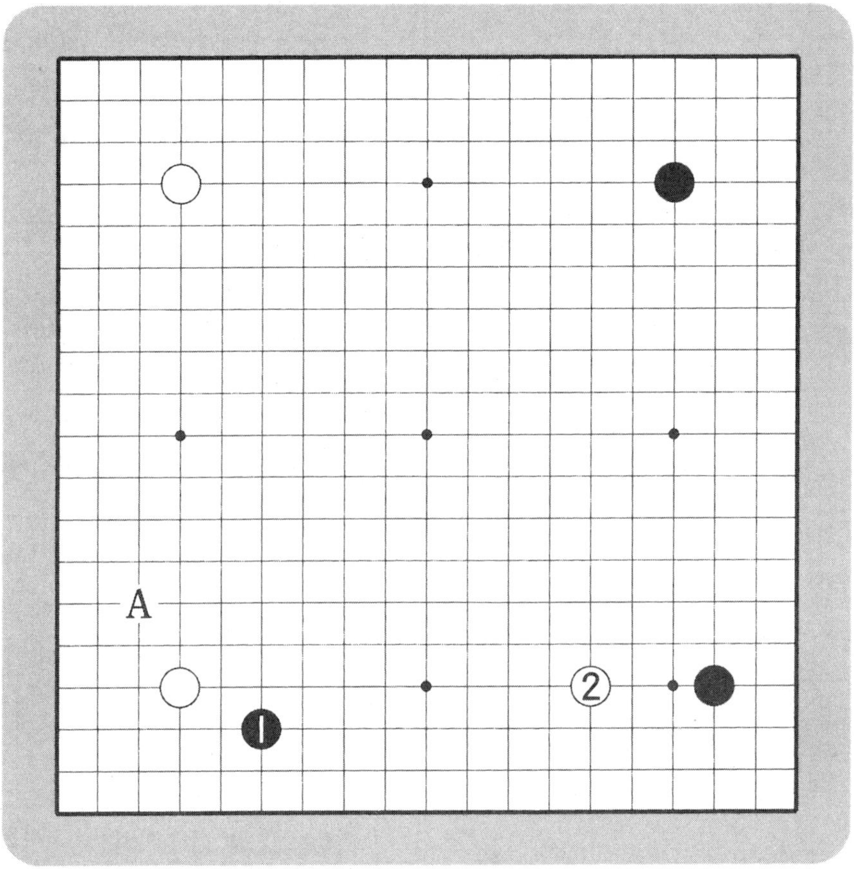

흑1에 대해 A로 응수하지 않고 백2로 두칸 높이 걸쳐 가는 것도 최근의 성향 중 하나이다. 이 수는 완만한 듯 보이지만 이면에는 위력적인 힘을 갖추고 있다. 이 흐름에도 전략적 사고가 풍부하여 다양한 변화를 추구하는 기풍에 어울린다.

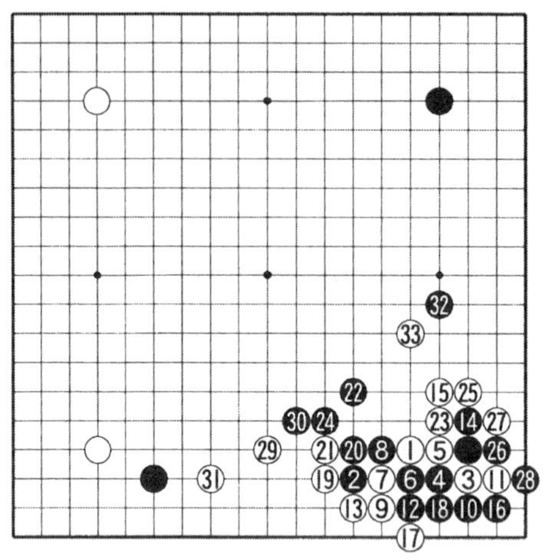

1도(백1의 의도)

백1의 한칸걸침은 기본형이 나타나기 전에 한동안 유행했던 수다. 이 걸침의 의도는 흑2를 유도하여 백33까지 진행시키려는 것이었다. 이 결과는 백31이 안성맞춤이어서 백이 다소 유리하다. 그러나 백3 때—

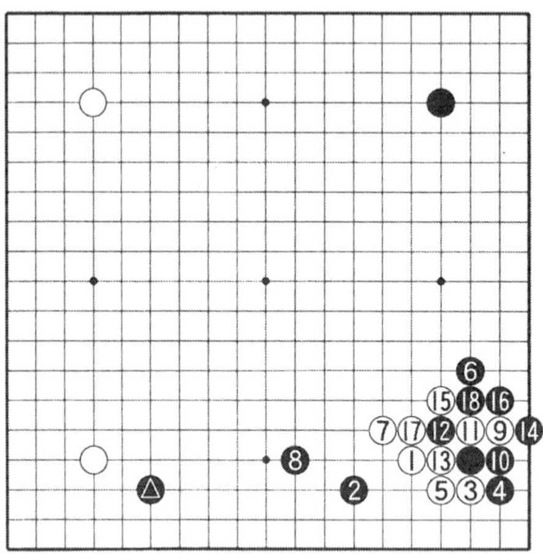

2도(1도를 없앤 현대적 취향)

본도 흑4·6으로 받는 수가 현대에 개발되어 1도는 의미가 없어졌다. 백7때 흑8로 지키면 하변은 ▲와 호응하여 좋고, 백9의 수단은 흑10 이하로 처리하여 그만이다. 이 결과는 백이 뭉친 모양인데 반해 흑은 양쪽을 고루 능률적으로 두어 백의 불만이다.

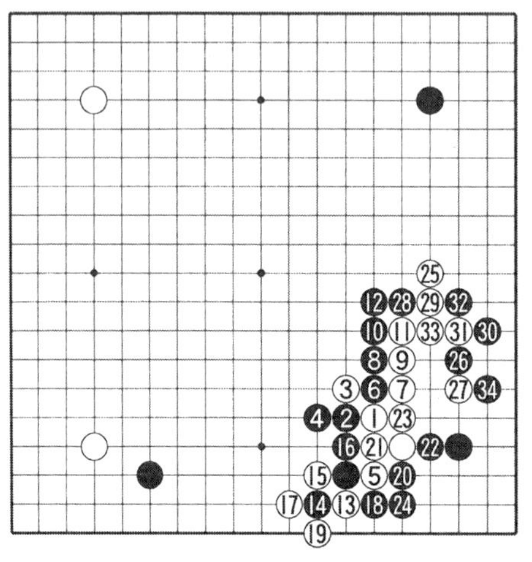

3도(예전의 정석)

백1로 둘 때 흑2 이하로 두는 변화는 흑28·30이 호착이어서 백이 불리하다고 판정되어 지금은 사라졌다. 또 백5로—

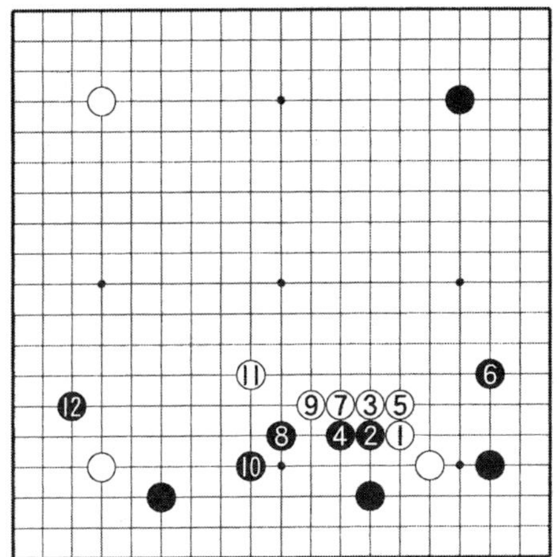

4도(흑 발빠름)

본도 백5로 두텁게 잇는 수도 두어진 실전이 있으나 백의 두터움보다 흑의 스피드가 백을 능가한다는 분석이 지배적이다. 이러한 점이 기본형을 낳게 한 원인이다.

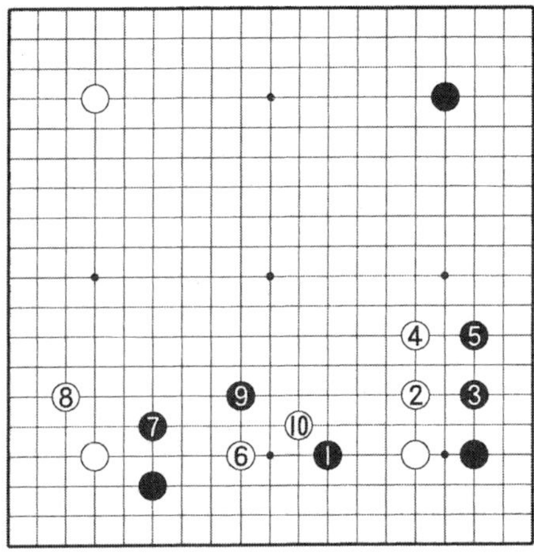

5도(난전)

흑1로 협공하는 수도 두어진 적이 있는데, 백10까지 난해한 전투로 일관하여 예측불허다.

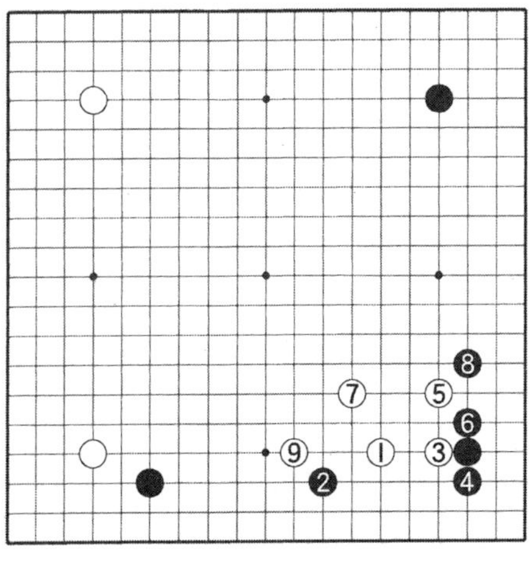

6도(백1의 현란함)

백1에 대해 흑2로 협공하는 것은 백7·9의 연타가 있어 중국식의 취지가 무색해진다. 백1에는 협공이 통하지 않는다고 보아도 좋다. 이 점이 백1의 매력이다.

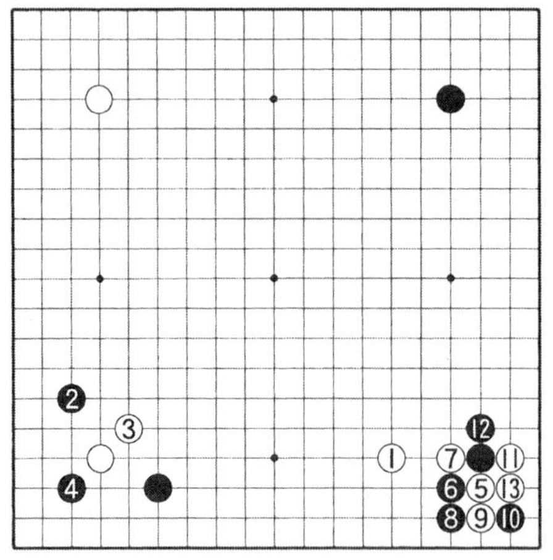

7도(백의 신수법)

백1에 대해 응수하지 않고 흑2로 발빠르게 두는 방법도 있으나 백에게는 귀에 대해 준엄한 수단을 준비하고 있다. 흑10때 예전의 정석을 탈피하여 백11·13으로 두는 수법인데—

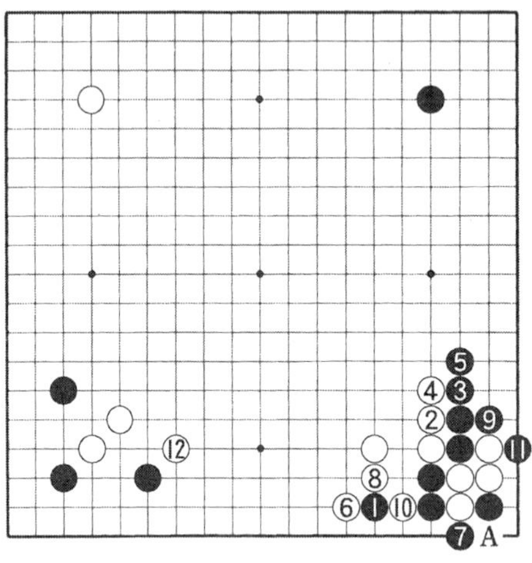

8도(7도 계속)

귀의 변화는 흑11까지가 피차 최선이다. 그리고 백12를 선점하게 되면 하변의 백모양은 흑의 실리를 압도하고도 남는다. 수순 중 흑9로 백10의 곳에 두면 백A로 먹여쳐 패가 된다. 이 변화를 백이 생각하고 있는 것이다.

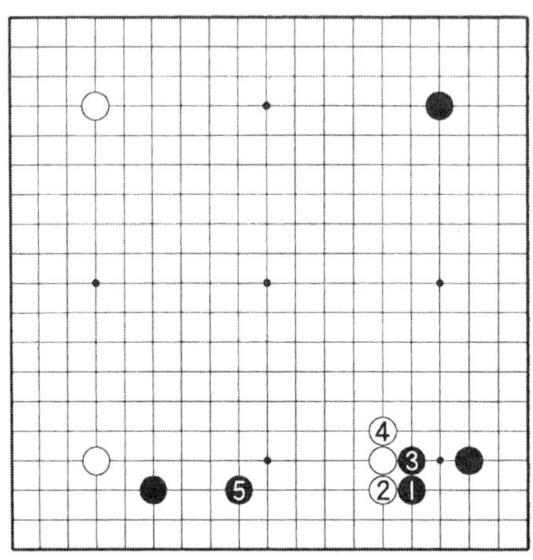

9도(흑1 현대적 수법)

흑1로 두는 것이 현대적 전술일 것이다. 단순히 백2로 받는 것은 흑5의 요처를 흑이 갖게 되어 이 진행은 백이 불만이다.

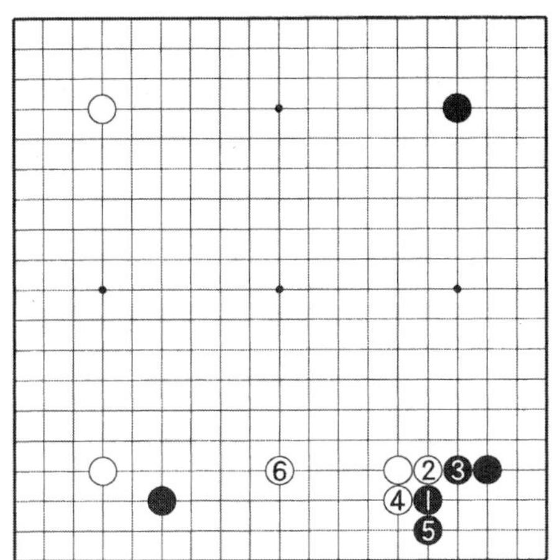

10도(정석의 선택)

백이 직접 응수한다면 백2가 정수다. 이 정석은 부분적으로는 백이 손해지만 좌하귀와 연관하여 백6의 위치가 요소로 작용하므로, 이 선택은 백의 성공이다. 따라서 흑도—

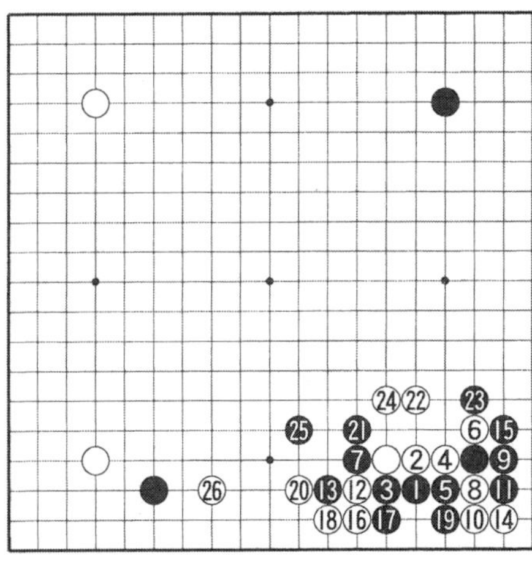

11도(구형 정석)

흑3으로 고풍의 정석을 선택하지 않을 수 없다. 이 진행은 선악을 판단하기 쉽지 않지만 중국식의 포진이 깨졌다는데 흑의 불만이 있다.

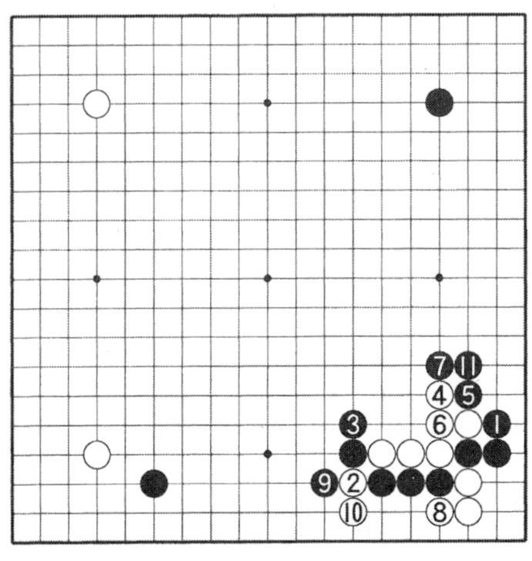

12도(구형 정석)

11도가 불만이라면 흑은 흑1로 둘 수도 있다. 이 진행이라면 흑도 둘만하지만 후수가 되므로, 백의 전술에 일단 선택의 자유가 있다고 볼 수 있다.

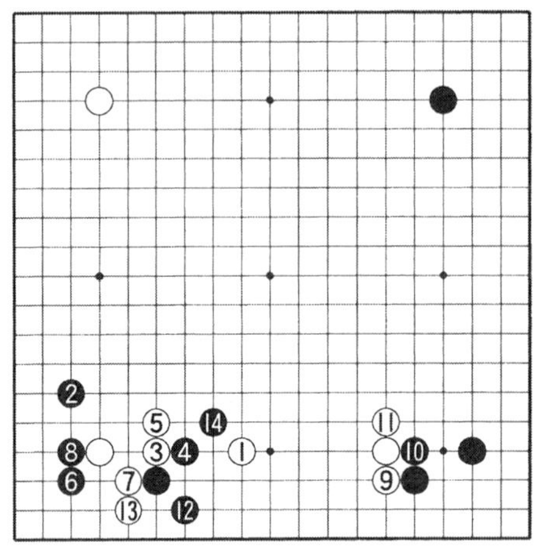

13도(실전의 예)

백은 우하귀를 보류하고 백1로 선공할 수도 있다. 이때 흑도 흑2로 이곳의 변화에서 선수를 잡아 주도권을 행사할 수 있어야 한다. 이때 백3은 정석을 잘못 선택한 것이다. 이 정석은 본래 백 후수의 정석이기 때문이다. 억지로 백9에 손이 가면 흑12로 즉시 준동하여 백이 어려워진다.

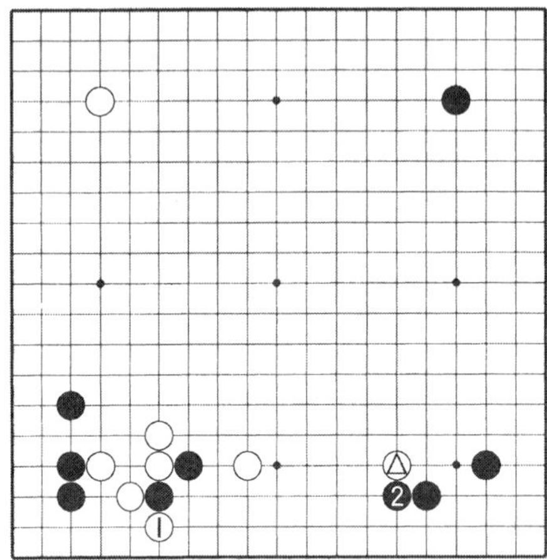

14도(정석대로 두면)

백1로 두는 것까지가 이 정석의 결말이다. 이때 흑2로 두면 백△가 악수로 변하기 때문에 백의 정석 선택이 잘못되었다는 것이다. 좌하귀의 정석에서 백이 선수를 잡으려면—

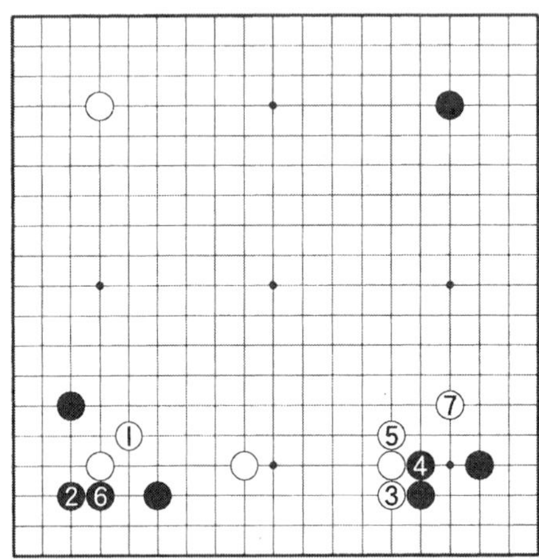

15도(백 변신)

백1로 두는 수뿐이다. 흑2는 거의 절대이며 백5에 이르러서도 흑6은 필연이다. 이때 백7로 두면 전술의 방향은 바뀌었지만 백의 중앙이 흑의 실리와 비교하여 못하지 않다. 이러한 수순의 선택이 바로 전술이다.

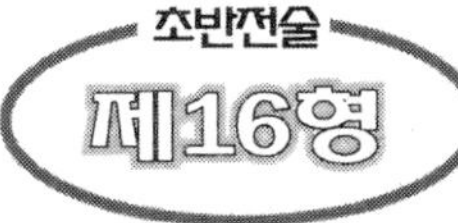

초반전술

제16형 중국식 최초의 발상으로 현대에 각색된 전술

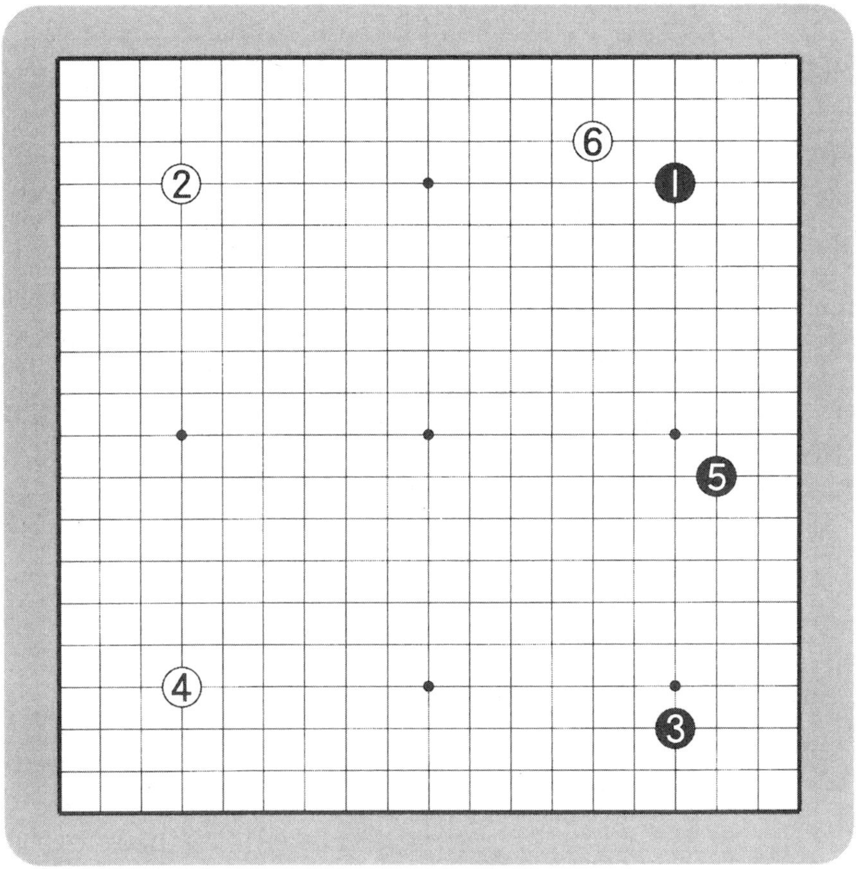

흑5로 곧바로 두는 것이 중국식의 원류다. 그리고 이때 백6으로 먼저 걸쳐 가는 것도 중국식 최초의 발상이다. 이 이론은 70년대에 만들어진 것이지만 그때의 유행이 모양 대 모양이었다면 현대에는 모양 대 실리라 할 수 있다. 그러나 무엇보다 중요한 것은 이 걸침이 현대에도 각색되어 유행했다는 점이다.

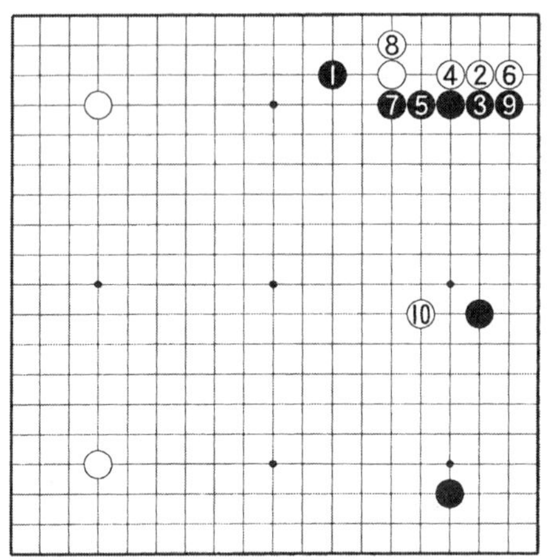

1도(백10은 초반의 요처)

흑1부터 흑9까지는 예전의 상식이었다. 그러나 초반에도 백은 10으로 둘 수 있다. 이곳이 중국식의 모양을 구축하는 요처에 해당한다. 이러한 이유로 흑1은 현대에 두지 않는다.

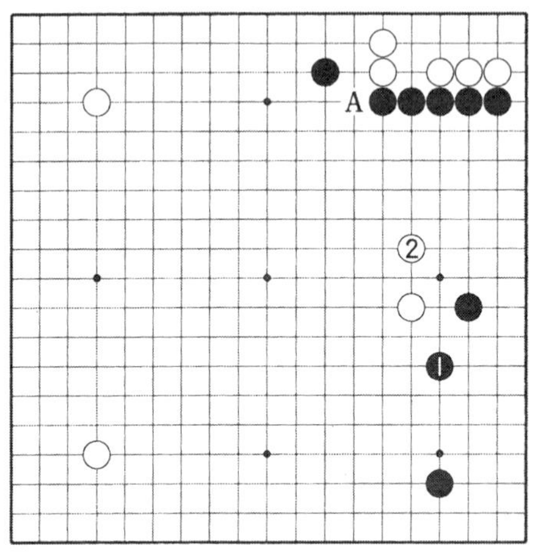

2도(1도의 분석)

1도가 흑에게 마땅치 않은 것은 흑1로 받을 때 백2로 두어 중앙의 제공권을 백이 장악한다는 점이다. 또 백A로 반격하는 맛이 남아 있다는 것이다.

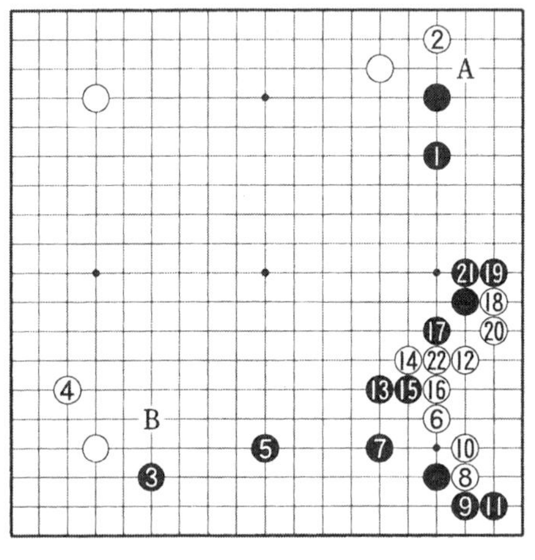

3도(현대의 정석)

따라서 흑1이 현대화된 감각이라 할 수 있다. 이후 백22까지의 진행은 현대의 초반전술로 자리를 굳혔다. 다음 흑의 선택은 B로 두거나 흑A를 먼저 두고 B를 두는 흐름이 된다.

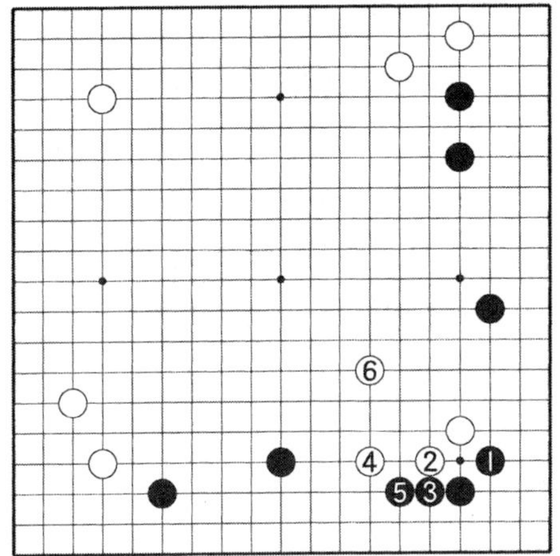

4도(현대적 감각)

3도 흑7로 본도 흑1에 두는 것
도 자주 두어지는 수법이다. 백2는
거의 정수이며 흑3에는 백6까지가
정형화되어 있다. 근래에 다른 변
화가 있다면 흑3으로—

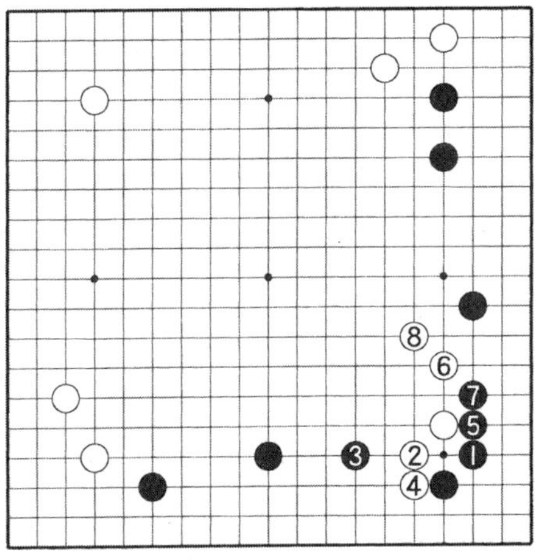

5도(신 수법)

흑3에 두어 백8까지 유도한 실전
이 있다. 그러나 흑의 공격력이 약
하면 이 진행은 흑의 실패로 보는
것이 타당하다. 흑의 진영이 위축
되는데 반해 흑은 이 백을 적절히
공격하는 수단이 없기 때문이다.

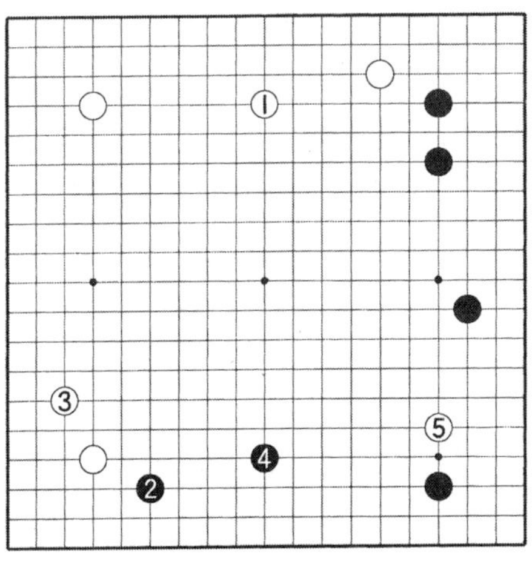

6도(백의 전개)

백은 1로 전개하는 수도 생각할
수 있다. 이 수는 다분히 중국식 포
진을 의식한 것이지만 이 경우에도
백5의 전단은 거의 불변이다.

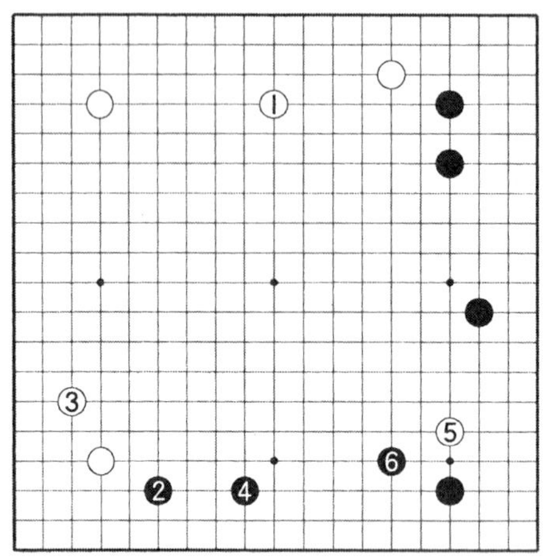

7도(흑의 책략)

흑은 6도의 흑4로 본도처럼 둘 수도 있다. 이 수의 의미는 백5로 두어 왔을 때 흑6의 수비가 6도보다 견실하다는데 있다. 따라서 이 점이 마음에 안 들면 백은―

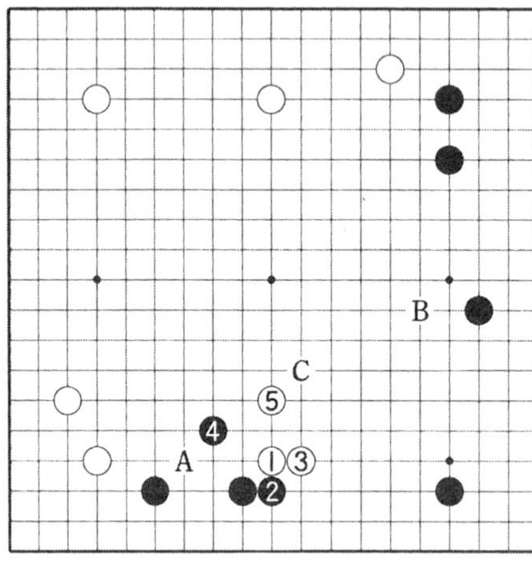

8도(백 우회적 공략)

백1로 어깨 짚어 중국식 포진의 확장을 우회하여 삭감할 수도 있다. 수순 중 백5는 C로 둘 수도 있으나, 이 수(백5)는 A의 약점과 B의 삭감을 맞보는 전술적 의미가 담긴 한 수다.

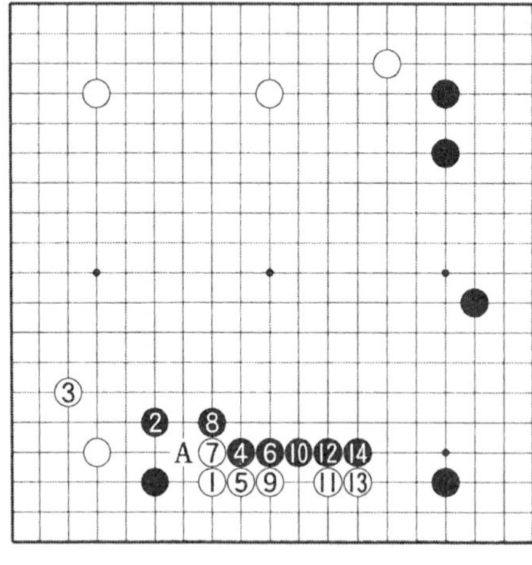

9도(백의 협공)

백1로 두는 수가 없는 것은 아니다. 이 진행이라면 흑에게 A의 약점이 있어 둘만은 하지만, 흑이 10의 곳으로 역협공하면 국면이 혼란스럽게 될 수도 있다.

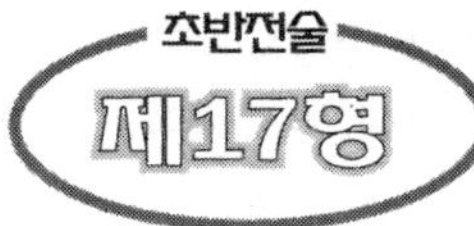

초반전술

제17형 수많은 실전의 변화을 거친 기본전술

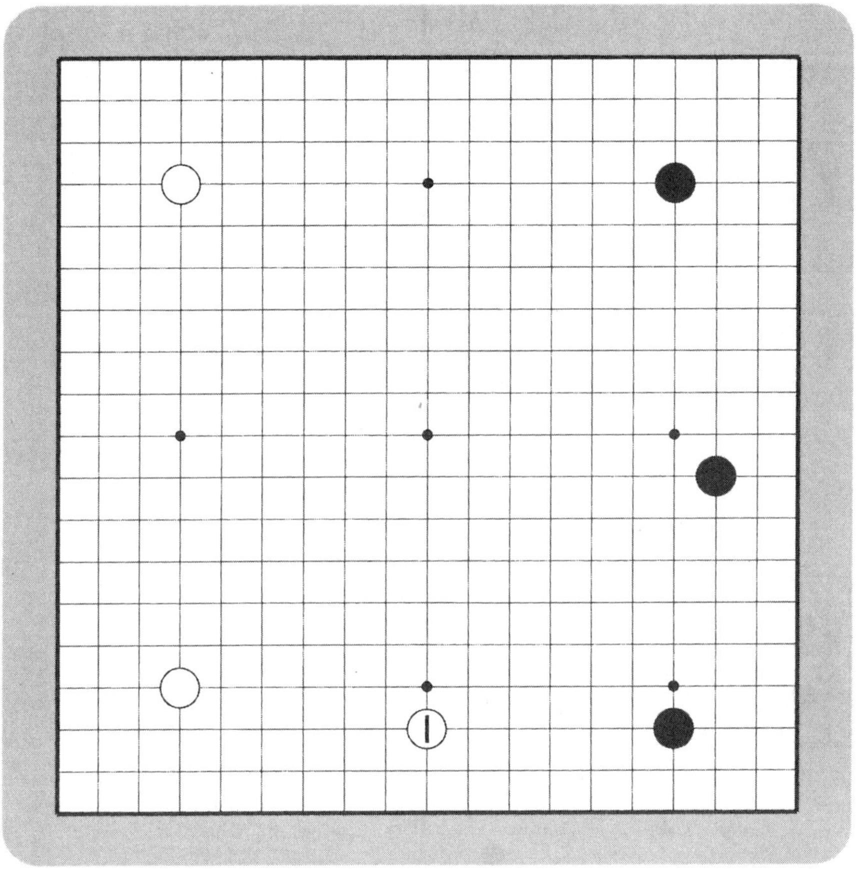

백1로 두는 것이 중국식의 가장 기본형이 될 것이다. 그러나 이 수가 정립되는 데에도 수많은 실전의 변화를 거치게 되는 단계적 성장이 있었다. 가장 보편적인 것은 가장 많이 사용된 후에 나타난다는 논리가 이 경우에 해당하는 것일지도 모른다.

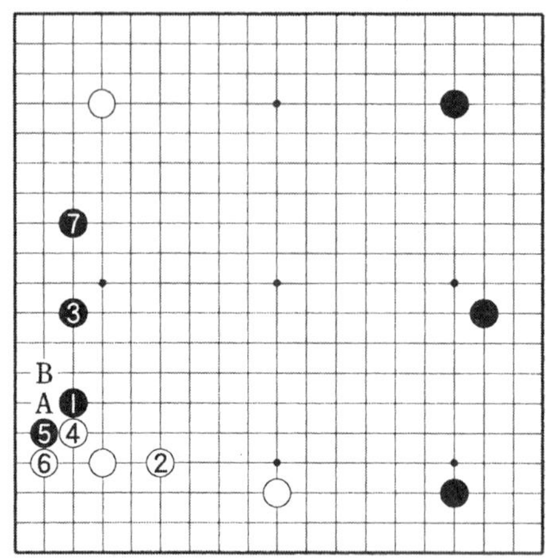

1도(흑 현대적 전술)

흑1은 가장 많이 두어지는 걸침이다. 여기서 백2가 평범한 듯한 응수지만 여기에는 일종의 책략이 숨어 있다. 이를 외면하고 흑3에 두고 백4때 흑5만 교환한 채 흑7을 두는 것이 현대적 감각이다. 백A라면 언제든지 흑B로 버린다. 백의 책략이란―

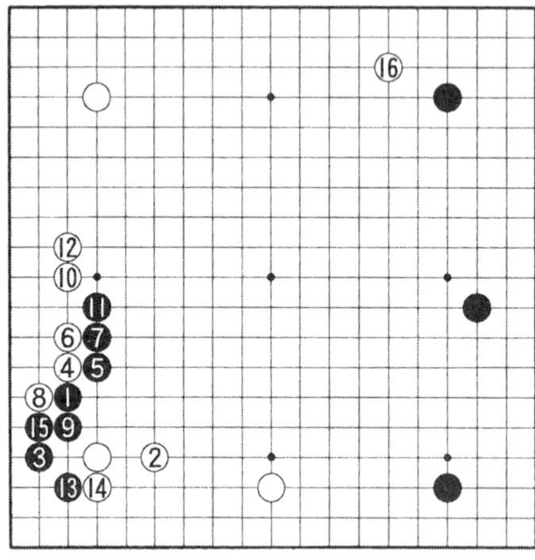

2도(백의 책략)

흑3을 유도하려는 것이었다. 흑15까지는 정형화된 진행인데 여기서 선수를 잡아 백16으로 전환하면 이 진행은 백이 약간의 포인트를 번 것이다. 이러한 부분이 현대의 초반전술이라 생각하면 된다.

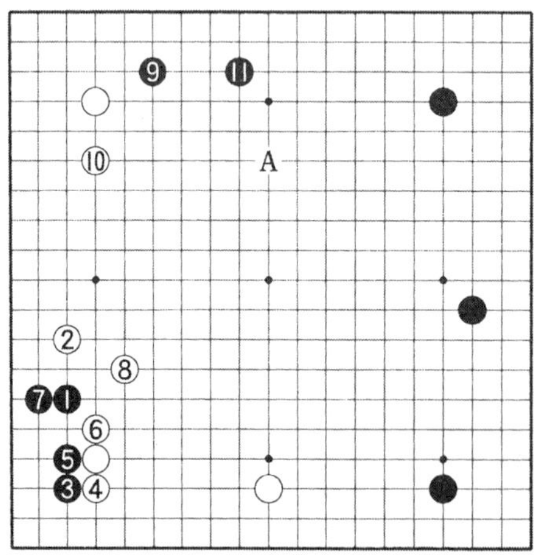

3도(백의 중앙작전)

백2로 협공하면 이 진행은 흑의 실리와 백의 세력이 극명하게 나타나는 흐름이 된다. 이후는 백이 A쯤에 두어 중앙을 확장하는 흐름이 될 것이다.

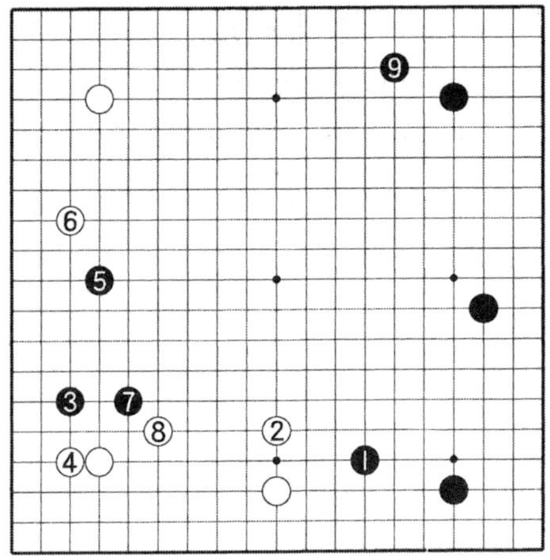

4도(흑의 책략)

흑은 1부터 두어 진영의 확장을 꾀할 수도 있다. 중국식의 취지를 살리자는 것인데, 이 수순은 70년대에 두어지다가 만 후 최근에 다시 연구되고 있다. 이하 흑9까지는 피차 우열을 가리기 어렵지만 굳이 평가하자면 흑이 약간 낮다고 할 수 있다.

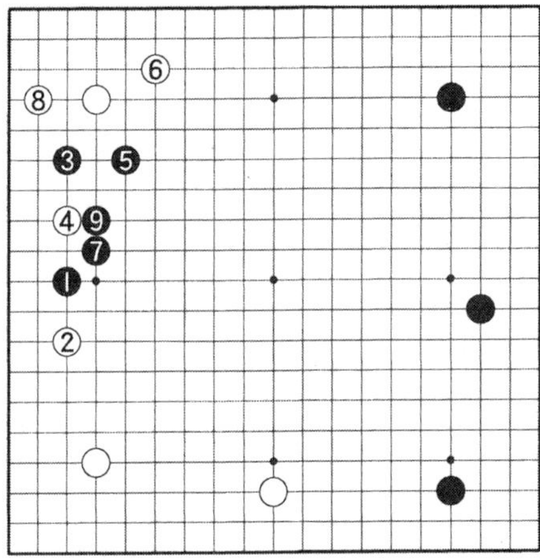

5도(전략부재)

흑1로 갈라치는 것은 중국식 포진의 의미를 희석시킨다. 백2로 육박한다면 흑9까지 단단한 모양을 갖추어 성공한 듯 보이지만, 어디까지나 백이 선수라는 점을 간과한 것이다. 또 수순 중 흑5로—

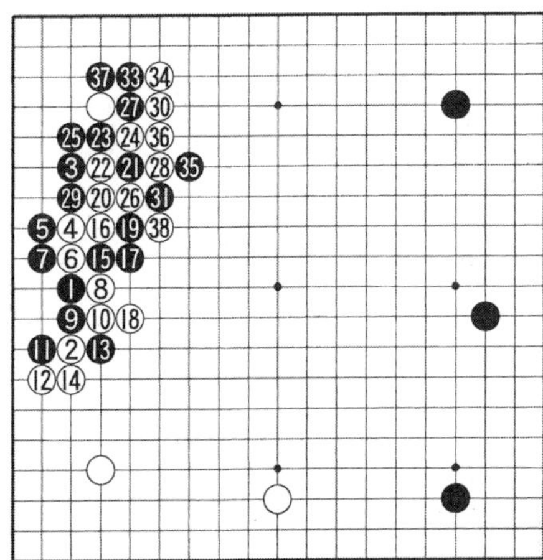

6도(밑붙임／중국식 실종)

본도와 같이 둔다면 백은 백6으로 공략을 시도한 후 백38까지 막강한 세력을 구축하여 흑의 중국식은 일단 실종된 셈이다.

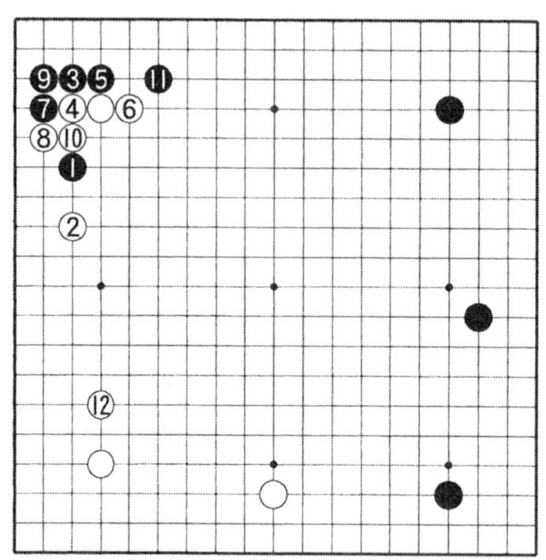

7도(백의 대모양)

흑1의 걸침도 문제는 있다. 백12에 선점하면 누가 대모양작전을 시작했는지 알 수 없다. 어쨌든 흑은 일관성을 잃고 있다.

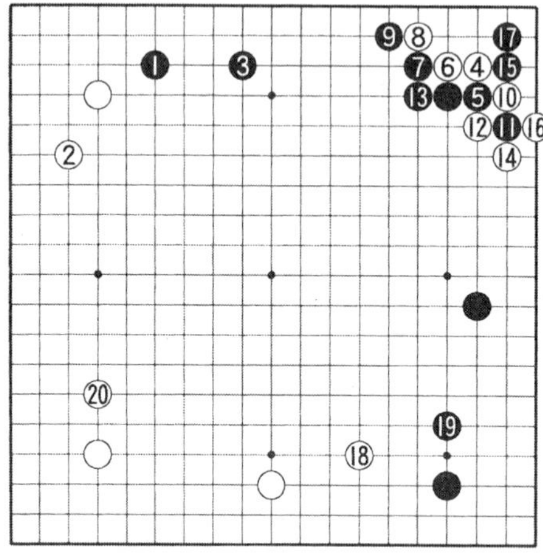

8도(맞는 방향)

1도 흑1을 안 둔다면 본도 흑1쪽이 맞다. 백4는 선수를 잡아 백20을 두려는 발상이다. 이 결과는 쌍방 어울린 형세다.

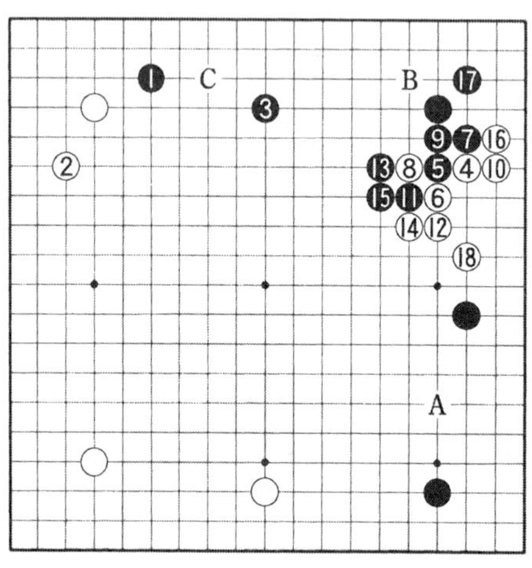

9도(잠깐의 유행)

흑3의 지킴은 지난 유행이다. 백18까지 된 후 백은 A와 C를 맞보고 있으며, C의 침입 이전에 백은 B 정도의 응수타진을 하게 된다.

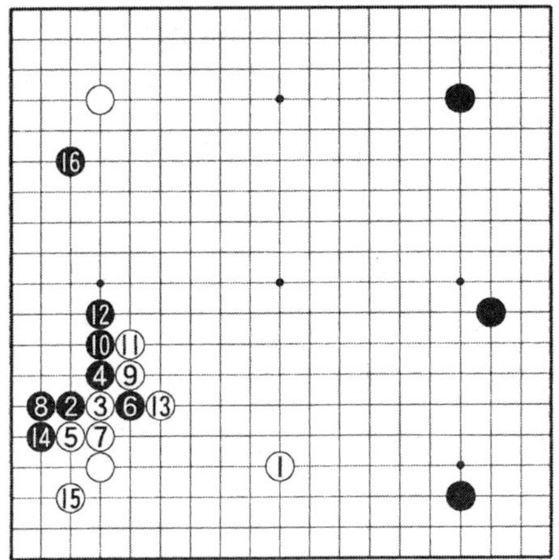

10도(백1은 세력형)

예전에는 백1로 높게 두고 흑2 이하 흑16까지 둔 실전도 있었다. 그러나 이 결과는 백돌이 좌하 방면에 편재되어 있어 집으로는 불만이 있다. 따라서 백3으로는—

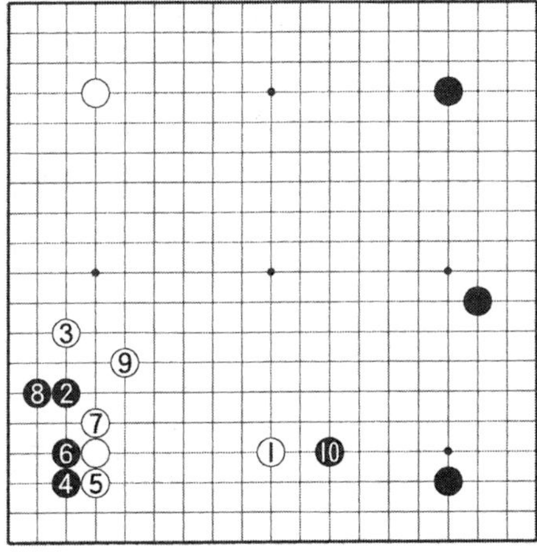

11도(협공의 허와 실)

본도 백3으로 협공하는 것을 생각할 수 있다. 흑10까지의 결과는 흑 실리와 백 세력이 어느 정도 어울렸다고 할 수 있는데, 굳이 말하면 흑의 실리가 약간 앞섰다는 느낌이다.

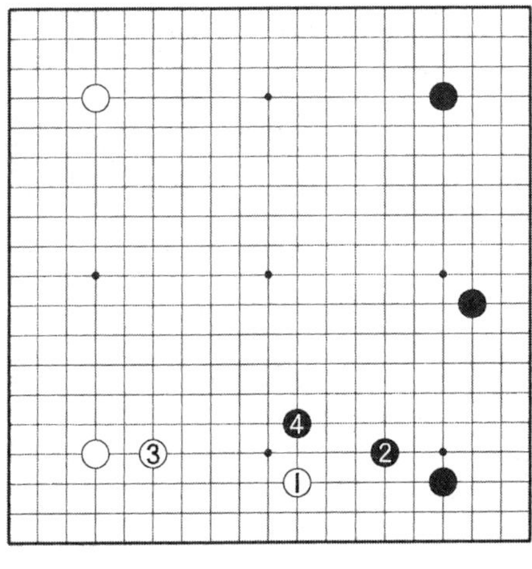

12도(전개의 위치)

백1로 전개하는 것도 일리가 있다. 다만 흑2때 백3의 수비는 경직된 수로 흑4를 당하면 의미가 없다. 백3으로는 흑4의 자리를 뛰어두는 것이 맞다.

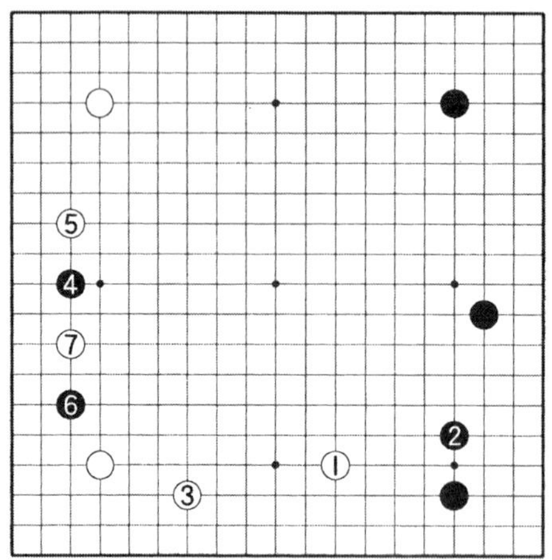

13도(첨단 사고의 전개)

백1은 그야말로 최첨단의 발상이다. 흑2때 백3으로 굳혀 중국식의 확장을 최대한 견제하고 있다. 이때 흑4는 생각이 부족하다. 백7의 뛰어들기를 당하여 좋지 않다. 흑4는 상변쪽으로 접근하고 이곳은 침입 정도의 수순을 밟는 것이 온당할 것이다.

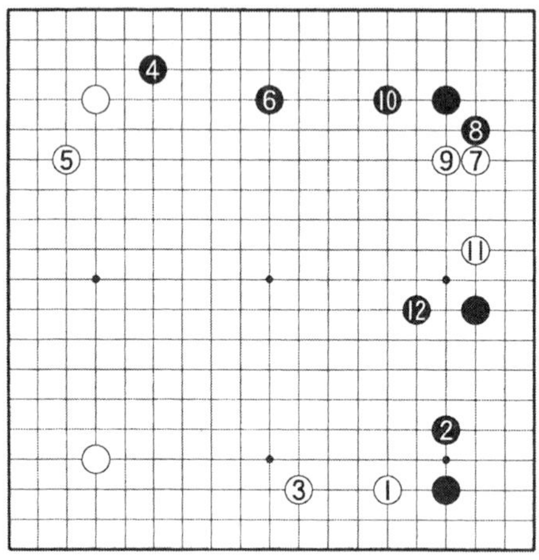

14도(적극적인 접근)

백1로 접근하는 것은 대단히 적극적이다. 흑2는 필연이며 이때 백3으로 확실히 전개의 취지를 살리자는 것인데, 흑12까지의 진행은 고전적인 흐름이다.

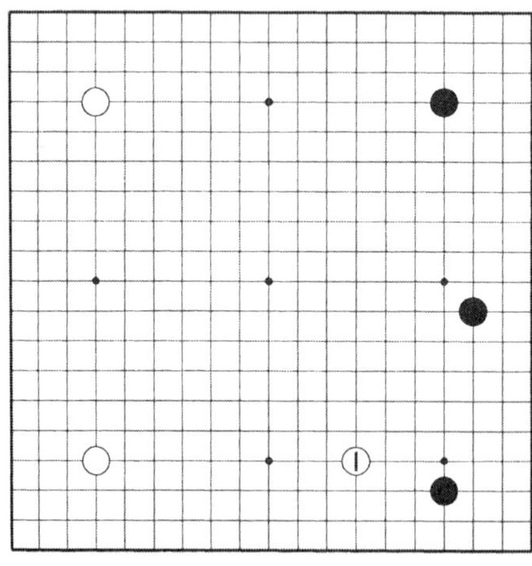

15도(전개와 접근의 한계선)

백1로 두는 수는 가장 많이 연구된 중국식에 대한 접근 전술이다. 이 수는 접근인 동시에 전개이며 흑의 투지를 일으킬만한 위치에 있어 연구가 가장 왕성했던 수이기도 하다. 이 수에 대해서는 다음 형에서 설명하기로 한다.

초반전술

제18형

90년대 애용된 실전적 전술

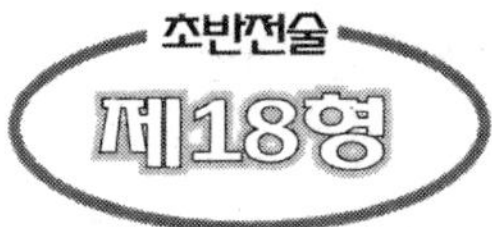

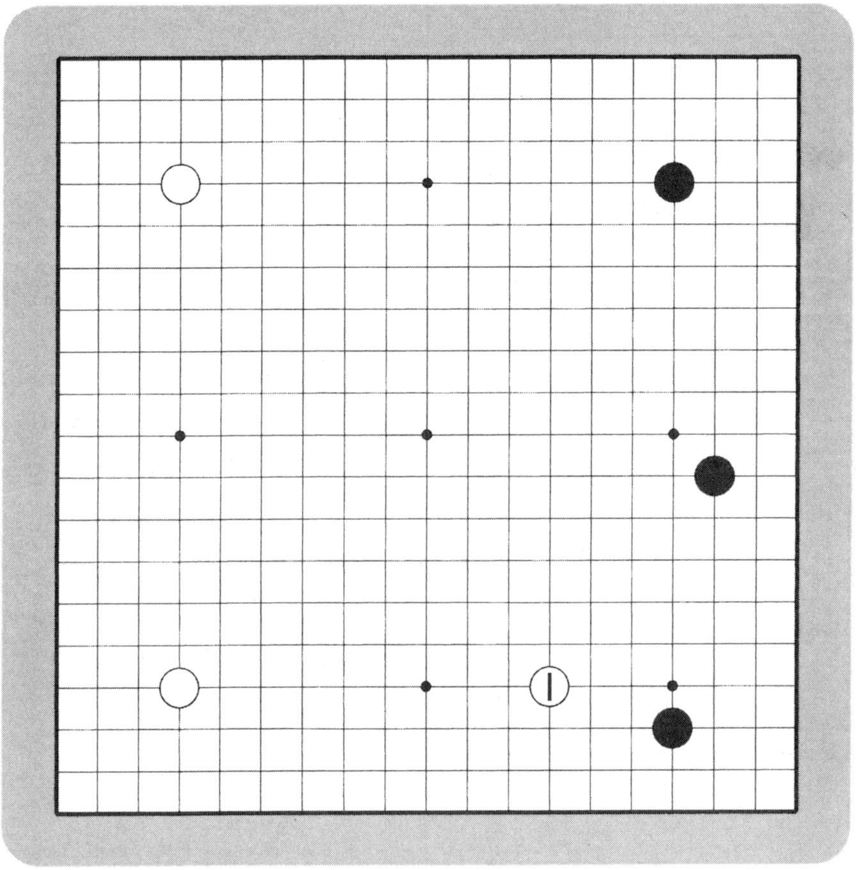

백1의 접근은 이 형태에서 90년대에 가장 많이 사용된 실전적 전술패턴이다. 이 패턴에 대해서는 수많은 기사들의 연구발표가 있었으며 그만큼 큰 관심의 대상이었다. 그러나 많은 변화가 모두 수용된 것은 아니고 그 중에서도 가장 많이 사용된 패턴은 극소수에 불과했다. 여기서는 가장 많이 사용된 패턴 몇 개를 간추려 보기로 한다.

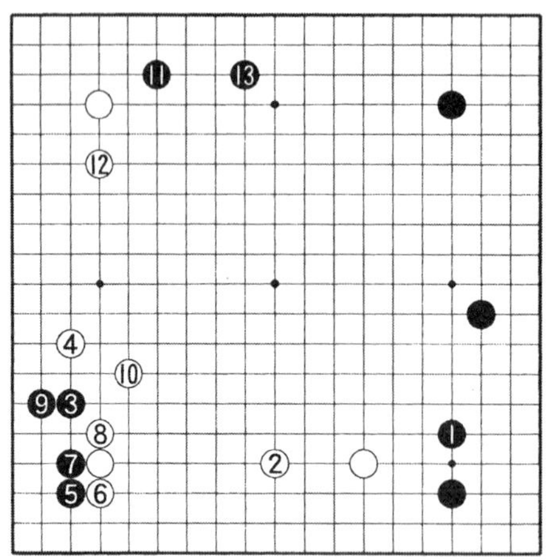

1도(가장 보편적인 진행)

흑1의 수비와 흑3의 걸침부터 흑 13까지의 진행이 이 패턴의 가장 기본적인 진행이다. 흑1로—

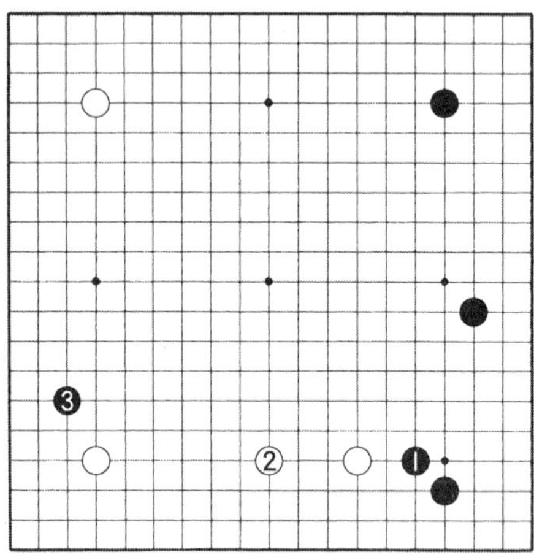

2도(능률을 추구)

흑1에 지키는 수도 있다. 신형같지만 이 수법은 40년쯤 전에 일본의 아마추어 강호들에 의해 실험됐던 것이다. 물론 현대에도 곧잘 두어지며 의미는 중앙쪽에 능률을 추구하려는 것이지만 그만큼 침입의 여지도 크다.

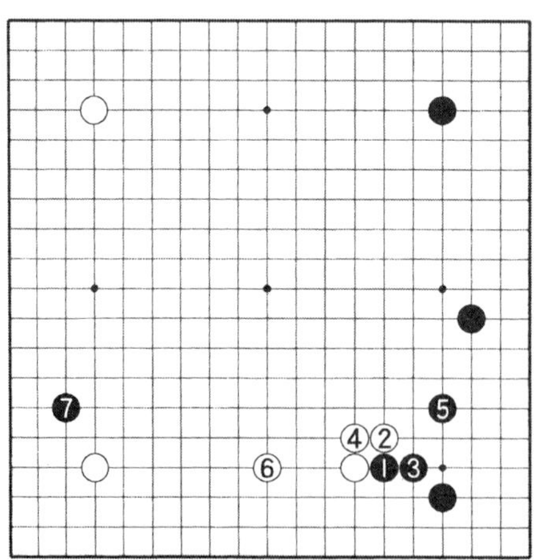

3도(이 패턴의 문제점)

흑1로 붙이는 수도 자주 두어지는 수단이다. 그러나 백2는 약간의 고려를 요한다. 흑7까지의 진행은 정석화된 수순이지만, 여기서는 흑 3의 온건함이 억지스런 정석을 도출시킨 것이라는 생각이다. 흑3으로는—

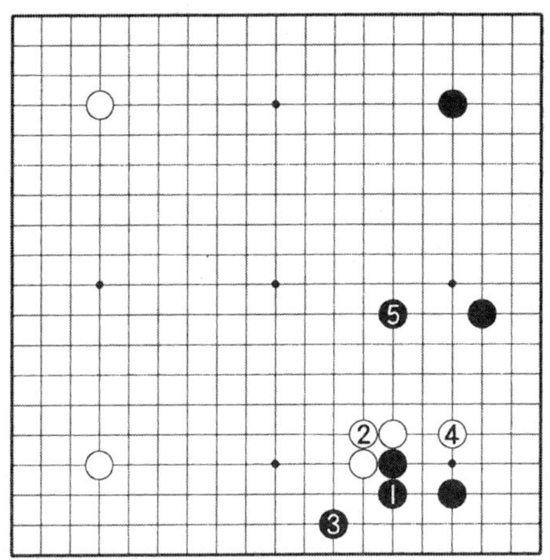

4도(뻗음의 방향)

흑1로 두는 수법도 있을 것이다. 흑5까지 이 결과는 흑이 스피드를 가지고 있는 국면이라고 할 수 있다. 백의 세력이 공격력을 가지지 못했기 때문이다. 또 백2로—

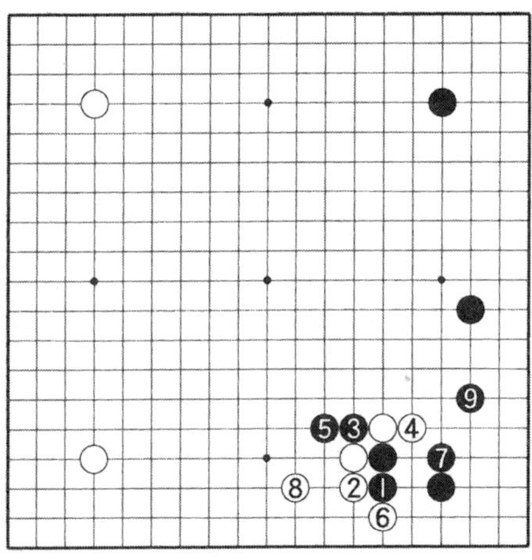

5도(백 불리한 싸움)

본도 백2로 막는 것은 흑3의 절단에서 흑9까지 백이 불리한 전투를 감수하지 않을 수 없다. 또 수순 중 백2로—

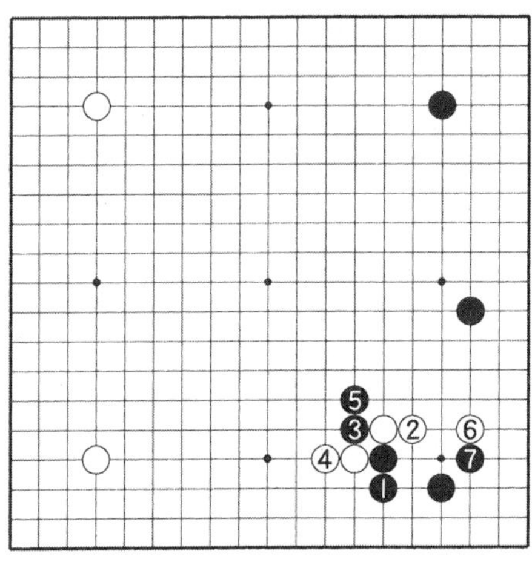

6도(역시 흑이 우세한 싸움)

본도 백2로 뻗는 것도 역시 흑3의 절단에서 흑7까지 백이 불리한 전투가 진행된다. 따라서 백은 3도의 백2로 젖히는 수에는 주의를 요한다. 아마도 흑의 붙임수에 대해 4도가 백이 불만이라면, 백으로서는 본도 흑3의 자리에 뻗는 정도가 무난할 것이다.

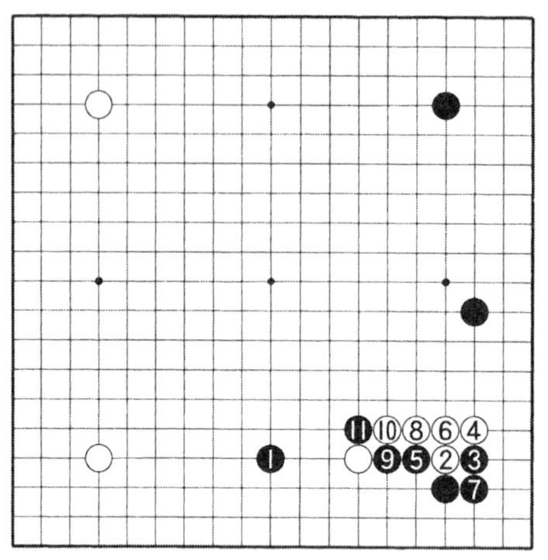

7도(백 무리)

흑1의 협공은 이 패턴 중에서도 가장 많이 두어진 수다. 흑1의 의미는 백2로 전투를 걸어올 때를 대비하여 배치한 전술적 요처다. 백2라면 흑11까지 백은 곤경에 처하게 된다.

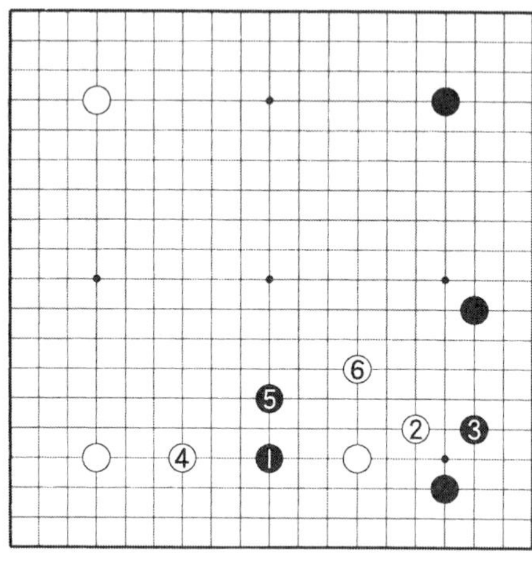

8도(백의 행마)

백은 2 정도의 가벼운 행마가 무난하다. 흑3때 백4의 이득을 취한 후 흑5때 백6으로 중앙에 자연스럽게 진출하는 것이 돌의 흐름이다. 현대에는 조금 더 타이트한 진행이 요구되어 이 진행을 기피하는 경향이 있을 뿐이다.

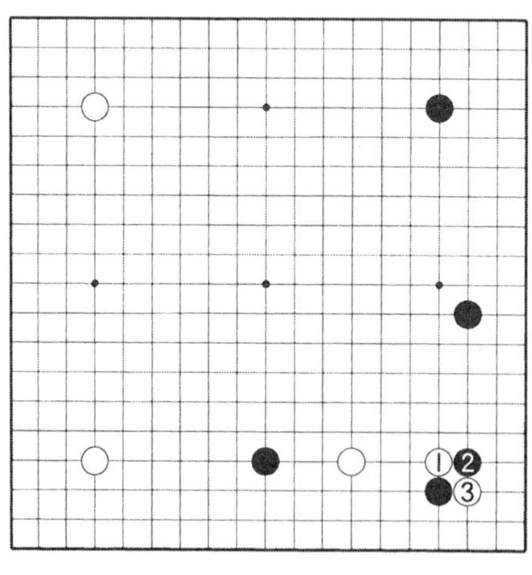

9도(격렬한 절단)

흑2때 백3으로 격렬하게 끊어 곧바로 전투에 들어가는 수법도 시도되었다. 그러나 이 수법은 백이 불리하다는 결론이 내려진 바 있다. 그 변화를 간추려 다음 형에서 설명하기로 한다.

초반전술

제19형

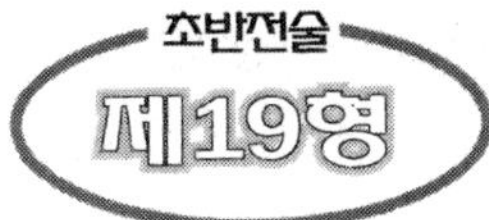

정통 중국식에서는 효능없는 전술

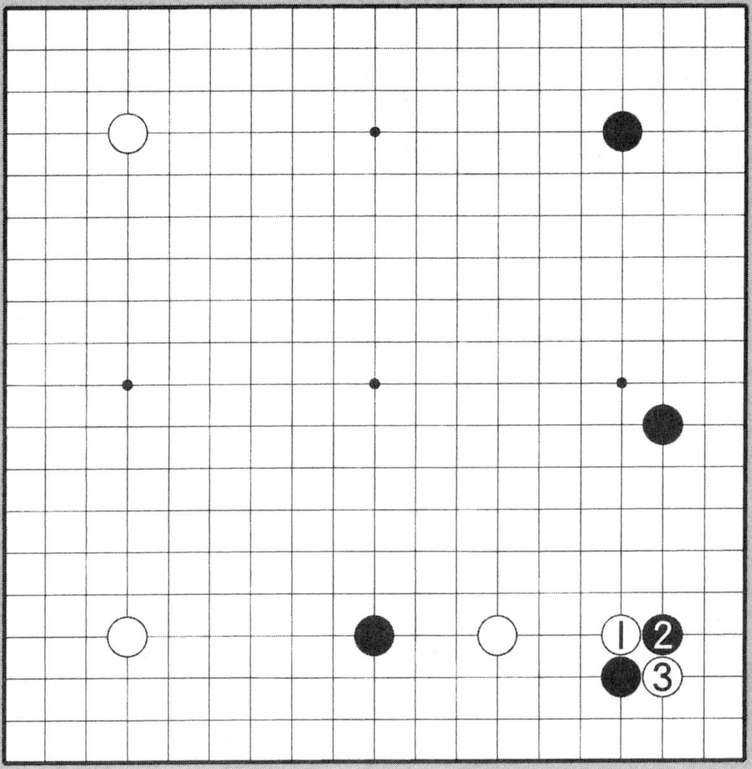

백1때 흑2로 막는 것은 거의 절대라고 인식되고 있는데, 이때 백이 3으로 끊어 복잡한 변화를 요구하면 흑으로서도 쉽지 않다. 그러나 이 절단은 높은 중국식에서만 통할 뿐 이와같은 정통 중국식에서는 효능이 없다는 것이 현대의 분석이다. 이 결론에 도달하기까지 한때는 미완성 정석이라는 꼬리표가 붙여졌던 초반전술이자 전술형 정석이었다.

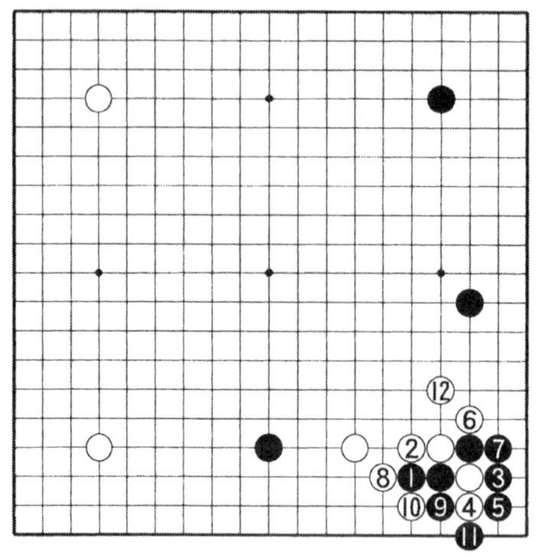

1도(뻗는 방향의 선택미스)

흑1쪽으로 뻗는 것은 방향착오다. 그러나 백2와 흑3도 틀린 것이다. 이는 자기 생각들만 한 결과인데 어쨌든 백12까지 고목정석에서나 볼 수 있는 모양이 이루어졌다. 이 결과는 백의 양쪽에 접근된 흑돌이 강한 곳에 밀착되어 있어 흑이 크게 불리하다. 흑3으로는—

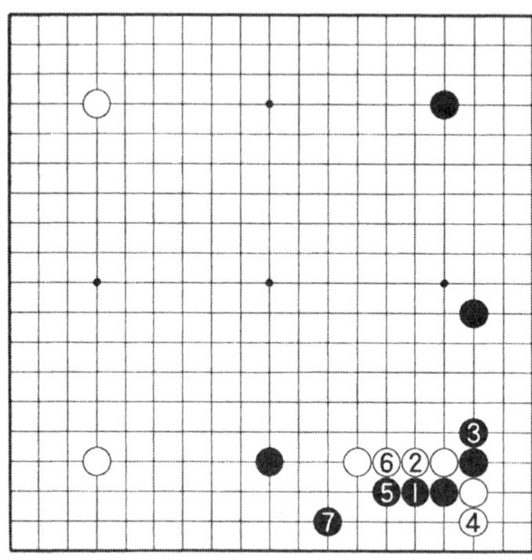

2도(흑3 정수)

본도 흑3으로 뻗어 대항할 수 있었다. 이 진행은 흑7의 행마가 좋아 백이 견디기 어렵다. 따라서 백도 백2로는—

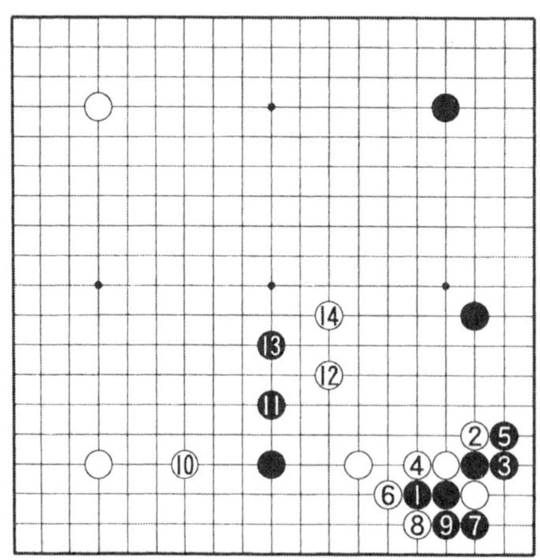

3도(백의 정수)

본도 백2로 먼저 단수를 하는 것이 수순이었다. 백4때 흑5라면 백14까지는 예상된 흐름이다. 이 결과는 백이 흑의 중국식을 거의 파괴하여 현저하게 우세한 모습이다. 만약 수순 중 흑5로—

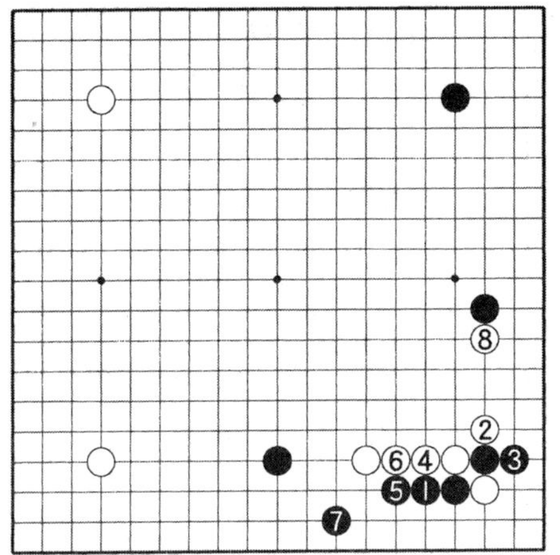

4도(흑 반발 불가)

본도 흑5·7로 두면 이때 백8의 붙임이 통렬하다. 이 수는 단순한 맥이라기보다는 여기까지를 예측하고 앞의 진행을 유도했기 때문에 전술적인 성향의 수법에 해당한다. 흑이 더 둔다면—

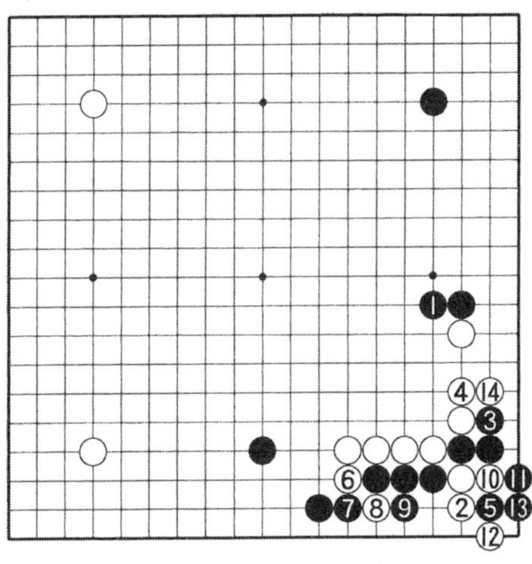

5도(흑 수부족)

흑1로 두는 수가 있지만 백2 이하 백6·8로 끊는 수가 맥이어서 백14까지 흑귀가 죽게 된다. 또 흑1로—

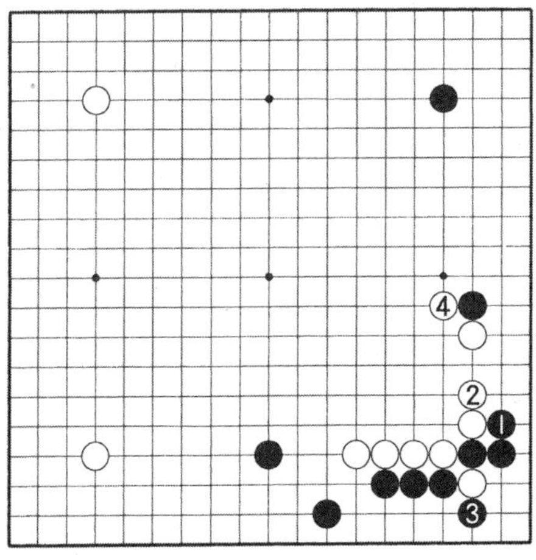

6도(백 우세)

흑1·3으로 참는다면 백4로 흑 한점을 제압하여 크게 우세하다. 백은 이로써 전술적 성공을 한 것이다. 따라서 1도의 뻗음으로는—

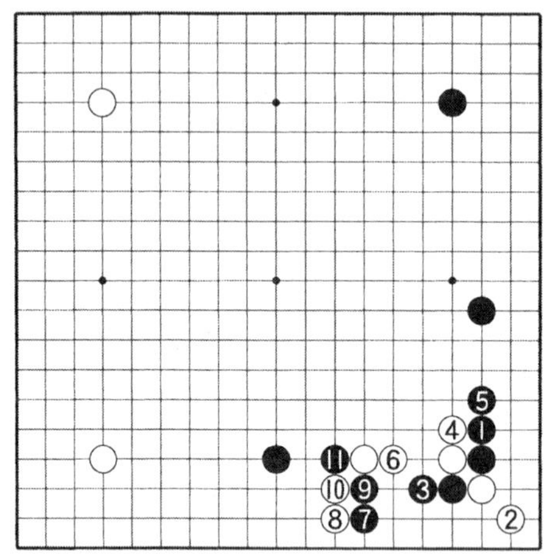

7도(뻗는 방향)

본도 흑1로 뻗는 것이 올바른 방향이다. 이때 백2의 수가 그간 미완성이라는 논란의 여지가 있었던 수법인데, 지금은 흑3으로 더 이상의 복잡한 변화는 종식되었다. 백4·6이라면 흑7 이하 흑11까지 백의 응수는 두절되며—

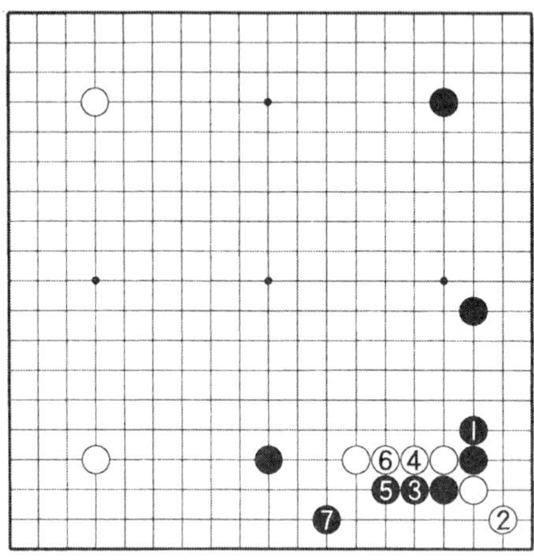

8도(흑의 행마)

본도 백4·6이라면 흑7의 행마가 모든 것을 해결해준다. 백이 조금 더 복잡하게 변화하여 백6으로—

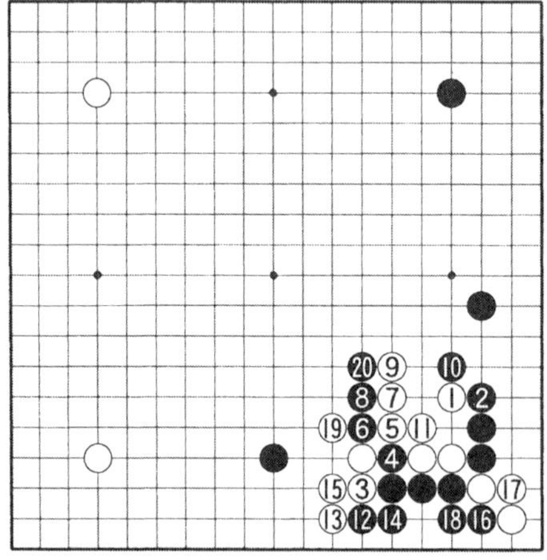

9도(백 난조)

본도 백1·3으로 두어도 흑4 이하 흑18까지 귀의 백은 백대로 죽게 되고, 백19로 둘 때 흑20으로 움직여 백은 양쪽을 수습하지 않으면 안되는 난조에 빠지고 만다. 그래서 백으로서 연구된 것이 다음 형인데—

제20형

최후에 검토된 전술

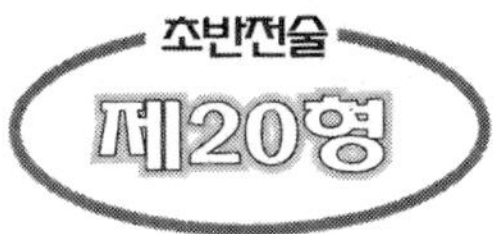

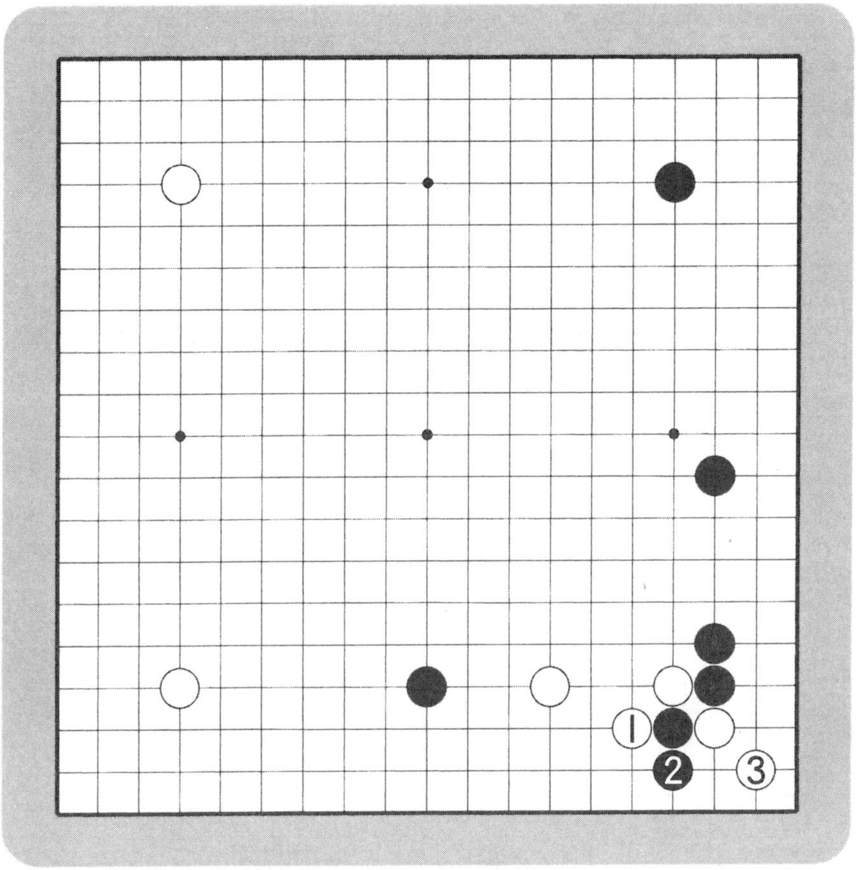

백1로 단수를 교환하고 백3에 두는 형이 이 형태의 최후에 검토된 패턴이다. 그러나 이 진행도 백에게 뚜렷한 결과를 제시하지 못하고 중지되었다. 결국 아직까지는 백에게 정석다운 변화를 제시하지 못하고 있다는 얘기가 된다.

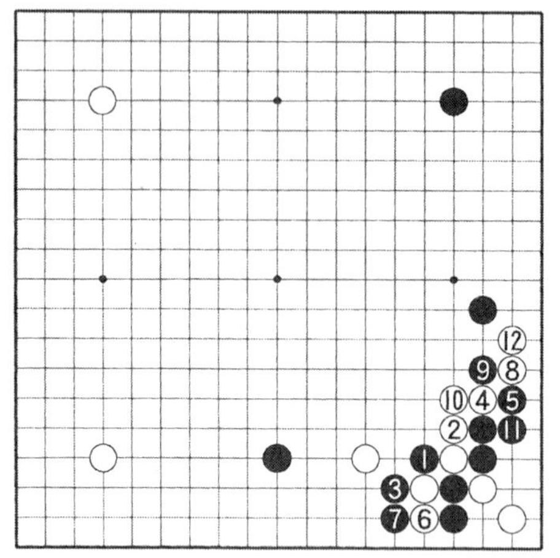

1도(백 수순의 묘)

흑1 · 3으로 백 한점을 잡는 것은 속수다. 백4 · 6 · 8의 수순을 미처 생각하지 못한 것이다. 백12까지 흑은 파멸이다.

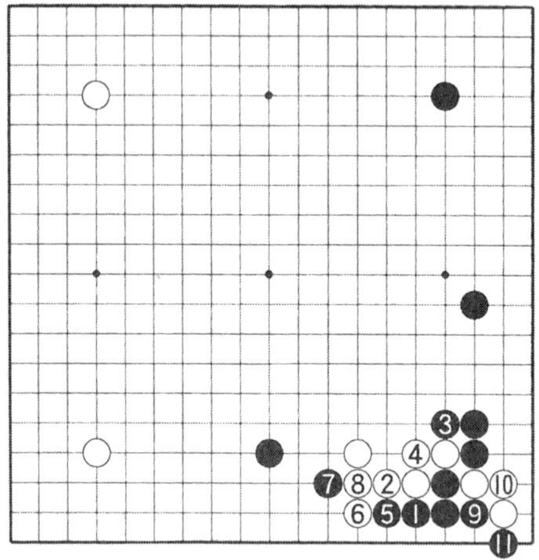

2도(백으로선 이 변화가 최선)

흑은 단순히 흑1로 미는 수가 정수다. 여기서 다소 억울하지만 백도 백2로 두어 흑11까지 허락하고 좌측을 두는 정도로 만족할 수밖에 없다. 여기까지의 결과는 흑3의 단수로 모양이 뭉치게 된 것이 너무 아프기 때문에 백이 불리하다. 위 안이라면 귀에 패맛이 남아 있다는 정도인데—

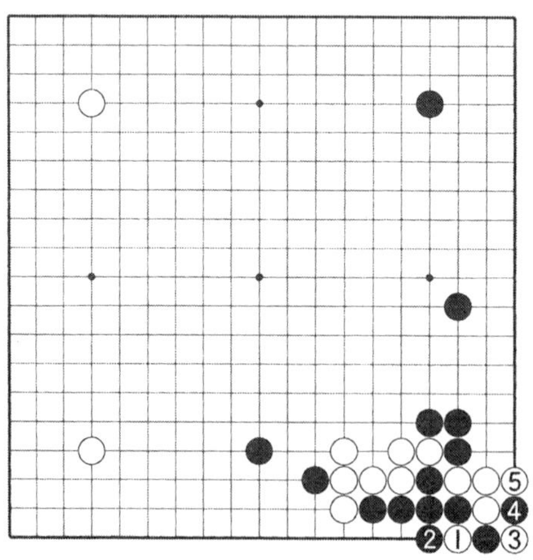

3도(이단패)

백1 · 3으로 두는 패맛이 그것이다. 이것은 이단패로 흑으로서는 늘어진 패와 같아 2도 흑3의 단수와 비교하기에는 너무도 미흡하다. 그러나 만약 백이 2도 백2로—

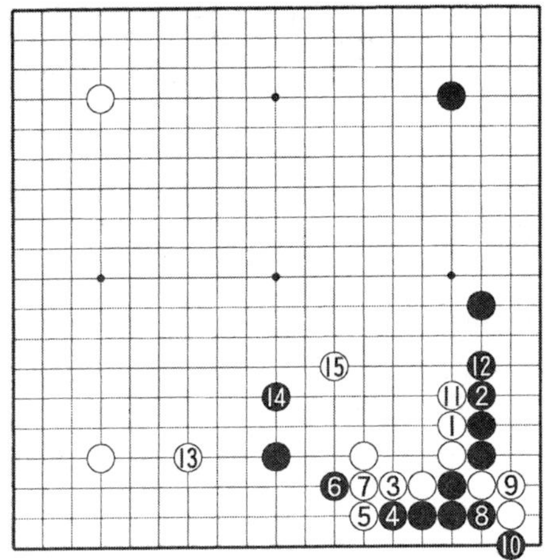

4도(흑2로만 둔다면 백 만족)

본도 백1로 둔다면 또 하나의 파멸이 기다린다. 우선 흑2로만 받아준다면 백15까지 백이 유망하다. 그러나 이것은 어디까지나 달콤한 백의 혼자 생각일 뿐 흑이 이렇게 받아줄 리 만무하다. 흑은 2로—

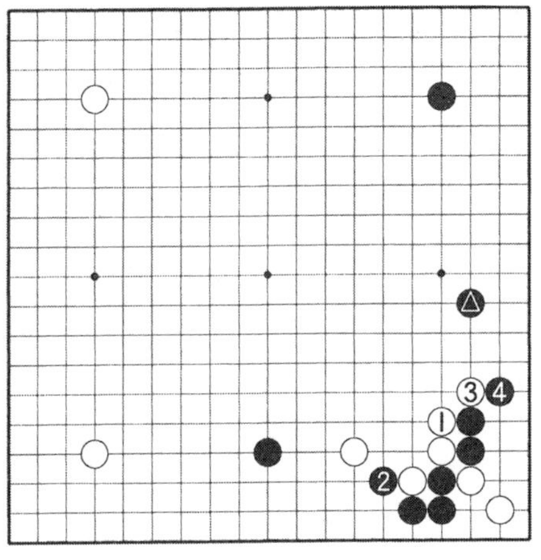

5도(흑의 반발)

즉시 본도 2로 반발할 것이다. 이때 주목할 것은 흑▲의 위치다. 이 돌이 낮게 놓여져 있으므로 흑은 4로 둘 수 있게 된다. 바로 이 때문에 낮은 중국식(이것이 기본 중국식이다)에서는 지금까지의 모든 변화가 검토 중지되었던 것이다. 그래서 연구된 것이—

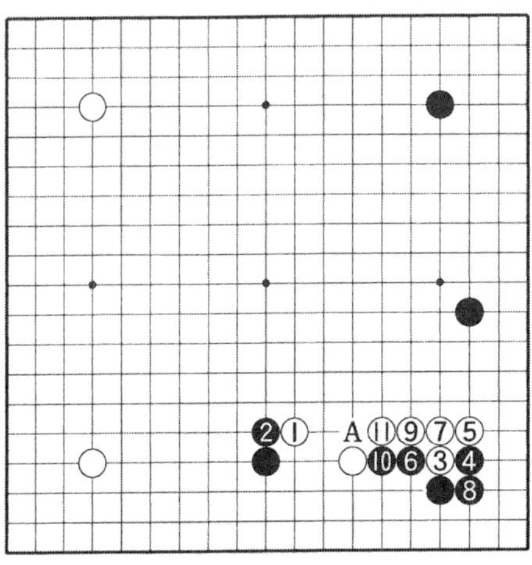

6도(백의 변화구)

백1로 두는 변화였다. 이 수의 취지는 흑이 2로만 받아준다면 즉시 백3을 실행하려는 것인데, 백11까지 진행되었을 때 이제는 흑A의 절단이 성립하지 않는다는 것이다. 그 이유는—

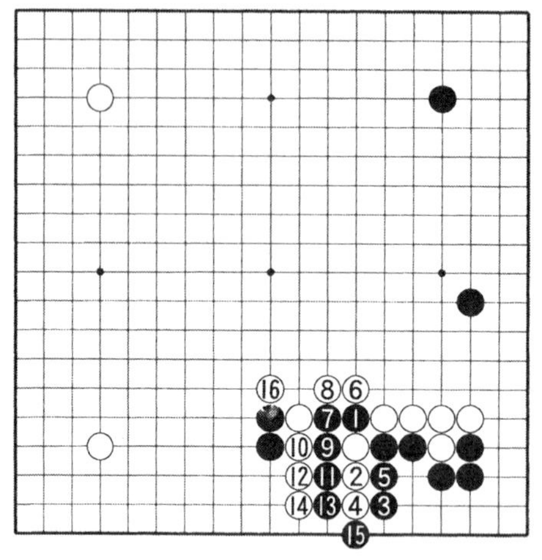

7도(끊는 것은 불가)

흑의 절단은 백16까지 사석작전으로 완전 봉쇄되어 이는 흑이 대마를 죽인 것과 다를 게 없다. 따라서 흑은 백의 의도대로 둘 수는 없다.

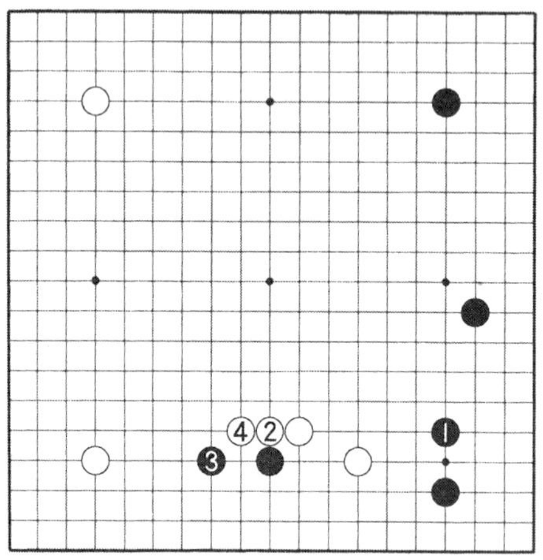

8도(백의 전술 성공)

백의 의도 중 또 하나는 흑1로 수비하면 백2로 눌러 중앙을 장악할 수 있다는 계산이다. 이 정도면 백의 전술은 어느 정도 성공한 모습이다.

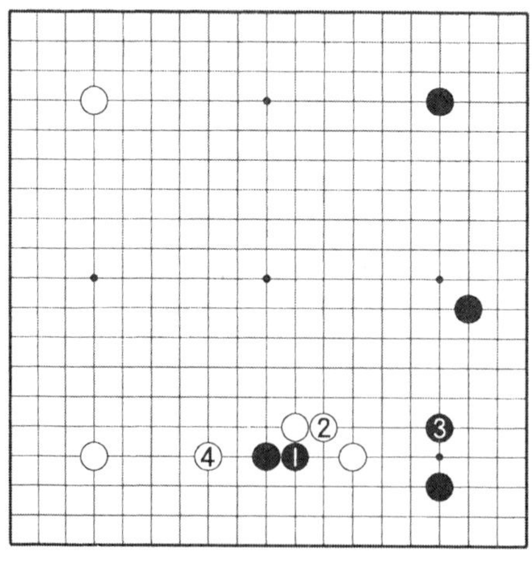

9도(백 주도권 장악)

흑1을 먼저 두고 흑3에 지키는 것은 이번에는 백4쪽으로 흑을 공격한다. 이것으로 주도권은 백에게 넘어온다.

초반전술

제21형

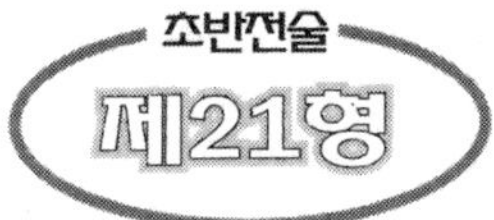

치열하지만 약점도 있는 전술

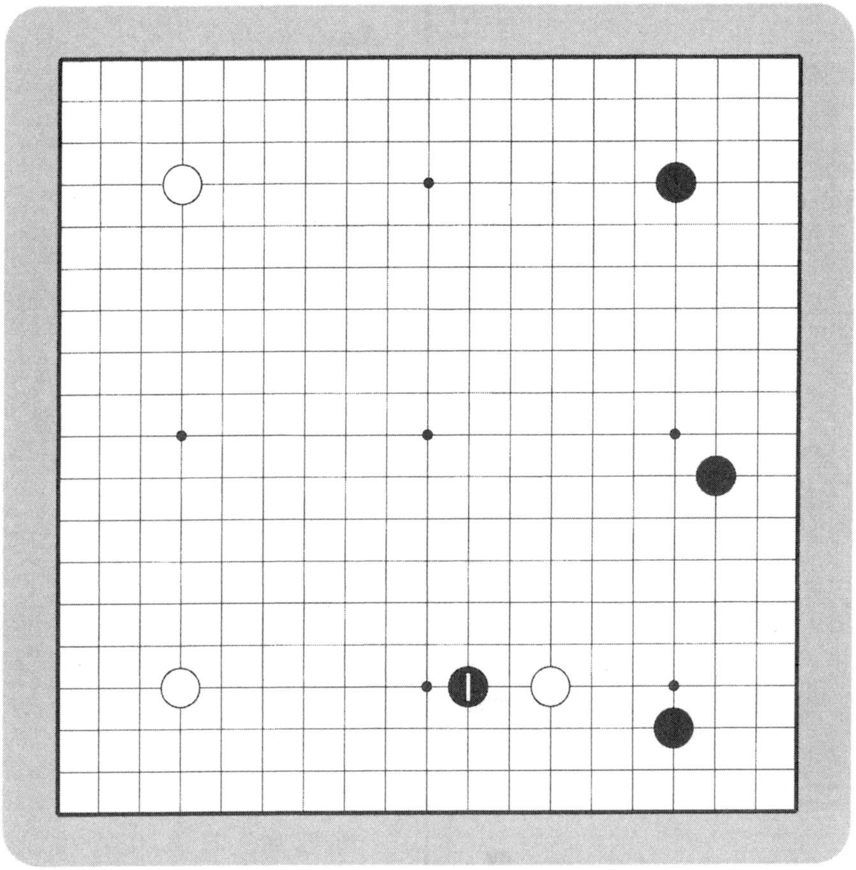

흑1에 바짝 다가서는 수법은 가장 최근에 시도된 전술이다. 이 수의 의도는 제20형 6도 이하 백의 대응수법을 견제한 것이다. 가까이 다가선 만큼 치열한 맛은 있으나 흑에게도 나름대로의 약점을 지니고 있어 아직은 연구가 더 필요한 수법이라 할 수 있다.

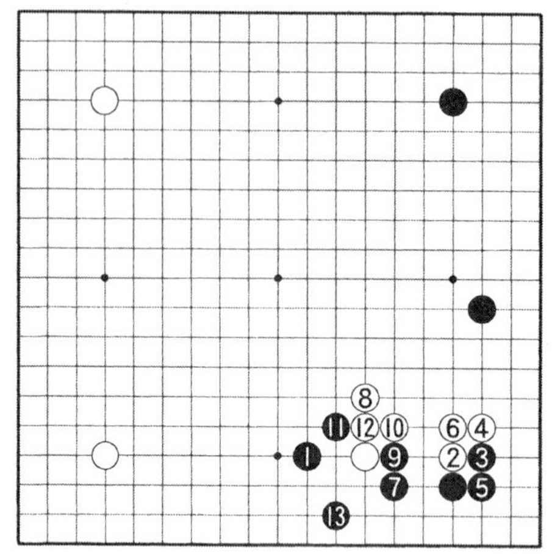

1도(실전형)

흑1의 의도는 백4때 흑5로 가만히 이어 흑13까지 집을 취하고 백 전체의 공격을 노리려는 것인데, 흠이라면 후수라는 점이다. 수순 중 흑5로 이을 수밖에 없는 이유는—

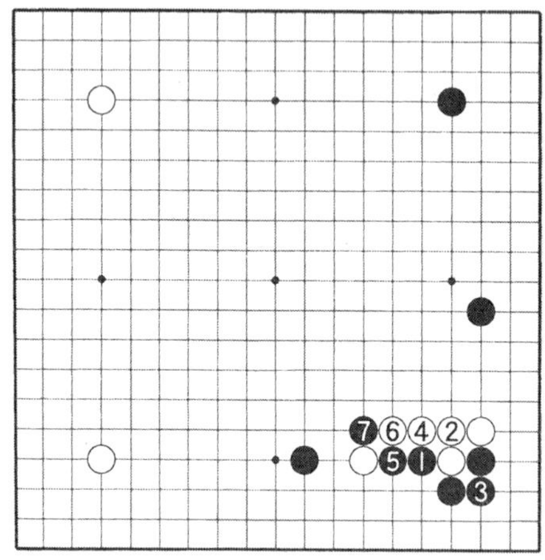

2도(백이 걸린 것 같지만)

본도 흑1로 먼저 단수를 하고 흑3에 이으면, 언뜻 보기에 제18형 7도와 같아 보이지만 전혀 상황이 다른 것이다. 계속해서 백은—

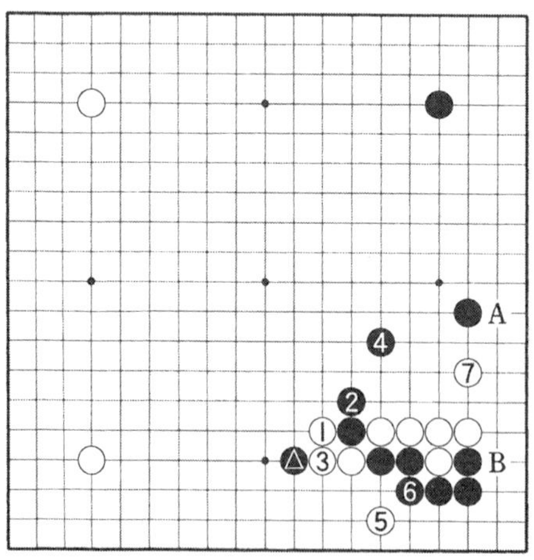

3도(흑 당한 모습)

백1로 단수 친 후 백3에 이으면 일단 흑△가 폐석화되고 만다. 흑이 4로 봉쇄하여 사활을 묻게 되겠지만, 백5로 치중한 후 백7로 터를 잡고 나면 백A, B 등이 선수로 듣고 있으므로 이 백은 결코 죽지 않는다. 그것은 흑△가 가까이 있어 오히려 부담이 된 결과다.

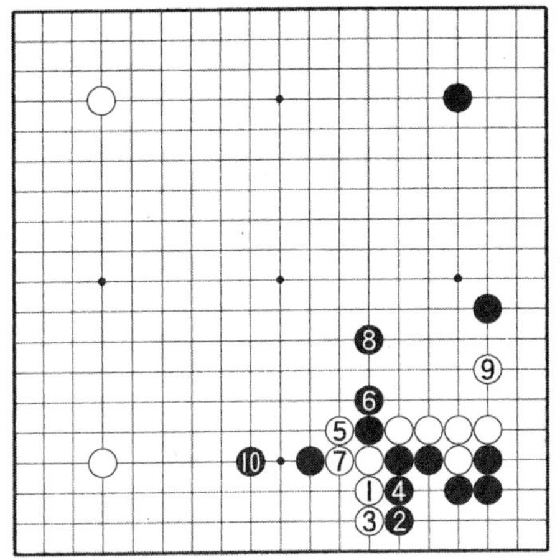

4도(백의 행마 난조)

백1은 행마부재라 하겠다. 흑2·4로 수비하면 귀의 흑이 완생형이 되면서 오른쪽 백에게 영향력이 강화되므로, 이번에는 흑10쪽부터 공략하여 백은 순식간에 곤경에 빠지고 만다.

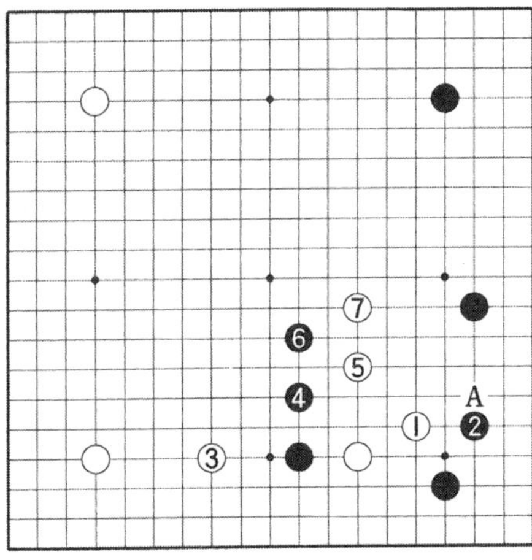

5도(백의 행마)

이번에도 백은 1 정도로 두어 흑2를 유도하고 백3으로 흑과 중앙으로 동행하는 것이 무난한 진행이 될 것이다. 백은 언제든지 A의 맛을 노릴 수 있다.

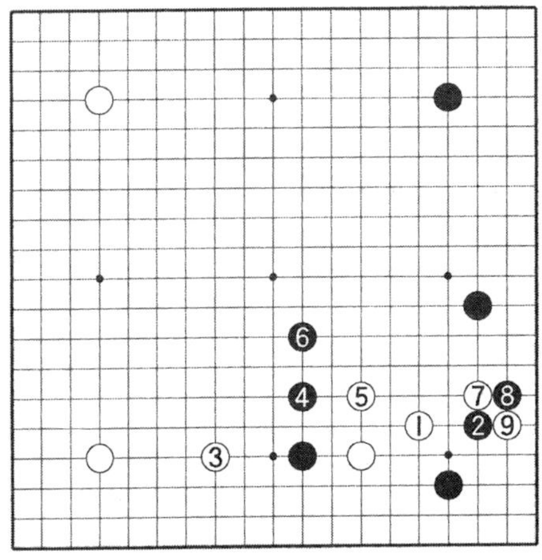

6도(조급하기는 하지만)

백이 백7로 붙이는 맛을 조금 더 강력하게 노리자면 백5로 뛰어 둘 수도 있다. 다만 주의할 것은 대세에 뒤질 수 있다는 점이다. 흑6때 즉시 백7·9로 상용수단을 구사하게 되면—

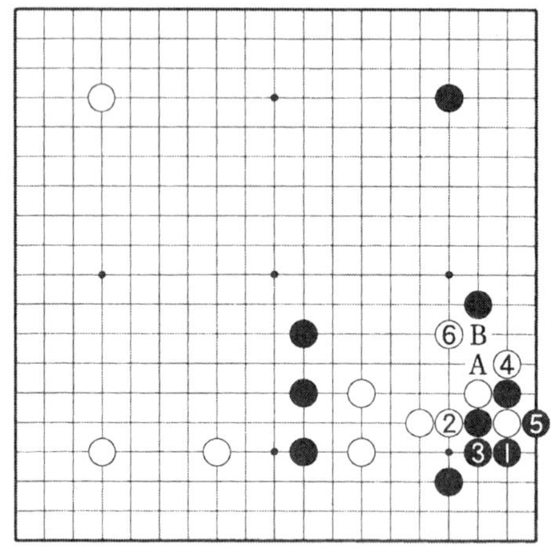

7도(백6은 수비의 틀)

흑1이라면 백6까지 진행되는 것이 보통이다. 여기서 백6은 이 경우 정형화된 틀이며, 흑A에는 언제든지 백B로 버리고 외곽을 다시 봉쇄할 수 있다.

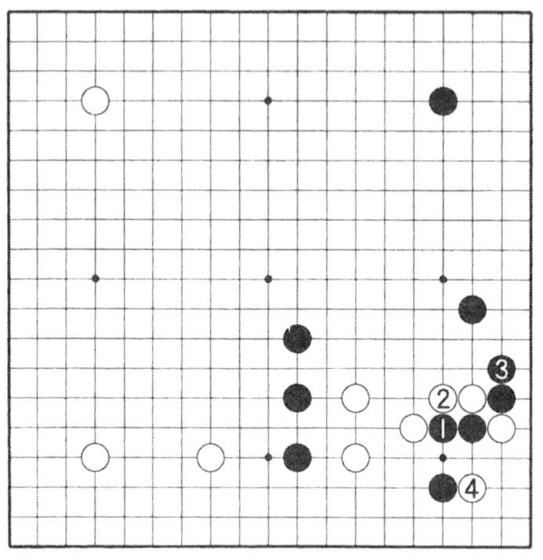

8도(흑의 반발)

흑1은 7도를 거부한 반발이다. 흑3까지 반발할 때 백4로 붙이는 수 또한 이 경우 맥점이다. 이후는 대단히 복잡한 수읽기를 필요로 하기 때문에 중급자에게는 5도를 권하고 싶다.

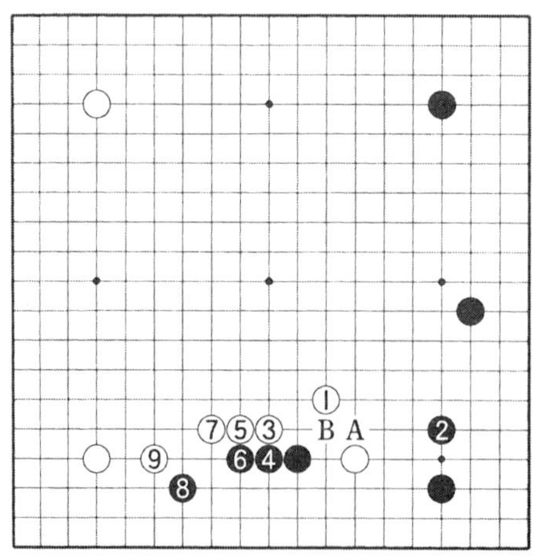

9도(백의 변화구)

역시 이때도 백은 백1과 같은 변화구를 던질 수 있는데, 이 수도 다분히 전술적 요소를 갖춘 다이나믹한 수법이라 할 수 있다. 흑2의 수비에는 백3부터 중앙을 제압한다. 이때 흑A, B 등의 절단은 우측 흑을 응수타진하여 수습할 수 있다.

초반전술

제22형

고바야시류로 변화하는 시발점

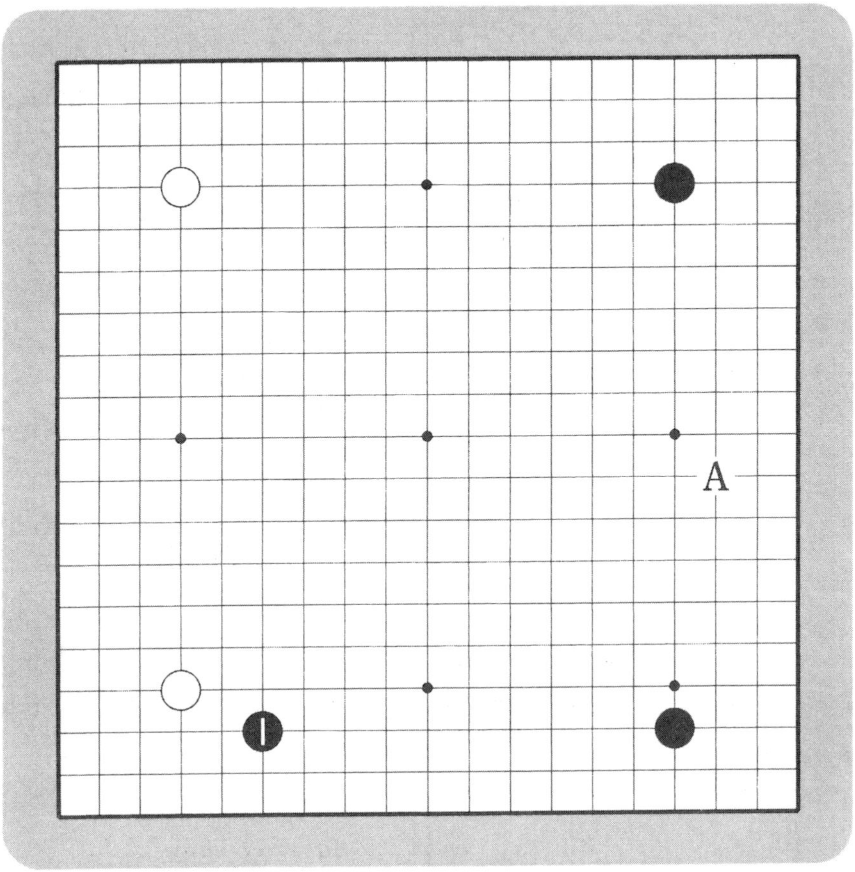

흑A를 생략하고 둔 흑1은 '고바야시류' 등의 이름으로 널리 알려진 포진으로 변화하는 시발점인데, 사실은 이 또한 그 아이디어의 원천이 중국식에 있었음을 부정할 수 없다. 그리고 90년대 말에 이르러서는 중국식의 수많은 파생형이 속속 등장하게 되는데, 이를 다 열거할 수는 없고 그 중 가장 많이 시도된 변화를 보기로 한다.

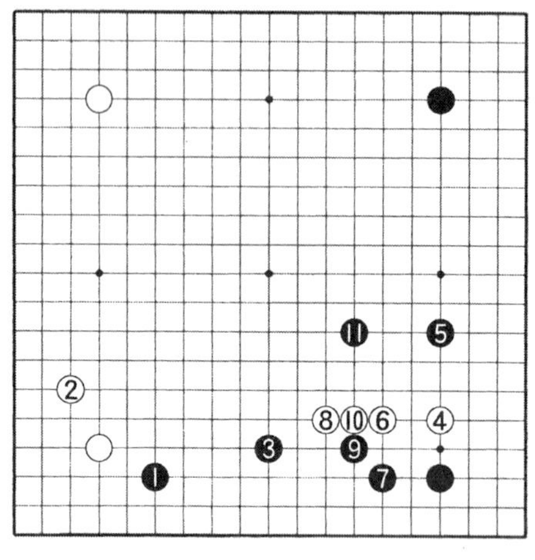

1도(고바야시류의 의도)

혹1·3의 포진이 바로 그 유명한 고바야시류다. 고바야시 9단의 전성기 시절 유행되었던 이 포진은 지금도 수많은 변화를 거쳐 현재도 끊임없이 재 시도되고 있는데, 애초의 의도는 본도와 같은 것이었다. 흑3을 능률적으로 배치하여 흑11로 백4점의 가치를 극소화시킨다는 책략이다.

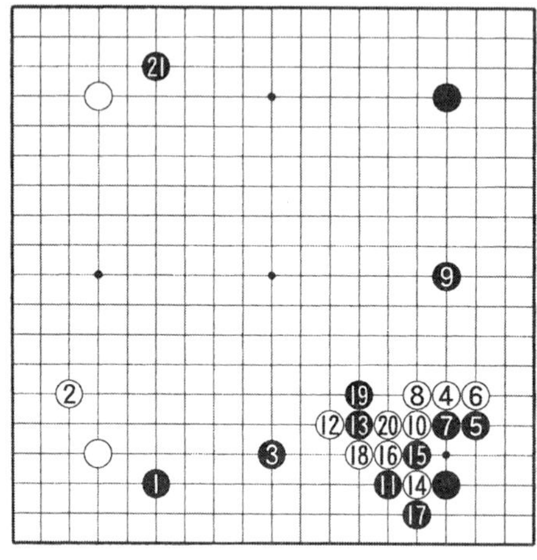

2도(현대화된 실전의 예)

백은 근래에 백4나 백6의 자리로 여유있게 걸쳐 가는 것을 거의 통념화하고 있다. 우선 백4로 걸치면 흑5부터 백20까지 진행된 후 흑이 선수를 잡아 흑21 등의 큰 곳으로 발빠르게 전환하는 정도의 변화를 결론으로 하고 있다. 여기서 만약 흑9로—

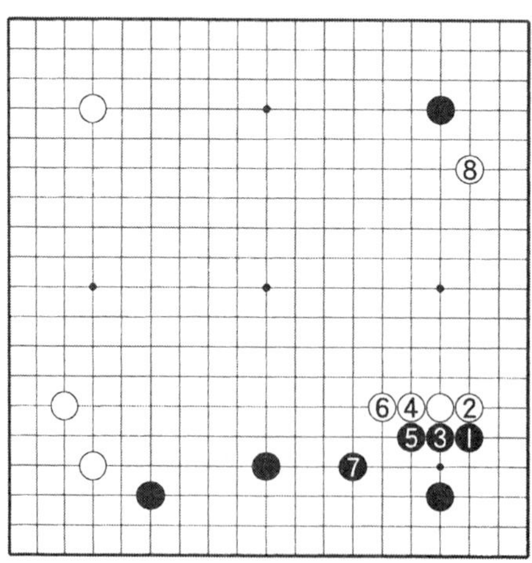

3도(진영의 편재)

집짓기만을 고집하여 흑5·7로 과다하게 하변에 투자하는 것은 백8까지의 전개겸 걸침을 당하여 초반을 뒤지게 된다. 이것은 흑돌이 하변에 너무 편중되고 있는 것이다. 그나마도 이 진영에는 아직도 수단의 여지가 남아 있어 완벽한 집도 아니다.

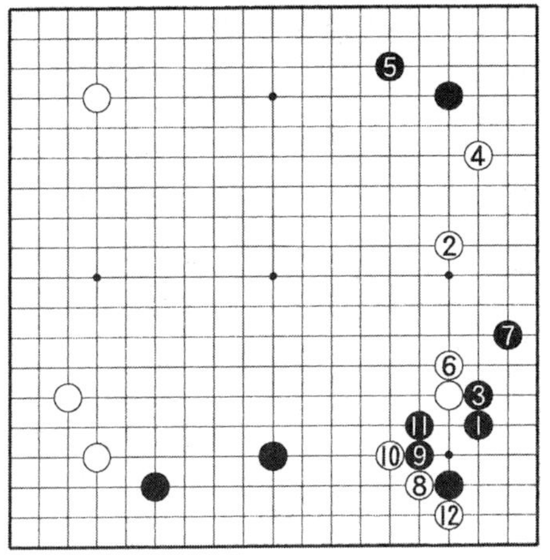

4도(백의 변신)

흑1에 대해 백2로 변신하는 수도 두어졌다. 이 수는 기략이 넘치는 전술을 내포한 것으로 흑이 만만히 상대할 수 없다. 예를 들어 흑3으로 민다면 백은 4·6으로 흑7을 유도하고 백8로 흑진을 교란할 수 있는 것이다. 백10·12는 이 경우 상용의 수법이다.

5도(둘 수 있는 구상)

흑1로 민다면 이번에는 백4로 뻗어 역시 백6의 붙임으로 흑진을 교란한다. 4도와 5도의 전술은 백으로서 시도해 볼만한 것으로, 유불리를 떠나 자유로운 전술적 사고의 하나라는 것에 공감이 간다.

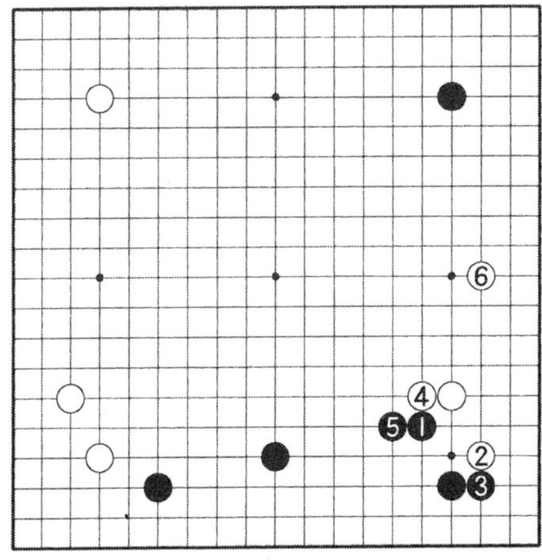

6도(지나친 진영의 보호)

흑1로 두는 방법도 있을 수는 있지만, 이는 기착점에 대한 지나친 미련으로 진영의 편재를 초래할 수 있다. 백2로 응수타진한 후 백6에 전개하면 흑돌은 거의가 우하귀에서 하변에 걸쳐 몰려있는 것이다.

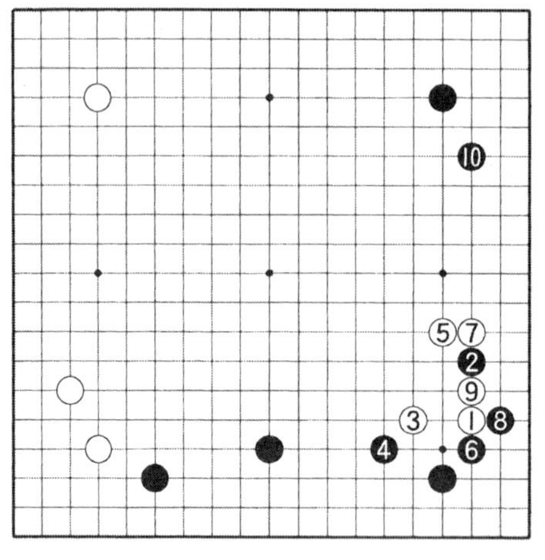

7도(예전의 정석)

백1은 흑에게 전술적 주도권을 주게 되어 근래에는 시도된 바가 없다. 이 경우 백의 형태가 완벽한 것은 분명하지만, 하변의 흑진영이 6도와 비교하여 손색이 없고 중요한 것은 흑이 선수라는 점이다. 흑이 먼저 10에 둔 것과 백이 먼저 이곳을 둔 것을 비교해 보면 더욱 그렇다.

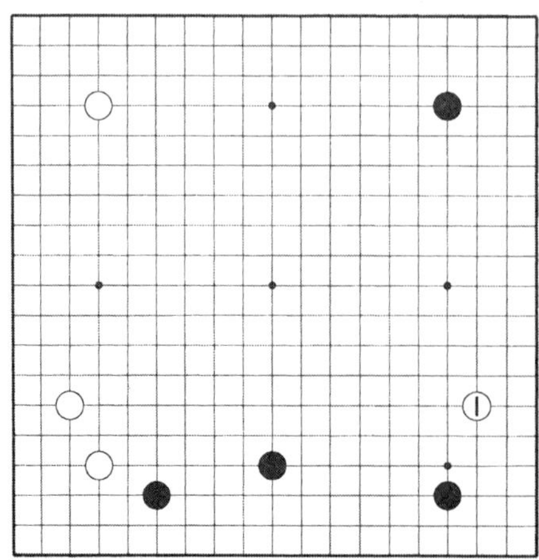

8도(이치적으로 보아도)

정석상으로 볼 때에도 백1에 대해 흑2로 높게 협공했다 치면 흑4로 지킬 때 흑▲가 미리 배치되어 있는 것과 같아 흑이 6 정도의 선수를 먼저 행사할 수 있는 것과 같은 이치다.

9도(가장 많이 시도된 걸침)

백1의 눈목자로 걸치는 수가 이 진영에 대해 가장 많이 두어진 전술이다. 그 이론적 배경에는 '강한 곳에 가까이 하지 않는다'는 원리가 숨어 있다.

제23형

고바야시류에서 정형화된 전술

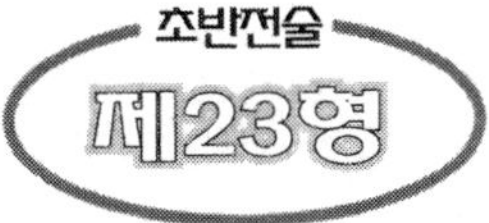

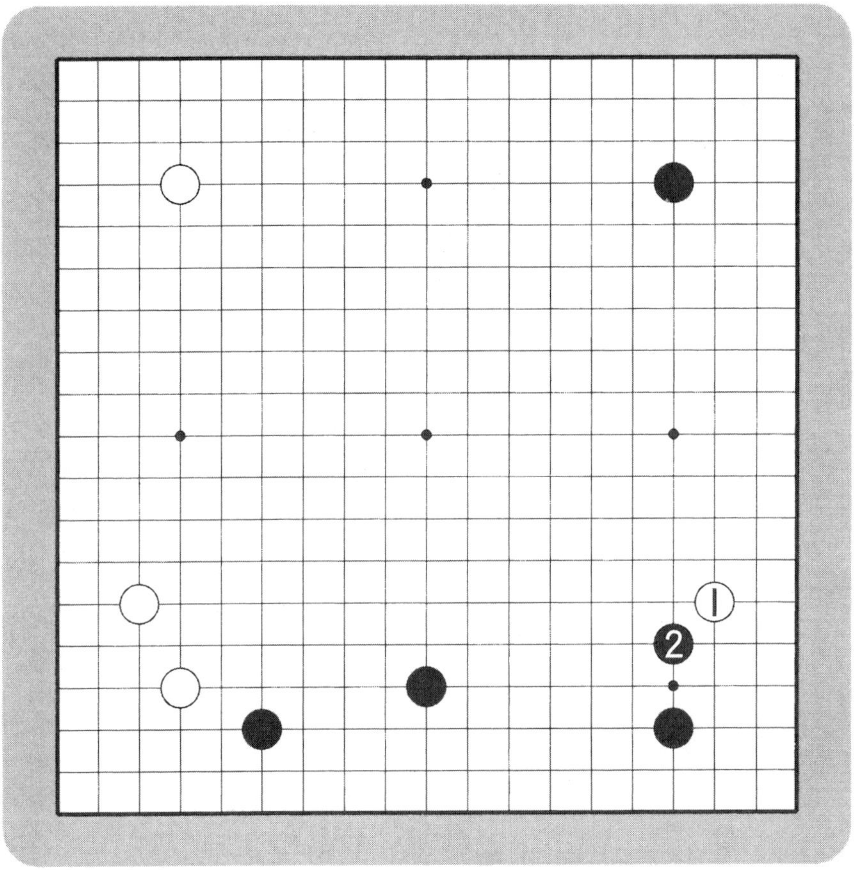

백1은 근래에 들어 거의 정형화되어 '이 한수'뿐이라는 인식이 강하다. 물론 다른 대안이 만들어지지 못한 탓도 있겠지만 그만큼 중국식 포진의 기능성이 뛰어나다는 의미도 된다. 이 수에 대해 가장 많이 사용된 흑의 전술도 흑2부터 시작된다.

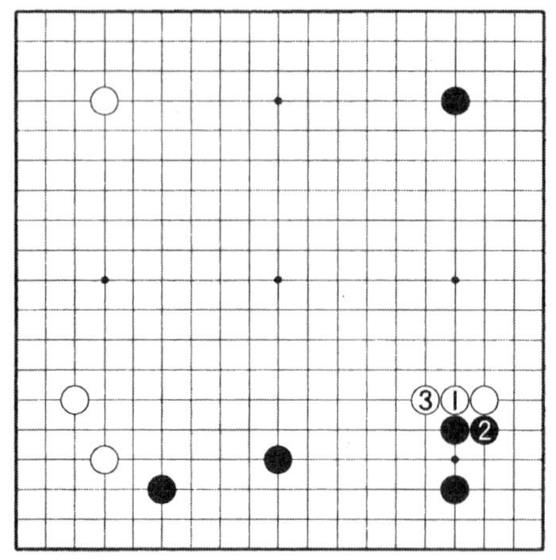

1도(제22형 2도로 환원)

백1로 밀 때 흑2로 막으면 제22형 2도로 환원된다. 다시 말해 흑은 백1로 밀어주기를 바라고 있으므로 백은 이렇게 두어서는 안된다. 또 흑은 본도 흑2로 약간의 테크닉을 구사할 수 있는데, 그것은―

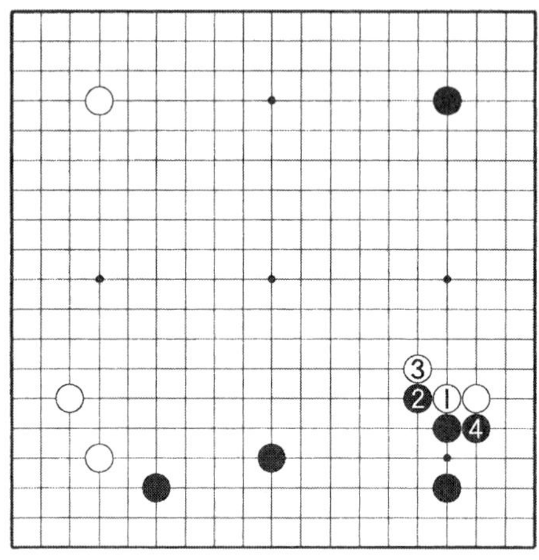

2도(유인책)

흑2로 두어 백3을 유도하는 것이다. 대개의 경우 무심코 백3으로 젖히는 중급자들을 위해 조언하고 싶은 점이 이것인데, 이때 흑4로 뿌리를 막게 되면 여기서 백은 잽을 한방 맞은 것과 같다. 백돌이 있어야 할 흑2의 자리에 흑돌이 있는 것이다.

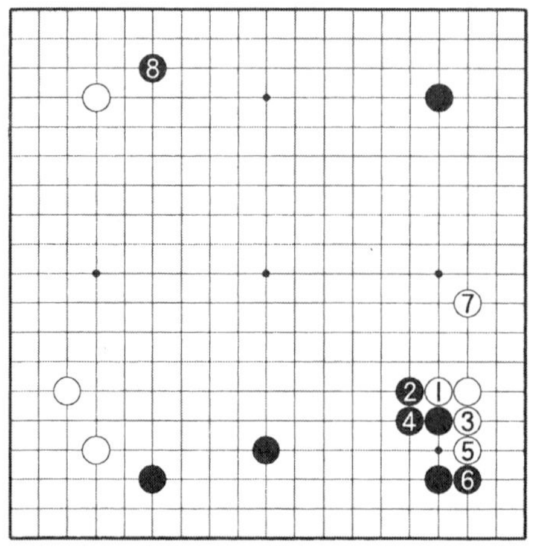

3도(흑 한발 앞섬)

백3으로 둔다면 흑은 4로 침착하게 응수한다. 백7이 불가피하기 때문에 이제 귀중한 선수는 흑이 행사하게 된다. 이처럼 전술은 선후수와 직결된다. 또 수순 중 백5로―

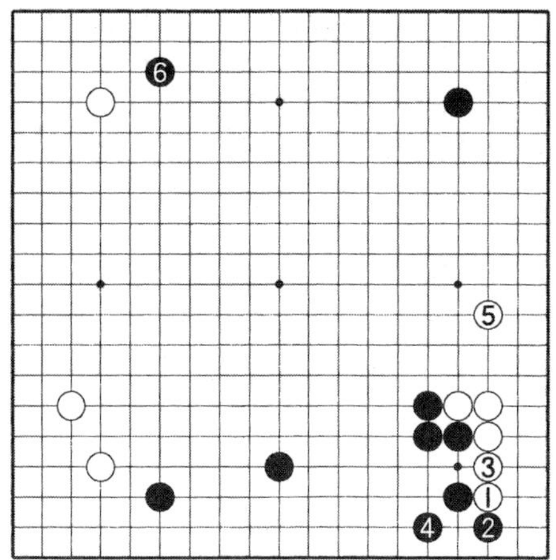

4도(마찬가지)

본도 백1에 붙여도 상황은 바뀌지 않는다. 어차피 백ホ는 불가피하므로 선수는 흑에게 가는 것이 필연의 흐름이다.

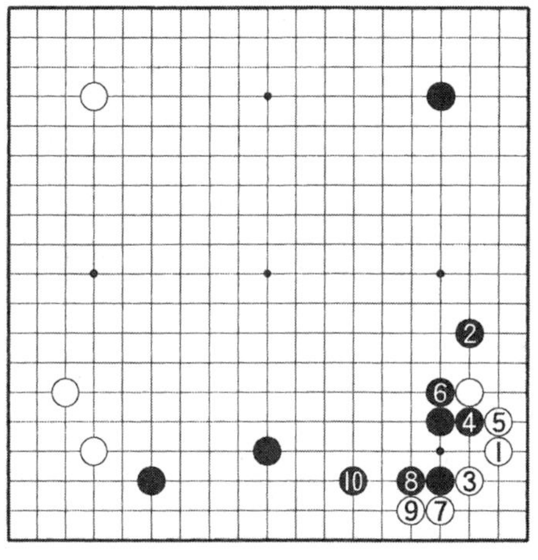

5도(백1은 거의 절대)

백1로 두는 것이 요즘의 결론이다. 다만 흑2때 백3으로 두는 것은 최초의 형태인데, 흑4·6으로 막힌 모양이 백7·9의 소득에 비해 월등하여 지금은 사라진 진행이다. 따라서 백도 이 수순을 거부하여―

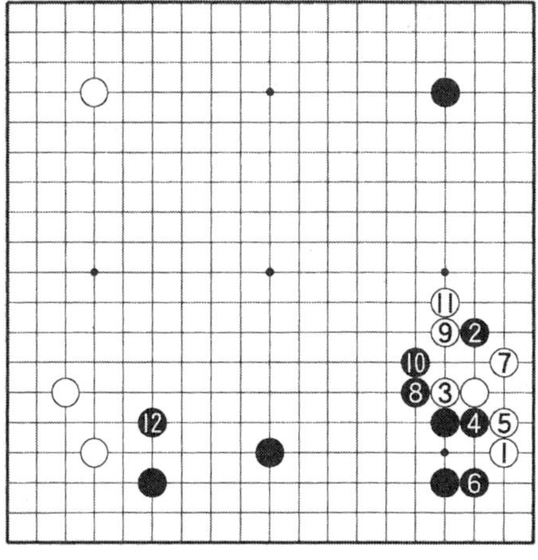

6도(최근형)

백3으로 한번 밀어 올리는 것이 좋다고 결론지어졌다. 또 흑도 4·6으로 두어 귀를 수비하는 것이 최근의 흐름이다. 백11까지는 정석이며 이때 흑12는 진영을 확장시키는 필쟁의 요처다. 이제 관건은 이 흑진이 부푸는 것을 얼마만큼 효과적으로 백이 제어하느냐에 달려있다.

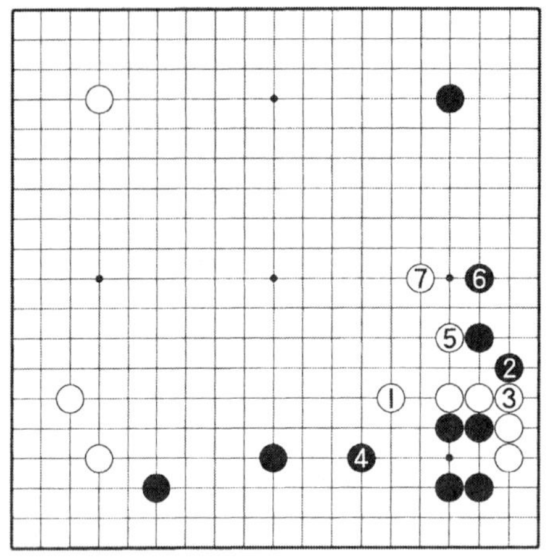

7도(또 하나의 전술형 정석)

본도 백1도 있다. 이 수는 흑2를 허락하는 대신 중앙으로 안정된 자세를 잡았고 하변 흑진에 대한 견제도 어느 정도 하고 있다. 대신 우변에 흑의 실리를 얼마간 허용하는 것은 어쩔 수 없다.

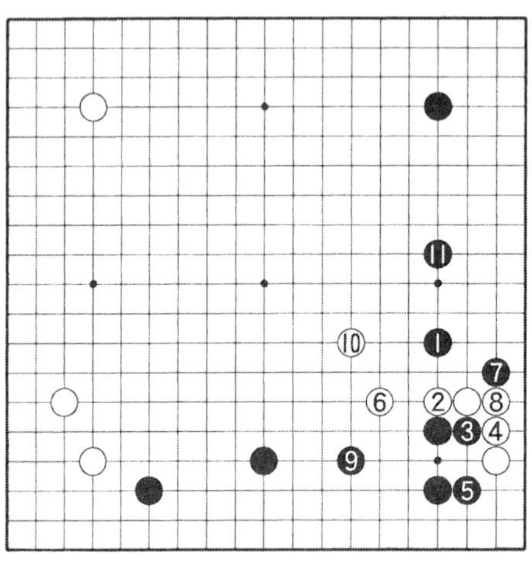

8도(흑의 취향)

요즘 잘 두어지지는 않지만 흑1은 한때 자주 시도된 적이 있는 수다. 이 결과는 7도와 비교하여 백이 다소 미흡하다. 그 이유는 흑7을 허용했기 때문이다. 따라서 백도 백6으로는―

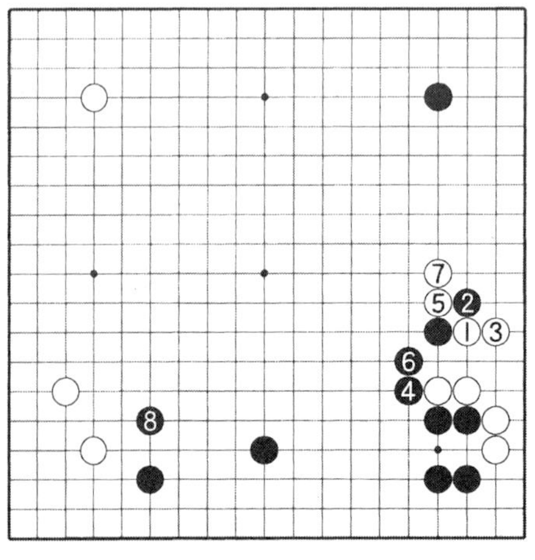

9도(백의 대안)

본도 백1로 두는 수가 시도되었다. 백7에 이어 흑8까지 이 결과는 6도와 거의 흡사하다.

견실한 수비에 담긴 공격적인 전술

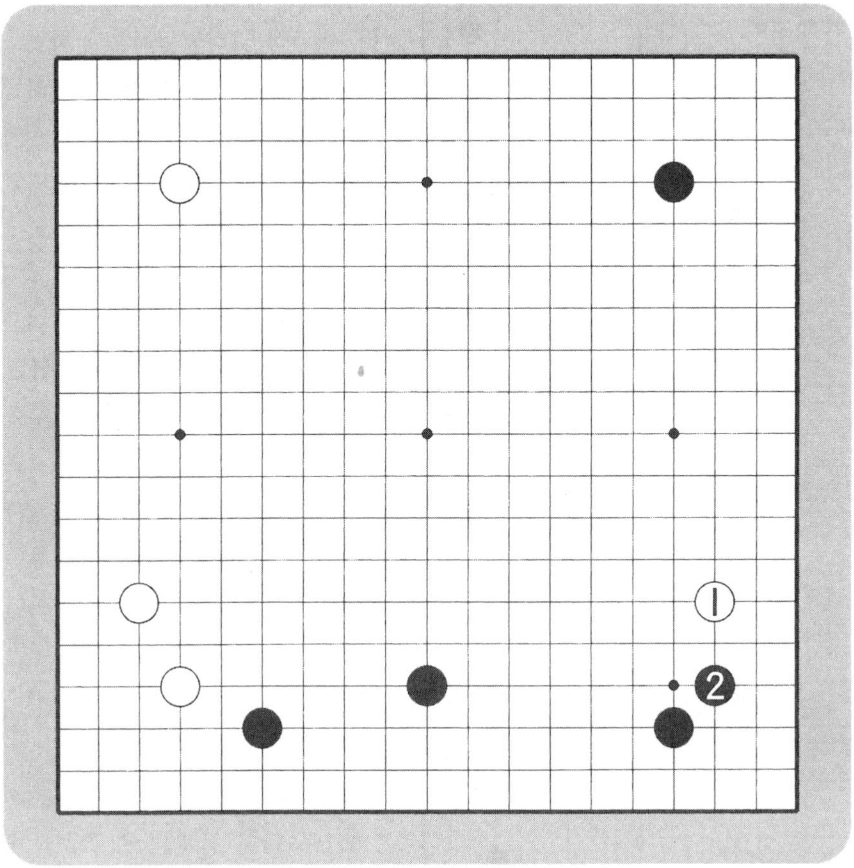

백1에 대해 제23형보다는 못하지만 흑2로 두는 수도 빈번하게 시도되었던 수법이다. 이 수는 돌의 위치가 그렇듯이 견실한 수비이지만 진영을 넓히는 착상 대신 공격을 통하여 이득을 취하려는 의도가 담긴 전술패턴이다. 또 한때는 백의 신 수법에 대응하여 다시 진영을 넓히는 수법으로 구사된 적이 있었다.

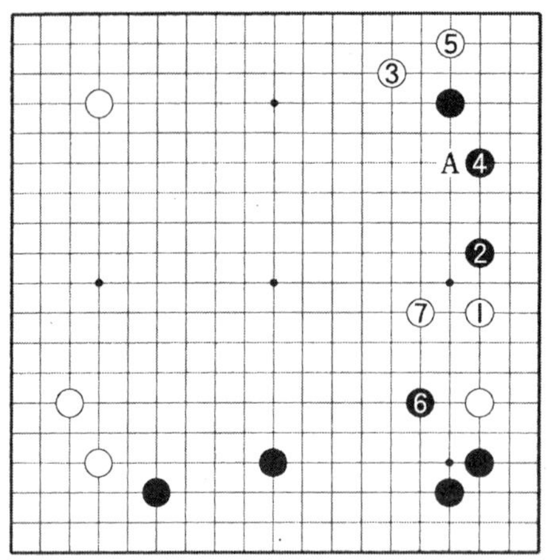

1도(보편적인 진행)

백1은 가장 일반적인 전개며 이 때 흑2로 육박하여 공격의 발판을 마련한다는 것이 이 전술의 핵심이다. 또 백3·5라면 흑6으로 하변을 부풀리며 공격의 이득을 취하려는 것이 목적이다. 수순 중 흑4는 예전이라면 A에 두는 것이 보통이었으나 현대에는 이렇게 둔다.

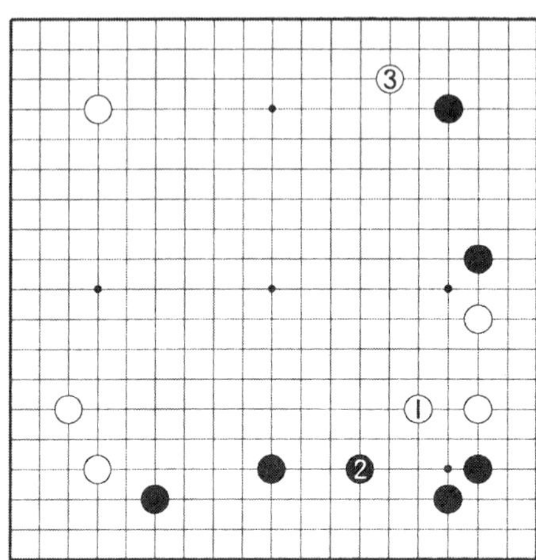

2도(백의 변화)

흑의 선제 공격을 피하여 백1로 두는 변화도 있으나, 백이 이 수를 먼저 두는 것은 흑진을 굳혀주는 단점도 있다. 백3으로 선점하기는 하였으나 백의 전술이 단조로와 요즘은 이 수순을 잘 두지 않는 경향이 있다. 그래서 굳이 이 수를 두려면—

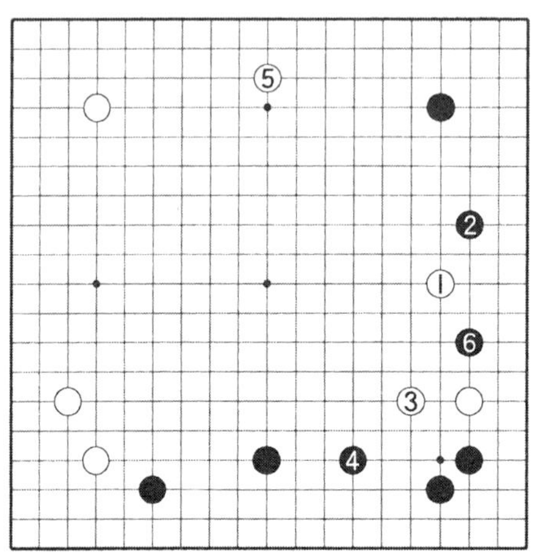

3도(백의 유도)

백1로 넓게 전개한 후 흑2를 유도한 후 백3으로 수비하면 흑은 6의 침입을 서두르게 되는데 이것이 백의 전술이었다. 흑6에는—

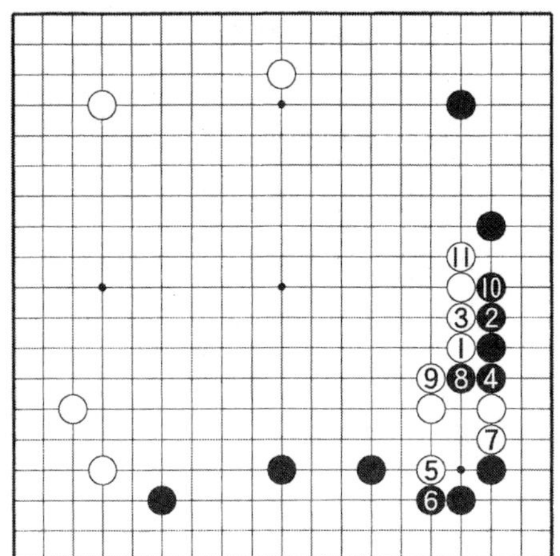

4도(백의 계획)

본도 백1로 눌러 우상으로 연결 시켜주면서 중앙에 세를 쌓는다는 것이 3도 백1의 전술이었다. 수순 중 흑4때 백5·7은 준비된 수순이다. 이 점 때문에 흑은 새로운 수법을 강구하게 되었는데, 3도의 흑 2 대신—

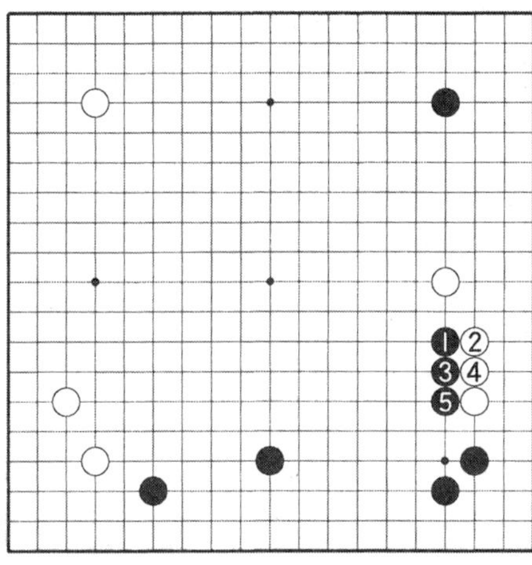

5도(흑의 신 수법)

본도 흑1로 백이 시도한 전술의 허를 찌르는 수법이다. 백2때 흑3·5로 다시 중앙에 세를 쌓는 변신은 볼만한 것이다. 이때 백이—

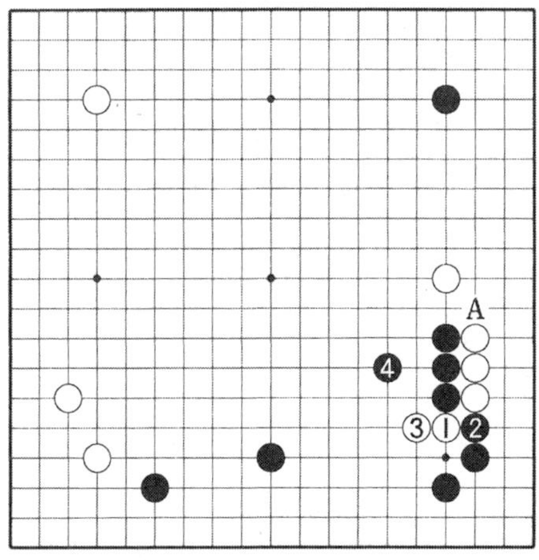

6도(백 무리)

백1·3으로 전투를 벌이는 것은 위험천만이다. 흑4가 행마의 급소로 이 수에 의해 백의 응수는 두절된다. 흑A가 노출되었기 때문이다. 따라서 백도 백1로는—

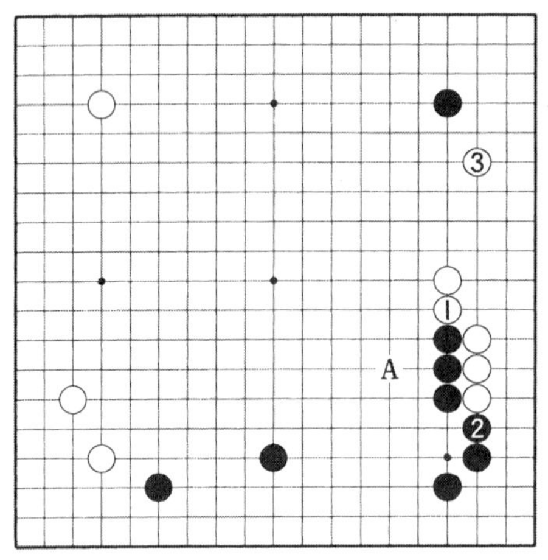

7도(백의 온건책)

본도 백1로 지키는 것이 무난하다. 흑2에는 백3으로 전개하는 것이 흐름이다. 흑에게 약간의 부담이 있는 것은 이 흑세력이 백A에 의해 위축될 지도 모른다는 것이다. 이것이 싫다면 흑도—

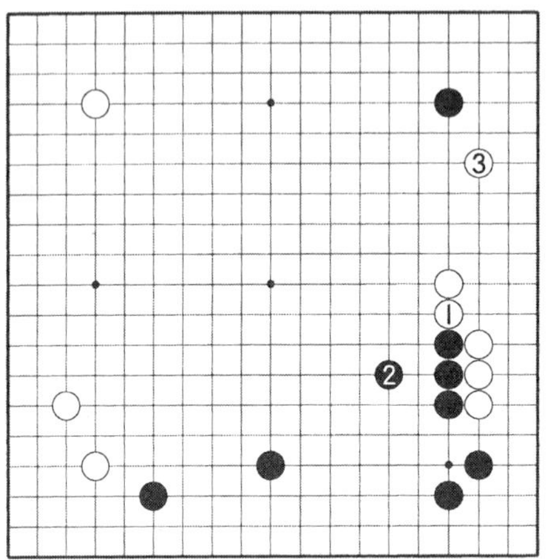

8도(흑 중앙을 고려한 지킴)

애초에 흑2로 지키는 것이 더 나을지도 모른다. 그러나 이는 각자의 취향일 것이다. 백도 전술의 능률면에서 백1로—

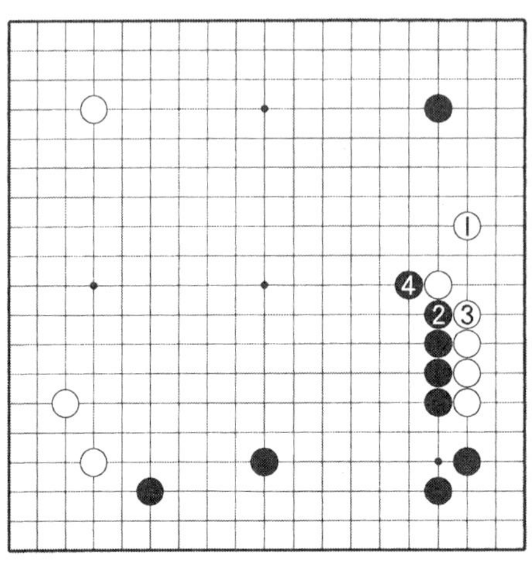

9도(능률의 지나친 고려)

본도 백1로 두는 수도 있었으나 이는 흑2·4로 밀어붙이는 전술 때문에 금방 자취를 감추고 말았다.

초반전술

제25형

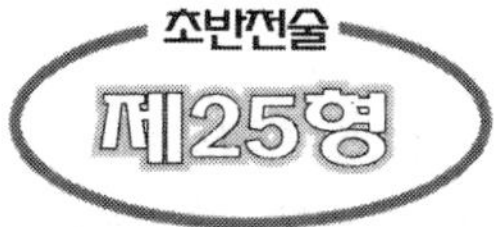

백의 전술에 선택의 폭이 넓어짐

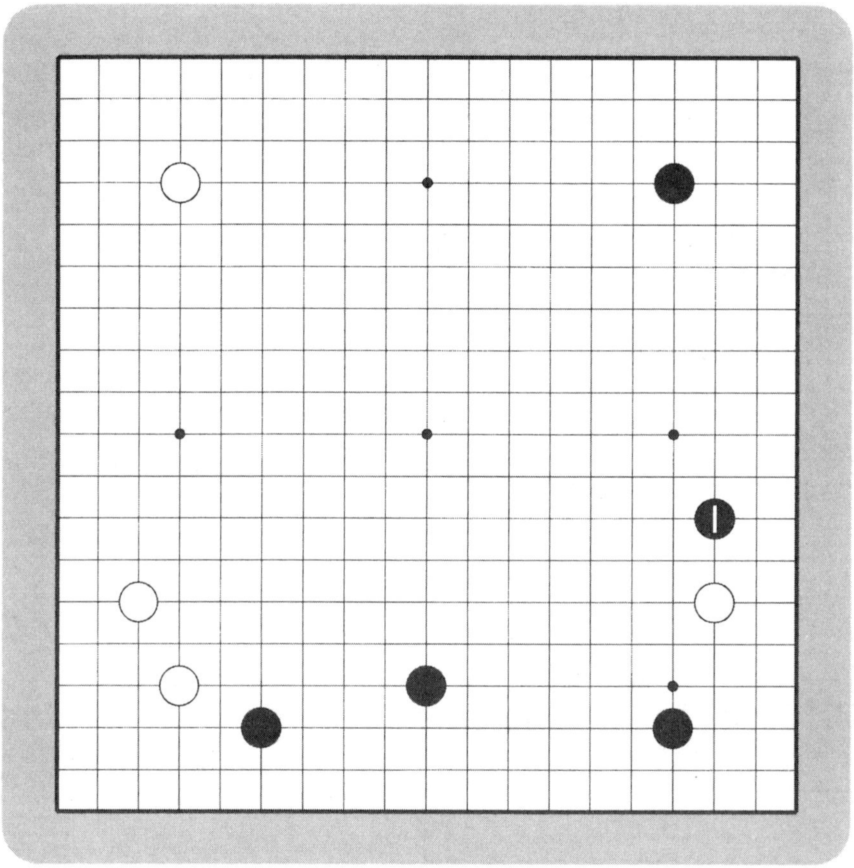

흑1의 협공은 결론적으로 현재 거의 사용되지 않는다. 그 이유는 흑에게 큰 손실이 있거나 백의 묘수가 발견되어서가 아니고 백의 전술에 선택의 폭이 넓어지기 때문이다.

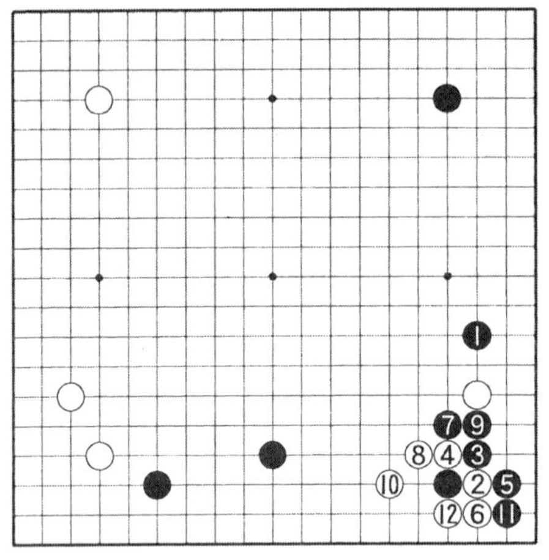

1도(중국식의 파괴)

일반적으로 흑1에는 백2 이하의 정석이 선택되기 마련이다. 흑9때 백10이 이 경우 알맞은 정석선택이 되어 애초에 흑이 구상했던 중국식은 흔적도 없어지고 만다. 그것이 두려워 흑3으로—

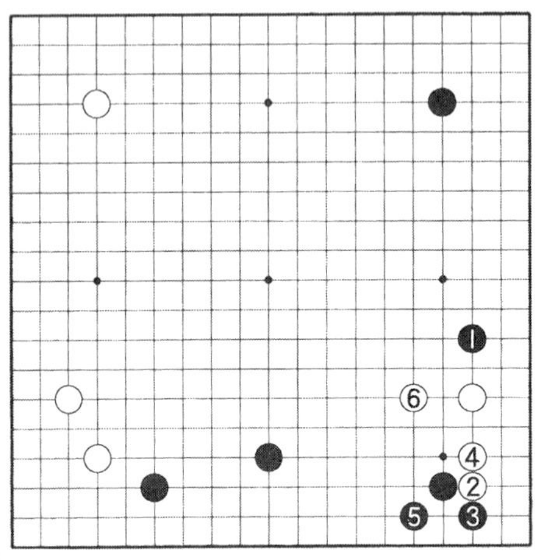

2도(마찬가지)

본도 흑3에 두면 백4·6으로 틀을 잡아 이 역시 중국식은 눈을 씻고 찾아봐도 없다. 더욱이 수순 중 백4로—

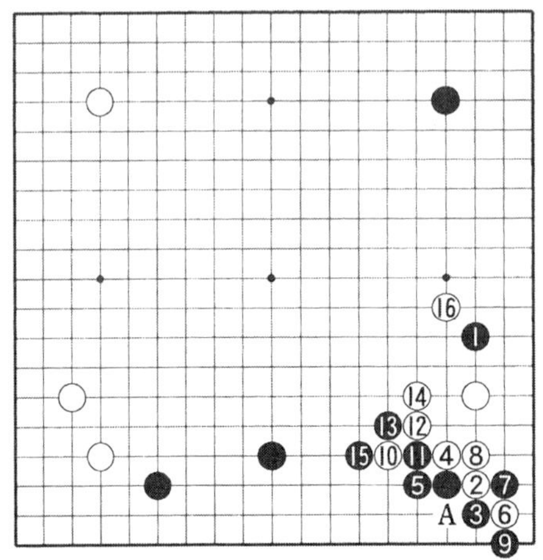

3도(백 자유자재)

본도의 백4로 두고 백6·8의 수순을 거쳐 백10에 씌우는 일련의 수순을 선택할 수도 있다. 흑11 이하의 강경수단에는 백16으로 비껴 주도권을 장악한다. 흑은 A의 단점 때문에 거동이 불편하다. 따라서 흑도 백2의 붙임을 예상하여 준비된 수법이 있는데—

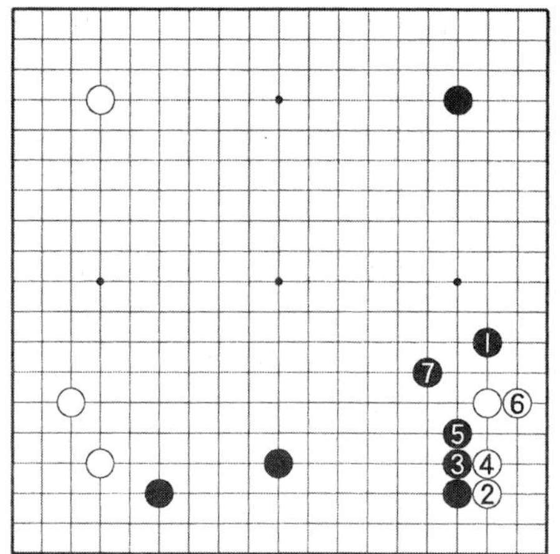

4도(2연성으로 환원)

백2에 대해 흑3으로 두어 2연성으로 환원시키는 것이 그것이다. 이렇게 된다면 흑이나 백이나 전술적 흥미가 있을 리 없다. 그 이유는 일반정석에 집착한 백2의 붙임에 있는데—

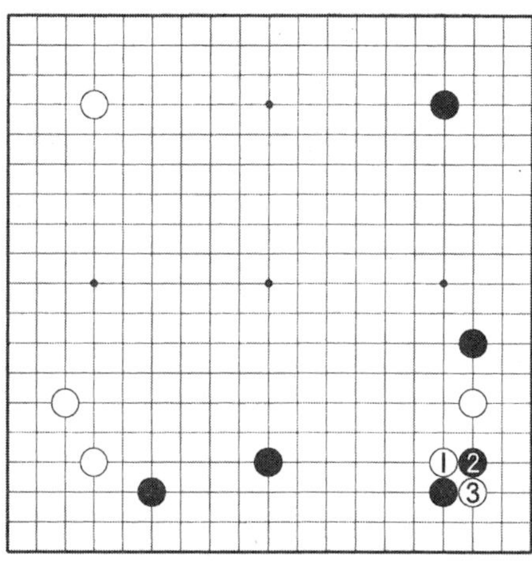

5도(붙임의 선택)

백은 본도 백1로 붙이는 것이 이 경우 가장 전술적인 정석이다. 흑2라면 백3으로 끊어 이것은 1도로 환원되므로 흑의 손해가 된다. 또—

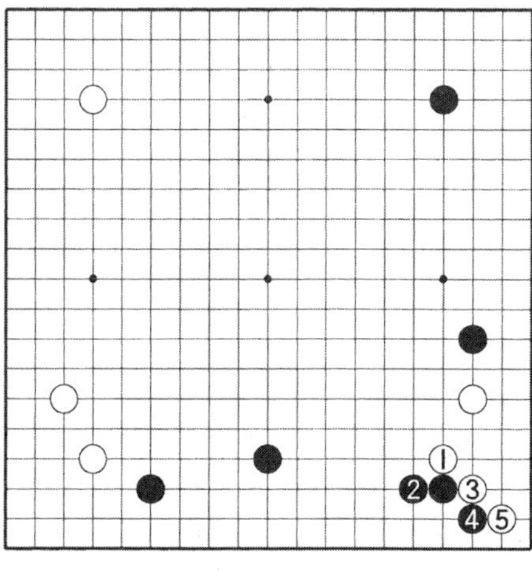

6도(3도로 환원)

본도 흑2라면 백3·5로 두어 다시 3도로 환원되니 흑이 불리한 것은 변하지 않는다. 또—

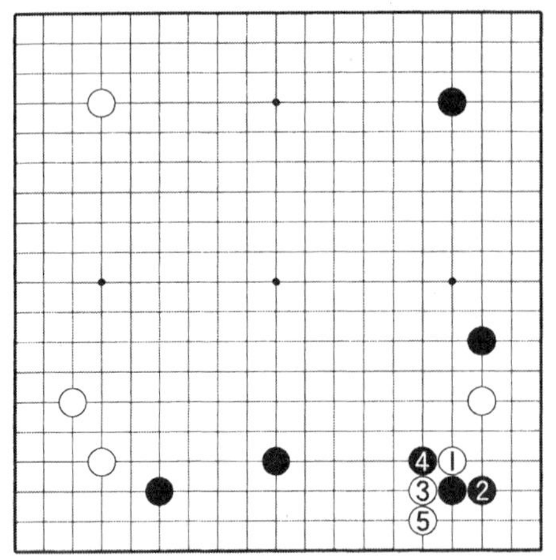

7도(흑 무리)

흑2로 두는 것은 백3·5의 강수가 성립하여 흑이 좋은 결과를 기대하기는 어렵다. 또 백은 흑4의 절단이 성가시다면 언제라도―

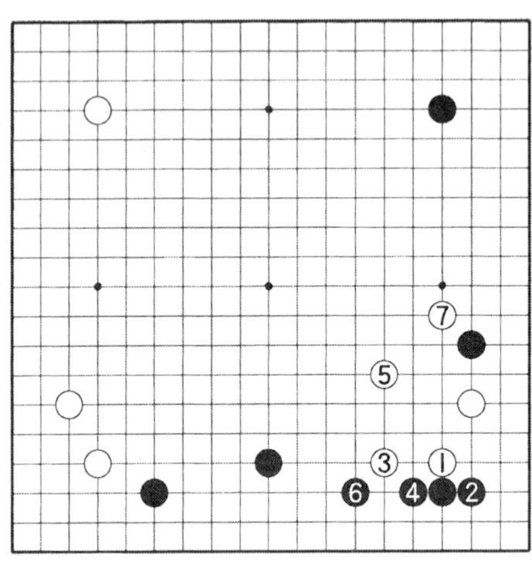

8도(중급자에게 권하는 수법)

백3으로 뛰고 백5로 지켜 흑6이 불가피할 때 백7로 씌우는 수법도 있다. 어쩌면 이 수법이 더 현란하려하여 중급자에게 어울릴지도 모르겠다. 따라서 여기까지의 결과를 볼 때 흑도 백1의 붙임에는―

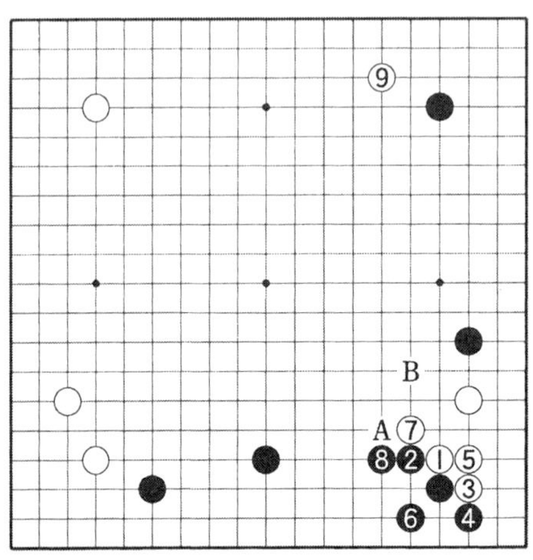

9도(흑2 이 한수)

본도 흑2쪽을 젖히는 수밖에 없다. 그러나 이 진행도 백이 유리하다. 흑8때 백은 선수로 백9를 선점할 수 있다. 우하귀의 백이 지극히 안정된 모양이기 때문이다. 참고로 흑A에는 백B가 행마법이다. 이러한 이유로 기본형의 협공은 의미가 없어져 시도되지 않고 있다.

초반전술

제26형

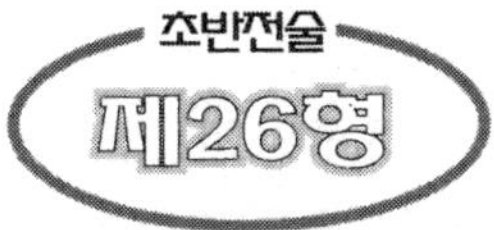

백을 전술적으로 제한하려는 목적

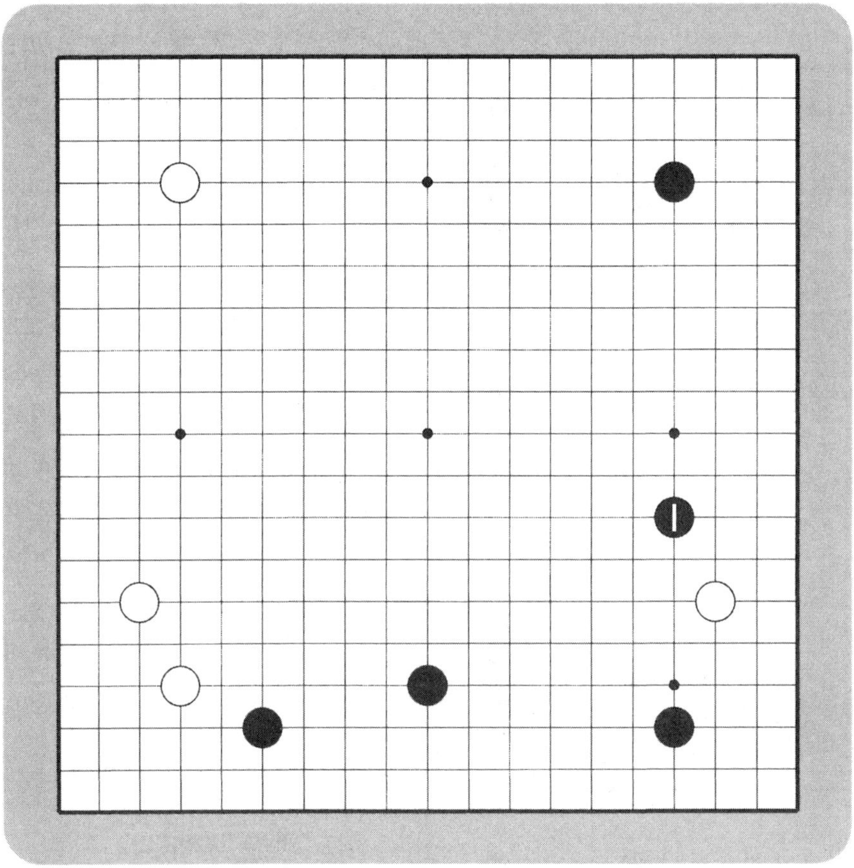

흑1은 다분히 노골적인 위치에 놓여져 있다. 그만큼 권위적이라는 뜻인데, 이 수에는 제25형에서 실패한 변화가 반성되어 있는 만큼 백을 전술적으로 제한하는 요소가 있다.

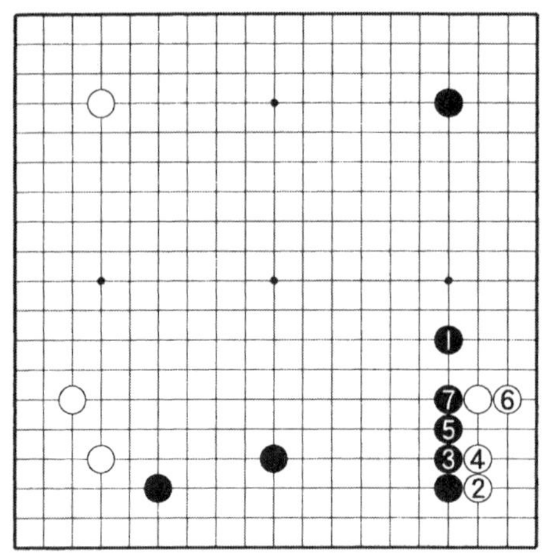

1도(보편적 사고)

우선 백2는 흑에게 쉬운 응수를 하게 하므로 백은 생각을 조금 더 해야 한다. 물론 이 진행도 정석이지만 백에게 더 좋은 수단이 있으므로 논외라고 보아도 좋다. 차라리 이 정석을 선택하려면—

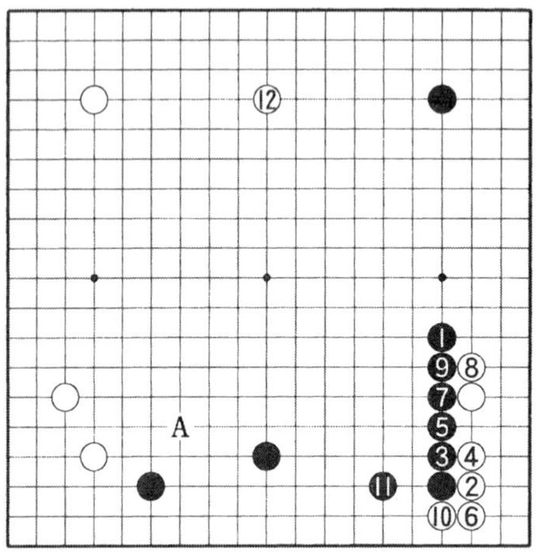

2도(같은 정석이라도 백6이 낫다)

본도 백6으로 두는 편이 낫다. 그리고 흑11 다음 백12로 두는 것이 흐름이다. 참고로 백12는 대세의 균형점으로 백A보다 선결해야 한다. 그 이유는 하변 흑진은 지금 백10에 의해 면적이 줄었지만 그 힘은 흑1쪽에 비축되어 백12의 곳이 세력확장의 분기점이 되었기 때문이다. 또—

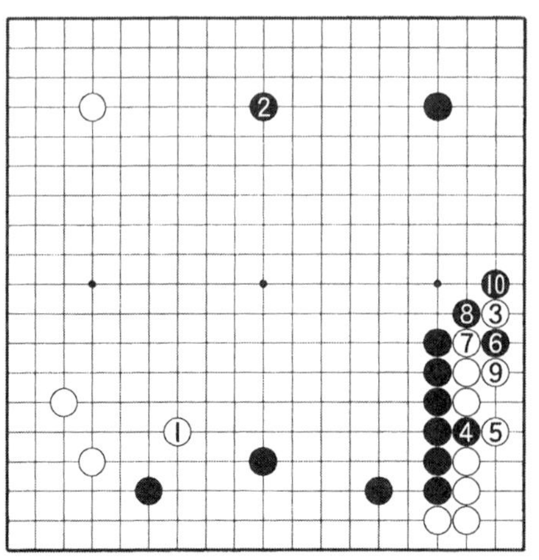

3도(우변은 막혀있다)

본도 백1로 둔다면 흑2에 전개할 때 백이 생각했던 것처럼 우변은 뒷문 열린 진영이 아니기 때문이다. 백3에는 흑4 이하 흑10까지 막혀 있는 것이다.

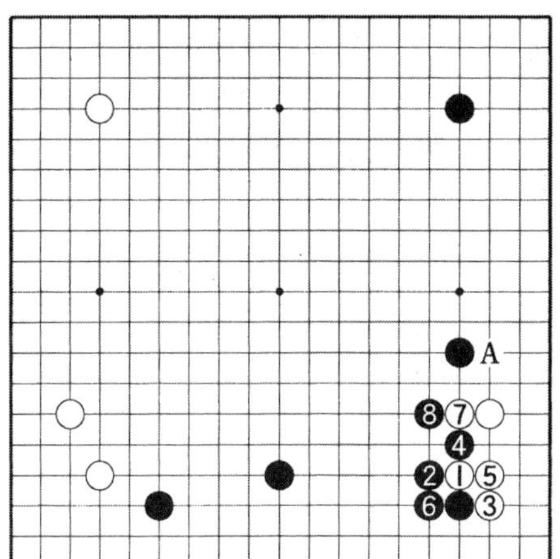

4도(흑 협공의 전술적 의도)

백1은 제25형에서 위력적인 수법이었지만 이 형에서는 다르다. 흑8까지 진행되고 보면 이 형의 협공 위치가 A와 다르다는 것을 절실하게 느끼게 된다. 이것으로 봉쇄된 것이다. 여기서 만약 백이—

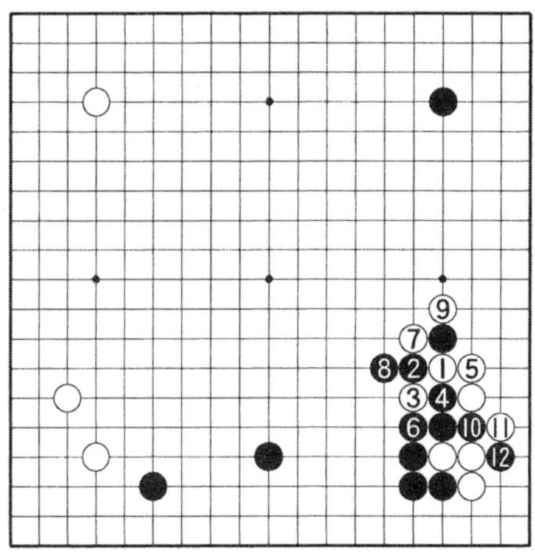

5도(백1은 이맥)

본도 백1로 두어 무언가 수단을 획책하려는 것은 무모하다. 흑12에 이르러 백은 파탄지경에 빠지고 만다. 또 백3으로—

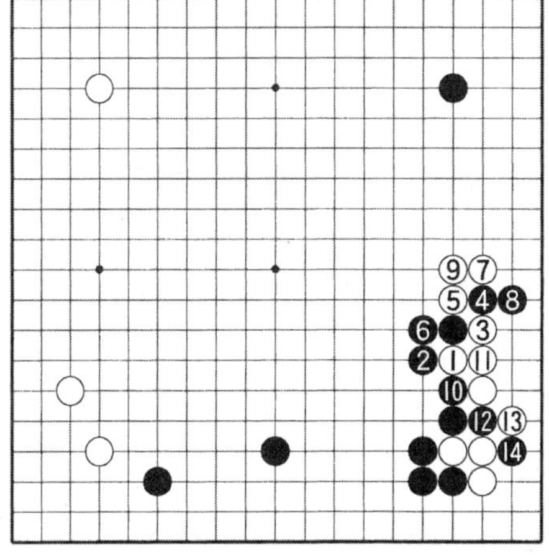

6도(백 망한다)

본도 백3으로 후퇴해도 이미 때는 늦었다. 백9까지 무리를 계속하면 흑14에 이르러 망하고 만다. 따라서 백도 백1로는—

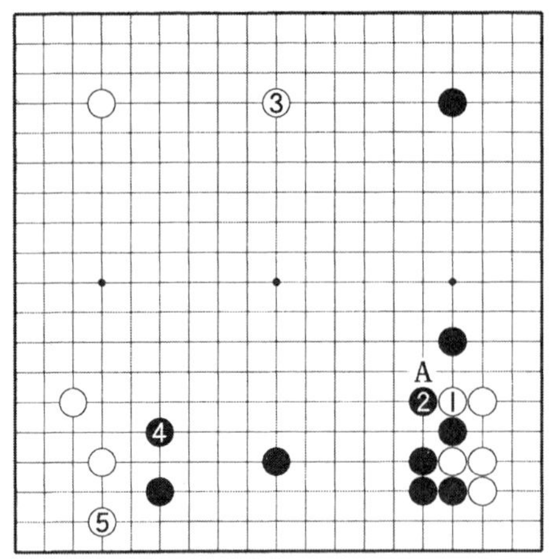

7도(백3은 전술의 요처)

본도 백1로 두어 선수를 취한 다음 백3으로 전환하는 것이 수순이다. 백은 A의 약점을 노리면서 이 흑진의 확장을 은연중에 백3쪽에서 제한하고 있어야 한다. 또 4도의 흑6으로—

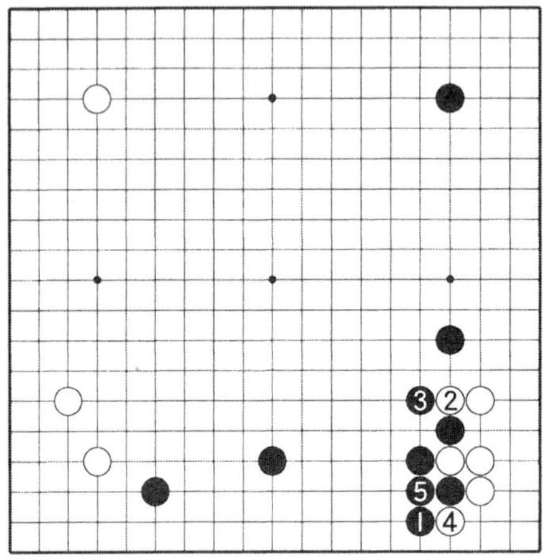

8도(흑 수비의 선택)

본도 흑1로 방비하는 것도 계산해야 한다. 이때 백4로 선수를 취해 다른 곳으로 전환하는 방법도 있지만, 백4의 단수로는—

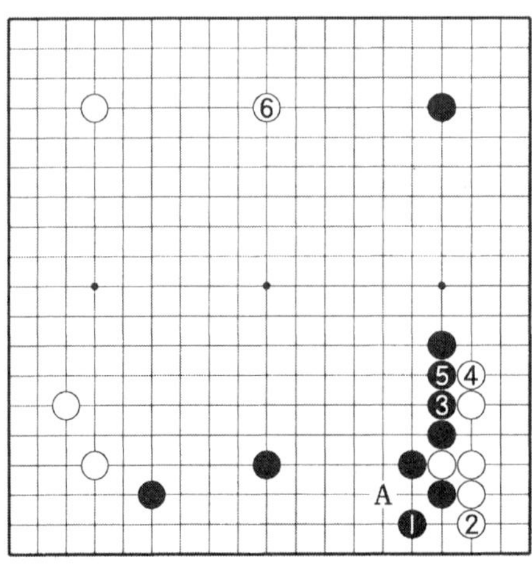

9도(이것이 전술)

침착하게 백2로 지켜 흑3·5를 강요한 뒤 백6으로 전환하는 것도 좋다. 바로 이러한 수순의 흐름이 초반의 전술이다. 이후는 A의 약점을 백이 어떻게 이용하느냐가 관건이다.

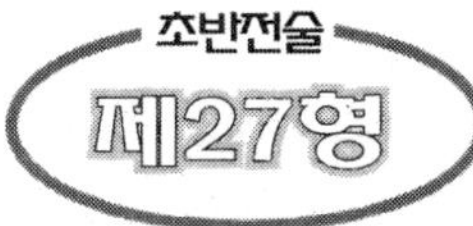

초반전술

제27형 백의 전술을 관망하는 고난도의 플레이

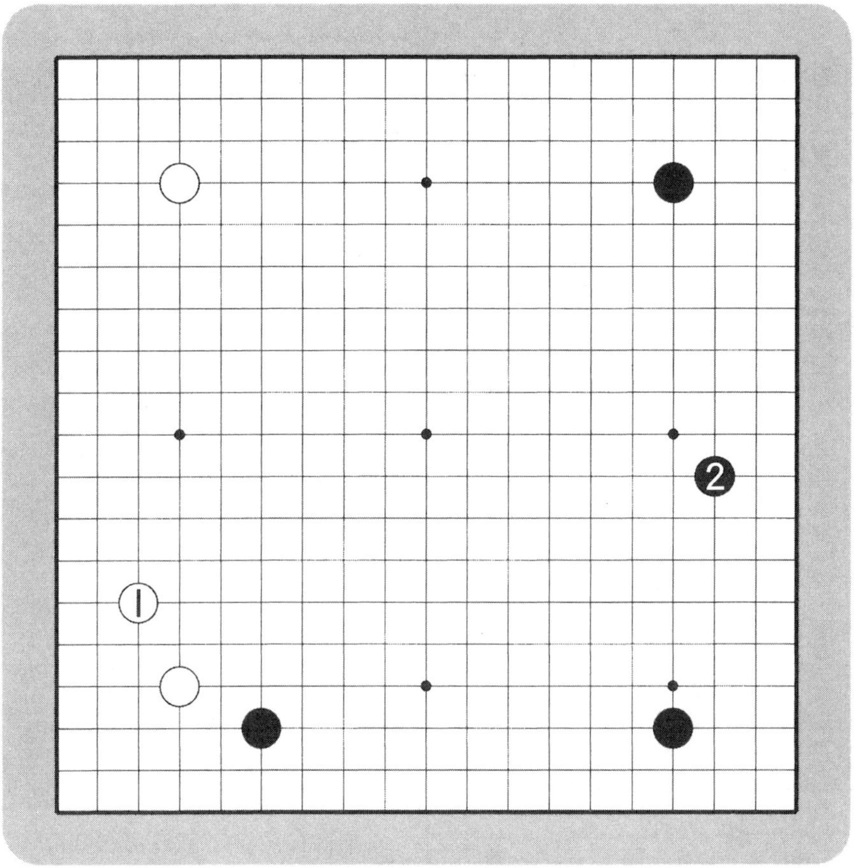

백1때 흑이 이곳을 전개하지 않고 다시 중국식으로 돌아서는 전술패턴이다. 이 수의 의도는 흑 한점을 미끼로 스피드에서 앞서가려는 흑의 계산이 깔려있다. 또 한편으로는 백의 전술을 관망하여 전술선택을 하려는 고난도의 플레이로 근자에는 심심치 않게 두어지고 있는 초반전술이다.

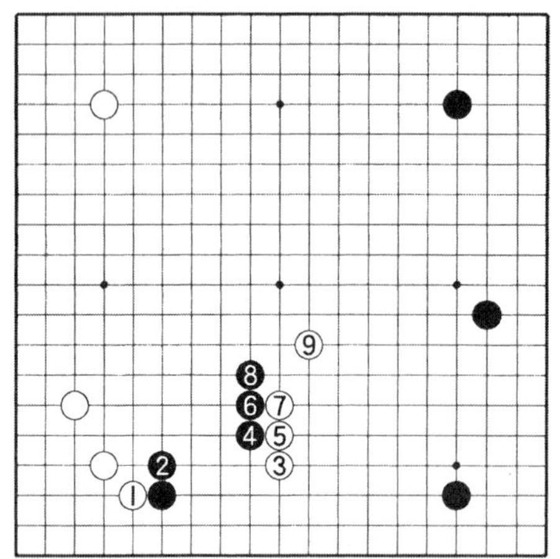

1도(예전의 사고)

예전에는 백1이라면 흑2는 필연이라는 의식이 있어 본도와 같은 진행이 되었을 것이다. 아니면 아예 이곳을 손뺀다는 생각은 엄두도 못 냈었다. 이 진행이라면 백이 당연히 제공권을 장악하였으므로 우세하다.

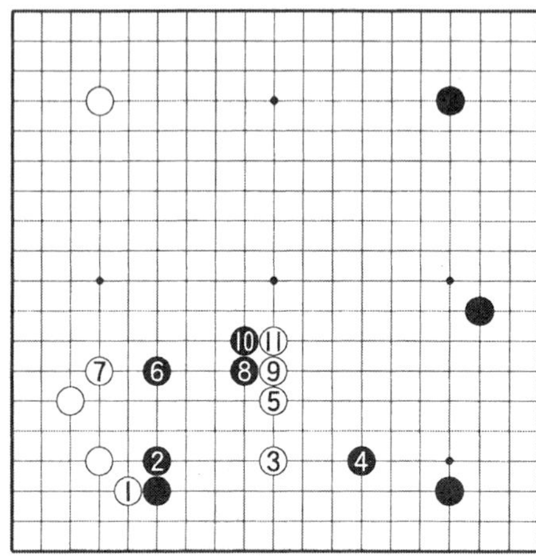

2도(약간 진보된 사고)

약간 생각을 더하여 흑4의 이득을 보고 흑6으로 진출하는 것은 1도보다는 진보된 사고다. 그러나 이 역시 백11이 힘찬 기세이므로 중앙을 제압당하여 흑의 중국식은 위력이 반감된다. 따라서 요즘의 구상으로는—

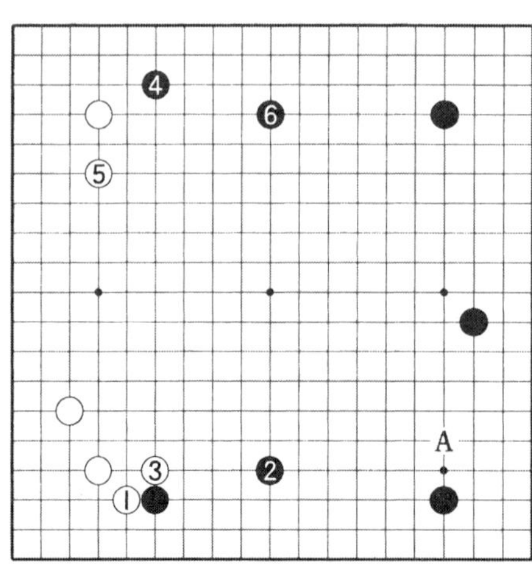

3도(최신형 전술)

백1때 흑2로 백3을 강요하고 다시 흑4쪽을 결정짓는다. 이런 전판의 진행은 흑의 스피드에서 중국식의 전술다운 기세가 넘친다. 그러나 백1·3의 자세도 훌륭하며 또 백이 선수이므로 A든 어딘가를 백이 두게 되어 새로운 전술의 충돌이 일어날 것이다.

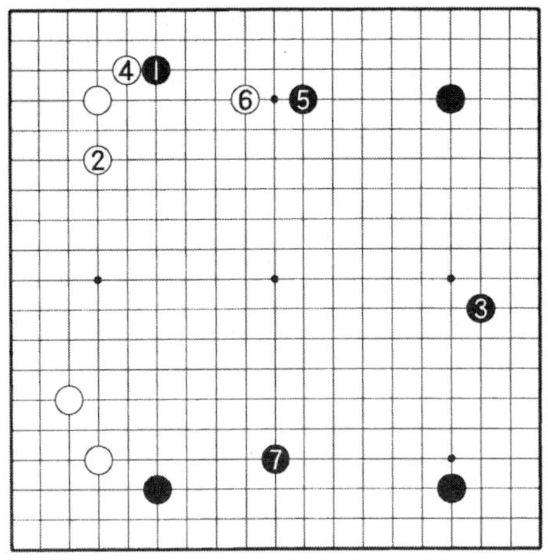

4도(실전의 예)

실제로 시도된 초반의 흐름이다. 이 경우는 중국식을 펼치기 전에 흑1로 한번 더 걸쳐 응수하게 하고 흑3으로 지킨 케이스인데, 백4에 대해 흑5로 늦추어 백6을 유도하고 흑7. 이 흐름의 전술적 흐름도 3도와 같은 맥락인 것이다. 참고로 흑5의 위치가 이쯤인 이유는—

5도(한칸의 차이)

만약 본도 흑1로 지키면 백은 백2로 흑 한점을 제압한 후 흑3때 백4로 갈라치게 된다. 백4는 이 경우 침입이 아니라 공격이다.

6도(흑▲의 전술적 가치)

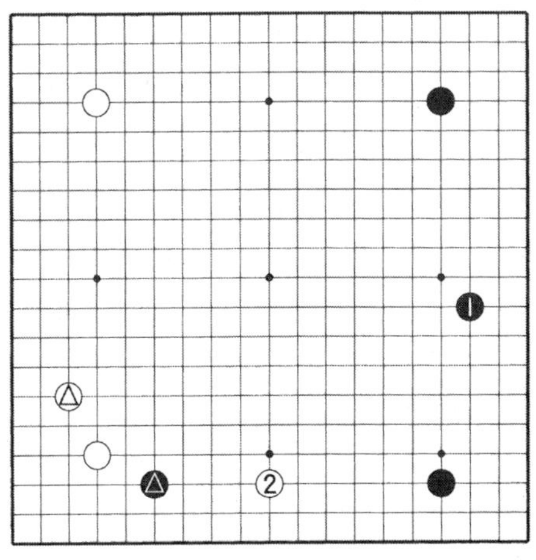

전술한 이유로 흑1로 중국식을 펼쳤을 때 백2로 두게 되면 이제 흑▲의 의미를 알 수 있을 것이다. 수순을 바꾸어 보면 백2의 전개에 대해 흑▲로 두고 백△로 받은 결과가 되기 때문이다. 이제 흑은—

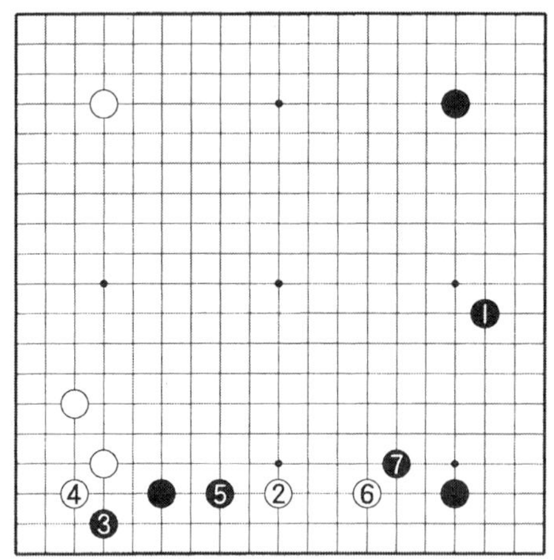

7도(흑의 전술／부분적 성공)

흑3·5로 두고 백6때 흑7로 공격하면서 우변을 확대하는 전술을 사용할 수 있게 되었다. 그러나 이는 어디까지나 피상적인 결과일 뿐 원래 6도의 흑▲가 정상적인 걸침을 한 것이 아니기 때문에 부분적으로는 성공했다해도 전반적인 성취를 이룬 것은 아니다. 또 백2로—

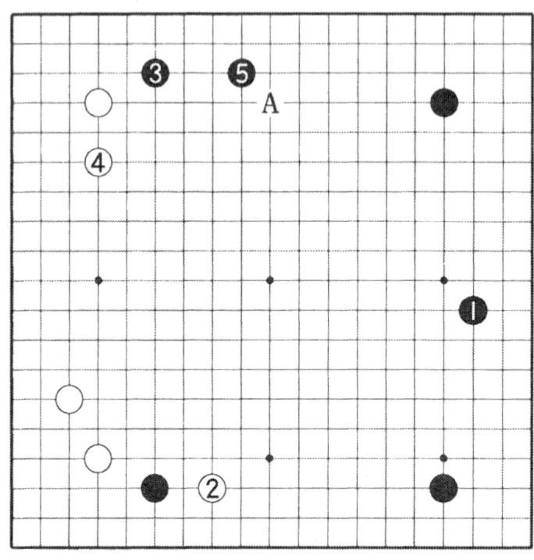

8도(손빼기)

본도 백2에 둘 수도 있는 것이어서 이때의 전술은 다시 생각해야 한다. 이곳을 즉시 받는 것은 급전에 말릴 수도 있어 흑은 3·5로 지켜둔 다음 백이 어느 쪽으로 투자할 것인지 관망하는 것도 일책이다. 참고로 흑5는 A도 있다.

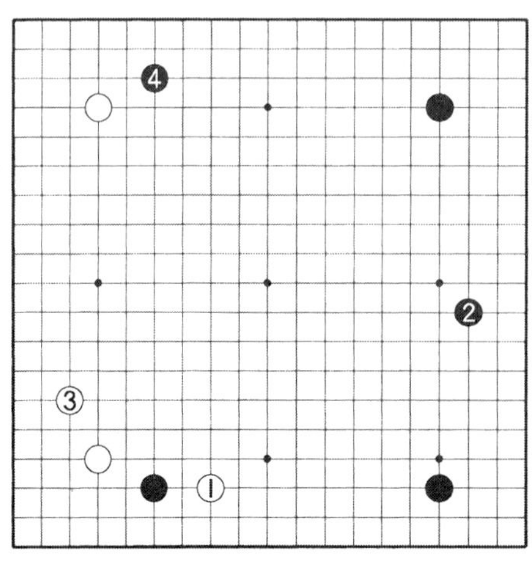

9도(실전의 예)

8도와 비교하여 백1로 협공할 때 흑2로 중국식을 취하고 백3때 흑4로 걸쳐간 실전이 있다. 이는 백1·3이 예전의 사고와 비교하여 한결 소프트해졌다는 것을 의미하는 것이기도 하다. 이 부분은 다음 형에서 살펴보기로 한다.

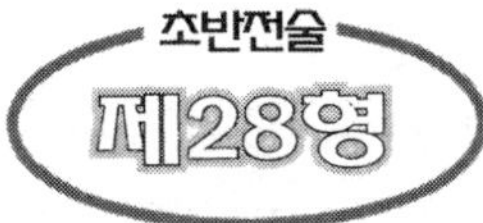

초반전술

제28형

중국식 포진을 방해하는 한칸협공

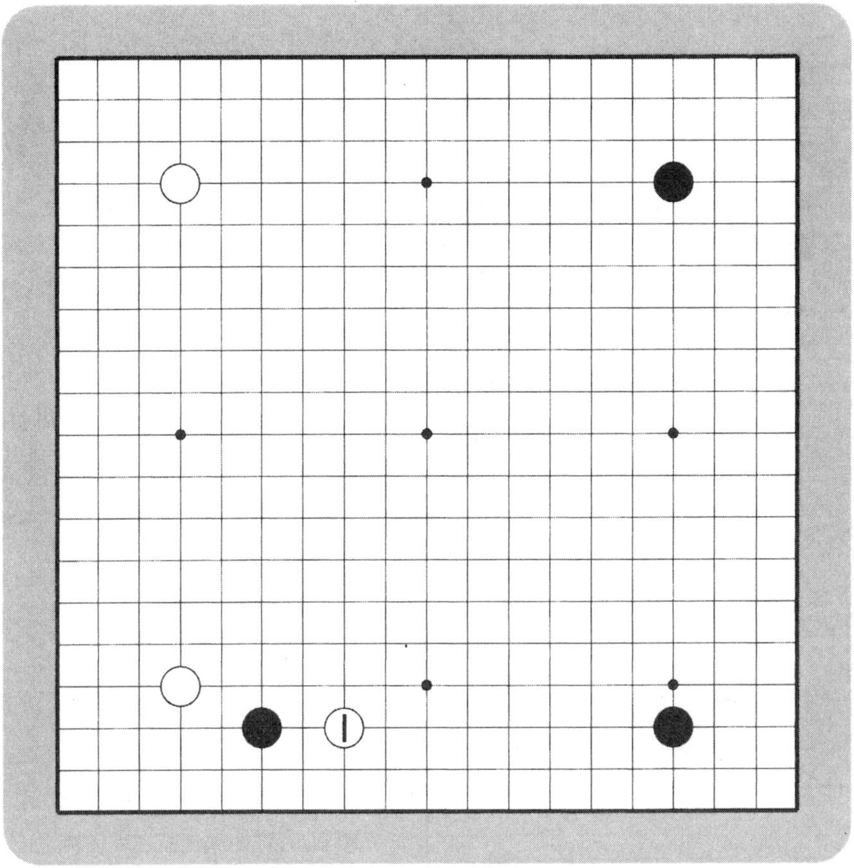

백1의 협공은 중국식 포진을 펼치려는 타이밍을 방해하려는 의도가 있다. 그러나 이곳의 공방에서 뚜렷한 성격의 전술이 개발되지 못하여 차츰 사라지는 추세다.

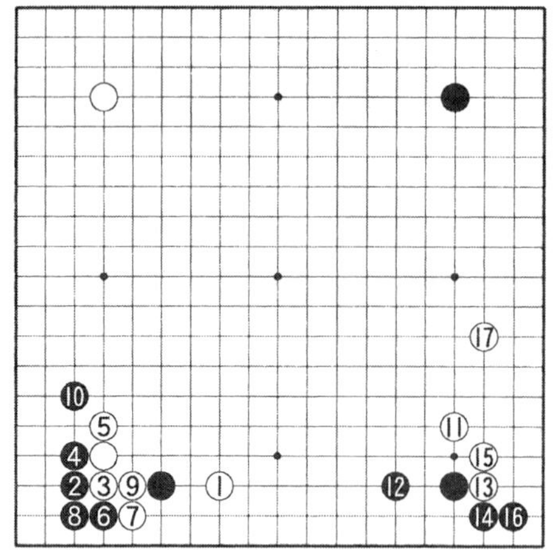

1도(예전의 진행)

예전에는 백1로 흑2를 유도하여 백17까지 진행시킨 실전이 꽤 있었다. 그러나 중국식 포진을 방해했을 뿐 백 자신이 능동적으로 구사할 전술을 선택하기 어려운 국면이 되어 바둑자체가 타이트한 맛이 없는 것이다. 또 흑이 흑2로—

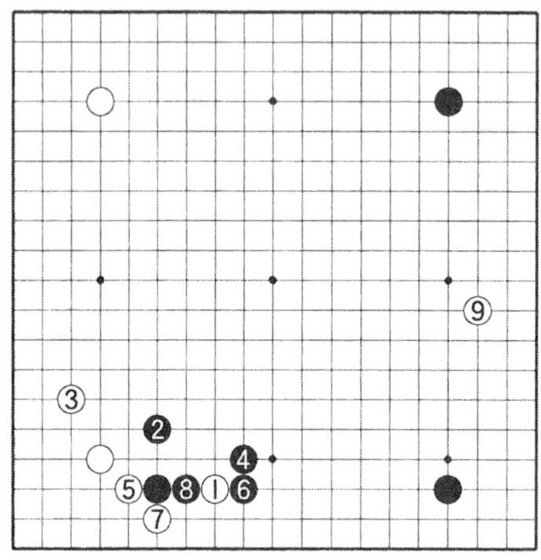

2도(흑도 밋밋하다)

본도 흑2에 한칸 뛰어 백9까지 진행된다 해도 우하귀의 흑돌이 소목에 위치하고 있어 역시 긴장감은 조성되지 않는다. 또 흑6으로—

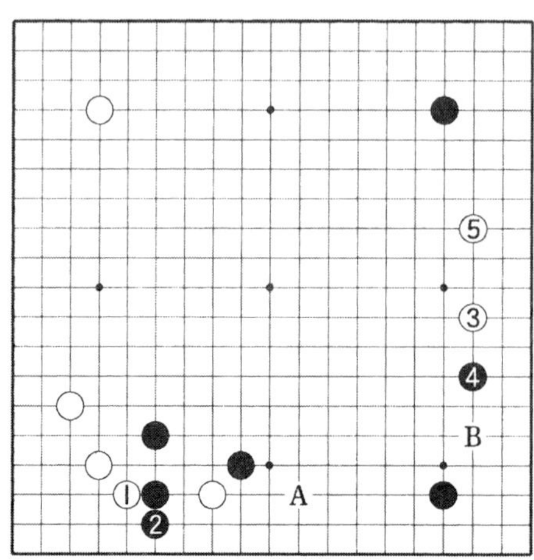

3도(박력없는 흐름)

본도 흑2에 두어도 백은 백3 정도의 갈라침을 선택하게 되어 박진감 넘치는 흐름은 기대할 수 없다. 기세가 충돌하지 않는 것이다. 한마디로 쌍방 전술부재다. 흑의 진영은 A, B등의 약점 투성이일 뿐이다.

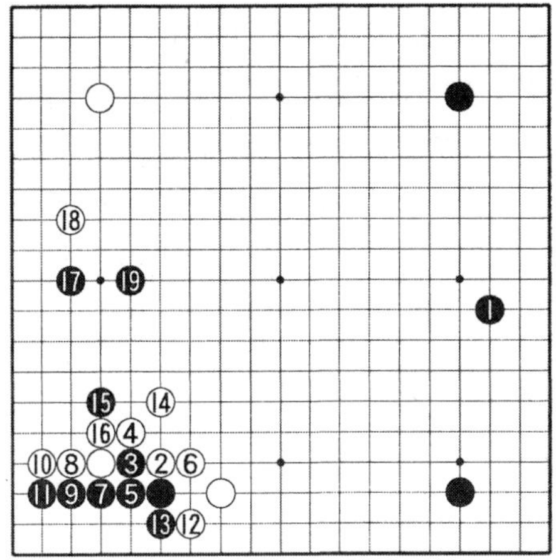

4도(흑1의 의도는 관망)

따라서 흑은 1로 중국식을 시도한 후 백의 태도를 관망하는 것이 새로운 전술을 모색하는 방편이 된다. 이때 백2로 성급하게 두는 것은 전략부재요 전술부재다. 백14까지 정석이 일단락되면 흑은 15로 응수타진한 후 17로 갈라쳐 19까지, 이 바둑은 백이 이기기 어렵다.

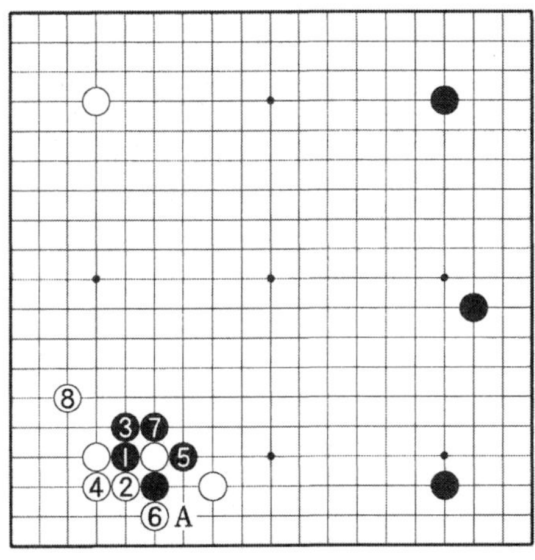

5도(전술부재)

흑1에 대해 백2로 끊어 백8까지 두는 것은 전술적 사고가 없는 것이다. 흑A의 패는 백에게 초반내내 핸디캡으로 작용할 것이다.

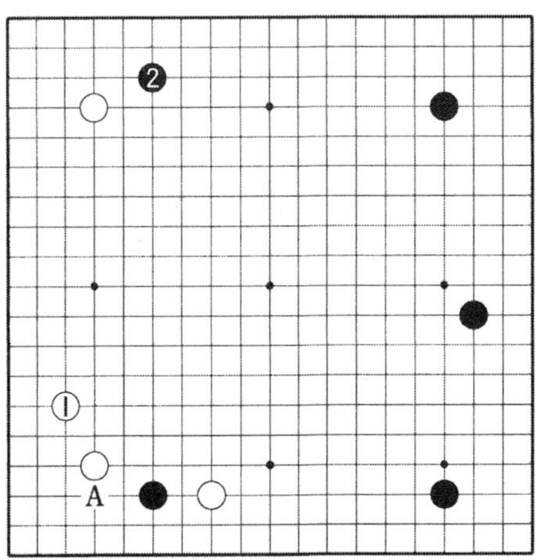

6도(백2 전술적 수비)

백1로 지키는 것은 기략이 충실한 수비라 할 수 있다. 흑의 관망에 대해 백도 대답하지 않는 것이다. 그렇다면 흑은 A의 실행시기를 염두에 두고 흑2 정도로 새로운 전술을 모색하게 된다.

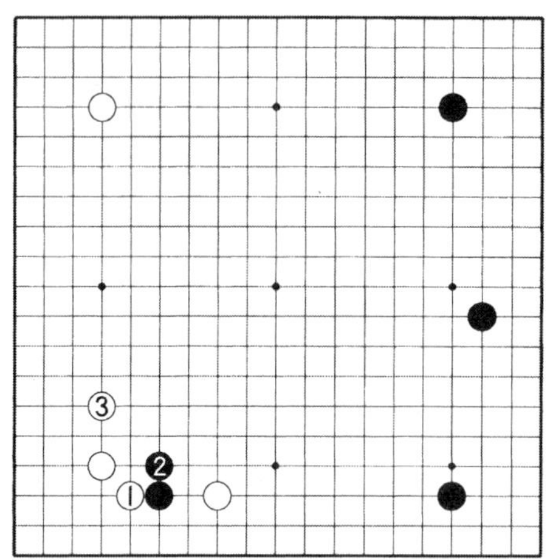

7도(흑2는 전술부재)

백은 백1로 둘 수도 있다. 이때 역시 흑2로 바로 응수하는 것은 전술부재다. 백3으로 공격하게 되어 흑은 달아나지 않을 수 없다. 원인은 흑2를 투자했기 때문이다. 따라서 흑2로는—

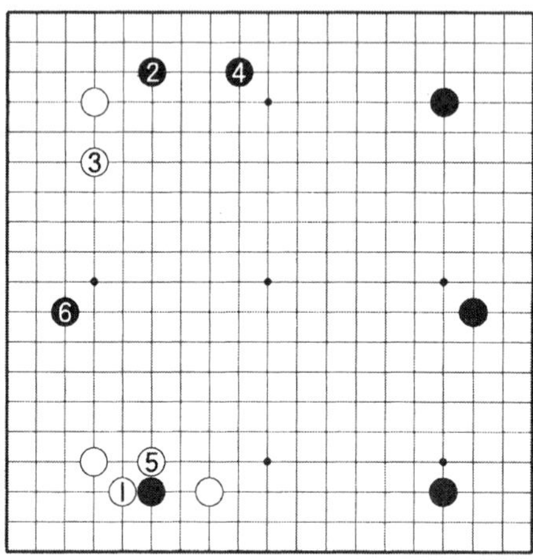

8도(흑의 전술)

본도 흑2·4로 관망하는 것이 좋다. 백5로 잡는다면 그때 흑6으로 갈라쳐 이 결과는 흑이 분명 백을 앞서고 있다.

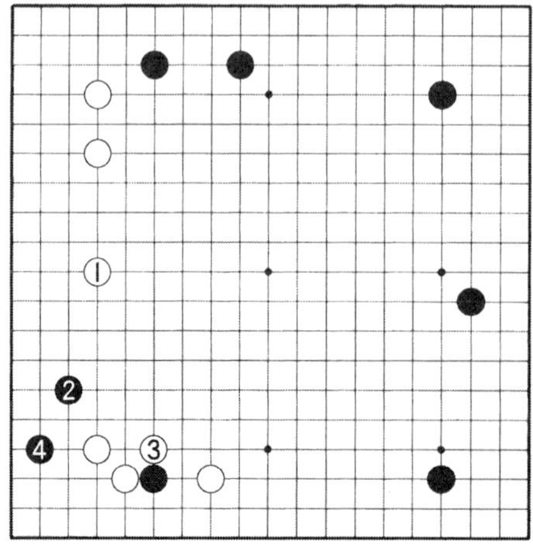

9도(흑의 전술)

백1로 둔다면 흑은 흑2로 백진의 어느 한 모퉁이만 파괴해도 성공이다. 백이 이렇게 된 원인은 7도의 백1이 전술적 사고가 결여됐기 때문이다.

초반전술

제29형

잠깐 유행했던 단조로운 전술

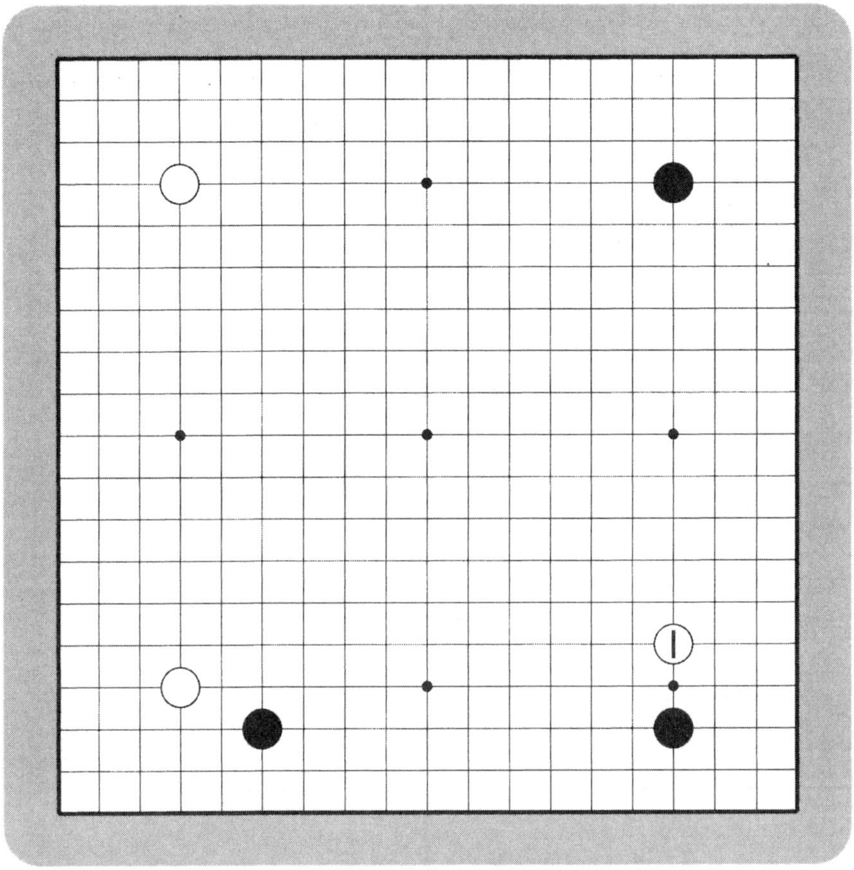

백1은 제28형의 협공에서 더 발전된 전술로도 볼 수 있지만 시기적으로는 그 이전에 시도된 전술패턴이다. 잠깐 유행하기는 했으나 역시 단조로운 면이 없지 않아 지금은 잘 두어지지 않는다. 그리고 이 패턴의 시도과정을 알기 위해서는 본래의 형을 알아둘 필요도 있다.

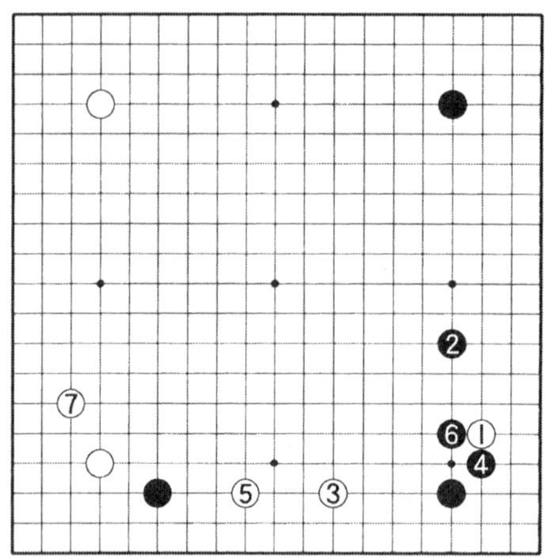

1도(백의 전술적 사고)

기본형이 만들어지기까지는 백1의 걸침에 대한 이해가 필요했다. 우선 백1때 흑2의 협공이라면 백3·5로 변화한다. 백7까지 진행되면 이 결과는 백이 우세하기 때문에 흑은 협공하는 것을 꾹 참아야 한다. 따라서 흑2로는—

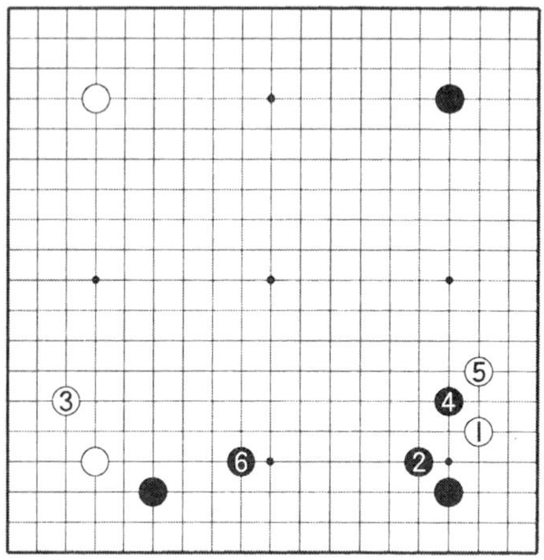

2도(흑 하변을 구축)

본도 흑2로 두어 흑4의 압박을 담보로 하변을 구축하려는 발상이 필요하다. 그리고 만약 흑이 스피드를 가지려면 흑2로—

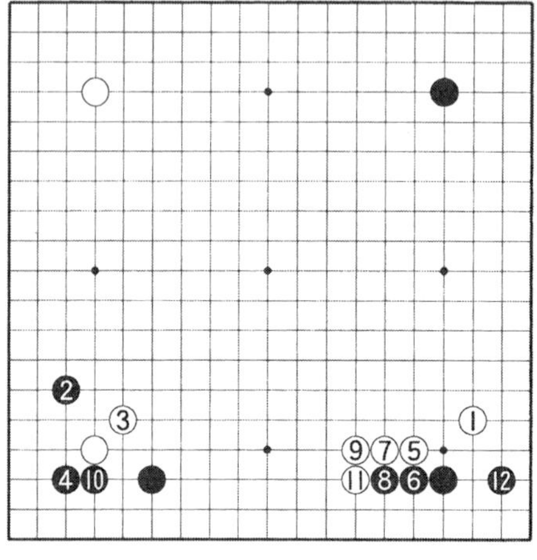

3도(백세력 둔화)

본도 흑2로 양걸침하여 흑4까지 된다면 백도 백5로 압박하게 되는데, 이때 흑은 흑8로 한번 더 밀고 흑10에 두어 만족할 수 있다. 백11로 막아도 흑12에 지킨다면 스피드와 집으로 앞서게 된다. 수순 중 백5로—

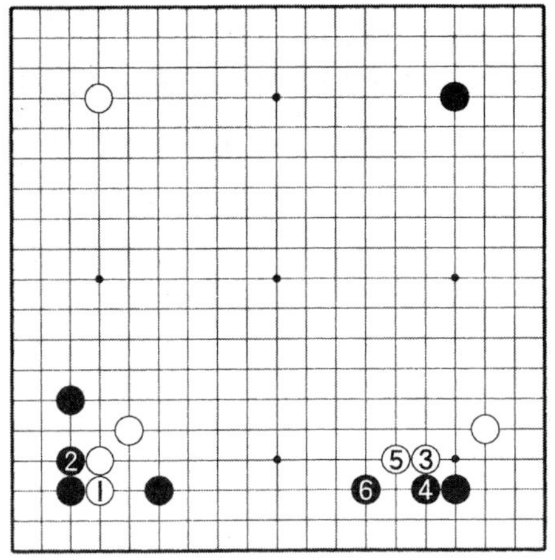

4도(전술적 수순)

본도 백1을 먼저 두고 백3으로 압박하면 그때는 흑6으로 뛰는 수순으로 변신한다. 이러한 흑의 전술적 변신을 희석시키기 위해 기본형이 시도된 것이라고 보면 된다.

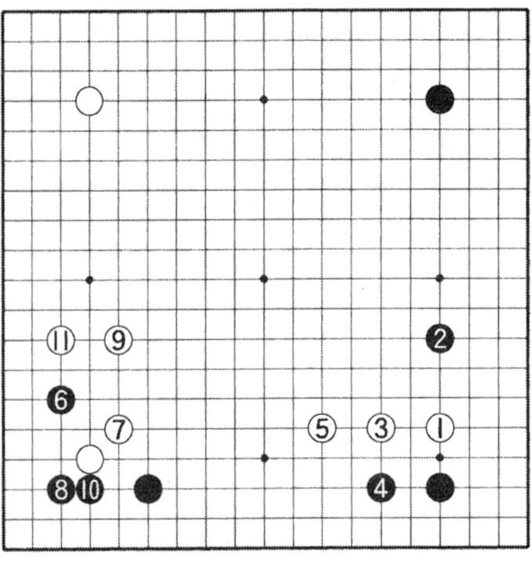

5도(백의 능동적 수순)

백1은 흑2의 협공과 같은 수법에 대해 능동적 태도를 취할 수 있다. 백3·5를 중앙에 배치한 후 흑6의 양걸침에 대해서는 백7 이하 백11까지 폭넓은 전술을 구사할 수도 있다. 흠이라면 확정가가 없다는 것이지만 백3·5로 만들어진 라인과 백9·11로 만들어진 좌변은 가치가 큰 것이다.

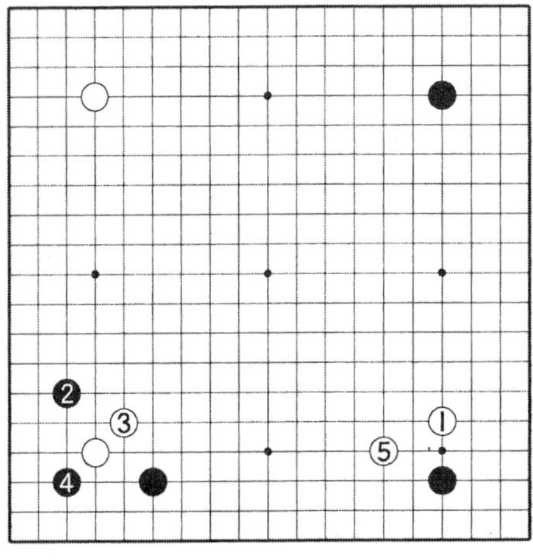

6도(압박의 수순)

흑2로 먼저 양걸침하면 백3으로 머리만 내밀고 백5로 변신하여 이곳에서 수순을 구한다.

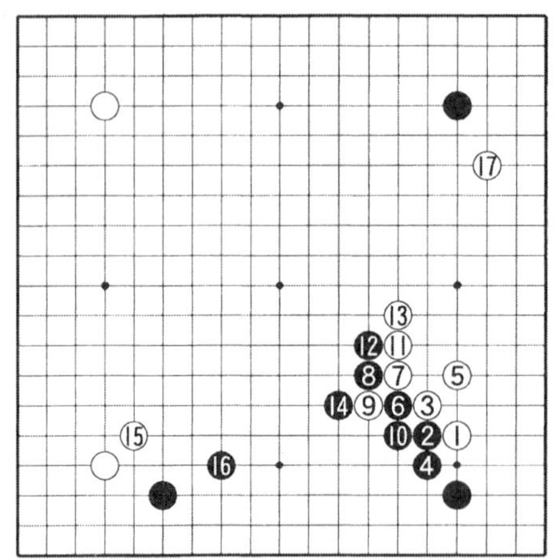

7도(예전의 사고)

5, 6도가 흑의 수순을 방해하자 흑도 직접 흑2로 붙여 하변을 굳히려는 변신을 시도하게 된다. 그러나 백17까지의 흐름은 피차 단조로울 수밖에 없는 것이다. 백도 백1로—

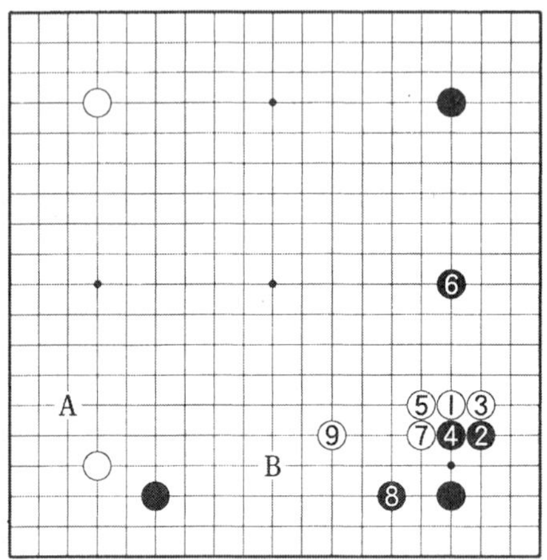

8도(수순이 생략된 고바야시류)

본도 백1에 걸치는 변화를 생각할 수 있다. 백9까지의 결과는 백A, 흑B가 생략된 고바야시류인데, 그와 비교하여 일장일단이 있다.

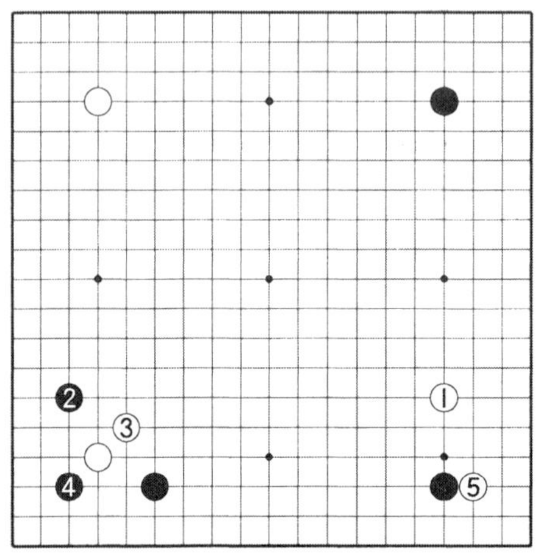

9도(백이 유도한 수순)

이번에는 백1로 두칸 걸칠 때 흑2는 백이 의도한 전술에 유도된 것이다. 흑4가 불가피할 때 백5로 붙여 국면의 주도권은 백에게 넘어갈 공산이 크다. 백5의 붙임이 생각보다는 준엄하기 때문이다.

148

제30형 — 견실을 추구한 신고바야시류 전술

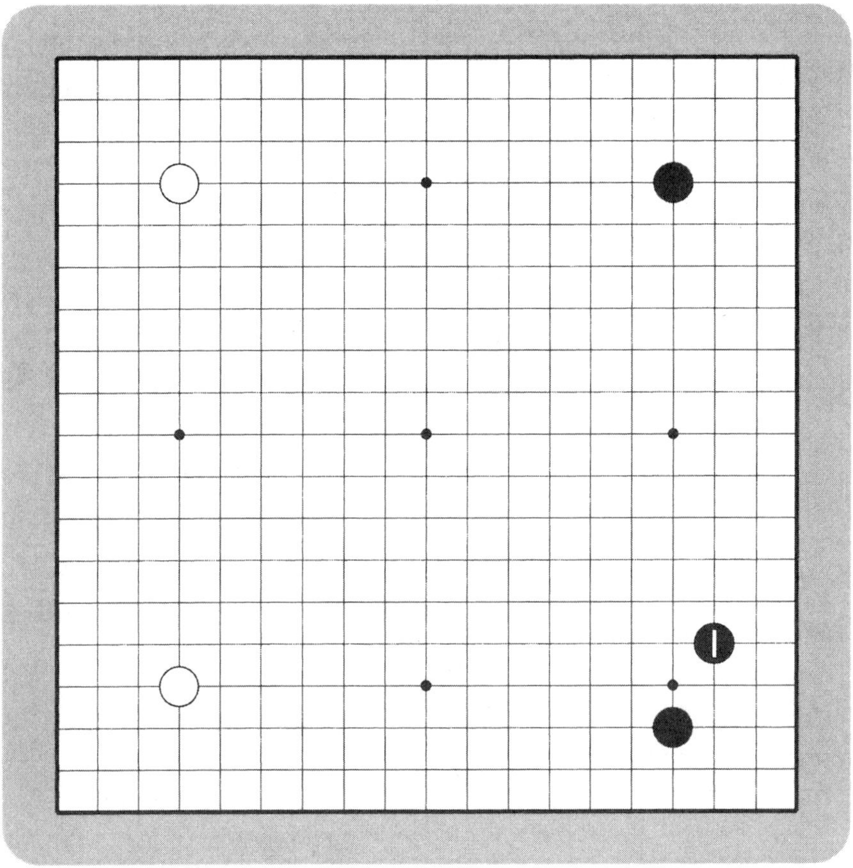

흑1은 고바야시 9단이 전성기 시절 고바야시류와 더불어 가장 많이 시도한 전술형 굳힘이다. 이 수는 중국식의 스피드와 진영의 구축을 외면하고 견실하게 두려는 것이지만, 백으로 하여금 우변에 갈라치는 것을 사실상 방비한 것과 같아 굳이 이름을 붙이자면 '일본형 중국식'이라고 해도 무방할 것 같다.

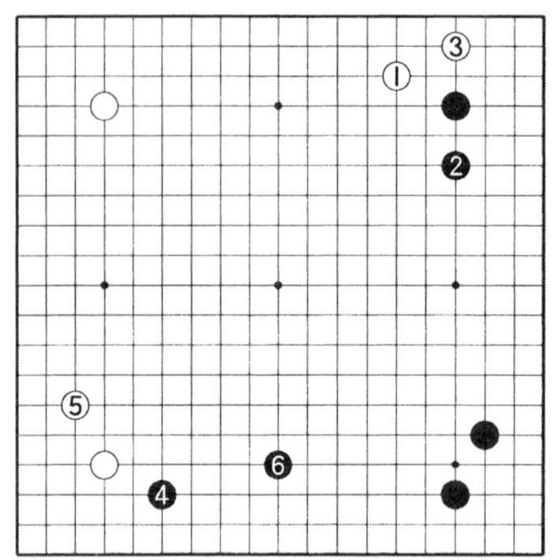

1도(백1은 불가)

백1은 굳힘의 방향을 인식하지 못하고 있는 것이다. 흑4·6으로 구축한 모양은 이상적인 진영의 형태로, 백은 처음부터 흑에게 이런 호형을 허락해서는 안된다. 따라서 백도 하변의 전개가 필연인데―

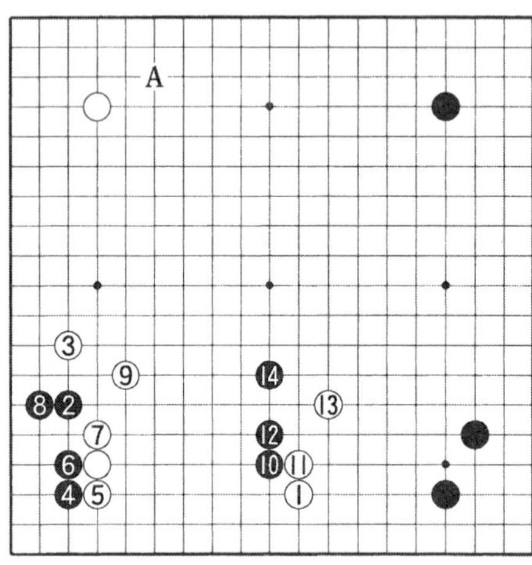

2도(백 정석선택 미스)

백1로 둔 다음 흑2에 대해 백3으로 협공하는 것은 백1의 위치와 관련하여 전술상의 결함이 있다. 흑은 즉시 흑10으로 삭감을 시도할 것이며 이곳은 A에 우선한다. 따라서 백도 백1로 둔 이상 백3으로는―

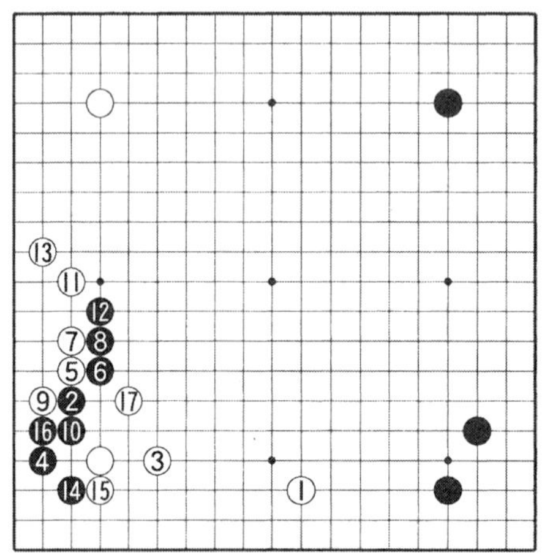

3도(백3은 백1때의 구상)

본도 백3에 두는 것이 맞다. 이때 흑도 흑4는 전술상 약간의 고려를 요한다. 그 이유는 백이 백5로 즉시 시비를 걸기 때문이다. 백17까지의 결과는 백이 하변을 지키고 좌변도 두어 백이 포인트를 번 것이 된다. 따라서 흑4로는―

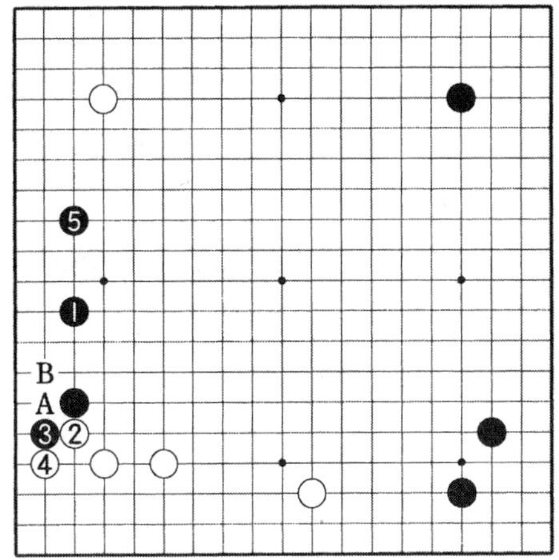

4도(현대적 전술감각)

본도 흑1에 두는 것이 현대감각이다. 백2에는 흑3만을 두고 흑5로 좌상으로 영향력을 확대한다. 백A라면 물론 흑B로 처리한다. 백이 이 변화가 마음에 들지 않으면 3도 백3으로—

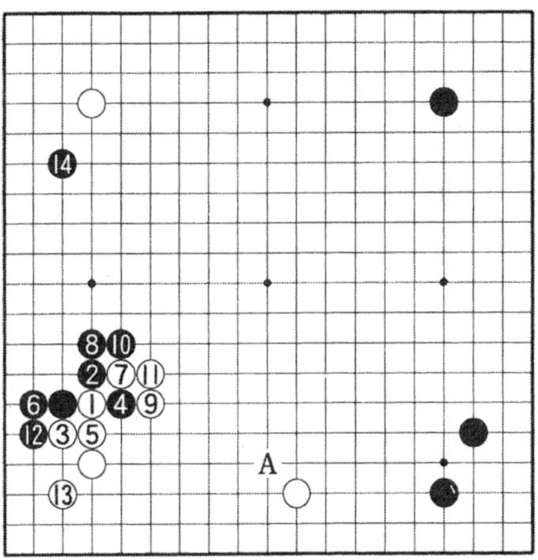

5도(예전의 실전)

본도 백1에 붙여두는 방법도 있다. 이 변화는 요즘 두지 않는 것이지만 이런 것이 있었다는 것은 알아두는 것도 유익하다. 실제로 이 형과 관련하여 수많은 변화가 시도되었다. 참고로 흑14 이후 흑은 A의 삭감을 노리는 진행이 된다. 또 흑6으로—

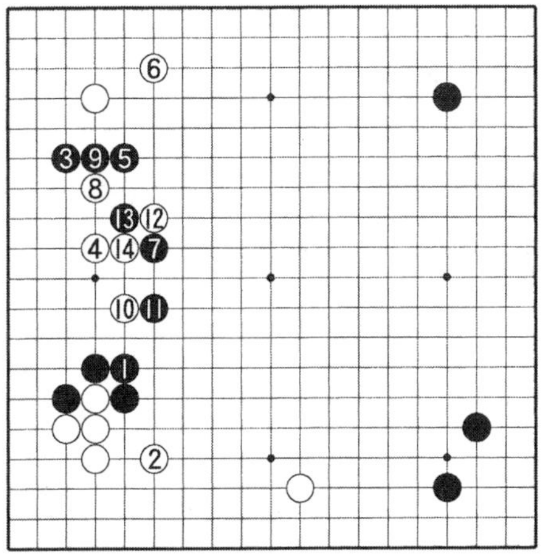

6도(흑1은 이제 두지 않는다)

본도 흑1에 잇는 것은 한동안 두어진 적이 있지만, 수많은 검토를 거쳐 흑7의 포위가 신통치 않아 지금은 사라졌다. 이 변화는 그중 하나다.

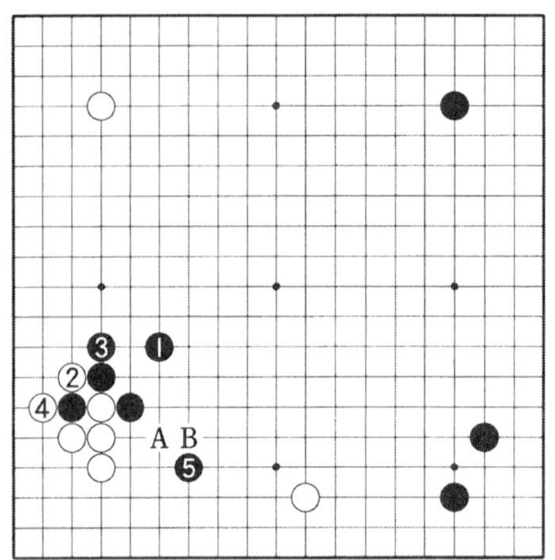

7도(일리있는 수비)

흑1은 집에 민감한 현대의 기사들에게 인기는 없지만 일리있는 수비수법이다. 백4때 흑은 흑5로 둘 수 있다. 여기서 백A는 흑B로 막을 수 있기 때문에 백진이 갈라져 흑도 둘만한 것이다. 그리고 흑1로는——

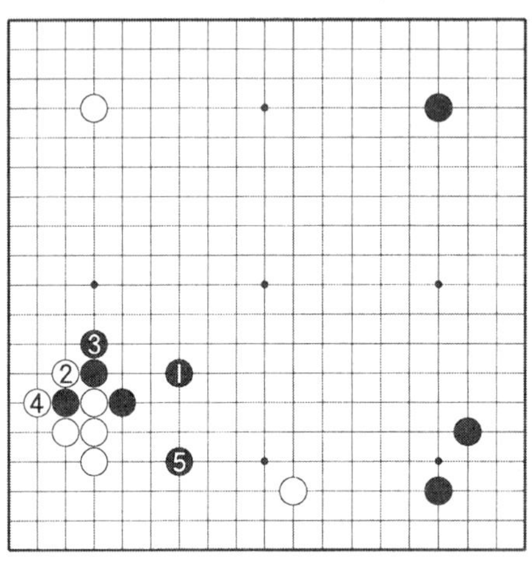

8도(조금 더 능동적)

본도 흑1로 지키는 수도 있다. 백4라면 흑5의 자세가 7도보다 조금 더 능동적인 위치에 있게 된다. 참고로 백4로 따내지 않고——

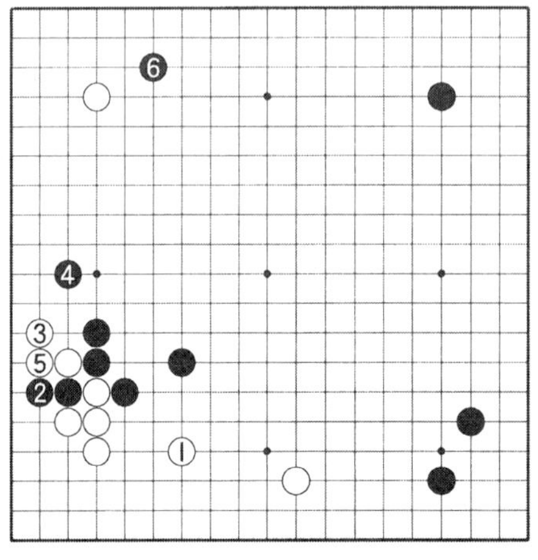

9도(흑 스피디한 진행)

본도 백1로 지킨다면 흑은 흑2·4의 수순을 거쳐 흑6의 큰 곳에 선착할 수 있어, 백은 이 스피드를 따라 잡을 수 없다.

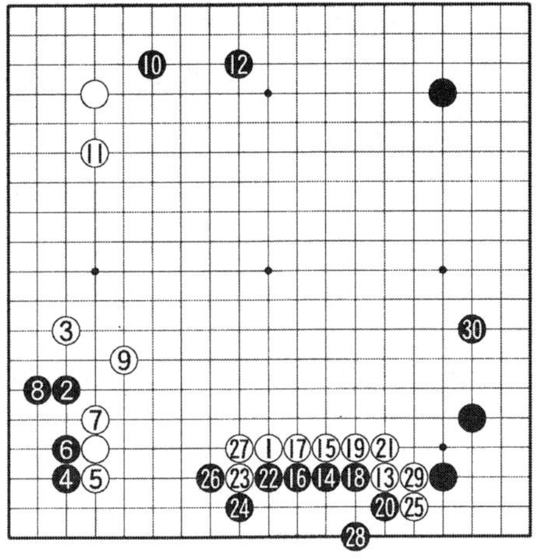

10도(백1의 실전)

백1로 높게 두는 이유는 흑2때 협공하려는 의도로 시도되었다. 흑 12 이후 백13때 흑14로 즉시 파고 들어 극단적인 실리로 두고 백은 세력을 이용한 두터움으로 경쟁한 실전도 있었다. 이 진행은 백 하변의 수순과 상변의 백세 확장의 수순이 어렵다. 우선 흑10으로―

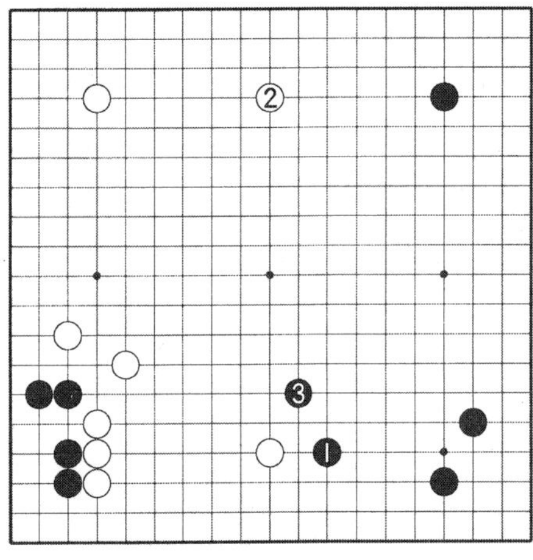

11도(흑의 수순)

본도 흑1에 둘 때 백2로 전개하면 흑도 흑3으로 천천히 백세를 저지하게 되는데, 이 진행은 백이 약간 억울한 점이 있다. 애써 만든 좌하의 세가 지워지고 있기 때문이다. 따라서 백은 백2로―

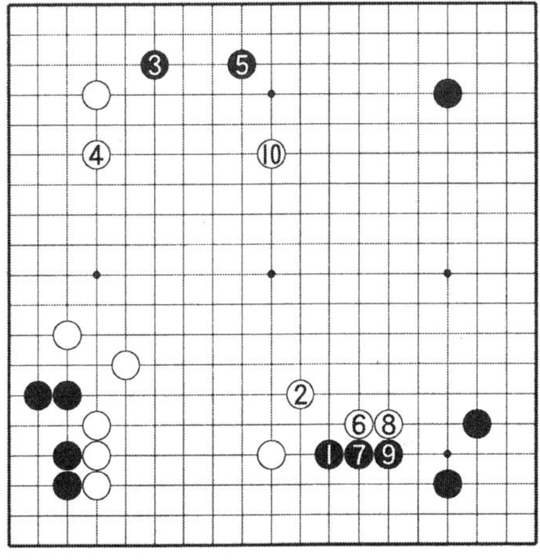

12도(백의 수순)

본도 백2로 두는 것이 수순이다. 흑3·5라면 백6·8로 압박한 후 백 10으로 확장하는 것이 전술적 수순이 될 것이다. 따라서 상변보다는 하변이 우선한다.

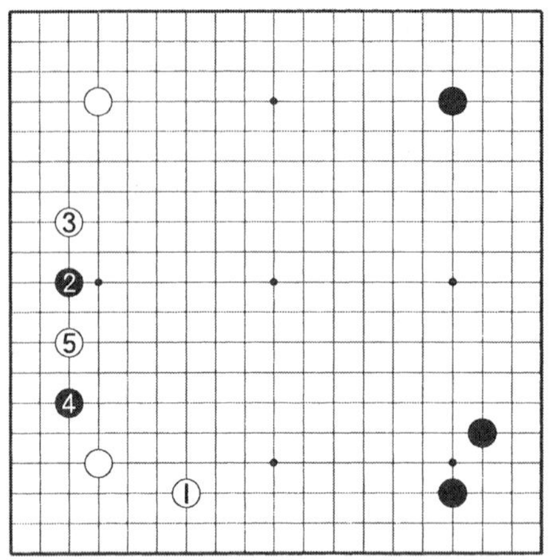

13도(백의 전술적 굳힘)

백1은 평범한 굳힘 같지만 내면에는 흑의 투지를 충동질하고 있는 다분히 유도적인 전술형 굳힘이다. 여기서 흑2라면 백3으로 육박하여 백5의 뛰어들기까지 이 수순을 유도하고 있는 것이다. 이 변화는 흑이 좋지 않다는 게 정설이다.

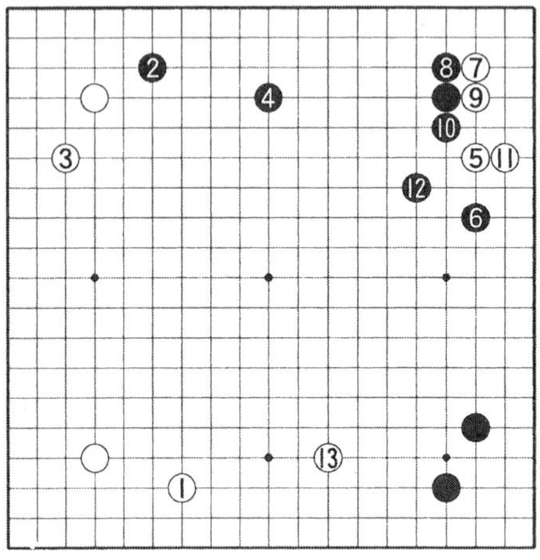

14도(백13 전술의 요처)

본도 흑2·4로 천천히 지킨다면 백은 5쪽으로 걸쳐 흑12까지 진행시킨 후 백13의 요처를 손에 넣는다. 따라서 흑은 전술의 수순을 달리하여—

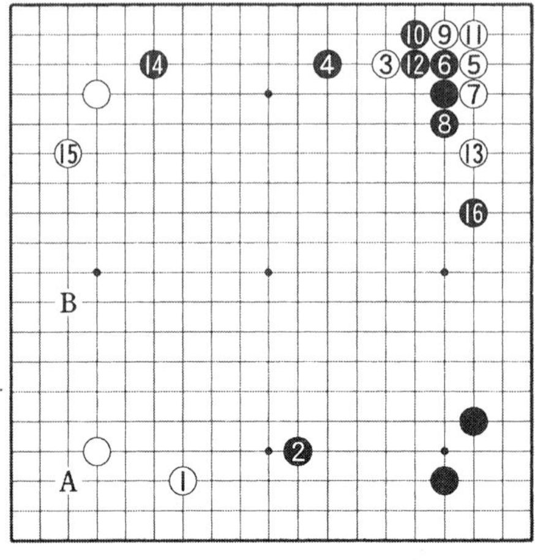

15도(전술적 수순)

흑2를 먼저 두어 백의 태도를 관망할 필요가 있다. 백3에는 흑4 이하로 처리한 후 A, B를 맞보기로 남기고 흑16으로 국면을 운영하는 것이 전술적인 수순이다.

제31형

중국식에 대항한 소목의 방향

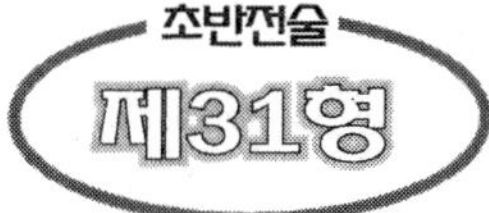

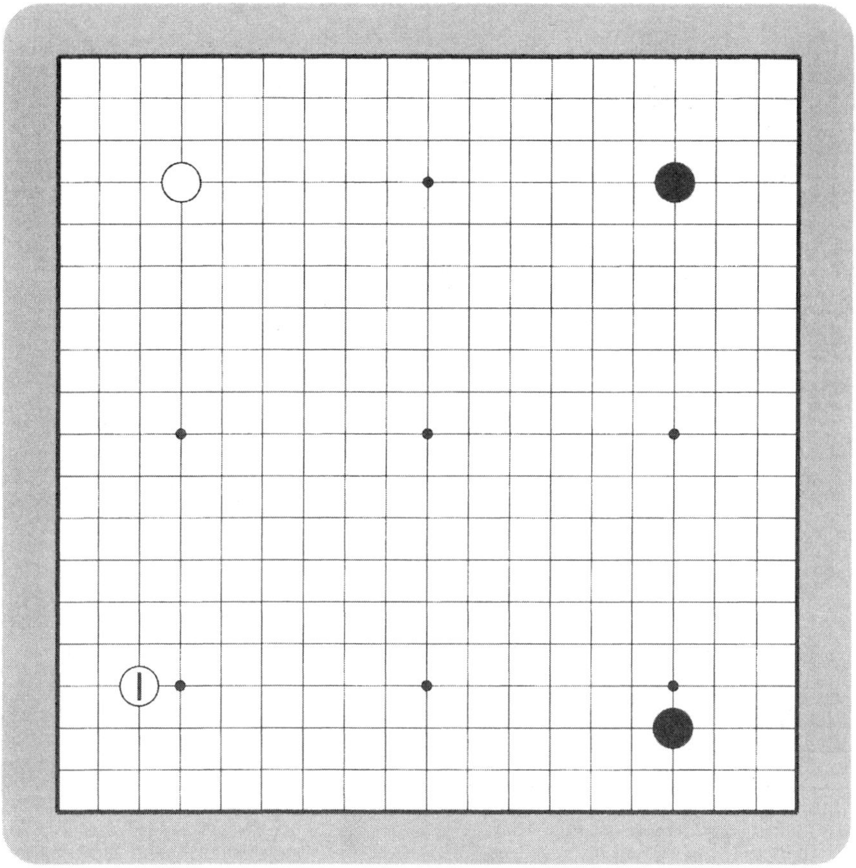

백1은 중국식에 대항하여 70년대에 시도되었던 수법인데, 90년대에는 더욱 다양하게 변화되어 대중 앞에 나타나게 되었다. 이 수의 취지는 굳힘의 방향 때문에 흑이 중국식을 펼치지 못한다는 이론이지만, 흑의 전술을 제한한 만큼 백도 제한이 없을 수 없어 그 변화는 예상외로 단조로움을 보였다.

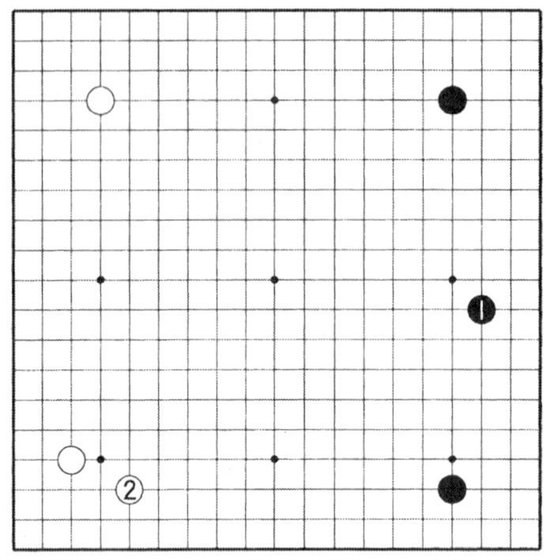

1도(백의 의도와 이론)

백2는 기리상 중국식을 제한하는 수로 평가한다. 그 이유에는 '돌이 진행하는 방향으로 파괴력이 작용한다'는 이론적 분석이 바탕에 깔린 것인데, 그만큼 중국식을 제한하고 있는 포진이다. 흑도 이때는 백에게 굳힘을 허락하지 않는다는 것이 지금까지의 정설이다.

2도(흑1도 마찬가지)

흑1로 굳히는 것도 이치는 같다. 백2의 굳힘은 흑진 전체를 겨누고 있는 것이다. 이 진행은 가상도인데 백이 4·6으로 두는 것은 흑진을 편재시키기 위한 목적이다. 흑의 진영이 구축되는 시점을 맞추어 백8로 삭감을 시작한다.

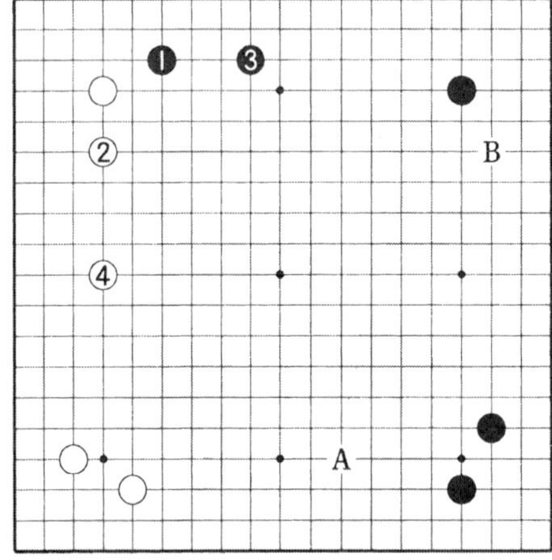

3도(가상도)

흑이 2도를 피하여 흑1·3으로 상변에 포진하면, 백은 백4로 좌변과 좌하귀에 이르는 진영을 구축하고 A와 B를 맞보게 된다. 기본형 백1은 이러한 전술을 내포하고 있는 것이다. 따라서 흑도 굳힘을 허락하기는 거북하다.

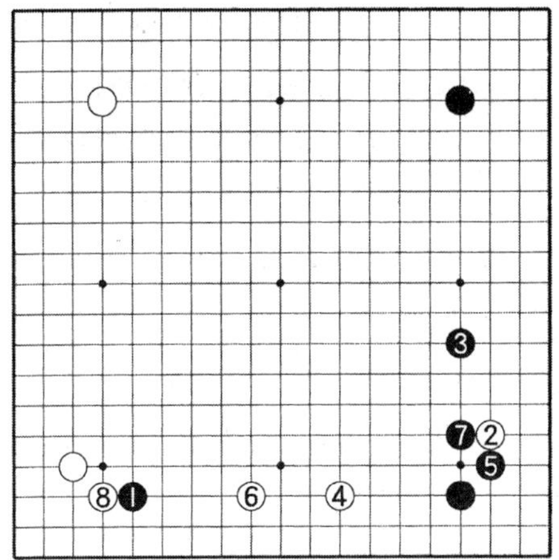

4도(한때의 유행)

그래서 흑1은 당연한 것이며 백도 백2로 걸쳐 중국식을 방해한다. 이로써 백은 일단 소기의 목적을 달성한 셈이다. 그리고 흑이 협공으로 공세를 주도할 때 이를 비껴 백4·6에 포진하는 흐름. 이 진행은 백8까지 한때 유행했던 실전이다. 또 흑3으로—

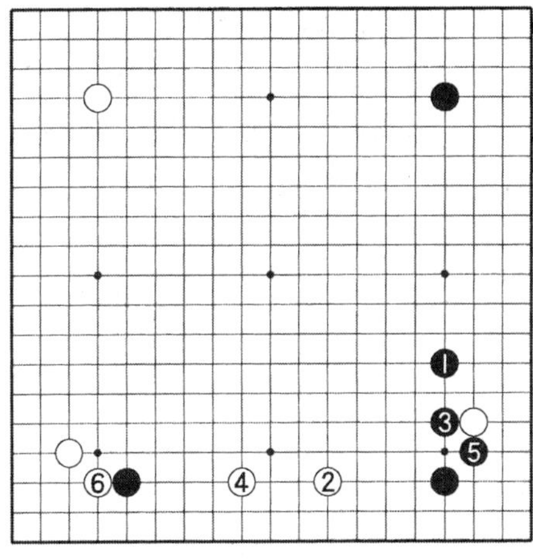

5도(4도와 마찬가지)

본도 흑1로 협공해도 진행은 마찬가지다. 여기서 잠깐 유행했던 실전을 더 진행하면—

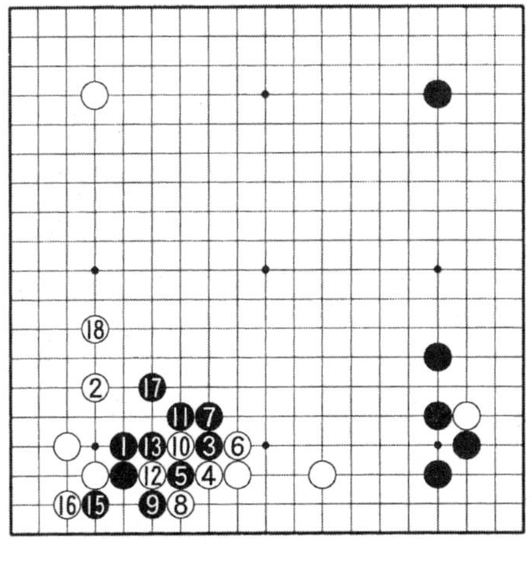

6도(정석화됐었던 실전)

흑1때 백2 이하로 변화하는 수순이 실전정석화됐던 적도 있었다. 또 5도의 흑3으로 달리 변화하는 실전도 있었는데, 그 전술적 수순과 수법도 잠시 살펴보자.

⑭…❺

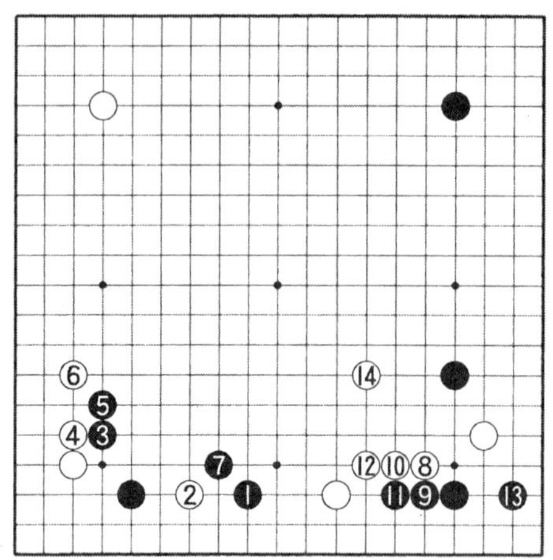

7도(한때 유행했던 진행)

흑이 본도 흑1로 반발하여 두는 수도 정석화된 적이 있다. 이때 백2는 흑3을 유도하는 수순이다. 흑7까지 되었을 때 백8로 봉쇄하여 백14까지 피차 둘만하다는 결론이 내려진 바 있다. 여기에는 잠깐 현대적 분석이 필요할 것 같다. 본도 백10으로—

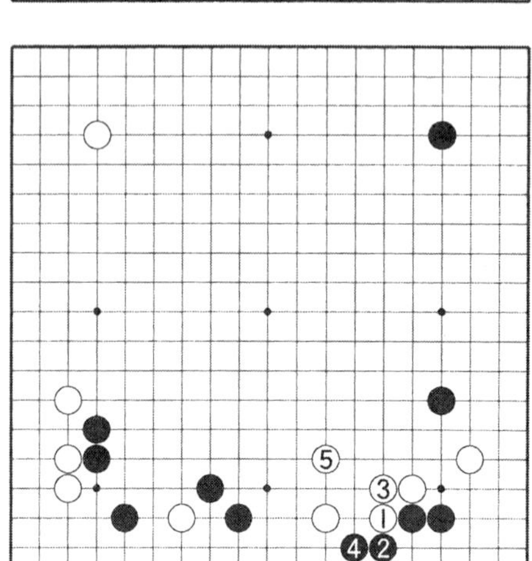

8도(제기됐던 수법)

백1로 두는 수가 유력하다는 의견이 제시된 적이 있었다. 백5까지 된다면 이 결과는 7도보다 백이 더 낫다. 그러나 이 수에는 약간의 결함이 있다. 그것은 흑이 흑2로—

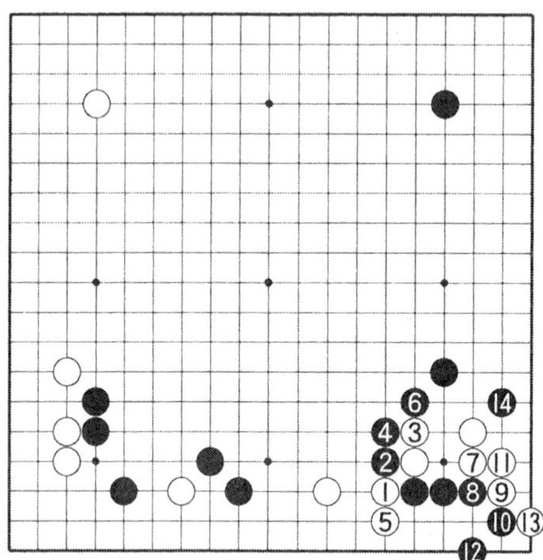

9도(흑의 반발)

본도 흑2에 끊어 반발하는 수가 있다. 이때 백이 귀를 위협하면 흑14까지 변화하여 이 수상전은 흑이 한수 늘어진 패가 된다. 패도 패지만 일단 이 진행은 백이 봉쇄된 상태이다. 이밖에 다른 변화도 있으나 백의 응수가 쉽지는 않다. 따라서 백은 7도 백8로—

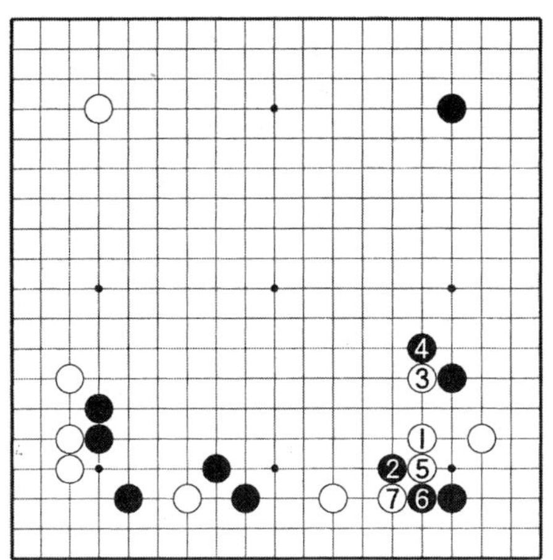

10도(백1·3은 전술적 수순)

백1·3으로 변화하는 것이 전술적이다. 이 변화라면 흑이 곤란하다. 또 흑4로—

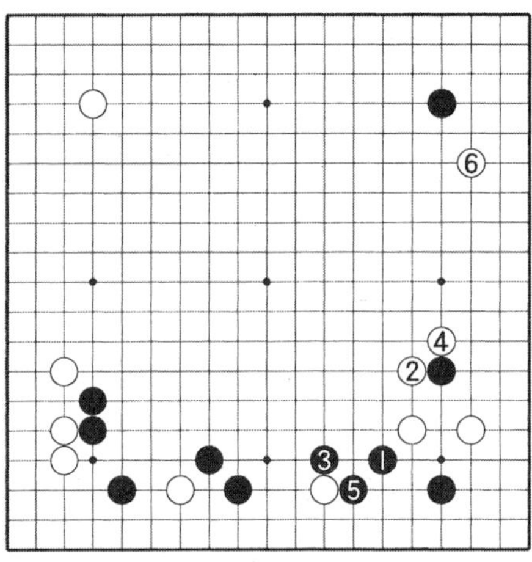

11도(백 리드)

본도 흑3으로 둔다면 백4로 흑 한점을 제압하고 흑5가 불가피할 때 백6을 선점할 수 있다. 이 결과는 백이 확실히 리드한 것이다. 또 흑1로—

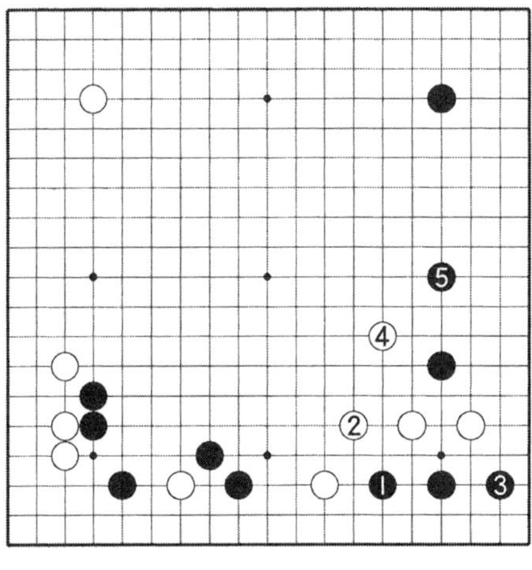

12도(백 활발)

본도 흑1로 움츠리면 백2·4로 뛰어 아무래도 백의 행마에 활기가 있다. 더 진행해 보면—

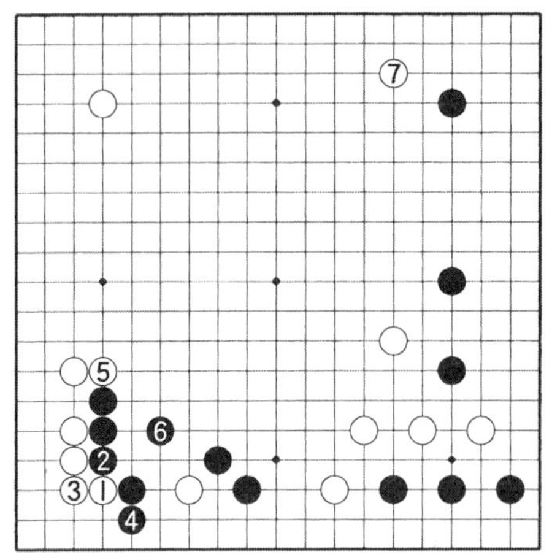

13도(백이 국면 주도)

백1부터 백5까지 이곳을 결정하고 백7을 선점하여 백이 국면을 주도하게 된다.

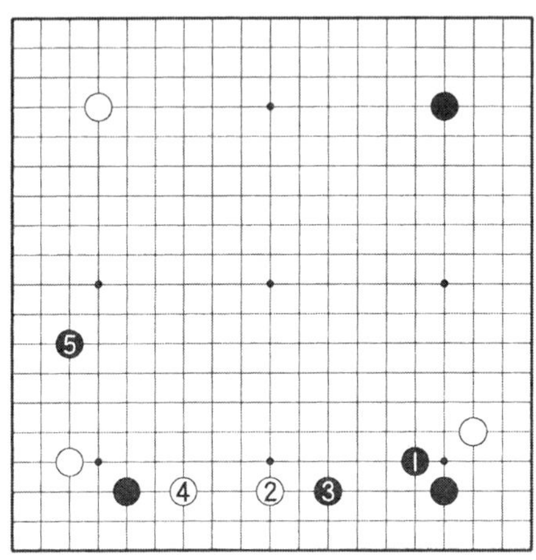

14도(흑 고전수법)

흑은 흑1을 두어 백의 전술을 역행할 수도 있다. 흑1의 의미는 이곳이 전술의 분기점이 되기 때문에 먼저 선점하려는 것이며 백도 백2는 필연이다. 이때 흑은 백의 전술을 역용하여 흑5로 좌변에 전개할 수 있다. 비록 고전적이기는 하지만 익혀둘 만한 전술적 흐름이다.

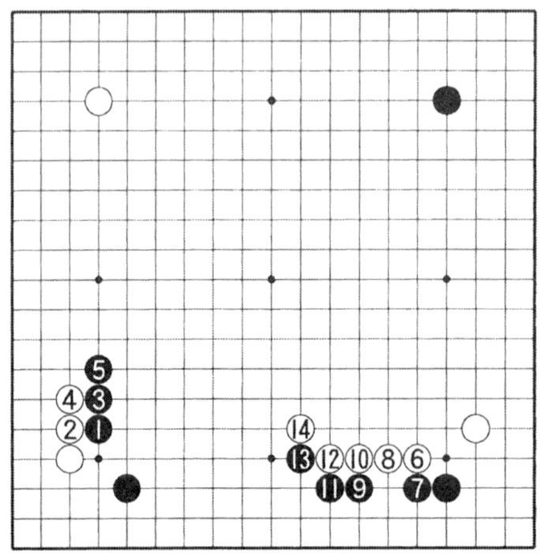

15도(흑의 전술 노출)

흑이 흑1 이하를 먼저 결행하는 것은 쉽게 전술이 노출된다. 백은 백4로 한번 더 민 후 백6으로 눌러갈 것이다. 백14까지 되면 흑은 하변에 진영이 짓눌린 채 편재되어 볼 상 사나운 모습이 된다.

초반전술

제32형 미니중국식을 포기한 견실한 전술

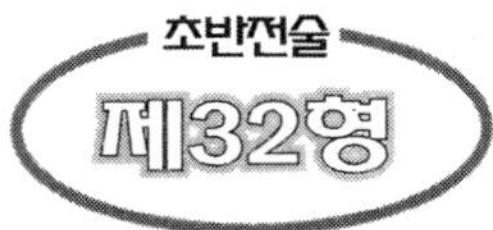

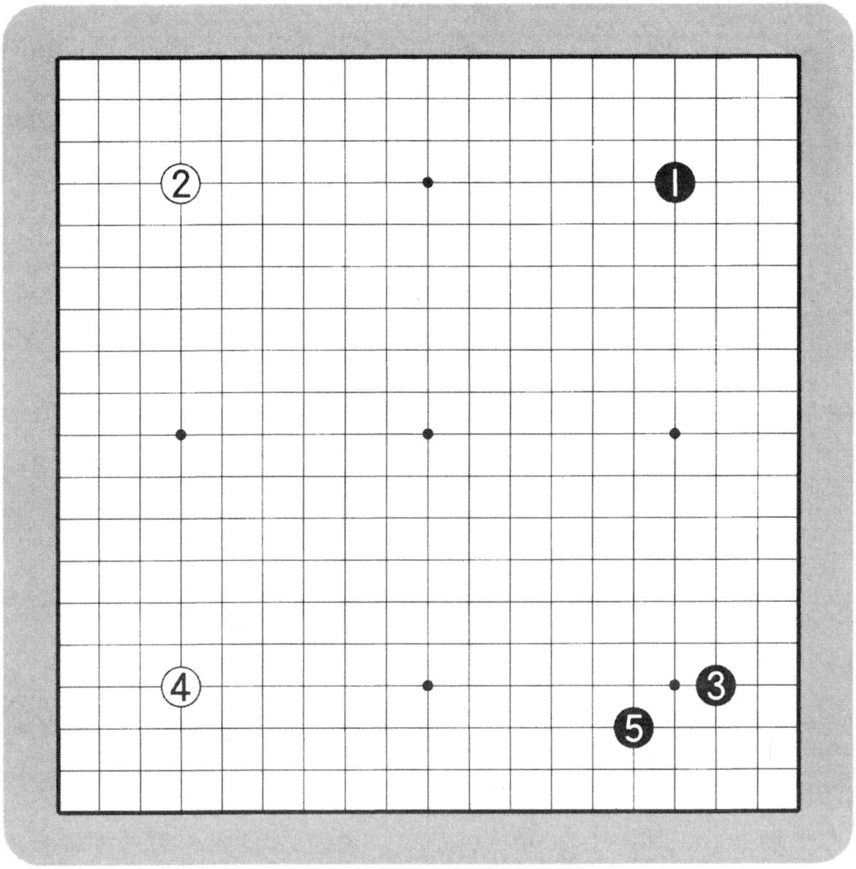

흑5로 두는 것은 미니 중국식을 포기하고 견실하게 포진하려는 의도가 담겨있다. 현대에 이 포진을 가장 즐겨 쓰는 기사는 중국의 마샤오춘 9단으로, 국면을 간결하게 구성하여 알기 쉽게 승세를 확보하는 것으로 정평이 나 있다.

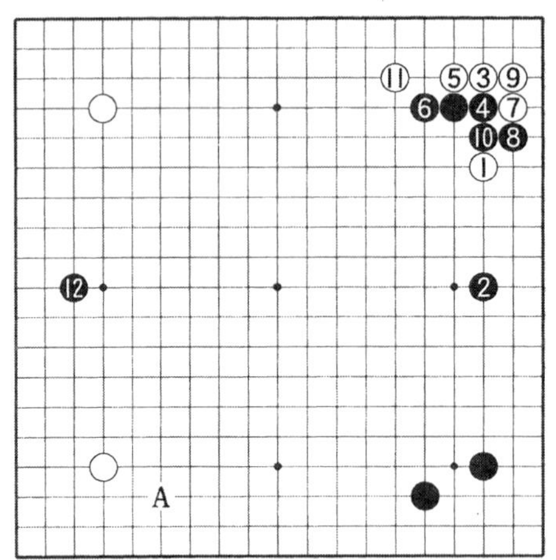

1도(전술부재)

백1은 전술적 사고가 부족하다. 방향이 잘못된 것이다. 흑은 흑2로 전개와 협공을 겸하여 선수를 잡게 되며, 흑12에 선착하여 때 이르게 우세를 확립할 수 있다. 또 흑12로 는 A에 둘 수도 있다. 그렇다면 국면은 전혀 다른 흐름이 된다.

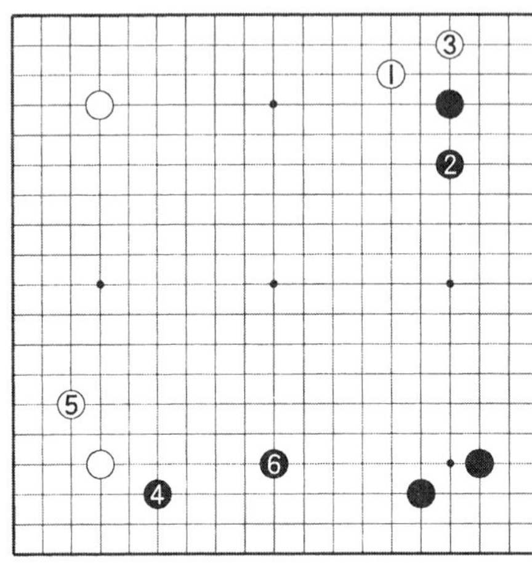

2도(백1도 둘 수는 있으나)

백1로 둘 수도 있으나 전술적으로 고전하기 쉽다. 흑이 4·6으로 하변을 구축할 때 우변에 기착점이 없어 대모양을 허락할 수 있기 때문이다.

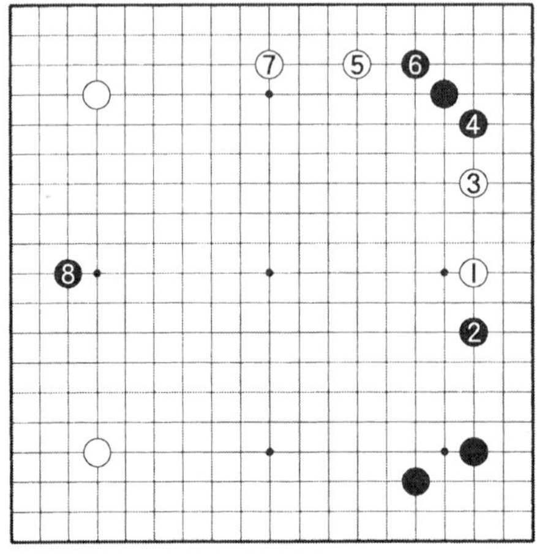

3도(현대의 절대점)

백1로 갈라치는 수는 현대에 거의 절대점으로 결론지어져 있다. 이 수는 우변을 쪼개 놓은 것 이외에 흑의 하변 구축을 미연에 제한하고 있기 때문이다. 그러나 흑2 이하의 진행은 보류하는 것이 요즘의 추세다. 그 이유는 백이 5·7로 상변에 미리 배치되는 것을 꺼리는 것이다.

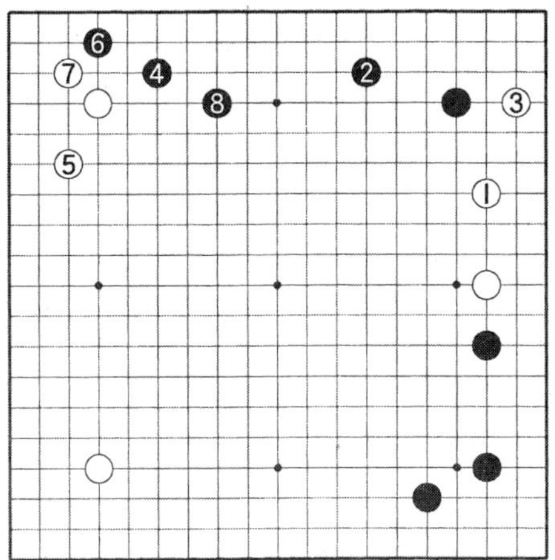

4도(흑의 취향)

흑이 3도가 싫다면 흑2로 두어 백3을 유도하고 흑4 이하로 상변에 포진할 수도 있다. 이것이 백으로서 불만이라면 백1로—

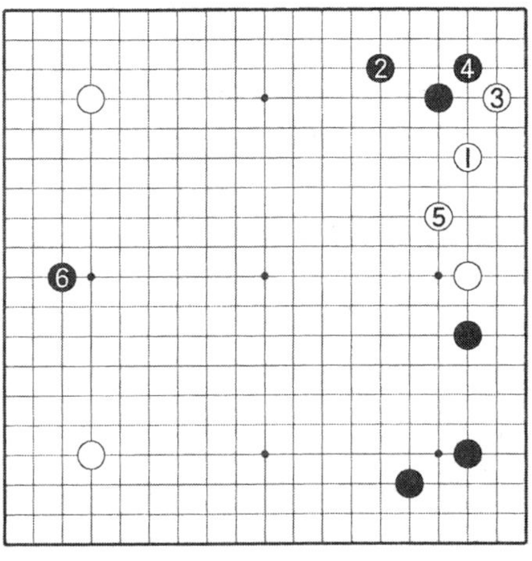

5도(백 견실)

본도 백1로 둘 수 있다. 이 걸침은 최근에 거의 결정된 수법으로, 만약 이 진행이라면 백이 견실하여 흑이 약간 불만스럽다. 따라서 흑도—

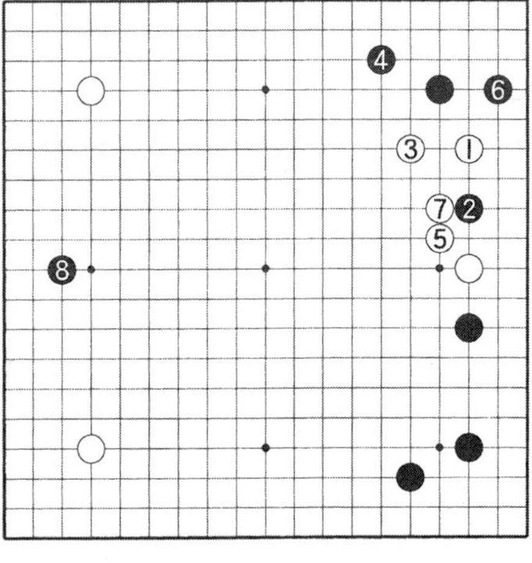

6도(전술적 침입)

본도 흑2로 뛰어들어 백의 응수를 보는 것이 현재의 결론이다. 흑4때 백5라면 흑은 흑6으로 귀를 선수로 수비하고 흑8에 선점하여, 이 진행은 흑이 스피디한 결과다. 따라서 백도 백5로—

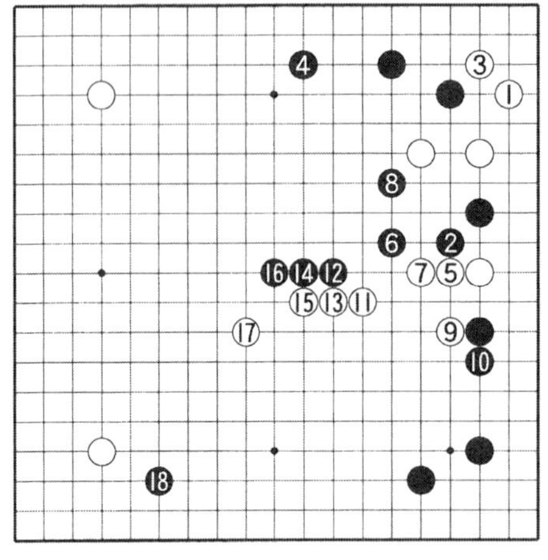

7도(현대적 전술)

본도 백1로 먼저 두는 것이 최근의 흐름이다. 이때 흑도 귀를 수비하지 않고 흑2로 반발하여 백3으로 귀를 얻는 것이 수순이다. 이후 백17까지는 현대적 감각의 진행이다. 흑18은 좌변에 둘 수도 있다. 그러나 이 진행은 초반전술의 폭이 너무 커 요즘은 잘 두어지지 않는다.

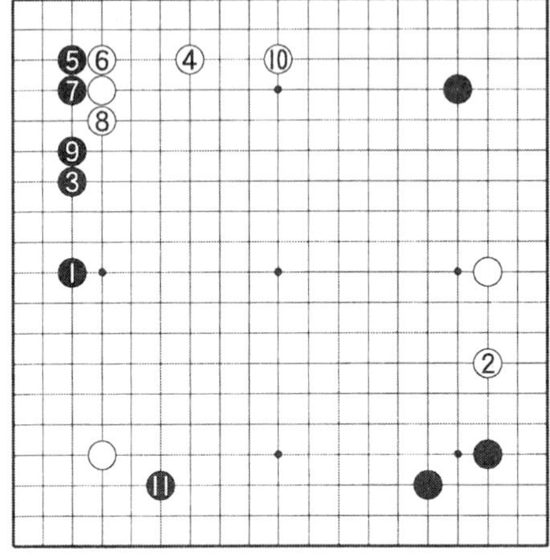

8도(최근의 경향)

흑도 우변을 결정짓지 않고 좌변을 흑1로 갈라쳐 두는 것이 최근의 경향이다. 이때 백2는 전술상의 요처로, 백도 이곳을 선점하여 좌변의 동향을 관망하는 것이 전술적 사고이다. 흑11까지의 진행은 실전으로서 국면은 지구전의 양상을 띠고 있다.

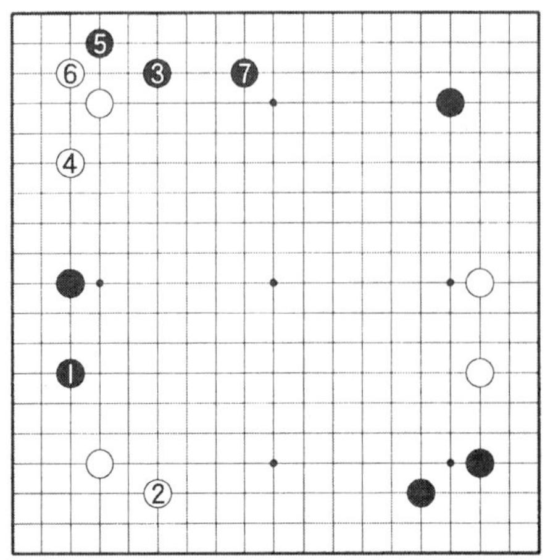

9도(흑의 수순변화)

흑1은 상변을 두기 위한 수순이다. 이렇게 흑은 전술상의 수순을 선택할 수 있다. 좌변을 먼저 갈라쳐 선수를 얻은 탓이다. 그러나 전술적으로 자유롭다는 것일 뿐 흑이 유리하다는 뜻은 아니다.

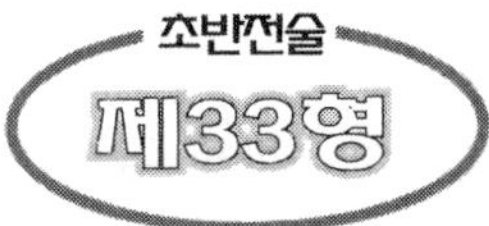

제33형 미니중국식을 견제한 소목의 방향

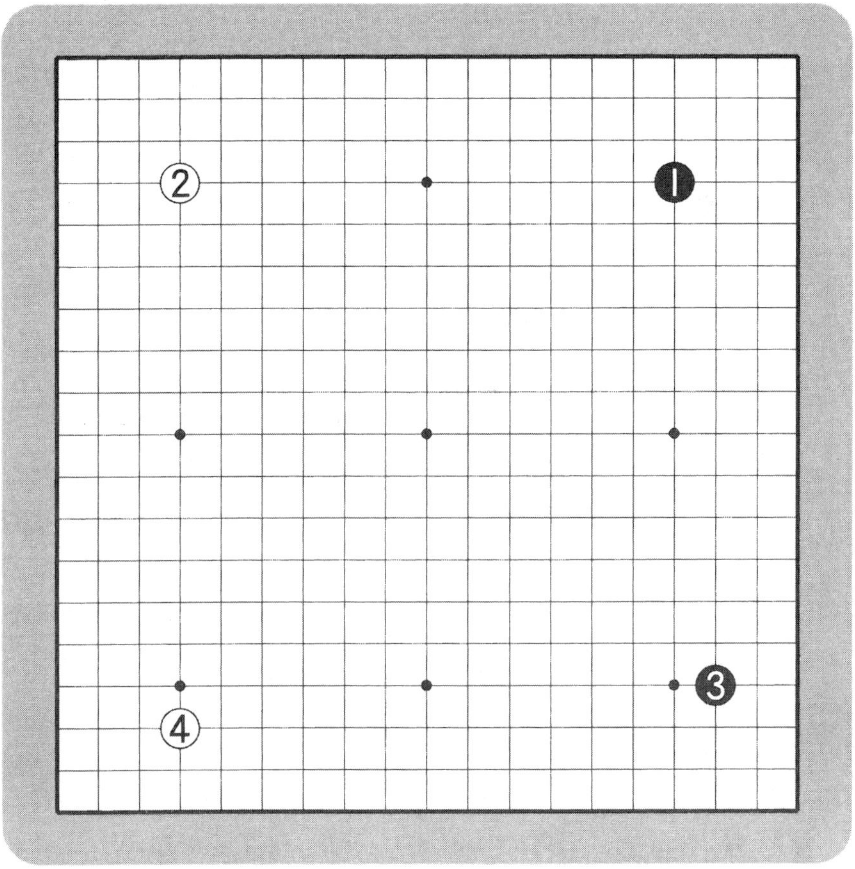

흑3의 미니 중국식 포진의 의도에 대해 백4로 포진하는 것은 최근에 시도된 것이다. 물론 이전에 두어지지 않은 것은 아니지만 전술적 요소를 갖춘 변화가 최근에 정립되었다는 뜻이다. 이 수가 두어진 이후 최신형이 만들어지기까지 그 배경에는 중국기사들의 진지한 연구가 있었다.

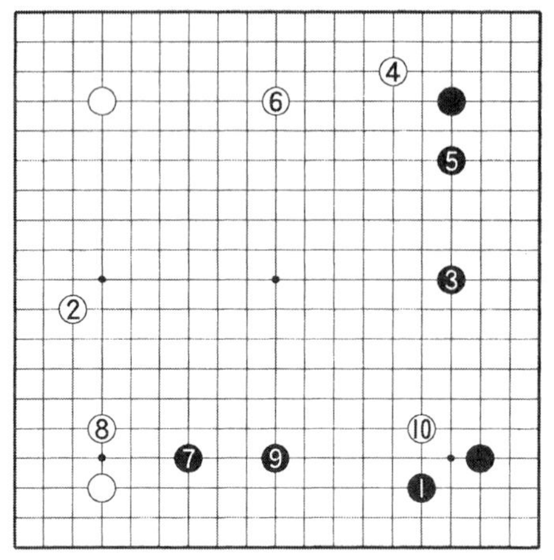

1도(백의 의도)

백의 의도에는 중국식을 견제하여 흑1로 굳힐 때 역으로 중국식을 펼치려는 뜻도 있다. 백10까지의 진행이라면 백도 유연하게 둘 수 있다. 그보다 백은 흑1에 대해—

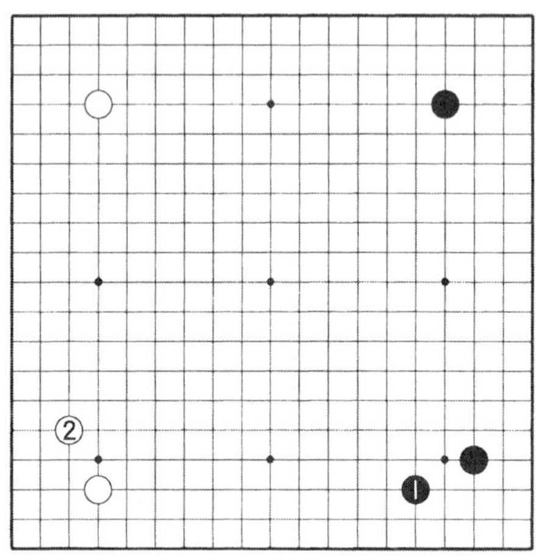

2도(백의 굳힘)

본도 백2로 굳혀 지구전으로 간다면 덤이 있어 해볼 만하다는 계산이 있는 것이다. 어쨌든 흑의 중국식을 견제하여 백2를 둘 수 있다면 백은 성공이다. 따라서 흑도 국면을 주도하기 위해서는 백2의 굳힘을 허락할 수는 없다.

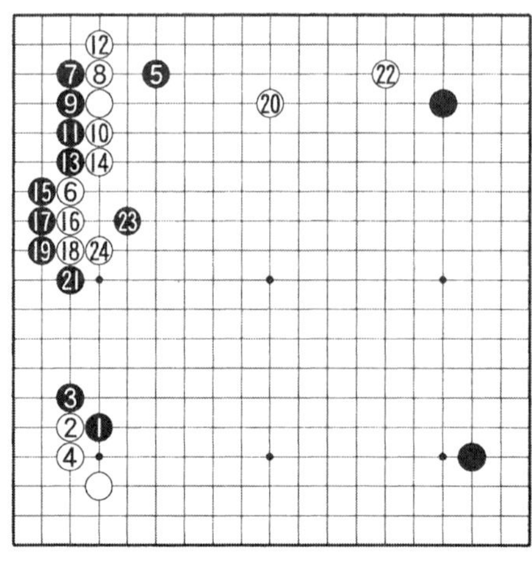

3도(최근의 변화)

흑1로 두고나서 흑5로 걸치는 변화는 흑의 능동적 전술인데, 최근에 백6의 눈목자가 개발되어 전술의 폭이 넓어졌던 때도 있었다. 수순 중 흑21로는 흑5의 돌을 직접 움직이거나 백20에 접근하는 등의 변화가 있다. 본도의 진행은 백24의 반발이 강력하여 흑 고전이다.

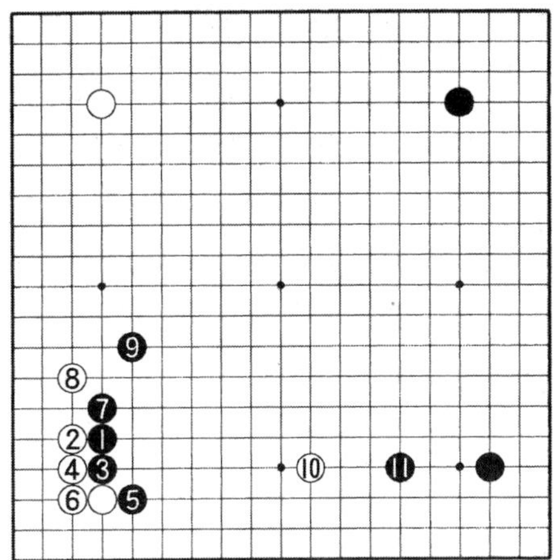

4도(최근의 시도)

백2에 대해 흑9까지 대응하는 수법도 있었다. 백10에는 흑11로 육박하여 흑 세력과 동행시키며 우변을 구축하려는 것이다. 이때 백은—

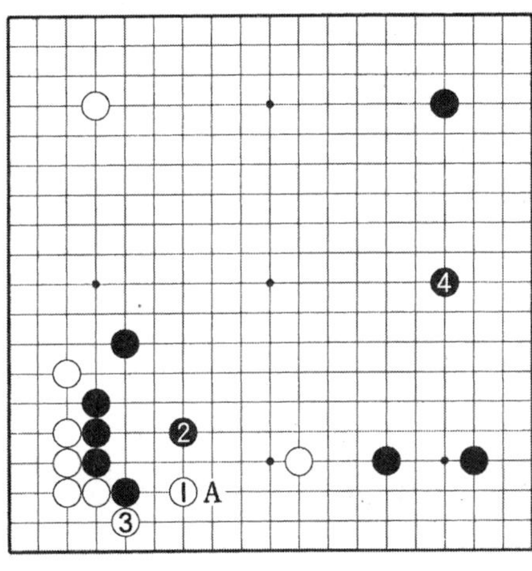

5도(전술적 수순)

본도 백1로 근거를 잡을 수밖에 없다. 흑2로 씌워 백3이라면 흑4로 우변을 구축하는 타이밍을 얻는다. 하변은 아직 A로 붙이는 맛이 남아 있다. 또 백이 백1로—

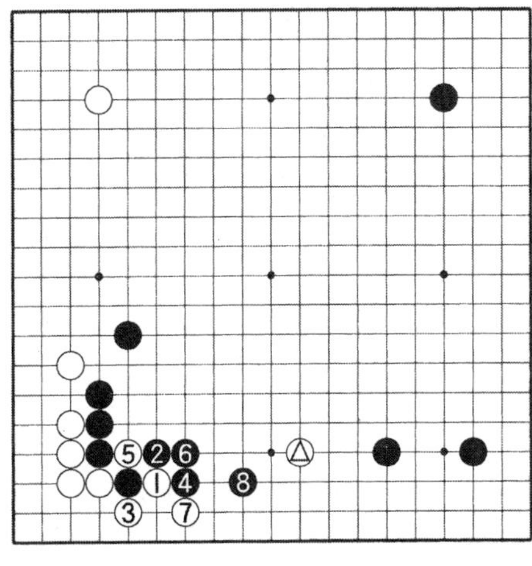

6도(흑의 변신)

본도 백1로 붙여 공세를 취할 때는 흑2로 비껴 흑8까지 변신하는 것까지 흑은 염두에 두고 있는 것이다. 백△는 이것으로 고립되어 초반부터 백 절대 열세의 국면이다.

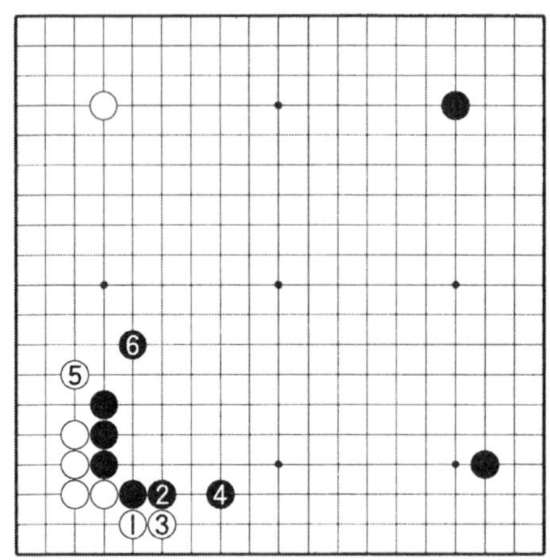

7도(백 전술이 없다)

백1 이하 흑6까지는 정석이다. 그러나 이 진행의 경우는 백의 전술적 사고가 부족하다. 정석이란 주변의 상황을 고려하는 것이지 외워서 그대로 사용하라는 것이 아니기 때문이다.

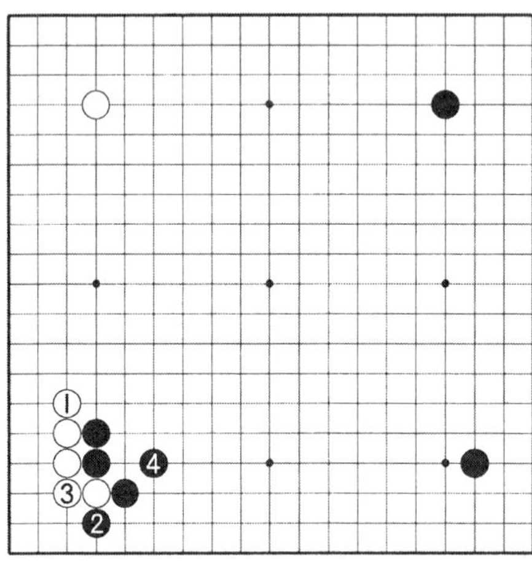

8도(고전형 수법)

백1로 늘어 '큰 밀어붙이기' 정석을 유도할 수도 있다. 이는 초반을 복잡하게 만들려는 의도가 있다. 흑이 여기서 흑2·4로 비껴 가면 고전형 수법이 되는데 이 진행도 흑이 나쁘지 않다. 이후는 백이 하변을 갈라치는 진행이 예상된다. 흑이 현대적 감각으로 대응하려면—

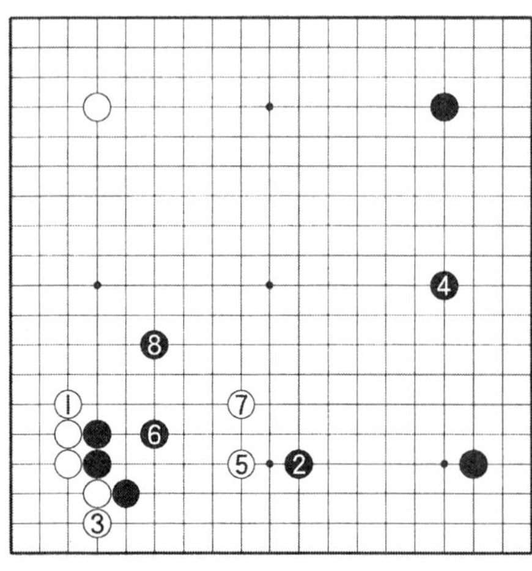

9도(흑 능동적 구상)

백1때 흑2 정도로 전개하여 백3을 유도하고 흑4로 우변을 구축한다. 백5의 공격에는 흑6·8로 동행하는 일련의 수순이 현대적 감각의 전술이다.

제34형 선제공격을 통해 중국식을 제한하려는 전술

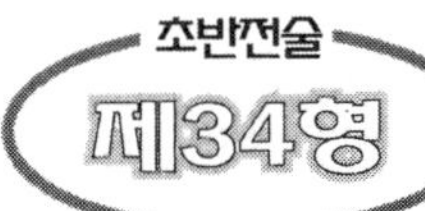

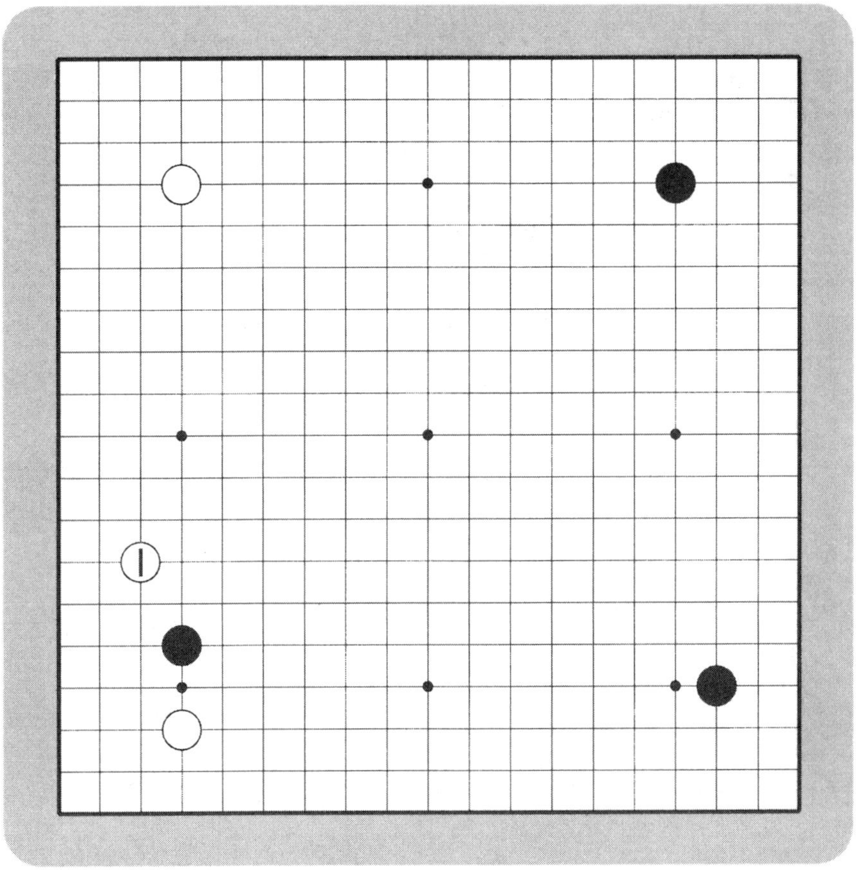

백1은 중국식이 자기 진영으로 상대편을 유도하여 주도권을 장악하는 속성을 가지고 있기 때문에, 이를 선제공격을 통해 전술적으로 제한하려는 의도를 가지고 있다. 또 이 협공에는 최신형의 분기점이 된 변화가 숨어 있기도 하다.

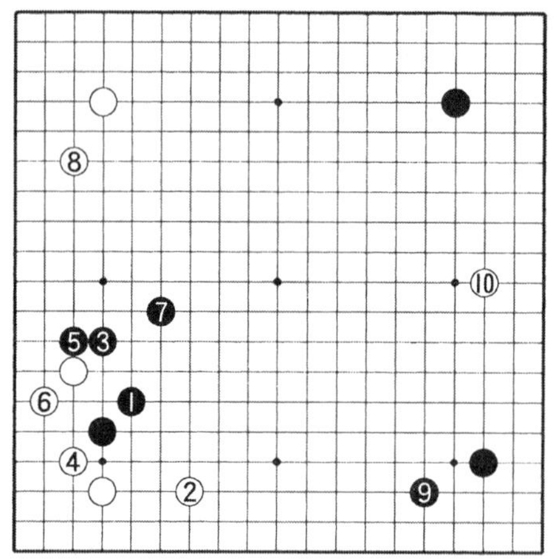

1도(예전의 실전)

흑1은 예전에 시도된 일반적인 정석의 하나인데, 백의 실리와 스피드가 돋보여 지금은 볼 수가 없다. 또 수순 중 백2로—

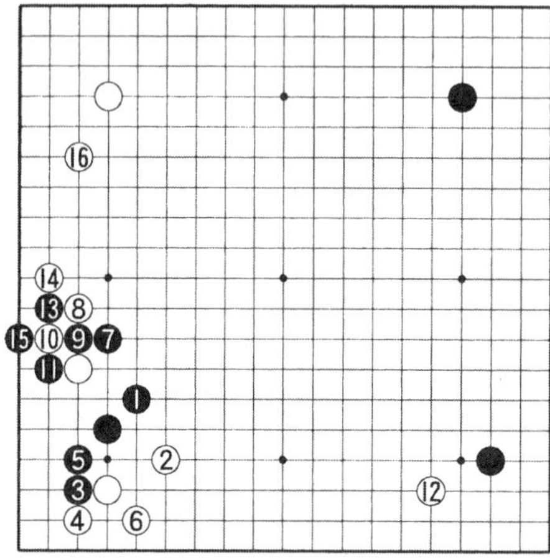

2도(현대적 분석)

본도 백2로 두어 백16까지 변화할 수도 있다. 여기서 살펴볼 것은 흑11에 대해 응수를 보류하고 백12에 선점하는 것이 현대적인 전술감각이다.

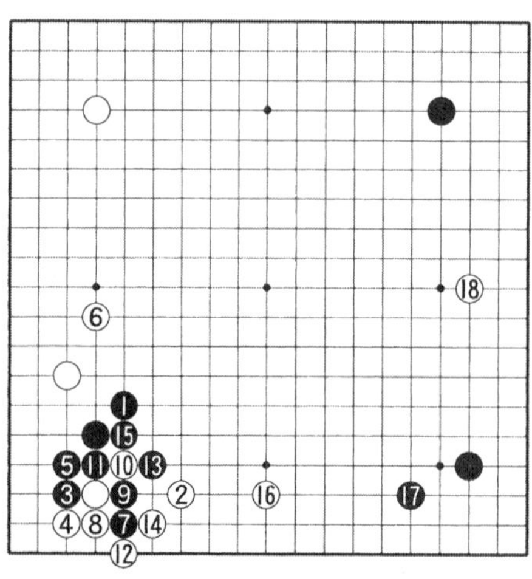

3도(최근의 분석)

백2로 벌렸을 때 흑3·5로 두면 요즘 유행하는 정석과 같은 모양이 된다. 물론 수순은 틀린 것이다. 이 틀린 수순으로 인해 신형이 탄생한다. 이 부분은 다음 형에서 말하기로 하고 본도의 진행은 백18까지 백이 앞서가고 있다.

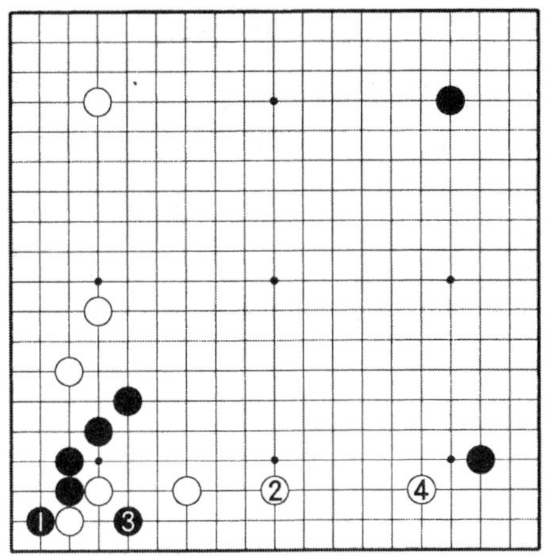

4도(백 스피디한 진행)

혹1은 백이 바라는 바다. 혹3까지 약간의 집을 허락했지만 백4로 큰 곳을 선점해 가는 스피드는 이를 상쇄하고도 남는다. 또 만약 혹3으로—

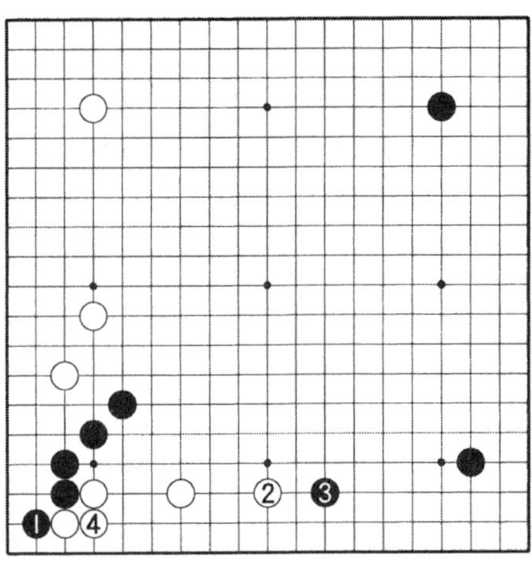

5도(흑 근거 불확실)

본도 혹3에 다가서는 것은 백4로 이어 귀의 흑은 근거가 아직 불확실하다. 백4는 집으로도 클 뿐 아니라 이 흑을 공격할 수 있는 잇점이 있어 글자 그대로 '급한 곳'이다.

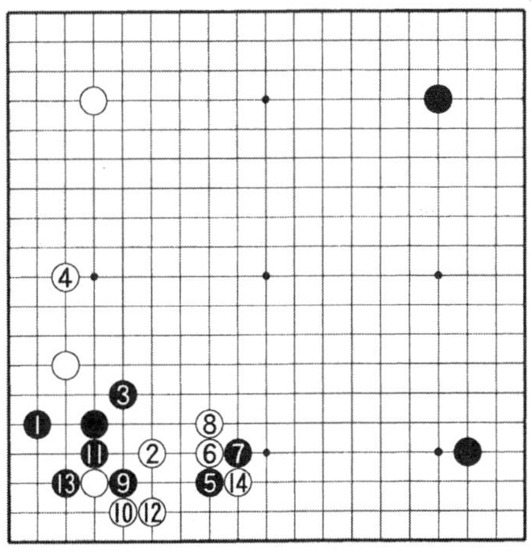

6도(정석이지만)

혹1 이하도 정석임에는 틀림없다. 백14까지는 피차 비슷한 결말이지만, 백은 백2로—

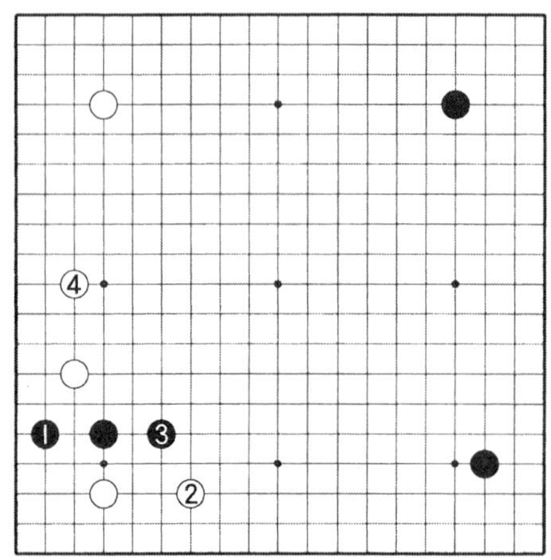

7도(백의 전술 선택)

본도 백2에 둘 수도 있다. 백4까지라면 이 결과는 흑이 완생한 모양이 아니므로 6도에 비해 백이 우세하다. 이렇게 백이 전술의 선택권이 있다는 자체만으로도 흑은 불만이다.

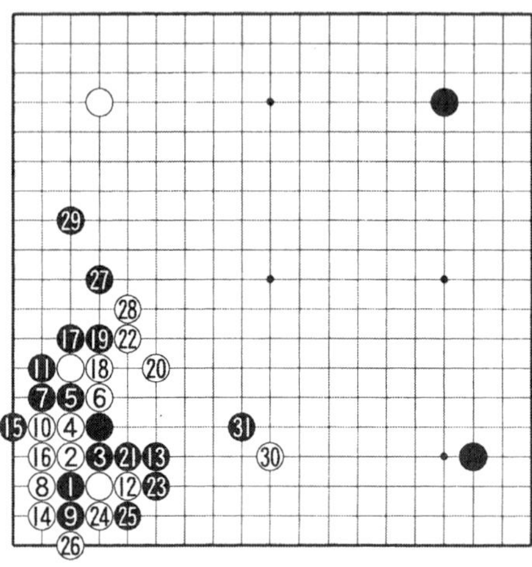

8도(예전의 사고)

흑1때 백2로 두는 사고는 낡은 것이다. 흑31까지 바둑판의 4분지 1이 결정되는 대형 정석은 현대에 환영받지 못한다. 전술의 선택에 자유가 없기 때문이다. 또 수순 중 백6으로—

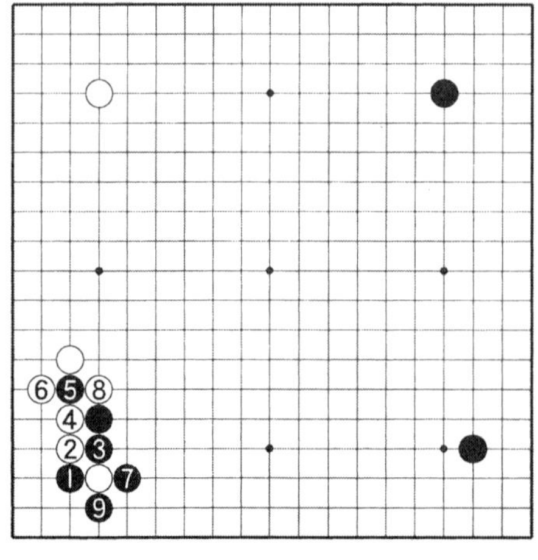

9도(간결형)

본도 백6에 두면 흑도 흑7로 두어 흑9까지 이것도 정석이다. 그러나 따낸 모양들이 너무 견고하여 이 진행도 전술적 사고의 여유는 없다.

제35형 중국기사에 의해 개발된 최첨단 전술

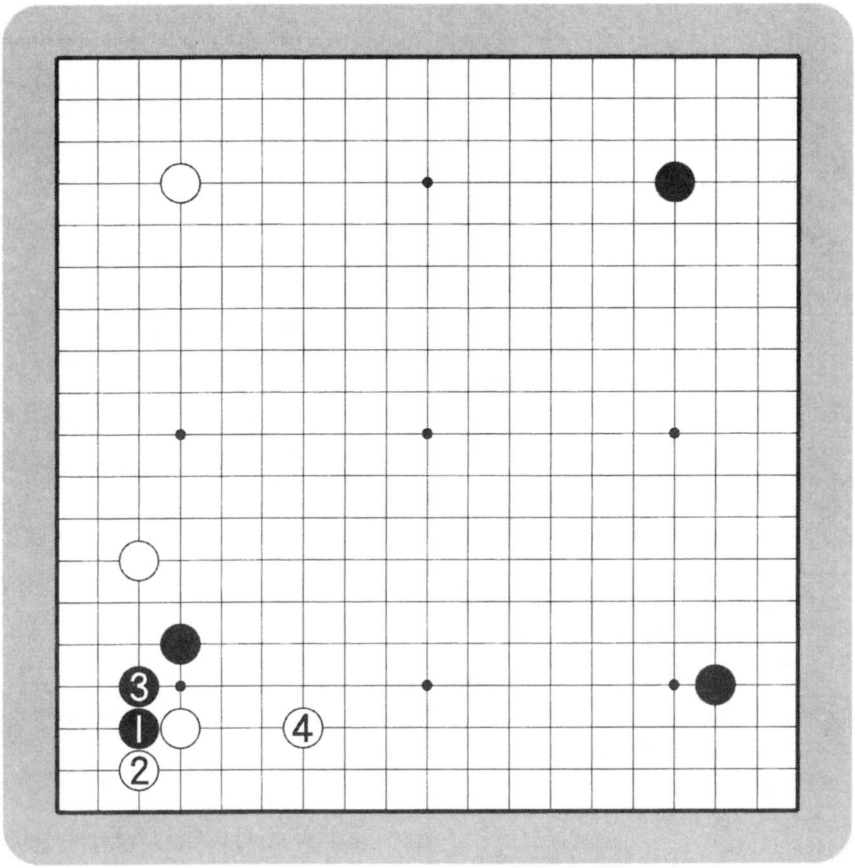

백4가 이 전술패턴의 하이라이트가 된다. 바로 이 전개가 중국기사들에 의해 개발되어, 최첨단 전술이 내재된 신형의 변화가 숨어있는 패턴이다.

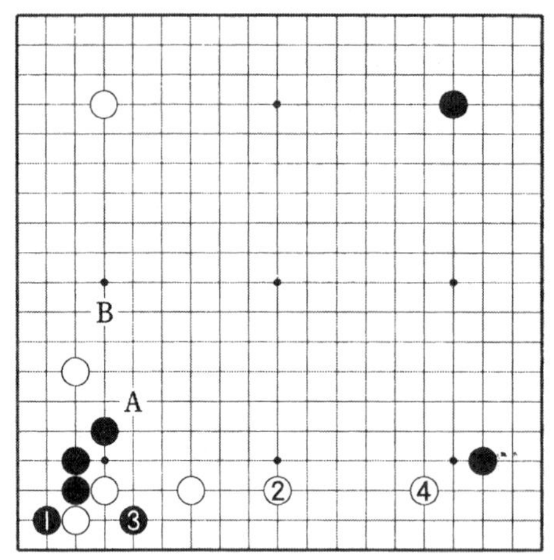

1도(수순 누락)

흑1때 백2로 두는 것은 백이 제 34형 4도와 착각한 것이다. 백4까지 백이 스피디한 진행으로 보이지만 흑A와 백B의 수순이 누락되어 이 결과는 백이 불리하다. 따라서 백2로는—

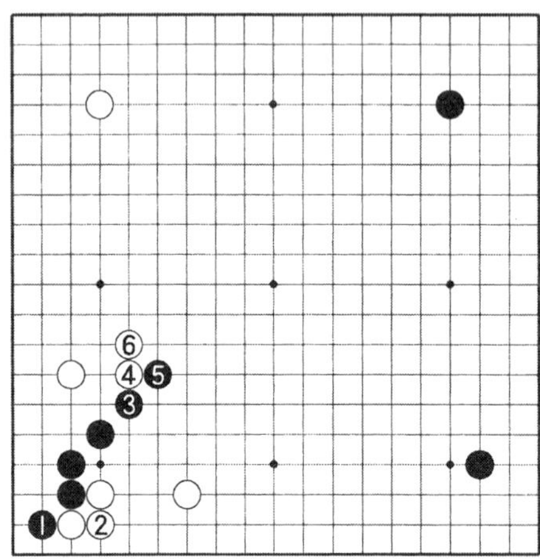

2도(백의 직접전술)

본도 백2로 이어 즉각 선공태세를 갖추는 것이 좋다. 흑3이라면 백4로 계속 공세를 취한다. 이때 흑이—

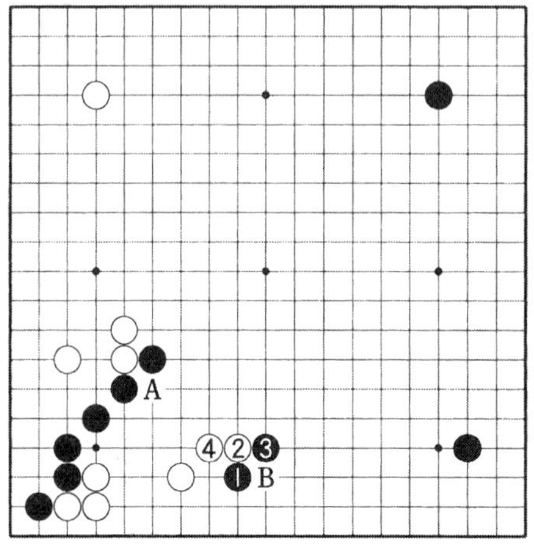

3도(흑의 단점)

흑1로 육박하여 역공하려는 것은 백2·4에 의해 A와 B 두 곳의 단점이 동시에 노출되어 바람직하지 못하다. 또 2도 흑1로—

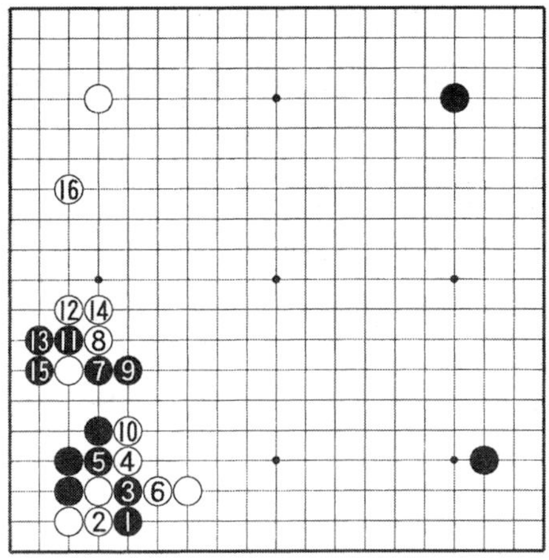

4도(신형으로 가는 과정)

흑1에 먼저 치중하여 응수를 묻는 변화가 있다. 백6까지 유도한 후 흑7에 붙여 변화를 모색하게 된다. 백16까지 이 변화는 흑이 안정을 취한 대신, 백이 흑 두점을 잡은 자세가 단단하고 백16으로 굳히게 되어 흑이 다소 불리하다. 또 흑9에서 변화를 구하여—

5도(4도보다는 낮지만)

흑1로 먼저 끊는 수순도 있을 수 있다. 흑9까지 이 결과는 4도보다 흑이 나은 것은 분명하나 흑의 전술이 단조롭다는 점에는 변함이 없고 백도 만족스러운 것은 아니기 때문에 신형이 만들어지게 된다.

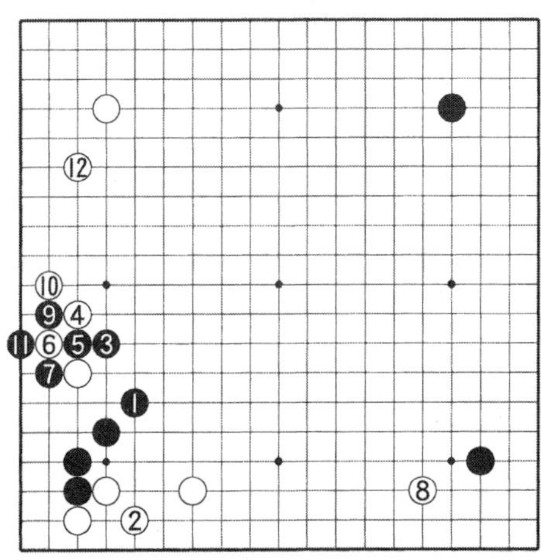

⑧…❶

6도(백 둘 수 있지만)

흑1에는 백도 백2로 응수하여 백12까지 변화할 수도 있다. 이 결과는 백이 약간 앞서는 것이 사실이지만, 이 진행의 주변에는 흑이 변화할 수 있는 여지가 많아 백도 선택하기에는 꺼림칙한 구석이 있다. 그래서 연구된 것이 흑1에 대해—

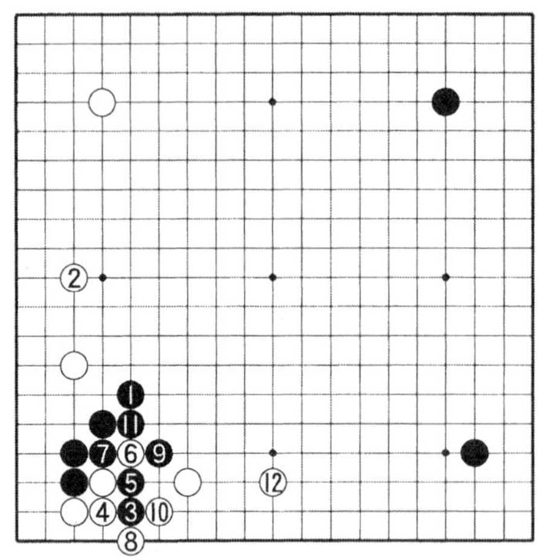

7도(백2의 등장)

본도 백2로 받아 흑의 응수를 살피는 이른바 고등전술이 나타나게 되었다. 백12까지의 진행이라면 이 결과는 제34형 3도와 비슷하게 되어 흑의 불만이다. 또 수순 중 흑3으로—

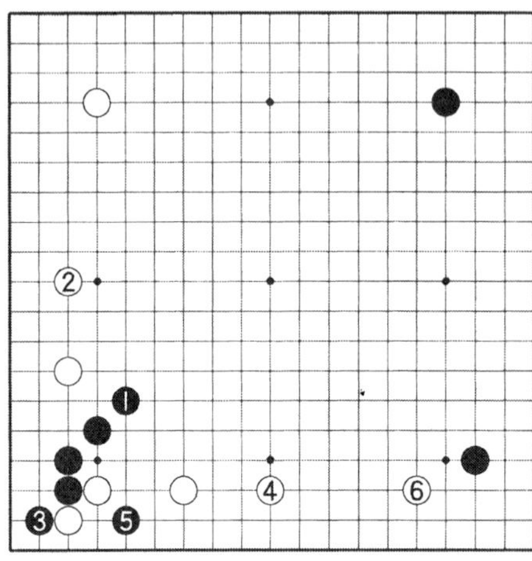

8도(수순의 언저리)

본도 흑3에 둔다면 백6까지의 진행이 예상된다. 이 결과는 흑1과 백2의 교환이 흑의 손해인 만큼 흑으로서는 선택할 수 없다. 불필요한 수순이 미리 교환되었다는 것은 흑이 백의 전술에 유도된 것이라 볼 수 있다. 또 백에게는 백4로—

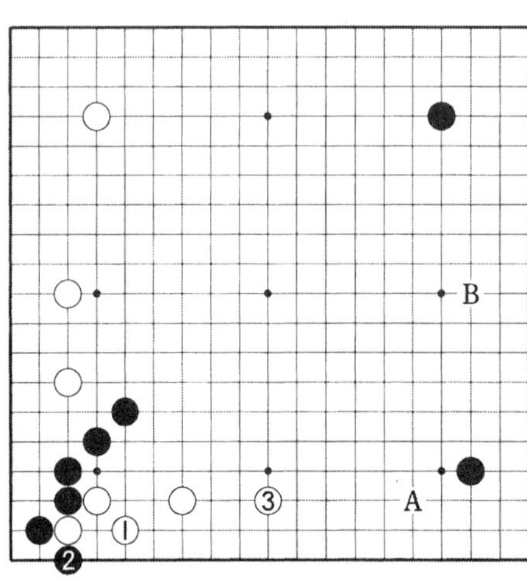

9도(백 선택의 자유)

본도 백1로 두어 흑2를 유도한 후 백3에 벌려 다음 A와 B를 맞볼 수도 있다. 물론 이 결과가 8도보다 낫다는 것은 아니고 이렇게 선택의 폭이 넓은 만큼 전술적으로 유리하다는 뜻이다.

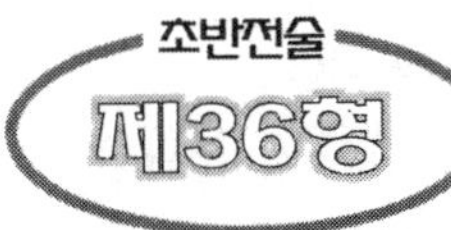

제36형 초반전술의 흐름을 결정짓는 첨단응수타진

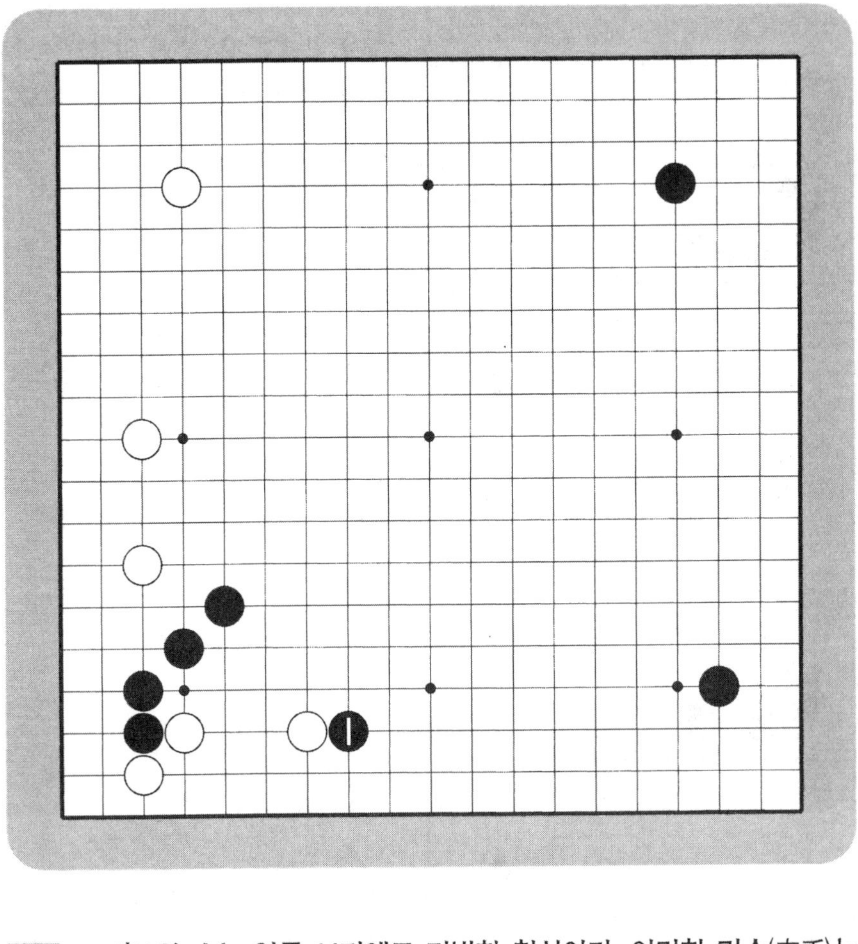

흑1의 수는 언뜻 보기에도 기발한 착상이다. 이러한 기수(奇手)는 초반전술의 흐름을 결정짓기도 하는 첨단 응수타진에 해당된다. 이 수는 중국기사들의 연구가 진행되는 도중 마샤오춘 9단에 대해 이창호 9단이 먼저 시도했다 하여 유명해진 신수이기도 하다.

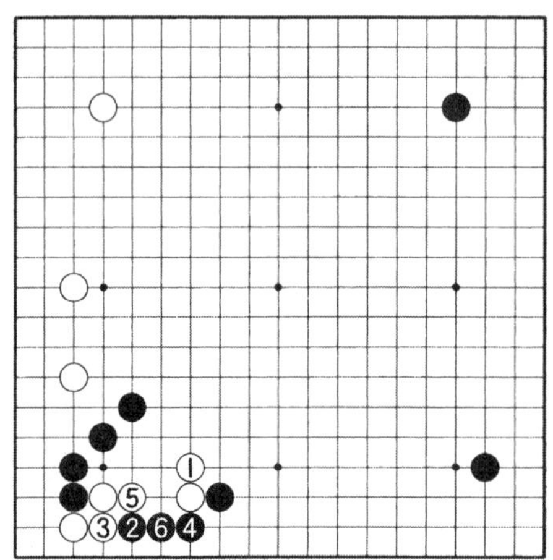

1도(응수타진의 의도)

흑의 의도에는 백1로 둔다면 즉시 흑2에 치중하여 흑6까지 백의 근거를 탈취할 책략이 숨어있다. 이렇게 된다면 주도권은 순식간에 흑에게 넘어간다. 또 수순 중 백3으로—

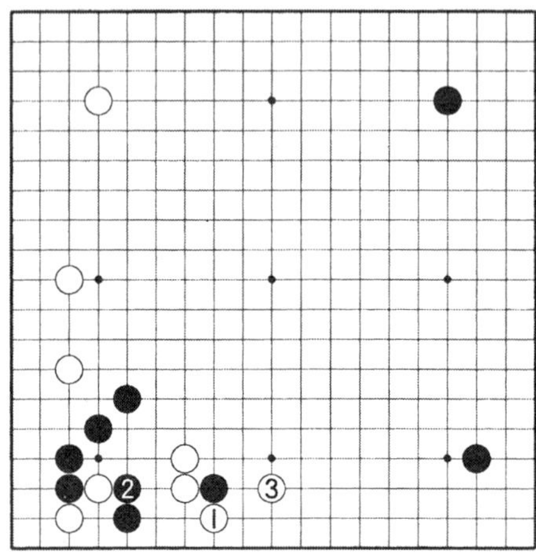

2도(백 한발 늦다)

본도 백1로 받는다면 흑2때 백3이 불가피하여 백의 흐름이 한발 느려지게 된다.

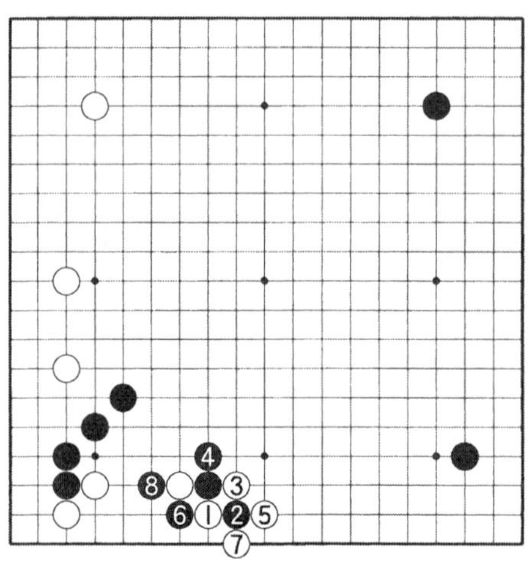

3도(흑 크게 우세)

백1로 반발하는 것은 백이 무리다. 흑8까지 흑집이 너무 크기 때문이다. 또 수순 중 백3으로—

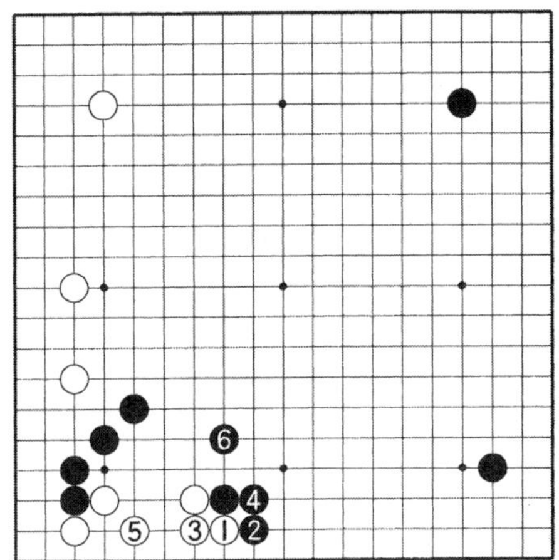

4도(흑 쌈지)

본도 백3으로 잇는 것은 옹색하다. 흑6으로 크게 봉쇄하여 백은 마치 쌈지 뜬 모양이다. 또 백이 봉쇄를 피하기 위해 백5의 수비로—

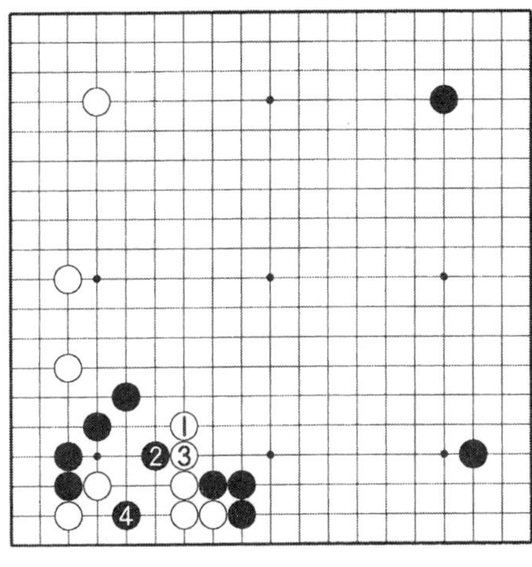

5도(예리한 치중)

본도 백1로 뛰어나가는 것도 무리다. 흑2에 이은 흑4의 치중이 날카로워 백은 근거를 빼앗기고 만다.

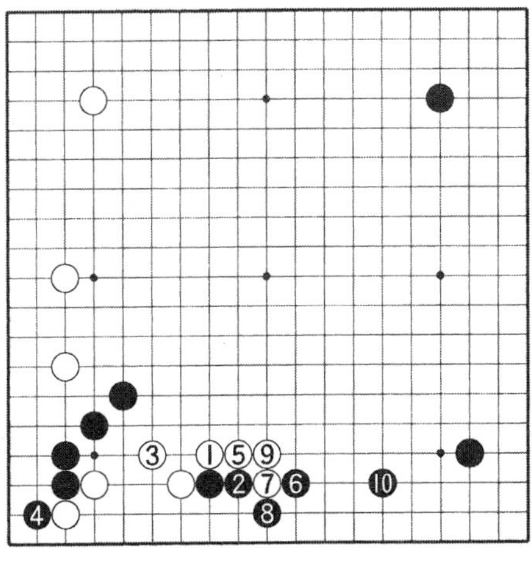

6도(흑의 스피드)

백1로 젖히는 것이 백으로서는 최선이다. 그러나 흑10까지 흑의 스피드가 백의 두터움을 약간 상회한다고 보여진다. 그만큼 기본형은 흑의 유력한 전술이라 할 수 있다. 백이 수순을 바꾸어 백3으로—

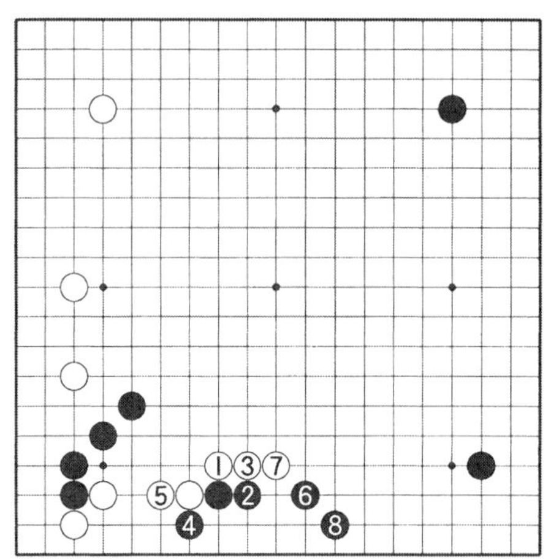

7도(수순을 바꾸면)

본도 백3에 먼저 미는 것도 흑4의 젖힘이 아프다. 흑8까지 이 결과도 흑이 약간 앞선 진행이다.

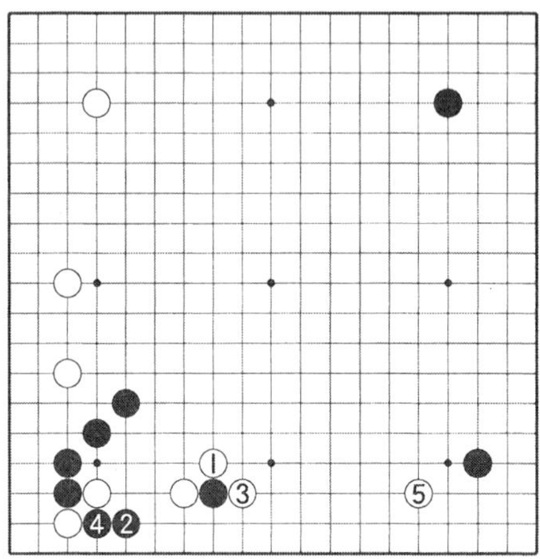

8도(흑2 욕심)

백1때 흑2는 지나친 욕심이다. 백은 백3으로 흑 한점을 제압하고 선수를 잡아 백5의 큰 곳을 차지한다. 이 결과는 백이 앞선 진행이다.

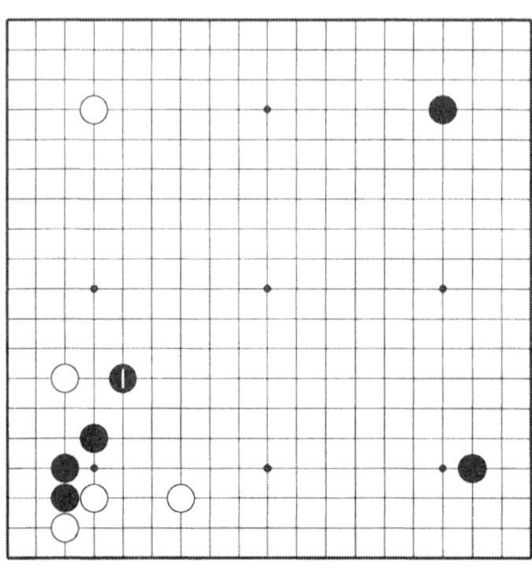

9도(최근의 시도)

기본형은 이 외에도 복잡한 변화가 많다. 그래서 고안된 흑의 수법이 흑1인데 이 수법은 가장 최근의 것이다. 이 수법에 대해서는 다음 형에서 알아보기로 한다.

180

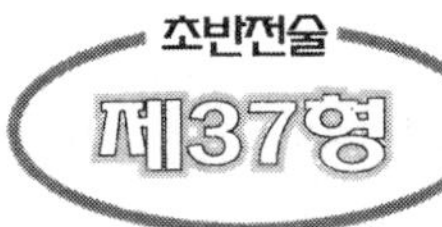

제37형 같은 패턴에서 가장 최근에 시도된 전술

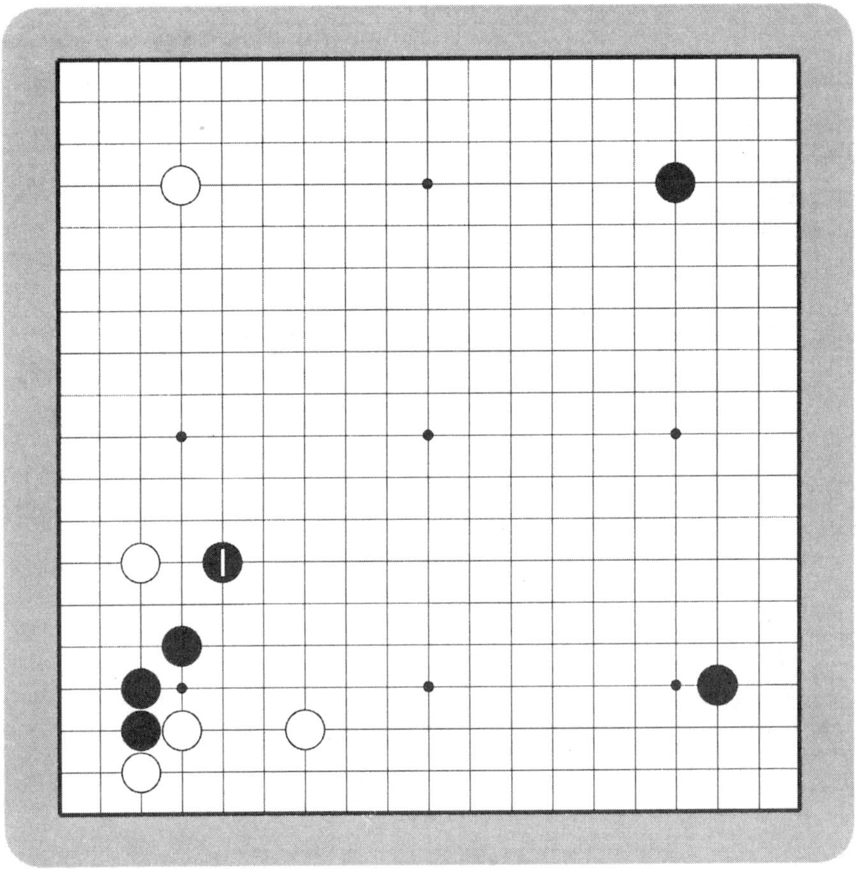

흑1은 이 형태에서 가장 최근에 시도된 전술패턴이다. 이 수가 만들어지기까지 많은 변화를 거쳤지만 아직까지도 정확한 결론을 내리기에는 아직 미흡한 부분이 많고 따라서 계속 연구되고 있다. 이러한 연구의 흐름이 바둑의 전술을 풍요롭게 하는 것이다.

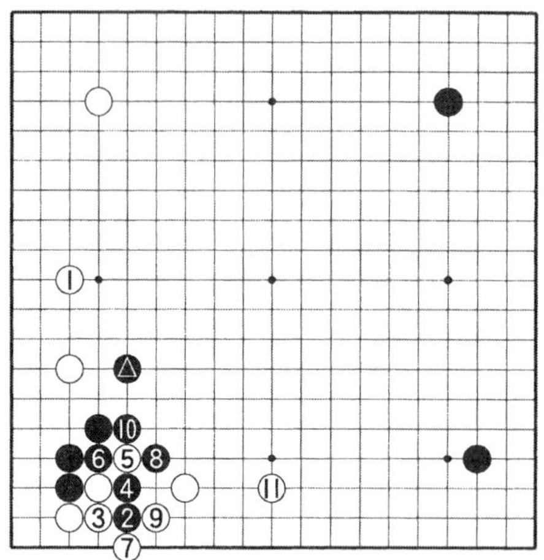

1도(흑의 의도)

백1이라면 흑은 즉시 흑2로 치중하여 백11까지 필연적인 진행이 된다. 이 결과를 놓고 제35형 7도와 비교하면 본도 흑▲의 위치가 능률적인 곳에 놓여져 있음을 알 수 있다. 바로 이것이 흑의 의도였다. 그러나 흑6때 백의 변화도 읽지 않으면 안될 것이다.

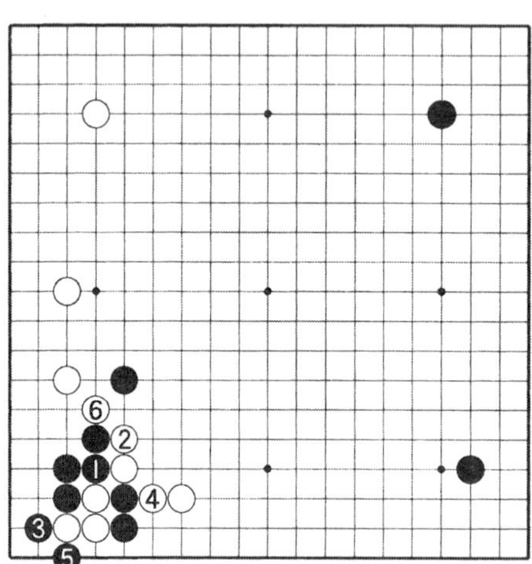

2도(백의 반발)

흑1때 백의 변화가 있다면 백2로 반발하는 수뿐이다. 흑도 백6의 자리를 연결하는 것은 백의 의도에 말리게 되므로 흑3·5로 백 석점을 잡는 수가 최선이다. 백6으로 중앙을 차단한 다음의 변화는—

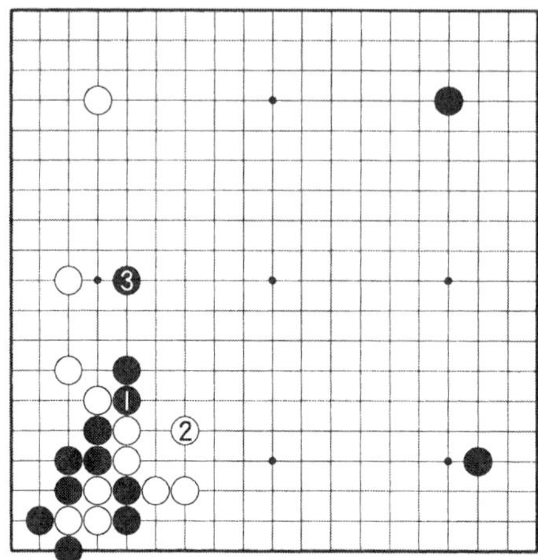

3도(흑의 수습)

흑1로 끊는 것은 절대다. 또 백2로 수비하는 것도 어쩔 수 없다. 이때 흑은 흑3으로 뛰어 중앙을 보강하는 것이 행마의 흐름이다. 또 이 수는 예리한 노림수도 내포하고 있다. 그것은—

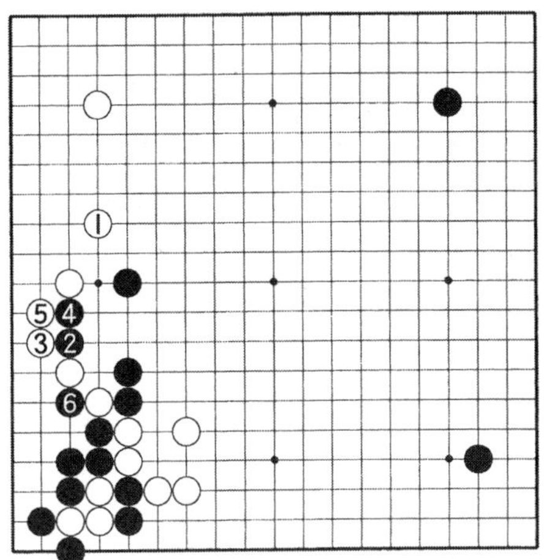

4도(흑의 노림수)

백1로 지킬 때 흑2 이하 흑6까지 요석을 잡는 수법이 남아 있다. 이렇게 된다면 백은 한 것이 없다.

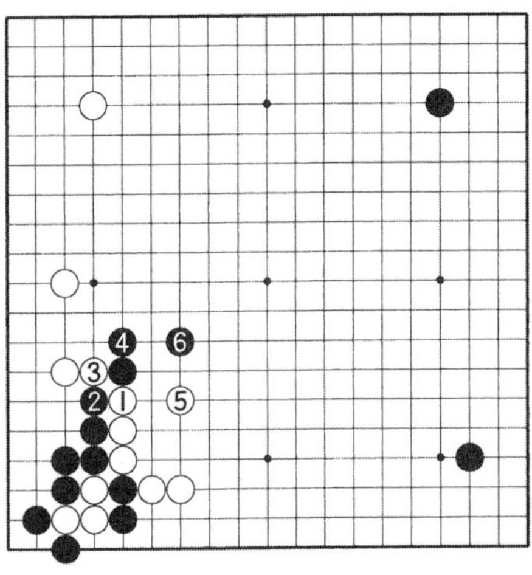

5도(다른 절단방법)

백에게는 백1로 끊는 방법도 있다. 이때는 흑6까지가 필연인데, 아무래도 백이 이 흑을 공격하기 쉽지 않아 흑이 앞선 국면이다.

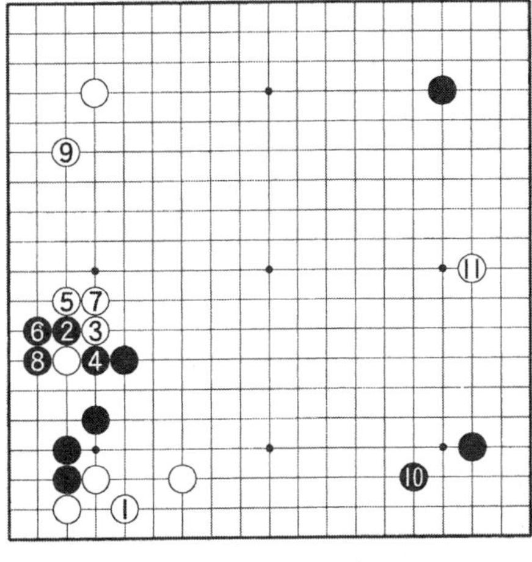

6도(백의 수비)

백1로 두는 것은 흑의 수법을 관망하려는 것이다. 여기서 흑2라면 백7까지 간단히 처리한다. 계속해서 백9에 굳혀 흑10과 백11을 맞보면 이 결과는 백이 약간 앞선 국면이다. 따라서 흑도 흑2로는—

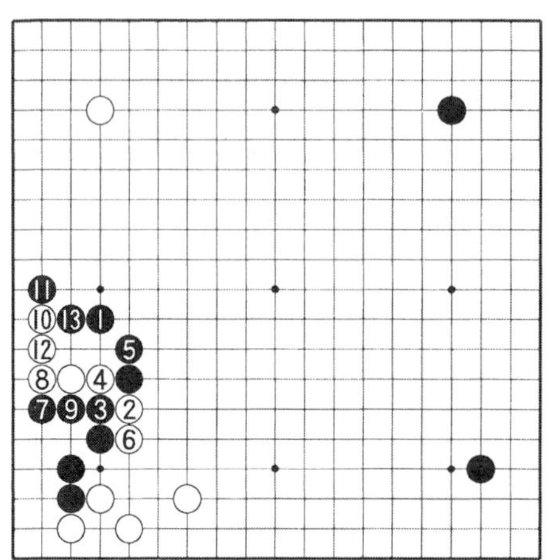

7도(흑 전술적 포위)

흑1로 크게 포위하여 백으로 하여금 선수활용하고 전환할 수 없도록 한다는 것이 흑의 전술이다. 흑13까지 이 수상전은—

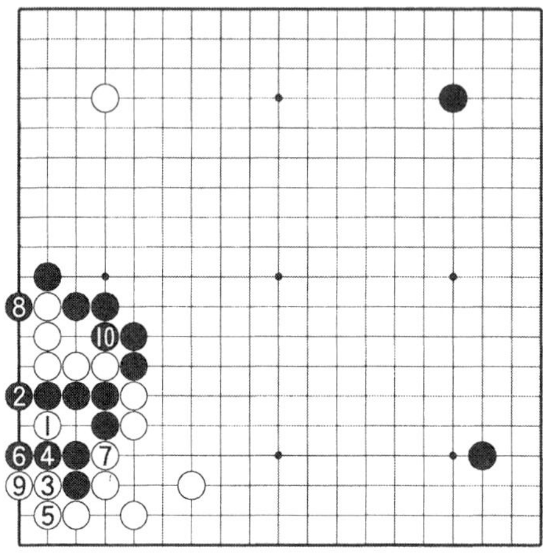

8도(수상전 흑승)

백1로부터 흑10까지 흑이 이기게 된다. 만약 백이 백3으로—

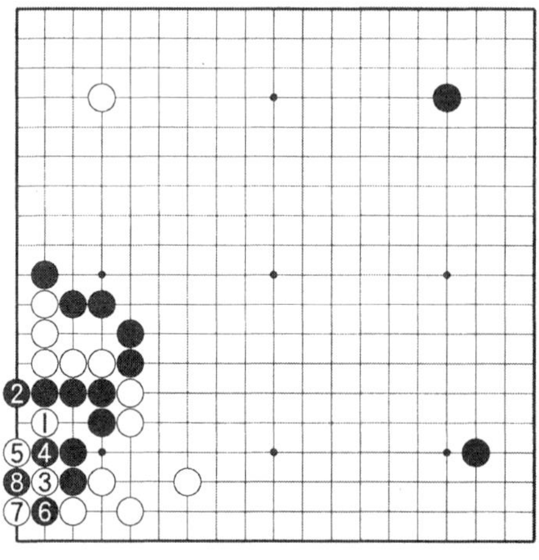

9도(패는 되지만)

본도 백3·5·7로 패를 하는 것은 억지에 가깝다. 흑에게는 자체 패도 많지만 그보다도 귀의 손실이 너무 큰 것이다.

제38형 3·三은 중국식을 의식한 전술적 구상

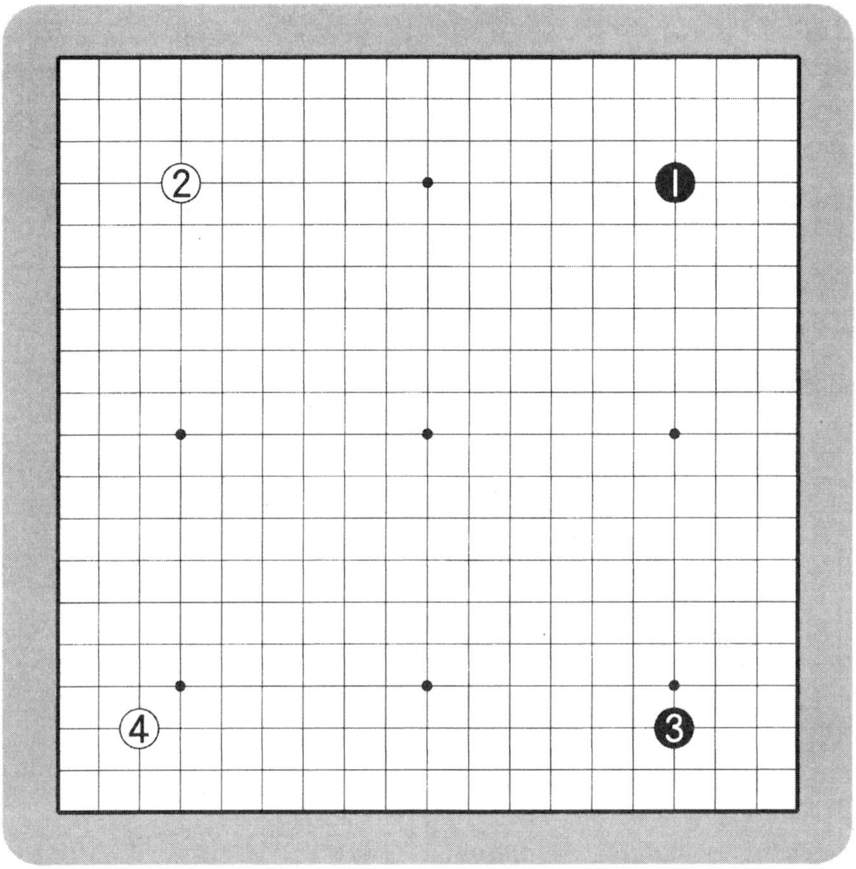

백4도 중국식을 의식한 전술적 구상이 있는 착점이다. 이 수 자체로만은 무엇인지 알 수 없을 것이다. 그러나 3·三은 그 자체로 안정성이 뛰어나기 때문에 그 주변의 어떤 전술에 대해서도 가장 영향을 적게 받는다는 장점이 있다.

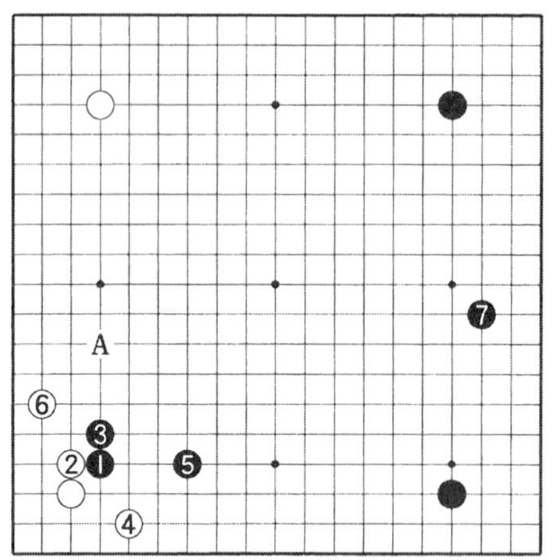

1도(정석이지만)

보통 생각하기 쉬운 흑1은 정석이긴 하지만 단조로움이 있다. 물론 백6에 대해 흑A로 두지 않고 흑7로 중국식을 펼치는 유연성이 있는 것도 사실이지만, 귀의 백이 앞으로 진행될 어떤 전술의 변화에도 견딜 만큼 견고하기 때문에 흑은 이 정석의 선택에 신중해야 한다.

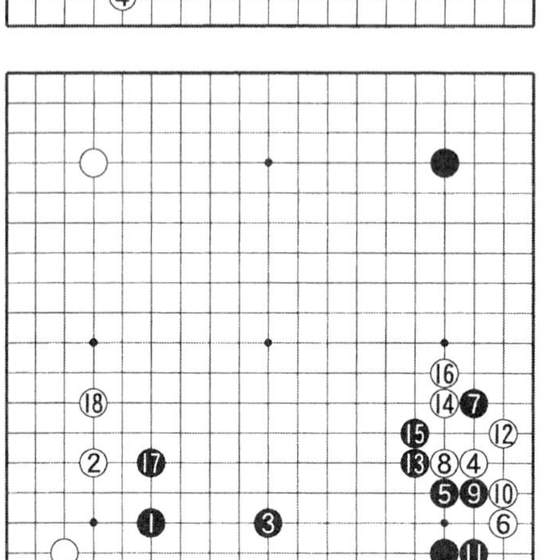

2도(일반적인 진행)

보통의 예상으로는 흑1로부터 백18까지의 진행이 있는데, 하변에 백의 침입소지가 남는 것이 흑으로서는 조심스럽다. 또 백은 백2로—

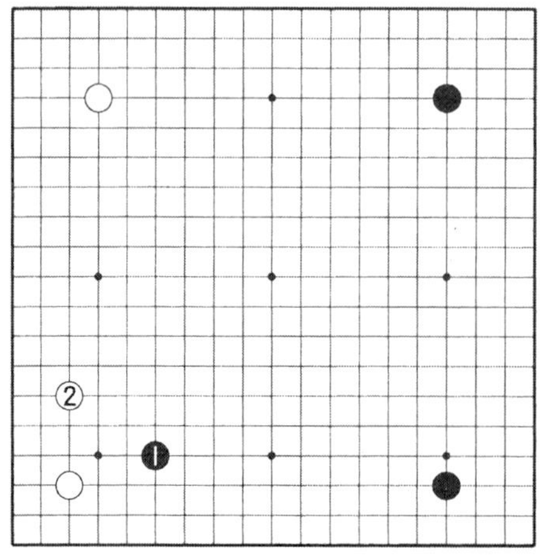

3도(받기의 선택)

본도 백2로 받을 수도 있다. 이 수는 2도처럼 진행되었을 때 즉시 흑진에 침입하려는 준비동작이다.

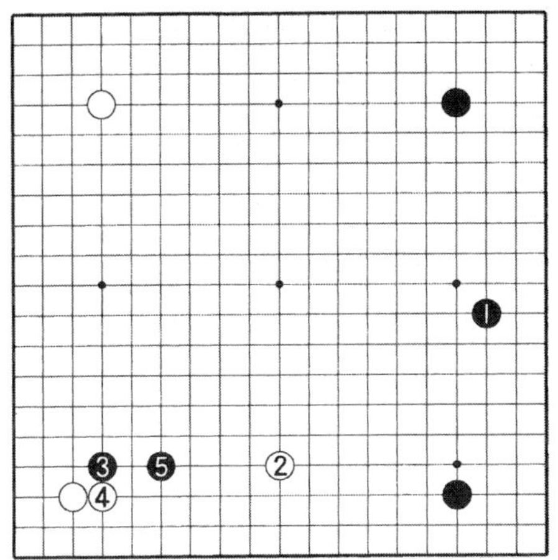

4도(3 · 三의 전술적 약점)

흑1로 중국식을 구축 했을 때 백은 백2와 같은 전개를 하기 쉽지 않다는 전술적 약점도 가지고 있다. 좌하귀가 화점이 아니므로 흑3 · 5의 어깨짚기가 절호점이 되어 자칫 초반부터 흑에게 큰 두터움을 허용할 수 있는 것이다. 따라서 백2로는—

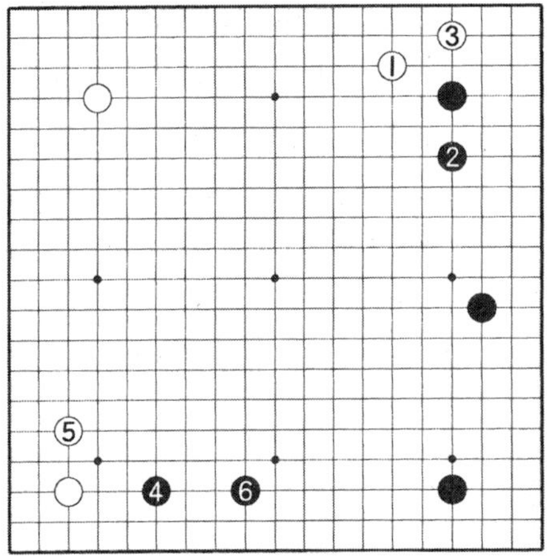

5도(백5 전술적 수비)

백1로 걸쳐가는 수가 가장 보편적이다. 그리고 흑4때 백5의 견고한 수비가 3도에서 한 걸음 더 발전한 전술적 수비다. 이 수는 생각보다 유력한 수다. 흑6을 기다려—

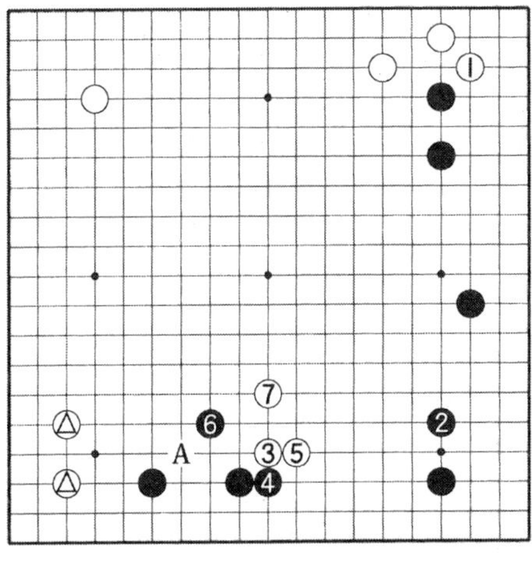

6도(백의 유력한 전술)

백1로 우선 흑진의 구축여부를 타진하게 된다. 흑2라면 백3으로부터 삭감을 시작한다. 수순 중 백7은 A로 절단을 노리는 견실한 행마인데, 이렇게 둘 수 있는 것이 모두 백△가 견고하기 때문인 것이다.

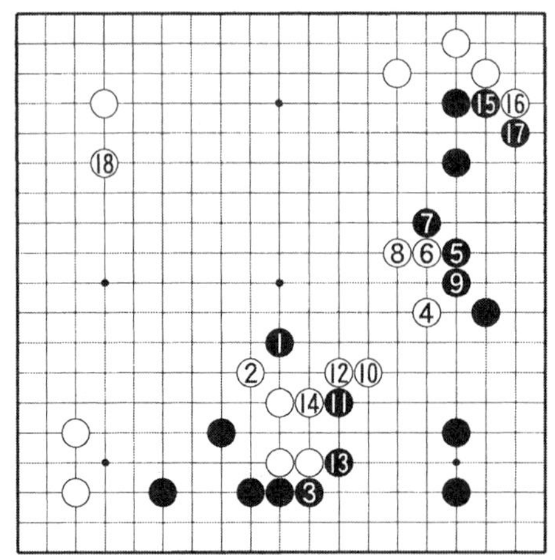

7도(6도의 실전진행)

흑1은 중앙에 백돌이 놓이기 전 일종의 견제구지만, 백4부터 흑진을 위축시켜 백18까지 중앙이 두터운 백이 기분좋은 진행이다.

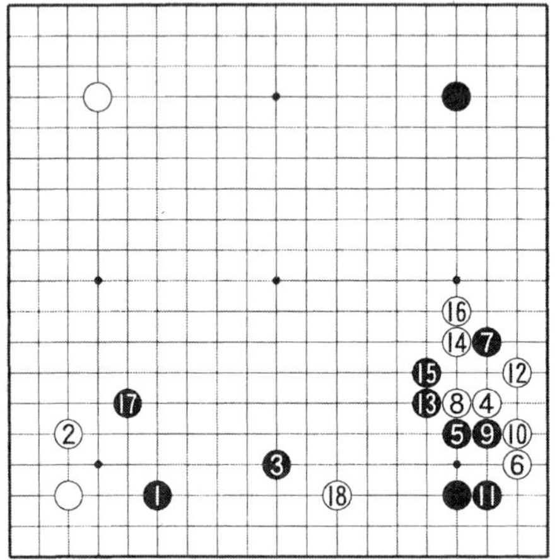

8도(고바야시류의 진행)

흑1로 걸쳐도 백2로 견실하게 받는 것이 이 전술의 요체다. 백4 이하는 좌하귀의 백모양만 다를 뿐 고바야시류와 같다. 그러나 좌하귀의 견고함이 백에게 백18로 깊숙이 침입하는 전술적 선택을 가능하게 하고 있다.

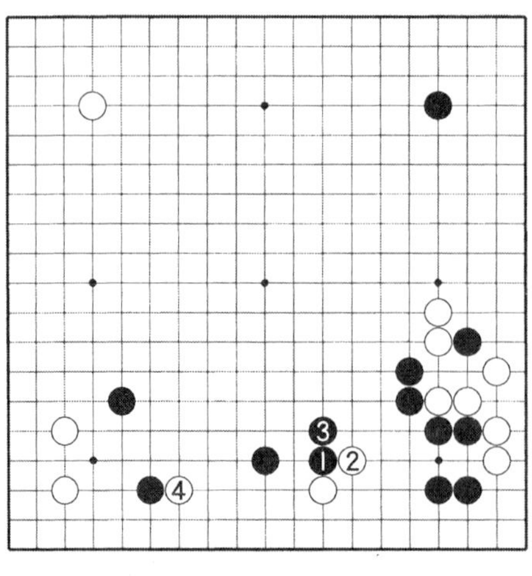

9도(백의 타개)

흑1·3의 공격에는 백4로 변화를 구한다. 이렇게 변화를 구할 수 있는 것이 모두 좌하귀의 견고한 군힘 때문이다.

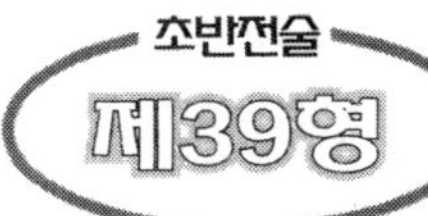

초반전술

제39형 스피드를 추구한 현대형 눈목자굳힘

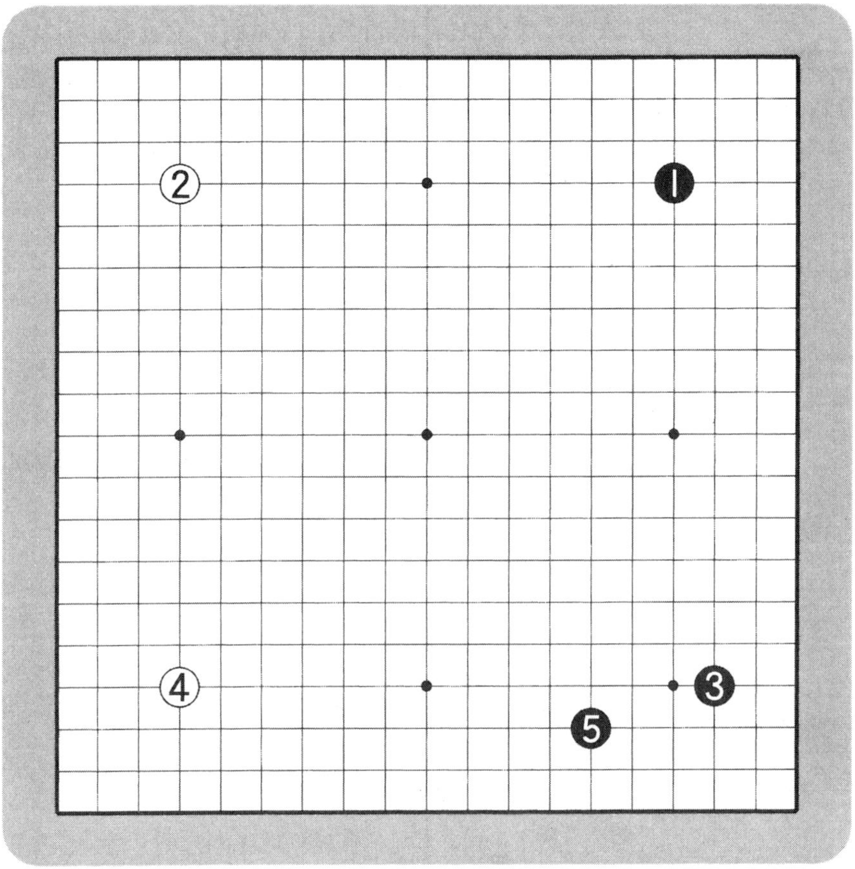

흑5의 굳힘은 날일자굳힘과 일맥상통하는 듯 하지만 전술상의 흐름은 판이한 것이다. 날일자굳힘이 견실을 추구하는 반면에 이 눈목자굳힘은 스피드를 추구하는 것으로, 현대감각의 욕구와 부합하여 긍정적인 평가를 받고 있다.

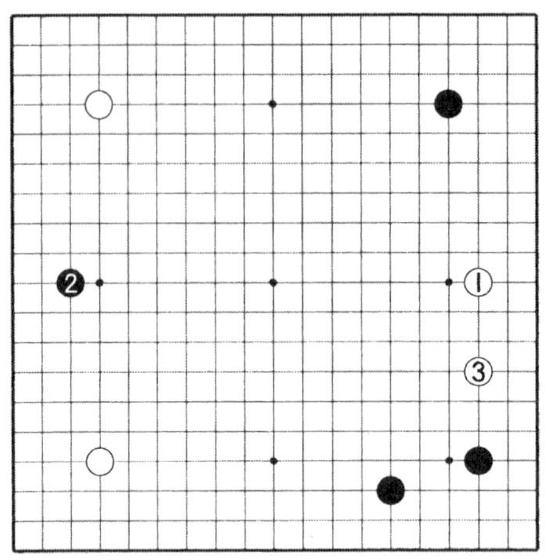

1도(백3 초반의 요처)

백1은 가장 보편적인 갈라침이다. 이때 흑2로 두어 지구전으로 가는 수법은 날일자굳힘일 때는 가능하나, 지금은 백3으로 우하귀가 약화되어 좋지 않다. 또 백은 백3으로—

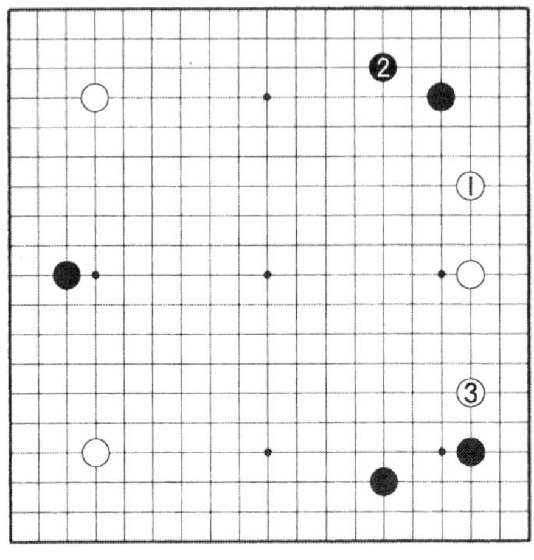

2도(전개의 수순)

백1로 먼저 둔 다음 흑2때 백3으로 한껏 전개할 수도 있다. 이것으로 흑귀에는 당장 침입의 수단이 생긴다.

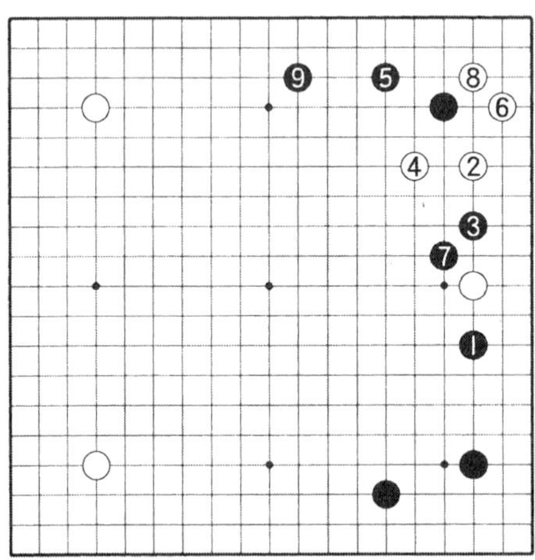

3도(흑의 전술)

흑1의 다가섬은 귀를 굳힐 때부터 구상해 두었던 접근이다. 이하 흑9까지는 예정된 요즘의 흐름이다. 여기서 최근에 흑의 새로운 수법이 시도되었다.

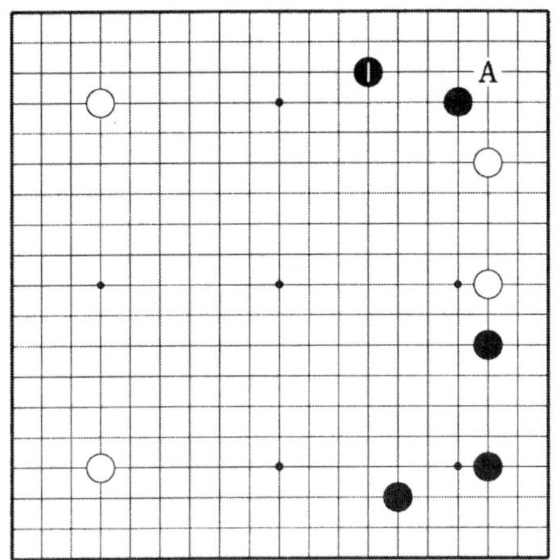

4도(침입을 유도하는 신수법)

흑1이 신수법이다. 이 수는 백으로 하여금 A로 침입하라는 일종의 유인이다. 백이 만약 침입하지 않는다면 흑은 귀를 크게 지킬 수 있어 만족이다. 따라서 백도—

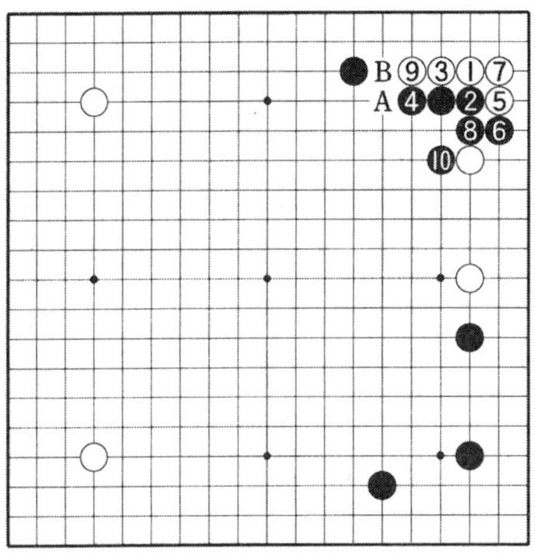

5도(정석의 현대적 분석)

백1 이하 백9까지는 잘 알려진 화점정석이다. 여기서 흑10이 현대적 감각의 수법이다. 백A라면 흑B로 이 싸움은 언제든지 흑이 우세하다. 또 수순 중 백5로—

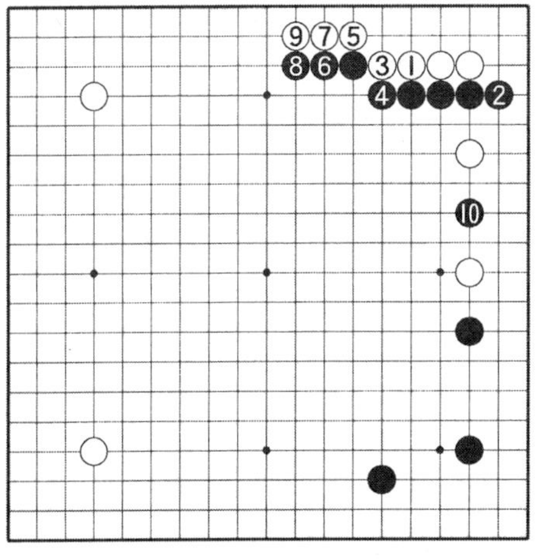

6도(흑2 신수법)

본도 백1을 먼저 두면 흑2로 빠지는 수법이 현대에 고안된 흑의 신수법이다. 백9까지 진행되었을 때 흑10으로 뛰어들어가 우변 일대의 백 전체를 공략하게 된다. 수순 중 백9로 한번 더 미는 것은 어쩔 수 없다. 백이 이 곳을 방치하여—

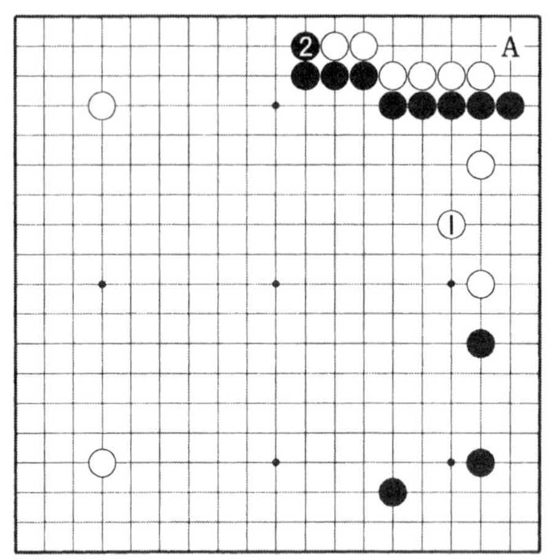

7도(흑2는 선수)

백1 따위로 보강하면 흑은 즉시 흑2로 막게 되는데 이 수는 절대 선수다. 손빼면 흑A로 귀의 백이 죽게 되므로 백은 처음부터 흑2의 곳을 막히는 것이 크나큰 손실이다.

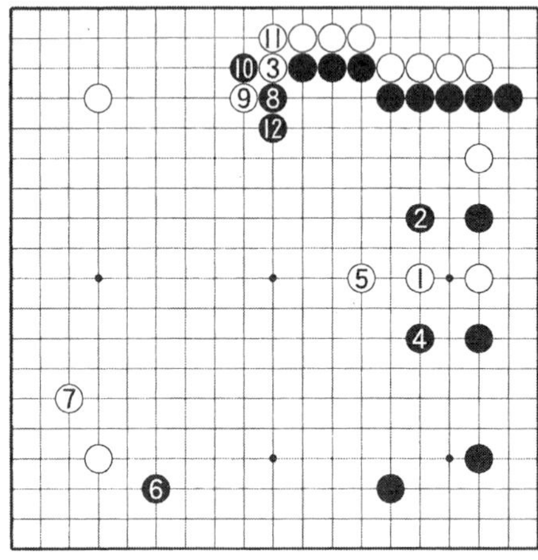

8도(6도의 계속된 진행)

6도 이후 백은 백1 이하로 달아나지 않을 수 없다. 그 와중에 백3과 같은 수도 병행하지 않을 수 없어 공격의 주도권은 흑에게 있다.

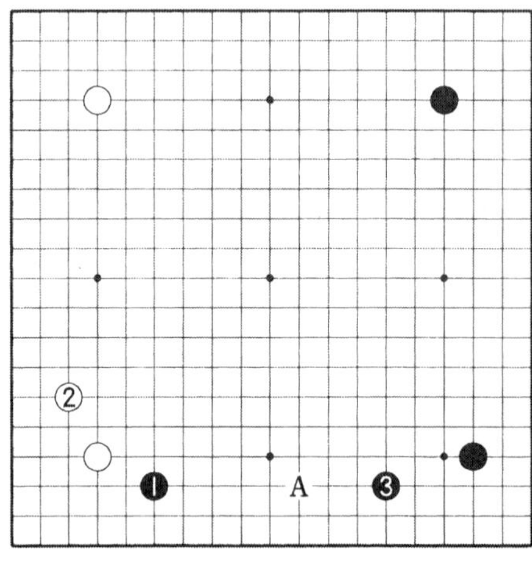

9도(굳히기 전 수순)

흑은 흑1의 걸침을 먼저 두고 흑3으로 굳힐 수도 있다. 흑3을 A에 두면 미니 중국식이 되지만 흑3과 같은 전술도 스피드면에서 유력한 전술임에 틀림없다.

초반전술

제40형 눈목자굳힘 이전의 교환이 내포한 전술적 착상

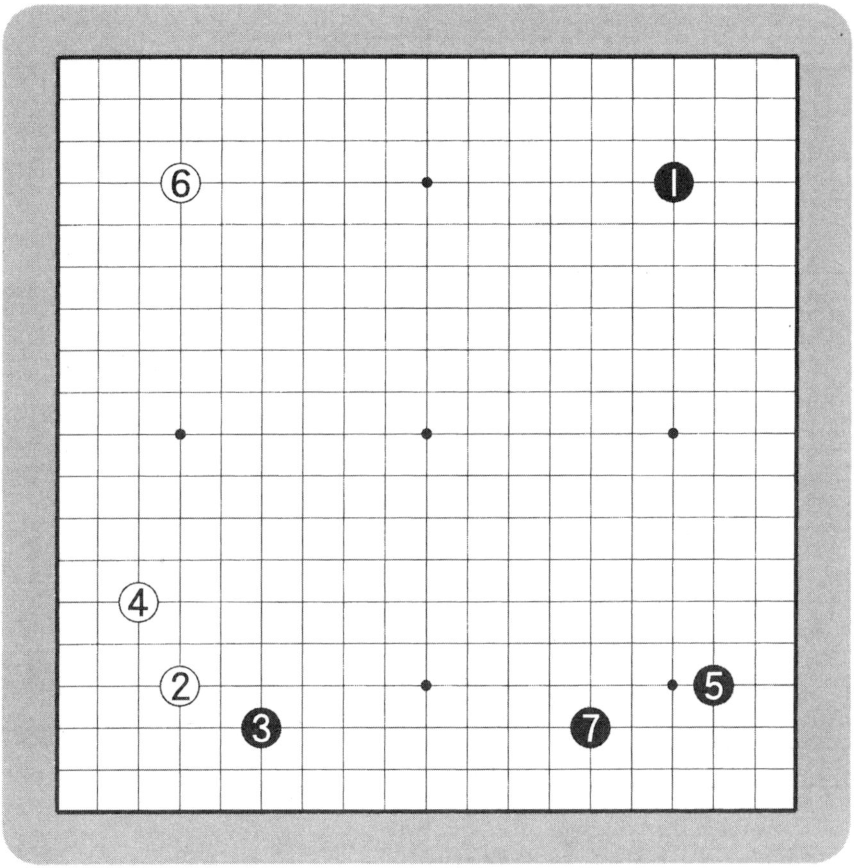

미니 중국식을 마다하고 흑7로 눈목자로 굳힌 것은 제39형과 비슷한 의도다. 단지 흑3, 백4의 교환은 전술적 변화를 주기 위한 수순이다. 나중에는 흑3에 반드시 백4로 받아준다는 보장이 없으므로 이에 대비한 전술적 착상도 내재되어 있는 것이다.

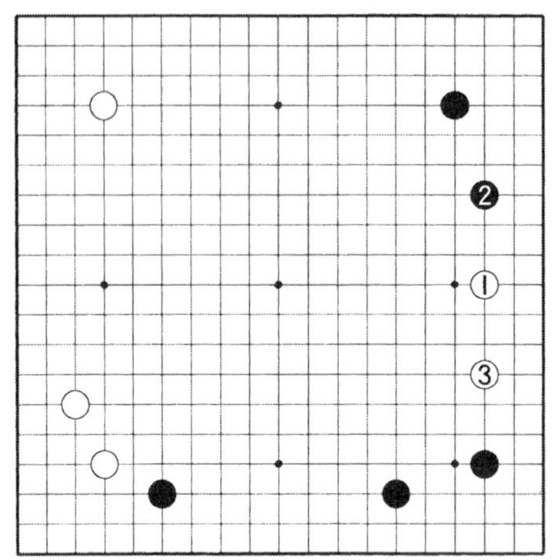

1도(접근의 방향)

백1에 대해 흑2로 접근하는 것은 방향착오다. 백3으로 안정하고 나면 하변의 흑진은 장래를 기약할 수 없다.

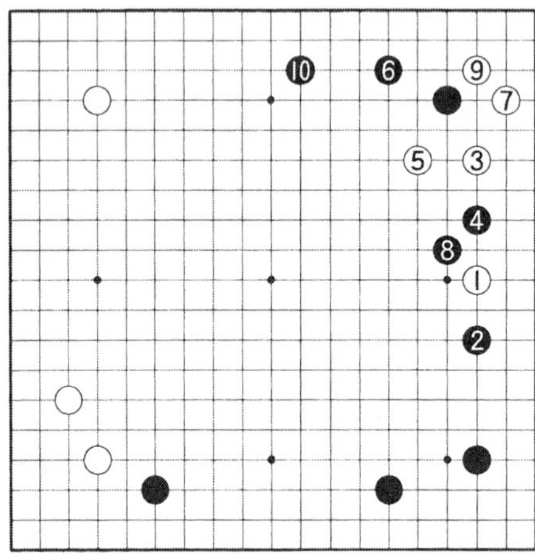

2도(일반적인 진행)

흑2 이하 흑10까지는 흔히 볼 수 있는 진행인데, 앞으로 초반의 주도권을 갖기 위한 전투가 예상된다.

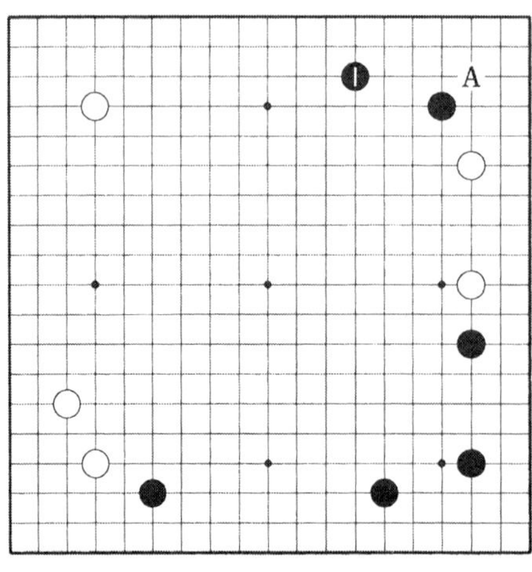

3도(흑의 유인)

흑은 이 장면에서도 흑1로 A를 유인하는 수법을 시도할 수 있다. 또 흑1로는—

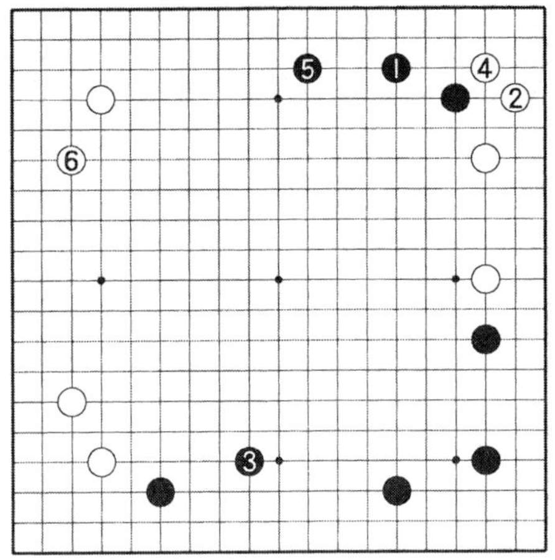

본도 흑1에 두어 백2때 흑3으로 하변을 구축할 수도 있다. 흑이 우변에 아무런 수순도 주지 않은 것은 흑 나름의 생각이 있어서인데, 그 이유는 상변을 두기에 적합한 환경을 만들려는 것으로—

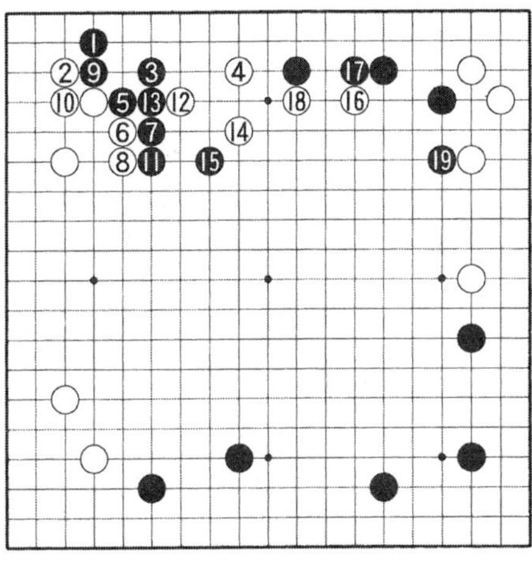

흑1 이하로 상변에 진영을 구축하여 백의 침입을 유도하려는 것이다. 흑19로 기대기 전술을 쓸 수 있는 이유는 초반에 흑이 이곳을 결정하지 않은 효과다.

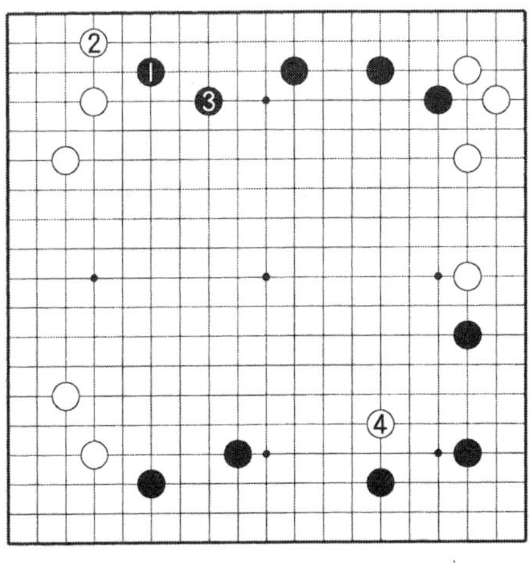

흑1·3 정도로 두는 것은 맥풀린 수법이다. 이 수는 단순히 약간의 집을 장만하는데 그친 것으로 요처를 상대에게 거저 내어주게 된다. 바로 백4와 같은 곳이 그곳이다. 백4에 대해 흑이 응수하는 방법은 두 가지 정도로 국한된다.

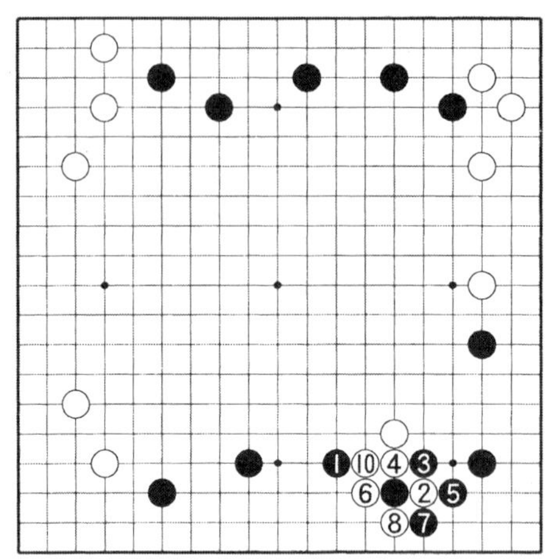

7도(흑진 파괴)

흑1로 두면 백2 이하가 상용수법이다. 백10까지 이 결과는 하변 흑진이 분리된 모양이다.

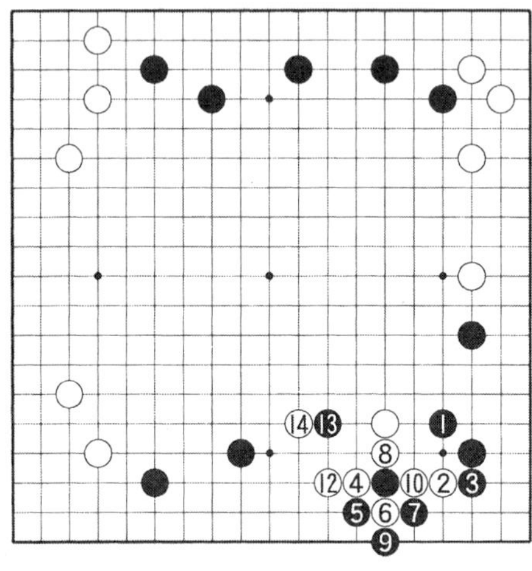

8도(상용수법)

흑1로 두는 수도 있지만 이 역시 백2 이하 백12까지 흑진이 교란되는 것에는 변함이 없다. 흑13의 공격에는 백14의 맥으로 반발하여 수습된다. 또 수순 중 백2의 응수타진은 기억해둘 만하다.

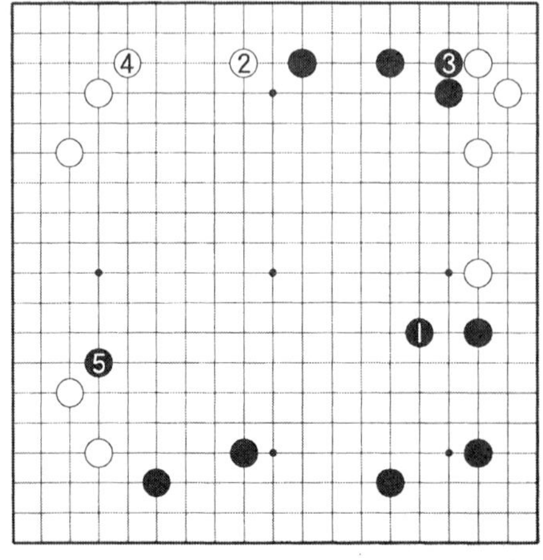

9도(단조로운 흐름)

5도 흑1로는 본도 흑1로 진영을 부풀릴 수도 있다. 흑5까지 일관성 있게 진행되고 있기는 하지만, 이 흐름은 흑이 하변에 편중되어 백의 침입에 강력히 대응하지 못하면 집이 부족해질 우려가 있다.

초반전술

제41형 고전적인 취향에서 현대적인 스피드로

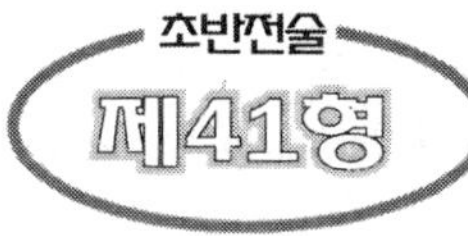

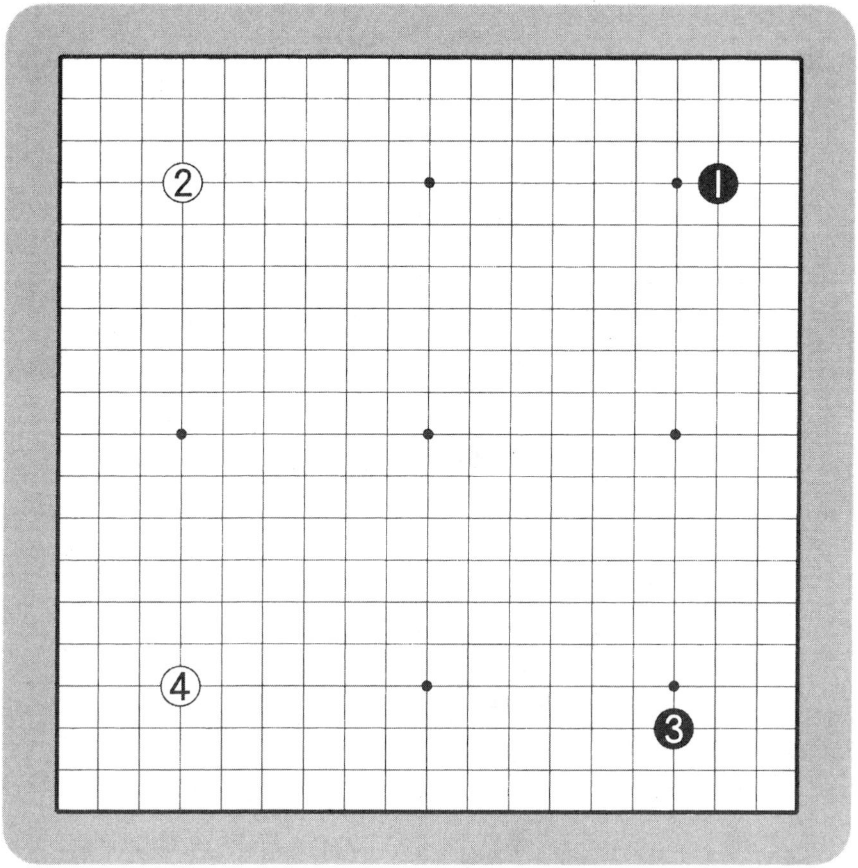

흑1 · 3은 고전적인 취향이다. 그러나 현대에도 심심치 않게 두어지는 이유는 이 수법이 나름대로의 장점이 있어서이다. 그것은 이 수법이 '견실'외에 나름대로 스피드도 가질 수 있다는 데 착안한 것이다. 현대의 수법은 그만큼 다양해지고 있다.

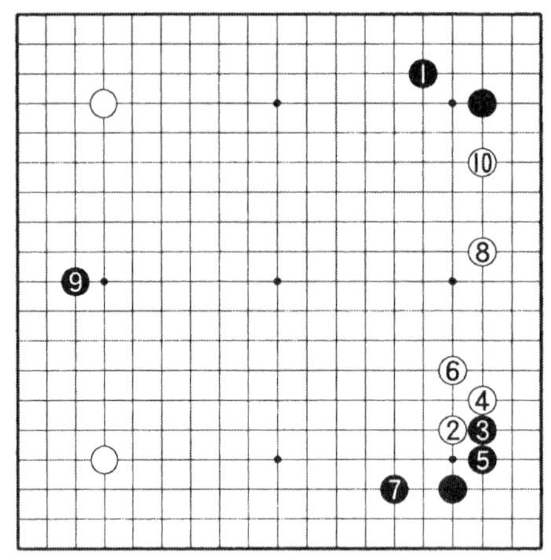

1도(일반적인 진행)

흑1 이하 백10까지는 보편적으로 시도되었던 패턴이다. 이 진행은 지구전의 양상을 띠고 있다. 수순 중 백10은 초반의 요처이자 큰 곳이다. 따라서 흑도 흑9로—

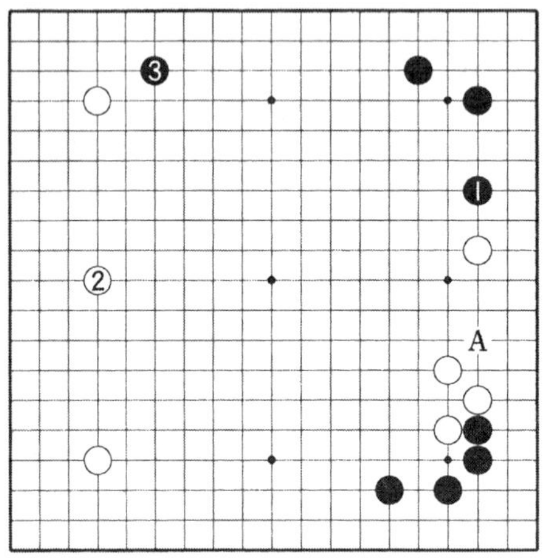

2도(흑1 전술적 요처)

본도 흑1에 먼저 둘 수도 있다. 이때 백은 흑A의 침입을 방치하고 백2로 3연성을 구축할 수도 있다. 흑으로서도 곧바로 A를 추궁하거나 흑3을 먼저 둔 후 침입할 수도 있다.

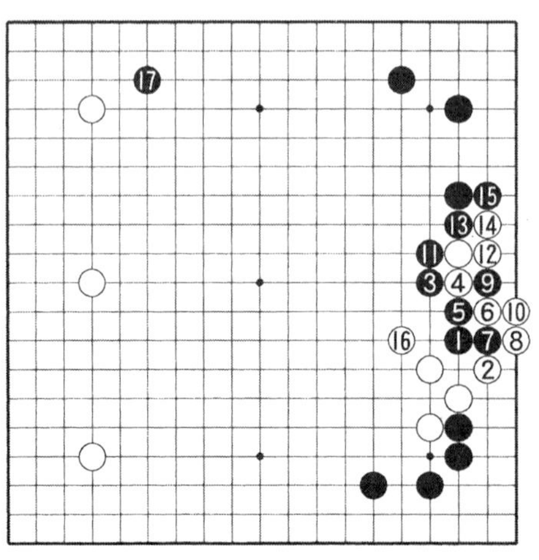

3도(침입의 수순)

흑1로 침입하면 백16까지는 필연적인 진행이다. 이때 흑은 흑17로 전환하는 수순을 얻을 수 있다. 또 수순 중 백16을 방치하여—

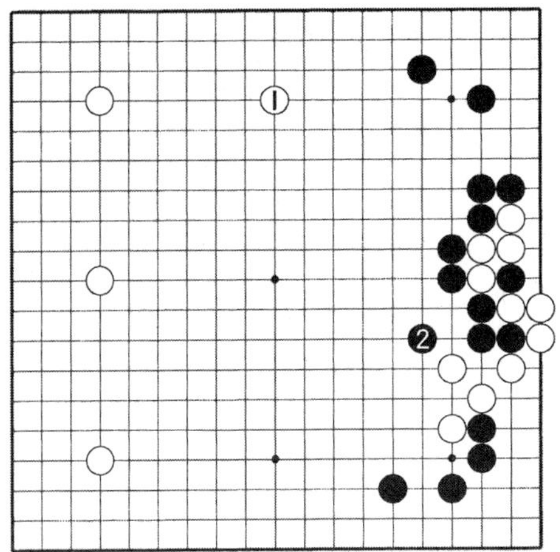

4도(백 미생)

본도 백1 정도로 전개하면 흑은 즉시 흑2로 공세를 취하게 된다. 이 백은 아직 못살았기 때문에 손뺀 만큼의 댓가를 흑에게 지불해야 한다.

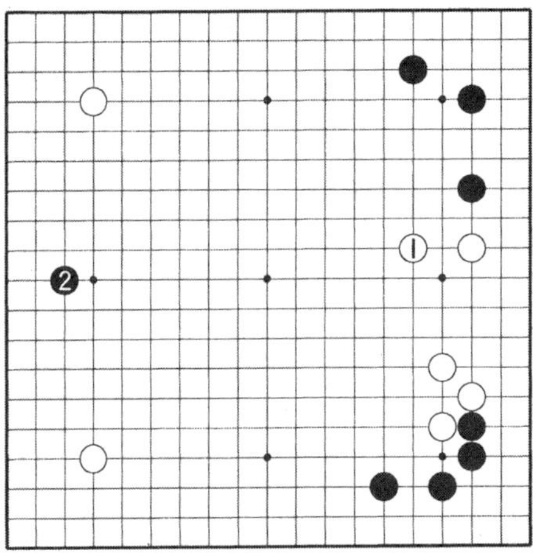

5도(침착한 수비)

흑의 침입이 성가시다면 백1로 지켜두는 것도 일책이다. 흑은 흑2 정도로 두겠지만 백1도 그만한 가치가 있는 곳이다.

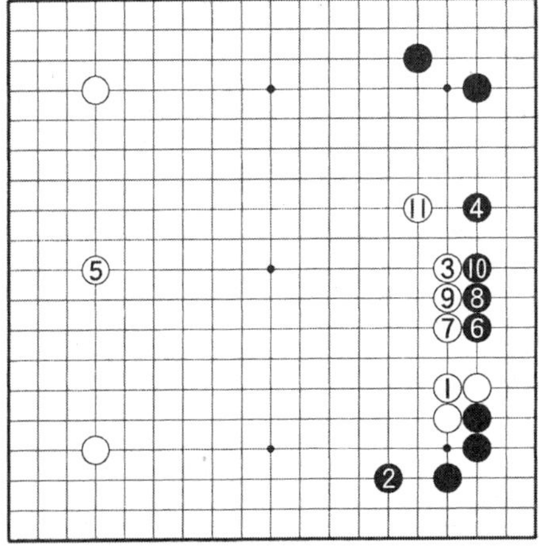

6도(백 세력작전)

백은 백1로 이어두고 백3에 전개하여 흑4를 유도하는 방법도 있다. 이 수의 의미는 흑의 침입을 유도하여 백11까지 세력작전을 구사하려는 것이다.

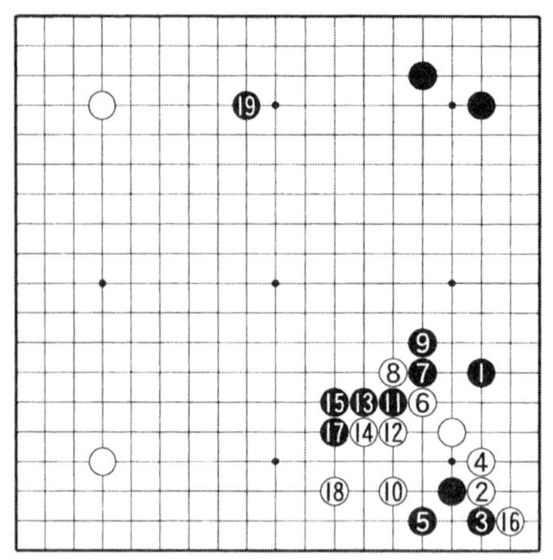

흑도 흑1로 협공하여 세력작전으로 유도할 수 있다. 다만 흑19까지의 진영이 너무 넓기 때문에 백이 뛰어들면 쉽게 안정할 수 있어 꺼림칙하다. 따라서 흑5로는—

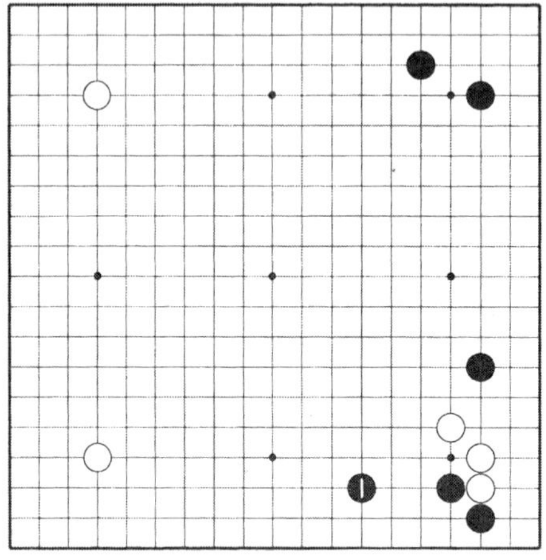

8도(현대적 수법)

본도 흑1로 두어 변화할 수도 있다. 이 진행은 요즘에 시도되고 있는 수법이다.

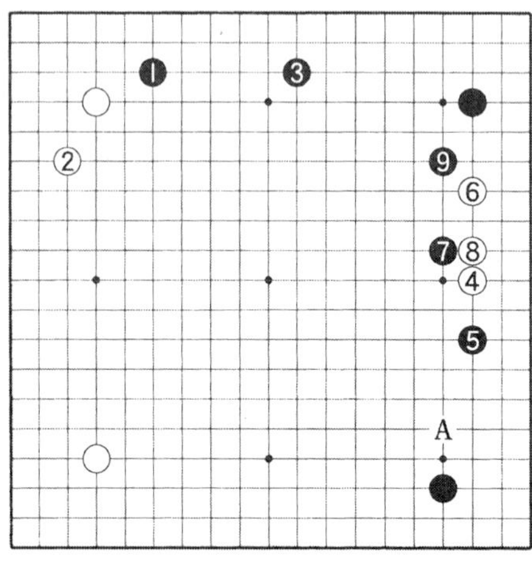

9도(스피드는 있지만)

흑은 상변을 흑1·3으로 구축할 수도 있다. 여기서 유의할 점은 우하귀가 화점이 아닌 관계로 흑9까지 현대전술을 구사할 경우 A의 약점이 노출될 수도 있다는 것이다.

초반전술

제42형 전술 타이밍을 얻기 위한 응수타진

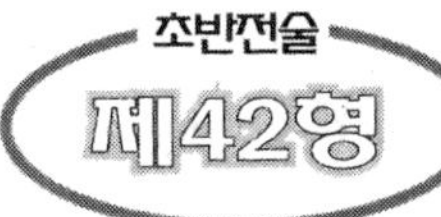

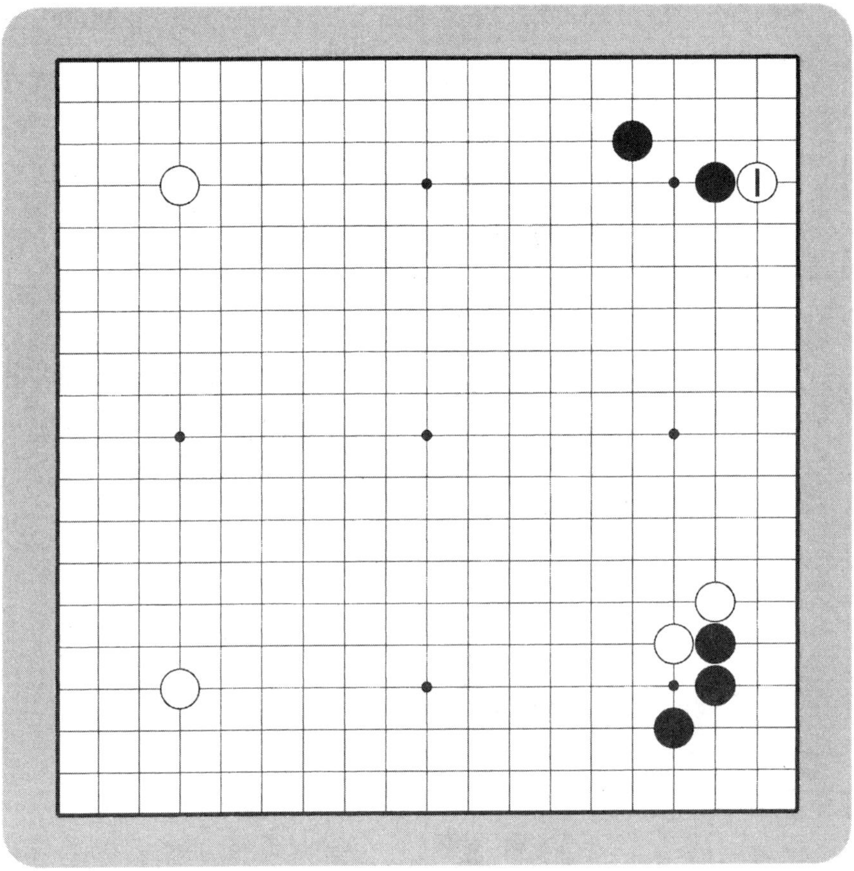

백1은 한때 집중적으로 연구됐던 전술이다. 전술이라기보다는 전술을 구사하는 패턴과 타이밍을 얻기 위한 응수타진이라고 보는 것이 더 타당할 지도 모른다. 현대의 바둑은 어떻게 보면 응수타진이 범람하고 있다고도 볼 수 있다.

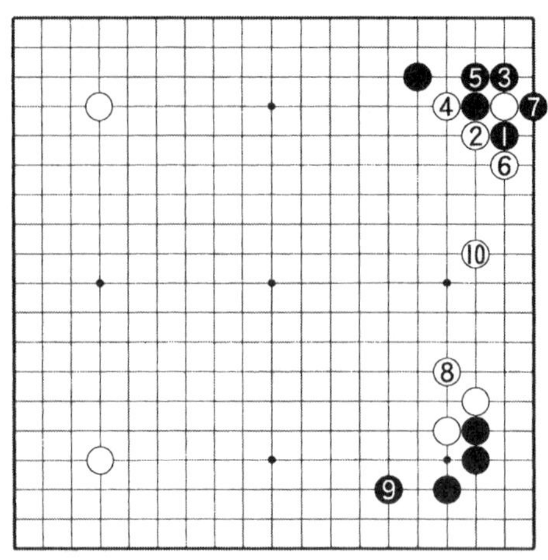

1도(백의 의도)

흑1 이하 흑7까지의 진행은 상용적인 수법이다. 백10까지 이 결과는 흑이 약간의 포인트를 잃은 것이다.

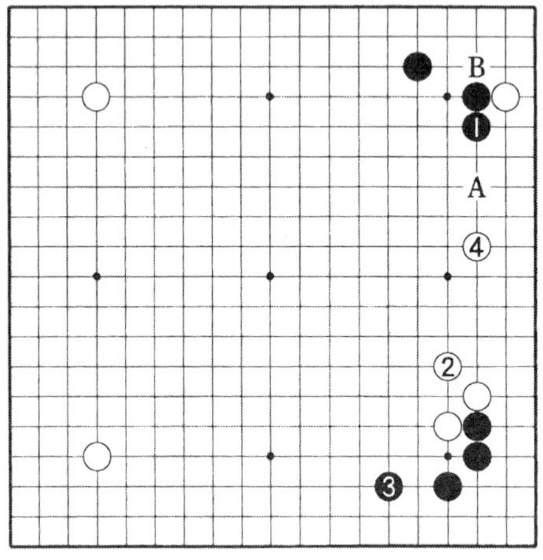

2도(이것도 활용당한 것)

흑1도 백에게 활용당한 것이다. 흑A로 둔 이후에도 귀에는 백B로 사는 수가 남아있다.

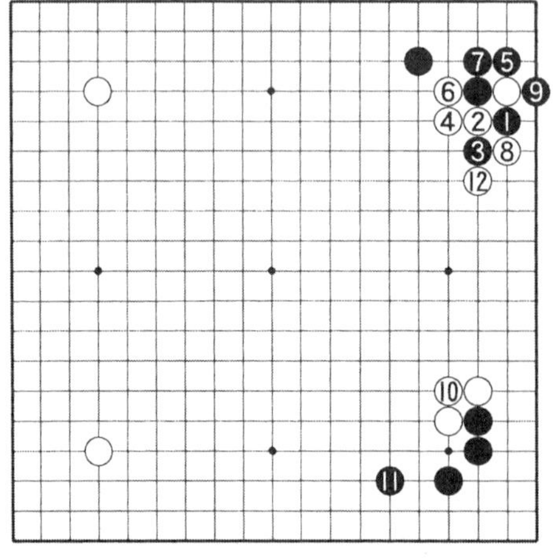

3도(1, 2도보다는 낮지만)

백2때 흑3의 교환이 있다면 축머리를 활용할 수 있는 만큼 다소 나을 수는 있다. 그러나 이 진행도 백이 우변에 포진하려는 의도가 관철되었으므로 흑이 불만이다.

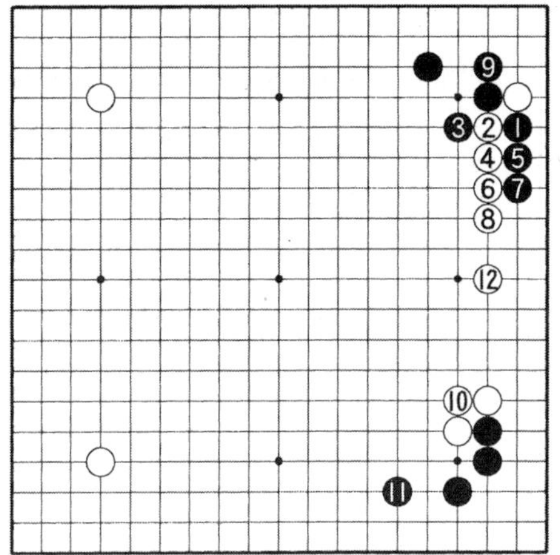

4도(반발 무위)

흑5·7로 반발하는 것은 백12까지 백이 두텁다. 이 변화는 훨씬 더 복잡한 것이 많지만 흑은 이런 복잡한 변화를 일일이 기억할 필요가 없다. 하나의 전술이 판 전체를 뒤엎는 것은 예전에나 쓰이던 것이다.

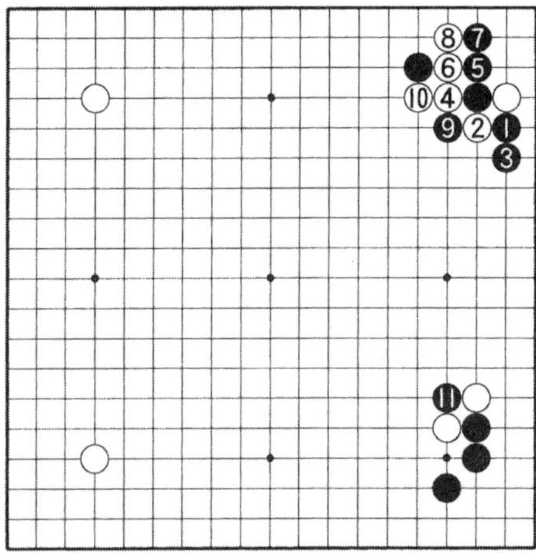

5도(흑의 전술)

흑은 단순히 흑3으로 두어 백에게 관통을 허락하고 둘 수 있다는 것이 현대적 전술감각이다. 또 수순 중 흑11로 끊는 것은 집으로는 크지만 전술적으로는 현재 가치가 적다. 초점은 상변인 것이다. 여기서 백이—

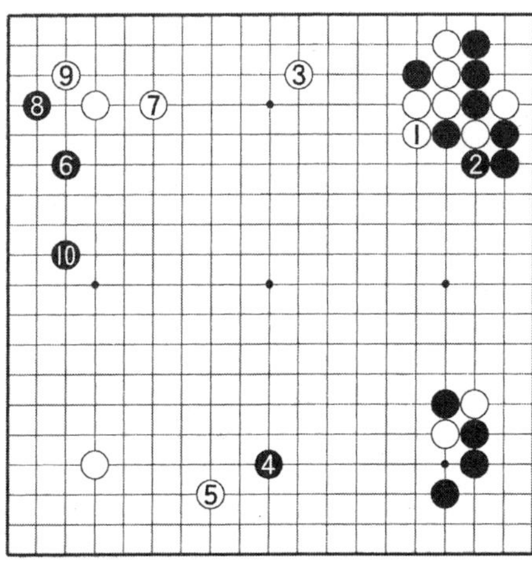

6도(5도의 계속)

백1·3으로 보강하게 되면 애초 우상귀에서 흑이 대응한 전술은 일관성을 잃게 된다. 이 진행은 실전이므로 약간 더 수순을 보면—

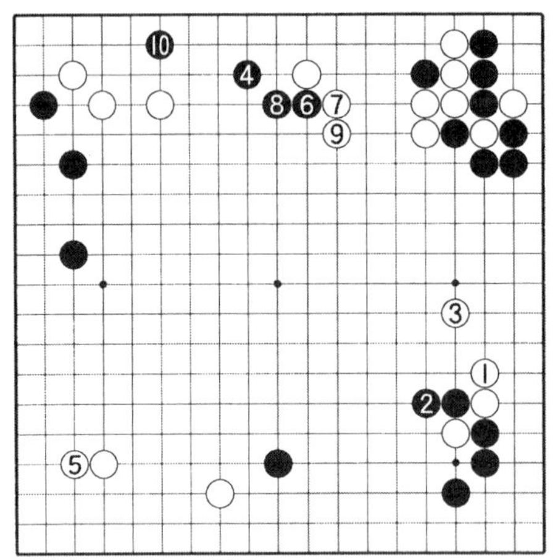

7도(백의 변조)

백1·3으로 흑집의 확장을 제한하면 흑도 흑4의 침입으로 대항한다. 여기서 백5는 지나친 전술의 전환이었다. 무조건 상변을 방비해야 했다. 흑은 흑10까지 상변을 유린하여 흑 쾌조의 흐름이다.

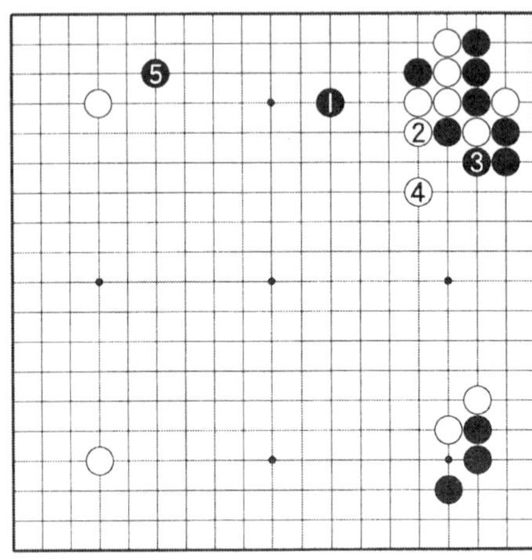

8도(흑1 전술적 요처)

6도의 진행이 흑으로서 약간 불만이므로, 따라서 5도 흑11로는 본도 흑1로 이 백을 공략하는 것이 전술적 흐름이다. 백2·4라면 이제는 흑5로 걸쳐 공세를 잠시 늦추어 관망하는 것이 바람직하다. 흑5의 걸침에 대해—

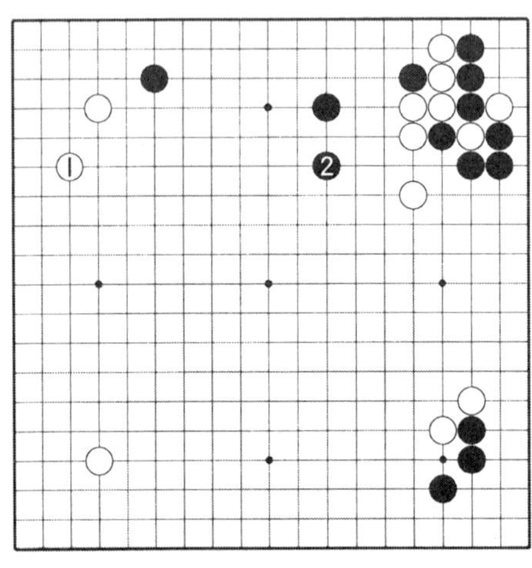

9도(8도 계속)

본도 백1로 받으면 흑은 흑2에 뛰어 다시 백을 공격한다. 이러한 흐름이 공격전술의 아이디어다.

제43형 상대의 선공을 바라는 의도적인 전술

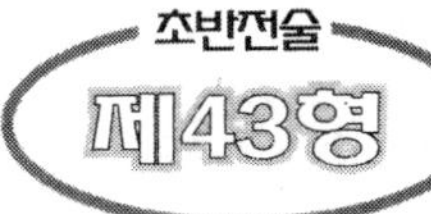

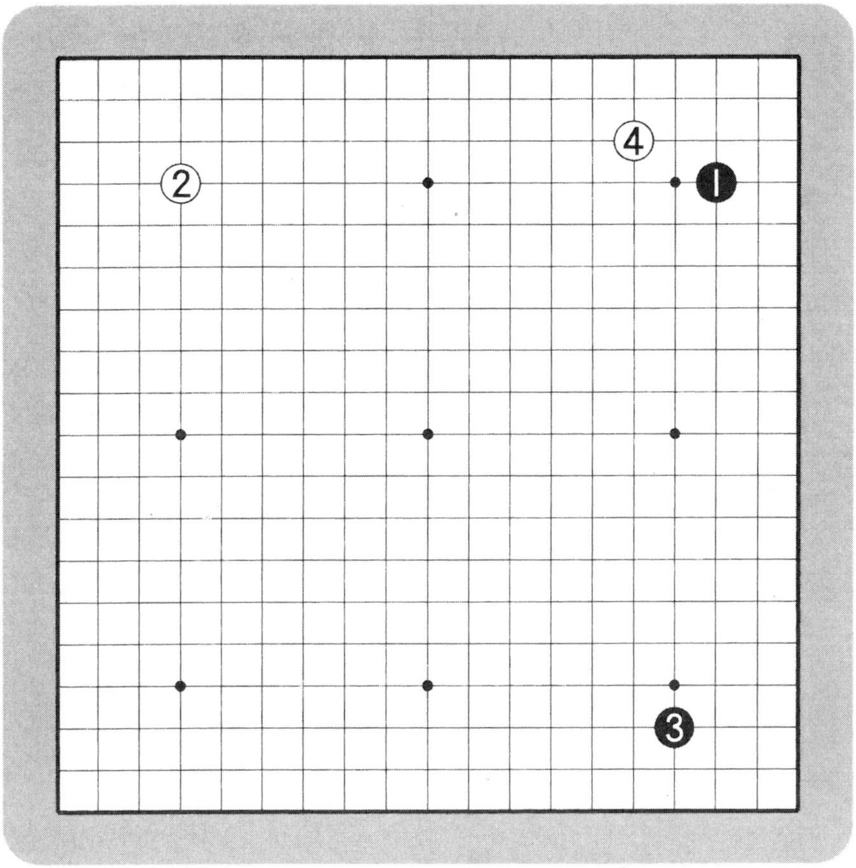

백4로 먼저 걸쳐가는 발상은 흑에게 선공을 주도하려는 의도가 있다. 이 진행도 한때 거의 일반화된 적이 있을 만큼 상식적인 전술패턴이었다. 이 전술이 근자에 보기 힘들어진 이유는 흑의 '손빼기', 즉 보류를 통한 전환전술이 유력해졌기 때문이다.

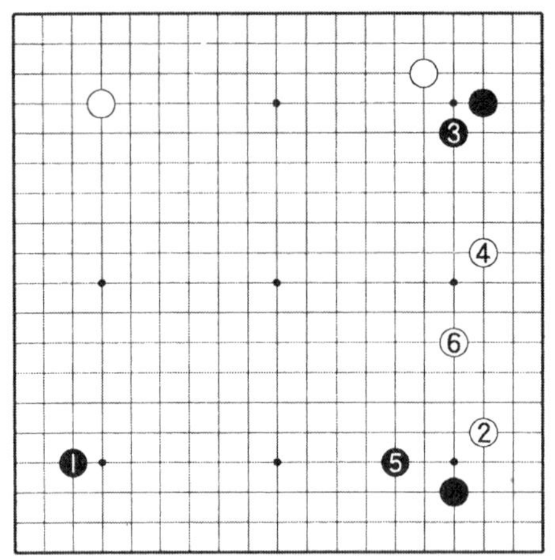

1도(고전적 진행)

예전에는 1·3·5포석이라 하여 흑1에 두고 백2에는 흑3으로 마늘모하는 것이 마치 정석인양 두어지던 시절이 있기는 했다. 그러나 스피드를 요하는 현대전에는 어울리지 않는다.

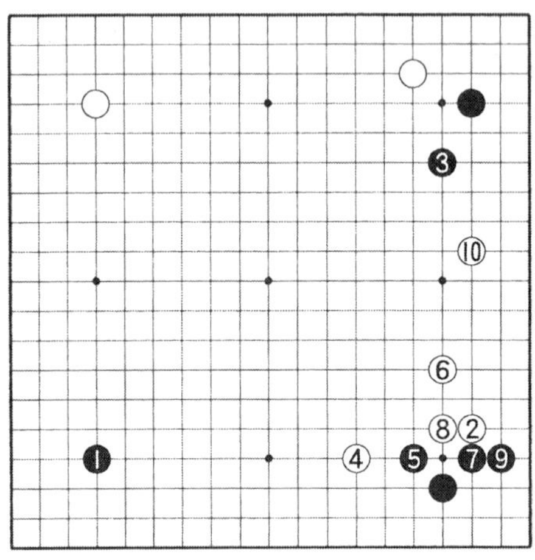

2도(약간 진보적인 착상)

흑1로 화점에 두고 백2에 흑3으로 날일자하는 것은 1도에 비해 진보적인 착상이다. 백10까지 흔히 두어질 수 있는 흐름이다.

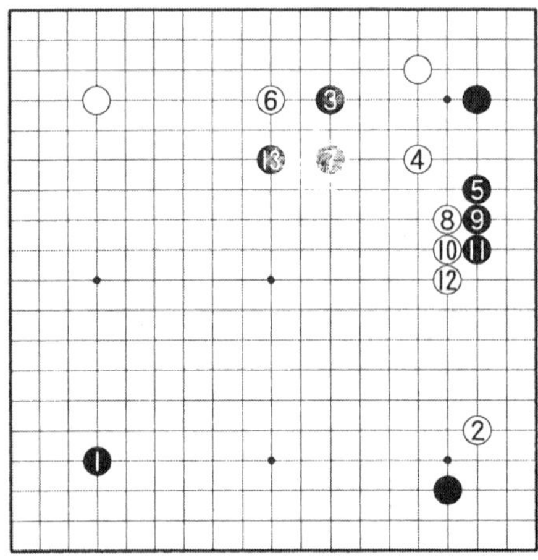

3도(현대적인 전술)

흑3으로 선공하는 것이 현대의 감각이다. 흑13부터 이 흐름은 중앙의 흑을 백이 어떻게 공략하느냐에 달려있다.

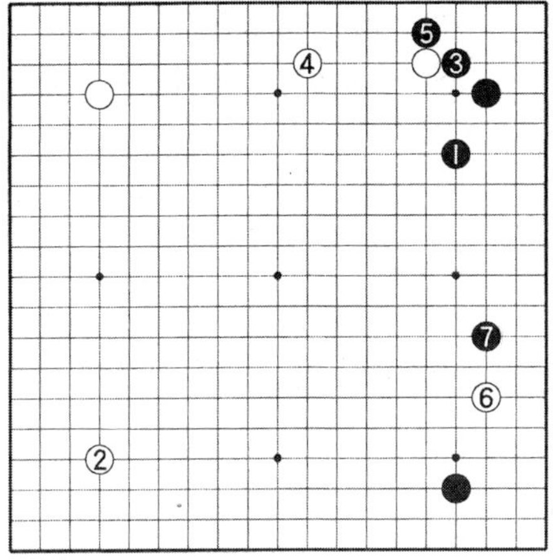

4도(최근의 실전)

흑1로 먼저 두어 백의 동태를 물을 수도 있다. 이때 응수하지 않고 백2로 두는 것도 백의 전술이다. 상대의 응수에 따라 변신하겠다는 뜻이다. 흑3에는 백4로 이곳을 가볍게 처리하고 백6으로 걸쳐가는 일련의 흐름은 과연 현대감각의 냄새가 물씬 풍기는 수순이다.

5도(백15는 절대)

백1 이하는 정석진행이지만 백의 선수라는 점을 인식하지 않으면 둘 수 없다. 백15의 곳이 요처이기 때문이다. 백15에 대해 흑16은 거의 필연적인 흐름이다.

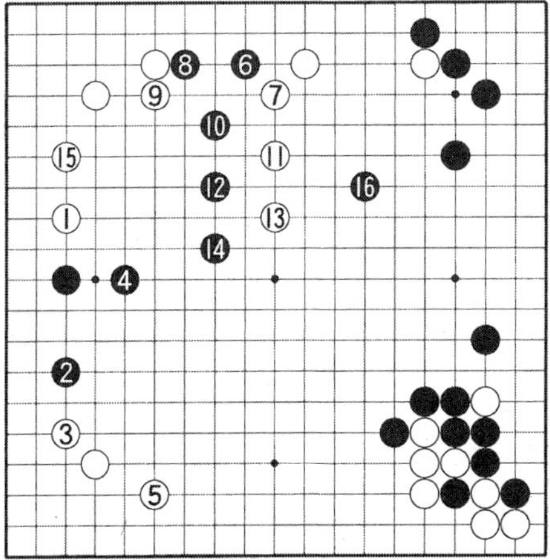

6도(초반전술의 마무리)

백1부터 백5까지도 피차 예견된 진행이다. 여기서 선수를 가진 흑이 흑6으로 뛰어들어 공세의 주도권을 잡았다. 백15까지 필연의 공방이며, 이때 흑16으로 공격하여 중반으로 접어든다. 여기까지 형세를 보면 흑의 선착의 효가 확실히 살아있는 국면이다.

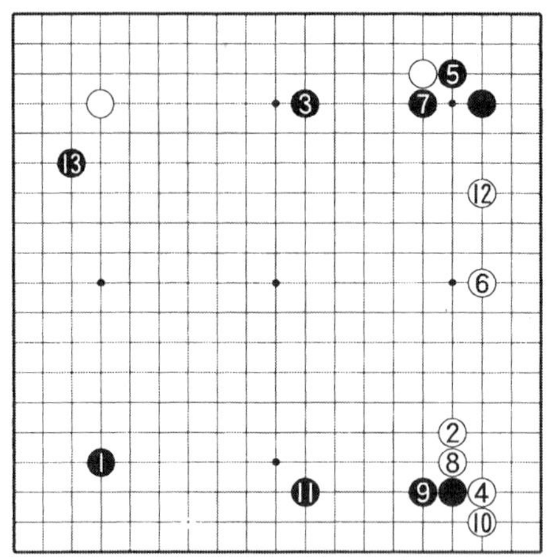

7도(백2는 개량형)

백2의 걸침도 보편적으로 시도되었던 수법이다. 흑3으로 둘 때 백4로 붙이는 흐름도 현대적인 감각이다. 흑13까지 이런 흐름은 보류를 통해 자신의 전술을 관철시키고자 하는 의도가 내포되어 있다.

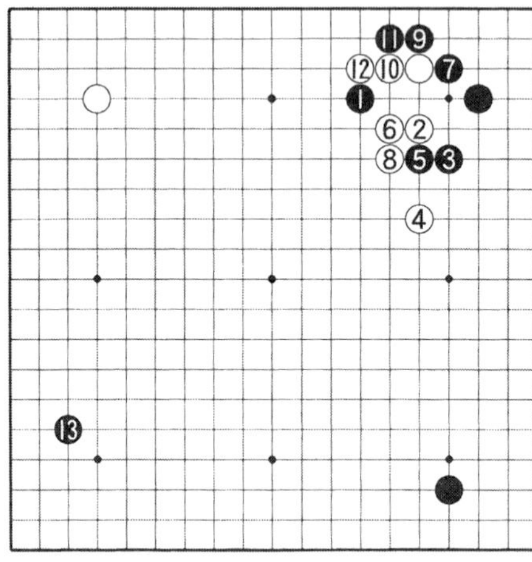

8도(흑의 급공)

흑1로 급공하는 것은 보류를 하지 못하도록 하는 강경전술이다. 백12까지 흑은 선수를 잡아 흑13으로 두는 수순을 얻을 수 있다. 참고로 흑13의 외목은 이처럼 상변 백세를 염두에 둔 위치에 놓이는 것이 맞다.

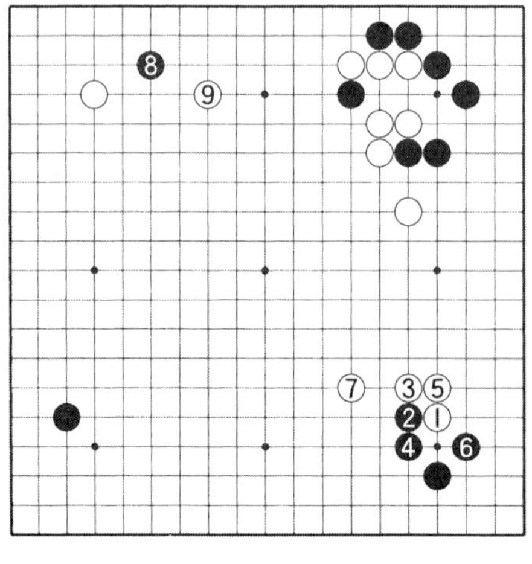

9도(8도 계속)

백1로 걸쳐가는 것도 백세력 확장의 수순이다. 흑8에 이르러 백9로 협공하여 때이르게 중반전으로 돌입할 것 같은 국면이다.

제44형 3·三침입을 유도하는 의도적인 협공전술

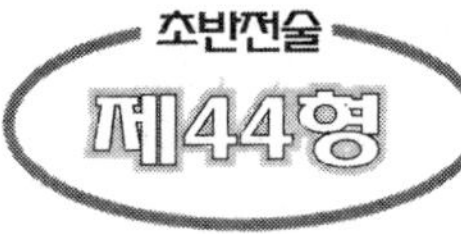

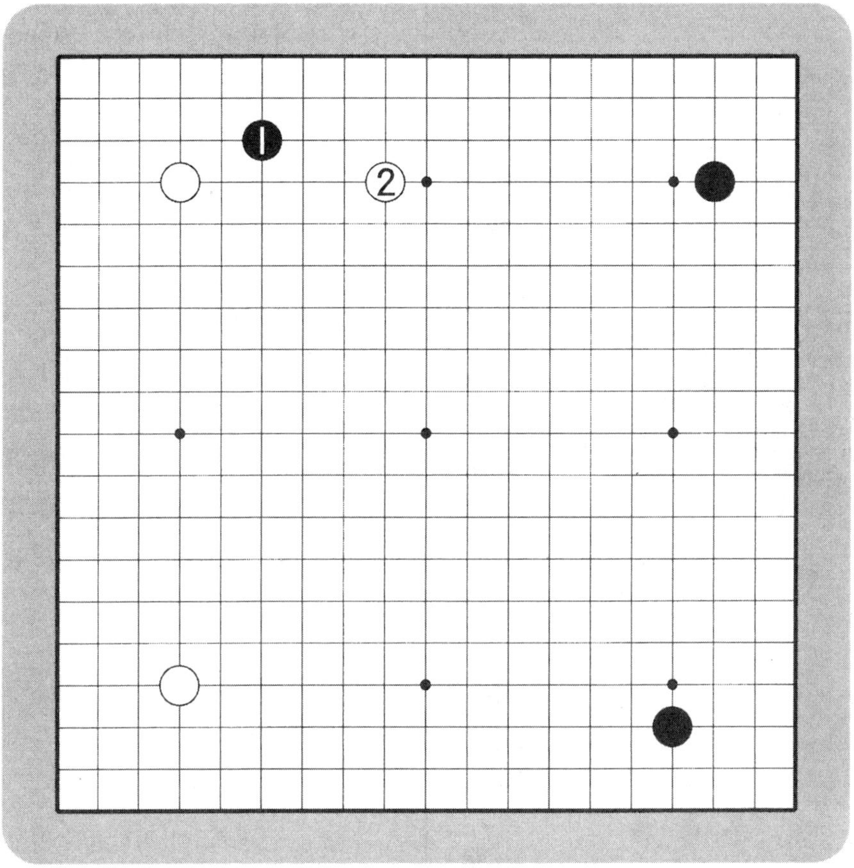

흑1때 백2의 협공은 우상귀가 화점일 경우와는 다른 점이 있다. 그것은 즉 흑으로서 3·三침입이 좋지 않다는 뜻이다. 백은 그것을 노리며 협공한 것인데, 흑이 이에 말려든다면 시작부터 포인트를 잃게 된다.

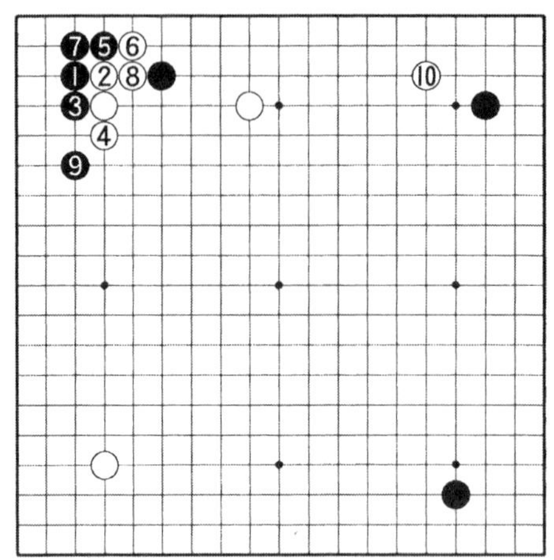

1도(백의 의도)

백은 흑1의 침입을 유도한 것이다. 백10까지 이 결과는 상변의 폭이 넓고 우상귀의 흑위치 때문에 침입도 용이하지 않다. 백의 계략에 말린 것이다.

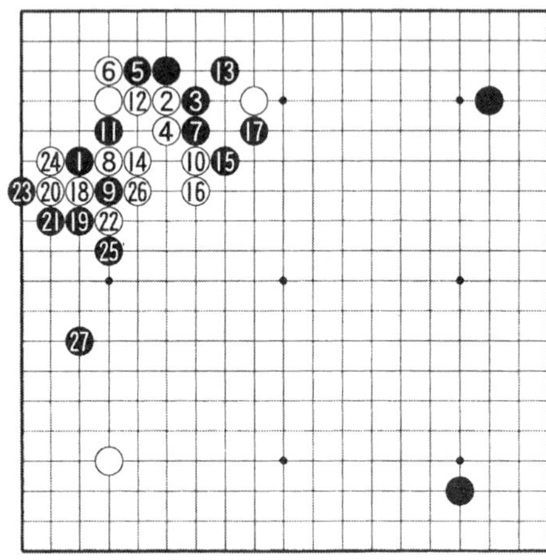

2도(유행했던 진행)

흑1로 양걸침하여 흑27까지의 진행은 한동안 유행했던 변화 중 하나다. 이외에도 이 변화는 책 한권 분량이나 되지만, 초반에 이렇게 복잡한 진행은 전술적 가치가 떨어진다.

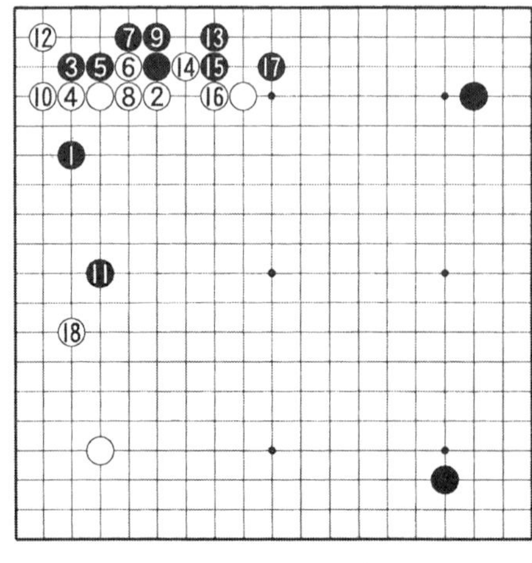

3도(잊혀진 정석)

백2로 두고 흑3에 침입하여 이루어지는 변화도 꽤 많이 두어진 것이지만, 지금은 별로 볼 수 없다. 너무 복잡하기 때문이다.

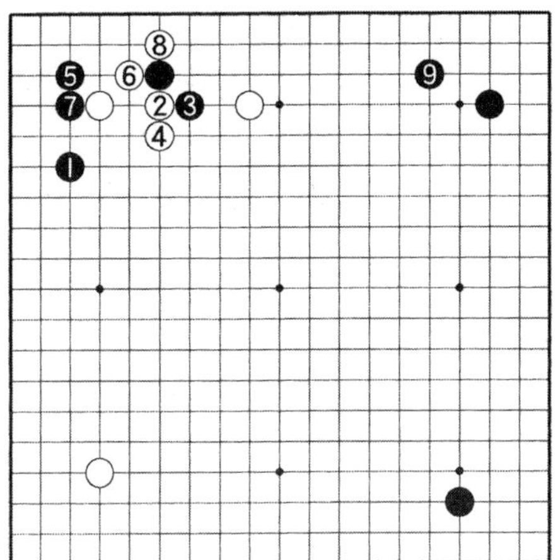

4도(전술적 흐름)

백2에는 흑3·5 이하 간결하게 처리하고 흑9를 선점하여 앞설 수 있다는 것이 대국관이다. 이러한 사고가 없다면 전술도 없다.

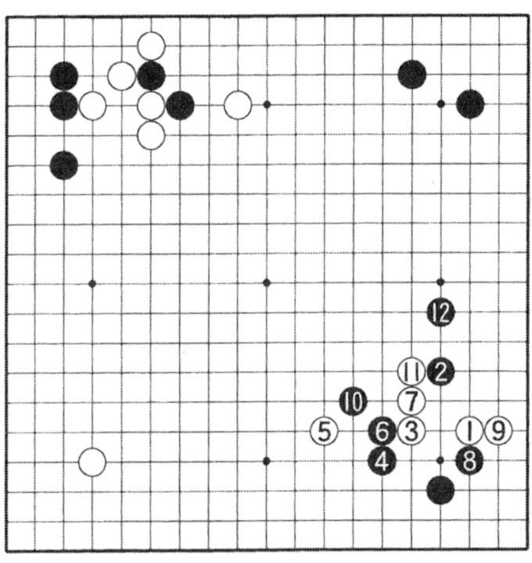

5도(4도 계속)

백1로 걸치면 흑2 이하로 처리하여 아직은 선착의 효가 살아있는 것이다. 여기까지 생각해 두었다면 거의 전문가에 가깝다.

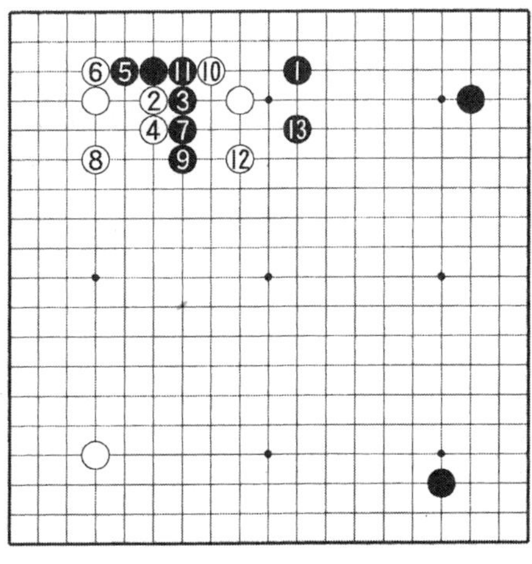

6도(전투형 전술)

흑1은 격렬한 수법이다. 흑13까지 추격하여 서로 힘으로 대응해야 하는 이 진행은 자주 두어진 것은 아니다. 그만큼 전술의 폭이 좁기 때문이다.

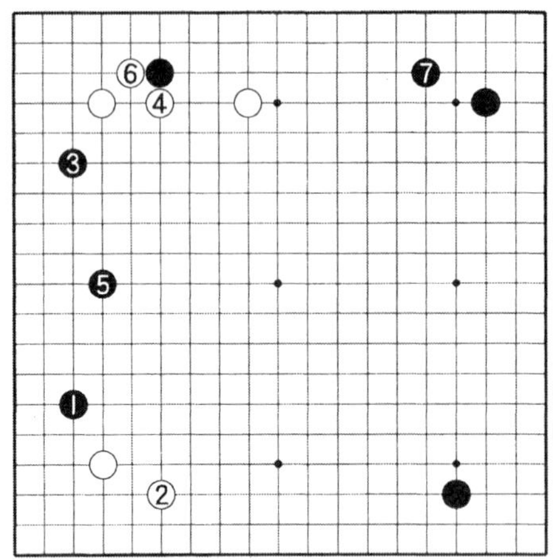

7도(흑의 변신)

흑은 1·3·5로 좌변에 포진할 수도 있다. 그러나 흑7의 곳을 손에 넣을 수 있어야 한다는 전제가 있지 않으면 둘 수 없다.

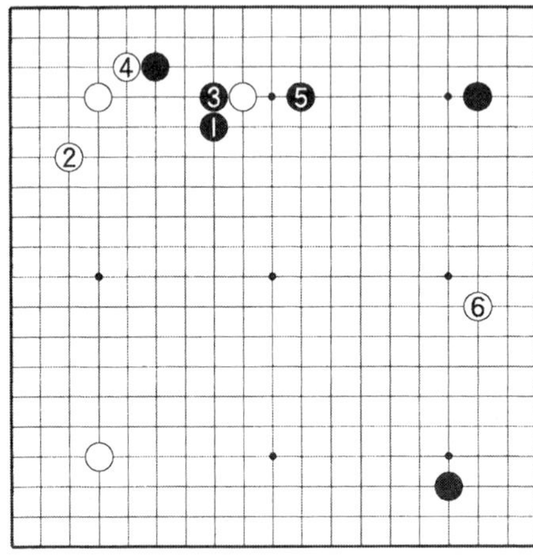

8도(집으로 손해)

흑1과 같은 수는 현대에 거의 보기 힘들다. 백6까지 진행되고 나면 집에서 뒤지기 십상이기 때문이다.

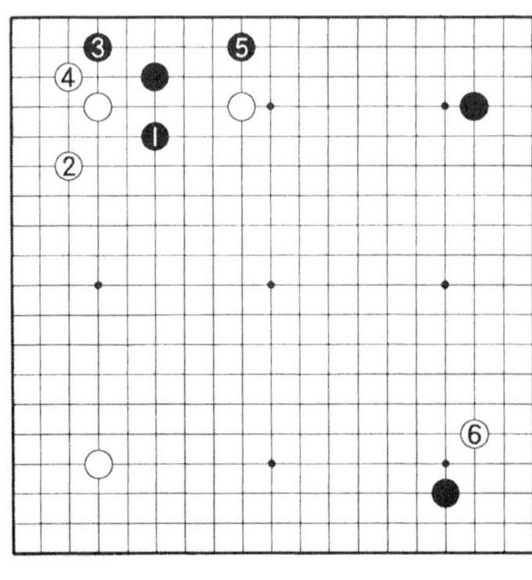

9도(예전의 정석)

예전에는 흑1로 뛰어 흑5까지 두는 것이 일반적인 정석이었다. 이 정석이 요즘 사용되지 않는 이유는 정석자체의 결함도 있고, 자세가 너무 저위에 치우쳐 있기 때문이다.

제45형 상대의 태도에 따라 작전을 구사하려는 전술

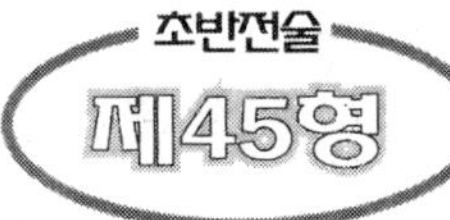

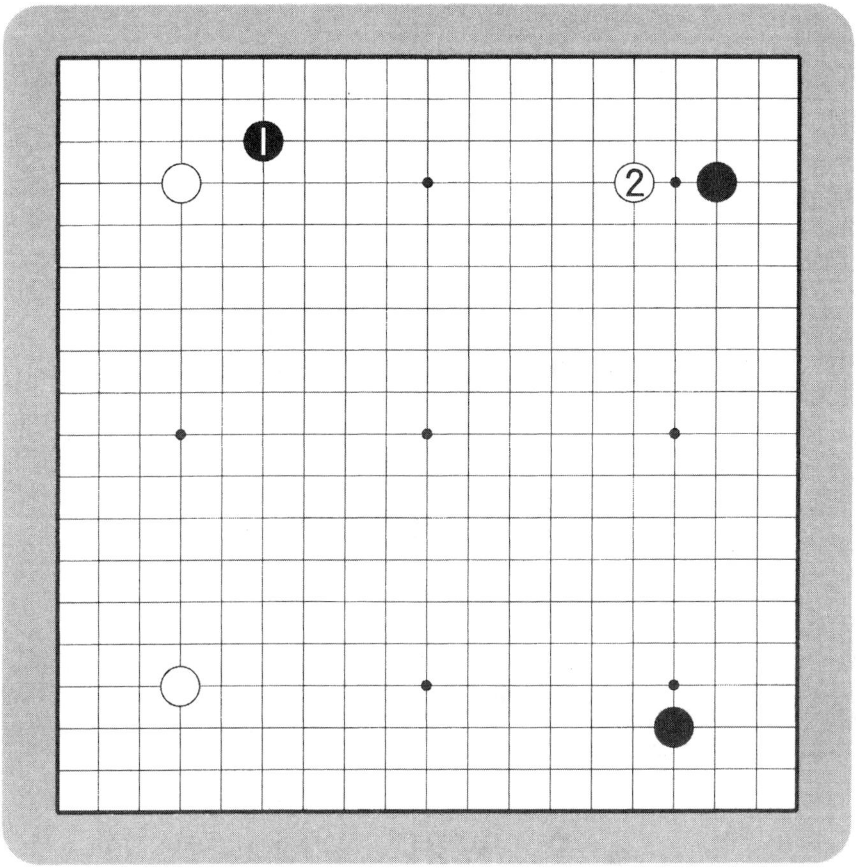

백2는 단순한 걸침같지만 흑의 태도에 따라 변신의 폭이 작지만은 않다. 우선 우하귀가 소목인 점이 중국식 배치와 다르다는 것을 주목할 필요가 있다.

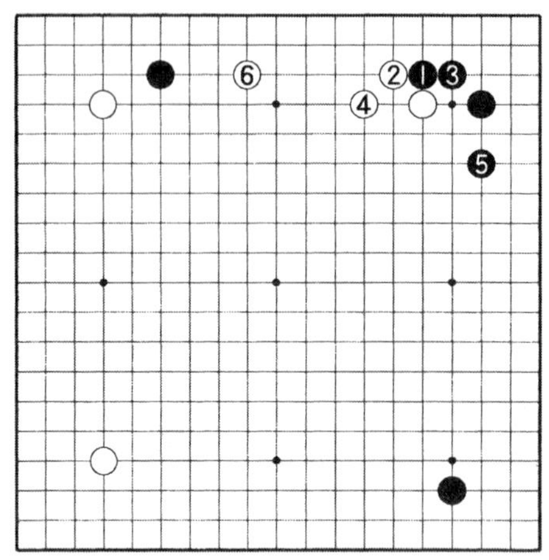

1도(정석만 외우면)

흑1은 정석을 외우기만 한 것이다. 백6은 전개와 협공을 동시에 하고 있는 일석이조의 장소다.

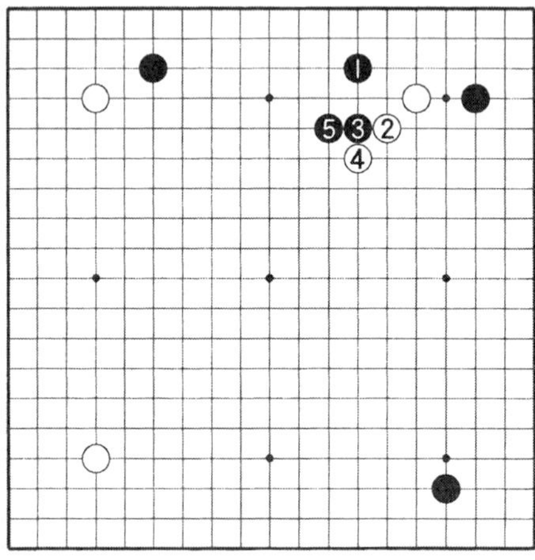

2도(협공의 주변)

흑1로 협공하는 것은 제일감이다. 백2로 둔다면 흑3으로 붙여 상변을 구축한다. 또 수순 중 백2로—

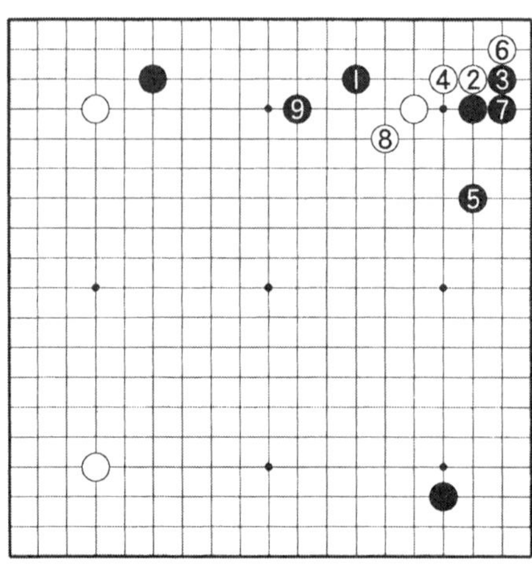

3도(백 고전)

본도 백2로 두면 흑9까지 백의 고전임이 명백하다. 따라서 백은 이 협공에 대해 대안이 없다면 둘 수 없다.

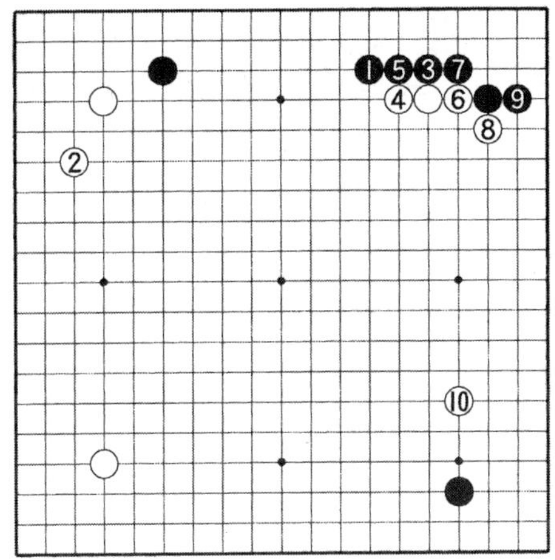

4도(백의 전술)

백은 흑1에 대해 보류하는 것을 먼저 생각할 수 있다. 흑9까지 된 후 백10으로 걸쳐 국면을 유연하게 진행시키게 된다. 흑이 이를 거부한다면 흑1의 협공으로—

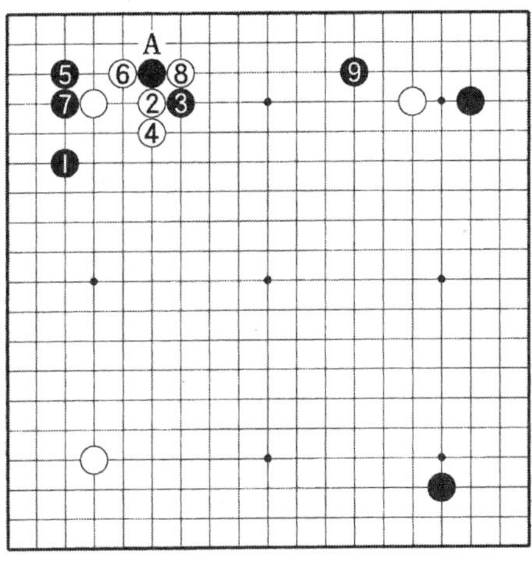

5도(흑의 스피드)

흑1로 양걸침하여 두는 것이 박진감이 있다. 백8때 다시 흑9로 협공하여 앞설 수 있다. 상변은 A의 약점 때문에 백이 자유롭지 못하다. 또 백이 백2로—

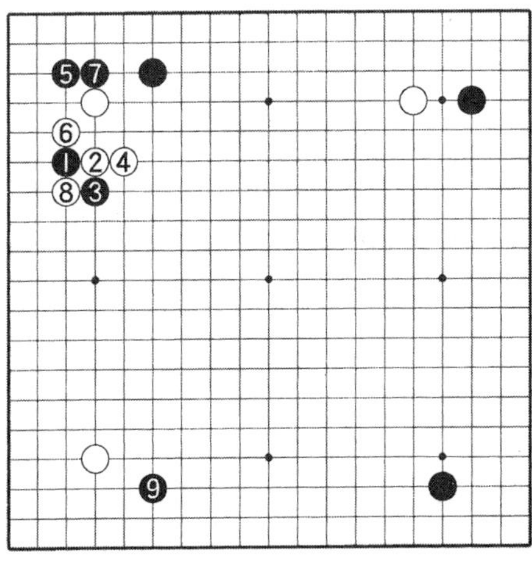

6도(흑 스피드)

백2쪽으로 붙여도 상황은 비슷하다. 백8때 흑9로 선점하여 흑이 스피디한 국면이다. 따라서 백도 백2로는—

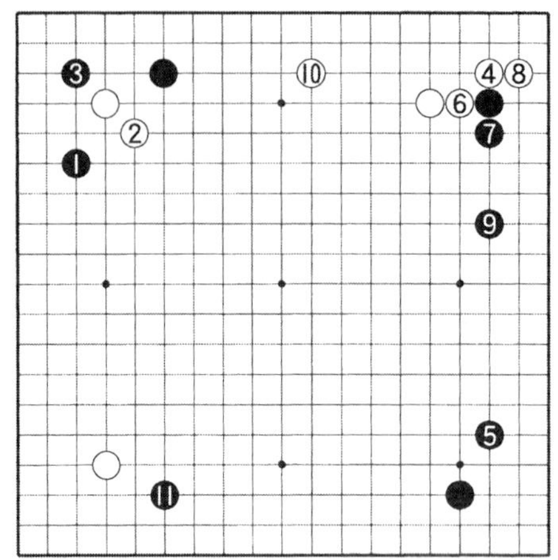

7도(선수 정석)

본도 백2로 두어 선수를 잡는 것이 중요하다. 백2는 집으로는 손해지만 선수를 잡을 수 있다는 전술적 가치가 있다. 백10까지는 백2의 완결편이며, 흑11부터 새로운 전술이 재개되는데―

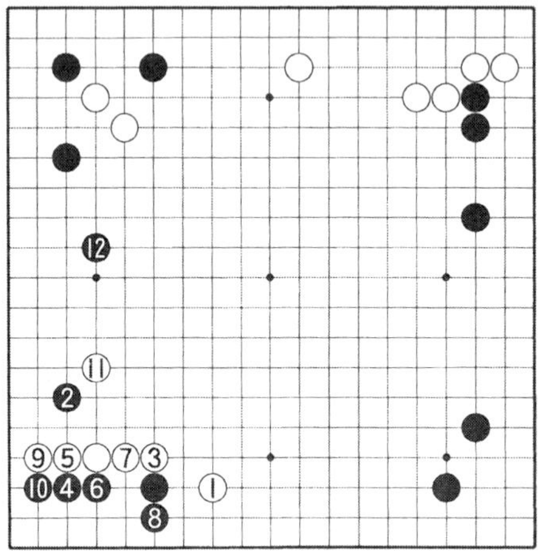

8도(7도 계속)

백1로 협공하는 것이 좌상귀와 연관된 전술형 협공이다. 흑4의 침입을 유도하여 벽을 두텁게 한 후 좌상귀를 차단하는 수단을 노리는 것이다. 따라서 흑12는 절대이며―

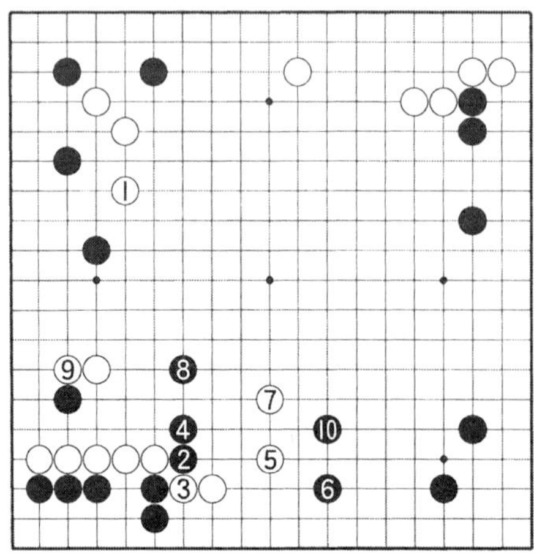

9도(흑의 전술)

백1은 좌변의 약점을 노리며 상변을 틀어막으려는 것이다. 이때 흑은 약간의 주동적 발상이 필요한데, 흑2부터 준동하여 중앙으로 돌을 흘러가게 하는 것이 중요하다. 흑10까지 백이 상변에 손쓸 틈을 주지 않는 것이다.

제46형

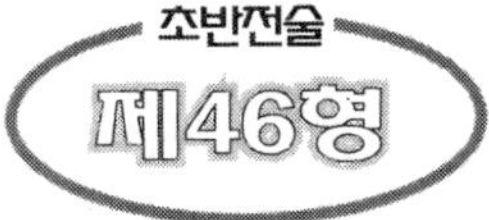

선공으로 주도권을 잡으려는 전술

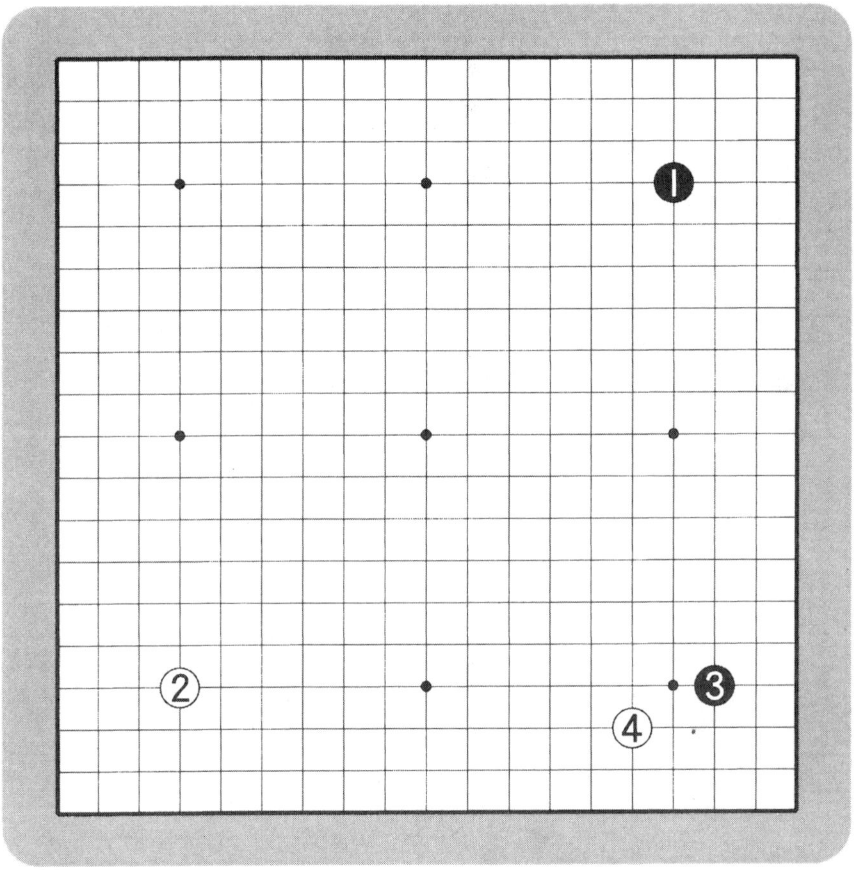

백4는 흑이 하나의 전술을 확립하기 전에 선공하여 주도권을 잡으려는 의도가 있다. 흑이 이를 바로 받아준다면 그것으로 의도는 관철된 것이며 이후의 전술은 다시 생각하면 된다.

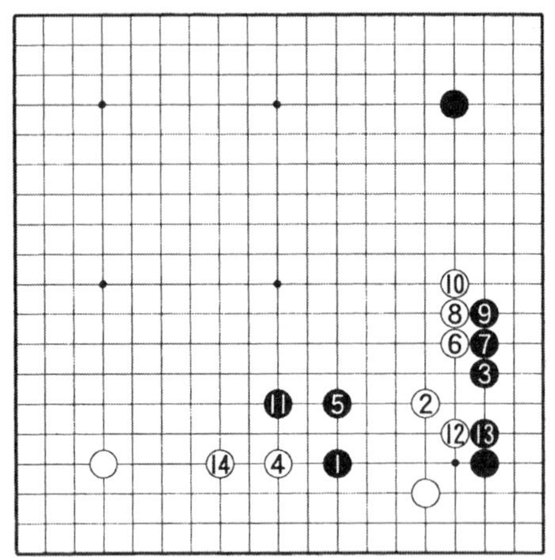

1도(급전)

혹1은 백의 선공에 급전을 불사한 진행이다. 예전에는 이러한 진행이 주류를 이룬 적도 있었지만, 현재는 상대의 의도를 거스르는 전술을 선택하려는 경향이 짙어 거의 사용되지 않고 있는 추세다.

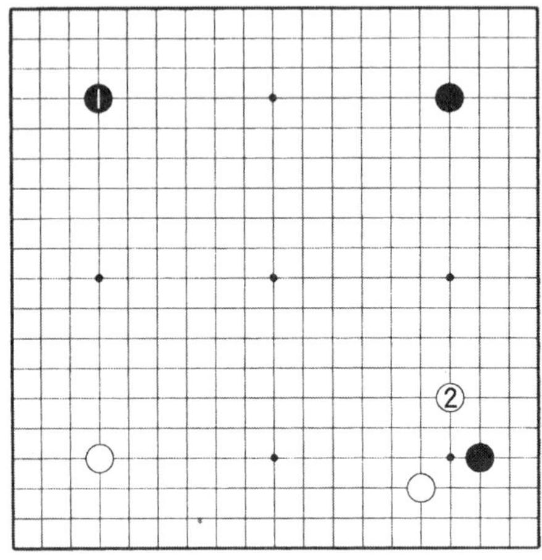

2도(거의 두지 않는다)

흑이 이곳을 방치하는 것은 현대적인 흐름이다. 그래서 흑1로 빈귀를 선점한다. 이에 대해 백2로 대사백변을 시도하는 것은 낡은 취향이다. 이처럼 바둑판 4분지 1을 두게 되는 변화는 전술 선택의 여지가 거의 없어 현대에는 기피하고 있다.

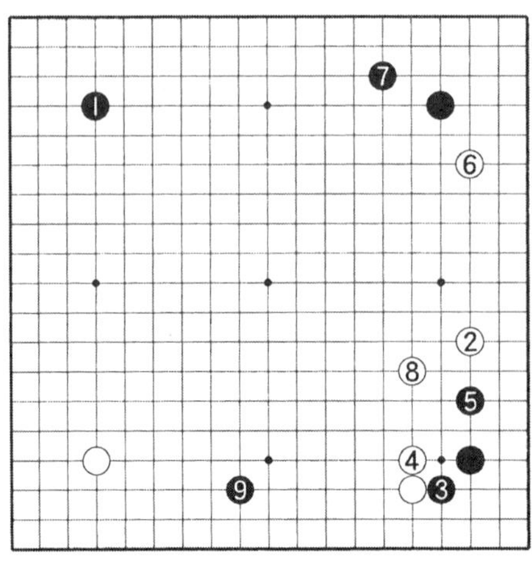

3도(백2 현대감각)

백2로 어정쩡하게 두는 것이 요즘의 취향이다. 이는 흑에 대한 압박과 백6으로 걸칠 수 있는 여유를 동시에 가질 수 있어 현대의 전술에 부합한다. 백8로 봉쇄했을 때 흑9로 갈라쳐 이 진행은 백 공격, 흑 방어의 양상이다.

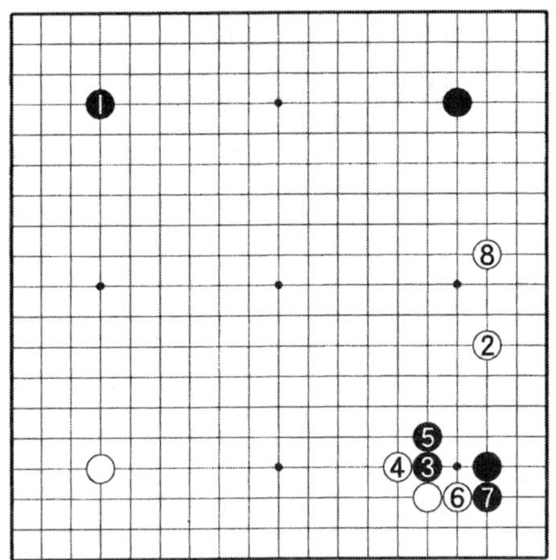

4도(흑의 신수법)

백2에 대해 흑3으로 두는 수법은 봉쇄를 피한 신수법이다. 이때 백8은 흑의 접근을 막는 단 한수이며, 여기서부터 신형이 등장하게 되는데—

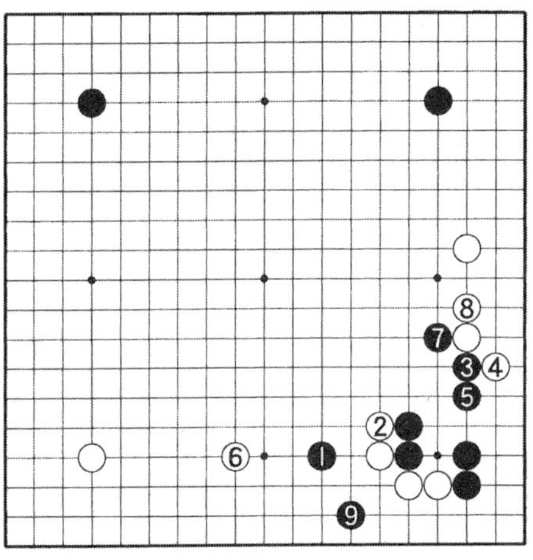

5도(4도 계속)

흑1로 협공하는 것은 백이 우변에 안정한 이상 절대다. 백2때 흑3이 준비된 수법으로 일종의 기대기 전법이다. 백6의 역협공에 대해 흑7을 선수하고 흑9로 공격하는 것도 필연의 흐름이다.

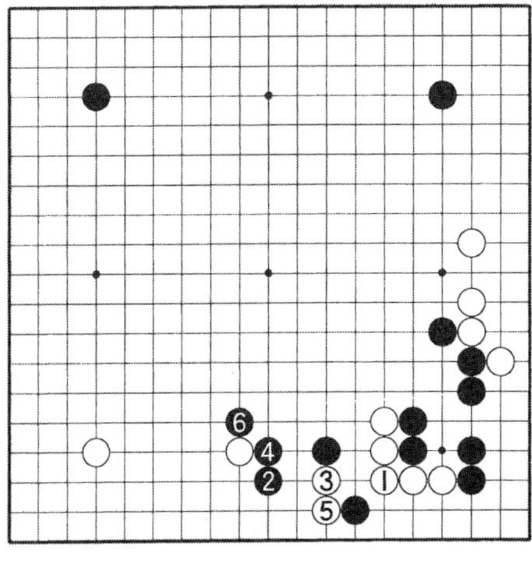

6도(5도 계속)

백1은 어쩔 수 없고 이때 흑2는 안정을 꾀하는 근거에 해당한다. 또 백3의 응수타진에는 흑4로 비껴 흑6까지 흑이 한발 앞서고 있다.

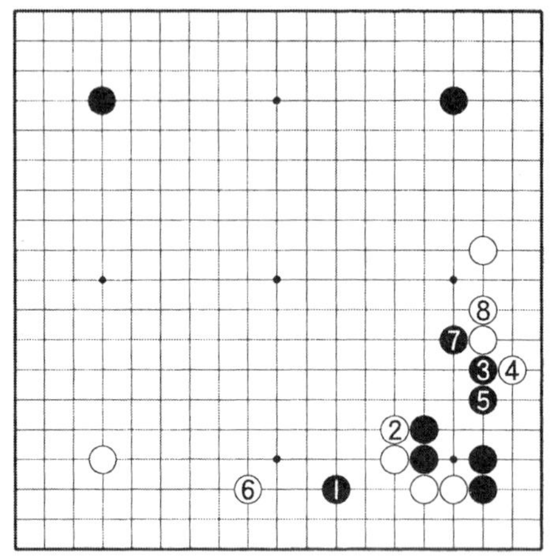

7도(5도의 변화)

5도 흑1로는 본도 흑1에 두어 공격할 수도 있다. 백2때 흑3 이하는 5도와 동일하지만 백6의 위치가 다르다.

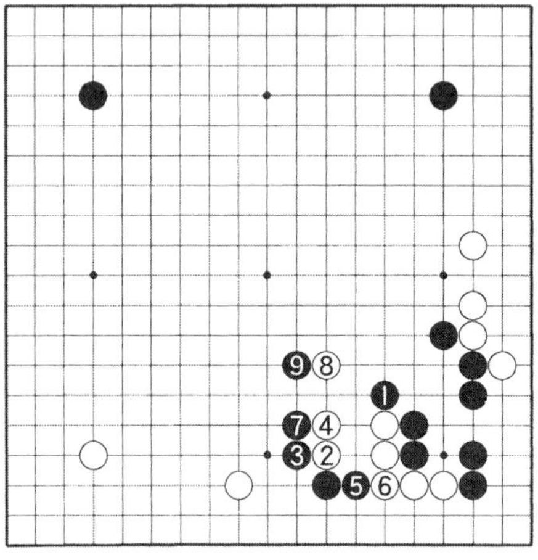

8도(7도 계속)

흑1은 공격의 포인트다. 이후 흑9까지 서로 양보 없는 공방이지만 흑의 공세가 조금 더 강력하다.

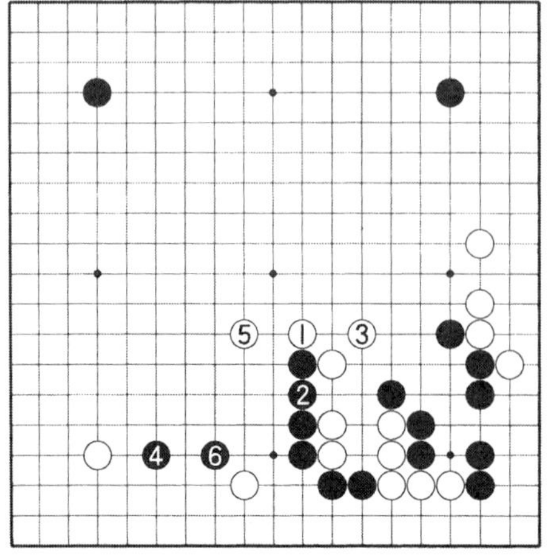

9도(8도 계속)

백1·3으로 지켰을 때 방향을 바꾸어 흑4로 뛰어든 점이 좋은 타이밍이다. 백5에는 흑6으로 서로 한 걸음도 물러서지 않는 공방이지만 흑이 다소나마 우세한 것은 부정할 수 없다.

제47형

선실리 후삭감 전술

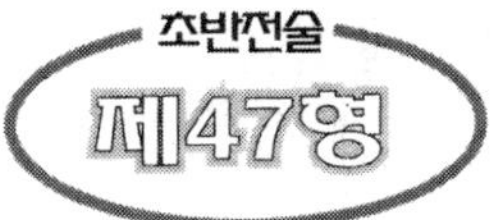

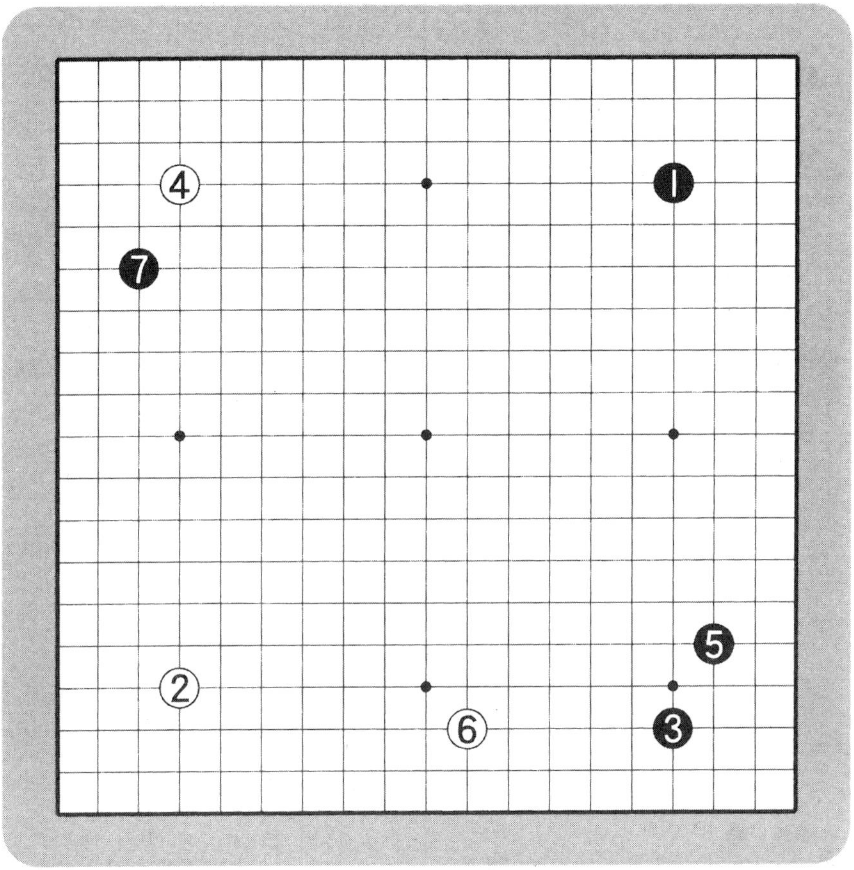

백6에 대해 흑7로 걸치는 것은 최근에 시도된 수법이다. 이 수의 의도는 견실한 실리를 확보한 후 백의 모양을 삭감하거나 침입하여 우위를 점하려는 것이다.

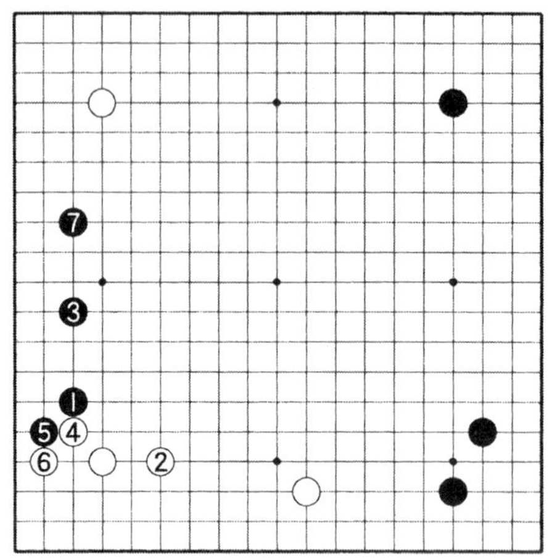

1도(스피디한 적극전술)

이 진행은 앞서 본 것이다. 취향에 따라서는 흑은 이렇게도 둘 수 있는데 다만 이 진행은 선실리 후 타개의 전술은 아니다.

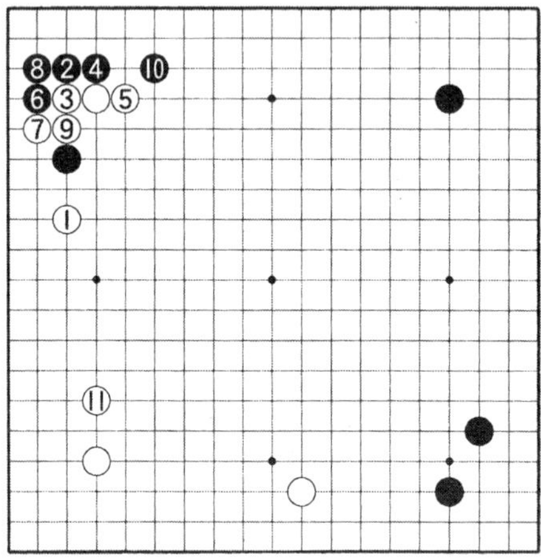

2도(흑의 의도)

흑은 백1로 협공하는 것을 유도하고 있다. 흑10까지 집을 취한 후에 백11로 진영을 구축할 때—

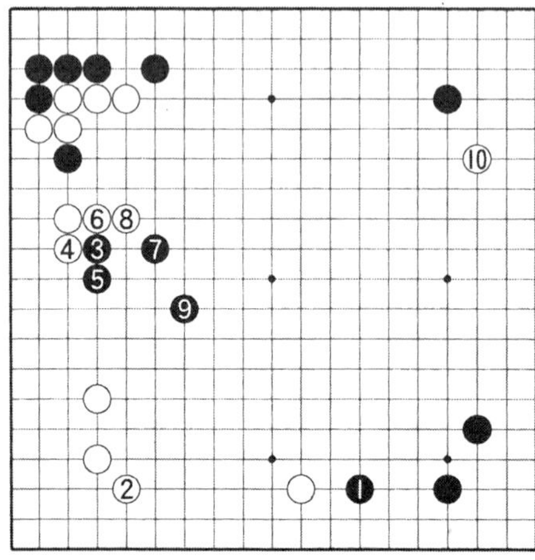

3도(철저한 실리전술)

흑1의 큰 자리에 벌려 백2의 수비까지 두게 한 후 흑3에 삭감을 시작하려는 전술이다. 백은 이 흑을 직접 공격하기 쉽지 않기 때문에 백10으로 우회하여 공격의 기회를 볼 수밖에 없다. 이 진행은 좌변 흑의 공방이 열쇠다.

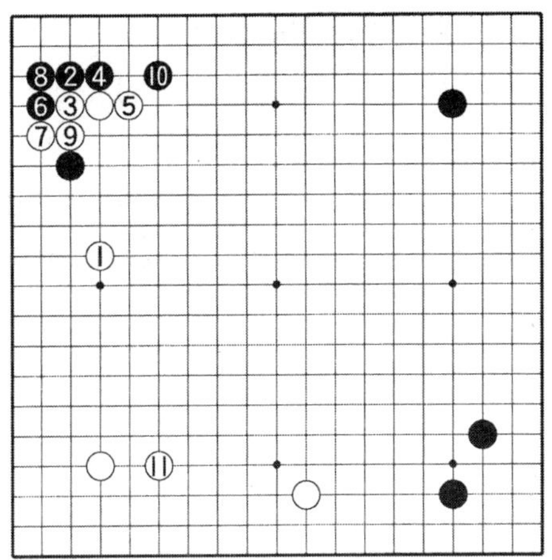

4도(백의 전술)

3도의 진행이 삭감을 허락하여 백이 불만이라면 백은 백1로 높게 협공할 수도 있다. 그러나 이 진행은 흑도 불만이므로 흑2로는—

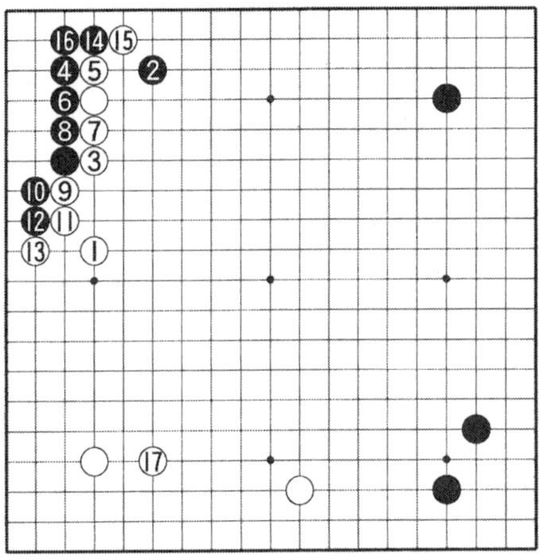

5도(흑의 대응)

흑2에 양걸침하여 본도와 같은 진행을 선택할 것이다. 백17로 진영을 구축하는 것은 백으로서 필연이다. 이때 흑은—

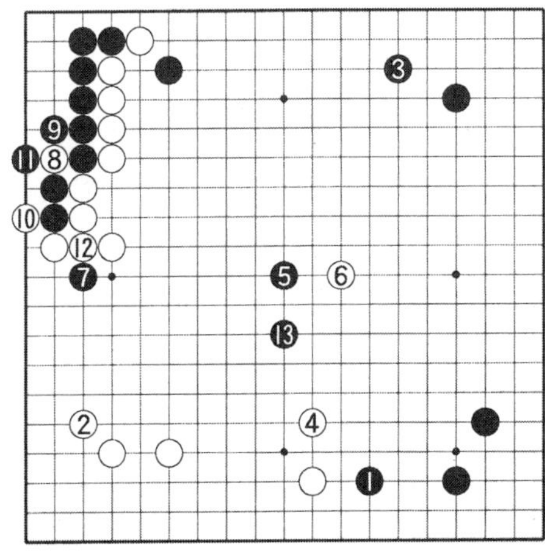

6도(중앙의 수습이 관건)

흑1 이하 3까지 실리를 확보하고 흑5로 중앙삭감을 시작한다. 흑13까지 승부는 이 흑의 공방으로 결정날 것이다.

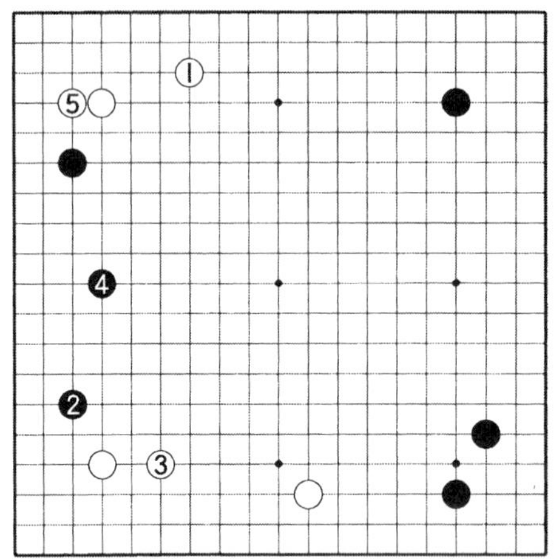

7도(백의 변화)

백은 백1로 두어 3·三침입을 유도할 수도 있다. 이때 흑이 흑4까지 좌변을 구축하는 것은 백5로 좌상귀의 백집이 커져 불만이므로—

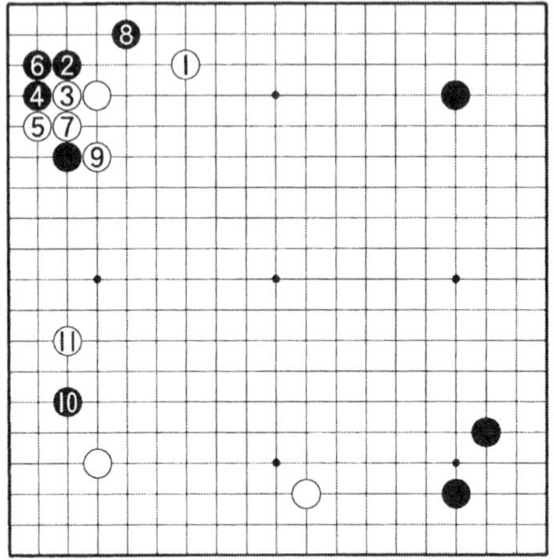

8도(흑2 실리작전)

흑2로 침입하는 것이 본래의 취지와 일관성이 있다. 흑10때 백11도 이 한수이며—

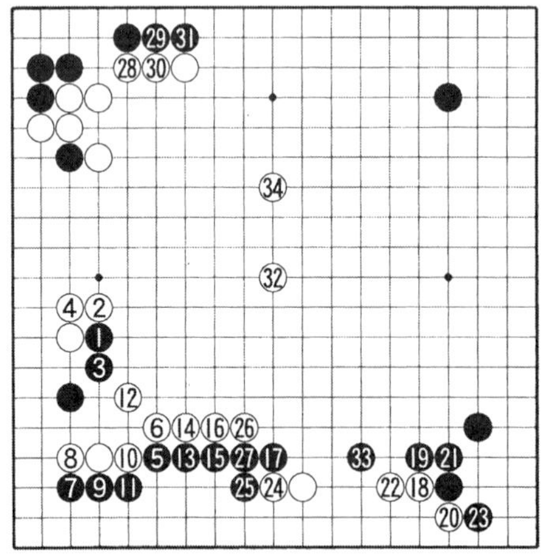

9도(8도 계속)

흑1 이하는 피차 고집스런 진행이다. 수순 중 흑33은 백34쯤 어딘가에 두어 삭감을 시도해야 할 것이다. 백34라면 백의 대모양이 어느 정도 완성되어 백이 다소 우세하다.

제48형 하변에 백돌이 놓이기 전의 전술시도

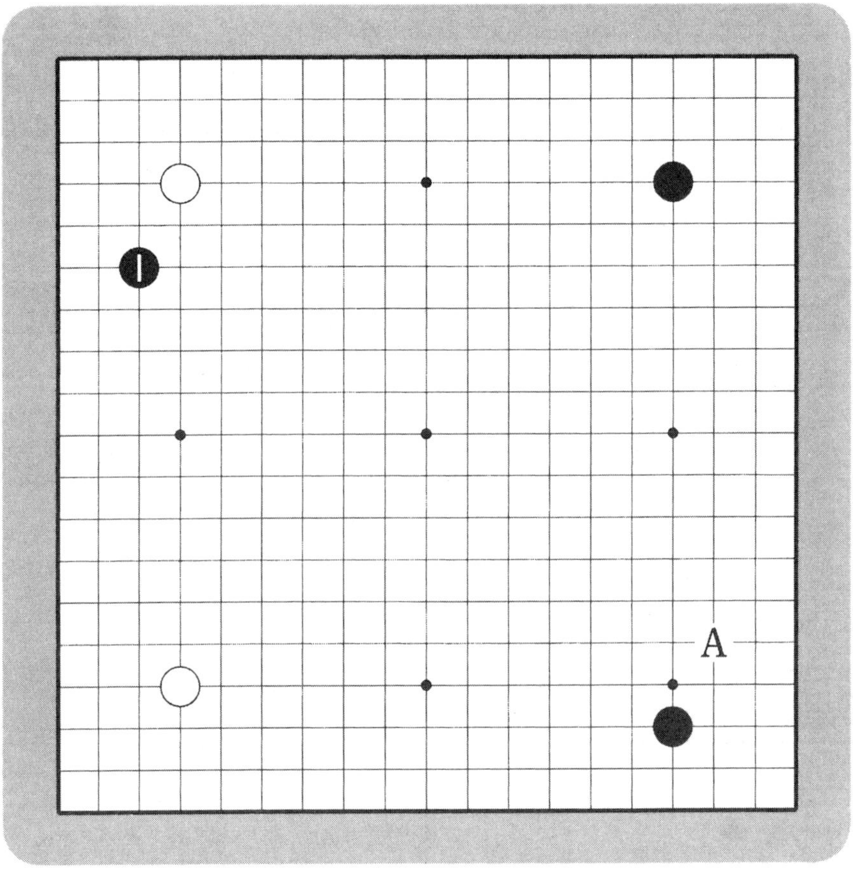

흑이 A를 생략하고 흑1로 두는 것은 나름대로의 이유가 있다. 그것은 하변에 백돌이 놓이지 않은 상태에서 전술을 시도하려는 것이다. 그리고 이 차이는 생각보다 큰 것이다.

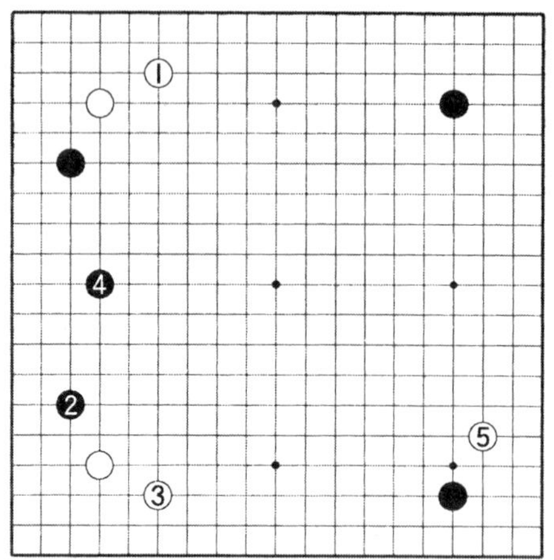

1도(무미건조)

백1은 적극적인 자세가 부족하다. 흑4까지 흑이 좌변을 구축하면 백5에 선점해도 이후 백으로선 뚜렷한 전술적 아이디어는 떠오르지 않는다. 백이 불리한 국면은 아니지만, 주도적 전술선택이 요구되는 현대감각과는 달리 단조로운 국면으로 흐를 가능성이 높다.

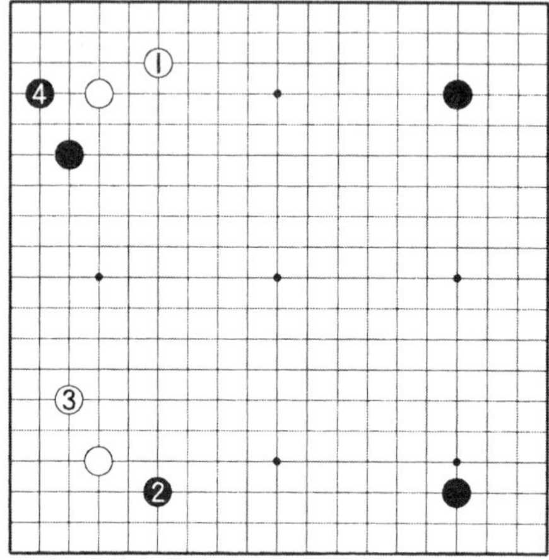

2도(흑의 변환)

백1에 대해 흑2로 걸치는 수순을 바꾸어도 백3으로 받고 난 후, 흑은 4 이외에 달리 선택의 여지가 없다. 이런 흐름이라면 전술적 변화는 기대할 수 없다.

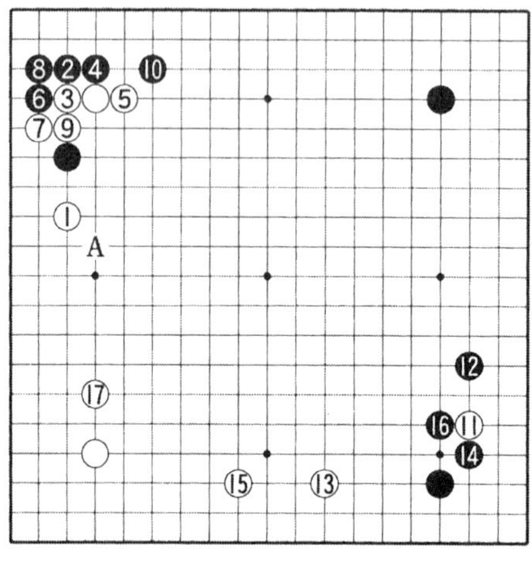

3도(협공이 현대감각)

백1로 협공하는 것이 스피디한 현대감각이다. 또 여기서 선수를 잡아 백11로 두고 흑12의 협공에 대해 백13·15로 포진하여 흑16과 백17을 맞보는 흐름이 타이트하다. 이후는 흑A정도의 삭감이 예상된다.

226

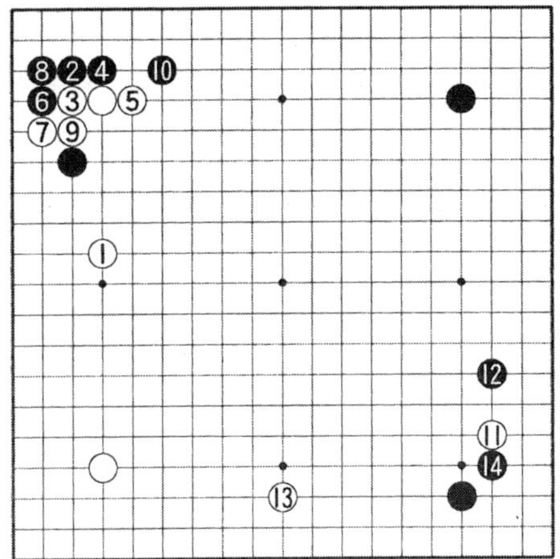

4도(협공의 언저리)

백1로 높게 협공한 것은 전도에서 언급한 삭감을 허용하지 않겠다는 뜻이다. 그러나 삭감이 없다면 침입할 수 있는 약점이 남는다. 흑12에 대해 백도 백13 정도지만 흑14때 백이 즉각 움직이게 되면—

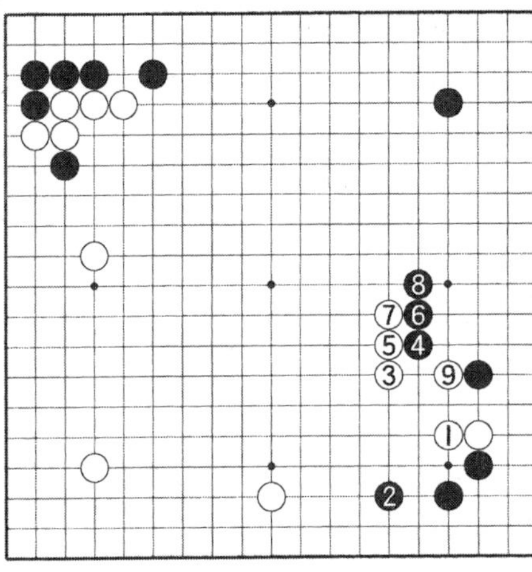

5도(4도 계속)

흑2때 백3으로 움직이는 수밖에 없다. 여기서 백3은 행마의 틀이며, 백9는 차단의 약점을 효과적으로 막으려는 수법이다.

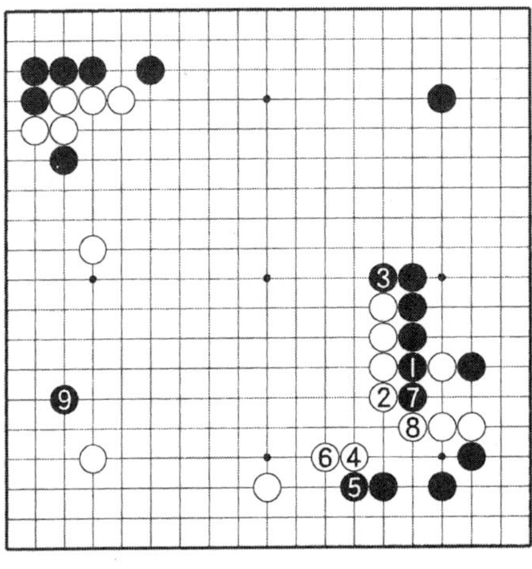

6도(5도 계속)

흑은 흑1을 선수하고 흑3에 꼬부려 백진을 위축시킨다. 이때 백4는 어쩔 수 없으며 따라서 흑9를 허락할 수밖에 없다. 여기까지의 진행은 흑이 한발 앞서고 있다.

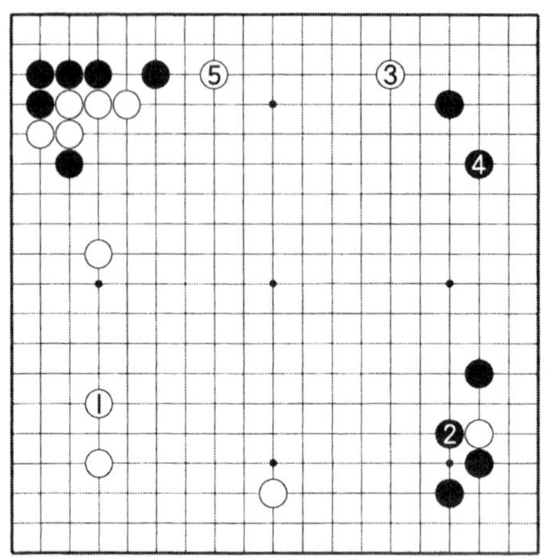

7도(5도의 변화)

5도 백1로는 본도 백1로 구축한 후 흑2때 백3·5로 두는 것이 속도감있는 진행이다. 백5 이후—

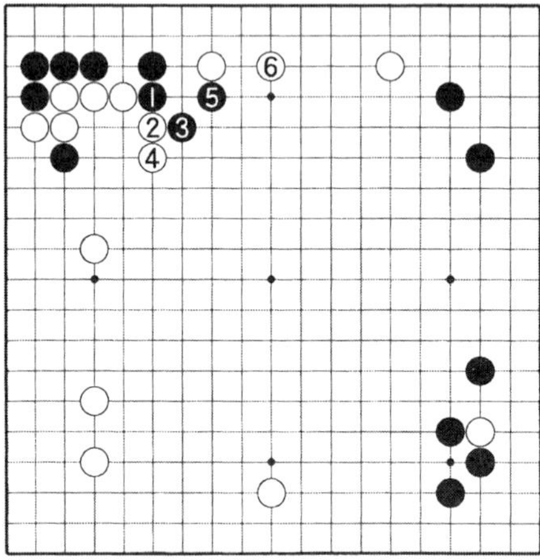

8도(7도 계속)

흑1에 대해서는 백6까지 이 결과는 백이 우세하다.

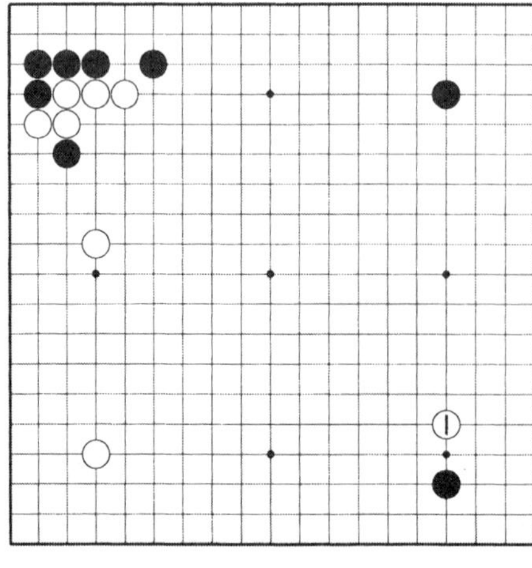

9도(걸침의 선택)

지금까지의 변화 외에 백은 애초부터 백1로 높게 걸쳐가는 수도 있다. 어쩌면 좌변의 포진과 연관하여 이 수가 어울릴 지도 모르지만, 이 수는 실리에 민감하지 못하다는 것을 염두에 둘 필요가 있다.

초반전술

제49형

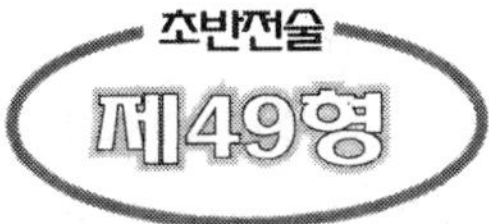

난전의 가능성이 높은 전술

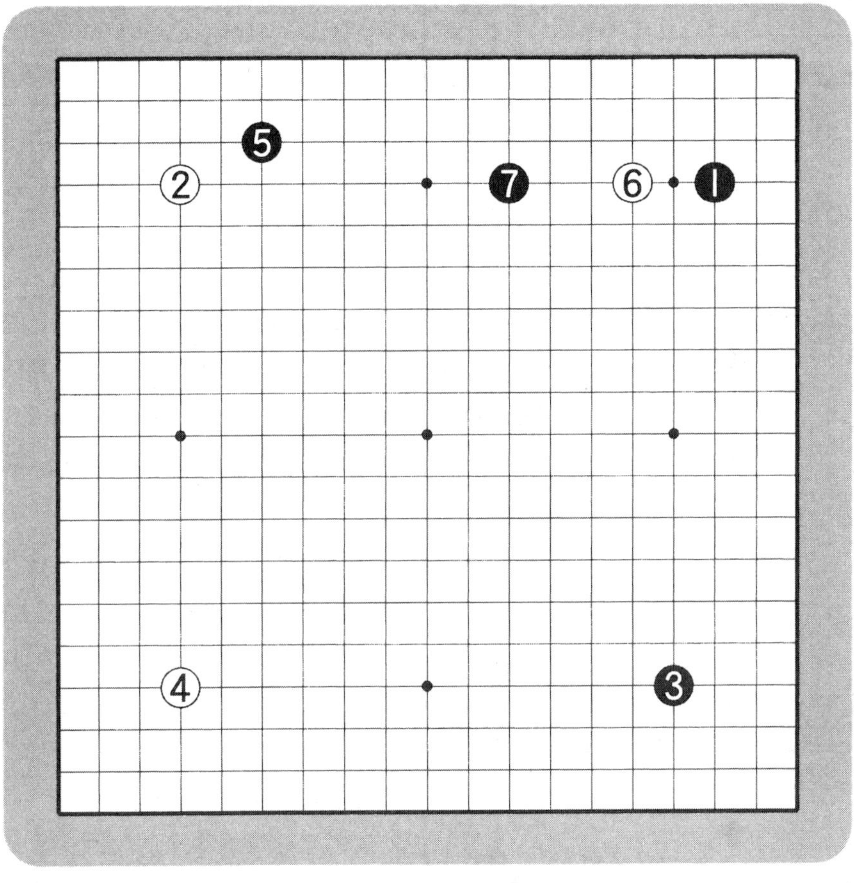

흑7의 협공은 속도감에서는 만점이지만 난전으로 갈 수 있는 단점이 있다. 이 협공자체가 그 어려운 요도(妖刀) 정석을 탄생시킨 주범이기 때문이다.

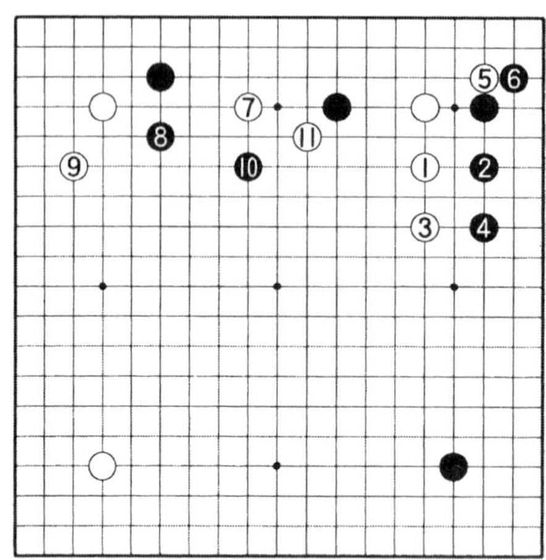

1도(간결해도 난전)

백1은 이 정석을 가장 단순화시
킨 수지만, 백11까지 상변이 전쟁
터가 되는 것은 막을 수 없다.

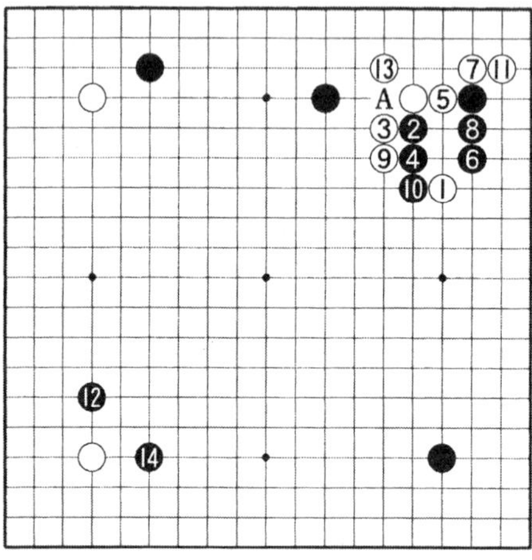

2도(유행했던 정석)

이 정석이 현대에 재구성된 요도
정석이다. 백11때 흑12는 축머리이
며 백13으로 보강할 때 흑14로 두
는 진행도 있을 수 있다. 다만 우
상귀가 너무 확실히 결정되어 묘미
는 적을 것이다. 또 수순 중 흑12
로는 A로 먼저 끊는 방법도 있다.

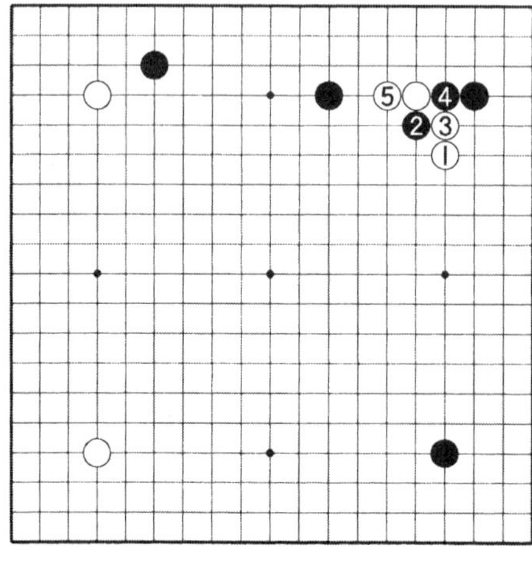

3도(유력한 전술형 정석)

백1로 날일자하는 수가 최근에 심
심치않게 두어진 바 있다. 흑2라면
백5로 느는 것이 유력한 미완성 정
석이다.

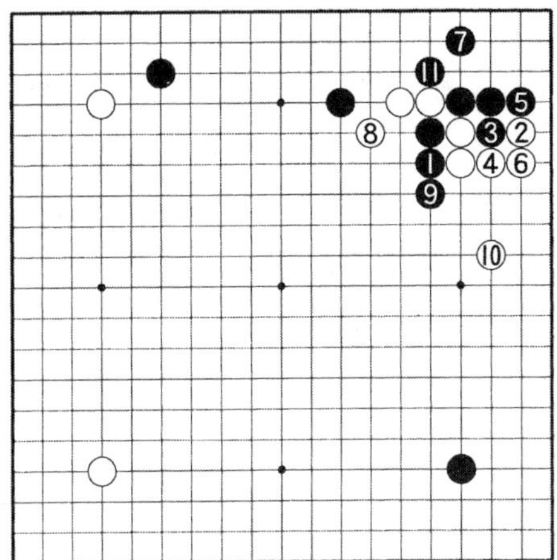

4도(최초의 결론)

흑1 이하 백10까지는 이 정석의 최초 결론이었다. 이때 흑11로 백이 불리하다는 것인데, 백은 수순 중 백8로 이렇게 두지 않고ㅡ

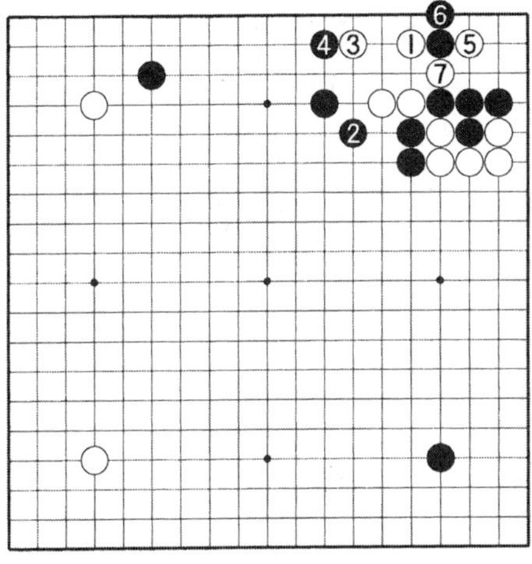

5도(백 강수)

백1로 붙이는 수가 있다. 흑2라면 백3으로 두게 된다. 이때 흑은 흑4로 막을 수 없다. 흑4라면 백5 · 7로 둔 후ㅡ

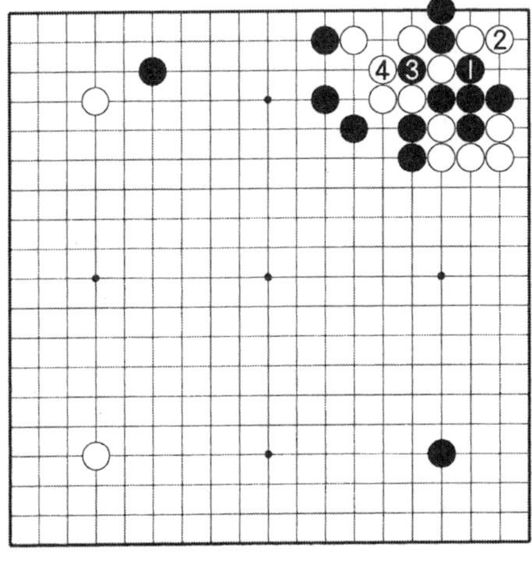

6도(5도 계속)

흑1때 백2로 빠진다. 백4까지 귀의 흑은 죽음이다. 따라서 흑은ㅡ

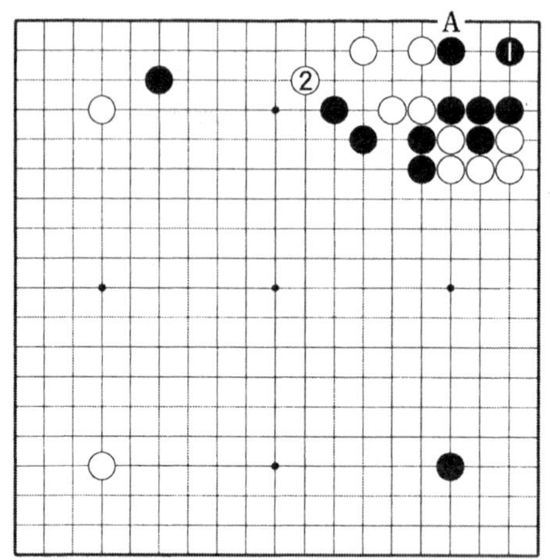

7도(백 탈출)

본도 흑1로 귀를 가일수할 수밖
에 없다. 이때 백2로 탈출하면 흑
은 아무것도 한 것이 없게 된다. 귀
는 아직 A로 젖혀 백이 큰 득을 보
는 수가 남아있다.

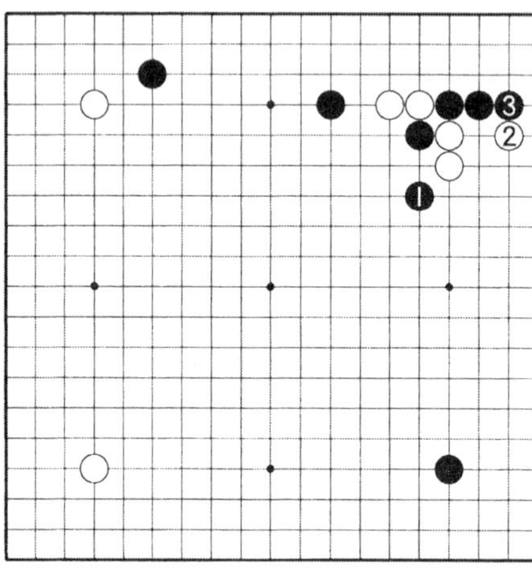

8도(흑1 신수지만)

흑1로 두는 수가 최근에 두어진
바 있다. 이 수는 백2때 중앙의 모
양에 개의치 않고 흑3으로 바로 막
을 수 있는 수법이지만—

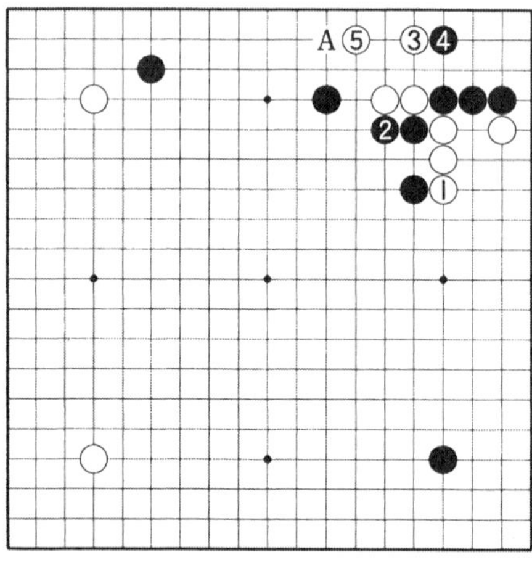

9도(8도 계속)

백1로 밀 때 흑2로 막을 수밖에
없어 역시 백3·5를 허락해야 한
다. 이제 흑은 중앙의 약점 때문에
A로도 막을 수 없어 백의 탈출은
시간문제다. 이 부근의 전술은 흑
백 모두 변화의 여지가 많아, 아직
은 연구가 더 필요한 상태로 남아
있다.

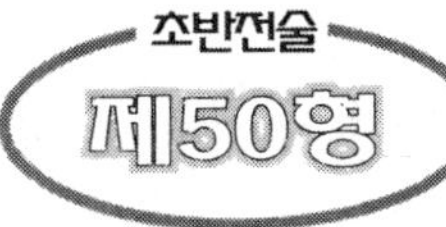

초반전술

제50형 고전적 굳힘이지만, 현대에도 훌륭한 전술

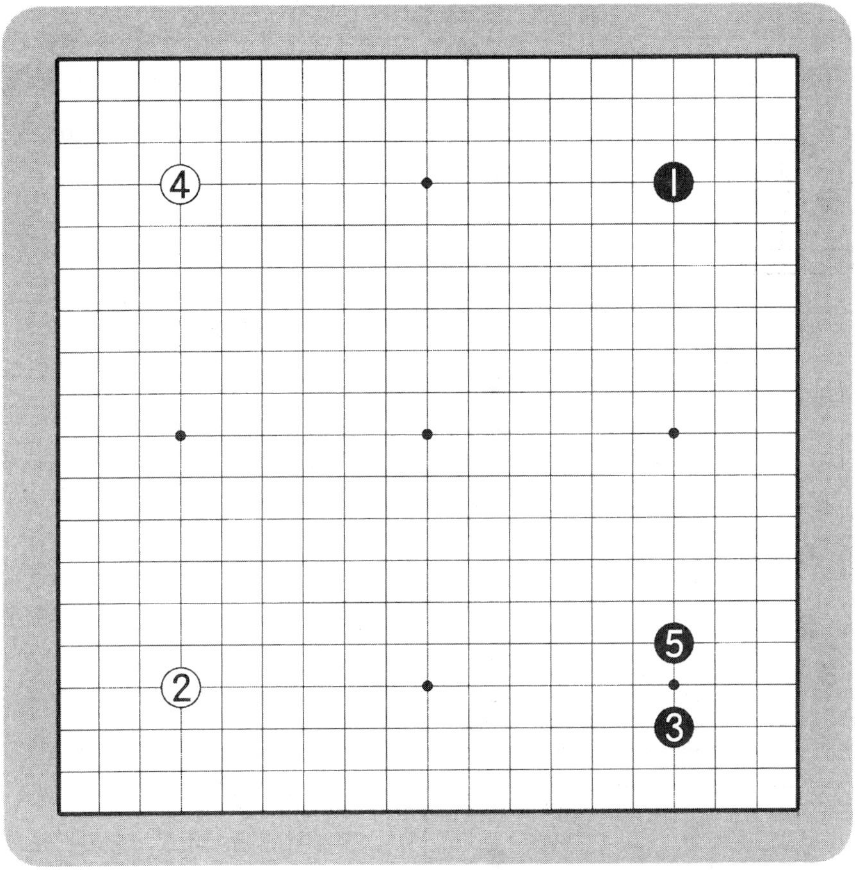

흑5의 굳힘은 자주 두어진 전술은 아니다. 그러나 이 수법이 고전적이라고만 생각할 수는 없다. 그 예로 몇 차례 시도되어 모두 훌륭한 전과를 거두고 있는 것이다.

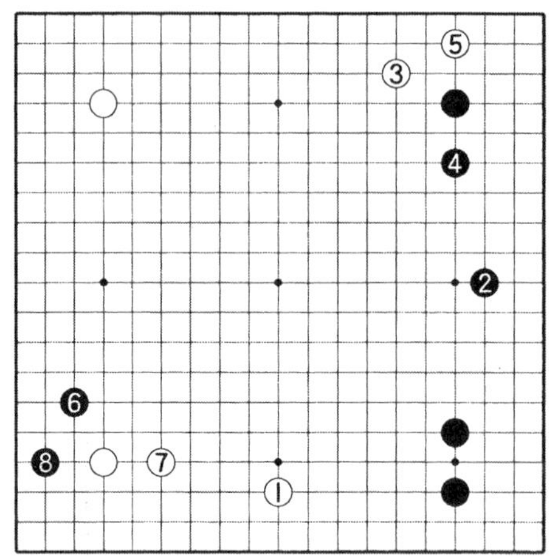

1도(실전)

　백1은 거의 정수다. 이때 흑2로 두려는 것. 이것이 바로 흑의 의도였다. 흑4까지 구축된 흑진은 분명 중국식보다 못한 것이 아니다. 또 백3·5로 둘 때 흑6으로 걸쳐 흑의 흐름에는 문제가 없는 것이다.

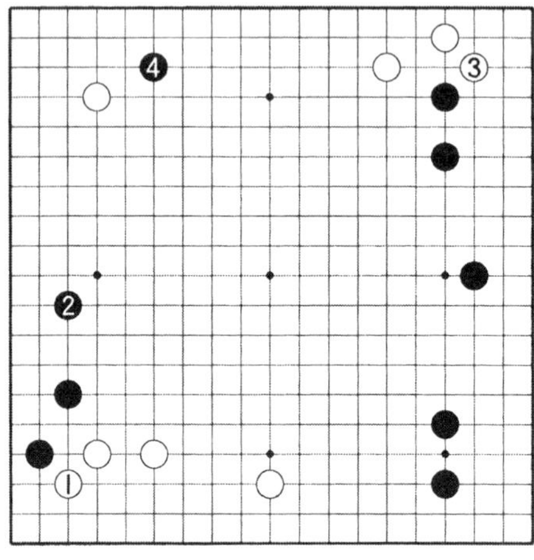

2도(흑 발빠름)

　백1로 두면 알기 쉽지만 백3때 흑4를 허락하여 이는 흑이 한발 앞선 진행이다.

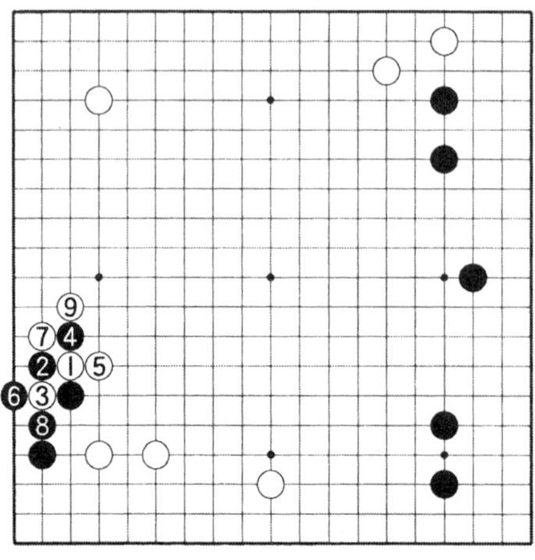

3도(1도 계속)

　따라서 백도 백1로 변화를 모색하게 되는데, 백9에 이르러 흑은 축 머리를 활용할 수 있다.

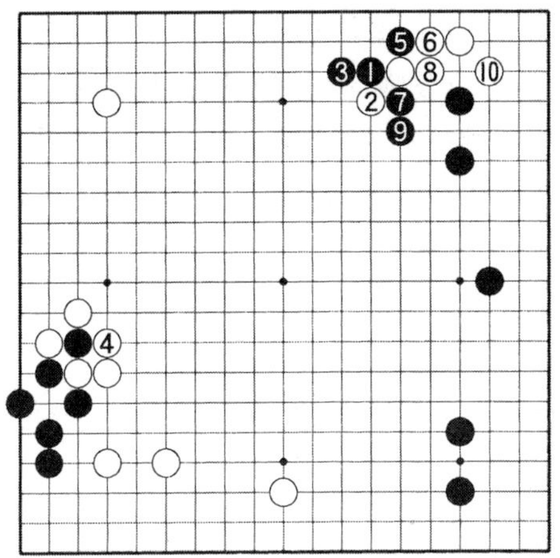

4도(3도 계속)

흑1은 축머리를 활용한 수다. 계속해서 백2 이하로 진행되어 백10이 불가피할 때―

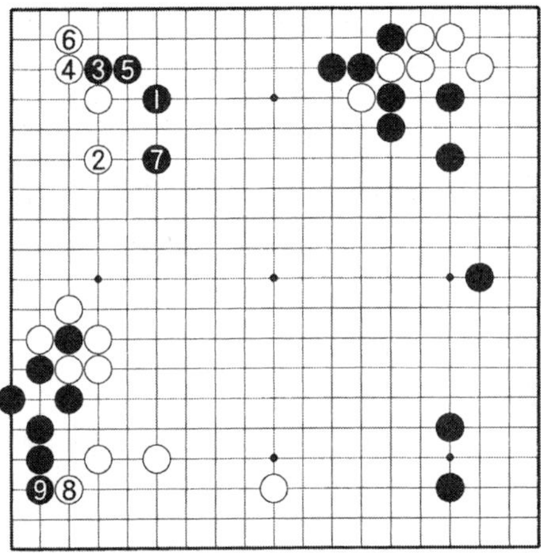

5도(4도 계속)

흑1을 차지하게 되어 흑의 우세는 변함없이 진행되고 있다.

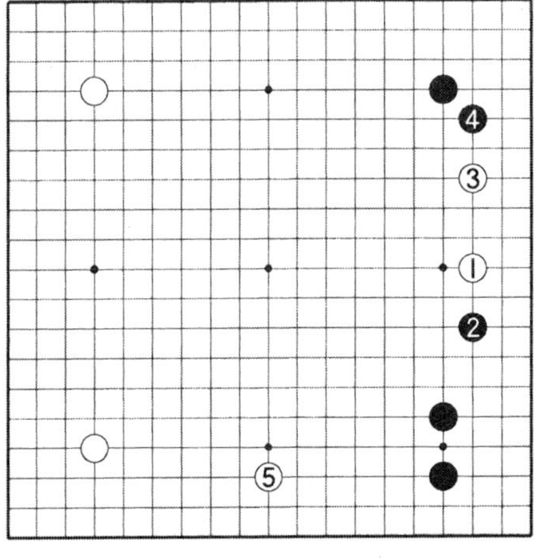

6도(흑의 의도)

백1로 갈라치면 흑4까지 이 백을 공격대상으로 삼을 수 있다. 물론 백도 이곳을 응수할 수는 없기 때문에 백5로 전개할 수밖에 없다. 흑도 수순을 바꾸어―

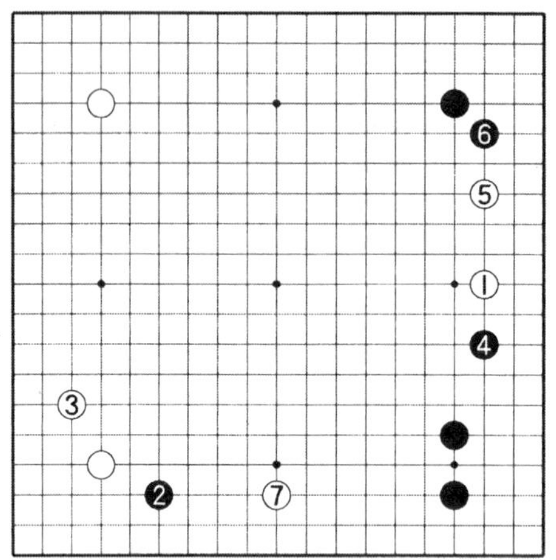

7도(흑의 변화)

백1때 흑2를 먼저 두고 흑4를 결행할 수도 있다. 이때도 백은 백7 정도로 둘 수밖에 없으므로—

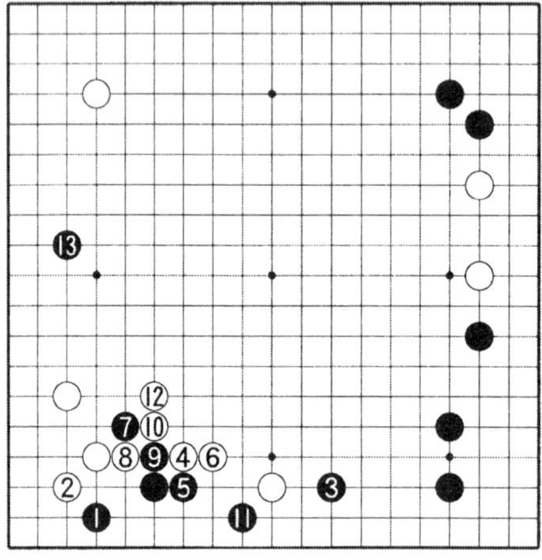

8도(7도 계속)

흑1로 둔 후 흑3에 육박한다. 이하 본도의 수순을 따라 선수를 잡고 흑13으로 갈라치는 수순을 얻을 수 있다. 이 진행도 흑이 약간은 리드하고 있다.

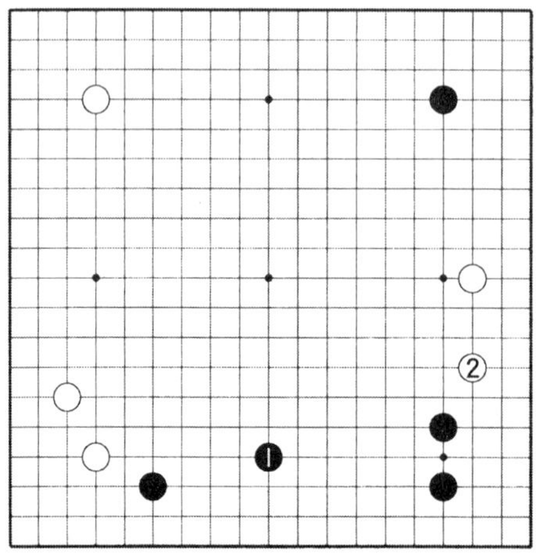

9도(훌륭한 모양이지만)

주의할 점은 7도의 흑4로 흑1에 두는 것이다. 자세는 훌륭하지만 백2의 곳이 너무 좋기 때문에 흑진이 제한될 수 있다.

제51형 세력작전이지만 탄력적인 외목전술

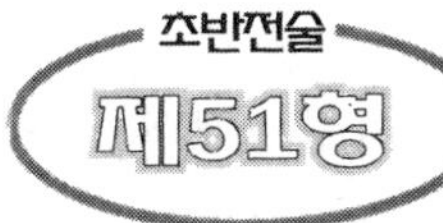

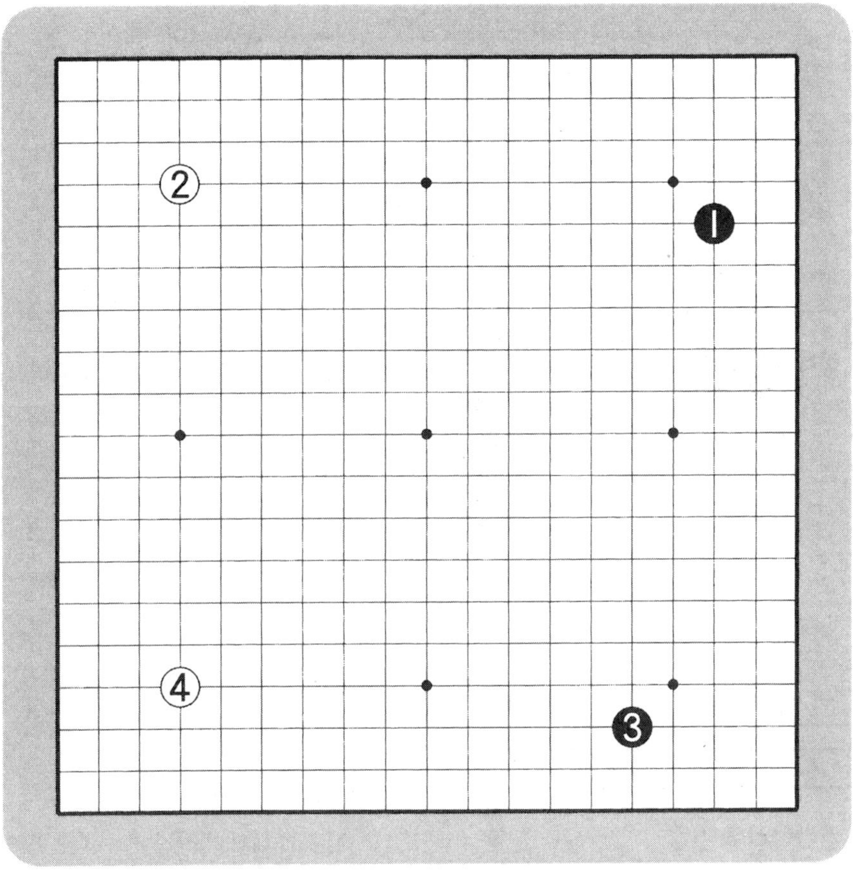

흑1·3의 포진은 일견 세력작전으로 보이지만 사실은 언제든지 실리로 돌아설 수 있는 탄력적인 전술패턴이다. 이러한 패턴은 희귀한 것이지만 중요한 것은 뜻밖에 이창호, 유창혁, 조치훈 9단에 의해 시도된 적이 많다는 것이다.

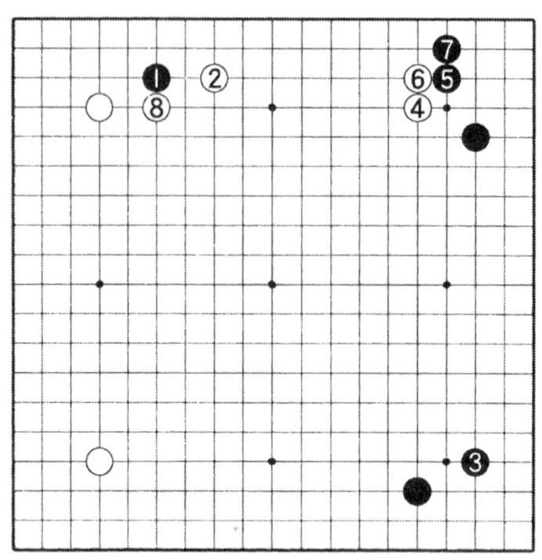

1도(실전)

백2의 협공에 대해 보류하고 흑 3으로 굳힌 것이 바로 실리로 전환하고 있는 것이다. 백4·6으로 두고 백8에 봉쇄하면, 양상은 흑 실리대 백 세력의 국면이 된다.

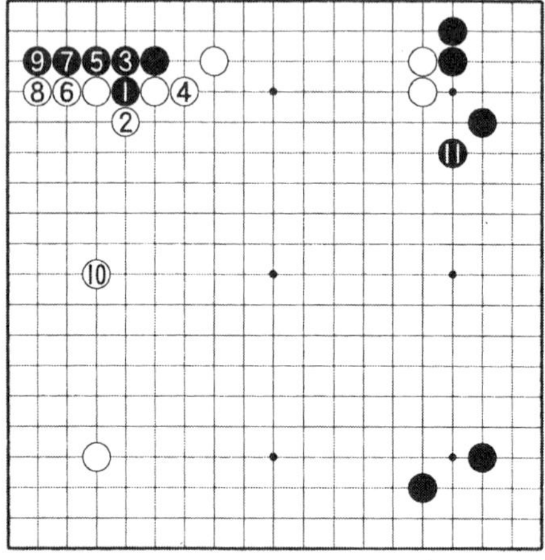

2도(1도 계속)

흑1 이하 백10까지 진행되었을 때 흑11은 대세점으로 백진의 팽창을 저지하고 있는 요처다.

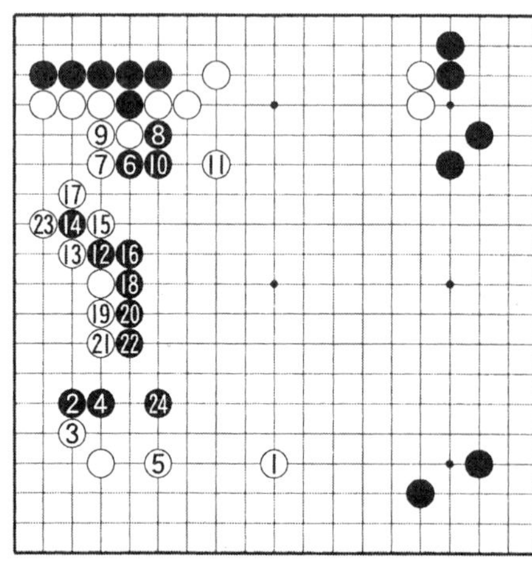

3도(2도 계속)

백1로 세를 확장하는 것은 필연이며 흑2로 뛰어드는 것도 당연하다. 흑은 흑6의 약점을 이용하여 흑24까지 백진을 유린한 것으로 만족이다.

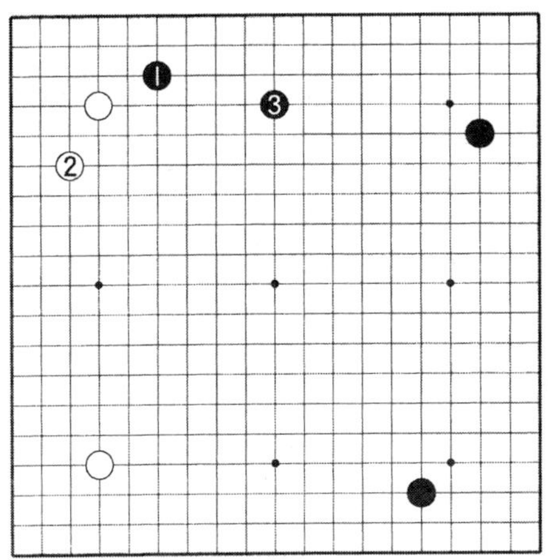

4도(화려한 전개지만)

흑1·3은 일견 화려한 전개이자 구축으로 보이지만 약간의 맹점이 숨어있다.

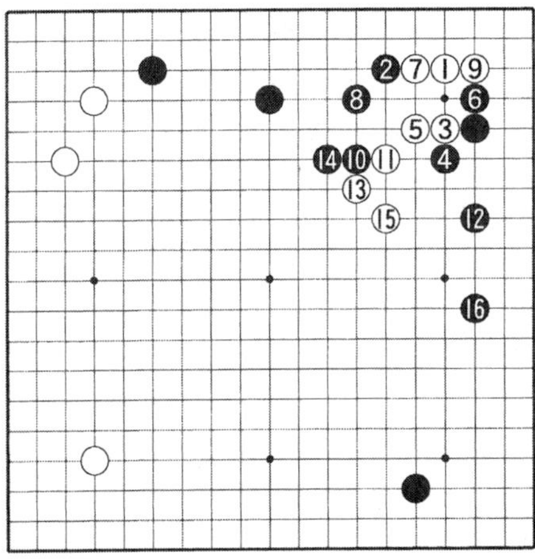

5도(흑의 의도)

흑의 의도는 백1로 둘 때 흑2로 협공하여 흑16까지 양쪽을 모두 두려는 것이다. 또 백1로—

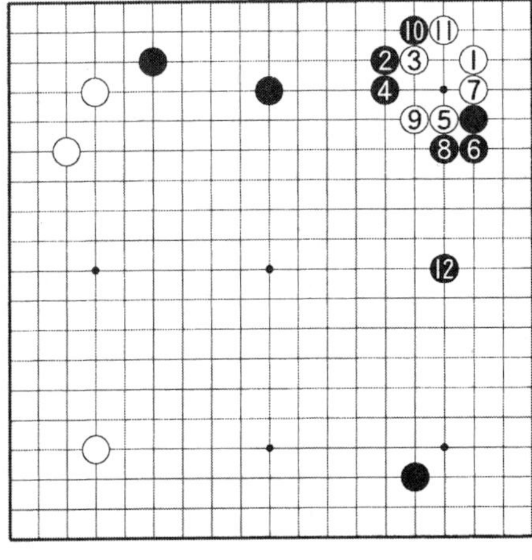

6도(마찬가지)

본도 백1로 들어오면 흑2 등으로 협공하여 역시 양쪽을 두려는 것이다. 따라서 백은 백1로—

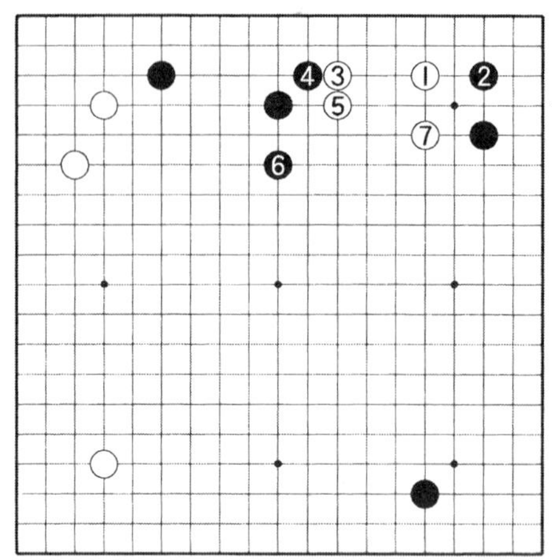

7도(침입의 요건)

본도 백1로 두어 흑2때 백3으로 안정하는 것이 좋다. 침입할 때는 이렇게 양쪽을 맞보는 위치를 선택하는 것이 요령이다. 만약 흑2로—

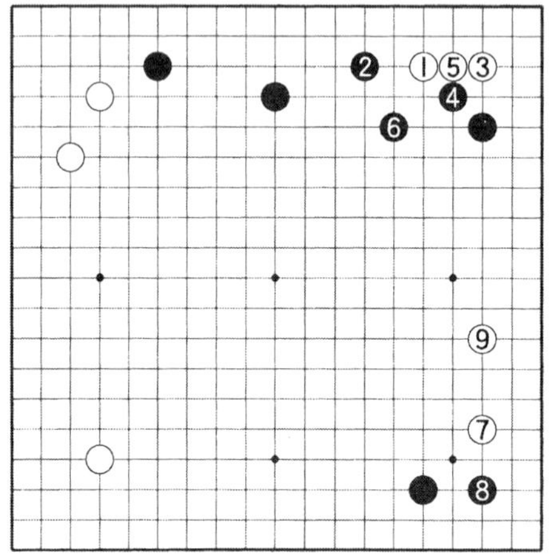

8도(흑 허술)

흑2로 다가서면 즉시 백3으로 안정하여 만족이다. 흑6으로 봉쇄해도 백7·9로 우변을 차지하여 집으로 앞설 수 있다. 상변의 흑진은 백이 견고하므로 상대적으로 허술한 것이다.

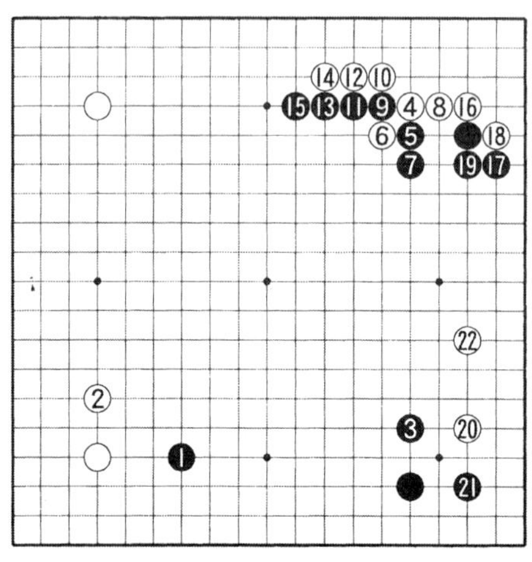

9도(대모양작전의 허실)

흑1·3도 보기에는 대단히 화려한 구축이다. 또 백4에 대해 흑5 이하로 일관성있게 두어 대모양을 형성하고 있지만, 백22까지 이 진영은 집으로 만들기 쉽지 않다. 따라서 흑은 집부족이 되기 쉽다.

초반전술

제52형

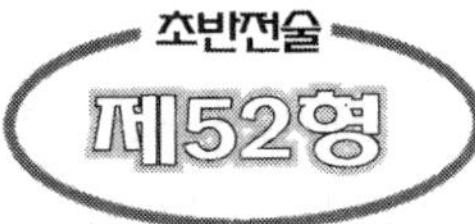

운영의 유연성이 필요한 심리전술

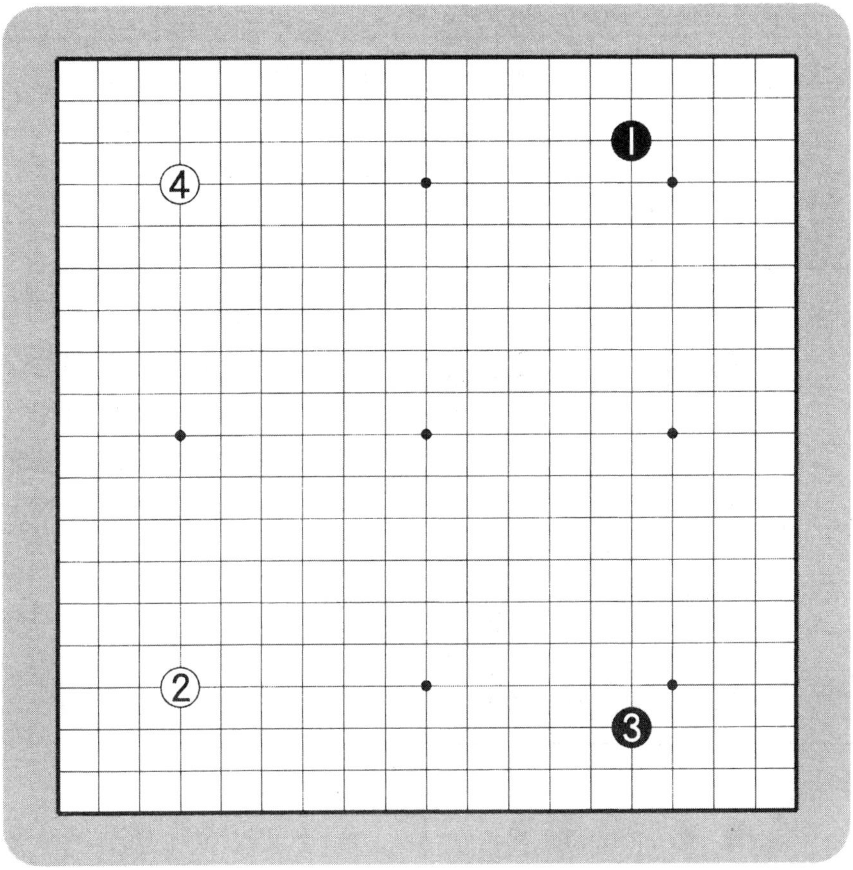

흑1 · 3도 시도된 수법이다. 이러한 수법은 전술적 가치보다 운영의 유연성에 초점을 맞추어야 한다. 더 중요한 것은 심리적으로 당한 입장에서 동요될 수 있다는 점에 포커스를 맞추어야 한다.

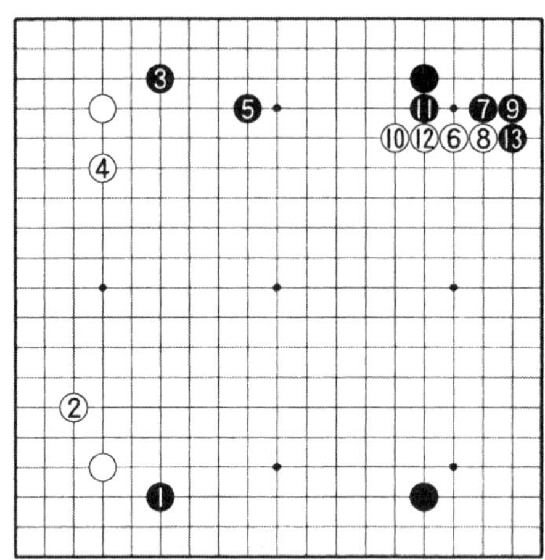

1도(실전)

흑1·3·5는 일견 외세지향적으로 보이지만 이를 견제한 백6에 대해서는 다시 실리로 전환한다. 바로 이렇게 변신의 폭을 자유롭게 활용하는 것이 이 패턴의 특성이다.

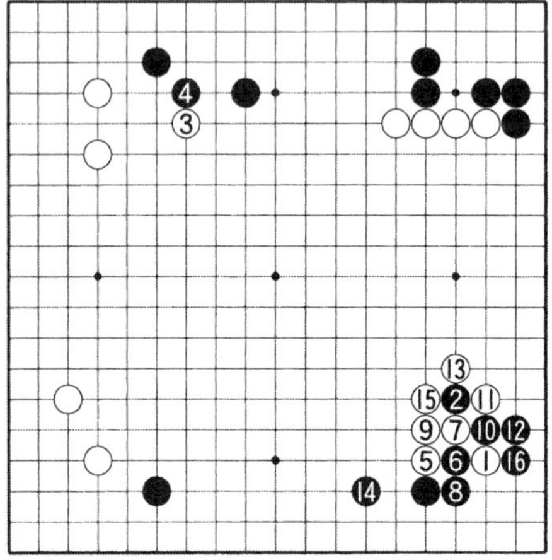

2도(1도 계속)

백1로 다시 실리쪽을 선택하면 흑2로 외세를 취하는 듯 하다가 다시 실리로 전환하는 신축성있는 전술이 이 패턴의 매력이라면 매력이다.

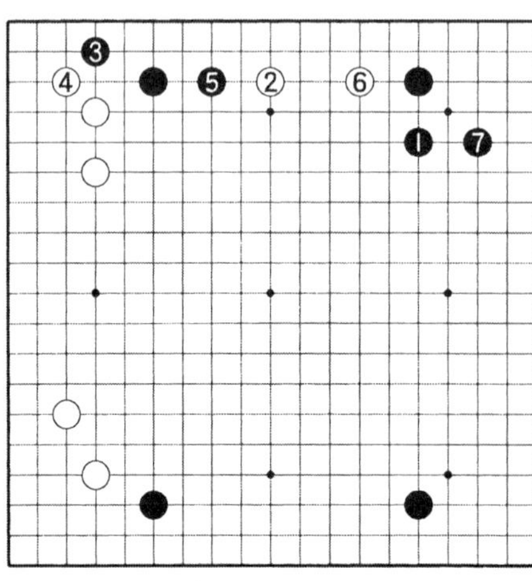

3도(흑 변신)

흑1은 고전풍인데 백2에 대해 흑3·5로 응수하고 흑7. 일명 토치카라고 하는 고전형 굳힘이다. 이 진행도 흑의 입장에서는 능히 둘 수 있는 흐름이다.

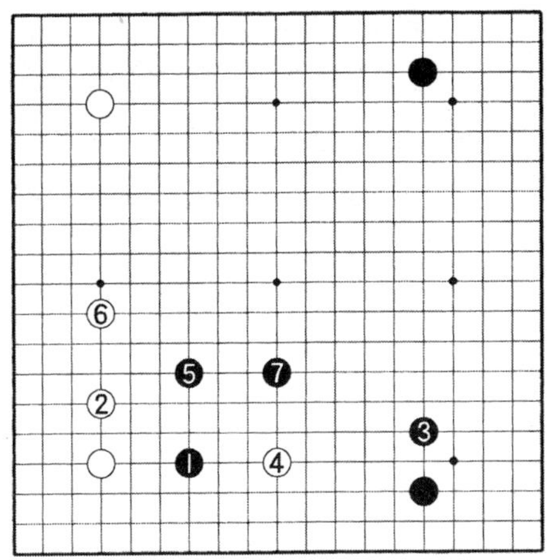

4도(화려하지만)

흑은 흑1·3의 포진도 생각할 수 있다. 백4의 갈라침에는 흑5·7로 크게 포위하여 공격할 수 있지만, 백은 아마 백4로 이곳을 두지 않고 집차지로 가게 되어 흑의 전술이 3도만 못하다.

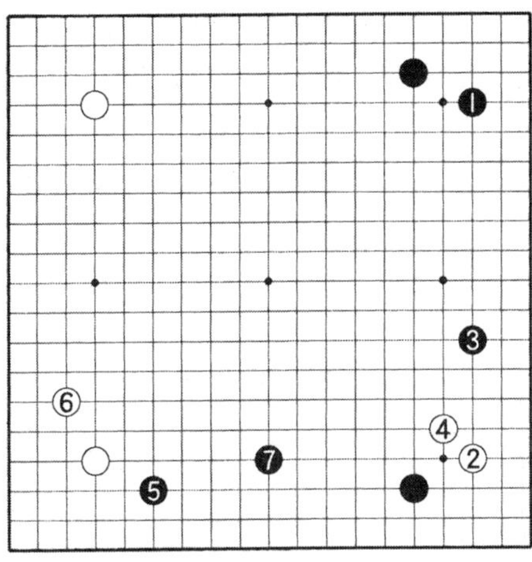

5도(흑 변신)

흑은 흑1로 먼저 굳혀 다시 실리 위주로 전환할 수도 있다. 백2에는 흑3·5·7로 둔다. 이 진행은 집차지의 흐름이 될 공산이 크다.

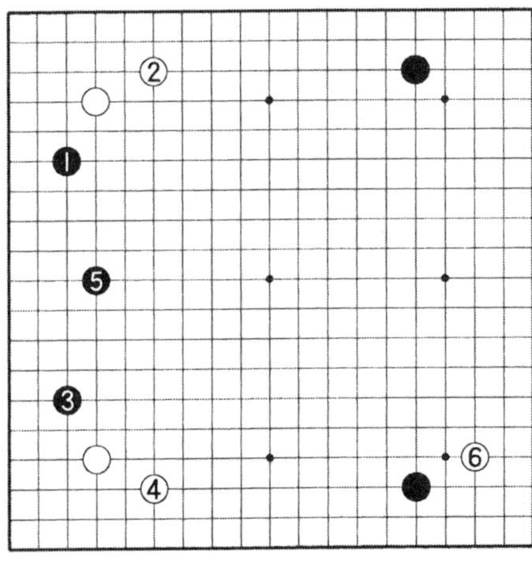

6도(흑 변신)

흑은 흑1·3·5로 좌변을 구축할 수도 있다. 다만 애초의 취지와 너무 판이하여 백6쯤에 둘 때 다음 전술의 선택이 어렵다는 것이다.

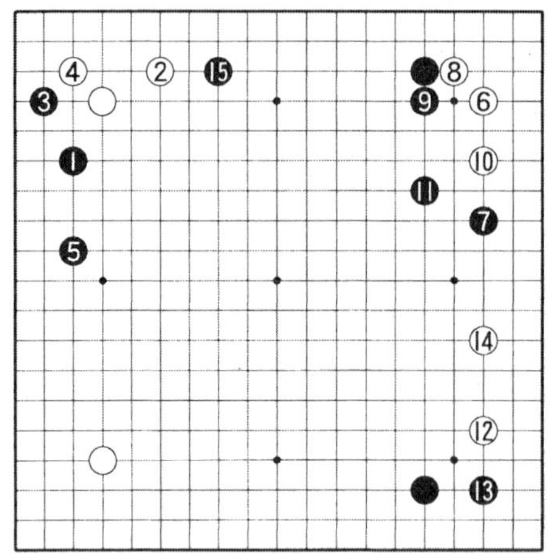

7도(무미건조)

흑1·3 이하로 두고 백6때 요즘 유행하는 흑7로 협공하는 흐름은 일관성이 없다. 이하 흑15까지 스피디한 진행으로 보이지만 전술적인 사고는 거의 없는 것이다.

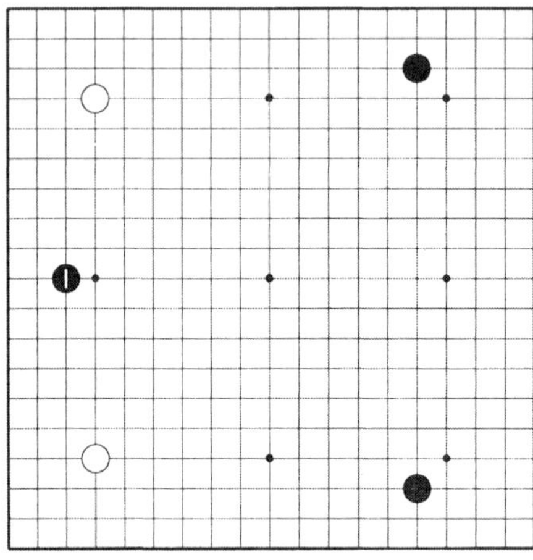

8도(의미없는 갈라침)

흑1로 갈라치는 것은 생각만으로는 보편적인 것이지만 애초의 취지와는 거리가 멀다. 흑으로선 이렇게 둘 바에는 처음부터 양외목을 둘 이유가 없다.

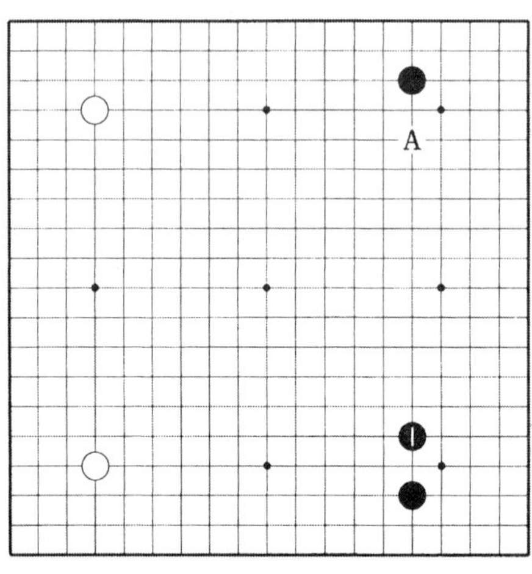

9도(일리있는 굳힘)

흑1이나 A로 먼저 굳히는 것은 전술적으로 의미가 있다. 이것은 선수비 후 상대의 전술여하를 묻는 것이기 때문이다.

제53형

침입을 유도하여 공격하는 전술

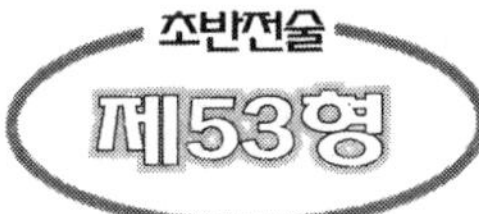

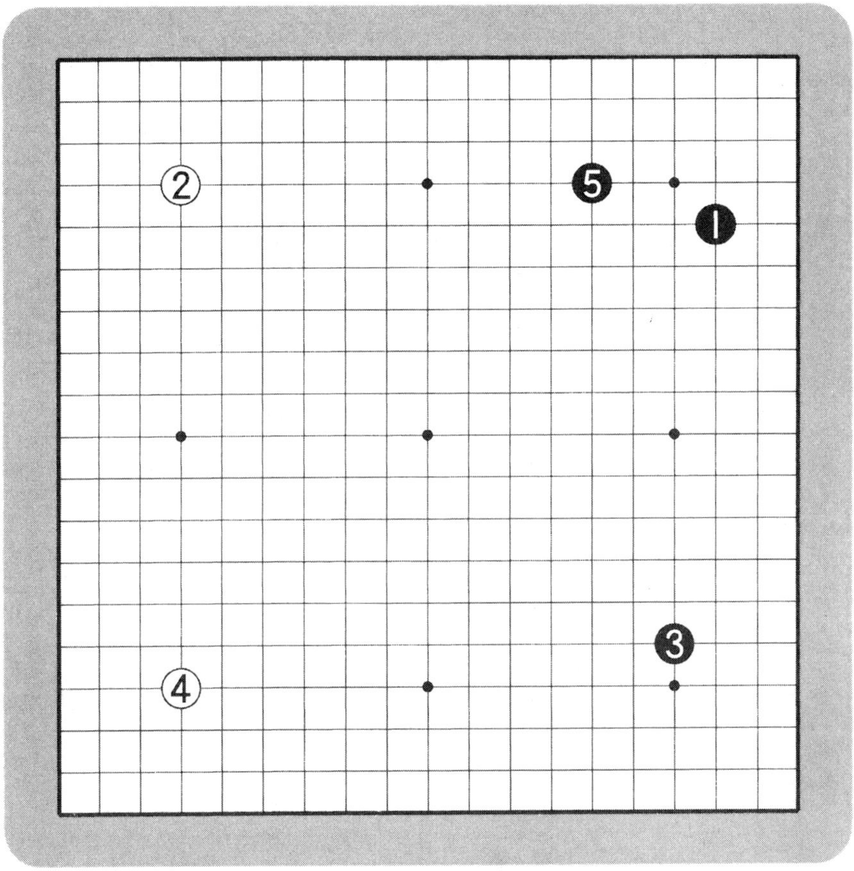

흑1·3·5는 본격적으로 침입을 유도하여 공격을 하겠다는 의도다. 이 전술의 선악은 따질 수 있는 것이 아니기 때문에, 따라서 공격력이 강한 아마추어에게는 권해볼 만 하다. 참고로 이 수법은 이창호 9단이 시도했던 전술이다.

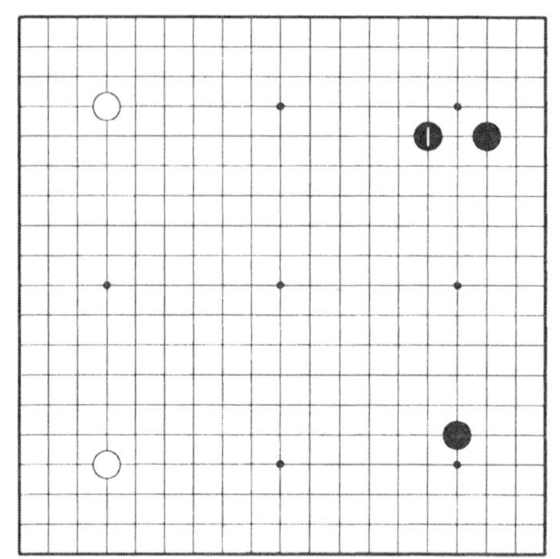

1도(정상적인 수비)

꼭 이곳을 높게 수비하겠다면 흑 1이 보통이다. 기본형은 혹시 있을 지도 모를 집부족에 대비하려는 태도가 엿보인다.

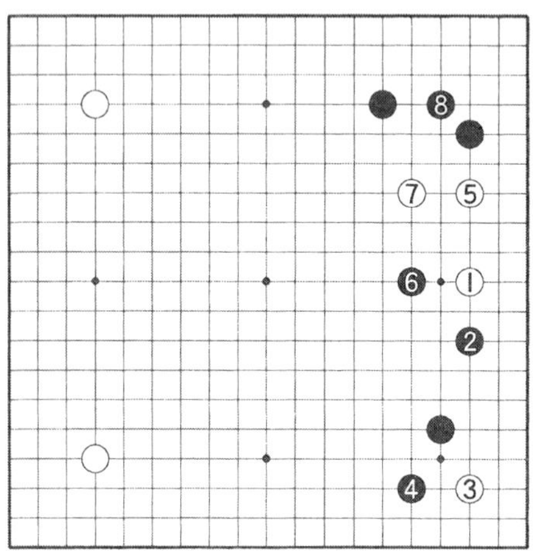

2도(실전)

백1은 이곳의 진영이 완성되는 것을 막는 단 한수의 갈라침이다. 흑2도 당연한 공격이며 이때 백3은 상대가 굳히기 전 응수타진에 해당한다. 흑8까지 흑은 우상귀를 굳히며 백을 공격하고 있는데, 흑이 번 것은 우상귀의 한칸이며 잃은 것은 우하귀를 백에게 내어준 것이다.

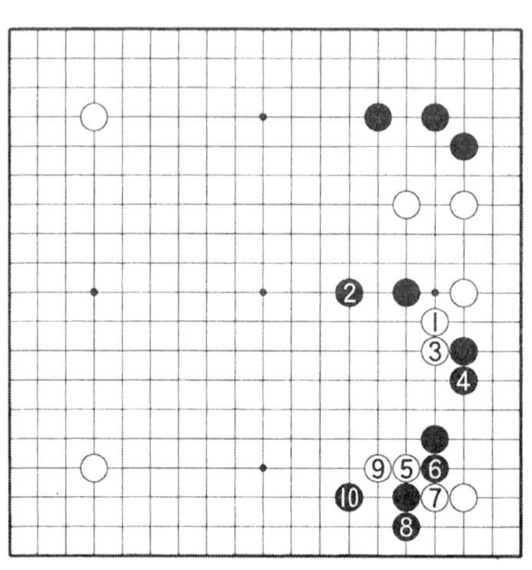

3도(공격의 묘)

백1은 어쩔 수 없는 탈출인데 이때 흑2가 공격의 틀이다. 백3을 유도하여 공격하는 척 하면서 우하귀를 제압하려는 것이 목적이다. 백도 백5로 반발하여 변화를 구해야 한다.

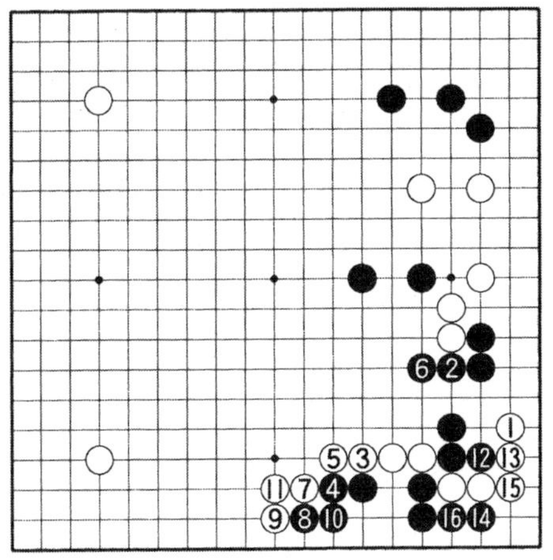

4도(3도의 계속)

백1은 단순히 귀를 살려는 목적이 아니라 근거를 확보한 후 백3·5로 밀어 양쪽 흑을 엮으려는 것이다. 따라서 흑6도 당연하며 이로서 다시 우변의 백이 갇히고 있다. 대신 백은 귀의 백을 이용하여 하변을 봉쇄했다.

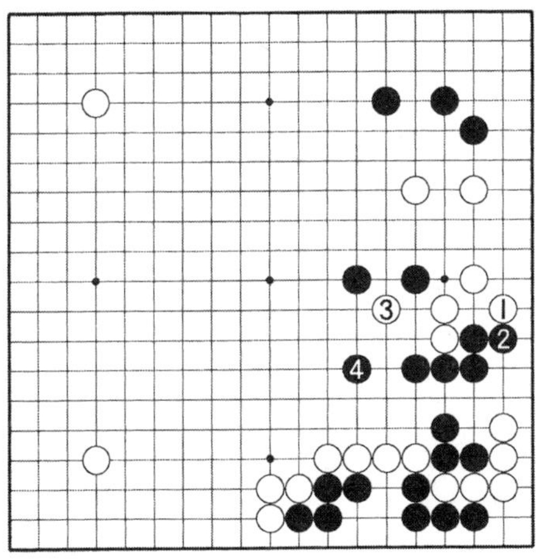

5도(4도의 계속)

백1은 가벼운 활용이며 백3으로 탈출을 시도한다. 흑4는 실전이 아니지만 흑이 이렇게 두었다면 공세의 효과가 아직 살아있어 흑이 주도권을 잡았을 것이다. 이처럼 기본형과 같은 포진은 공격의 효과가 높다.

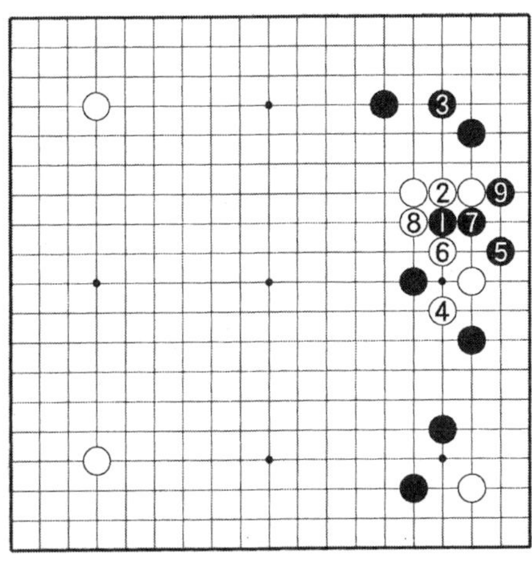

6도(흑의 변화)

또 2도 백7때 흑은 본도 흑1로 응수타진한 후 흑3에 지킬 수도 있었다. 백2라면 이하 흑9까지의 수단이 남는다. 또 2도 흑6으로는―

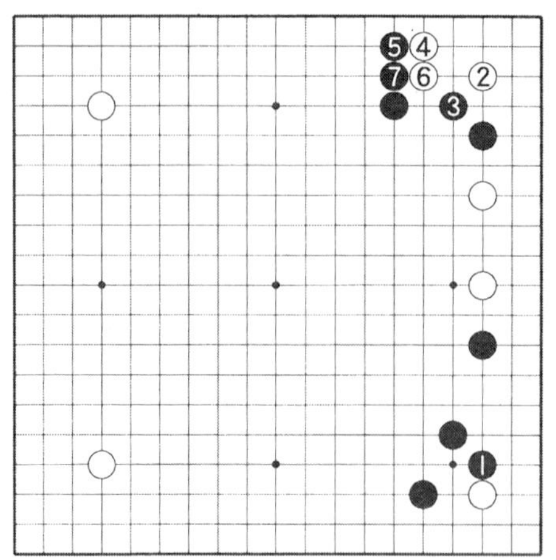

7도(선수비 후공격)

본도 흑1로 두어 공세를 보류할 수도 있었다. 이때 백2는 무리다. 흑3 이하로 봉쇄하여—

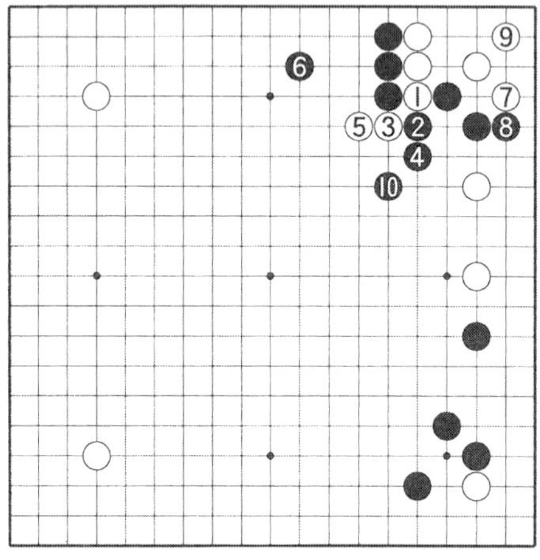

8도(7도 계속)

백1·3으로 끊으면 흑4 이하로 방어하여 흑10까지 백은 곤경에 처한다.

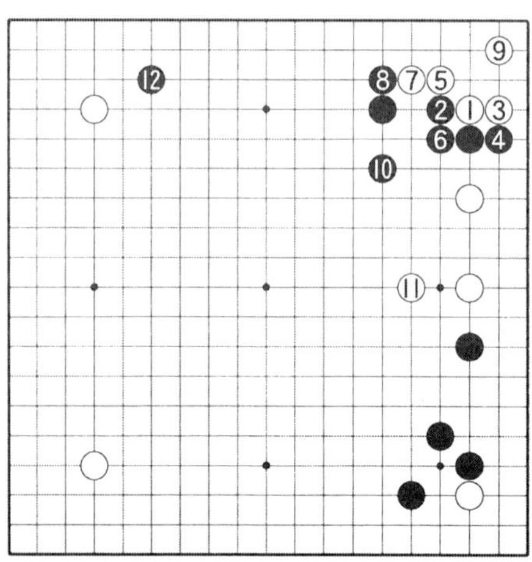

9도(7도의 변화)

또 7도 백2로 본도 백1로 붙여 교란하려는 것은 흑2 이하로 알기 쉽게 처리한다. 흑10으로 수비하여 백11때 흑12에 전환하게 되는데, 이 결과는 우변 백이 아직 미생인 관계로 흑이 당연히 우세하다.

초반전술

제54형

지구전으로 유도하려는 전술

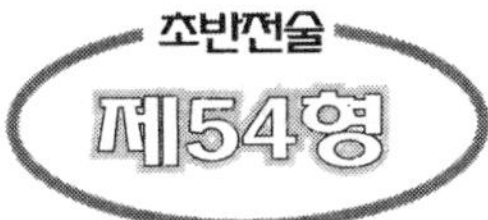

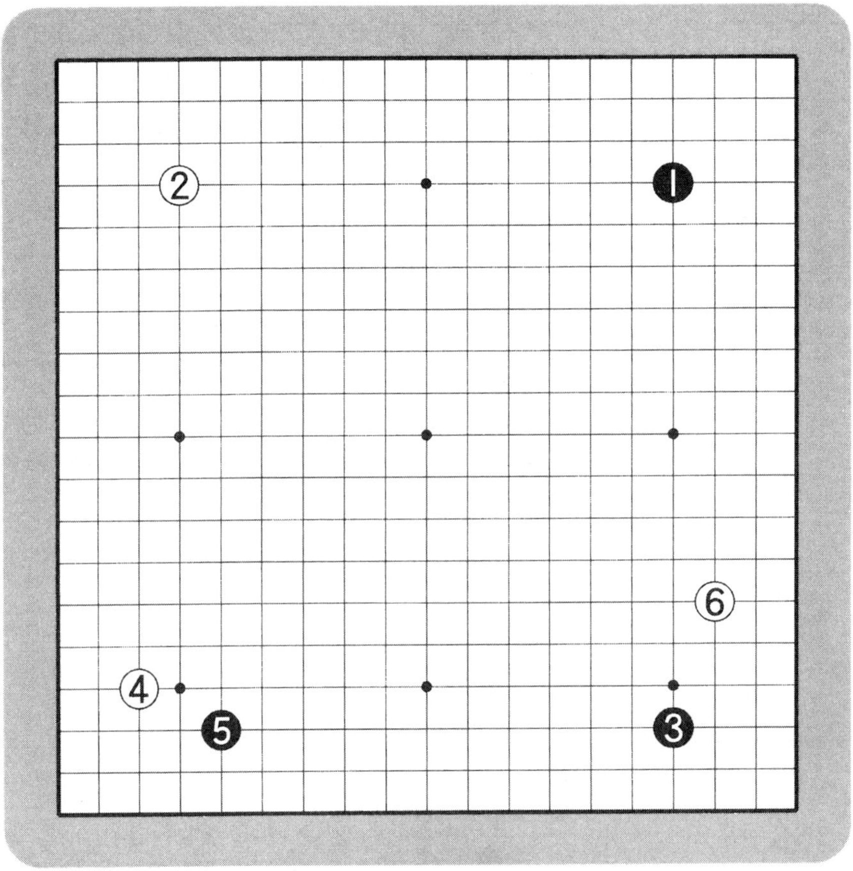

흑5에 대한 백6의 눈목자는 최근에 시도된 것이다. 이 수의 의도에는 한칸으로 가깝게 접근하는 전술에 비해 지구전으로 끌고 갈 수 있다는 계산이 깔려있다.

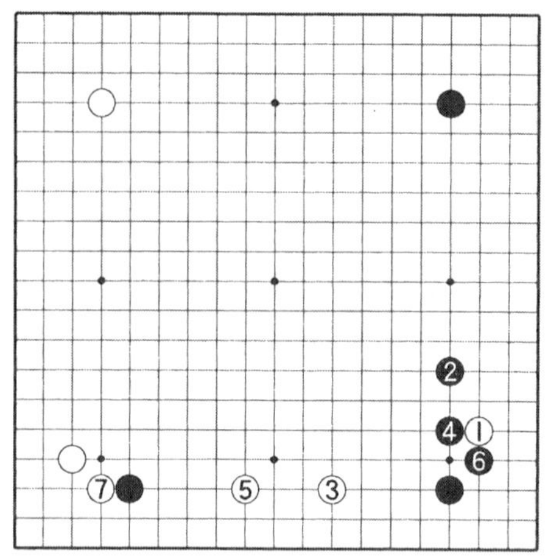

1도(한때 유행)

백1 이하는 한때 유행했던 진행이다. 흑2의 급전을 피해 백3·5로 변신했지만 백7에 이르면 다시 공방을 요구하여, 이 진행은 지구전의 양상이 아니다.

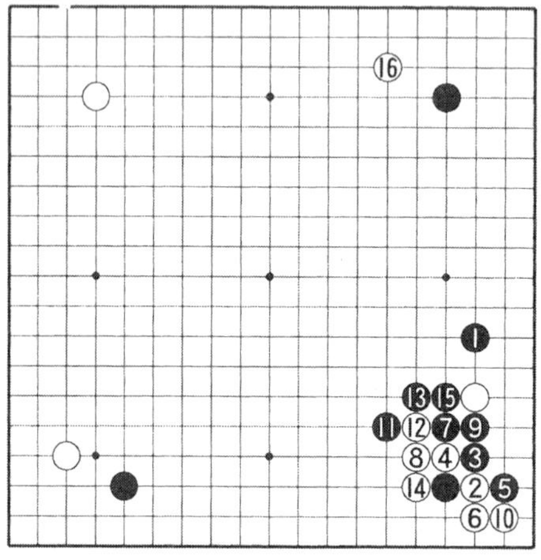

2도(정석 선택미스)

기본형에 대해 흑1의 협공은 후수로 끝나는 정석으로 이는 선택미스다. 백16을 허락하여 백에게 스피드가 붙는다.

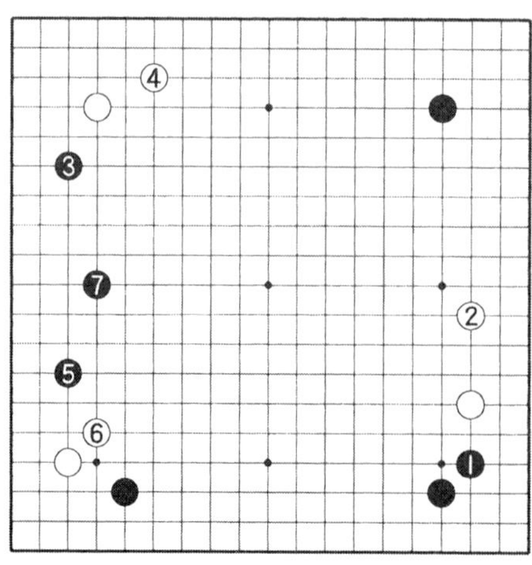

3도(선수 정석)

흑1은 거의 정수라고 보아도 좋다. 이 수가 정당한 이유는 현재 좌하귀의 형태와 함께 좌변에 선점하는 것이 포인트이기 때문에 선수가 되는 정석을 선택하는 것이 맞다. 흑3 이하 흑7까지 흑이 선착의 효를 잃지 않고 있는 진행이다.

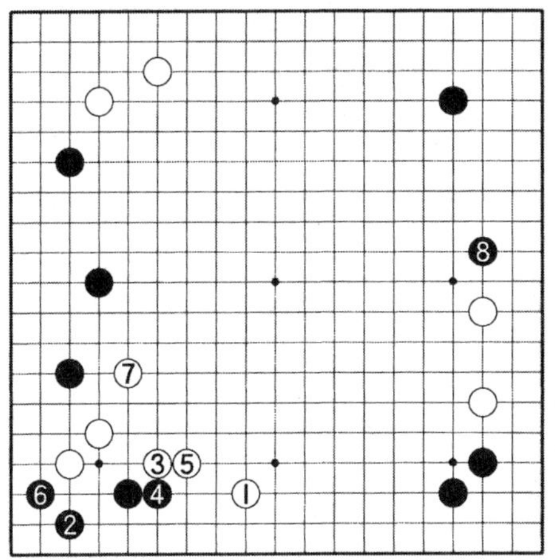

4도(3도 계속)

 백도 지구전을 유지하려면 백1 정도로 두어 흑에게 큰 모양을 허락하지 않는 전술이 필요하다. 그렇다면 흑은 귀를 확보하고 다시 선수를 잡아 흑8을 선점하여 흑의 우위는 계속된다. 수순 중 백7은 요처로 방치할 수 없다.

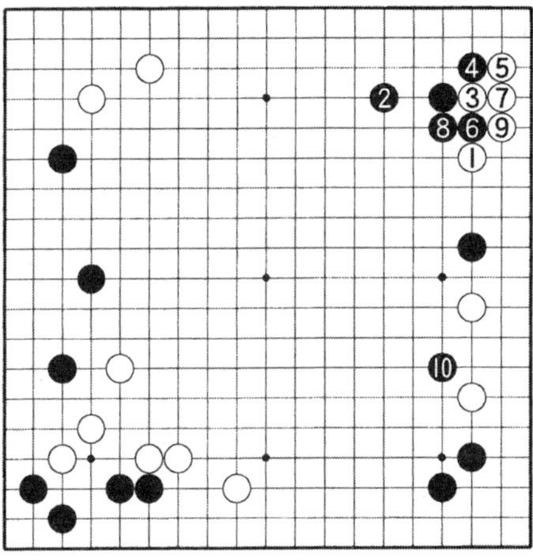

5도(4도 계속)

 백1은 계속되는 흑의 스피드에 제동을 걸기 위한 반발이지만, 흑2 이하 백9까지 되었을 때 귀를 보류하고 흑10에 역공하는 것이 흑의 준비된 전술이다.

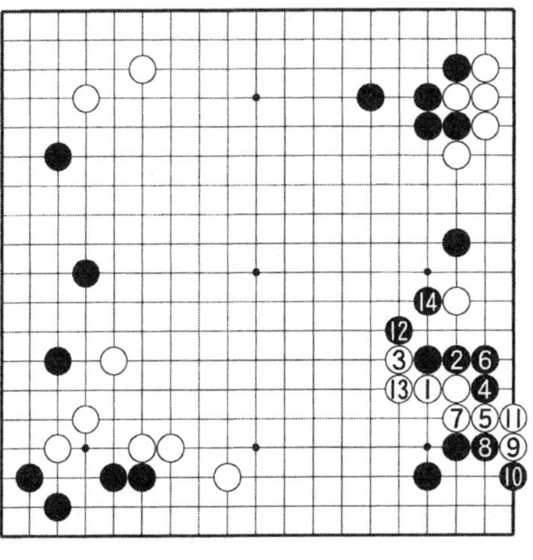

6도(5도의 계속)

 백1도 흑2의 곳에 순순히 받으면 중앙의 흑세가 커지므로 흑의 주문에 반발한 것이다. 이 진행은 주도권 쟁탈을 위해 서로 양보가 없는 공방의 연속이다.

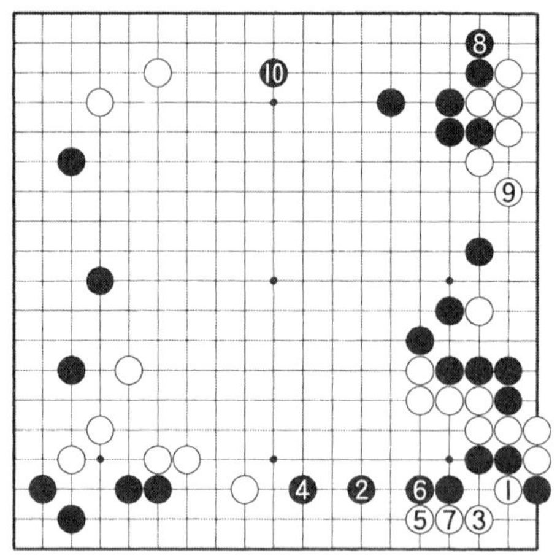

7도(6도 계속)

백1 이하는 흑이 감수해야 하는 손실이며, 흑이 선수를 잡아 흑8에 손이 돌아가는 것도 필연적인 수순이다. 흑10까지 흑이 우세를 견지한 가운데 중반으로 접어들고 있다. 여기까지의 진행은 흑이 선수로 계속 국면을 리드하는 전술적 수순이 볼 만 하다.

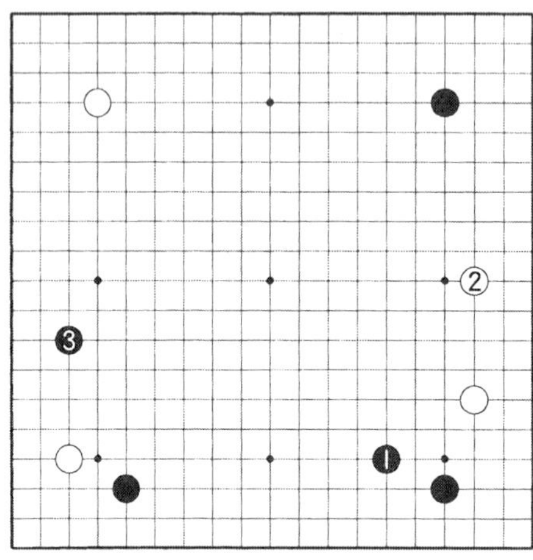

8도(색다른 취향)

흑1은 독특한 듯 하지만 시도해 볼 만한 착상이다. 백2라면 흑3 정도로 협공하여 변을 빠르게 점거해 가는 수법이다. 수순 중 백2로—

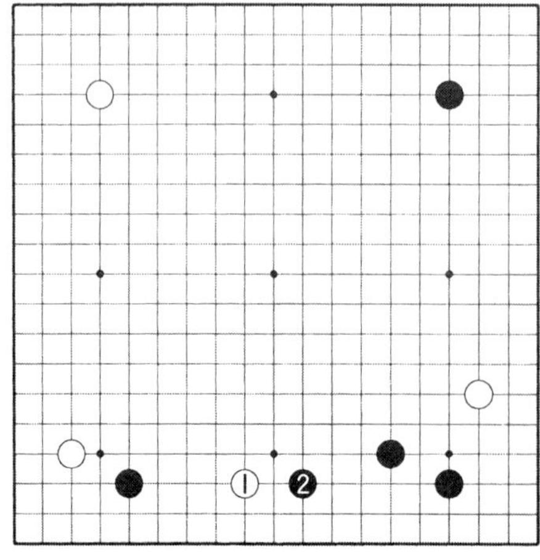

9도(8도의 변화)

본도 백1로 하변을 갈라쳐 오면 흑2에 둔다. 이 진행은 백이 둘 곳이 우변, 좌변, 하변 등 점점 늘어나 바빠지게 될 것이다.

초반전술

제55형

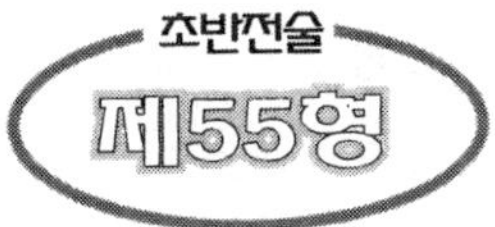

요다 9단의 신수

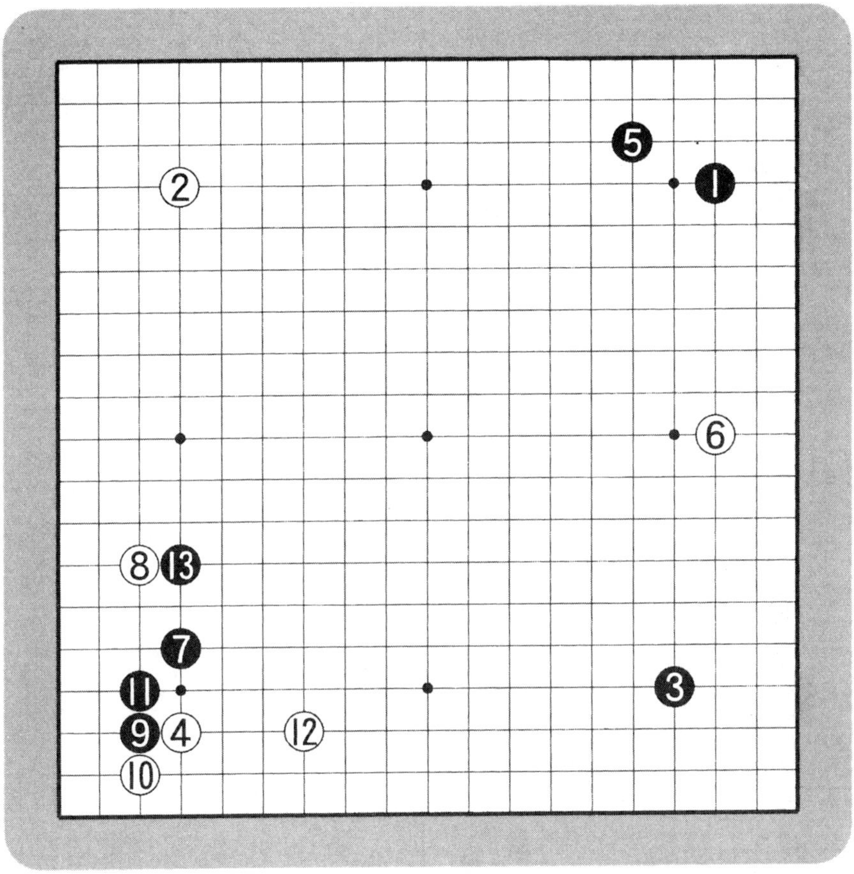

흑13은 요다 9단의 신수다. 이 부분진행은 중국식에서 다룬 바 있지만 전체적인 진행에서 볼 때는 우변의 포진이 다르다. 그리고 흑13은 최근의 변화가 만들어지기 전까지 긍정적인 평가를 받았던 변화였다. 또 이 변화의 언저리에서 서로의 기세가 충돌하여 중반 전까지 흑이 주도하는 전술대목은 볼만하다.

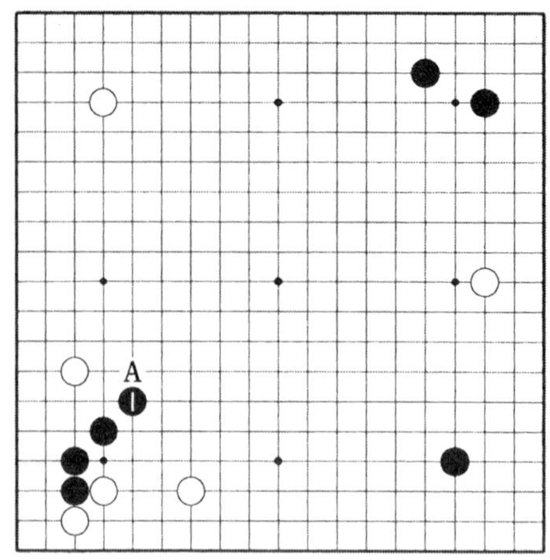

1도(최근의 수법)

기본형의 흑13은 최근에 흑1이나 흑A로 바뀌었다. 그러나 지금 이 수는 우측의 포진과 관련하여 주의할 필요가 있다. 우변에 백의 갈라침이 있어 중국식과는 상황이 다른 것이다.

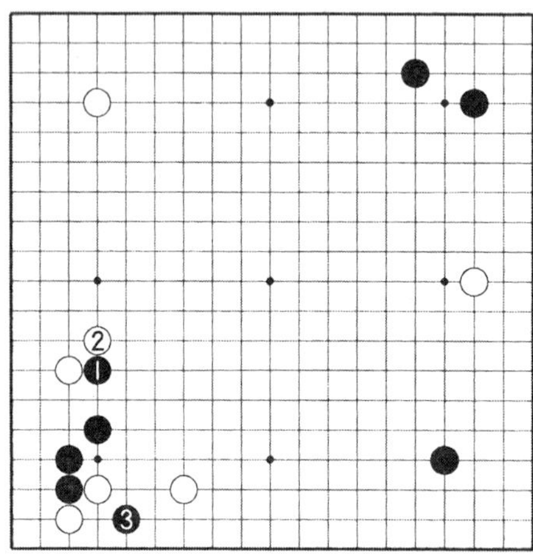

2도(치중의 수순)

흑1의 취지는 흑3의 치중에 있는 것으로, 이것이 당시 요다 9단의 수읽기였다.

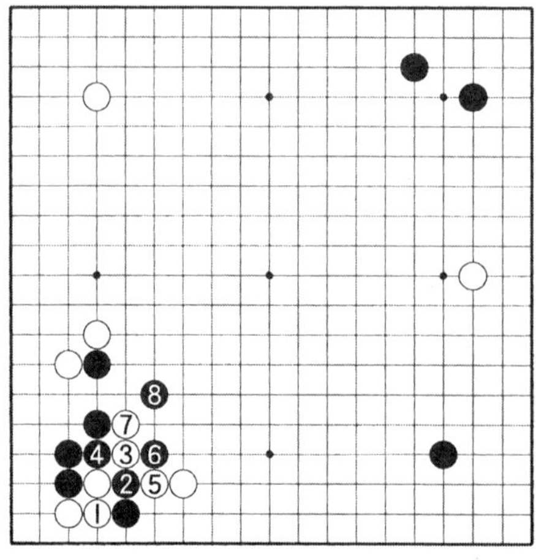

3도(2도의 내막)

지금은 이 진행이 거의 결론 내려진 것이지만, 2도의 수순은 본도 흑8까지의 변화를 요구한 것이다. 당시 이 수순에 불만이 있던 백은—

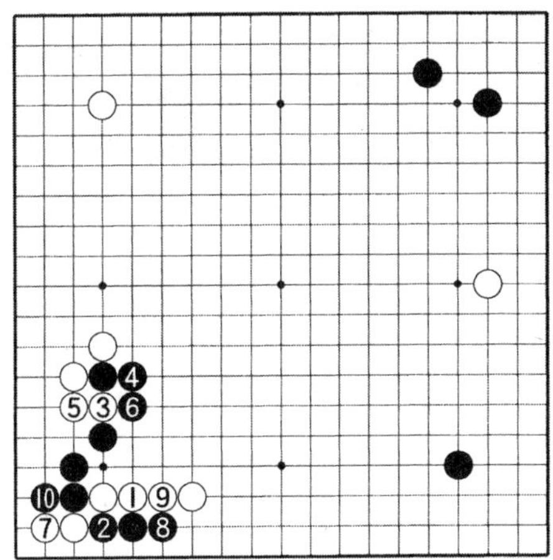

4도(2도 계속)

 본도 백1로 반발했는데 흑2부터 이 곳은 때이르게 전투가 일어날 조짐이다. 흑10까지가 흑이 보아둔 수순이다. 흑은 중앙의 절단을 허락하고 귀를 차지했다.

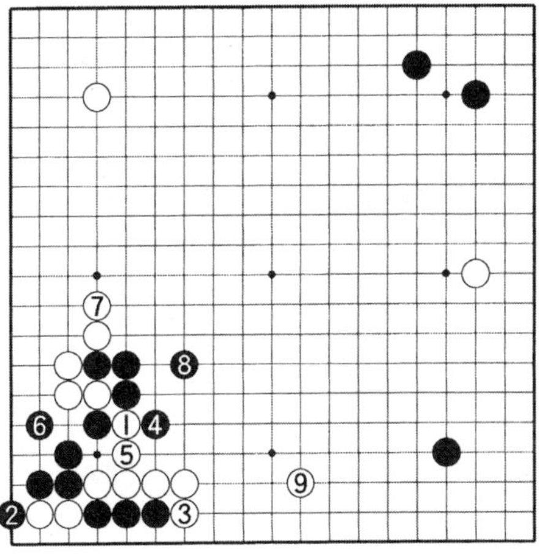

5도(4도 계속)

 백1에는 우선 흑2로 잡아두고 백3을 기다려 흑4 이하 흑8까지 중앙을 정비하는 수순을 얻을 수 있다. 백9가 불가피할 때—

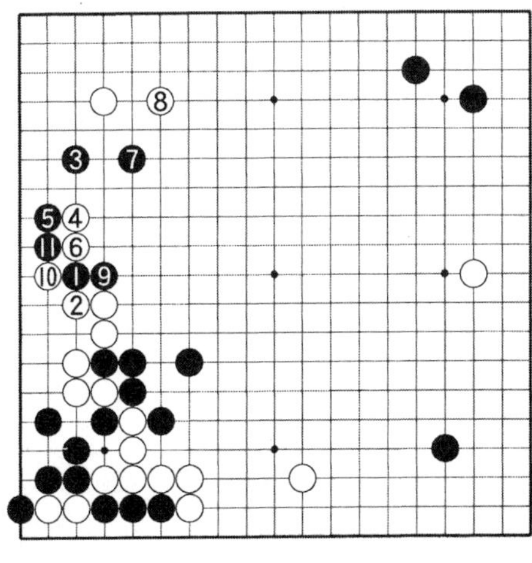

6도(5도 계속)

 흑1·3은 경쾌한 수순이다. 또 흑5는 통렬한 맥점이다. 백6때 흑7을 선수하고 흑9·11로 끊는 강수를 준비하고 있다.

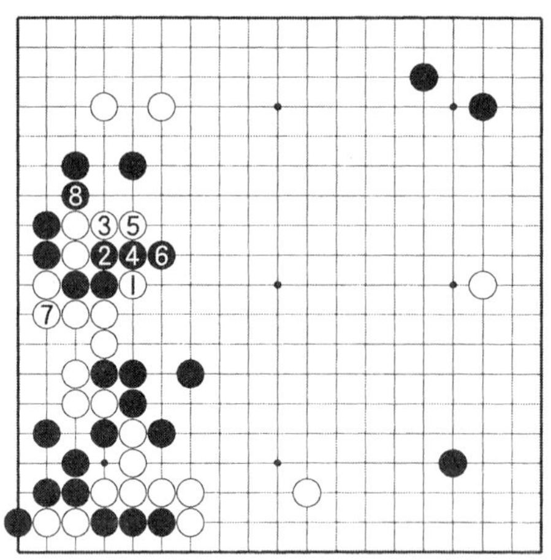

7도(백 곤경)

백1부터 백7까지는 어쩔 수 없는 진행이지만, 백이 곤경을 벗어나기는 쉽지 않다.

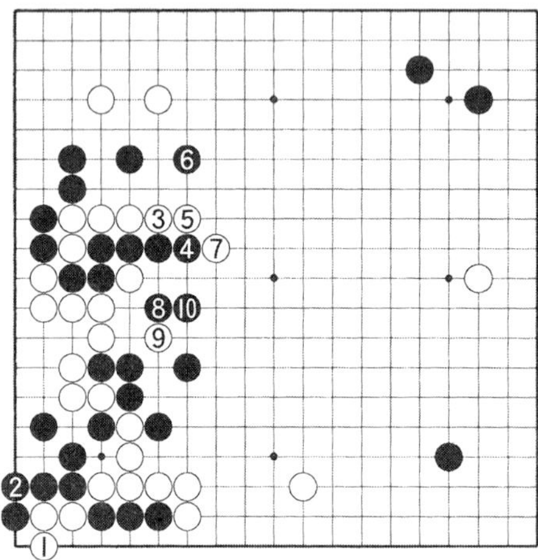

8도(7도 계속)

백3·5에 대해서는 흑6으로 공격의 고삐를 늦추지 않는다. 흑10까지 백은 호시탐탐 반격을 엿보지만 흑의 응수에는 빈틈이 없다.

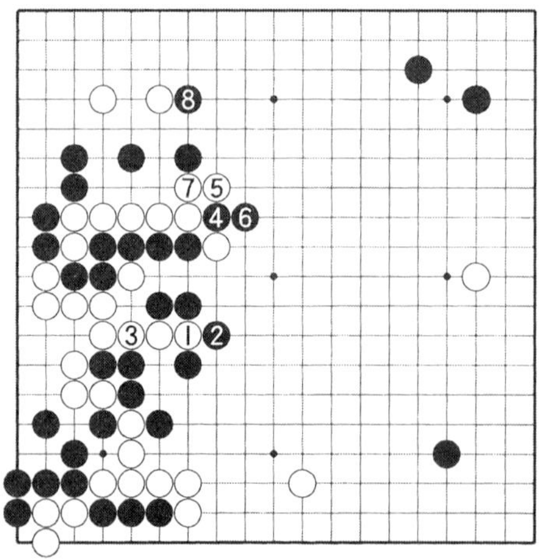

9도(8도 계속)

백1·3으로 반격해보지만 흑4·6에 이어 흑8로 백이 형세를 만회하기는 불가능하다.

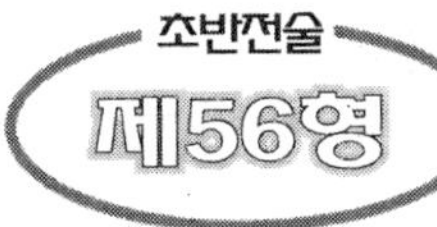

제56형 전투력 강한 상대에게 지구전을 유도하는 전술

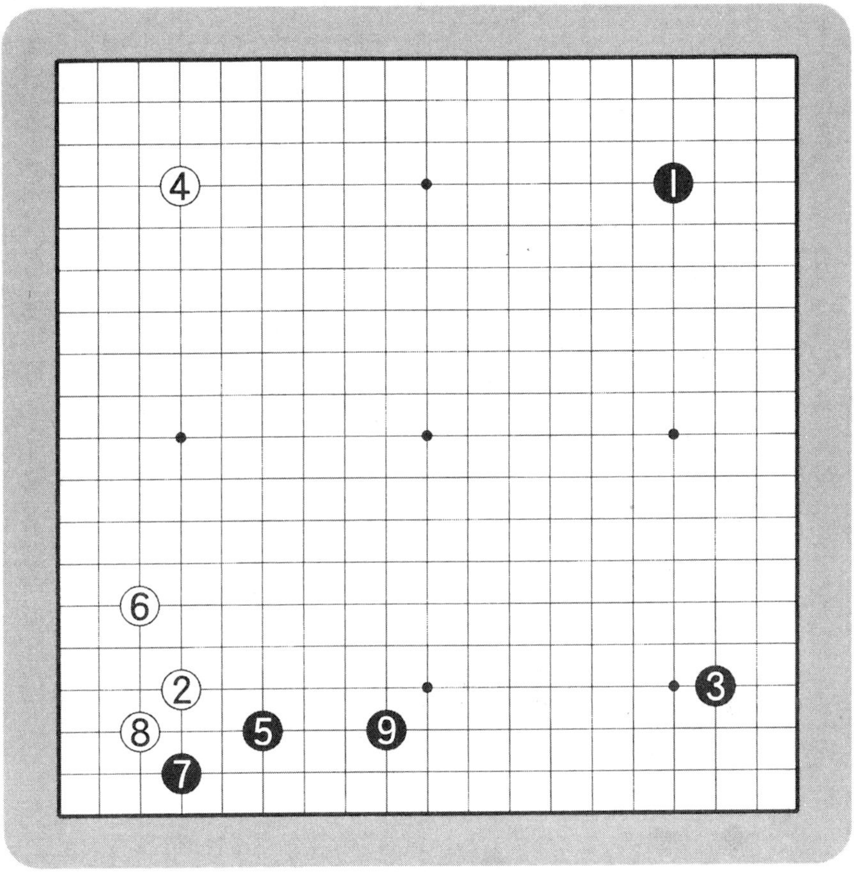

흑1 · 3의 포진과 관련하여 흑7 · 9의 전개는 지구전으로 유도하려는 의도다. 초반의 전술적 흐름이 완만하여 변수가 적은 관계로 현대감각과는 다소 거리가 있지만, 전투력이 강한 상대에게는 꽤 유력한 전술패턴이다.

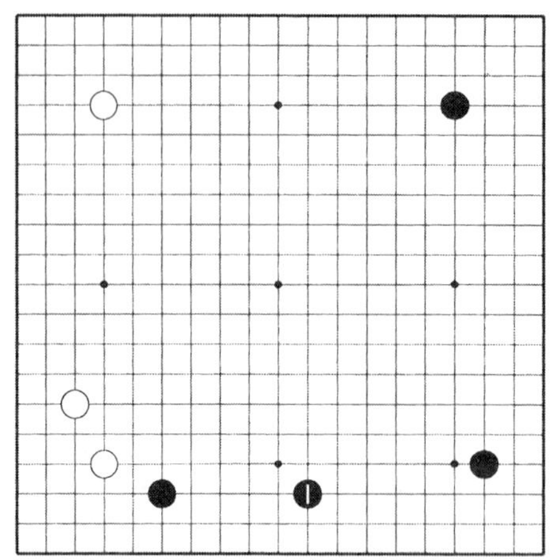

1도(미니 중국식)

본도 흑1로 두면 미니 중국식이다. 그러나 굳이 기본형을 선택하는 것은 유행을 타지 않으려는 고집스런 발상이기도 하지만, 상대에 따라 초반의 패턴을 바꿔 보려는 전술적 사고이기도 하다.

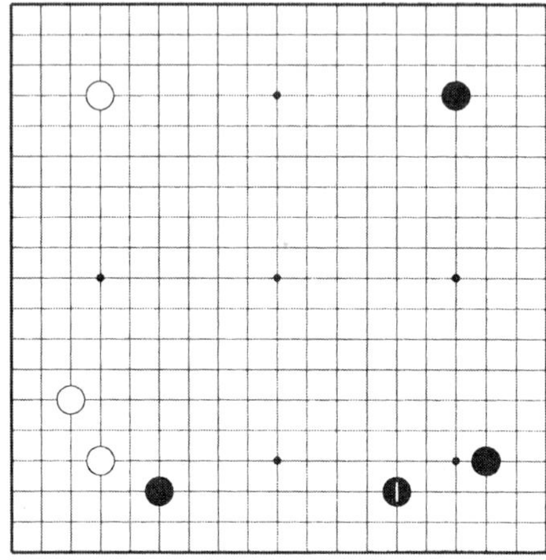

2도(전술적 신사고)

흑1은 미니 중국식보다 더 진취적인 사고의 표출이다. 최근에 이런 경향이 자주 보이는 것은 신사고를 지향하려는 연구열 때문이다.

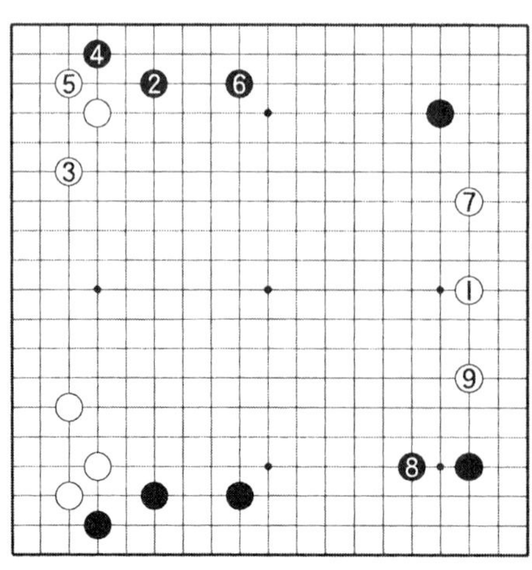

3도(실전)

기본형 이후는 백1을 중심으로 구성되는 것이 가장 무난할 것이다. 백9까지 서로 공방이 전개될 조짐은 보이지 않고 있지만, 최초의 전단은 우상귀에서 시작될 확률이 가장 높다.

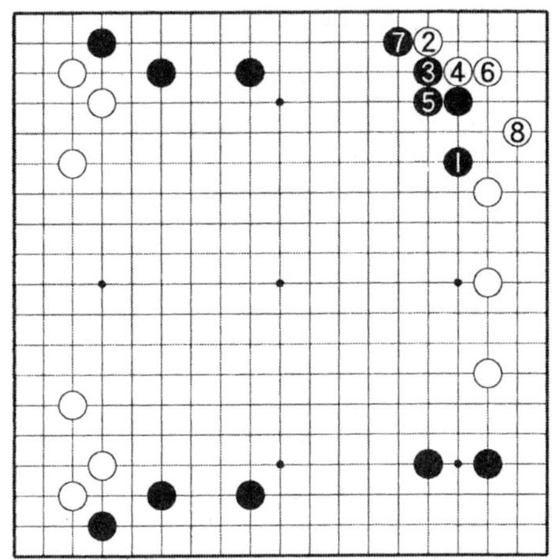

4도(기대기)

흑1은 진영을 확장하기 위한 일종의 기대기다. 우변 백이 견고하므로 굳혀주어도 손해가 없다는 계산이다. 백도 장단을 맞출 수는 없으므로 백2·4 이하로 전단을 모색한다. 백8까지는 피차 타협된 결과다.

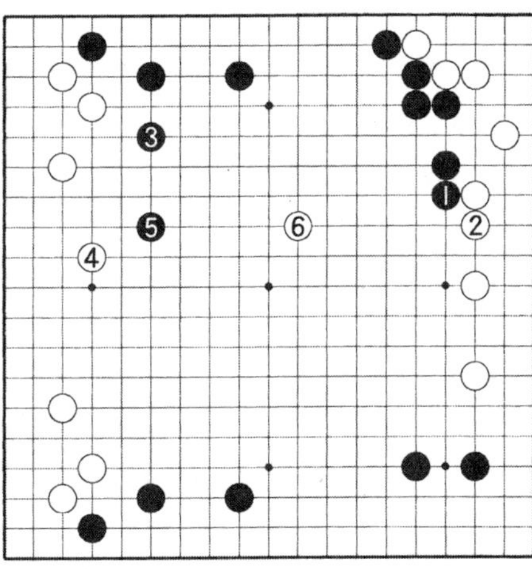

5도(4도 계속)

흑1부터 흑3·5는 상변의 구축을 통해 백을 유인하여 공세의 주도권을 잡으려는 의도다. 백도 흑5때 더 이상 방치할 수는 없기 때문에 백6으로 삭감을 시작하여 최초의 공방이 예상된다.

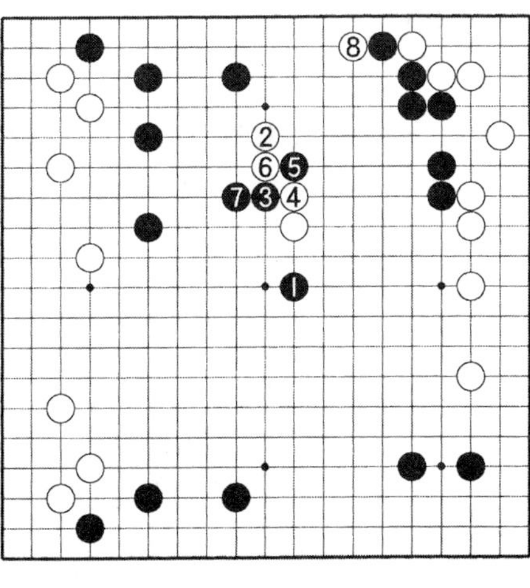

6도(5도 계속)

흑1은 어쨌든 이 한수다. 흑5로 물러서 집을 장만하는 것은 계가로 불리하다. 백도 무조건 달아나는 것은 전술이 없다. 백2까지 진입해 이곳에서 전단을 모색해야 한다. 흑3·5의 강력한 절단에는 백에게도 대비책이 있다. 다만 이 부근은 흑이 수순을 간과한 흔적이 있다.

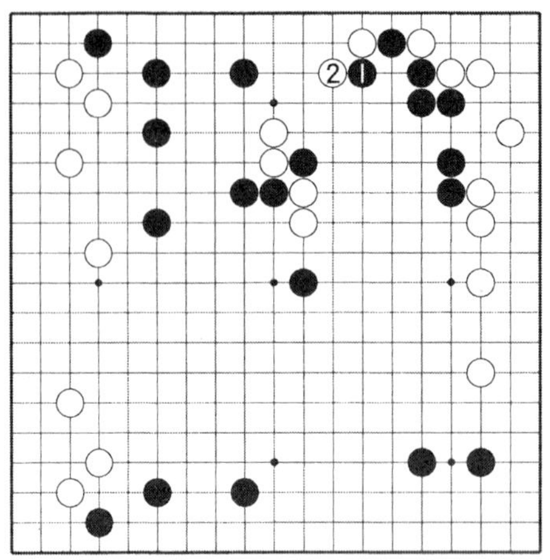

7도(준비된 수순)

본도 흑1에는 백2의 수순이 준비되어 있다. 중앙 흑 한점의 축과 연관된 것이다.

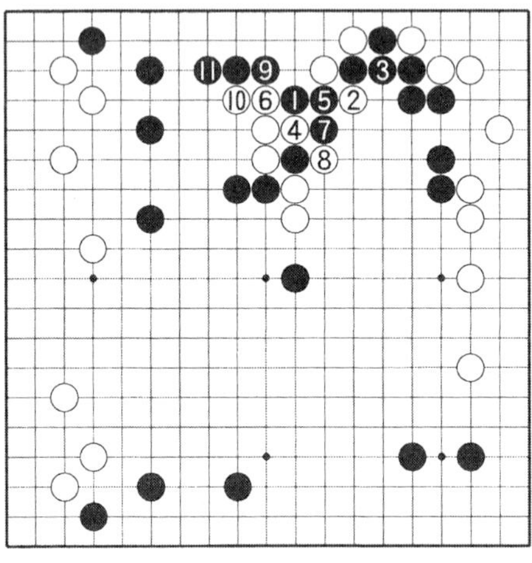

8도(7도 계속)

흑1은 최강의 저항이지만 백2 이하 흑11까지 백은 선수로 이곳을 해결한 셈이 되어, 여기서 승세를 잡았다.

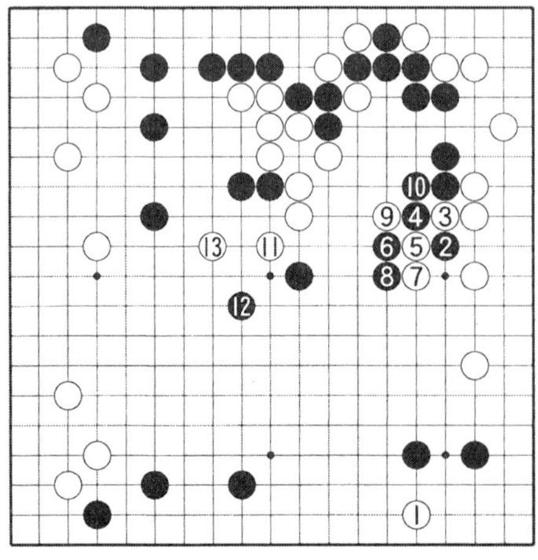

9도(8도 계속)

백1은 중앙 백의 안전을 확인하고 승리를 결정지은 침입이다. 흑2 이하의 공격이 강력하지만 백은 백13까지 이미 활로를 만들어 놓고 있다.

제57형 기착점에 따라 자유자재로 구사하는 전술

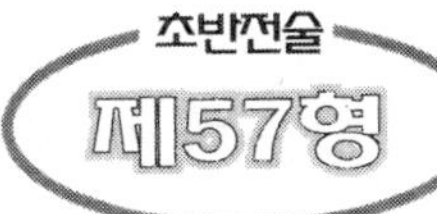

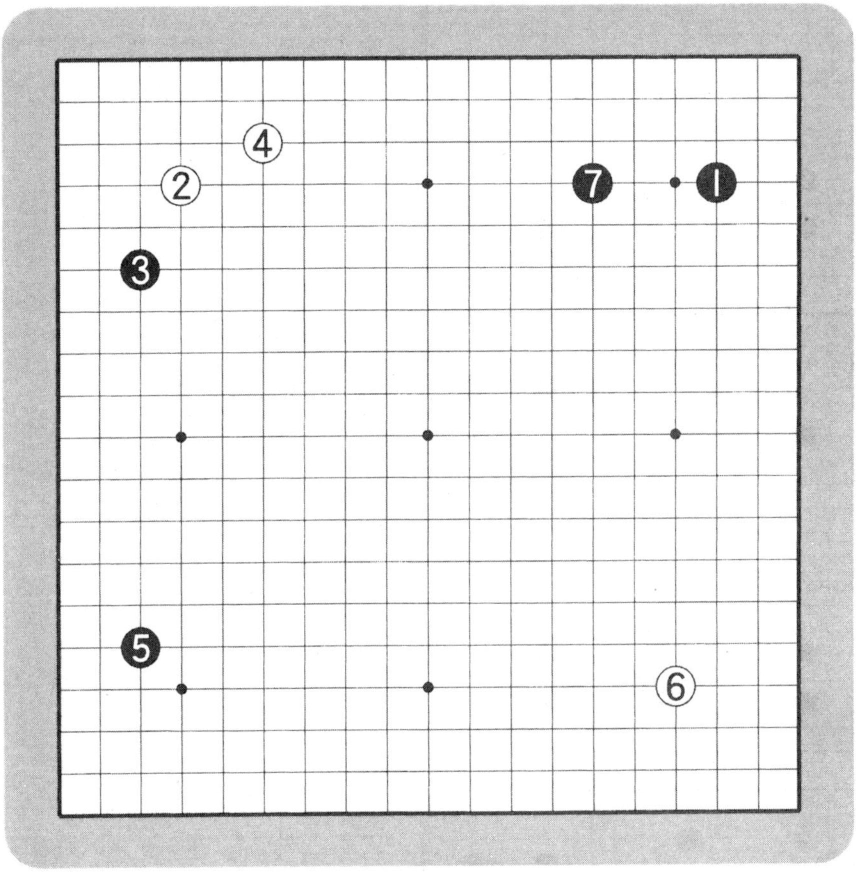

흑3 · 5 · 7과 같은 전술은 패턴이나 시스템과는 거리가 있지만 전술적 흐름은 사실상 모두 같은 맥락이다. 보류를 통한 전환에서 스피드를 얻거나, 전개의 선택으로 진영을 구축하는 전술은 모두 초반에 기착점을 염두에 둔 전술행위이기 때문이다.

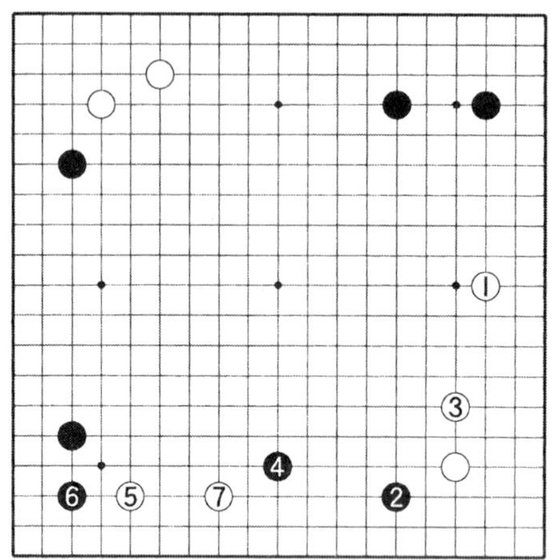

1도(실전)

백1은 지역적으로 볼 때 전술적 가치가 가장 큰 곳이며 흑2·4는 진영의 구축이다. 이때 백5는 가장 안전한 침입이 된다. 백7까지는 백이 흑의 전술에 휘말리지 않고 있는 침착한 진행이다.

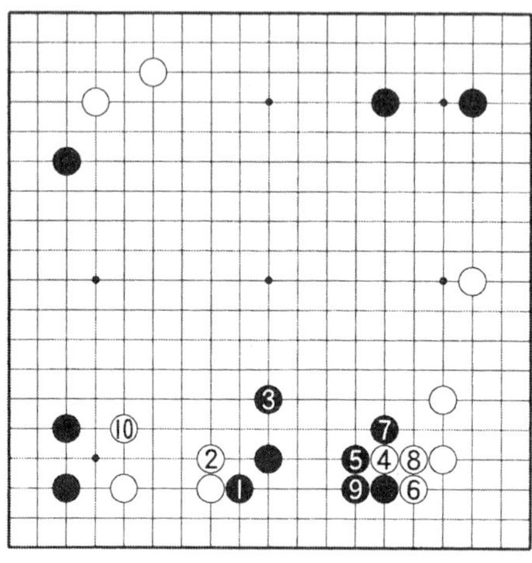

2도(1도 계속)

흑1·3도 필연이며 백도 백4 이하로 흑진을 굳혀주는 것은 아깝지 않은 수순이다. 그리고 백10으로 안정하여 백이 흑의 전술에 말릴 소지는 현재로서는 없다.

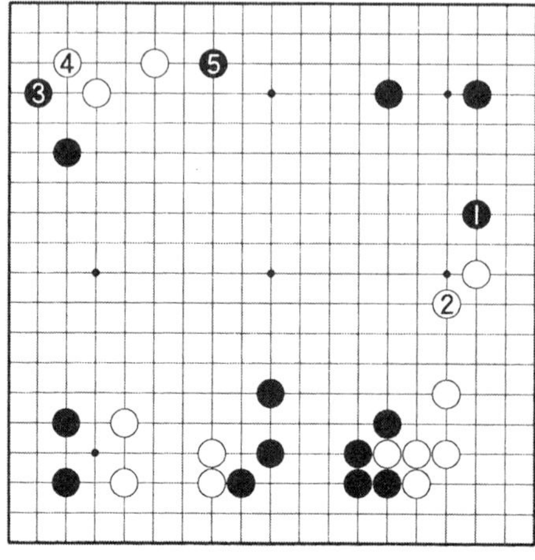

3도(2도 계속)

흑도 새로운 전술을 선택하려면 집에서 뒤져서는 안되므로 흑1·3·5는 그러한 취지의 소산이다.

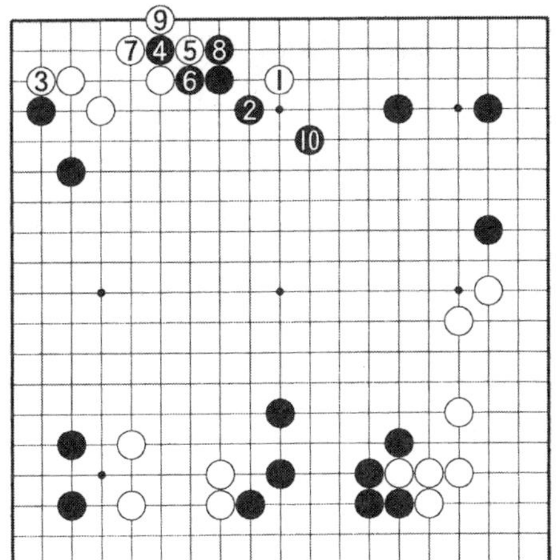

4도(최초의 전단)

상변의 흑진이 이처럼 넓어지는 것은 백도 견딜 수 없다. 따라서 백 1의 반발도 당연하며 여기서부터 최초의 전술적 전투가 벌어질 것이다.

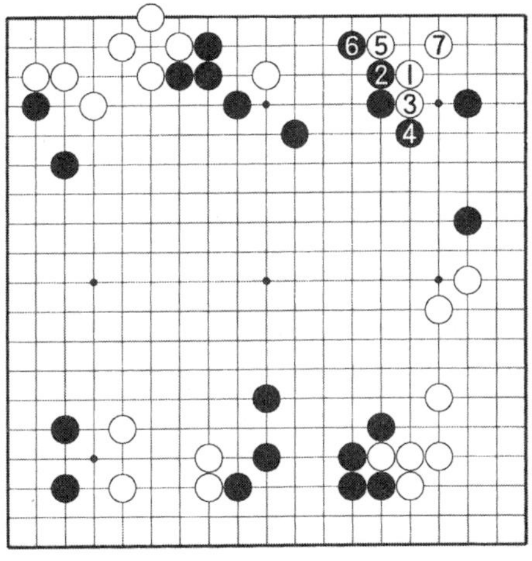

5도(4도 계속)

백1은 상변 백 한점을 이용한 절호의 침입이다. 백7까지 진행된 후—

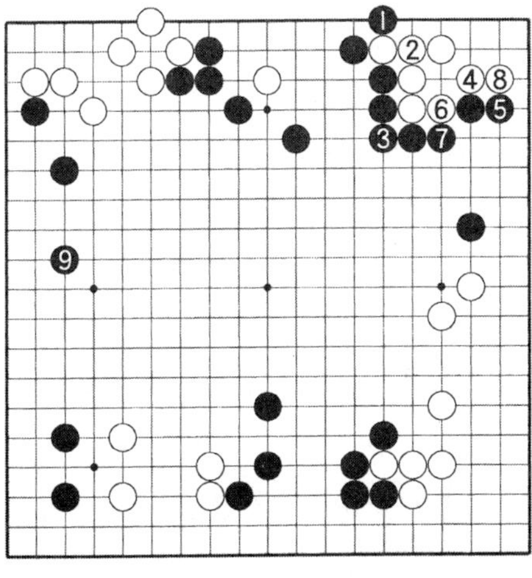

6도(5도 계속)

본도 백8까지는 피차 어쩔 수 없는 타협이다. 흑9로 이제부터는 전술적 공방이 일어날 장소는 좌하 방면 외에는 없다. 지금부터는 계가 바둑의 양상인데 좌하귀에서 좌변에 이르는 지역의 절충이 관건이다.

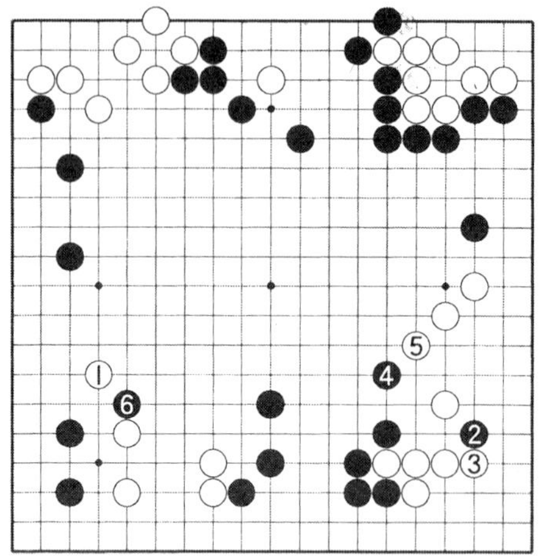

백에 대해 흑이 어느 정도 견디느냐가 승패를 결정짓게 될 공산이 크다. 흑2·4는 지나는 길의 응수타진이며 흑6이 초반의 마지막 전단이다.

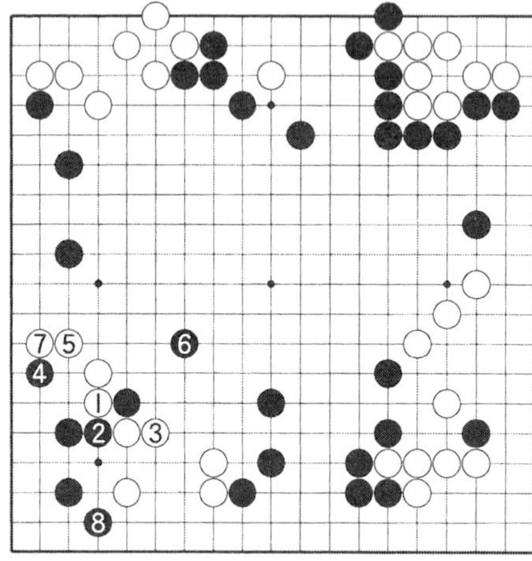

백1·3은 최강의 대응이다. 흑이 이 돌을 직접 움직이는 것은 패배로 직결된다. 흑6은 이 한점의 연결을 담보로 중앙에 얼마간의 집을 확보하려는 의도다. 초반의 전술적 갈등은 여기까지 타협으로 끝났다.

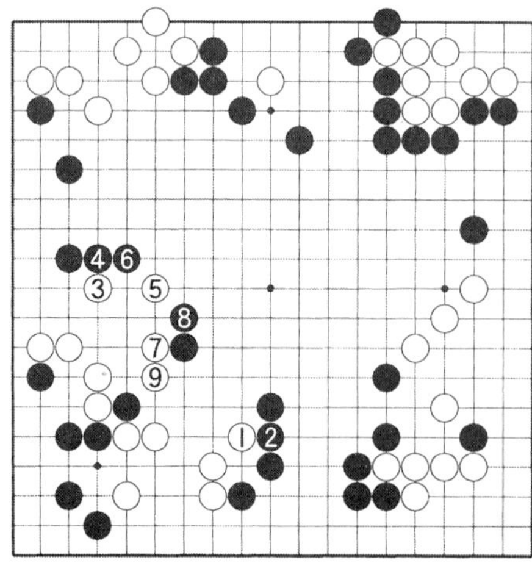

본도 백9까지 절충된 시점에서 판단하면 미세한 계가바둑이다. 초반은 흑이 의욕적인 포진으로 출발했지만 하변의 전개가 전술적으로 완만하여, 흑이 주도적인 공세를 취하거나 스피디한 진행을 보이지는 못한 실전이다. 초반의 전술적 구상에 차질이 생기면 이렇게 무미건조해진다.

제2부

중반전술

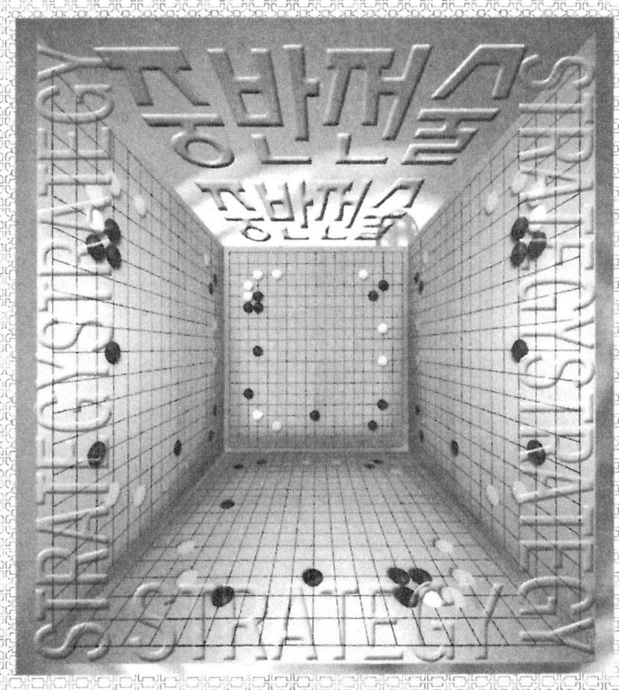

중반전술

제1형 흑세력의 약점을 어떤수순으로 추궁해야 할까?

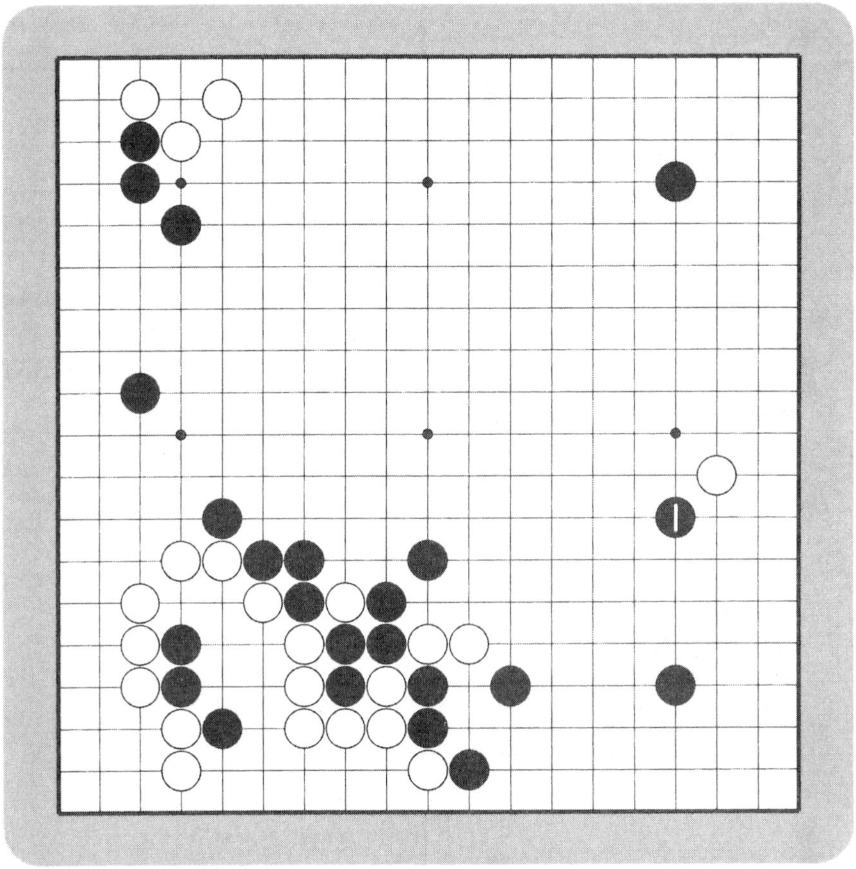

흑1은 좌하귀를 내준 댓가로 얻은 방대한 세력을 확장하기 위한 전술형 행마다. 백도 이대로 이곳을 굳혀줄 수는 없으므로 수단을 강구하지 않으면 안된다. 진영을 삭감하거나 침입할 때는 약점을 어떤 수순으로 추궁하는가를 생각해야 한다.

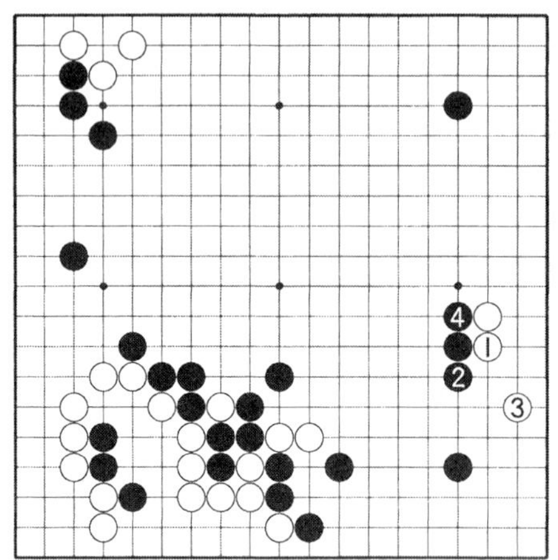

1도(흑의 뜻대로)

백1·3과 같은 수법은 졸렬한 것이다. 흑4로 계속 민다면 이 진영은 감당할 수 없게 된다.

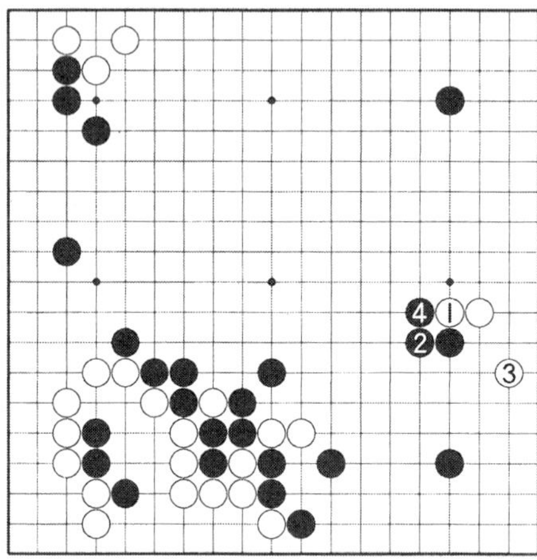

2도(마찬가지)

백1도 마찬가지. 흑진영이 이렇게 방대해져서는 무조건 이길 수 없을 것이다.

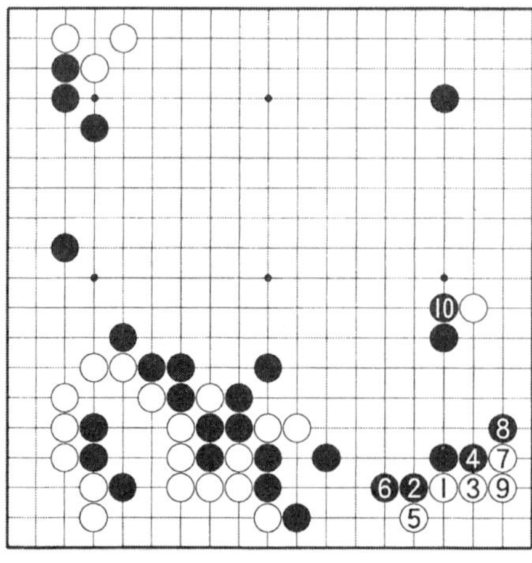

3도(단순한 침입)

백1로 침입하면 흑은 백을 곱게 살려준다. 그리고 선수를 잡아 흑10쪽을 밀게 되면 전도와 다를 바 없다.

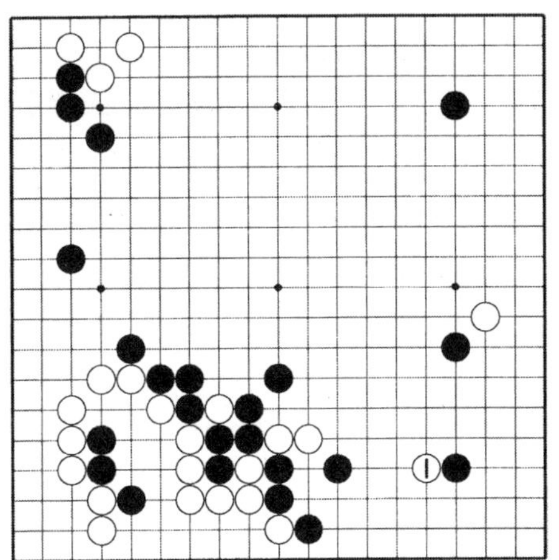

4도(약점 추궁의 한수)

본도 백1의 곳이 귀에 영향력을 가지면서 왼쪽의 약점을 노릴 수 있는 가장 근접한 곳이다. 이제 수순이 문제인데—

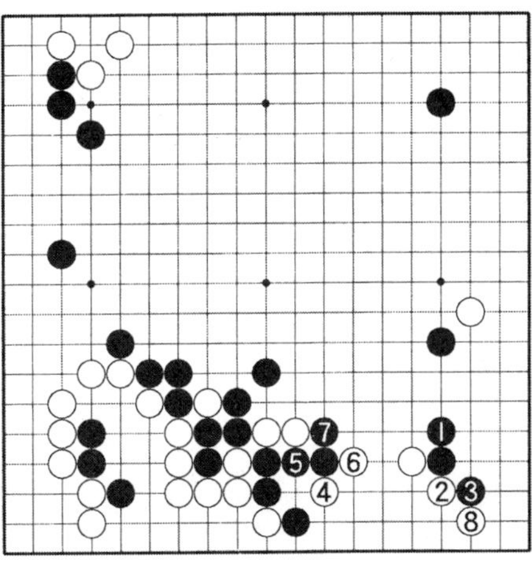

5도(백4·6의 곳이 약점)

흑1이 보통의 대응수법이지만 백은 백4·6의 약점을 추궁하면서 백8로 이단젖히는 상용수법을 시도할 수 있다.

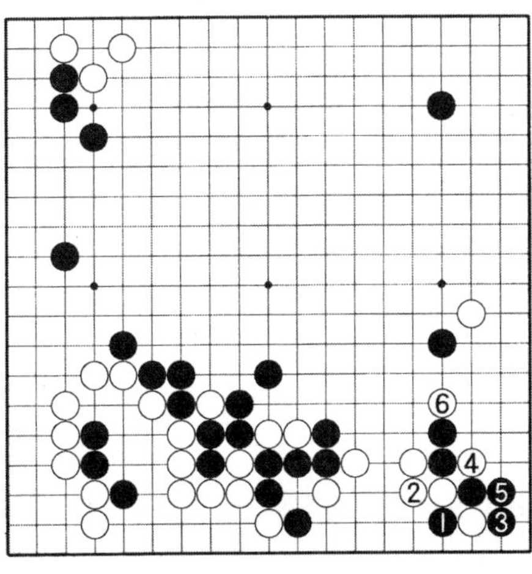

6도(맥점)

흑이 흑1 이하로 응수하면 백은 백6의 맥점을 구사할 수 있다. 이렇게 되면 흑진을 상당히 줄일 수 있다. 따라서 흑도 이렇게 둘 수는 없을 것이다.

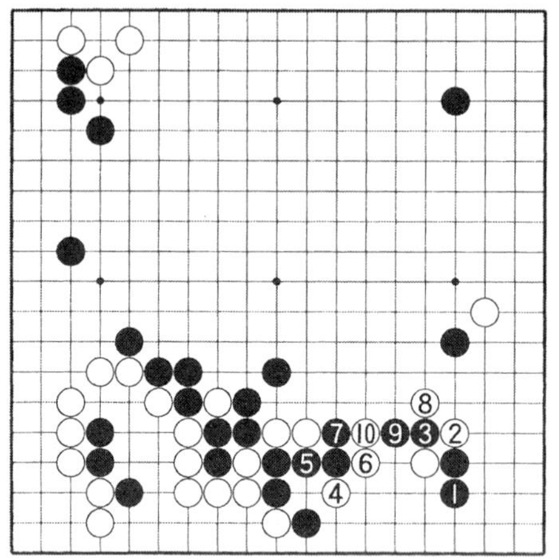

7도(흑 걸리는 맥)

흑1로 대응하면 백은 백2로 젖힌다. 이때 흑이 흑3으로 끊는 것은 상용의 맥에 걸린다. 백4 이하 백10까지 교과서에 있는 맥이다.

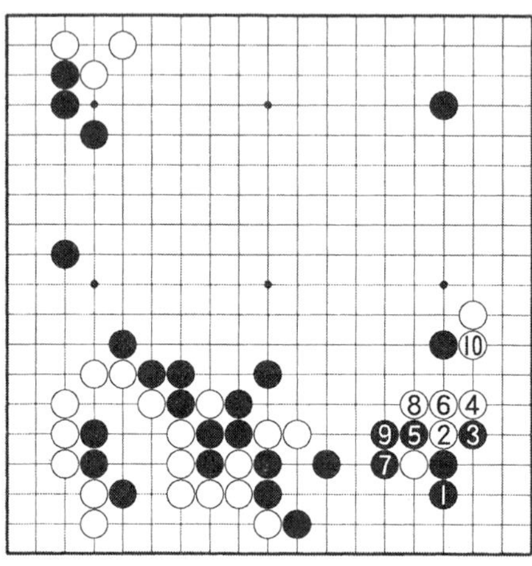

8도(백 소임을 다함)

흑3으로 젖히면 백4로 이단젖힌다. 백10까지라면 흑진의 확장이 멈추었으므로 백은 자기 할 일을 다 한 것이 된다.

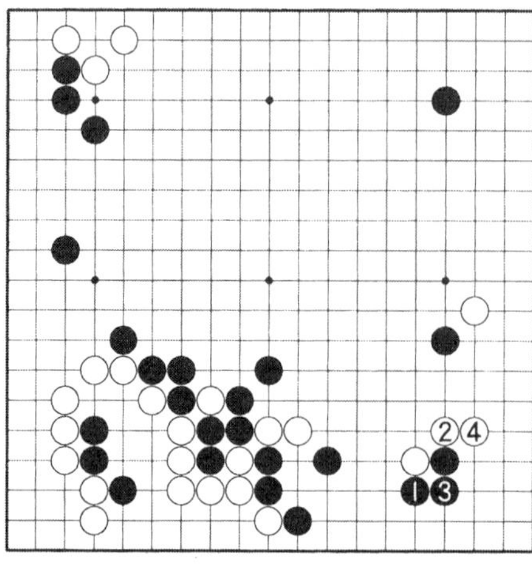

9도(흑 전투태세)

흑1·3은 전투를 염두에 둔 수비다. 이렇게 튼튼히 이어두어야 전투를 할 수 있다. 백4라면—

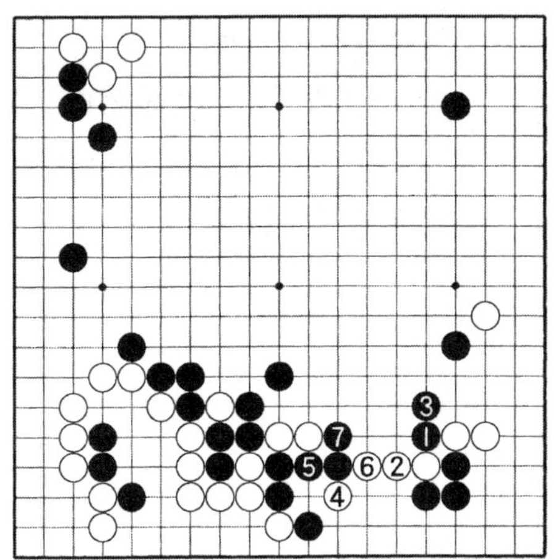

10도(난전)

흑1로 끊어 전투에 돌입한다. 이 곳은 피차 양보할 수 없는 장소다. 여기까지 필연의 진행이 계속된다. 만약 수순 중 백6으로—

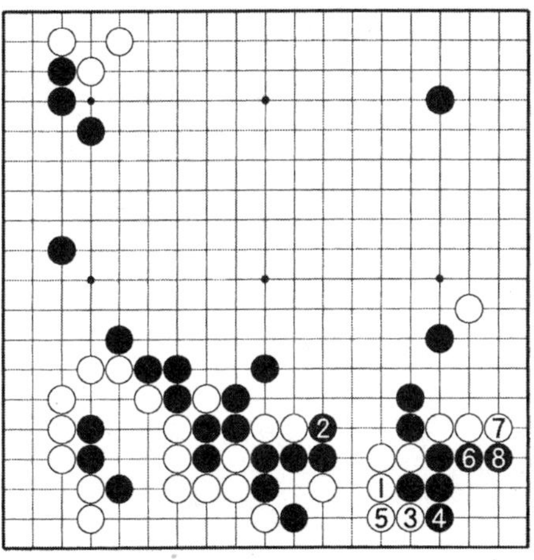

11도(백 죽음)

본도 백1로 두는 것은 흑2 이하 흑8까지. 귀의 흑은 흑8이 선수이 므로 살게 되어 백만 죽은 꼴이다.

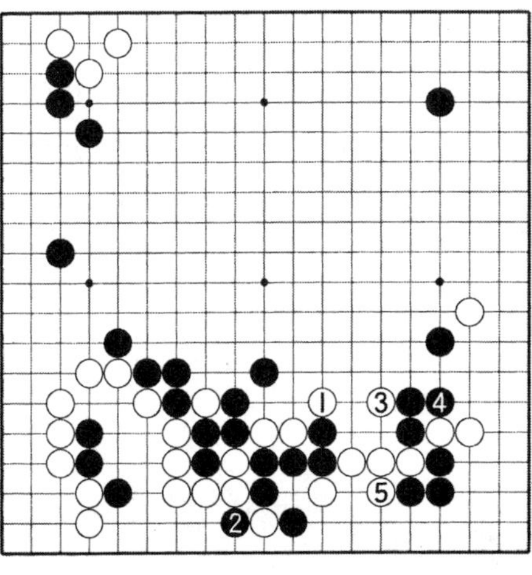

12도(맥과 수순)

10도에 이어 백1·3이 소위 맥 이다. 그리고 백5까지 일사분란한 수순으로 백의 타개가 눈부시다.

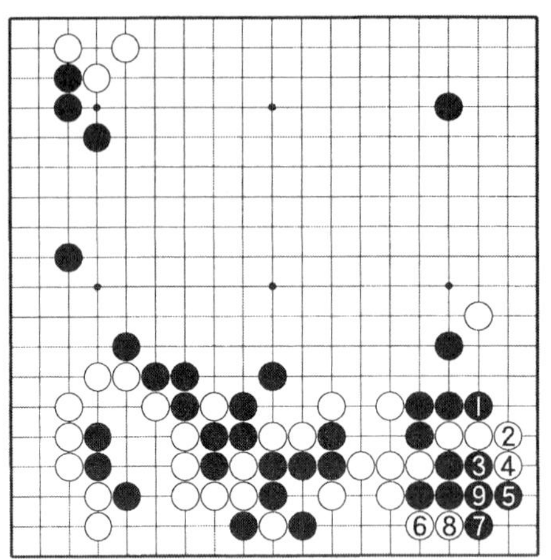

13도(필연의 수순)

흑도 흑1로 두는 수밖에 없다. 이하 흑9까지 쌍방 필연의 공방이다. 만약 수순 중 흑7로—

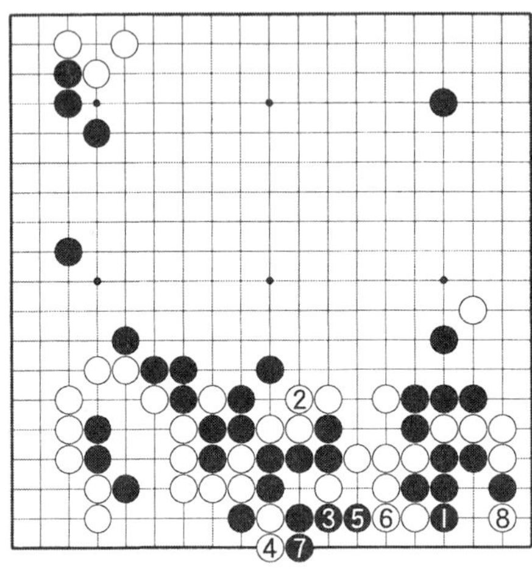

14도(흑 위험)

본도 흑1로 막는 것은 백의 수읽기에 걸려든다. 백2 이하 흑7까지 진행시킬 수밖에 없을 때 백8로 귀가 송두리째 날아간다.

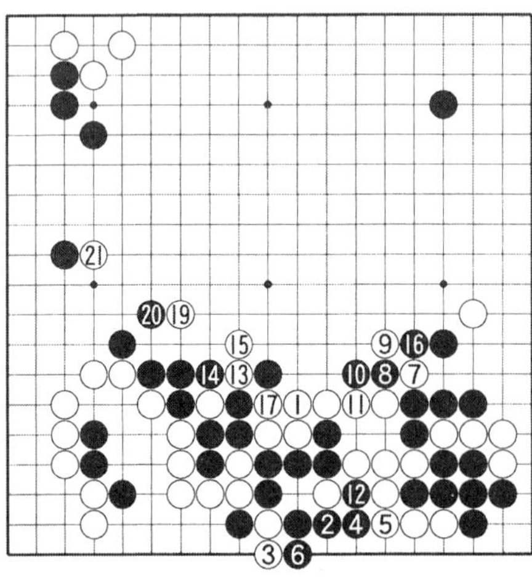

15도(실전 진행)

본도의 진행이 실전이다. 백이 백19까지 흑진을 교란하는데 성공한 느낌이다. 그리고 계속하여 백21로 흑의 엷음을 추궁하여 흐름이 순탄하다.

⑱…이음

중반전술

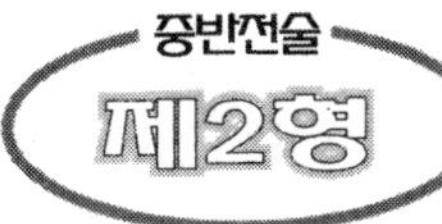

제2형 하변을 완성하느냐, 백진을 교란하느냐?

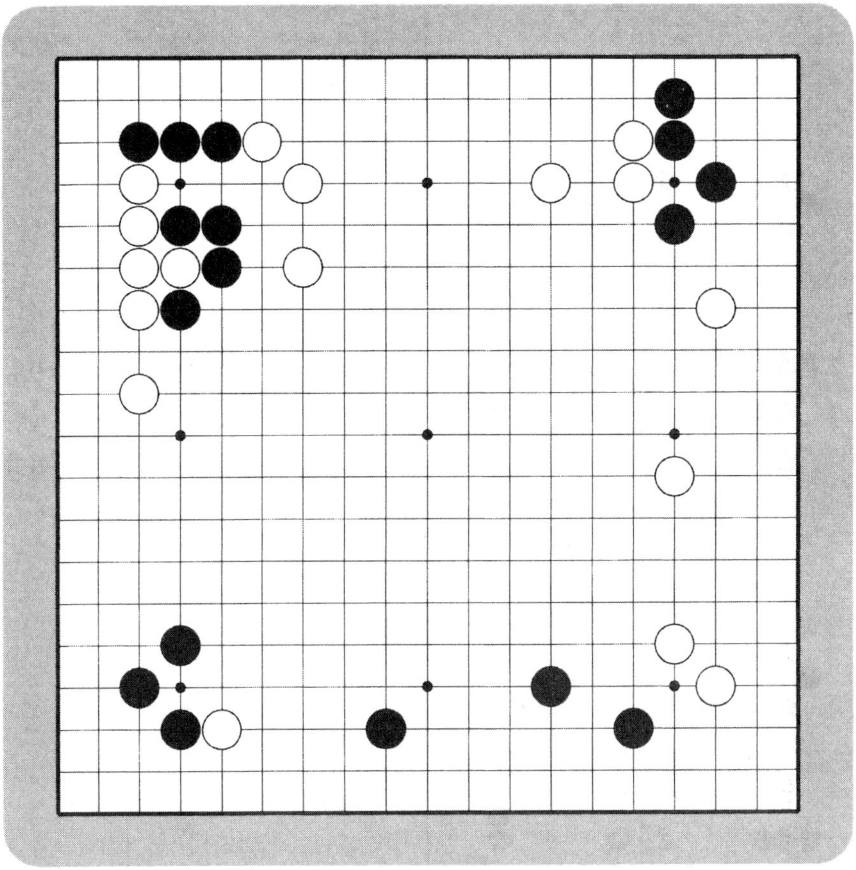

선바둑에서 포석이 어느 정도 마무리된 상황이다. 흑이 둘 차례인데 하변을 완성하느냐 백진을 교란하느냐의 선택이 필요하다. 또 백진의 교란도 초점을 어느 방면에 맞춰야 하는가 살펴야 하는데 문제는 약점이 어디에 있느냐다. 참고로 이 바둑은 덤이 없다.

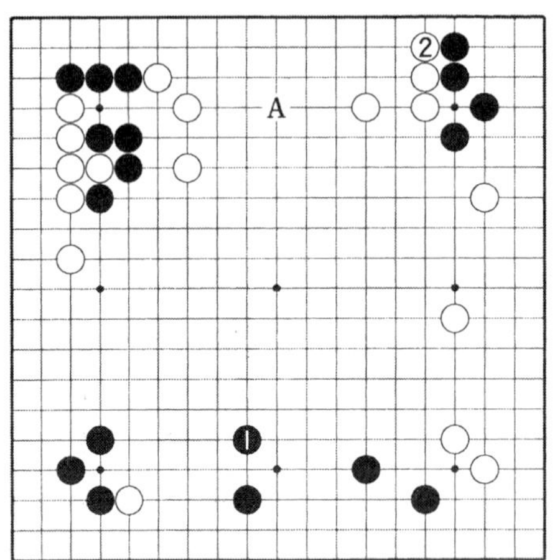

1도(같이 완성)

흑1로 하변을 완성하면 백도 백2로 상변을 완성한다. 이제 A와 같은 침입이 불가능하다고 전제할 때 하변 흑진이 일방가이며 집으로 굳어지기까지 백에게 얼마간의 소득을 인정해야 하기 때문에 흑이 결코 유리하지 않다.

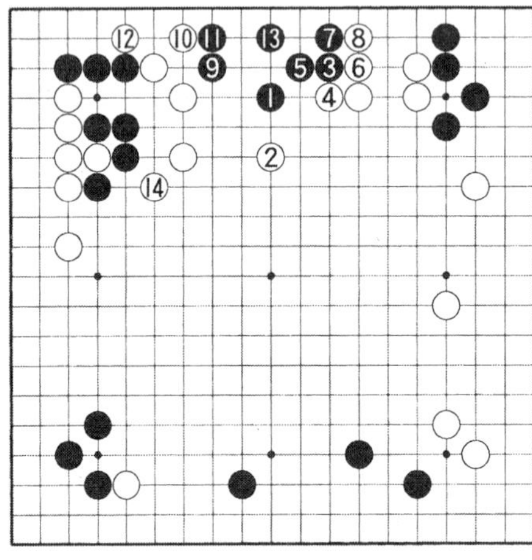

2도(일반적인 침입)

흑1은 가장 평범한 침입수단이다. 여기서 흑은 좌상귀의 흑이 미생임을 깜박하고 있다. 백14까지 되면 흑귀가 사지에 빠진다.

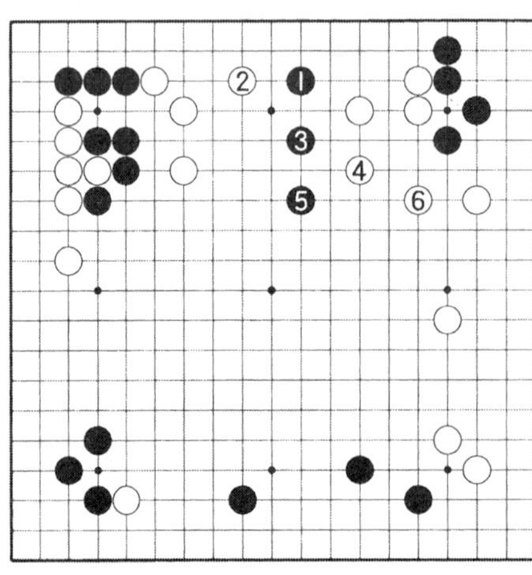

3도(1, 2도보다는 낮지만)

흑1도 일반적인 침입이다. 다만 걱정스러운 것은 백2 이하 중앙으로 쫓길 때 백은 백6으로 자연스레 우변을 강화할 수 있지만 흑은 미래가 불투명하다는 것이다. 이 흑은 하변 흑진에 악영향을 끼칠 공산이 크다.

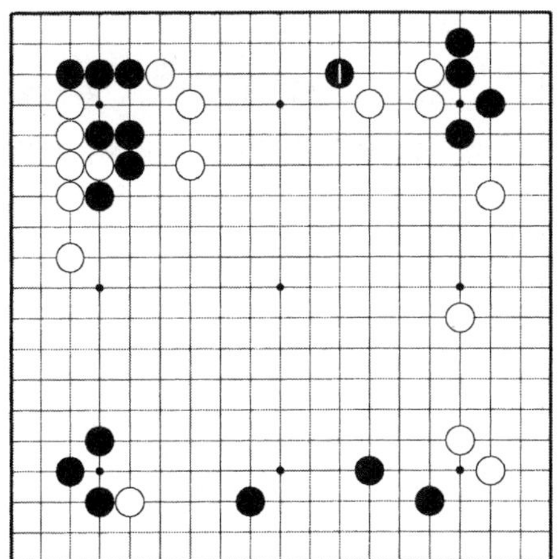

4도(침입의 급소)

흑1이 급소다. 이 수의 장점은 우상귀와의 직접연결을 보고 있고 중앙으로 미는 힘이 강하며, 무엇보다 차단되었을 때 근거를 잡기가 넉넉하다는 것이다.

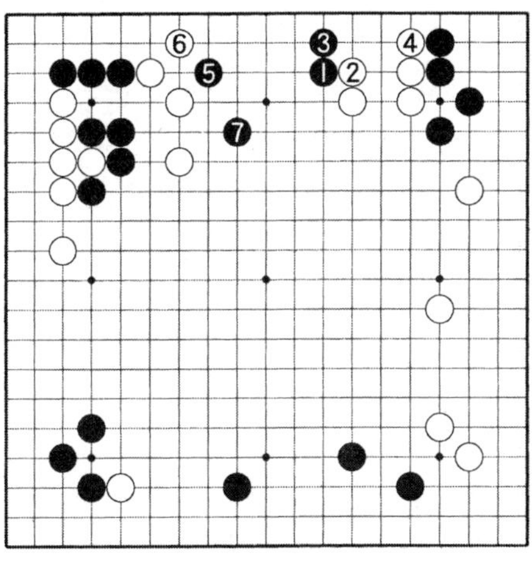

5도(흑 근거)

백2라면 흑3을 선수로 둔 다음 흑5·7로 중앙에 진출할 수 있다. 좌상귀 흑은 근접한 백과 동행하므로 싸울 수 있고, 상변 흑은 오른쪽 백과 동행하여 싸울 수 있다.

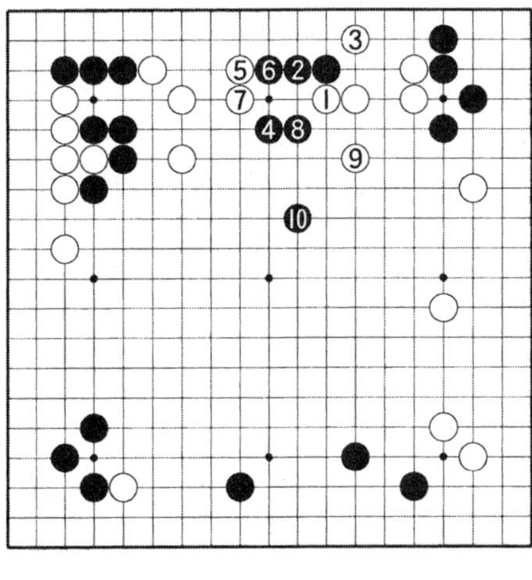

6도(백진 파괴)

백1·3으로 차단하게 되면 흑4 이하로 중앙에 진출한다. 흑10까지 중앙으로 머리를 내밀고 나면 좌우를 공략할 자세도 갖출 수 있다.

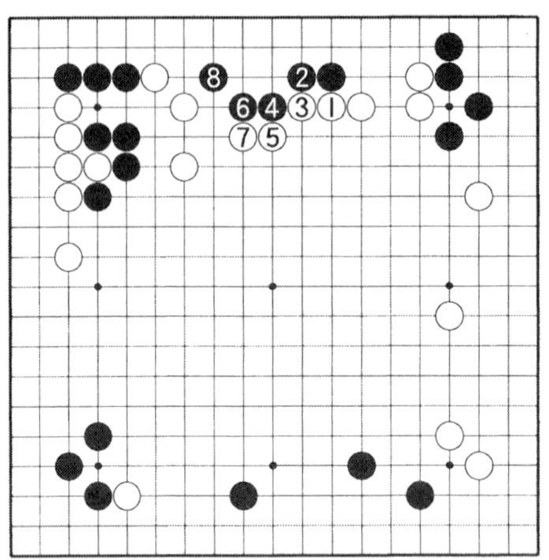

7도(실전)

백도 백1·3으로 두어 중앙을 봉쇄하는 수밖에 없다. 흑8까지 진행된 후—

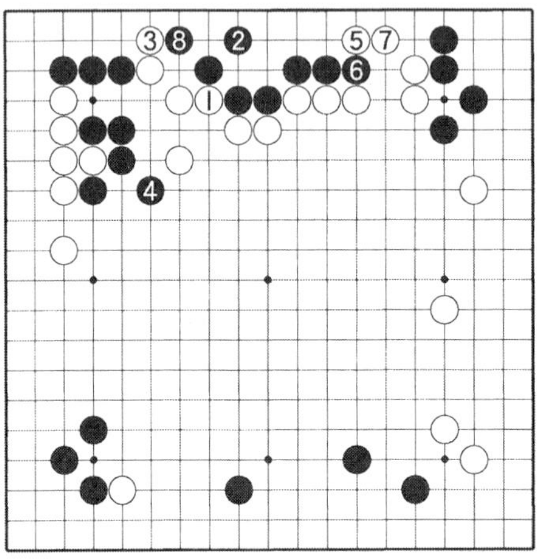

8도(자체 삶)

본도 흑8까지 자체로 살아 흑은 소기의 목적을 달성했다. 그러나 이 흑은 주변 백에게 약점이 있어 살고 있는 것이다. 따라서 흑도—

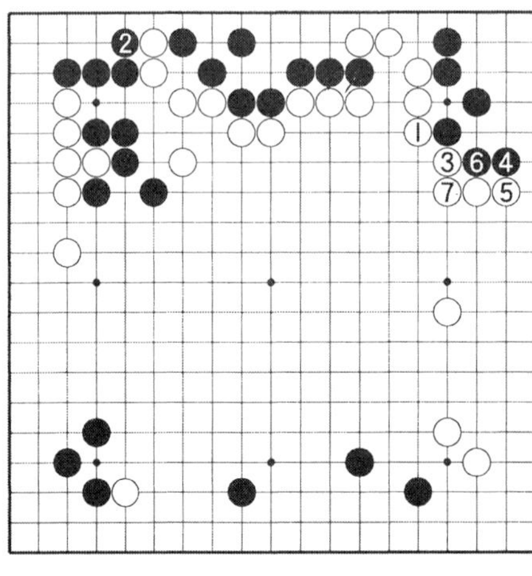

9도(8도 계속)

본도 백1로 수비할 때 흑2로 살지 않으면 안된다. 흑을 살려준 댓가로 백은 백3 이하 백7까지 틀어막는 수순을 얻었다. 여기서 흑은—

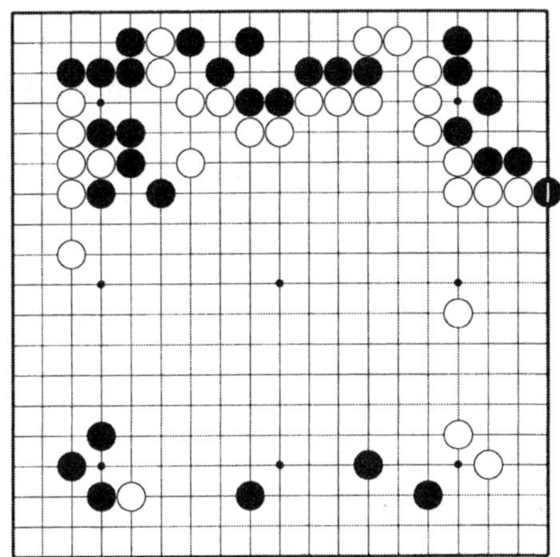

10도(흑1 필수)

흑1을 두는 것이 중요하다. 이 수의 크기는 양선수 4집이며 우변 백에 수단의 여지가 없는 이상 지금이 시기다. 중반전에도 이런 수를 놓치지 않는 철저함이 필요하다. 거꾸로—

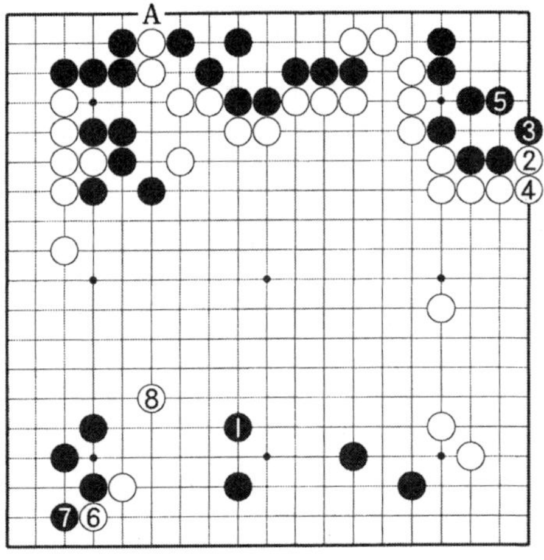

11도(역으로 당함)

흑1로 굳히는 것이 먼저라고 생각할 수 있지만 백은 백2·4를 선수하고 백6·8로 삭감할 것이다. 흑은 느끼지 못하는 사이에 약6집 정도를 잃었으며 이것은 큰 것이다.

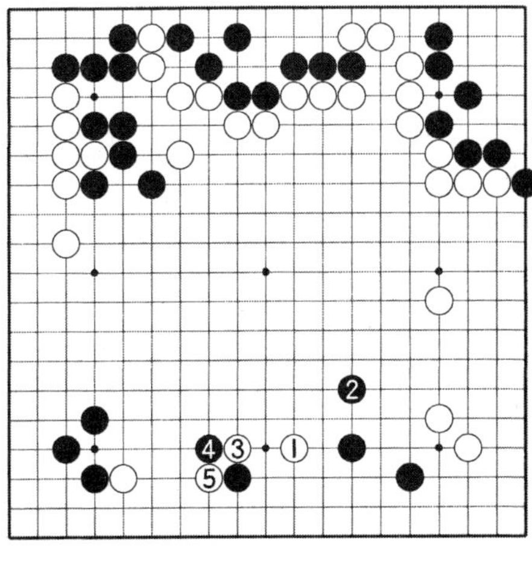

12도(10도 계속)

따라서 백도 우변을 받고만 있을 수는 없다. 이제 백1로 침입하여 전단을 모색하지 않으면 안된다. 여기서 손실을 충당하지 않으면 집이 부족하다.

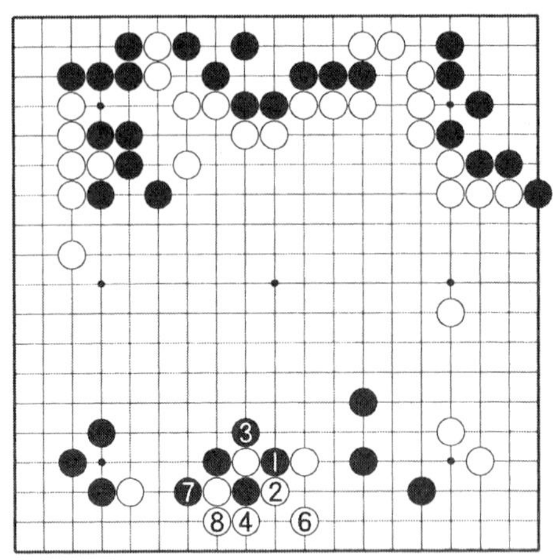

13도(흑진은 깨졌지만)

백2 이하 백8까지 일단 흑진을 교란하는데는 성공했다. 그러나 여기서 흑이 선수를 잡게 되면 우변이 깨지므로 아직까지는 흑의 전술이 백의 교란에 앞서 있는 것이다.

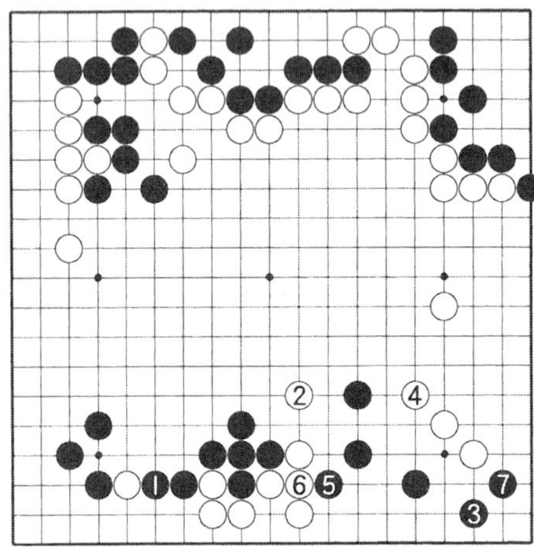

14도(집으로 앞섬)

흑1의 수비는 예정된 것이며, 백2와 흑3의 교환도 예정된 수순이다. 백이 하변에 침입하여 파괴한 대신 흑은 좌하귀를 굳혔고 우하귀에 흑3·7을 얻었다. 결국 이곳의 공방에서 백의 실익은 없는 셈이다.

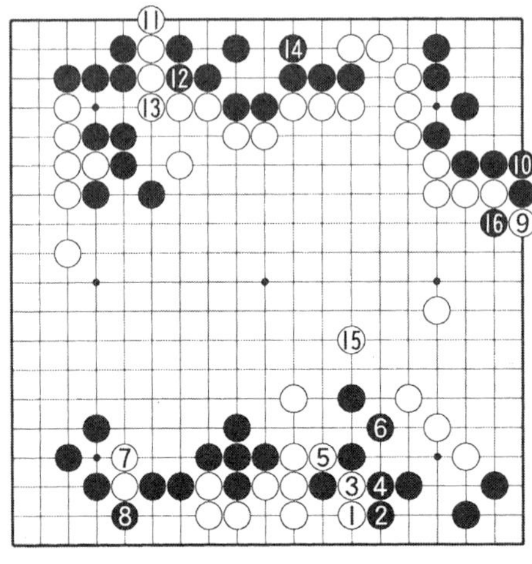

15도(14도 계속)

본도의 진행은 흑이 결국 흑16의 곳을 차지하는 과정을 보여주고 있다. 이것으로 흑은 약5집 정도 앞서고 있다. 돌이켜 보면 이 바둑의 승착은 4도 흑1의 침입과 더불어 10도 흑1의 젖힘이라 할 수 있다.

중반전술

제3형 백이 집을 중시하여 선택할 수 있는 전술은?

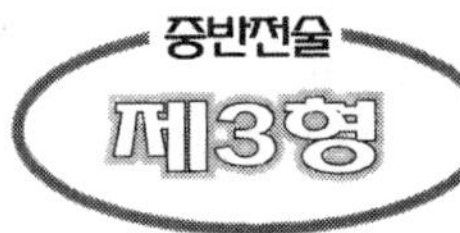

우하귀에서 흑이 정석을 잘못 선택한 관계로 백이 다소 두터운 국면이다. 바둑 전반을 살펴보면 좌상, 좌하귀에 흑이 침입할 여지가 있으나 중앙 흑이 아직 엷어 시기상조다. 문제는 집인데 백은 흑 1의 전개에 대해 어떤 전술을 선택하는 것이 좋은가?

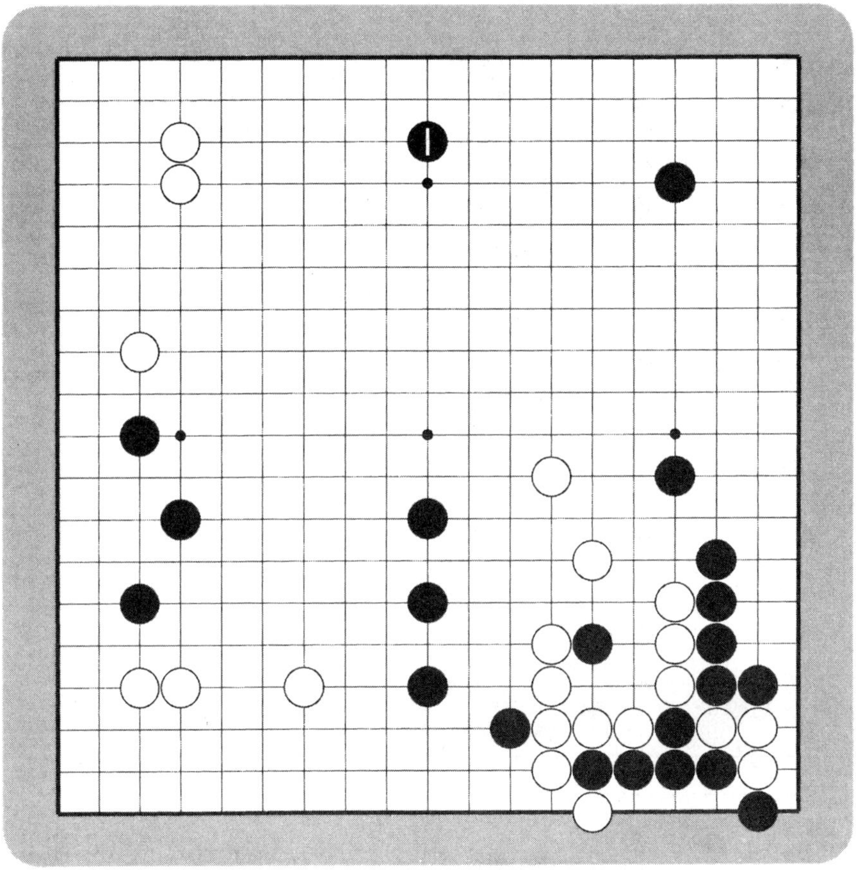

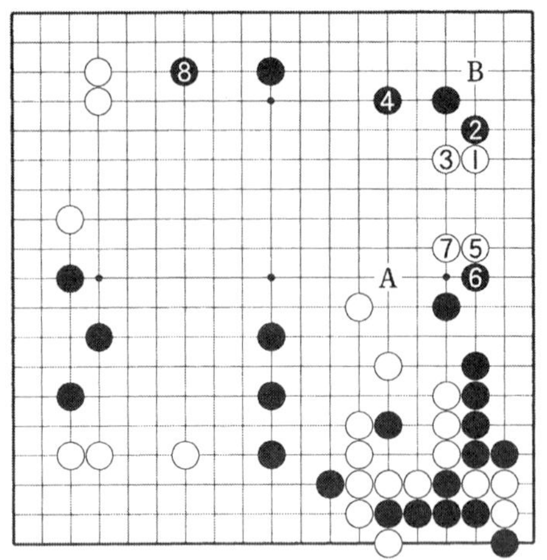

1도(아마추어 감각)

백1은 순진하다. 흑8까지 진행되고나면 흑이 집으로 앞서게 된다. 또 흑에게 공격대상이 없어 백이 추격하기 쉽지 않아진다. 백B의 침입도 흑A의 공격이 있어 망설일 수밖에 없다. 더욱이―

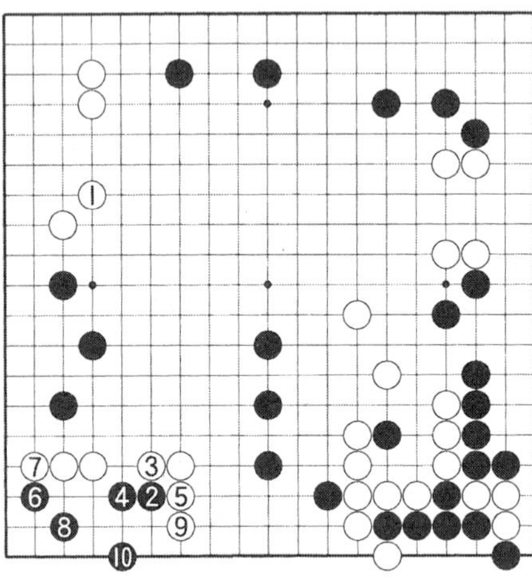

2도(약점1)

백1과 흑2 이하의 침입이 맞보기로 항상 존재한다. 또―

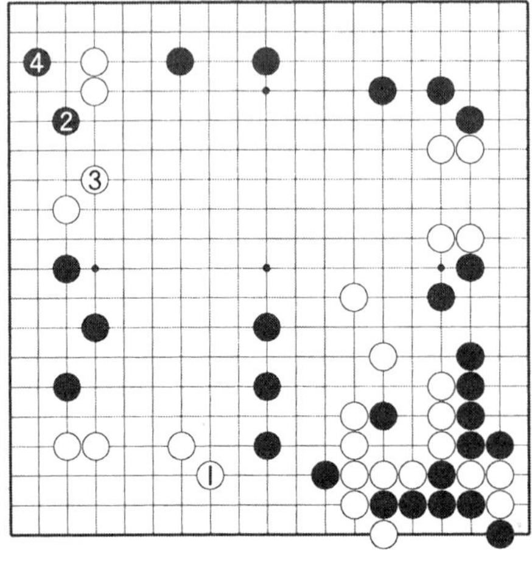

3도(약점2)

본도 백1과 흑2 이하의 침입도 역시 맞보기로 존재하고 있다는 것을 잊으면 안된다. 따라서 장면도의 시점에서 전술의 선택을 신중히 해야 한다.

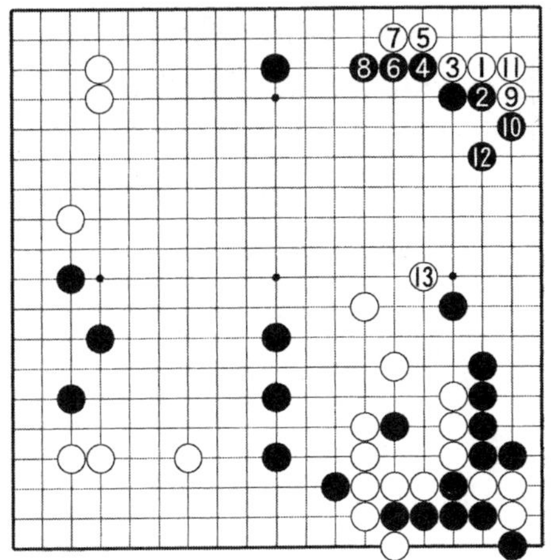

4도(백1 절대)

백1은 집에서 일단 우위에 선 후 흑의 약한 곳을 추궁하거나 진영을 삭감하겠다는 전술적 의지다. 이때 흑2 이하는 방향착오로 백13까지 흑은 이대로 패색이 짙다.

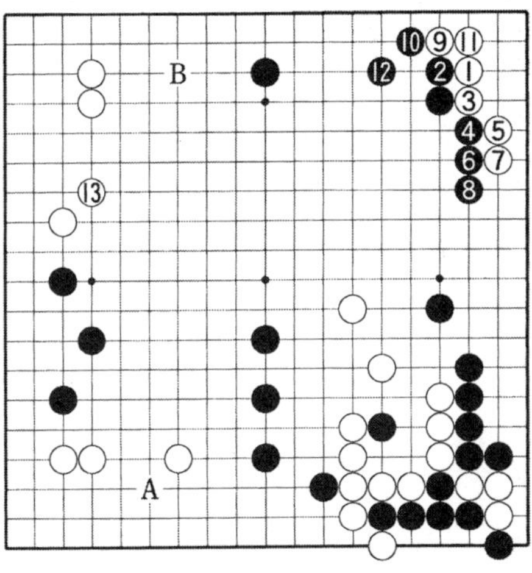

5도(흑 전술부재)

흑2 이하도 흑에게 전술이 없다. 흑12까지 후수가 되므로 백13에 선착하면 흑A의 침입보다 백B가 큰 곳으로 남게 되어 흑이 만회하기란 불가능하다.

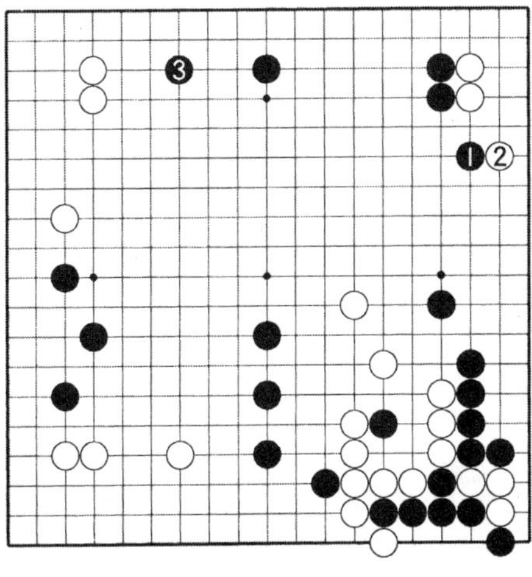

6도(현대적 전술)

흑1과 백2만 교환한 채 흑3으로 전환하는 것이 흑으로서도 전술적 사고가 있는 것이다. 이제 백이 상변을 교란하지 않으면 흑에게 추격을 허용할 수 있다.

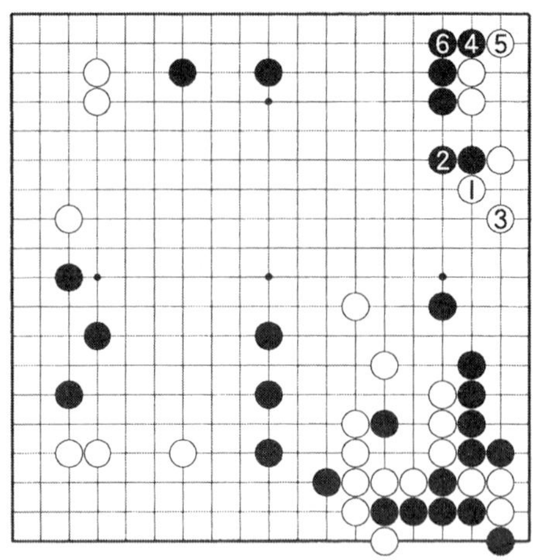

7도(백1 수순 누락)

여기서 단순히 백1 이하로 처리하는 것은 백의 전술부재다. 흑이 흑4·6으로 강화하면 백의 상변 교란은 방법이 한정된다. 또 그 여파는 흑으로 하여금 좌상, 좌하귀의 침입을 부를 소지가 있다.

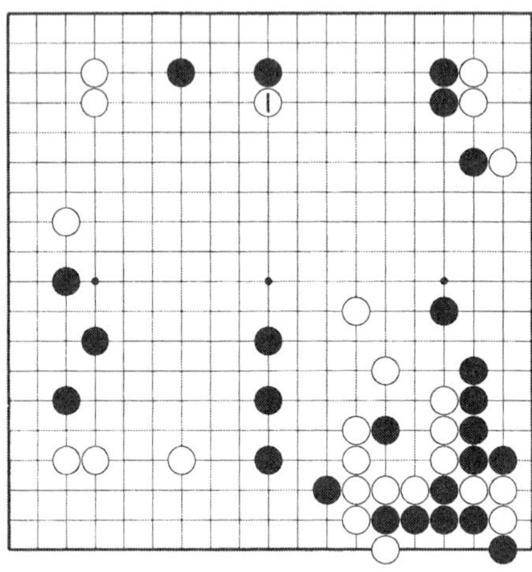

8도(응수타진)

백1로 두어 이곳이 두터워지기 전에 전술의 선택을 판단할 필요가 있다. 응수여하에 따라 우상귀를 처리하겠다는 뜻이다.

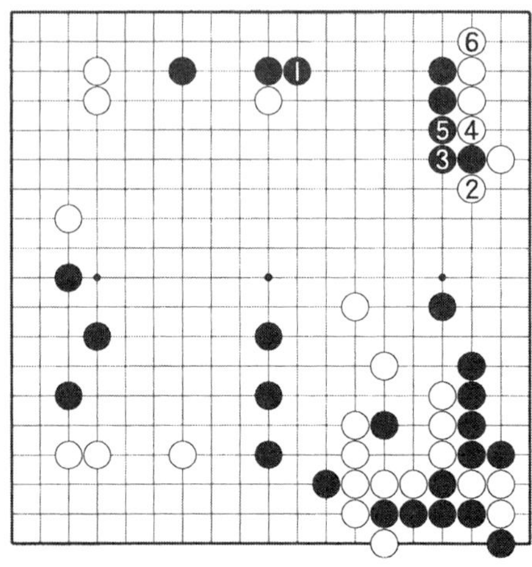

9도(흑 소극적)

흑1이라면 백은 백2 이하로 우상귀를 결정짓는다. 이렇게 되면 상변 흑진은 뒷문이 열려있고 중앙도 어느 정도 제한되어, 백이 붙임수를 활용한 모양이다.

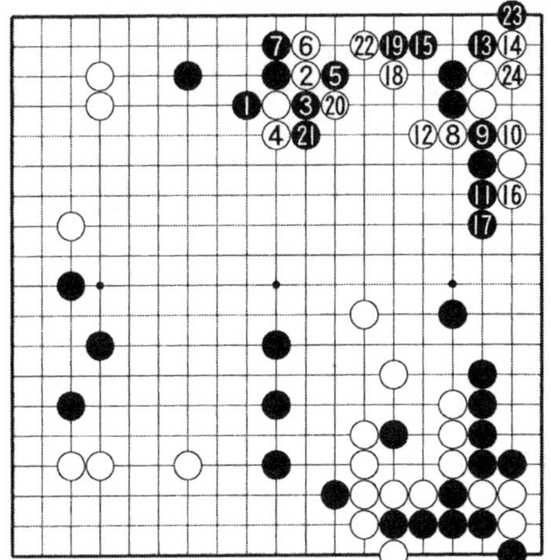

10도(흑1 지나친 반발)

흑1 이하 흑7까지의 반발은 지나
치다. 백8 이하의 반격이 있어 흑
이 곤경에 처할 수 있다. 응수타진
의 묘미가 여기에 있는 것이다. 또
수순 중 흑5로—

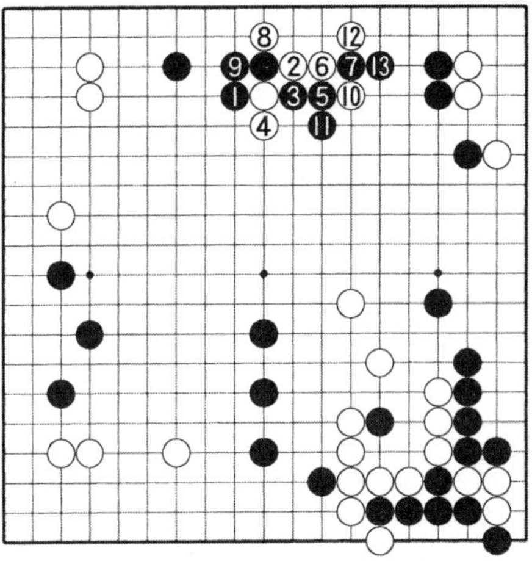

11도(독선)

흑5로 뻗어 공격하면 흑13까지
백이 무리라는 수읽기는 독선이다.
백은 백6을 두기 전에—

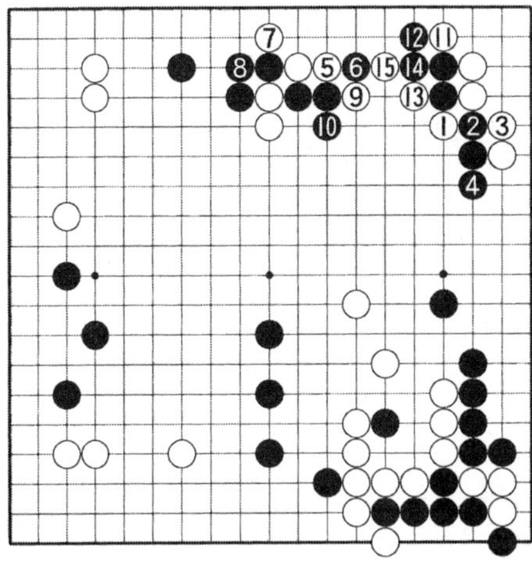

12도(백의 수순)

백1·3을 교환하고 백5 이하를
결행한다. 백15까지 흑진이 철저히
교란된 모습이다.

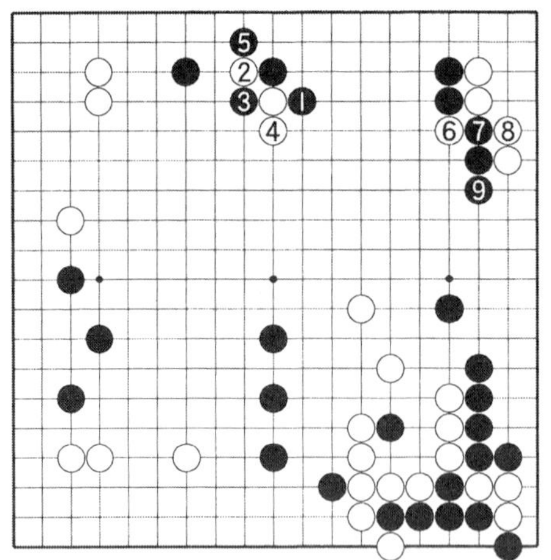

13도(실전)

흑1이 가장 강력한 반발이다. 그러나 백의 전술이 여기까지 읽고 있다. 흑5까지 진행되었을 때 백6·8을 교환하고―

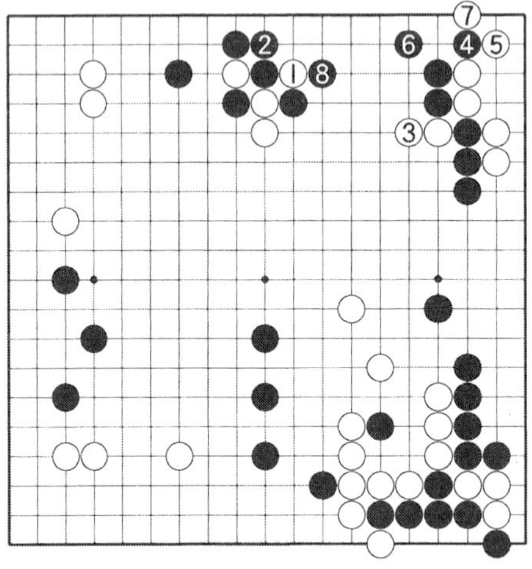

14도(13도 계속)

본도 백1·3으로 두는 것이 백이 준비한 교란전술의 핵심이었다. 흑8이라면―

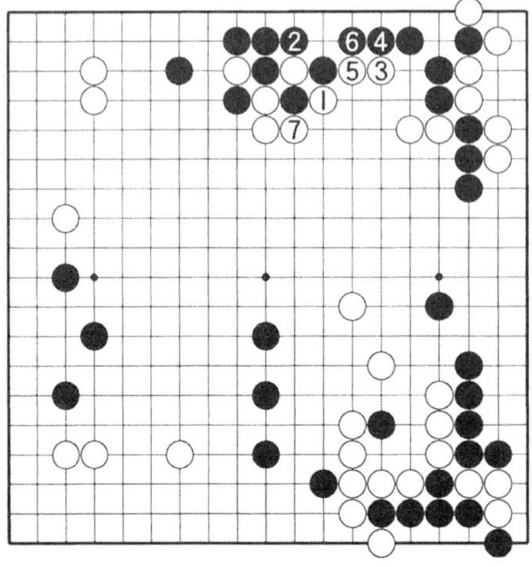

15도(14도 계속)

백1 이하 백7까지 상변 흑진을 납작하게 만들면서 두터움을 얻어 백이 만족이다. 귀의 침입에서 상변의 응수타진과 같은 일련의 수순이 중반의 교란전술을 훌륭하게 수행할 수 있게 한 실전이다.

중반전술

제4형

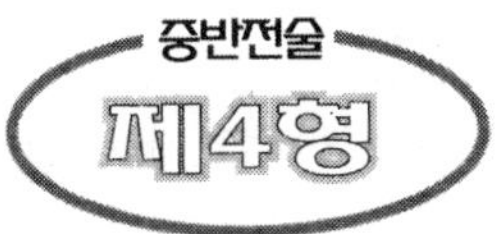

백의 효과적인 삭감책은?

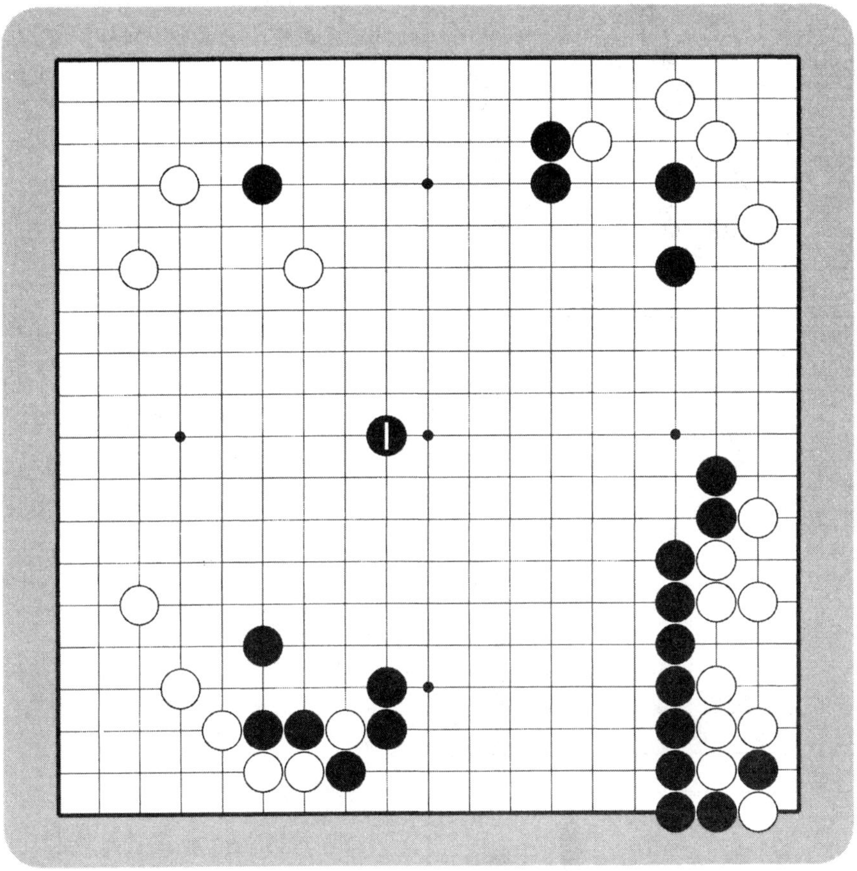

흑1로 크게 울타리를 친 장면이다. 여기까지의 진행은 흑의 대모양과 백의 철저한 실리가 극명하게 대조된다. 백은 이곳을 효과적으로 삭감하지 않으면 안되며 흑도 쉽게 삭감시켜 주어서는 안된다. 따라서 진영의 공방은 필연이다.

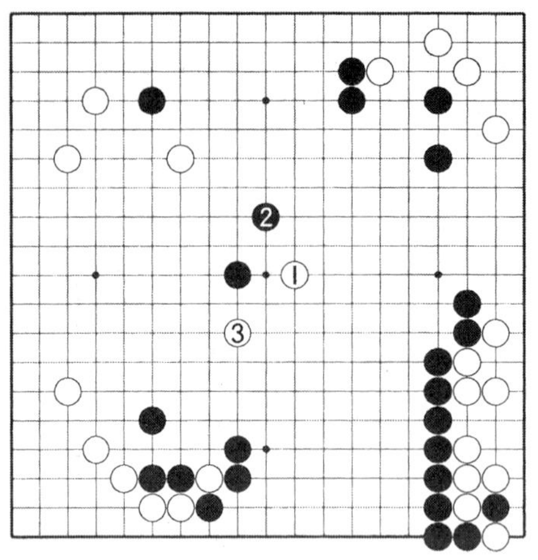

1도(침입과 삭감)

백1을 침입으로 볼 것인가 삭감으로 볼 것인가는 견해의 차이가 있겠지만 백이 이 정도 선에서 흑진을 교란하지 않으면 안된다. 또 우상 일대의 흑모양에 약점이 있으므로 당연한 것이다.

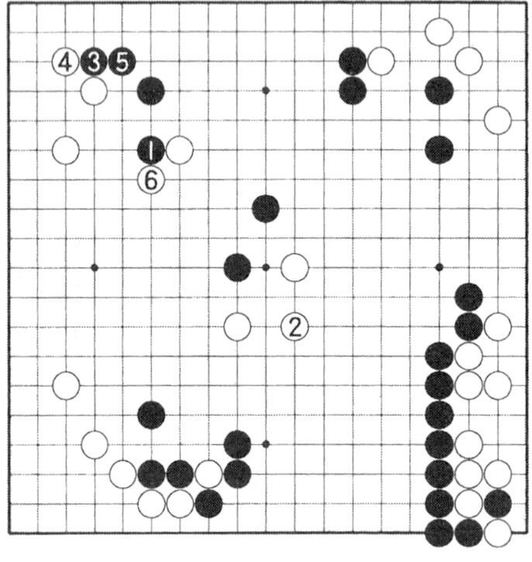

2도(공격의 패턴)

흑1로 이쪽부터 건드리는 것은 간접 공격이다. 백도 이곳을 일일이 응수하다가는 중앙이 송두리째 들어가는 수가 있으므로 백2도 침착하다. 다만 여기서 흑이 지나친 점이 있다. 흑3·5가 그것인데—

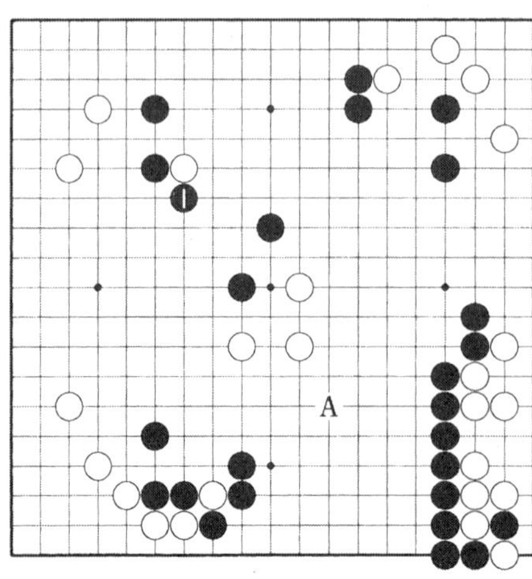

3도(일단 잡고)

흑도 일단 흑1로 제압해 두는 것이 옳았다. 이렇다면 백A 정도의 삭감이 예상되지만 어쨌든 이곳을 제압하지 않았기 때문에 여기부터 백의 전술에 말리게 된다.

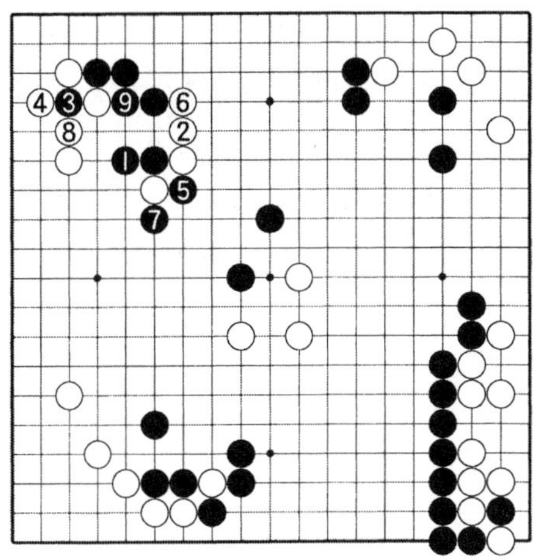

4도(실전)

2도에 계속해서 흑9까지는 필연이다. 상변의 백을 타개하는 것이 백의 급선무인데—

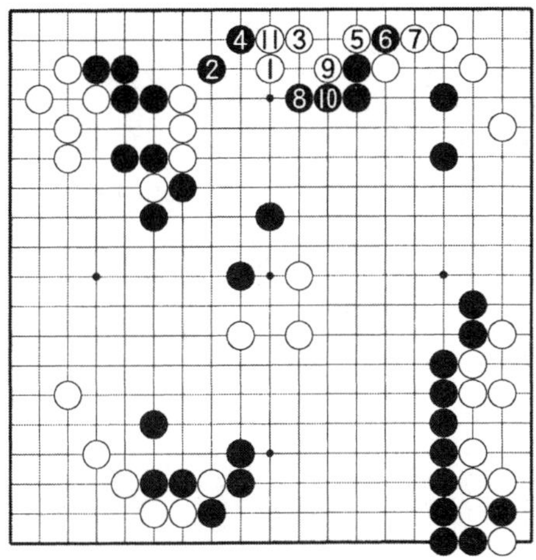

5도(4도 계속)

백1·3이 준비된 수순이었다. 백11까지 흑은 여기서 얻은 것이 없으므로 지금부터는 중앙 백 석점을 잡지 않으면 안되게 되었다. 그러나 이는 백이 바라는 바다.

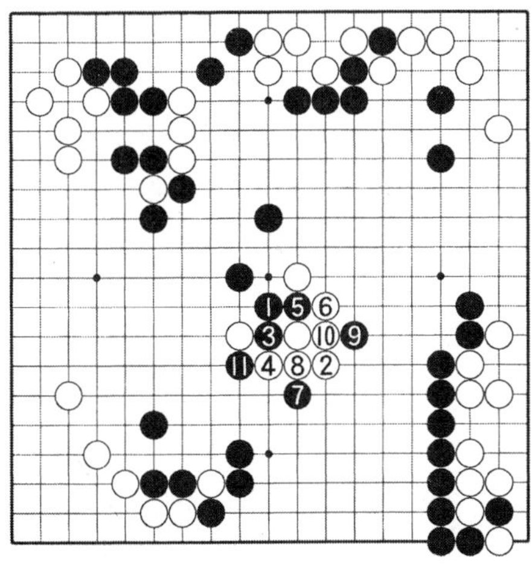

6도(5도 계속)

흑1은 일단 안형을 파괴하고 흑11에 절단하고 보자는 뜻이다. 그러나 중앙 쪽의 공배가 메워져 자충이 되고 있다.

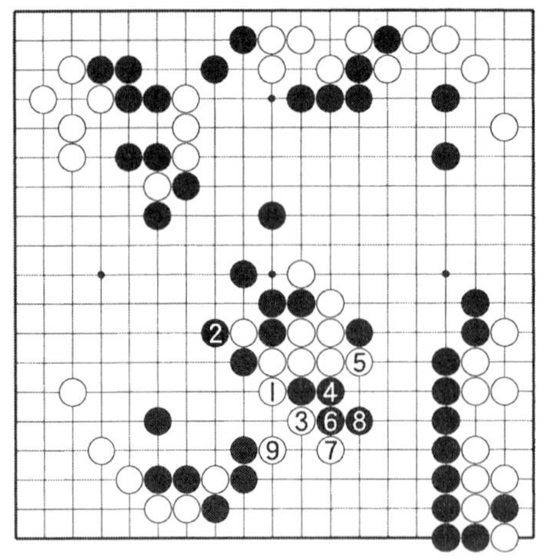

7도(6도 계속)

백은 백1부터 백9까지 이곳을 철저히 파괴하면서 살고자 한다. 어차피 흑도 백대마를 놓치면 지므로 이 수순들은 모두 필연이다.

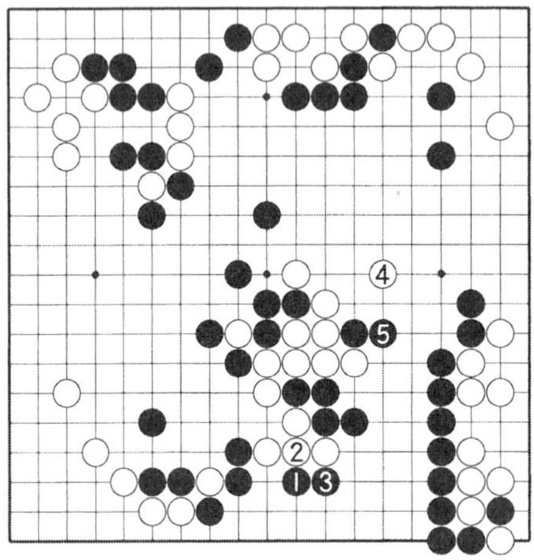

8도(7도 계속)

흑1·3으로 안형을 탈취하자 백4로 이번에는 중앙쪽으로 활로를 모색한다. 흑도 5로 필사적이기는 하지만 중앙쪽이 넓고 약점이 많아 뜻대로 될런지.

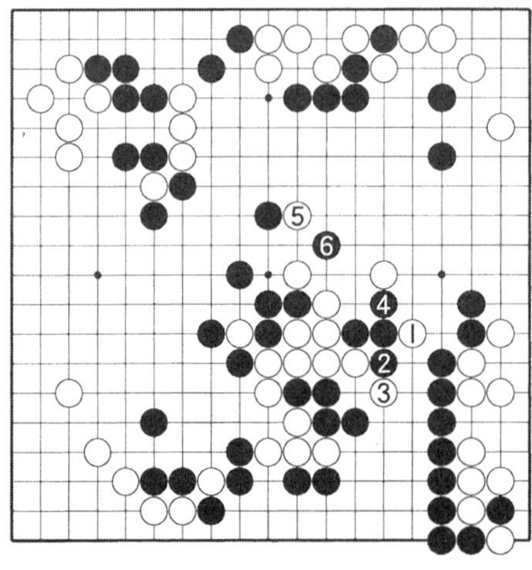

9도(8도 계속)

백1 이하 백5와 같은 수순들은 모두 타개와 관련한 상투적인 수법들이다. 흑6의 치중도 백이 이곳을 두면 탄력이 생기므로 잡으려면 어쩔 수 없다.

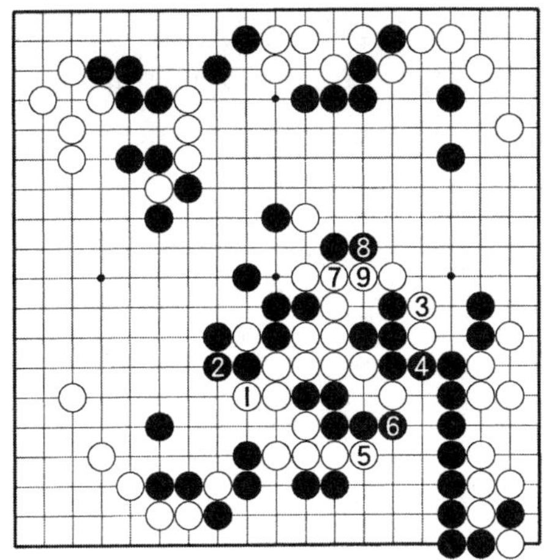

10도(9도 계속)

백1부터 백9까지는 모두 교묘한 수순이다. 하급자가 고급자에게 전투에서 당하는 이유는 모두 이처럼 현란한 수순 때문이다.

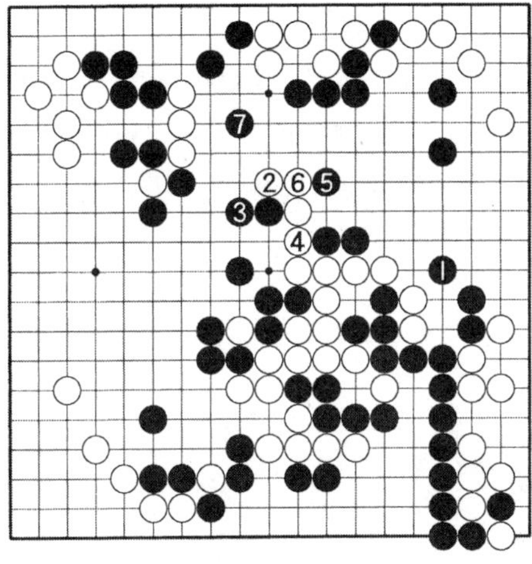

11도(기나긴 수순)

흑1 이하로 마지막 안간힘을 써보지만 백은 포위망의 곳곳에 있는 약점을 교묘하게 추궁하고 있다. 흑7까지 일단 백을 포위망에 가두기는 했지만 흑의 약점이 너무 노출되었다.

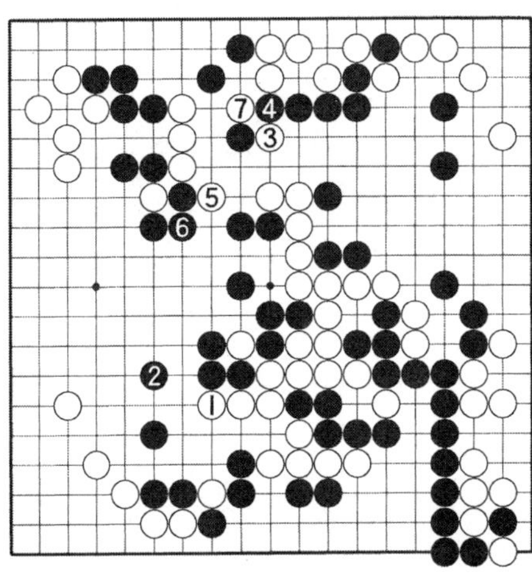

12도(11도 계속)

백1 이하 백7까지도 중앙에 약점을 만드는 수순이다. 유사시에 작렬시킬 수 있는 시한폭탄과도 같은 것이다.

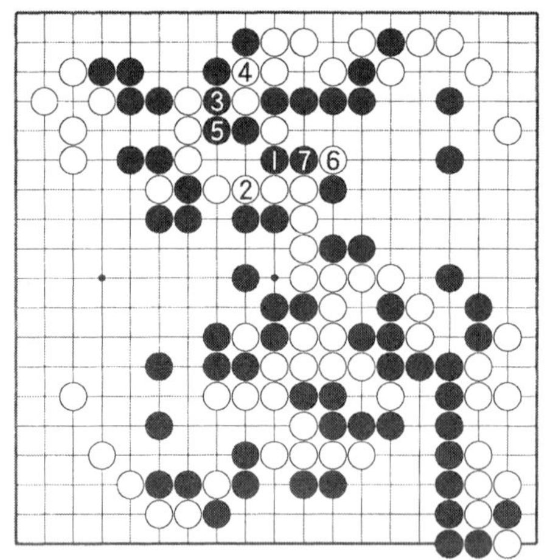

13도(12도 계속)

흑1 이하로 차단해도 한편으로는 흑으로선 백2와 같은 중앙의 공배를 메우게 하여 자충이 되도록 강요당한 셈이다. 이제 종착역이 가까이 왔다.

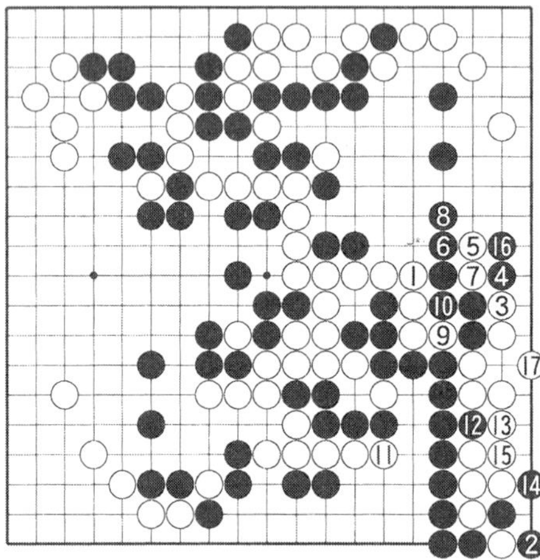

14도(종착역)

백1 이하는 수순의 끝을 보여주고 있다. 수순 중 흑2는 단순한 반발에 지나지 않는다. 이 수로—

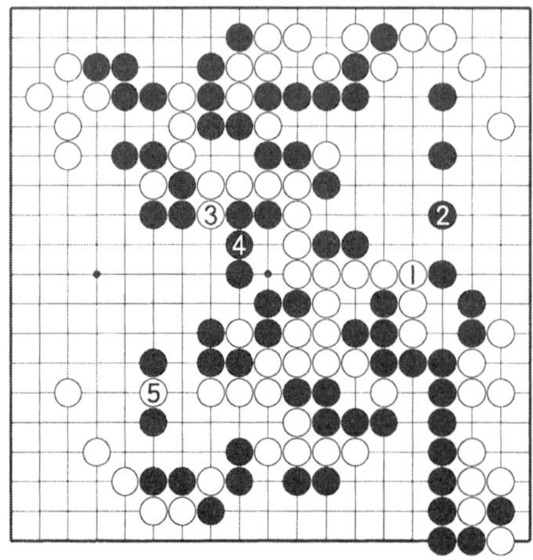

15도(시한폭탄)

본도 흑2로 잡으러 가면 이번에는 백3을 선수하고 백5로 끼우는 시한폭탄이 작렬한다. 이 수 이후는 직접 읽어보기 바란다.

제5형 최소한의 삭감이냐, 적극적 삭감에 의한 교란전술이냐?

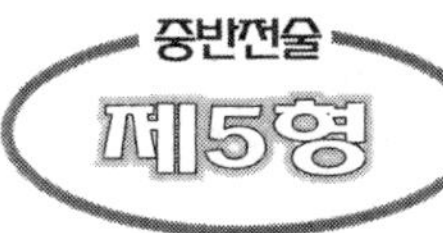

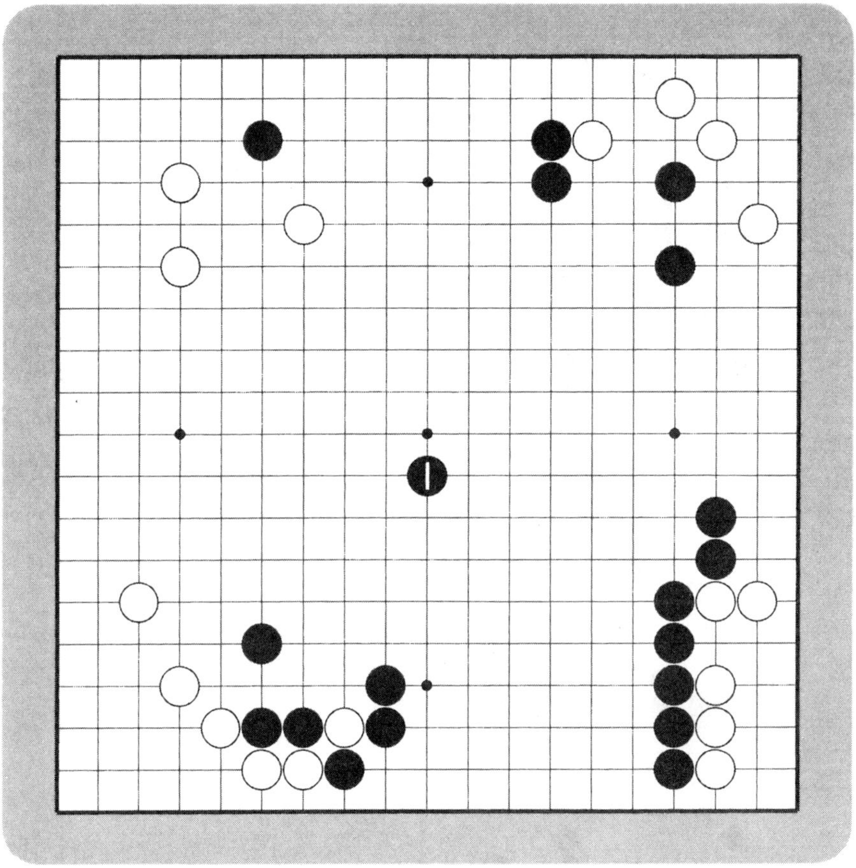

제4형과 흡사하지만 흑1의 수비가 한줄 밑임을 알 수 있다. 이 때에도 백은 교란전술을 시도하는 것이 좋을 것인지 판단할 필요가 있다. 바로 이것을 가리켜 형세판단이라고 하는 것이다.

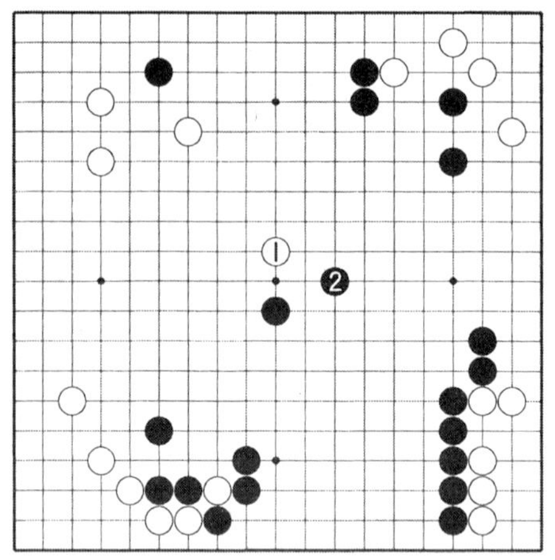

1도(흑집이 크다)

 백1은 최소한의 삭감이다. 흑2라면 이 흑집은 생각보다 크다. 따라서 백1은 선택할 수 없다.

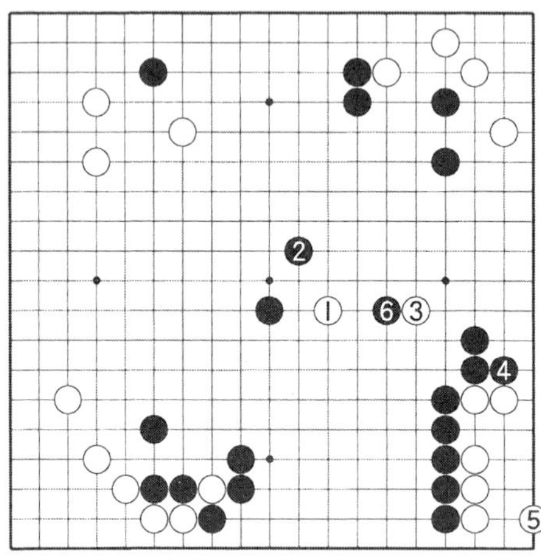

2도(실전)

 백1은 적극적인 삭감이자 침입이며 교란전술이다. 백1이라면 흑2도 어쩔 수 없기 때문에 이곳의 공방이 승패로 직결될 것 같다. 흑6의 강수에 대해—

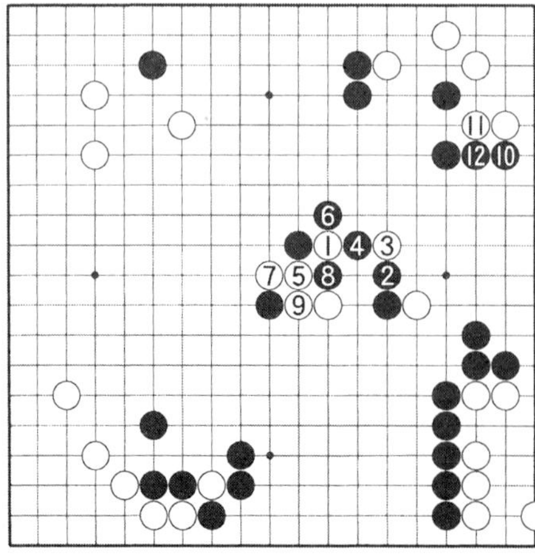

3도(2도 계속)

 백1로 비껴가는 것이 행마이다. 흑12까지 우변 일대의 흑집이 제법 크게 되어 이곳의 1차 공방은 백이 약간 뒤졌다. 그 이유는 백5에 있다. 따라서 백도 백5로는—

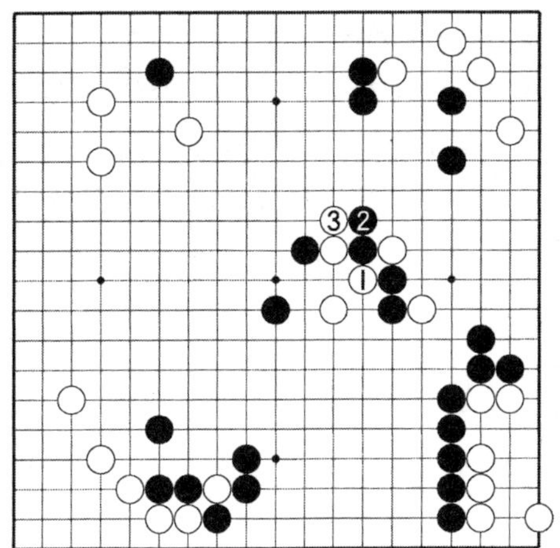

4도(관통)

본도 백1·3으로 뚫는 것이 좋았다. 이 진행이라면 3도보다 백이 확실히 좋다.

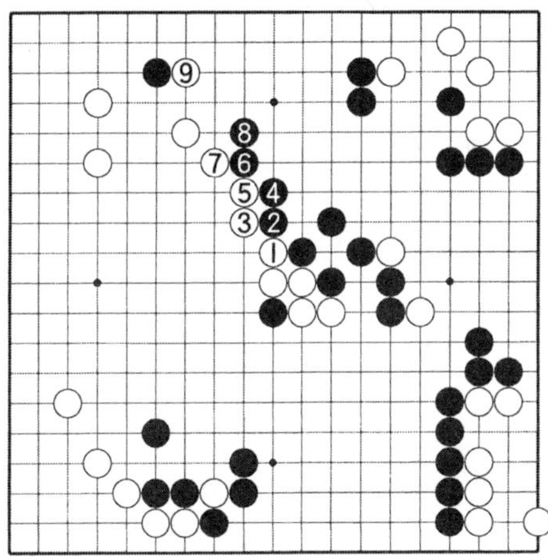

5도(3도 계속)

백1 이하로 밀기 시작하여 백9까지 된다면 이번에는 흑으로서 새로운 전단이 필요하다. 중앙 백세가 팽창되었기 때문이다.

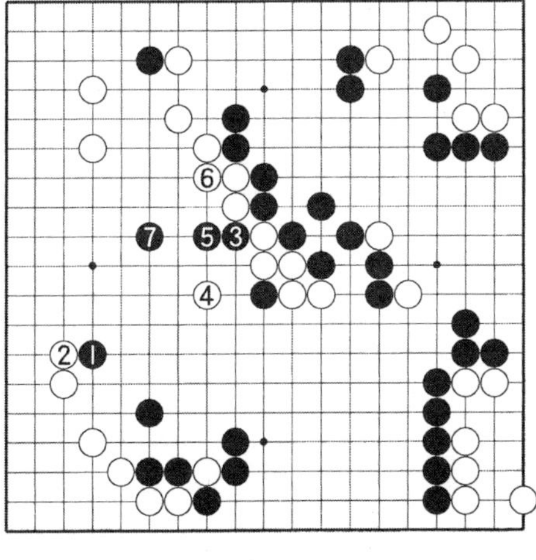

6도(무리한 전투)

흑1은 흑3의 절단을 노린 것이지만 백2로 집을 굳혀주어 손해가 크다. 흑3으로 절단해도 백이 4로 중앙을 보강하면 이 흑의 전도도 막막할 뿐 아니라 집으로 추격하기도 어렵다. 지나친 전투욕이었던 것이다. 따라서 흑1로는──

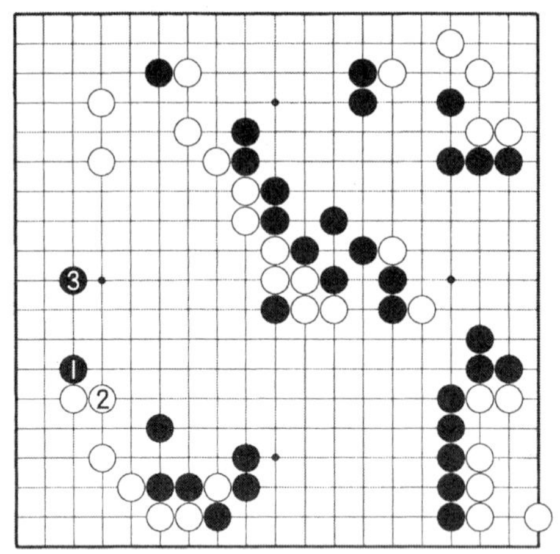

7도(지구전)

본도 흑1·3 정도로 두어 집으로 너무 뒤지지 않는 것이 무난했다. 물론 지구전의 양상이지만 6도와 비교하면 이것이 정답일 것이다.

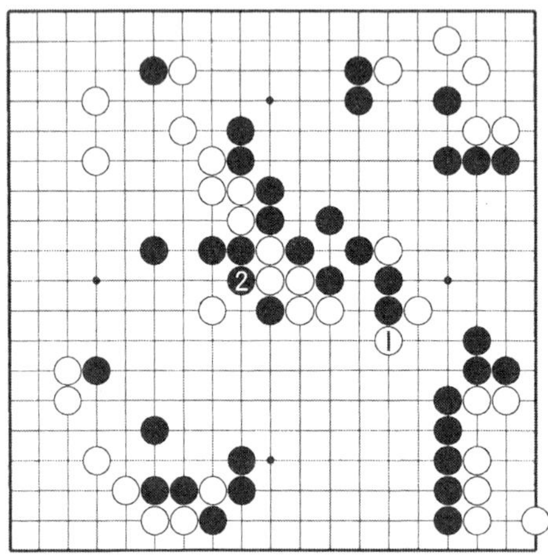

8도(6도 계속)

이때 백1로 기교를 부린 것이 화근이었다. 흑2로 반발하여 이제는 전투로 승패가 결정되는 수밖에 없다. 따라서 백1로는—

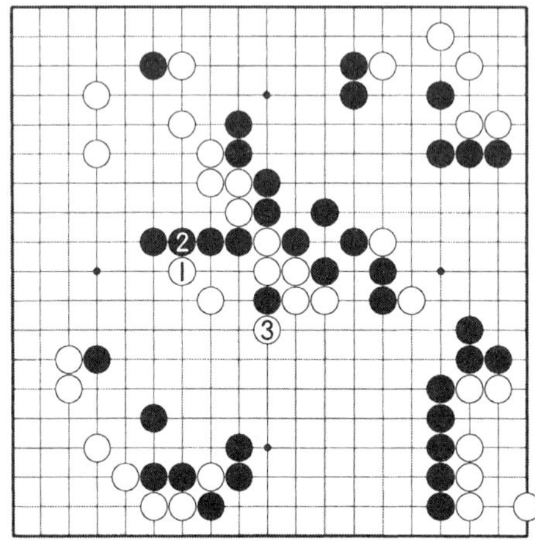

9도(온건책)

백1·3으로 중앙을 보강했다면 무난히 승리로 골인했을 것이다. 8도처럼 지나친 기교는 언제나 화를 부른다.

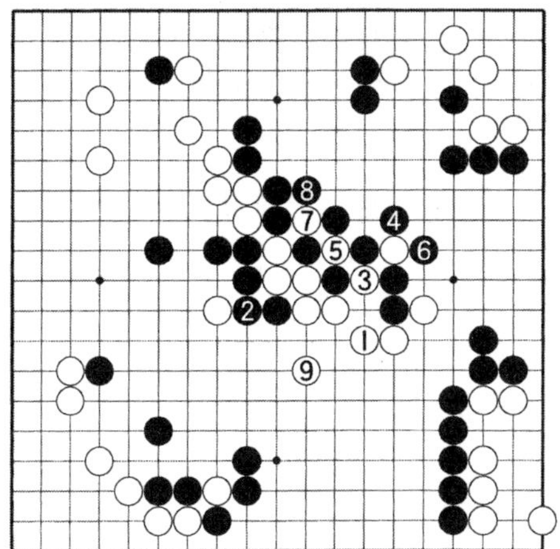

10도(8도 계속)

이제 백1 이하도 기호지세이다. 백9까지 패의 맛이 남겨진 채로 백은 갇혔다. 과연 무사할 수 있을까?

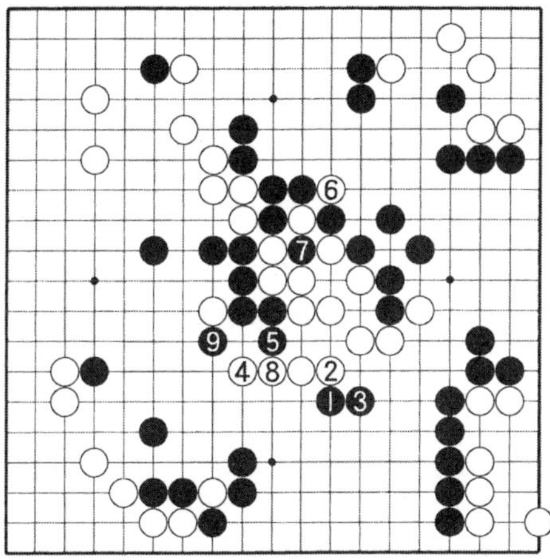

11도(10도 계속)

흑1로 백4에 두어 가두는 것은 백이 흑3으로 안형을 갖추므로 본도의 진행도 어쩔 수 없다. 백은 백6으로 패를 시도하면서 중앙쪽에 흠집을 만들고 있다.

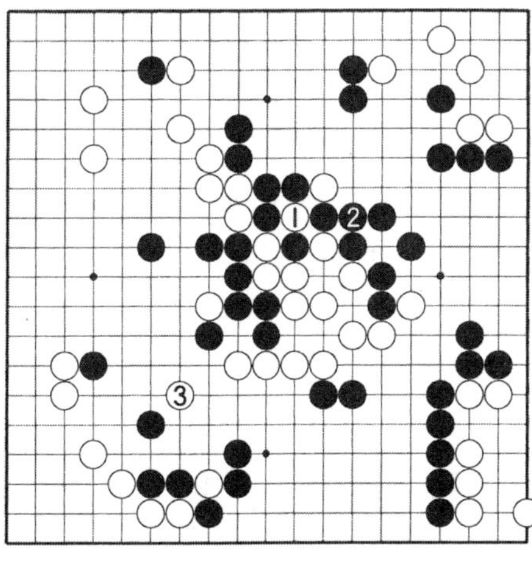

12도(11도 계속)

백1로 패를 계속하면서 백3으로 중앙쪽에서 활로를 모색한다. 흑의 중앙도 엷어 피차 쉽지 않은 싸움이다.

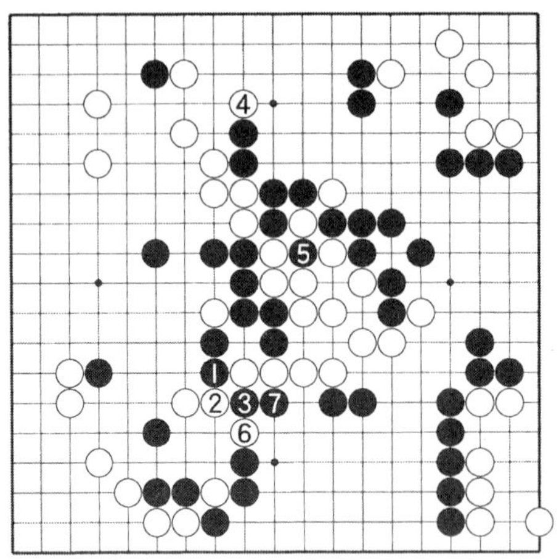

13도(12도 계속)

흑1의 절단도 절대다. 이제 싸움은 극단으로 치닫고 있다. 패싸움 도중 백4는 부분적인 기교다.

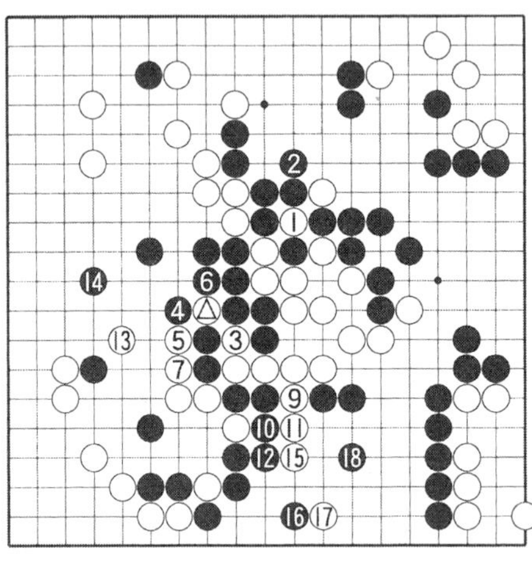

8…△

14도(13도 계속)

백3부터 백13까지가 선수로 들어 백15로 하변을 공략할 수순이 생겼다. 그러나 백17은 수순을 빠뜨렸다. 흑18로 다시 풍전등화의 위기에 몰리게 된 것이다. 백17로는—

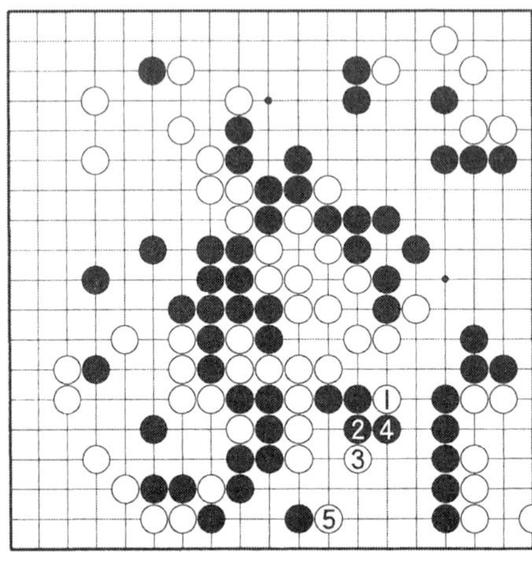

15도(수순)

본도 백1·3을 먼저 교환해 두는 것이 수순이었다. 백5까지 된다면 쉽게 수습될 수 있다. 참고로 여기서는 생략됐지만 10도 이후 실전의 끝은 백대마가 함몰되고 말았는데, 끝까지 백이 살 수 있는 길이 있었다는 이야기를 첨언해 둔다. 그만큼 교란전술은 무섭다는 뜻이다.

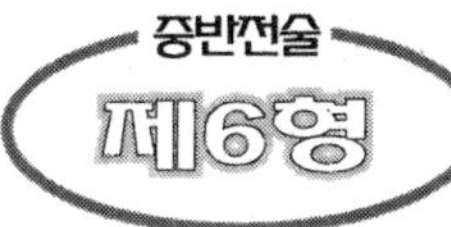

중반전술

제6형 흑진영의 약점을 추궁하는 교란전술은?

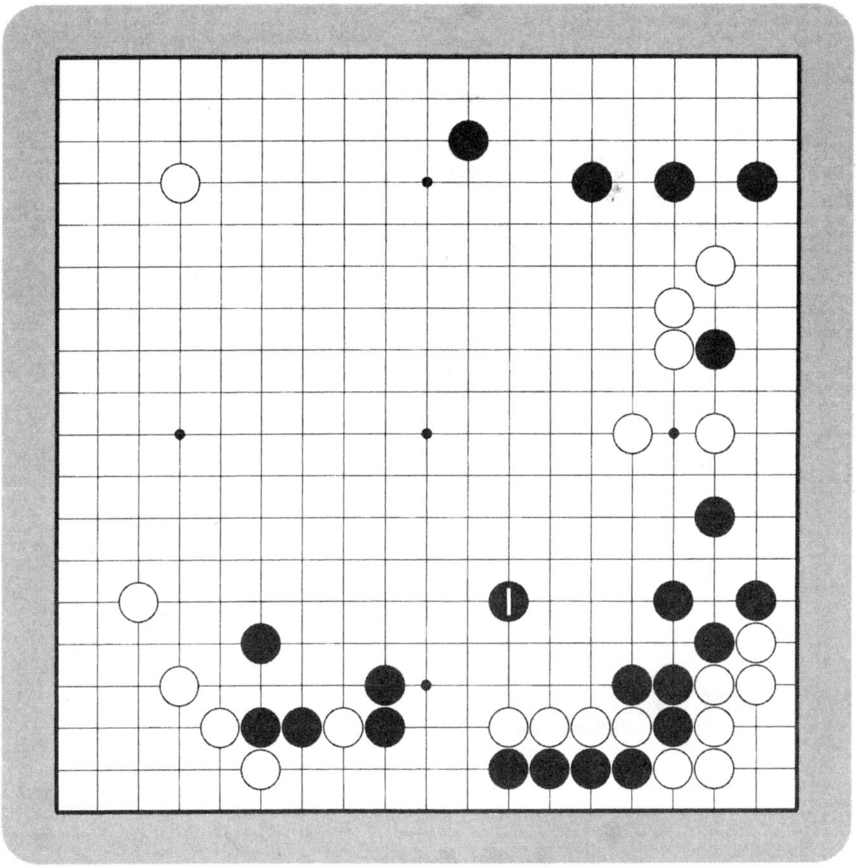

흑1은 백4점을 고립시키면서 흑진을 구축하려는 의도다. 그런데 이 수는 보이지 않는 약점을 간과한 불각의 실수였다. 이러한 진영에서 교란이 일어난다면 흑으로서는 치명적이라 하지 않을 수 없다. 그러므로 항상 진영의 구축에는 약점을 살펴야 한다.

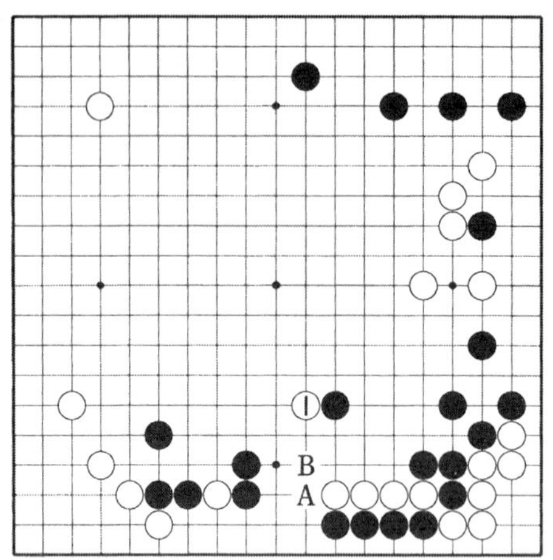

1도(전술의 성립)

한마디로 백1만이 이 부근의 전술을 가능케 할 수 있는 유일한 장소다. 이 수는 백으로서 A나 B의 약점 중 어떤 쪽을 활용할 것인지 선택할 수 있는 위치에 있다. 그 활용의 방법을 살펴보면—

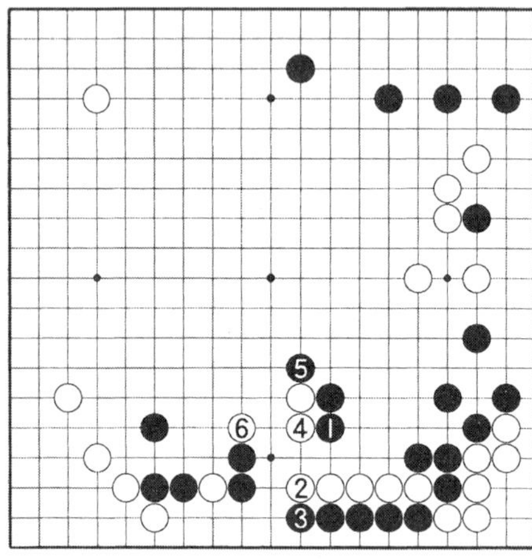

2도(선택1)

흑1이라면 백2를 활용하여 백6까지 탈출한다. 이렇게 되면 흑에게도 약점이 있어 추격이 불가능하다.

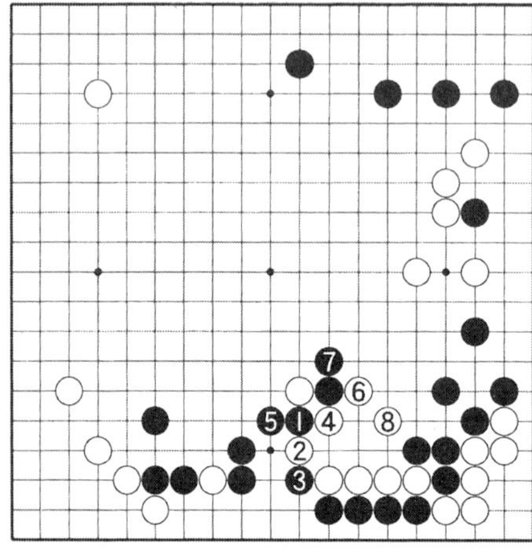

3도(선택2)

흑1로 젖히면 이번에는 백2의 활용을 선택할 수 있다. 이하 백8까지 되면 이 백은 잡을 수 없다. 만약 흑이 무리하게 잡으려 하면—

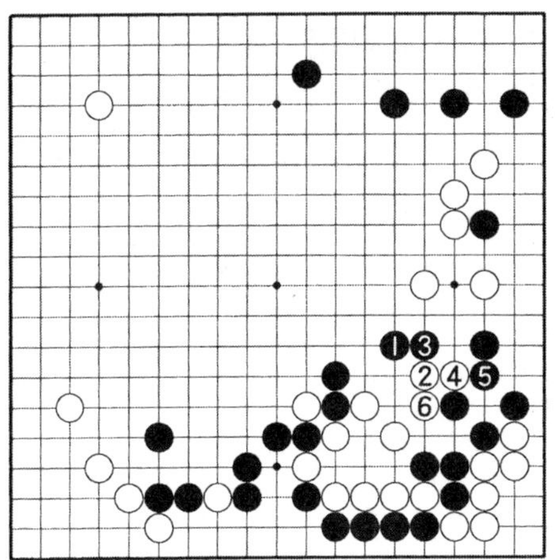

4도(포위불능)

흑1 정도밖에 둘 수 없는데 백2로 째고나와 백6까지 간단하게 수습된다. 이렇게 되면 손해가 너무 커 무조건 흑이 진다.

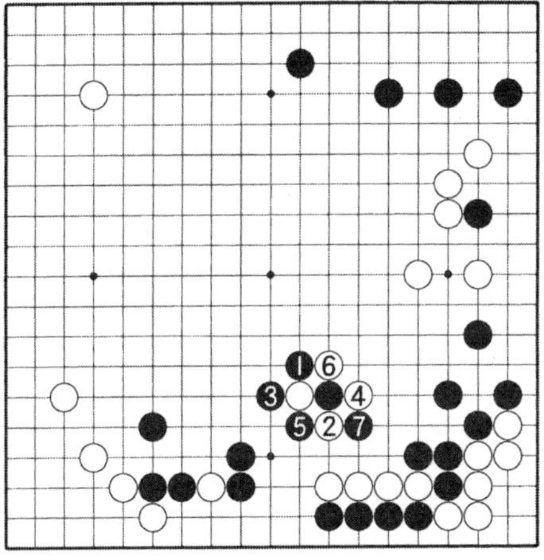

5도(실전)

흑1로 외곽에서 공격할 수밖에 없다는 것이 흑으로서는 후회스러운 장면이다. 백은 백2로 다시 한번 교란을 시작한다. 이때도 역시 흑은 백4쪽으로 뻗을 수 없다. 흑3쪽으로 탈출하기 때문이다. 또 흑7의 단수도 어쩔 수 없다. 그러나 패를 하려는 것은 아니다.

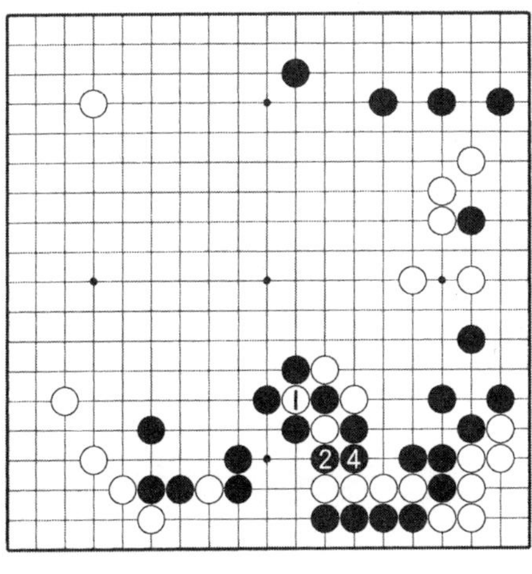

6도(5도 계속)

백1·3으로 잇게 해주는 것도 흑으로서는 억울하지만 별 수 없다. 아직도 이 곳에는 양단수의 약점이 남아있다. 흑4때—

③…이음

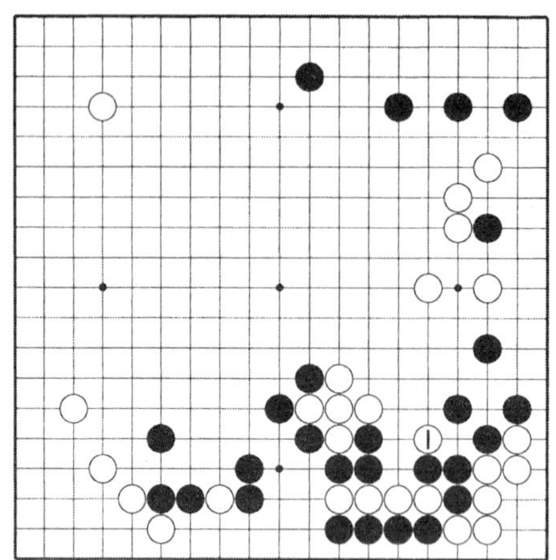

7도(통렬한 맥점)

백1의 맥점이 통렬하다. 이것으로 이곳 흑진영에서 시작된 백의 교란전술은 크게 성공하고 있다. 그러나 어쩌면 백1에 앞서—

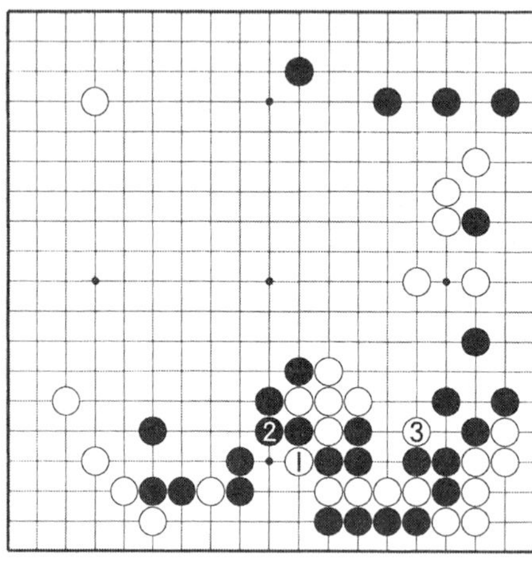

8도(수순)

백1을 먼저 두는 것이 나았을지도 모른다. 흑2라면 백3으로 우변이 크게 들어간다.

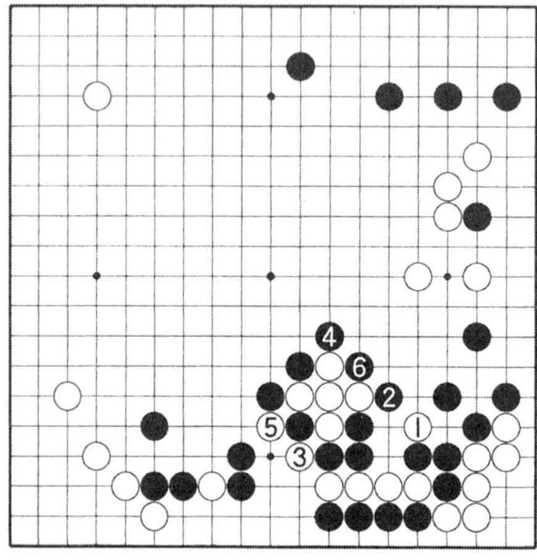

9도(7도 계속)

본도는 흑2로 반발하여 흑6까지 백이 포도송이처럼 단수당하고 있다. 이래도 백의 우세는 불변이지만 8도와 비교하면 약간 못하다.

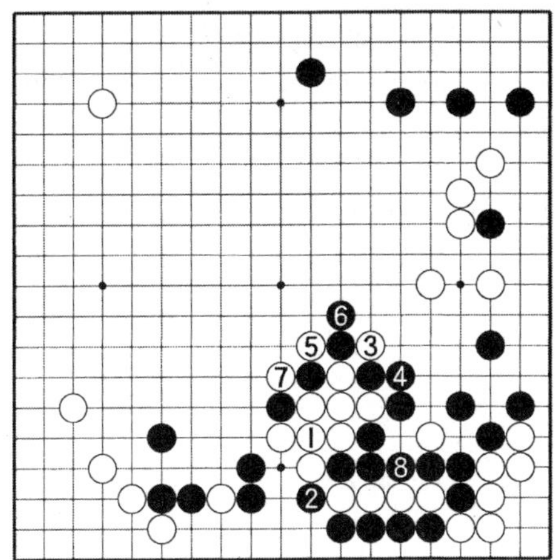

10도(9도 계속)

흑8까지 된 결과는 원래 흑진이었던 점을 감안할 때 흑으로선 거의 철저히 유린되었다고 볼 수 있다.

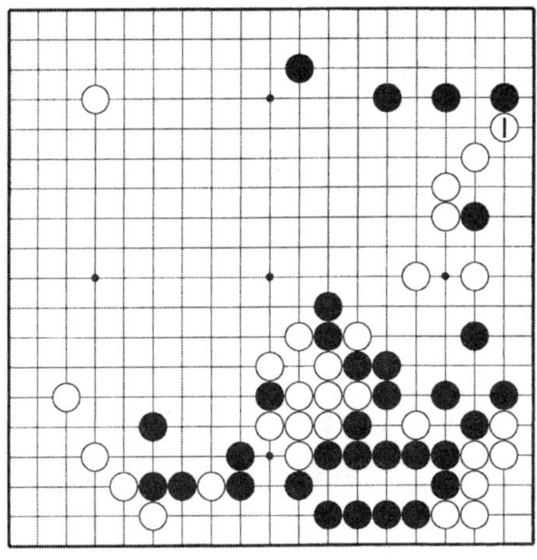

11도(잠그기)

백1부터는 일종의 자물통 잠그기다. 백집에서 흑이 준동하여 분규를 일으킬 수 있는 곳은 여기밖에 없는 것이다.

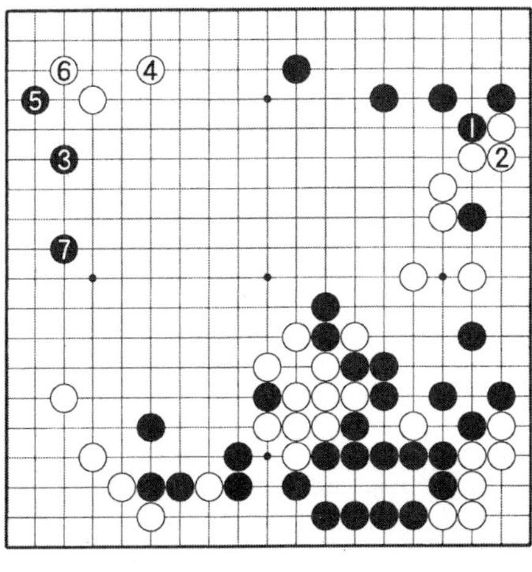

12도(11도 계속)

흑1에 대해 백2로 가만히 이어두면 장차 흑집을 유린하는 수가 남게 된다. 흑7까지 흑의 인내가 요구되지만 전단의 여지가 없는 이상 어쩔 수 없다.

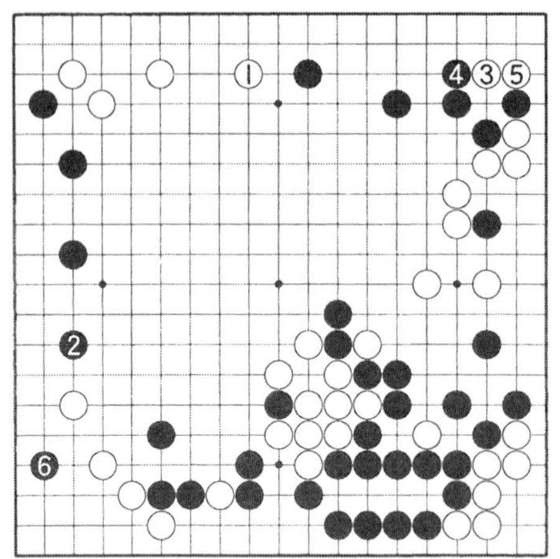

13도(마지막 변수)

백1로부터 백3·5까지 차지했을 때 흑6의 침입이 마지막 변수다. 그러나 이 정도는 백이 감수할 준비가 되어 있다. 우세한 쪽은 변수를 줄이는 것이 전략의 요체다.

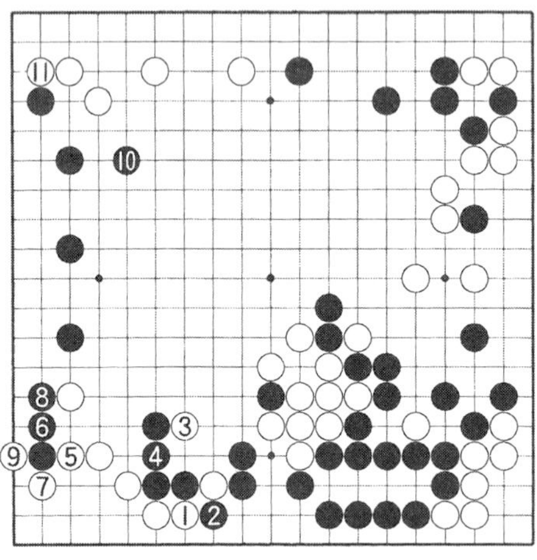

14도(13도 계속)

백9까지 이곳을 정돈하고 흑10에 대해 백11로 변수는 없다. 백의 중앙이 엷지 않기 때문에 이것으로 흑은 덤을 낼 수 없다.

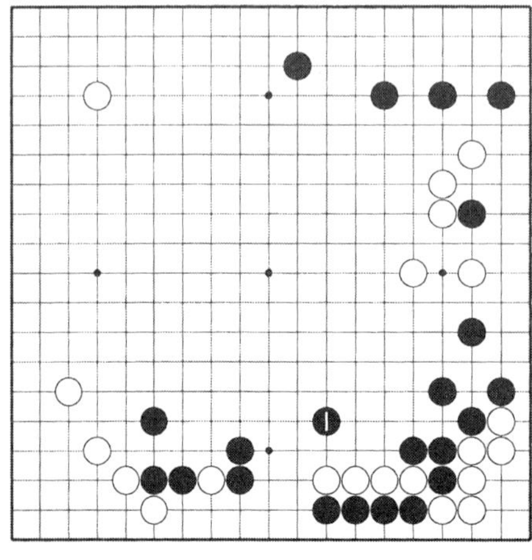

15도(수비방법)

기본형에서 흑은 본도 흑1로 지키는 것이 위축된 듯 하지만 정수였다. 이랬다면 교란은 없었을 것이다.

제7형 — 우하귀부터 상변을 연관시킨 고도의 교란전술

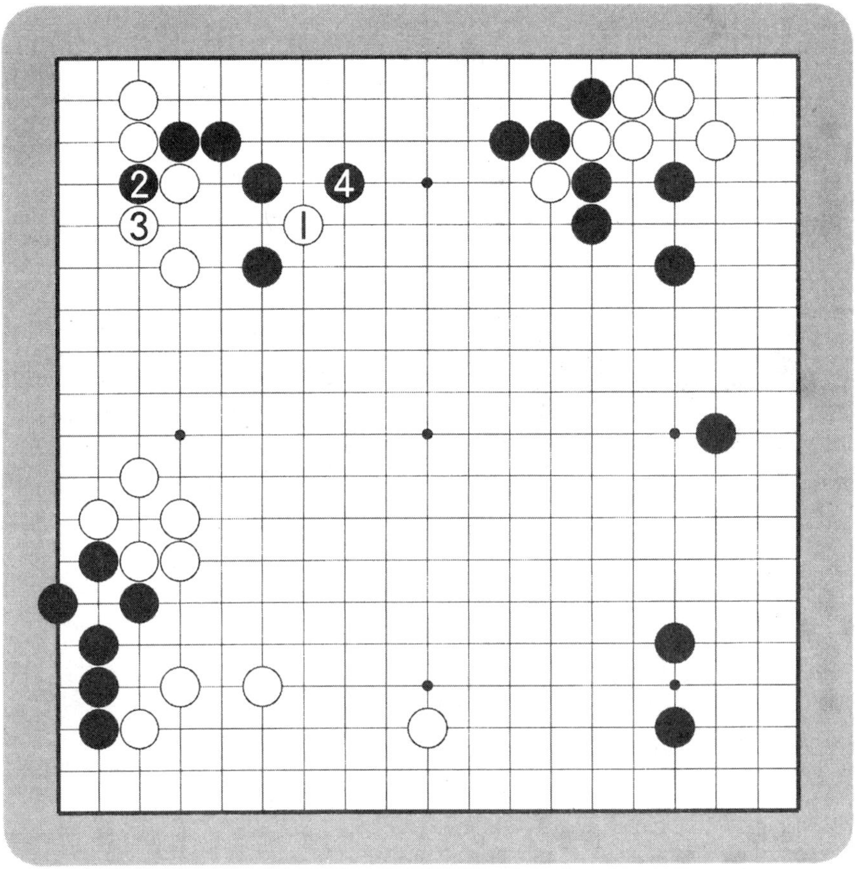

백1의 응수타진에 대해 흑2로 절단을 간접 보강하고 흑4로 수비한 것은 어쩔 수 없다. 이 흑진에 교란이 일어난다면 집이 부족해지기 때문이다. 이때 백이 이곳을 끊는 것은 하등전술이다. 이곳의 약점을 염두에 두고 전단을 모색하는 것이 고등전술인데, 과연 백은 어디부터 손대는 것이 바람직할까?

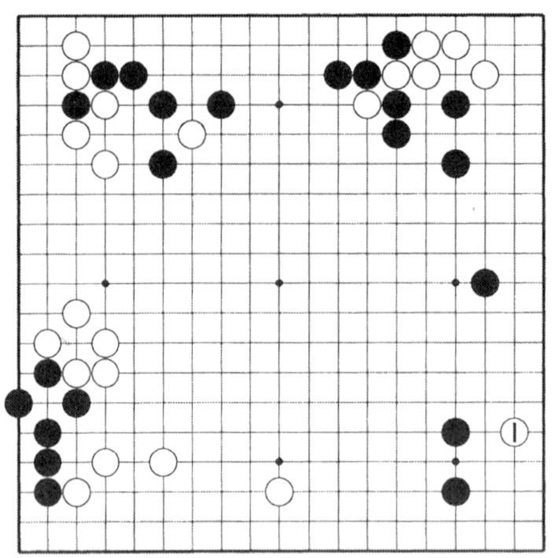

1도(실전)

실전은 백1이었다. 이 수의 의미는 이곳에서 수를 내어 살자거나 흑진을 폭파하겠다는 등의 단순한 전술논리가 아니다. 이 수는 상변 축머리의 활용까지 포함된 섬세한 전술적 책모가 숨어있는 응수타진이다. 이에 대해—

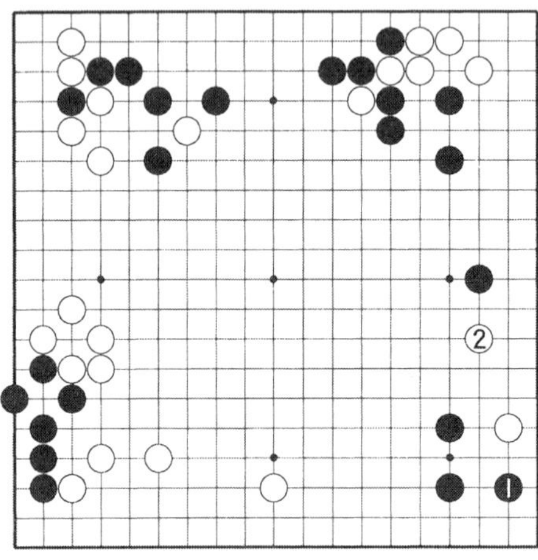

2도(박력부족)

흑1은 백에게 현실적으로 득이다. 백2라면 이 자체로 흑진에 백이 터를 잡은 것이 된다.

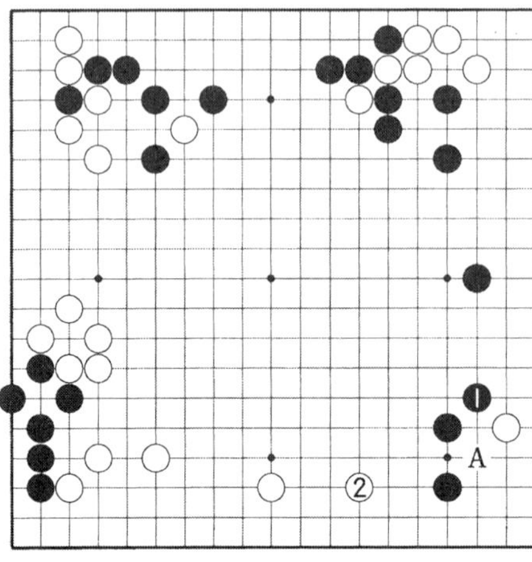

3도(활용)

흑1은 백에게 활용당한 꼴이다. 백2로 두면 이 귀에는 백A로 준동하는 뒷맛이 남게 된다.

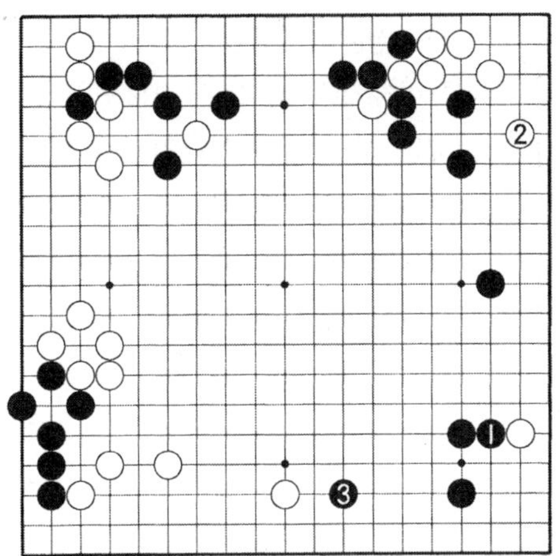

4도(실전)

흑도 흑1로 강력하게 대응하여 이 돌을 직접 움직이지 못하게 하는 것이 최선일 것이다. 이때 백은 백2 쪽을 두어 흑에게 흑3을 허용한다. 이것이 고도의 전술이었다. 흑3이 놓인 이상 백은 여러 가지 전술을 선택할 수 있다.

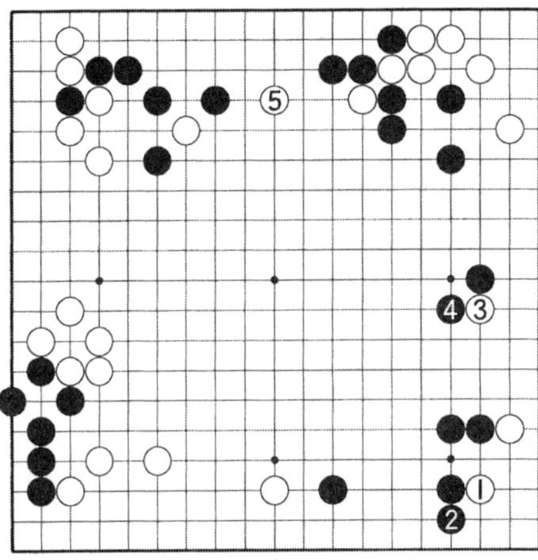

5도(계속된 응수타진)

백1·3·5의 현란한 응수타진은 우하귀부터 상변을 연관시키는 고도의 교란전술이다.

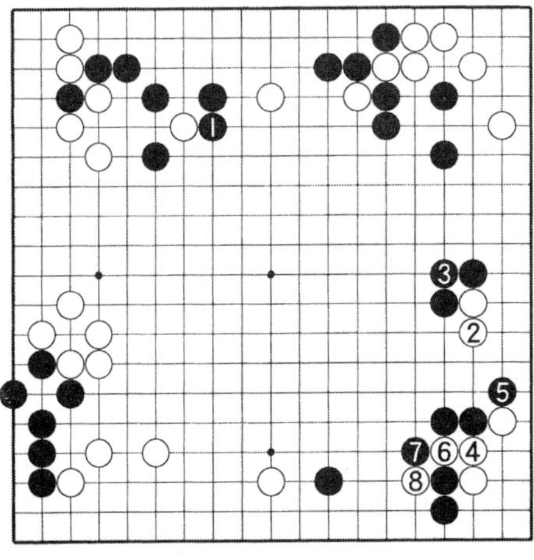

6도(고난도 수순)

흑1을 유도하고 백2부터 준동하여 백이 구상한 전술이 그 실체를 보이고 있다. 백4·6·8의 절단은 이 모양의 상용수순이다.

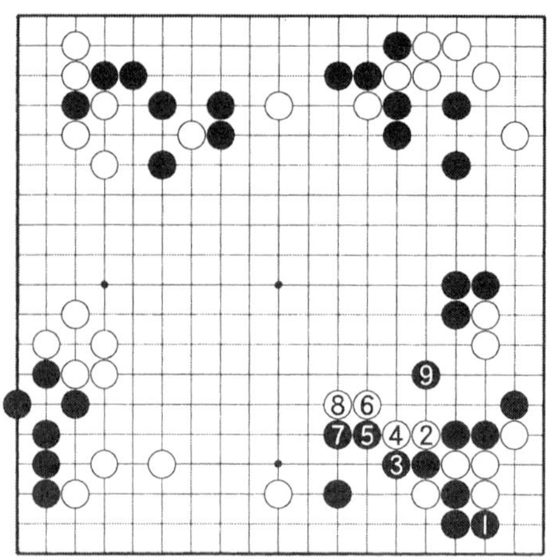

7도(전술의 실체)

흑1은 절대다. 이때 백2부터 준동하는 것이 예정된 수읽기이며 흑9도 필연이다. 이 부근의 수순은 피차 살얼음을 걷는 듯 보이지만 사실은 외길이다.

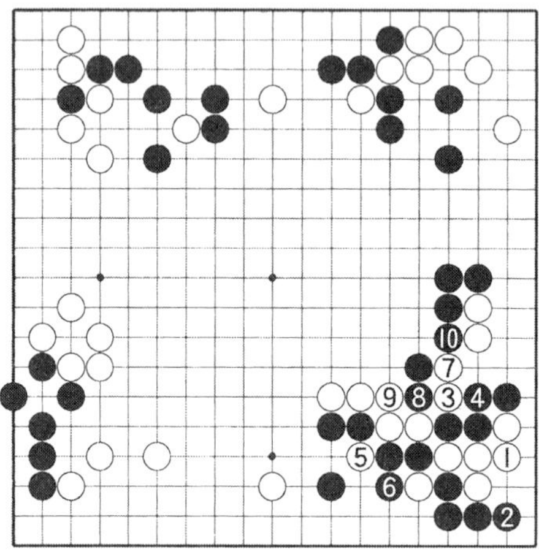

8도(축머리 공방)

흑10에 이르러 상변과 연관된 축머리 공방의 실체가 드러나고 있다. 흑10 이후—

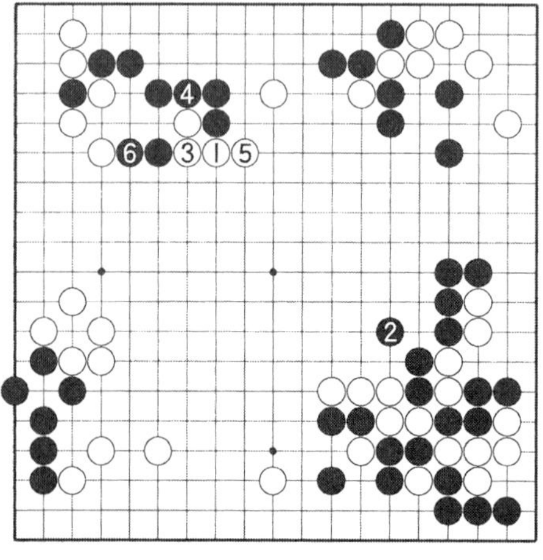

9도(보아둔 축머리)

본도 백1은 두다보니까 만들어진 축머리가 아니다. 최초의 응수타진 때부터 이 수는 변화에 포함되어 있었던 것이다. 흑6의 연결이 불가피할 때—

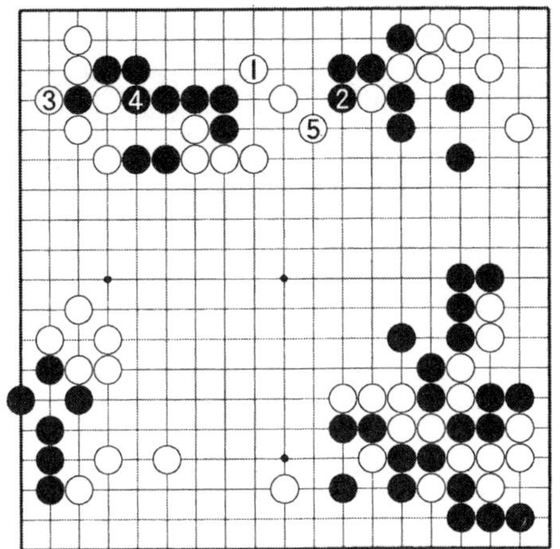

10도(공세전환)

백은 백1로 두어 흑2를 강요한다. 백5에 이르러 이 흑진은 사실상 붕괴되었다. 이는 흑에게 우하귀를 굳혀준 댓가이며, 더 중요한 것은 이곳의 공세주도권이 백에게 넘어왔다는 점이다.

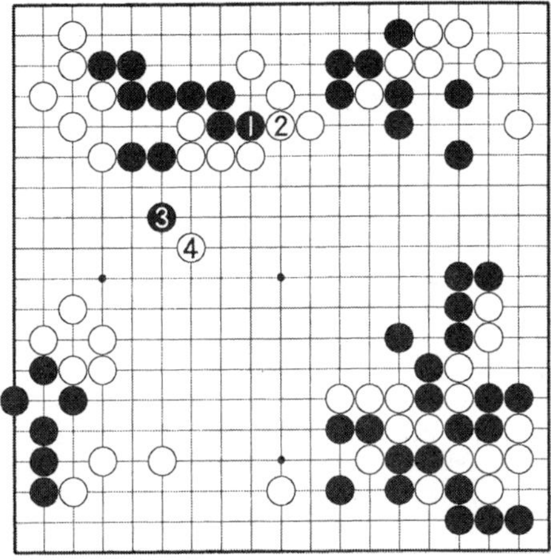

11도(백의 공세)

백4로 이 흑을 공격하게 되어서는 단연 백이 우세하다. 여기까지 유도할 수 있었던 것은 최초의 응수타진에 이와 같은 교란전술이 내포되어 있었기 때문이다. 바로 이런 부분이 중반전술의 백미라고 할 수 있다.

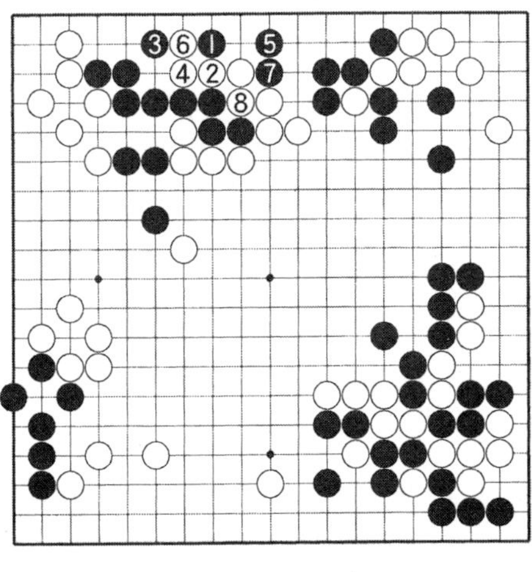

12도(패의 수단)

흑1 이하는 패로 넘어가는 수단이다. 이미 여기부터는 버티는 것에 불과하며 간발이라도 백의 우세를 뒤집기는 어렵다.

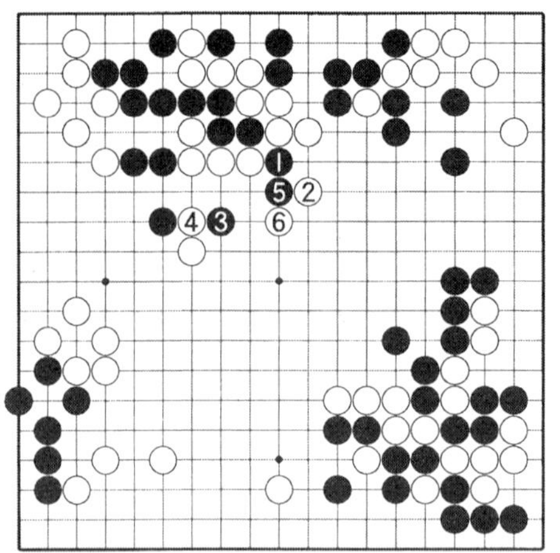

실전에서는 본도와 같은 진행으로 흑이 자멸하고 말았다. 즉 흑1·3은 착각이다. 백6 이후 더 진행한다면—

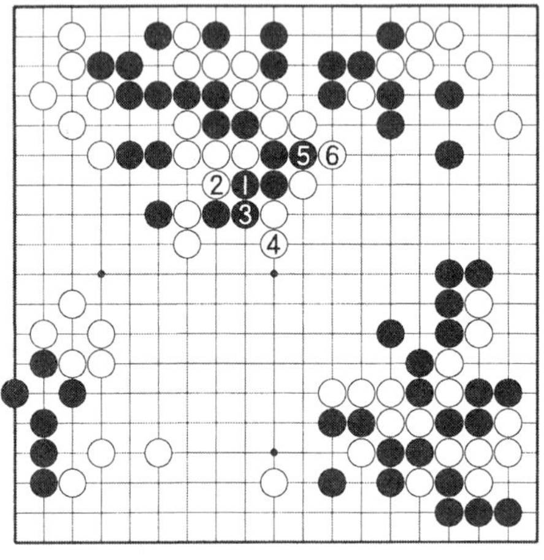

백2·4로 간단히 잡힌다. 알고 보면 쉬운 장문이었다.

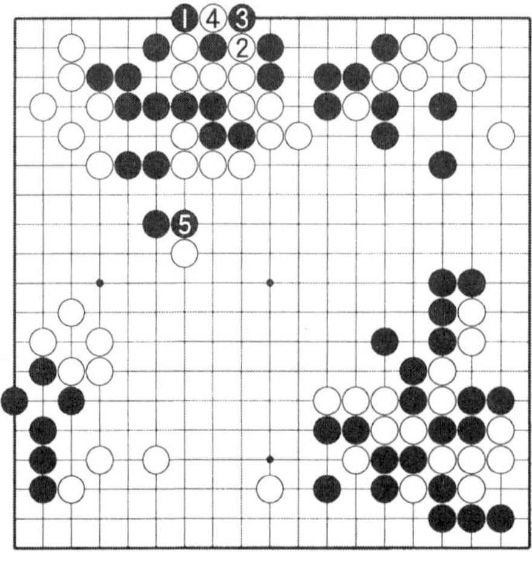

흑1 이하로 패를 하는 것이 일단은 흑의 최선이다. 그러나 흑은 흑5와 같은 팻감으로 버틸 수밖에 없는데 비해 백은 우하귀가 팻감공장이다. 이 바둑을 돌이켜 보면 한마디로 백의 전술적 승리라 하겠다.

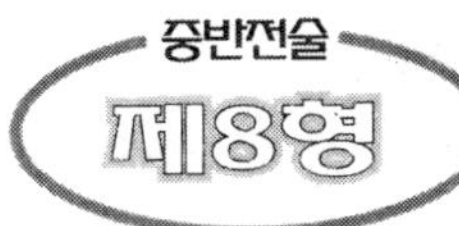

중반전술

제8형 백의 대모양을 지우는 삭감의 깊이는?

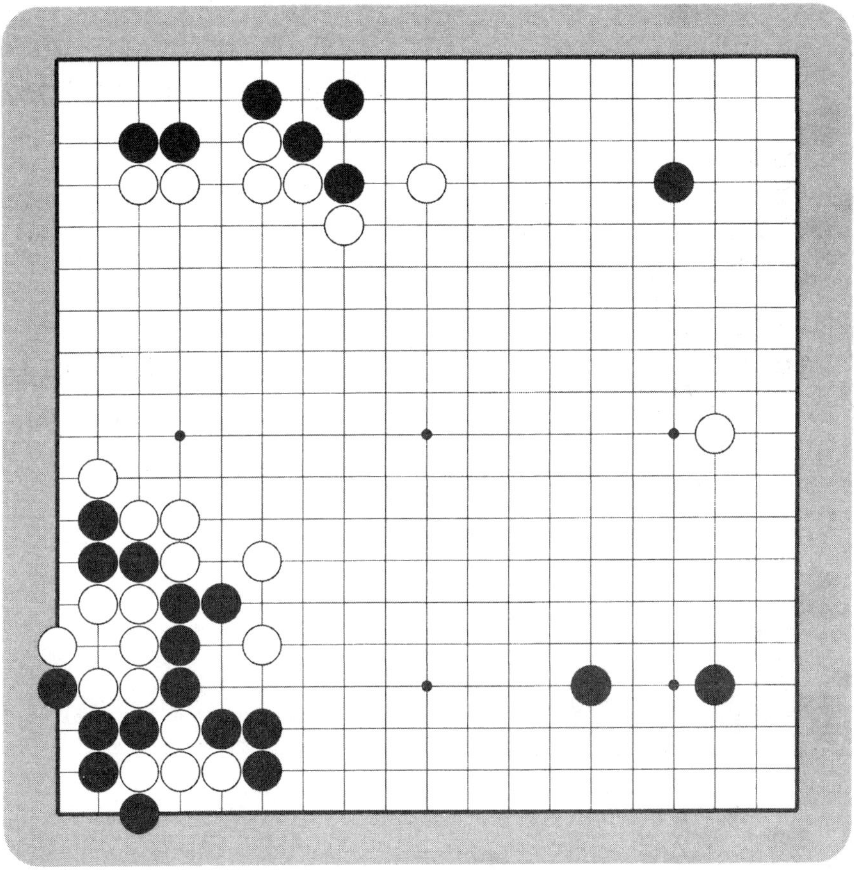

현재 국면은 흑의 실리와 백의 대모양으로 대립되어 있다. 흑은 여기서 백진을 어느 선에서 어떤 전술로 대항해야 하는지에 촉각을 모아야 한다. 자칫 백에게 공세를 허락하게 되면 전면전으로 치닫게 되어 양동작전에 휘말릴 수도 있으므로 조심해야 한다.

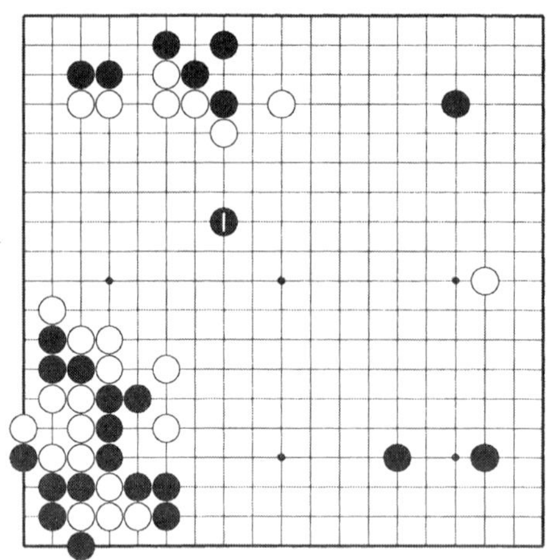

1도(깊이의 결정)

삭감은 깊이를 먼저 선정해야 한다. 선정하는데 있어서는 상대의 약점여하를 고려해야 하는데, 지금은 흑1이 가장 알맞은 깊이다. 왜냐하면 상변 백의 모양에 흠집이 있기 때문이다. 따라서 백도—

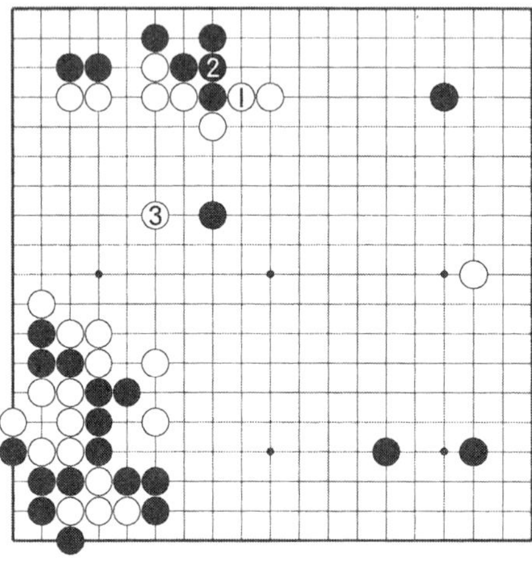

2도(절대 수비)

다소 억울하지만 백1을 교환하고 백3으로 지켜두는 것이 정상이다. 만약 이 돌을 공격하려고—

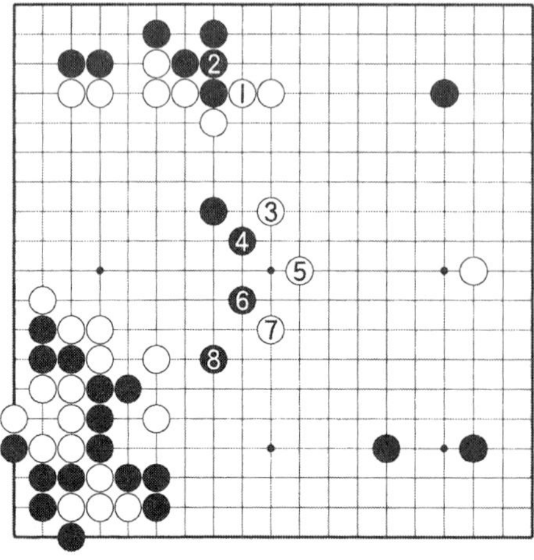

3도(공격 불능)

백3 이하로 공격하는 것은 흑8까지 공격도 되지 않으면서 백진만 파괴될 수 있기 때문이다.

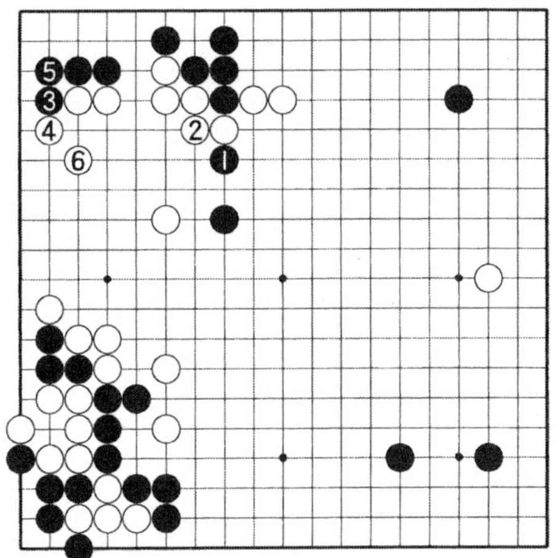

4도(재빠른 끝내기)

2도에 이어 흑1로 약점을 건드린 후 흑3·5는 얄미울 정도로 재빠른 끝내기다. 만들어진 집이므로 백도 백6으로 지키지 않을 수 없다. 흑도 더 이상 수단의 여지가 없는 곳이므로 지금 결행하는 것이 시기다.

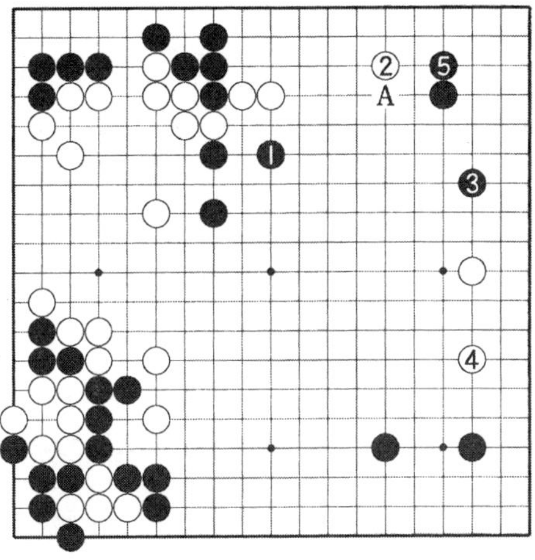

5도(4도 계속)

흑1도 단순히 이 돌을 정비하는 수만은 아니다. 유사시 이곳의 절단을 보고 있는 다목적 착점이다. 백2는 A가 위치상 옳을지도 모르지만, 집에서 뒤져있는 입장에서는 약간의 집이라도 더 확보하자는 뜻이다. 흑5로 지켜 여기까지는 흑이 단연 우세하다.

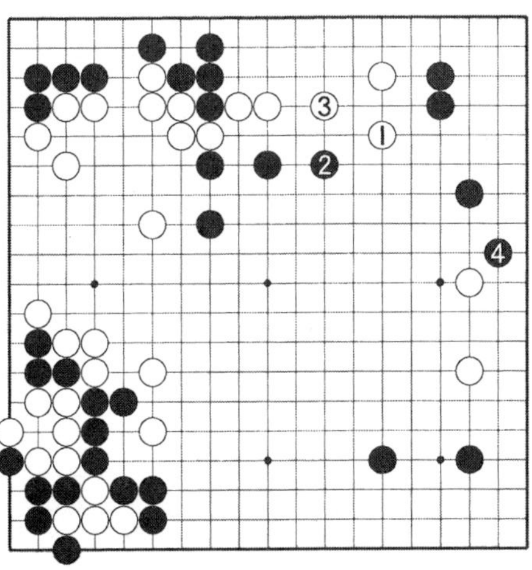

6도(5도 계속)

백1·3은 어쨌든 이곳을 차단하고 볼 일이다. 중앙을 위협하지 않고서는 승부가 되지 않는다. 흑4로 끝없이 실리를 확보하는 흑에게 백의 전단은 막막하기만 한데—

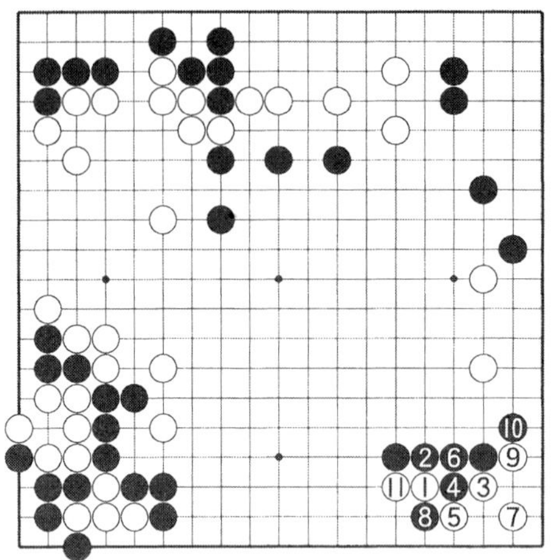

7도(최초의 전단)

백1·3은 약간의 실리라도 챙겨 두자는 뜻이지만, 백11에 대해—

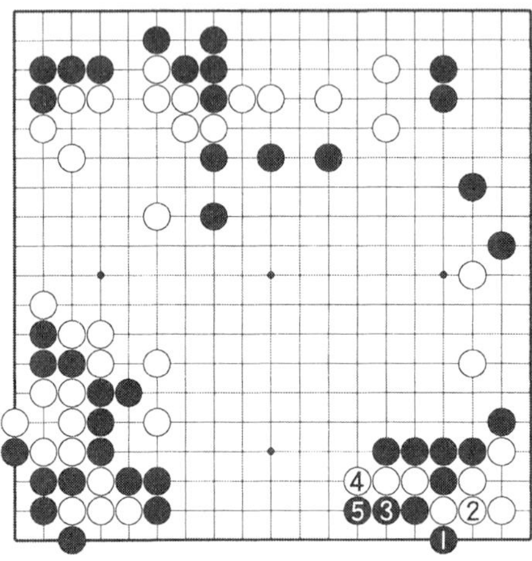

8도(흑 강수)

흑1·3·5가 강력한 반발이어서 백이 곤란하게 되었다.

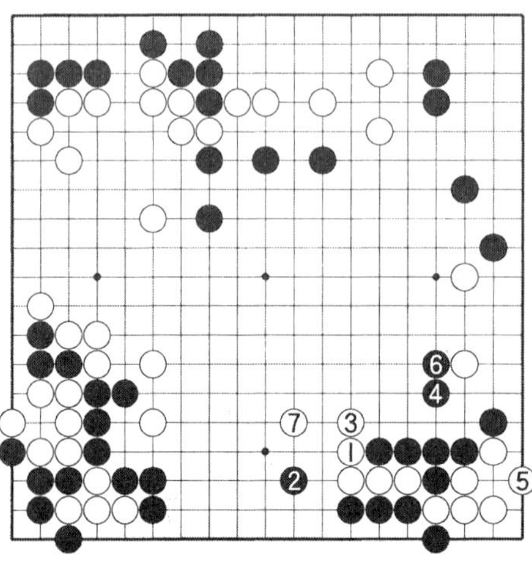

9도(8도 계속)

백1부터 백7까지는 필연이다. 흑이 절대 우세한 가운데 백은 중앙 흑4점을 공격할 찬스를 잡으려 전단을 모색하는 흐름이 되고 있다.

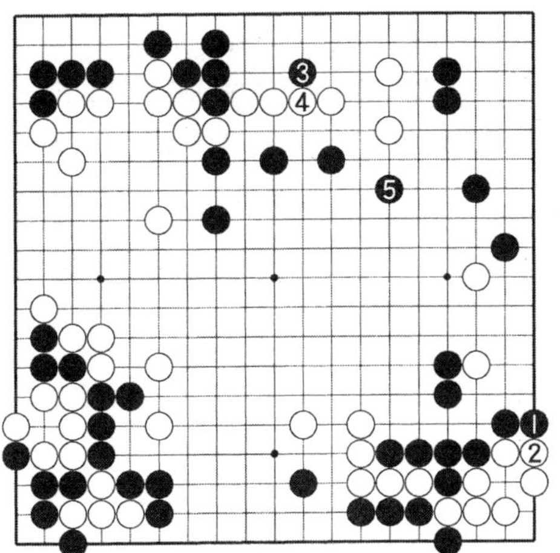

10도(문단속)

흑1부터 흑5까지는 문단속이다. 중앙에 가일수하여 이대로 끝인하려는 것이다. 그만큼 흑의 우세는 불변이다.

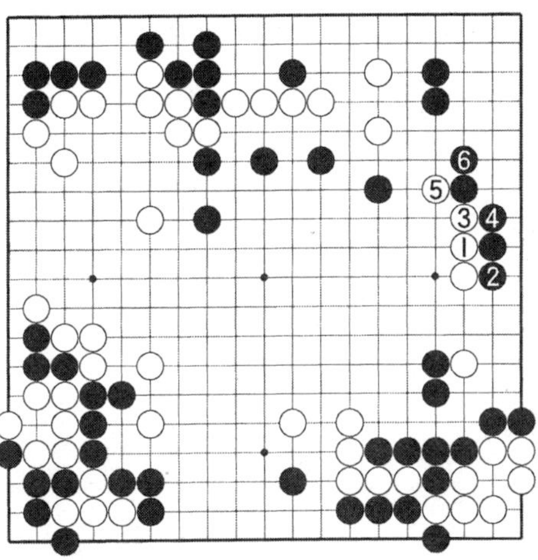

11도(10도 계속)

백1로 둘 때 흑2는 지나친 감이 있다. 물론 우세가 흔들릴 리는 없지만 이 때문에 백이 중앙 흑에 약간의 영향력을 가졌기 때문이다. 흑2로는 흑4의 자리가 튼튼했다.

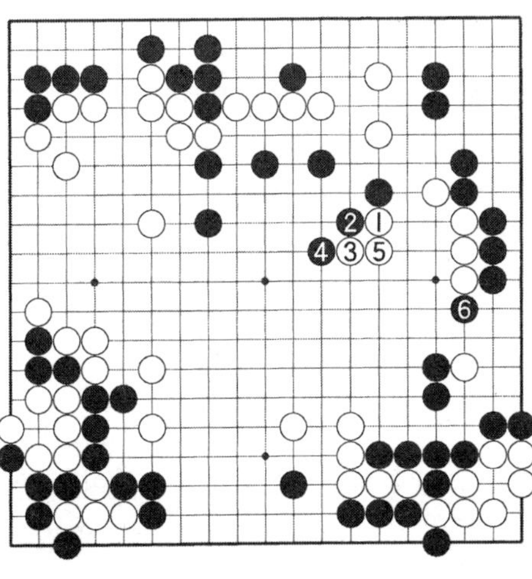

12도(분란의 소지)

백1·3은 약한 흑에 기대어 안전을 도모하면서 6의 자리를 보고 있다. 그래서 흑도 흑6으로 보강하지 않을 수 없어 백은 중앙에 한 수를 더 둘 수 있게 됐다. 분란의 소지가 생긴 것이다.

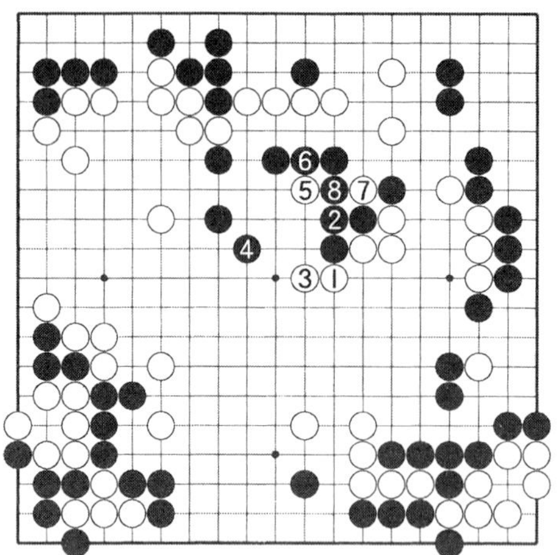

13도(12도 계속)

백1·3으로 두터움을 가져 백에게도 실낱같은 희망이 보이고 있다. 그러나 워낙 불리한 상황이었기 때문에 역전까지는 생각할 수도 없다.

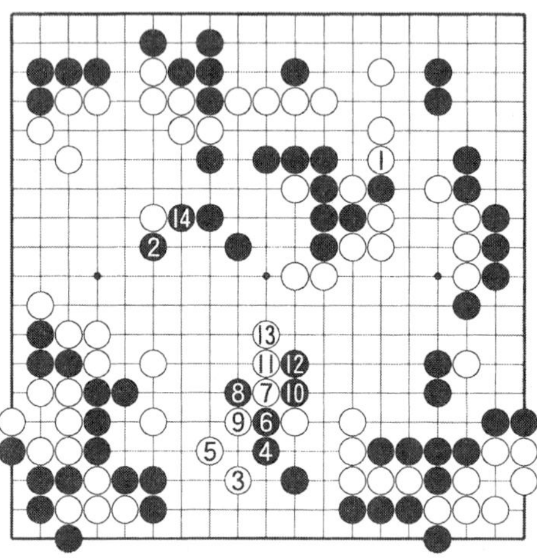

14도(결국 중앙이 변수)

백1로 중앙이 문제가 되고 있다. 그러나 이 흑이 문제가 되는 것은 하변과 연관해서일 뿐 직접 잡을 수는 없다. 백3으로 교란하는 길뿐이다. 백13때 흑14는 어쩔 수 없다.

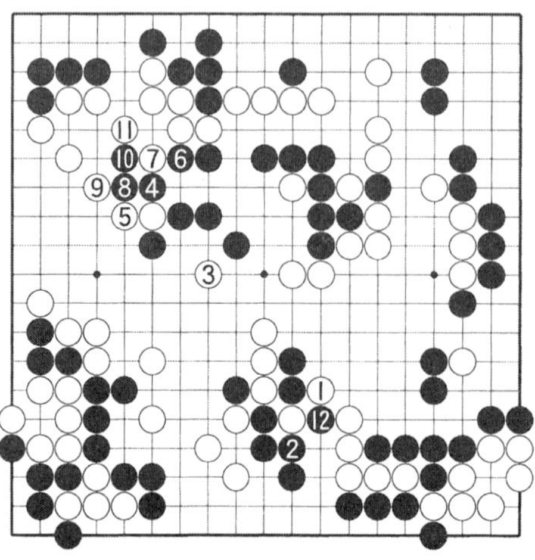

15도(패)

백11까지 패로 버티고 있지만, 흑12로 승부를 건 시점에서 백은 중앙 흑대마의 사활이 걸린 패를 이길 수 없다. 따라서 흑의 승리는 부동인데 실전의 종국은 흑의 끝내기 미스로 역전되었다. 그러나 여기까지만의 결과는 기본형에서 삭감을 시도한 흑의 전술이 주효하여 국면을 계속 리드했다고 할 수 있겠다.

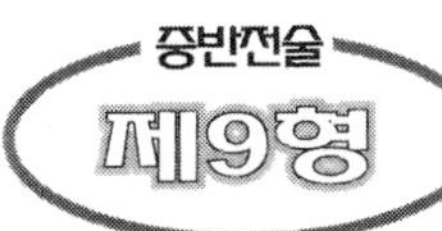

제9형 진영 깊숙히 침입한 후 삭감하는 교란전술

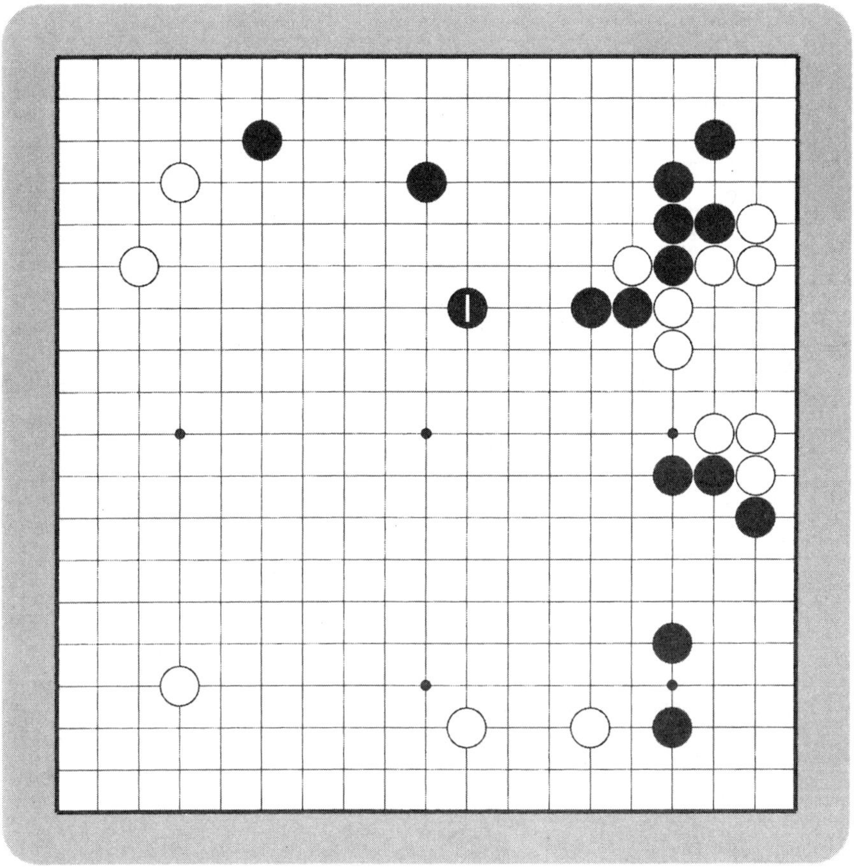

흑1은 진영을 효과적으로 완성하기 위해 둔 수지만 결과적으로 약점이 있어 백으로 하여금 교란전술을 펼치게 한 완착이다. 흑의 진영에는 어떤 약점이 있어 백의 교란을 가능하게 했을까?

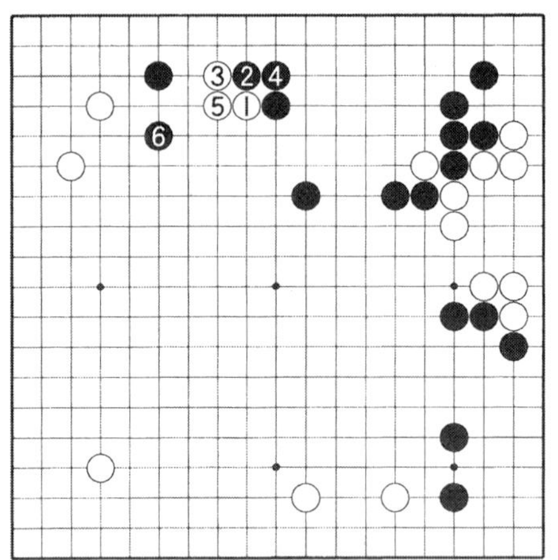

1도(전술부재)

백1·3은 이런 모양에서 상용적인 수단이지만, 흑은 이 수를 예측하여 기본형을 시도한 것이다. 백3 때 흑4로 수단의 여지를 없애고 백5때 흑6으로 백과 동행하려는 것이 흑의 착상이었다.

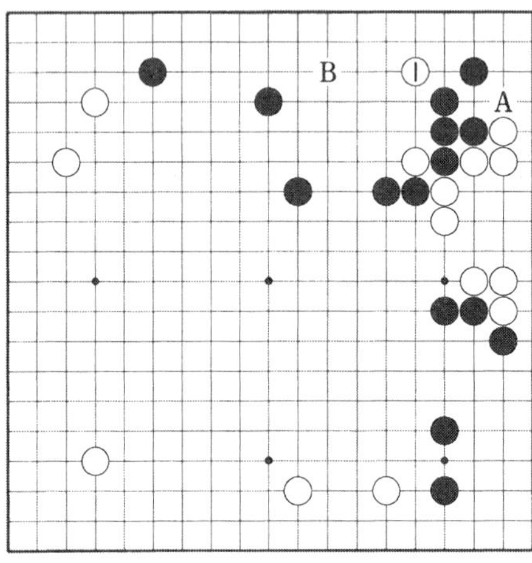

2도(응수타진)

백1로 흑진 속에서 흑의 응수를 묻는 것이 기본형의 약점을 추궁한 호수순이었다. 이 수는 백B의 전개와 백A의 이득을 물어본 것으로—

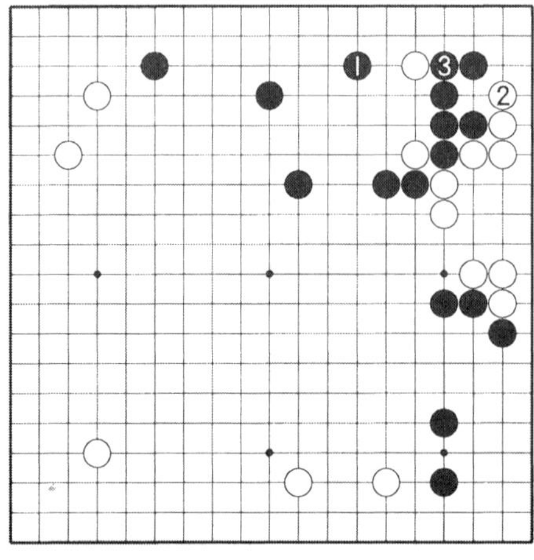

3도(2도 계속)

흑1의 공격이 불가피할 때 백2로 먼저 이득을 얻는다. 이 수순으로 백이 얻은 득은 집으로 약10집 정도. 이제 백은 상변을 약간만 삭감해도 좋다.

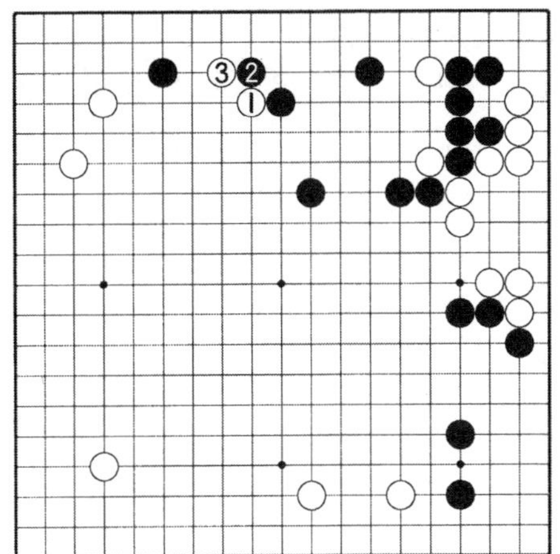

4도(전술의 충돌)

백1 이하가 상용수법이라는 것은 아까 말한 바 있지만, 우상귀에서 손해를 본 흑은 이제 1도처럼 둘 수 없다. 손해를 충당하려면 직접 공격하는 길밖에 없으며 이는 또한 백이 바라는 바다.

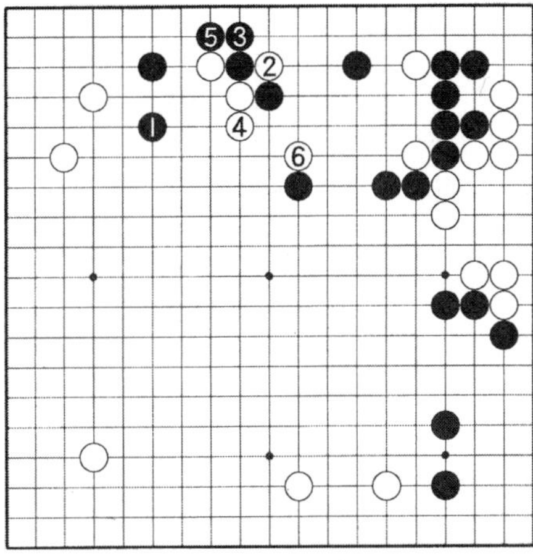

5도(흑 강수)

흑은 흑1로 크게 공격하여 손해를 만회하려 하는 것은 당연하며, 백6으로 백의 교란전술이 시작된다.

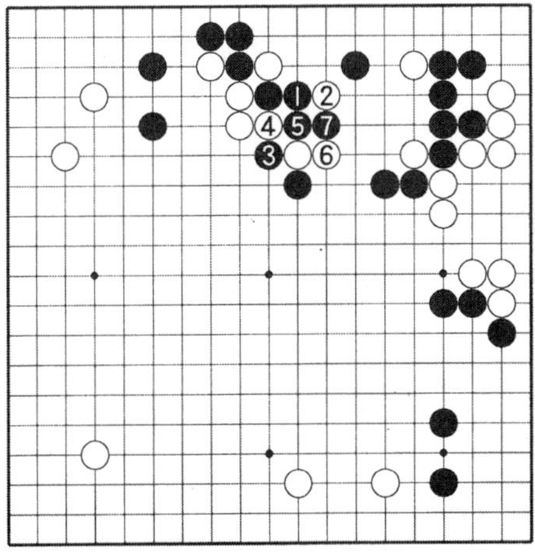

6도(5도 계속)

흑1때 백2에 붙이는 것도 일종의 맥이다. 이에 대해 흑3·5로 반발하는 것은 백이 유도한 흐름이다.

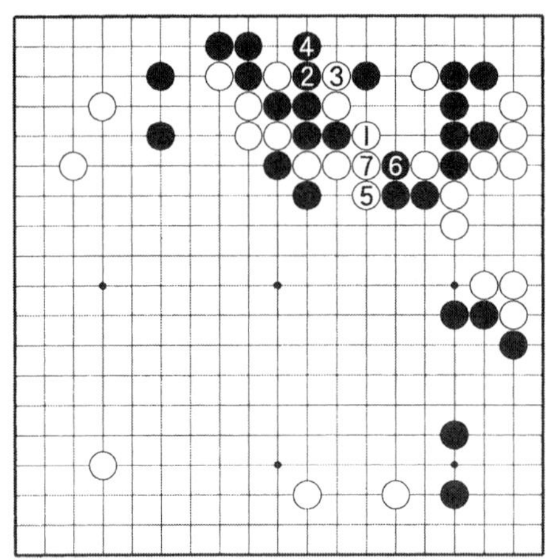

7도(백 탈출)

본도 백7에 이르러 백의 탈출이 결정지어졌다. 남은 것은 흑의 추격에 대비하는 것인데—

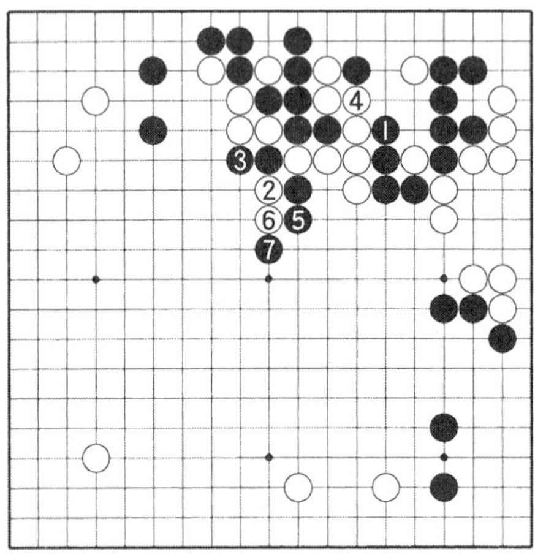

8도(7도 계속)

흑5·7이 백을 끝까지 추궁하고 있으나 백으로서는 준비된 수순이 있다.

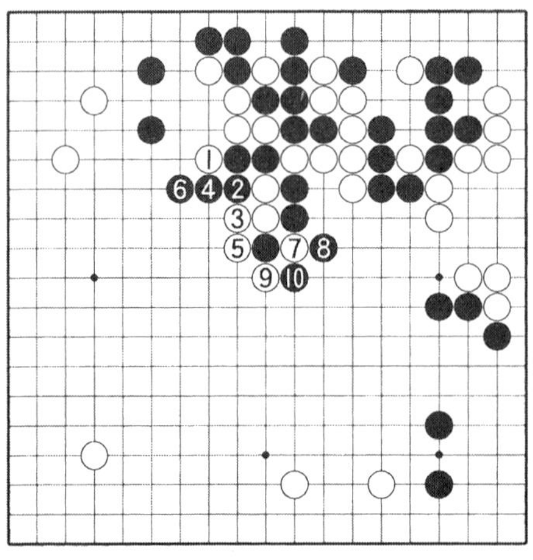

9도(8도 계속)

백1 이하 흑10까지는 피차 외길 수순인데, 흑10때 백에게는—

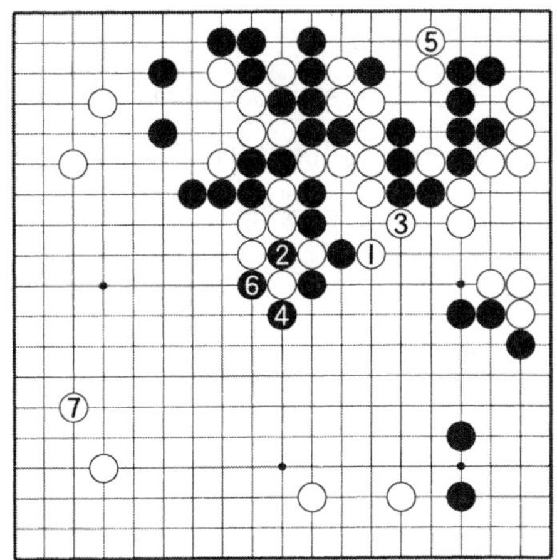

10도(백 연결)

본도 백1·3으로 연결하는 수단이 있었다. 또 백5로 귀를 잡는 수까지 백에게 손이 돌아와서 이것으로 사실상의 승부는 끝이다. 여기에는 흑의 착각이 있었다.

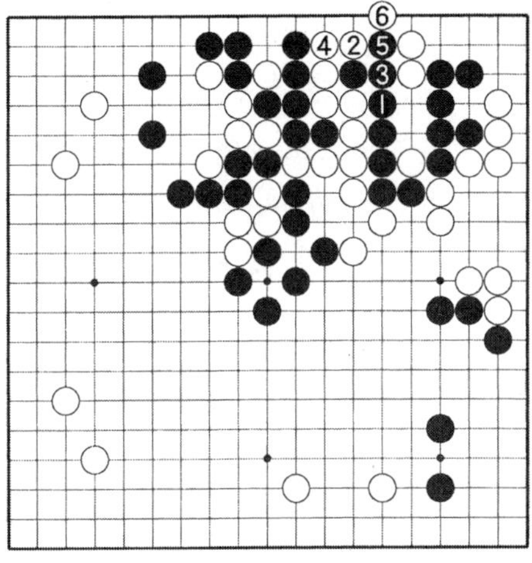

11도(착각의 원인)

흑1부터 백6까지 되었을 때—

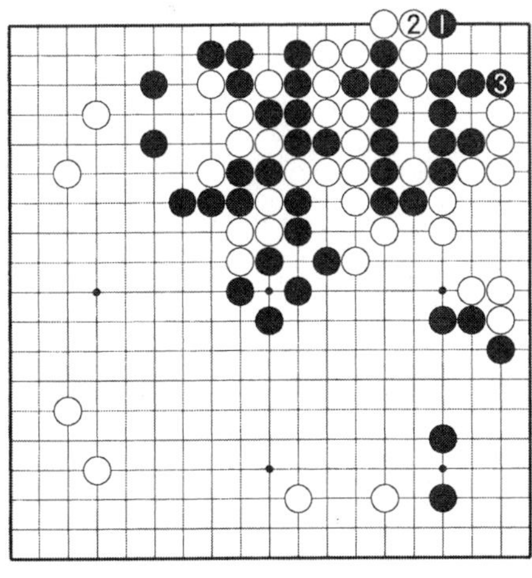

12도(사활의 맥)

흑1로 두는 수가 있는 것으로 착각했던 것이다. 본도 백2라면 흑3으로 완생이며—

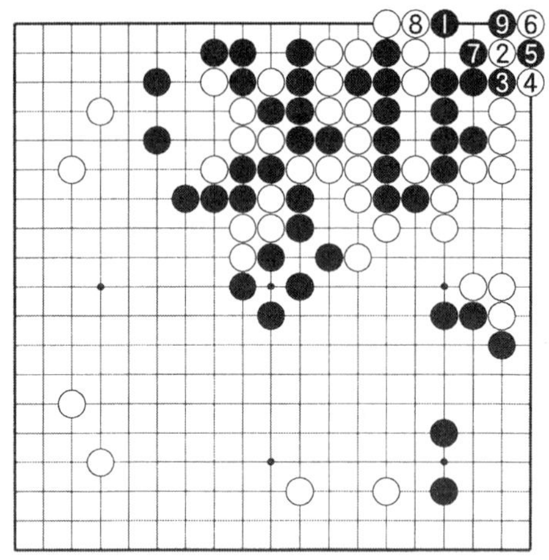

13도(패)

본도 흑1때 백2 이하의 수순이라면 패가 되지만, 이는 흑의 독선적인 수읽기에 불과한 것이었으니—

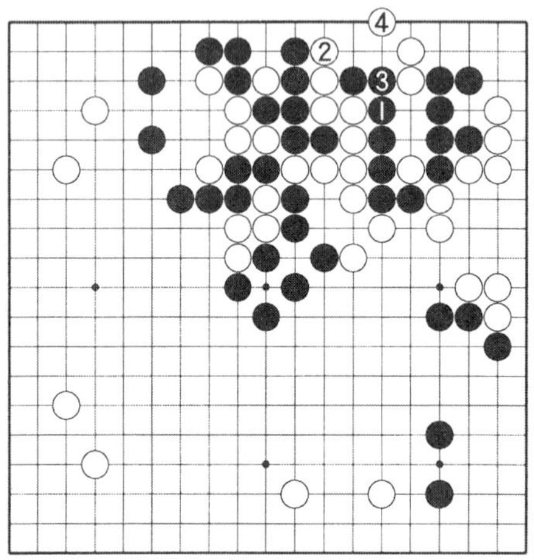

14도(간과)

흑1때 백2로 두고 흑3때 백4나 한칸 왼쪽으로 두어 연결하는 맥이 있었던 것이다. 이것으로 흑의 응수는 더 이상 없다. 그 이유는—

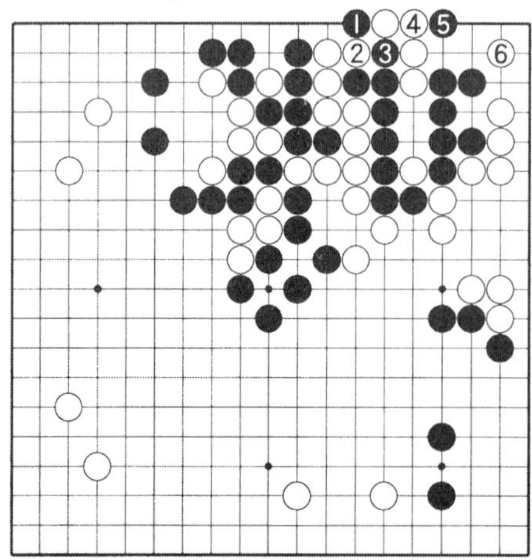

15도(14도 계속)

흑1·3때 백에게는 백4로 잇는 수가 있기 때문이다. 이것으로 허무한 종국이 되었는데, 초반 흑이 완성한 진영으로 깊숙이 침입하여 응수를 묻고 다시 삭감하는 백의 교란 전술은 볼만한 것이었다.

중반전술

제10형

하변에서 시작된 흑의 전술적 교란

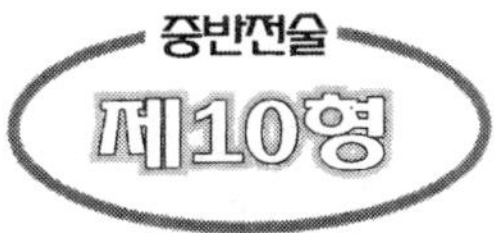

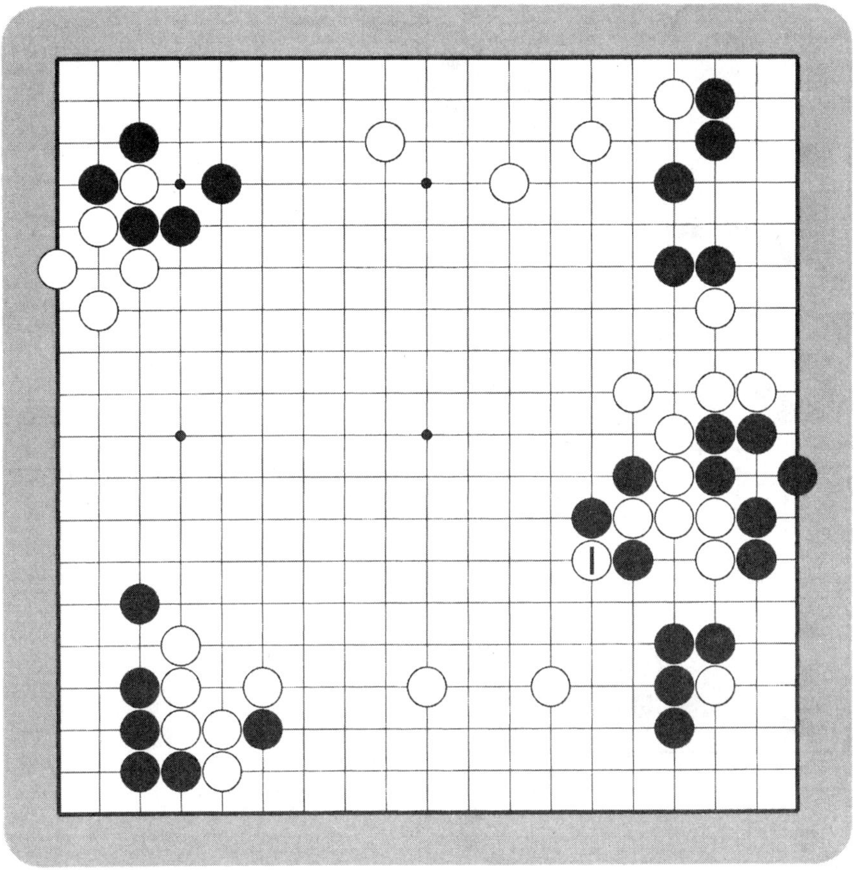

백1로 끊어 중앙의 백세가 두터워지고 있는 장면이다. 지금의 형세는 집으로는 흑이 앞서지만 두터움은 백이 앞서 팽팽한 국면이라 할 수 있다. 흑은 이 시점에서 어떤 전술로 주도권을 잡을 수 있을까? 당연히 초점은 하변이 될 것이다.

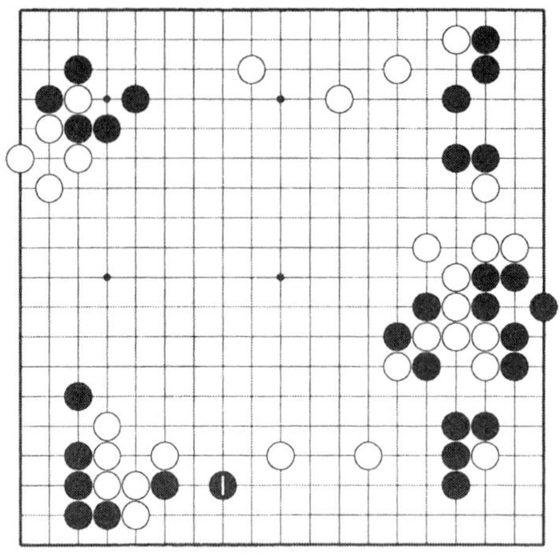

1도(실전)

흑1은 실전으로서 이 경우 백의 응수를 묻는 타이밍 적절한 응수타진이었다. 이 수의 의도는—

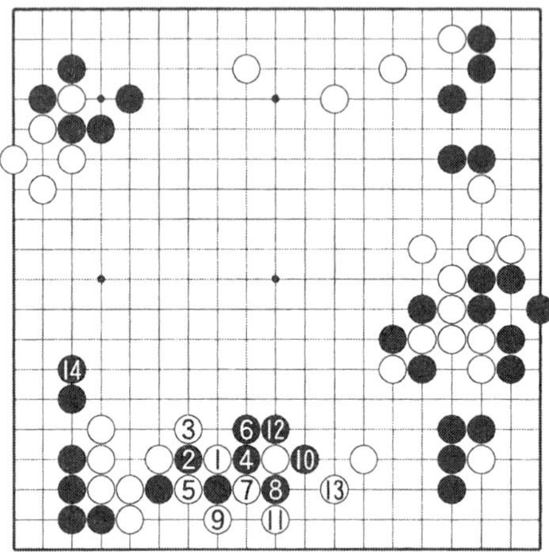

2도(굳혀졌지만)

백1로 직접 응수하면 흑12까지 백의 두터움을 상쇄시킨 다음 흑14로 수비하여 집으로 앞서겠다는 뜻과—

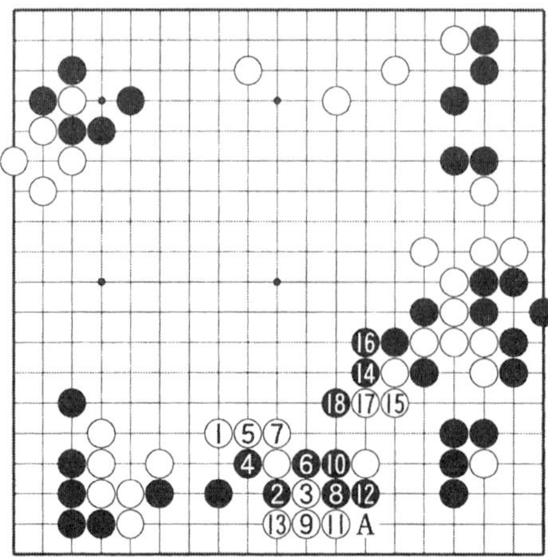

3도(세력 소멸)

백1로 변화를 모색하면 흑18까지 백세를 지우겠다는 뜻도 있다. 이 결과는 흑A도 거의 선수로 듣고 있어 백이 견딜 수 없다.

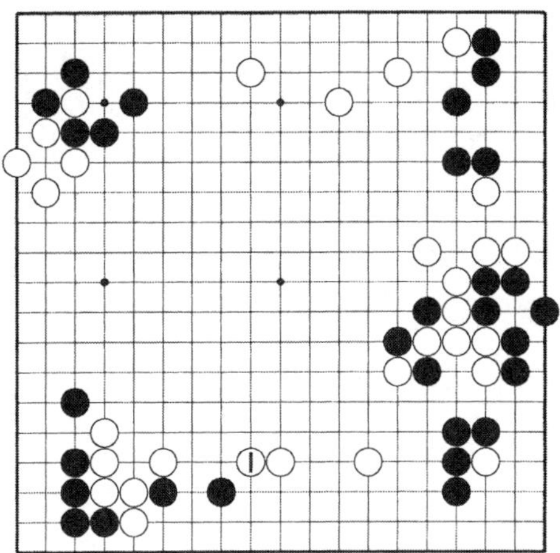

4도(전술적 수비)

백1은 흑의 이같은 준동을 예방하는 한 수다. 따라서 흑도 응수타진으로 만족해야 하며 더 이상의 준동은 위험하다.

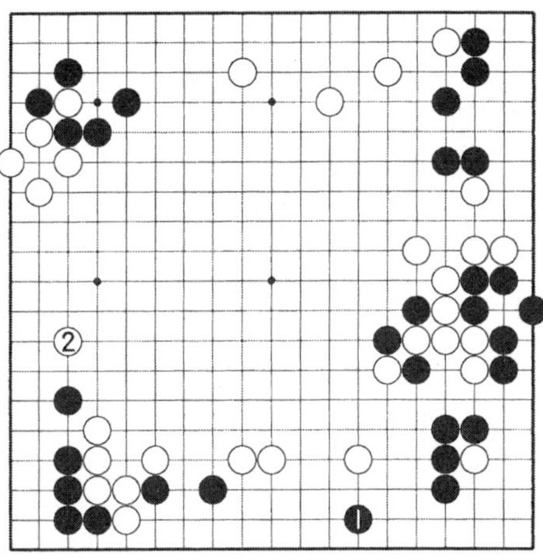

5도(끝내기에 불과)

흑1은 큰 곳이지만 지금은 단순한 후수 끝내기에 불과하다. 백2가 두어지면 좌변에 백집이 더 크게 생길 지도 모른다.

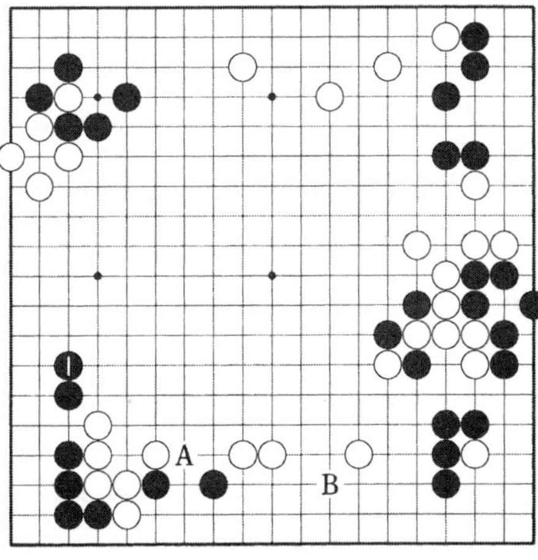

6도(전략적 수비)

흑1은 5도 백2를 예방하면서 흑A의 준동과 흑B의 침입을 노리고 있는 전략을 담고 있다. 이에 대해—

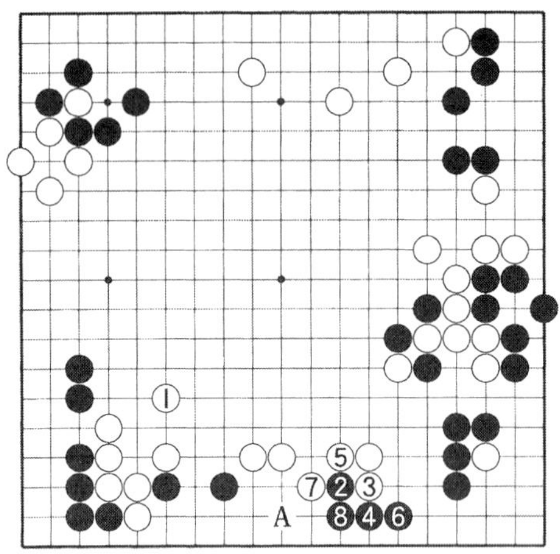

7도(위축)

백1로 두는 것은 튼튼하기는 하지만 위축된 수비다. 흑2로 침입하여 흑8까지 되고 나면, 아직 흑A도 남아있어 손실이 너무 크다. 따라서 백도 백1로는—

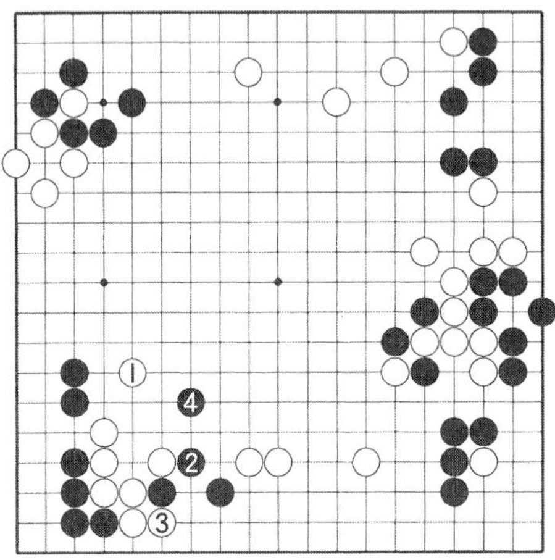

8도(실전)

백1로 크게 포위하는 것이 전략적 착상이다. 얼마간의 침입도 이 정도 넓게 두어 놓으면 안심이기 때문이다. 그러나 흑은 여기서 전술적 교란을 준비하고 있다. 흑2·4로 즉시 준동하여 전술적 우위를 확보하려는 것이다.

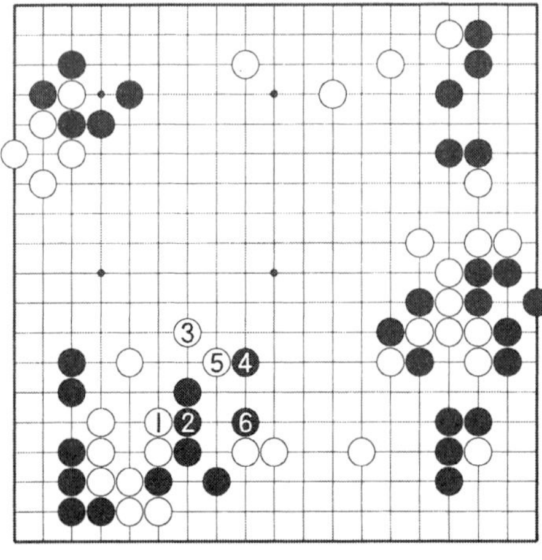

9도(행마의 모범)

백1·3의 공격은 예상된 것이지만 백5때 흑6은 아마추어가 새겨둘 만한 행마의 틀이다. 백이 여기서 흑의 명맥을 끊으려는 것은 무리다.

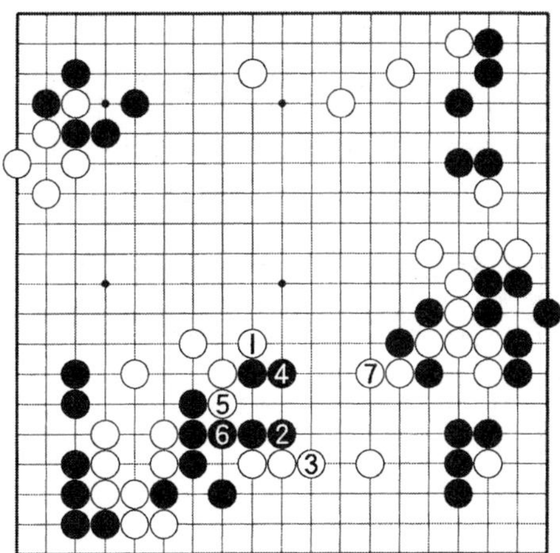

10도(수순)

백1때 흑2를 먼저 두고 흑4에 뻗는 것이 예정된 수순이다. 또 백7도 분란을 피한 두터운 수법이다.

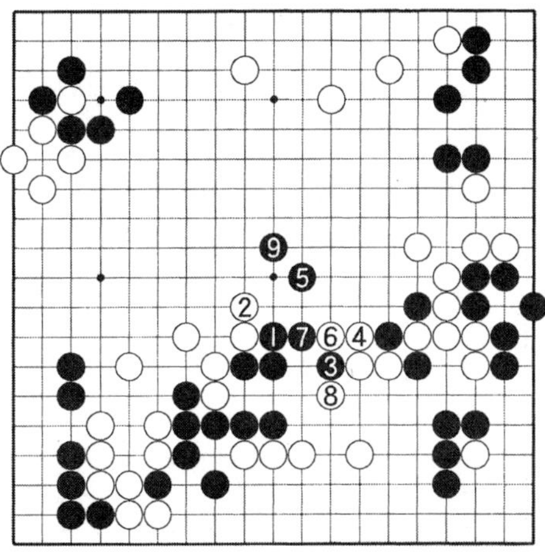

11도(10도 계속)

흑1로 둔 후 흑3에 붙이고 흑5로 진출하는 수순도 행마의 모범적인 흐름이다. 또 수순 중 백8은 절대이다. 만약 이곳을 손빼고—

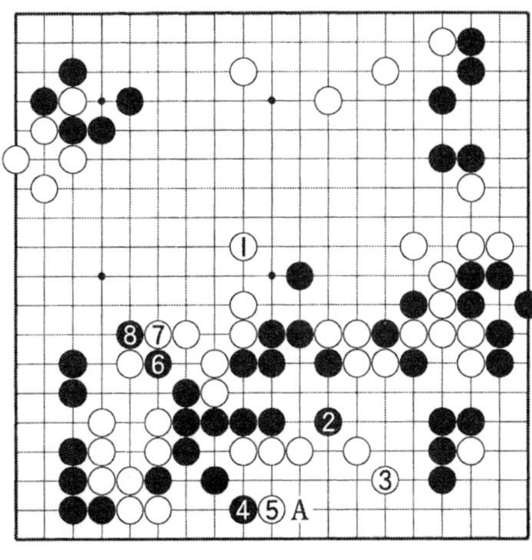

12도(역습)

백1로 둔다든지 하게 되면 흑은 즉시 흑2로 추궁하고 흑4 이하 흑8까지 역습하게 된다. 백의 하변 양쪽의 대마는 흑A의 약점이 있어 어떻게 해도 연결이 불가능하다.

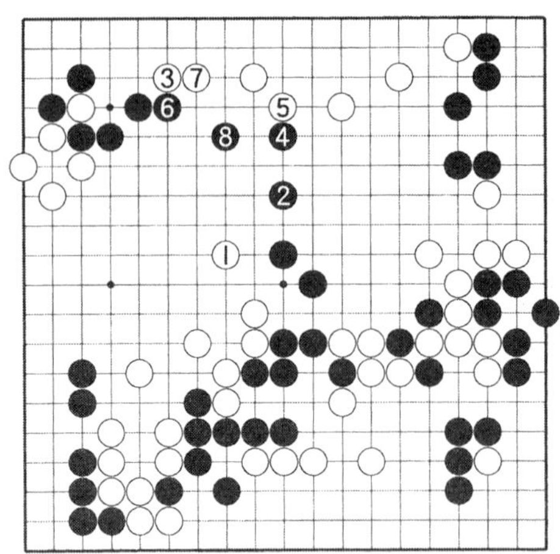

13도(실전)

백1도 어쩔 수 없다. 흑이 이곳으로 진출하면 여기에 백집이 나기는커녕 약점이 노출되어 견디지 못한다. 이하 흑8까지 무난히 연결되어 골인지점이 다가오고 있다.

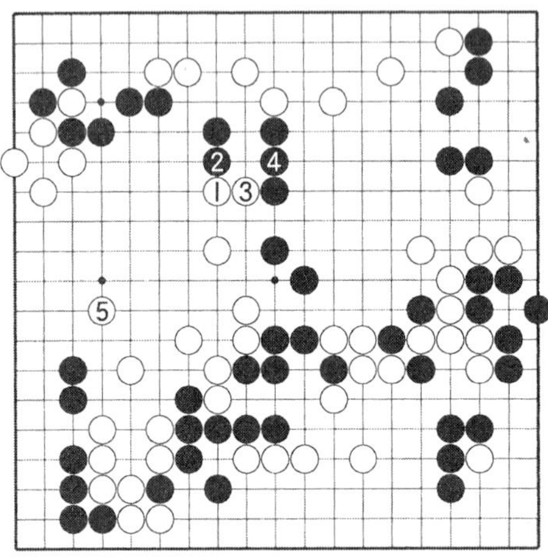

14도(13도 계속)

백1·3·5로 이곳에 얼마간의 집을 만들려는 백의 의지는 좋지만 역전에 이르기는 힘들다.

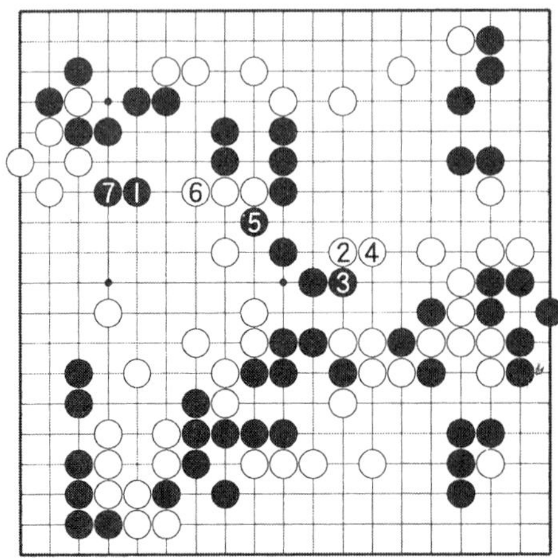

15도(전술의 끝)

본도 흑7까지 역전은 불가능한 것으로 보인다. 실전에서는 막판의 끝내기에서 실족하여 흑이 반집을 패했지만, 하변에서 시작된 흑의 전술적 교란은 사실상 성공적인 것이었으며 내용적으로도 충실한 것이었다.

제11형 하변의 침입과 교란에 대한 흑의 견실한 전술

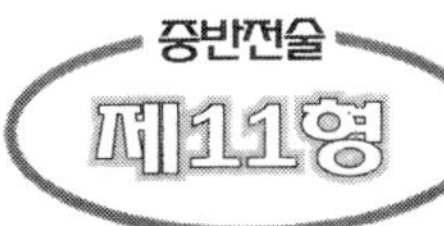

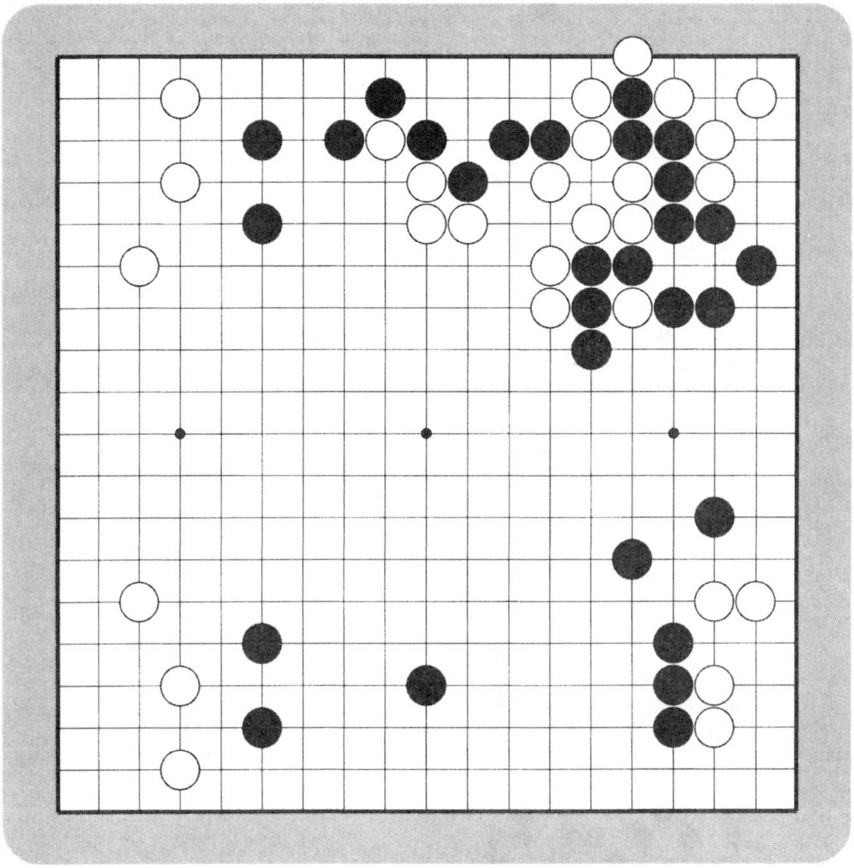

상변에서 정석과정의 전투가 있었다. 이 결과는 흑이 다소 유리하게 끝난 것으로 보이며, 이 우세를 지키려면 하변에 백에게 어떠한 교란의 빌미도 주어서는 안된다. 백은 어떻게 해서든지 이 흑진을 교란하려 들 것이기 때문이다.

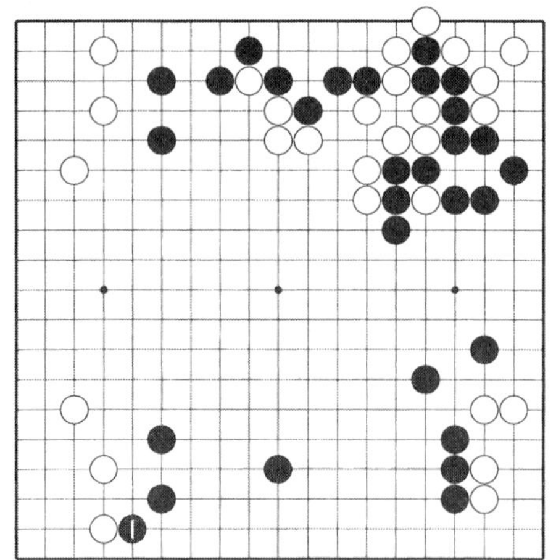

1도(큰 곳)

현재 가장 큰 곳은 흑1이다. 집의 가치로 양선수 약8집에 해당하며, 이 끝내기는 실전에서 보편적으로 발생하는 끝내기 중 가장 큰 것이다. 다만 이 수를 두기 전에 교환할 수순이 있는지의 여부는 있다.

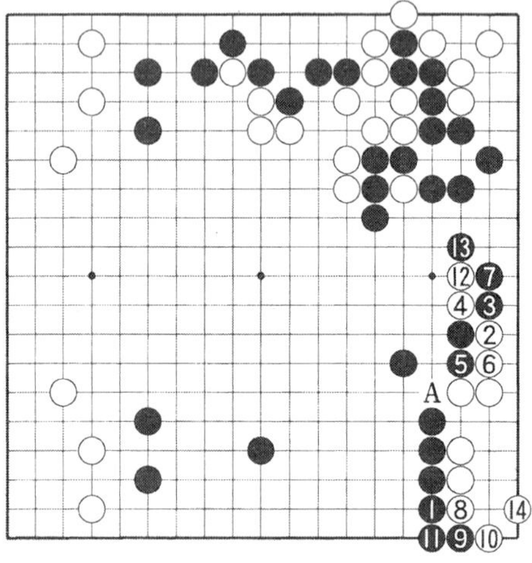

2도(실전)

흑1 이하는 1도 흑1을 두기 전에 결행할 수 있는 선수끝내기다. 그러나 백4의 절단 때문에 백A의 수단이 생긴 것이 약간 꺼림칙하다.

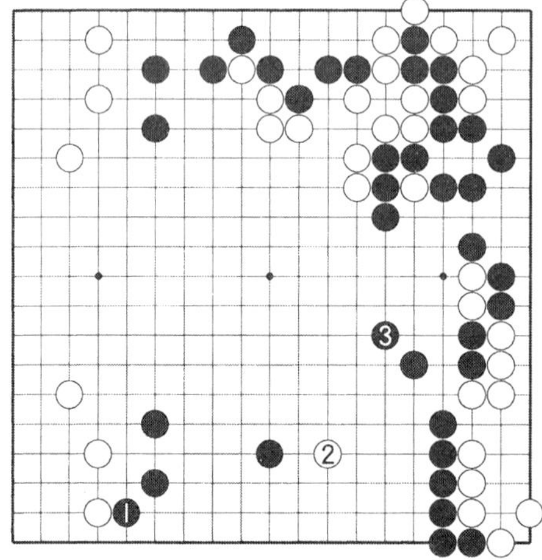

3도(침입의 주변)

흑1에 백2로 뛰어드는 것은 백의 승부수다. 그러나 백은 침입하기 전 약간이나마 보탬이 될 수도 있는 수순을 빠뜨렸다. 여기서 흑3의 수비가 분란의 소지를 완전히 없앤 침착한 호수였다. 백은——

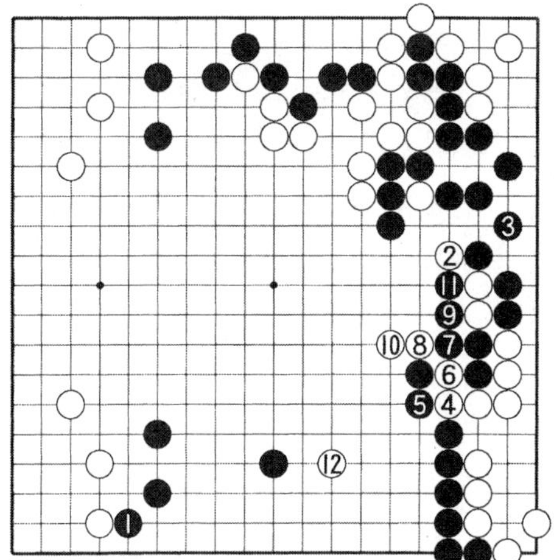

4도(빠뜨린 수순)

백은 침입 이전에 백10까지의 수순을 밟아두는 것이 타개에 얼마간의 도움이 될 수 있었다. 이 진행이라면 흑도 만만치는 않다. 따라서 흑도 2도처럼 두지 않고 곧바로 흑1로 붙이는 것이 좋았을지도 모른다.

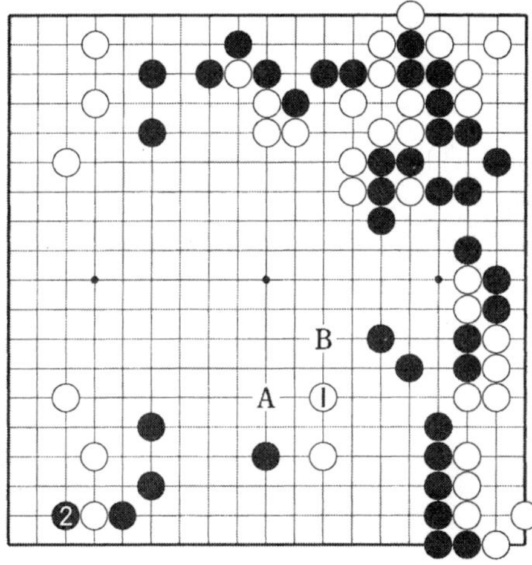

5도(간접 공격)

3도 이후 둔다면 백1이 일반적인 행마가 되는데, 흑은 이 백을 직접 공격하지는 않는다. 흑2부터 A로 공격할 것인지 B로 공격할 것인지는 백의 대응에 따라 결정하게 되는 것이다.

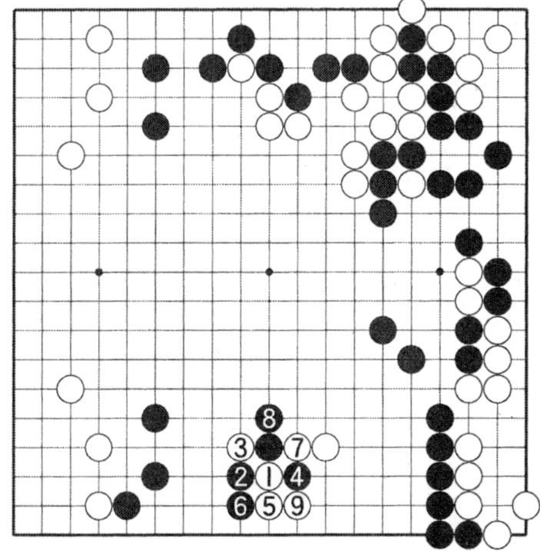

6도(실전)

실전은 백1·3으로 응수타진 하려다가 흑의 강수를 맞아 최악으로 진행된다. 백9 이후―

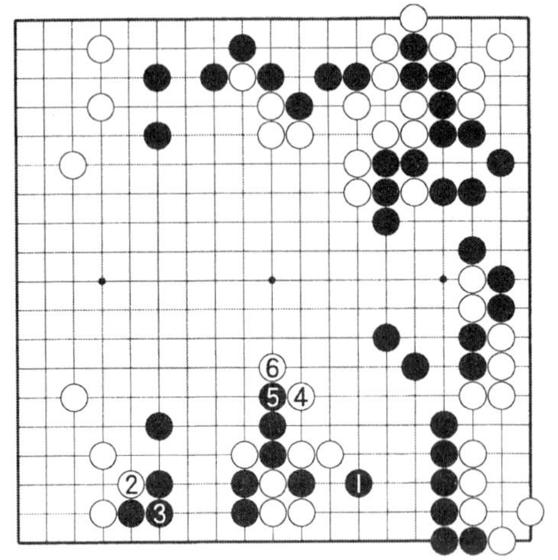

7도(6도 계속)

본도 흑1을 당해 백의 저항이 두절되고 말았다. 그러나 백2 이하도 집요한 백의 교란전술이므로 흑의 방심은 금물이다.

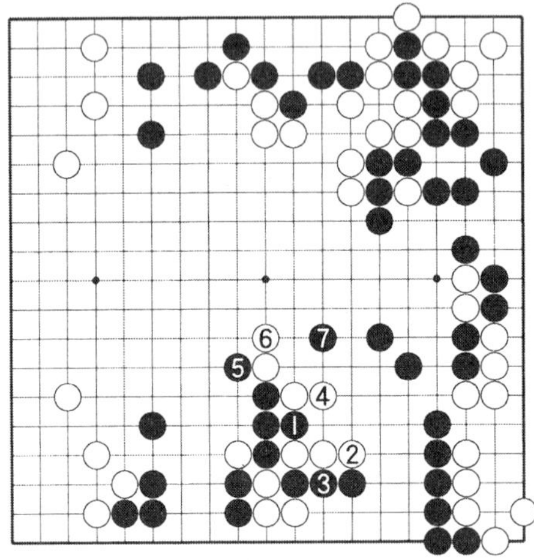

8도(흑 강수)

흑1은 강수이자 정수다. 이수 외에는 백에게 빌미를 제공할 수 있다. 흑3까지 하변을 잡아두고 흑7로 추격하여 흑 절대 우세의 국면이다.

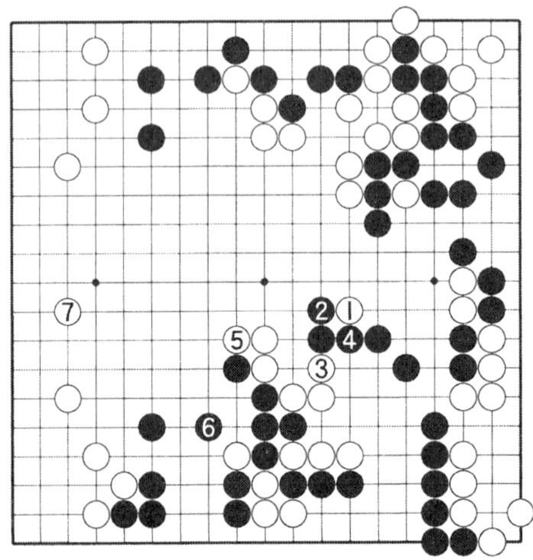

9도(8도 계속)

백1 이하 흑6까지 처리하고 백7에 두어 계가로 만들려는 것은 백에게 대안이 없어 그런 것뿐이다. 흑은 여기서 백에게 전술적으로 승패를 확인시켜줄 필요가 있다.

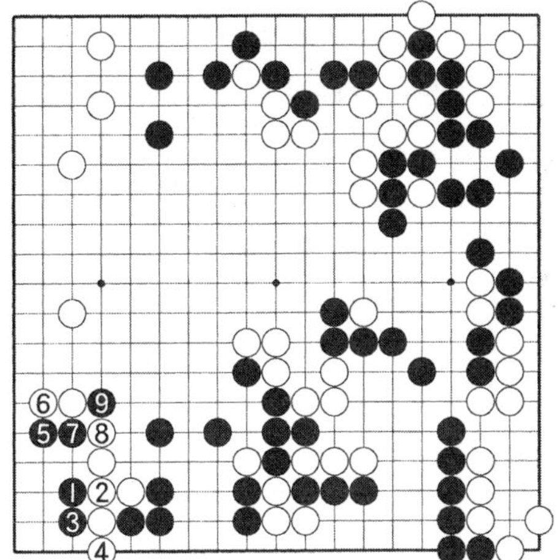

10도(승패결정 수순)

본도 흑1로 침입하여 싸우는 것은 흑이 수상전에서 이기려는 것이 아니다. 이곳을 조여 승패를 결정지으려는 것뿐이다. 흑9 이후—

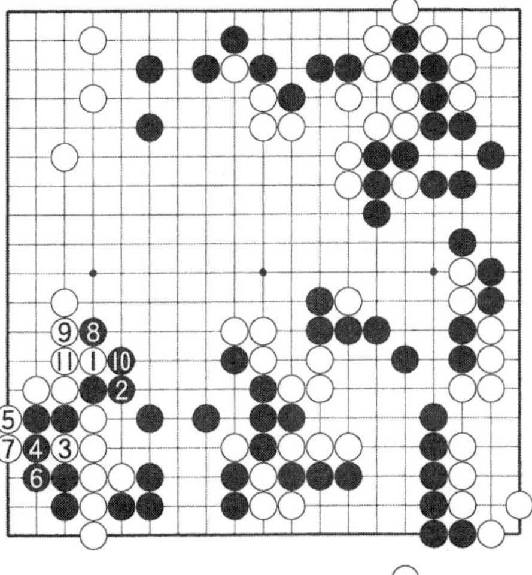

11도(쪼이기)

백1 이하 백11까지 귀의 흑을 잡기는 했지만 조임수가 들어 백집은 20여집에 불과하다. 그리고 중앙으로 흑돌이 놓여져 더 이상 집은 불어나지 않는다. 변수가 없어지고 있는 것이다.

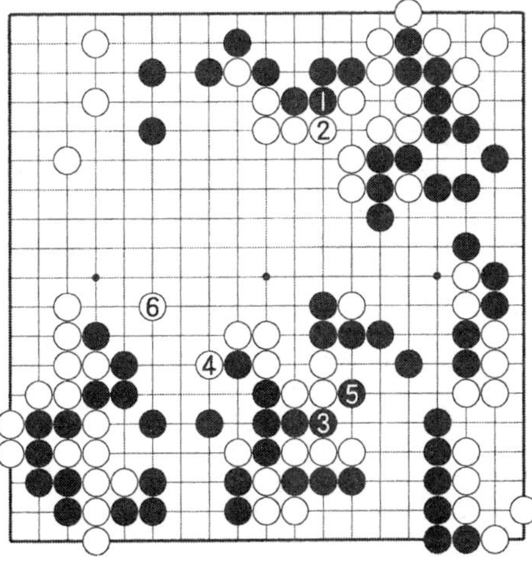

12도(잠그기)

흑1·3으로 집을 벌어들이면서 흑이 잠그기에 나섰다. 분란의 소지가 없어졌기 때문에 역전은 없다. 백6에는—

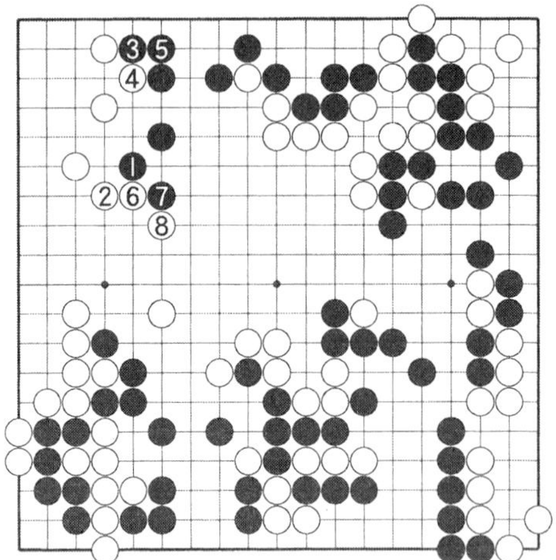

본도 흑1쪽을 삭감하여 집 차이
는 좁혀지지 않는다. 백8이라면―

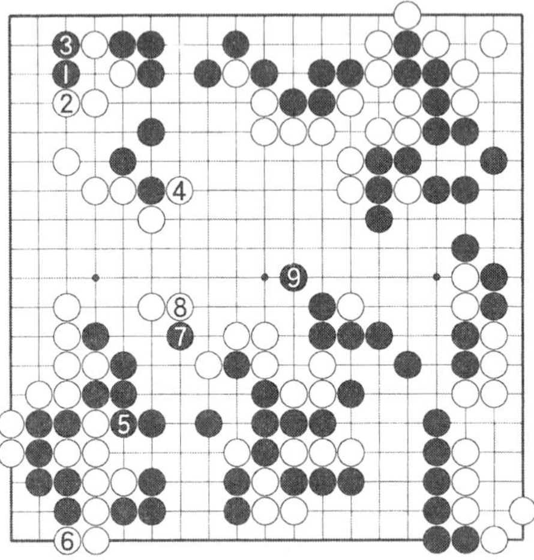

흑1·3으로 귀를 탈취하는 것으
로 종국이 멀지 않다. 백이 더 두
는 것은 의미가 없지만 중앙의 수
순을 더 보기로 하자.

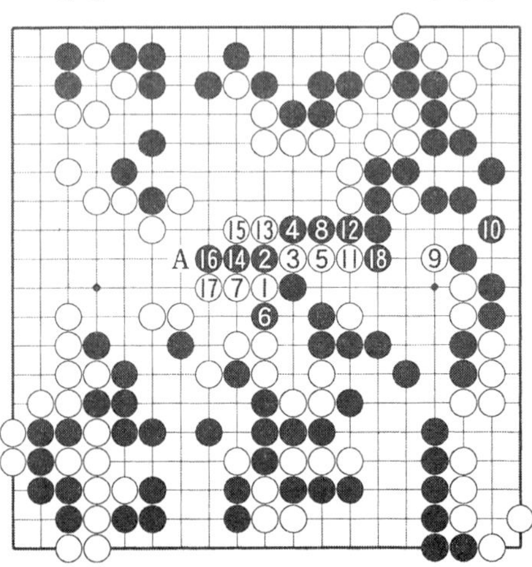

백1·3은 무리다. 흑18로는 이렇
게 양보해도 승부에 지장은 없지만,
A에 두어 4수로 늘이면 흑진에 갇
힌 백도 죽었을 것이다. 이 바둑은
하변의 침입과 교란에 대한 흑의 견
실한 대응과 승리로 연결시키는 전
술적 성공을 보여주고 있다.

중반전술

제12형 침입에 대응한 흑의 대모양 전술

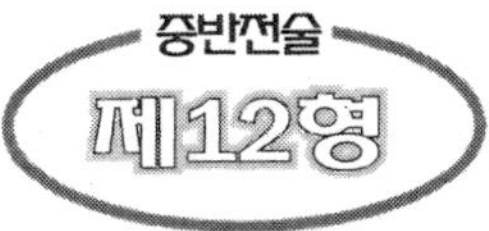

흑의 3연성이 대모양으로 이어지고 있는 국면이다. 이 장면에서 흑은 백이 흑모양에 침입한다면 보다 효과적으로 대응해 전국의 흐름을 주도할 필요가 있는데, 여기에는 전술적 수순의 뒷받침이 있지 않으면 안될 것이다.

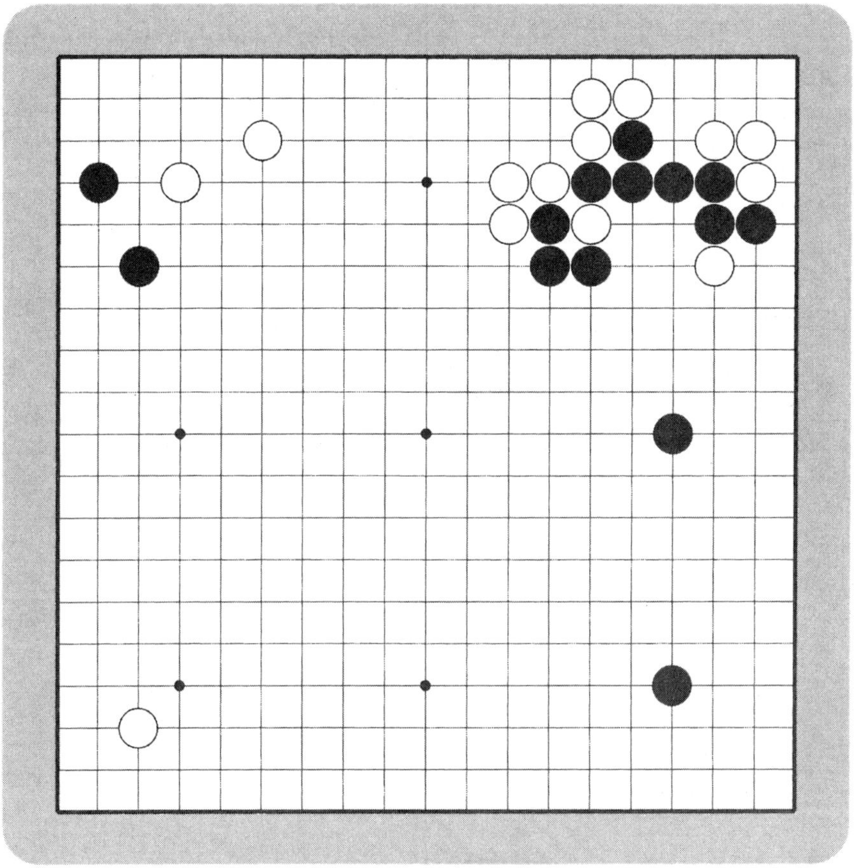

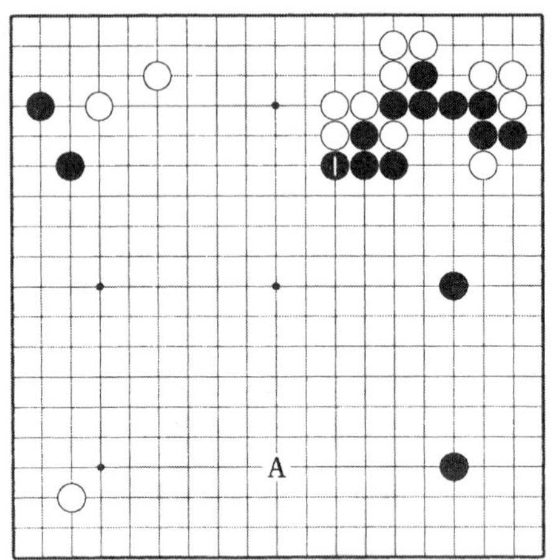

1도(요처)

흑1은 모양이 경합하는 곳으로 힘이 모이는 요처에 해당한다. 언뜻 모양이나 집으로는 A가 먼저일 것 같지만, 흑1의 곳이 배제되면 허장성세가 될 수도 있다.

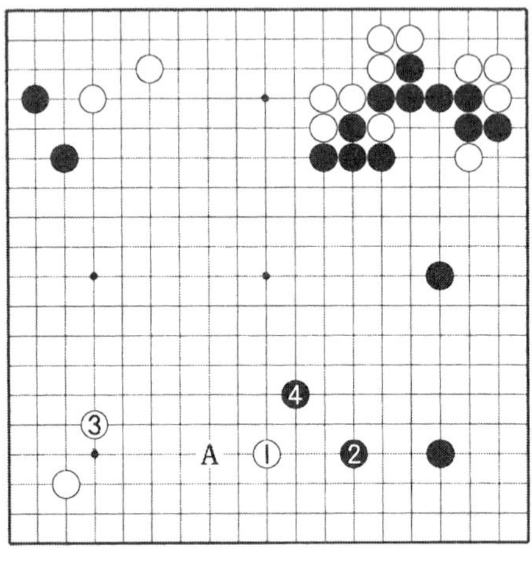

2도(확장)

백1로 두면 흑2로 견제한 후 백3에는 흑4로 대항한다. 흑4로 A에 뛰어드는 것은 일관성이 없다.

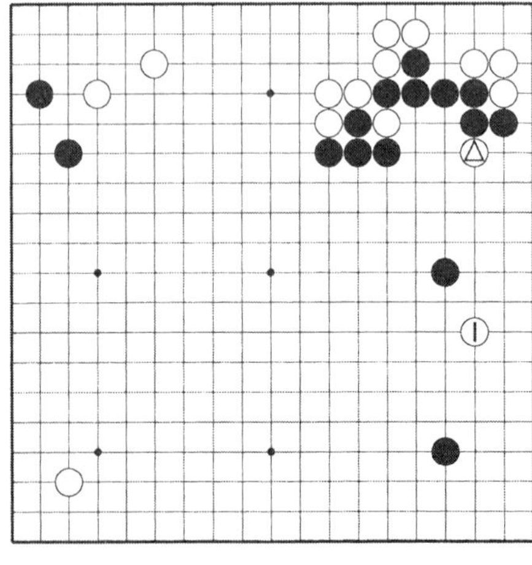

3도(실전)

백1은 흑모양이 완성되기 전에 교란을 시작하려는 것이다. 이 수의 배경에는 물론 백△의 뒷맛도 있다.

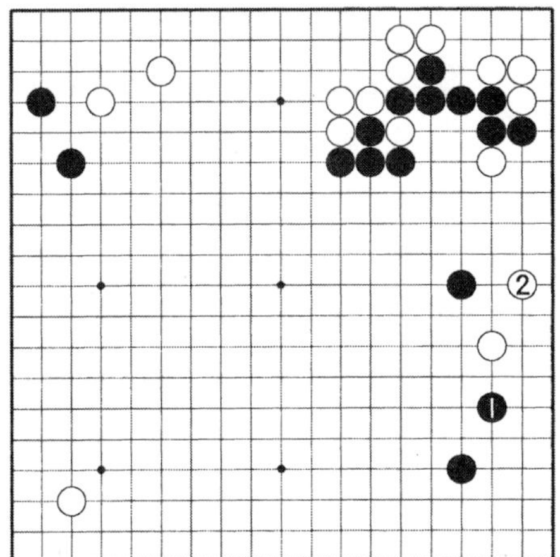

흑1로 공격하는 것은 당연하다.
백2도 집을 부수려는 의도였으므로
당연하다. 만약 백2로―

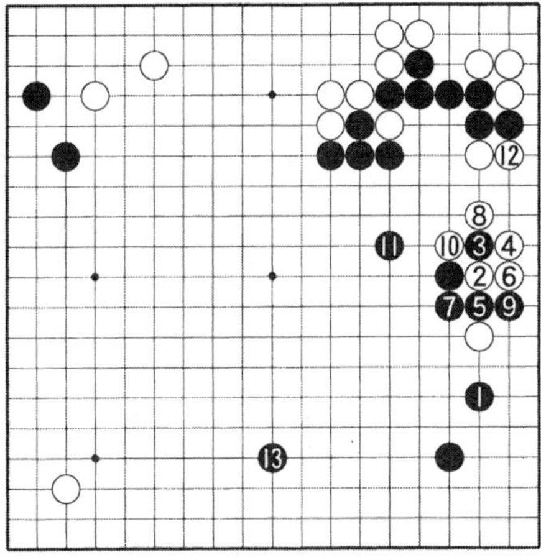

백2 이하로 격렬하게 싸움을 걸
어온다면 흑은 흑11까지 양보하고
흑13에 선점하여 만족이다.

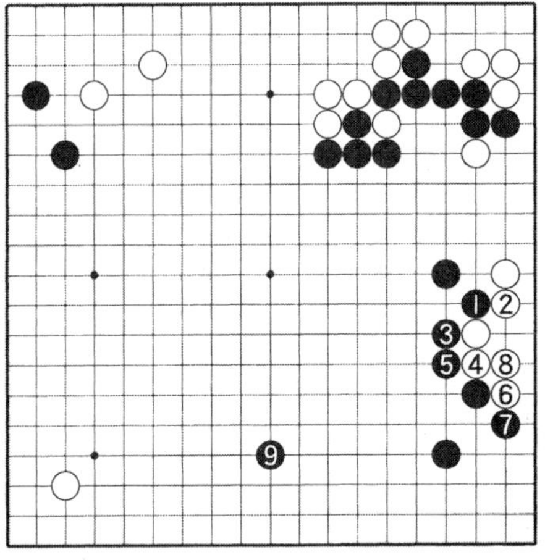

4도 이후 흑은 전술 선택의 고비
를 맞고 있다. 백이 우상 흑진을 파
괴하였으므로 흑은 흑1 이하 백8까
지 둔 다음 전환하여 흑9를 선점하
여 이쪽에 다시 흑진을 구축하는 것
이 바람직하다. 이처럼 유연한 사
고가 필요한 것이다. 또 흑9로―

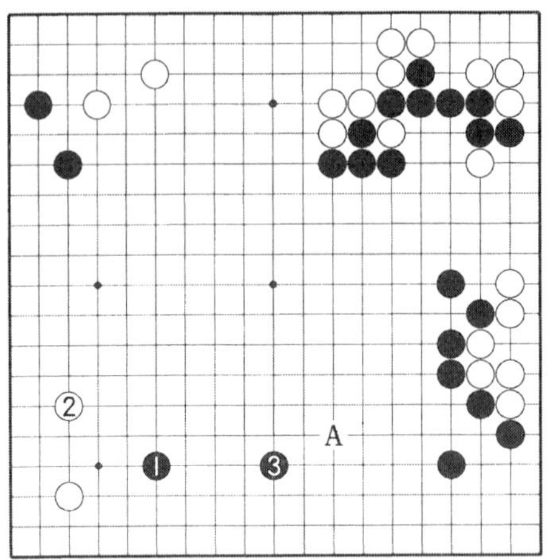

7도(사고의 유연성)

흑1·3으로 두는 것도 생각할 수 있다. 6도와의 차이는 백이 A 정도로 삭감이 시작되었을 때 이곳 흑이 강해진다면, 흑은 흑1쪽보다 백2쪽으로 걸쳐야 하기 때문에 흑1의 교환을 생략하는 것이다. 이것이 고등전술이다.

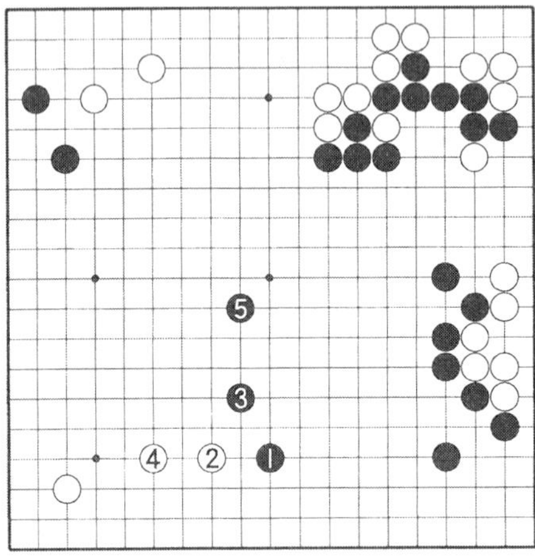

8도(침입의 대비)

흑1·3·5는 일견 허점이 많은 듯 보이지만 이유가 있다. 백이 하변에 침입하여 산다면 이렇게 폭넓게 둔 것이 능률적으로 작용한다.

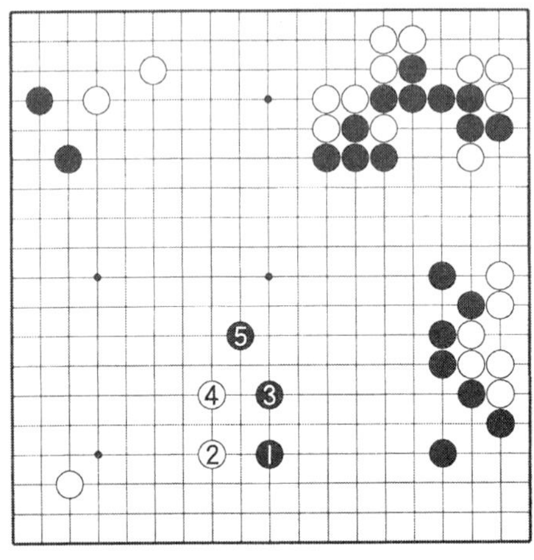

9도(공간포위)

흑1·3·5는 글자그대로 공간을 둘러싸 집으로 만드는 작업이다. 다만 두려운 것은 직접 침입하여 교란할 때 잡지 않으면 집이 모자랄지도 모르는 상황이 만들어질 수도 있다는 점이다.

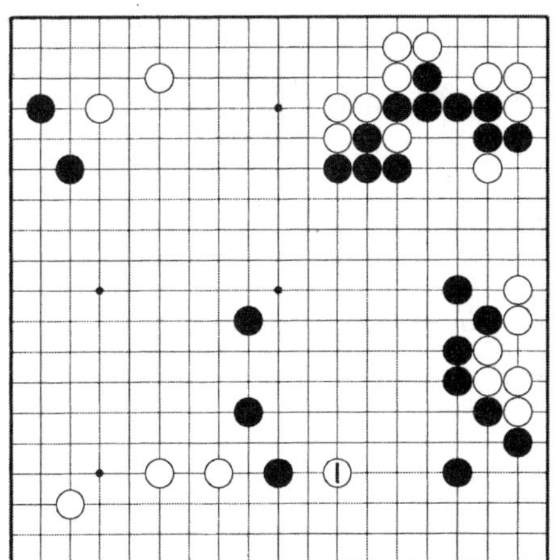

10도(예견된 침입)

8도에 이어 백1은 예견된 침입이다. 백이 이곳을 침입하지 않고서는 승부가 되지 않기 때문이다. 흑도 이 백1에는—

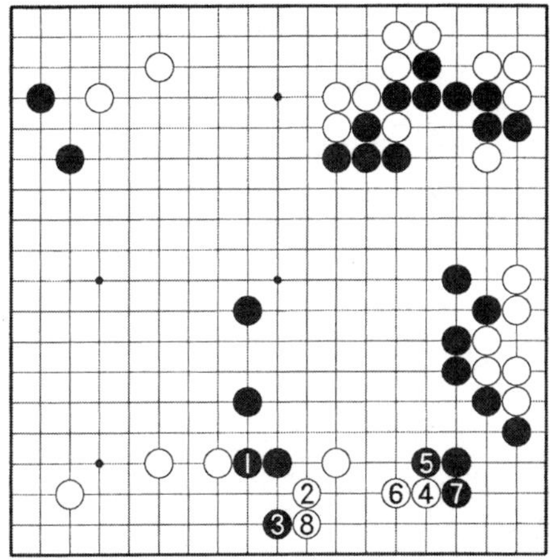

11도(10도 계속)

흑1로 차단하는 것은 당연하다. 백2 이하 백8까지 근거를 잡았을 때—

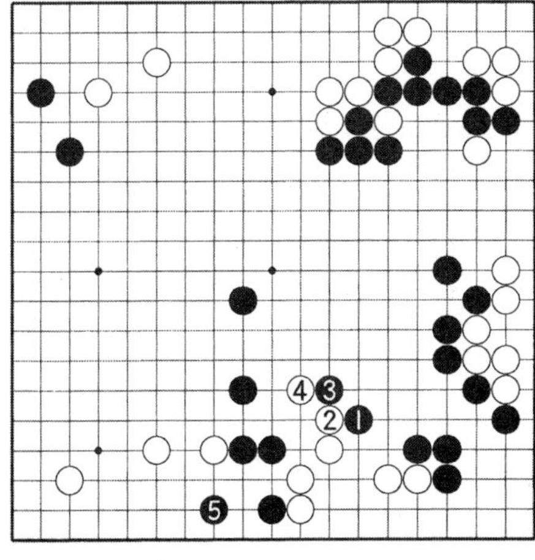

12도(수순)

흑1·3으로 누른 다음 흑5에 두는 것이 수순이다. 이것으로 흑은 백의 사활을 물으면서 흑5를 벌고 있다.

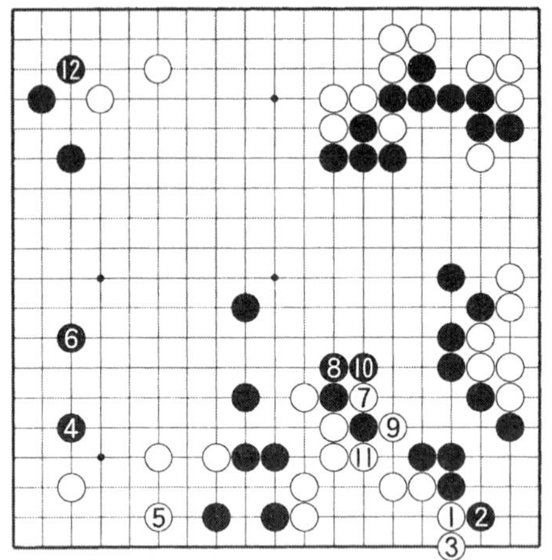

13도(사활의 주변)

백1·3은 어쩔 수 없다. 이때 흑 4·6으로 버는 것이 애초의 전술적 수순이었으며, 백7 이하로 가일수 하는 것도 백으로서는 당연하다. 아 직 못살았기 때문이다. 여기서 흑 이 중대한 실수를 범하는데, 흑은―

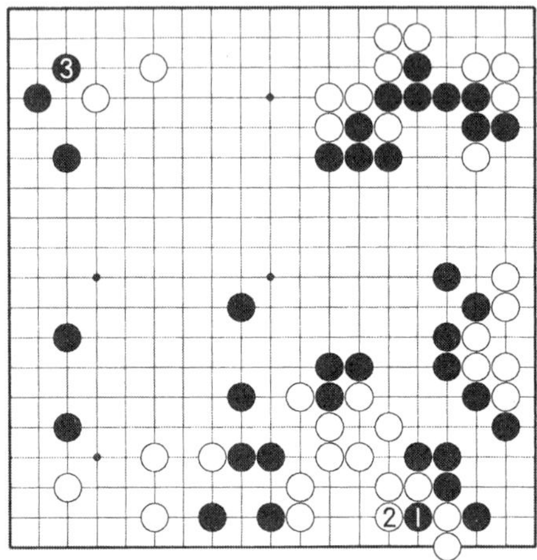

14도(수순 간과)

흑1로 끊어두는 것이 수순이었다. 이를 두지 않고 흑3에 선점했기 때 문에 분란의 소지가 생기고 말았다.

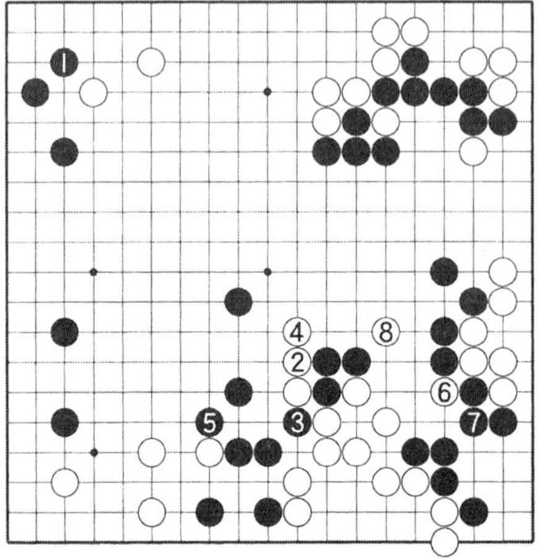

15도(분란)

흑1이 아무리 커도 요처나 수순 을 간과하면 의미가 없다. 백2 이 하로 준동했을 때 14도를 간과한 죄과가 얼마나 큰 지 나타나게 된 다. 흑7까지 되었을 때 백8이 통렬 한 맥인데, 실전에서는 이렇게 두 지 않았다.

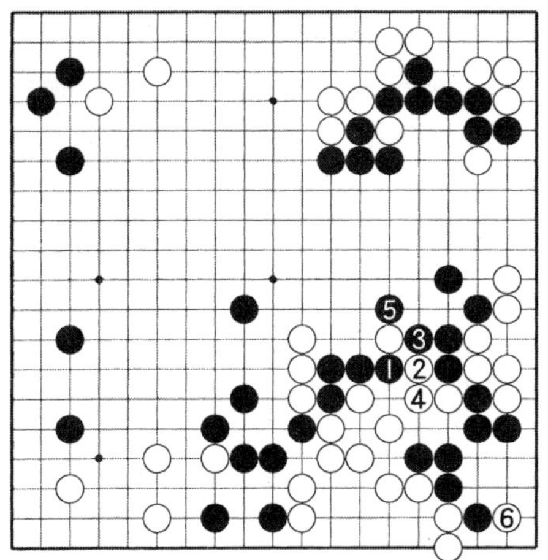

16도(귀 죽음)

전도에 계속해서 흑5까지 되었을 때 백6이 14도를 간과한 죄다. 또 수순 중 흑1로—

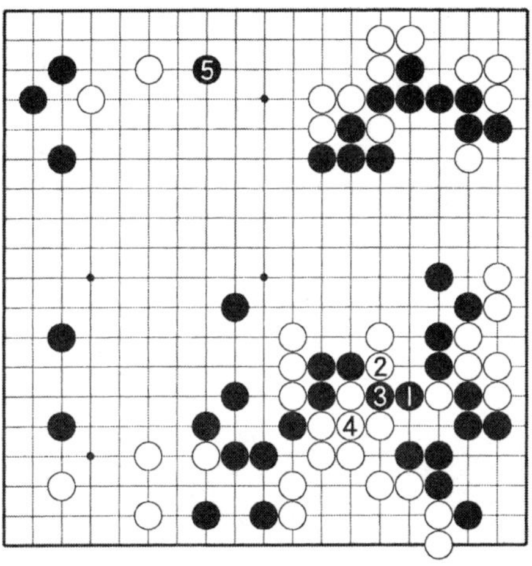

17도(승부 끝)

흑1로 두어 귀를 살린다면 흑5로 전단을 모색하는 정도가 고작이겠지만, 중앙의 흑 석점이 잡혀서는 이미 승부는 끝난 것이다.

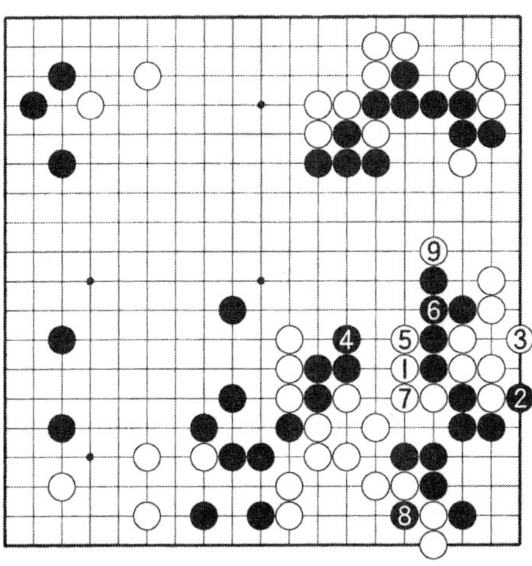

18도(실전)

실전의 경과는 이것인데 역시 흑이 괴롭기는 마찬가지다. 이제와서 흑8에 대해 손을 빼고 중앙을 공격할 수 있다. 또 백9로는—

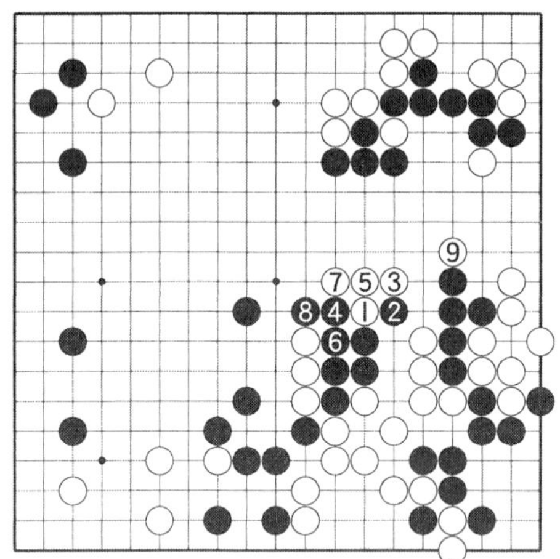

19도(맥)

본도 백1 이하로 두는 것이 유력했다. 이 진행이라면 백도 해볼만한 것이다. 실전은—

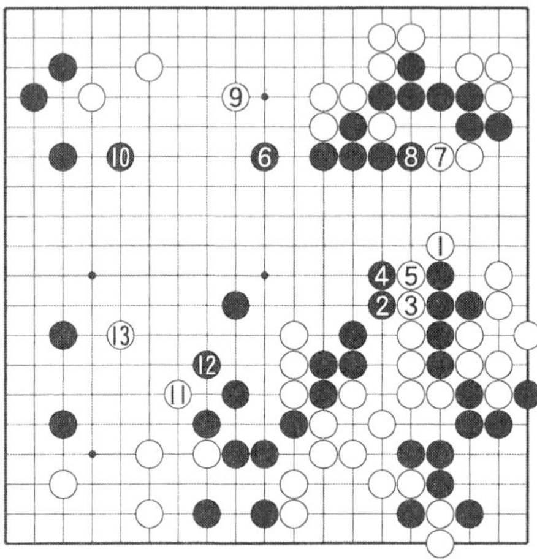

20도(실전)

흑2로 흑5점을 포기하여 흑 낙승의 국면이 되었다. 백13까지 진행되었을 때—

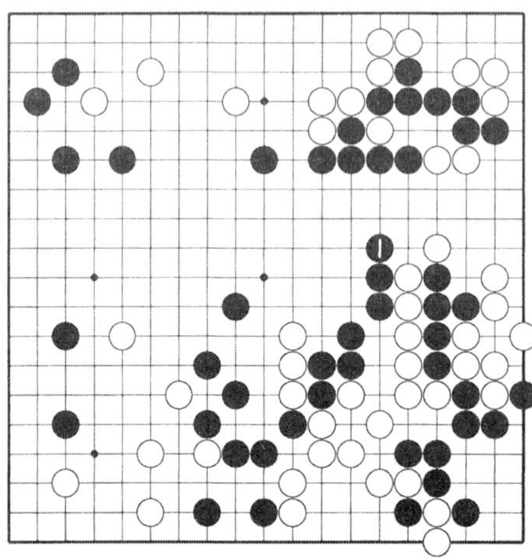

21도(승리 확신)

흑1은 승리를 확신한 수다. 이 바둑은 14도의 흑1을 간과한 실책이 있으나, 흑진의 구축과 백의 교란전술에 관하여 흑의 전술적 공격이 돋보인 진행이었다.

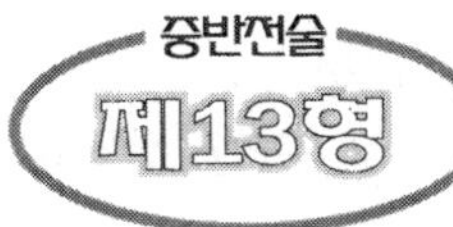

중반전술

제13형 백의 욕심을 추궁하여 공세를 견지한 전술

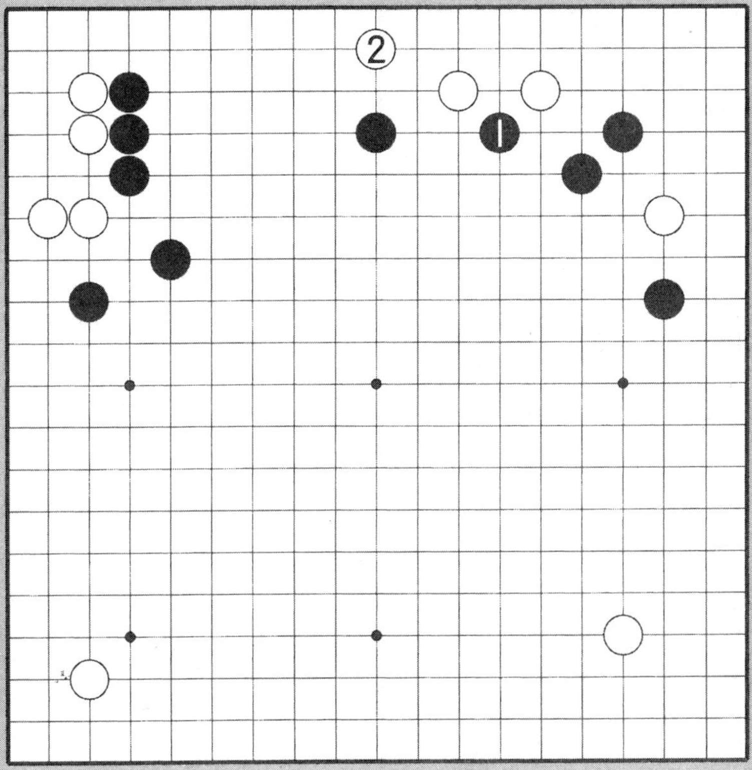

흑1에 대한 백2는 지나친 욕심이다. 교란전술은 진영을 파괴하는 것이 목적이기는 하지만 수단은 합리적이어야 한다. 흑진에 약점이 없으면 백도 자중했어야 했던 것이다.

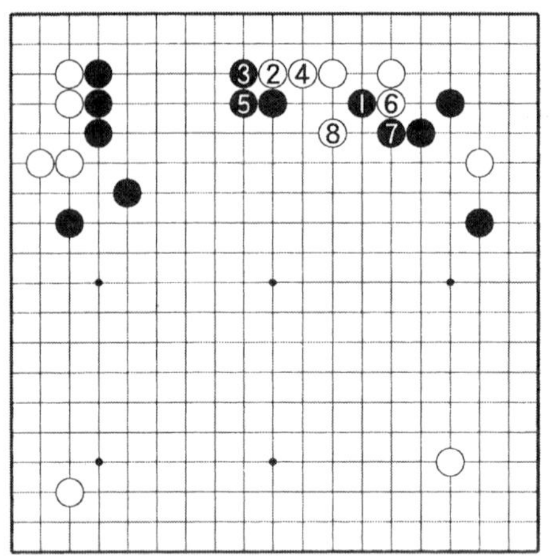

1도(정상적인 수비)

백도 흑1에는 백2 이하 정도였다. 백8로 머리를 내밀어 흑진을 분단했다는 정도로 만족해야 했던 것이다.

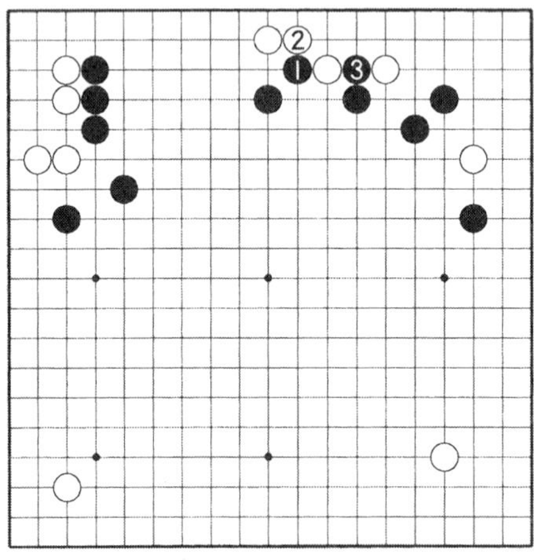

2도(실전)

흑1·3이 백의 욕심에 찬물을 끼얹는 통렬한 추궁이었다. 이에 대해—

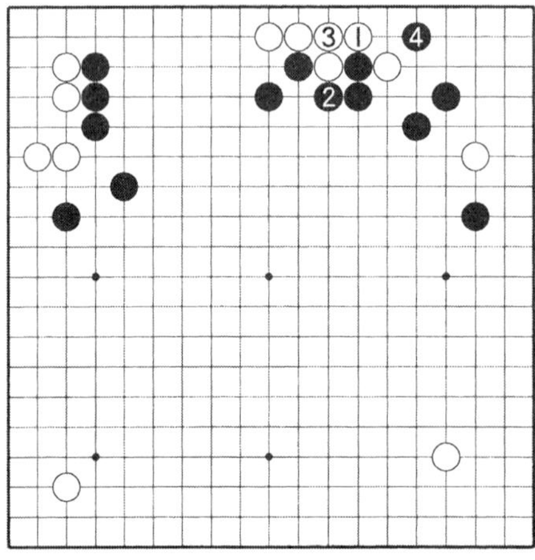

3도(바둑 끝)

본도의 진행은 욕심의 끝으로 바둑도 이것으로 끝이다. 초반 30수도 안되어 이 지경이라면 더 둘 맛도 안나는 상황이다. 백도 이처럼 저위에 눌려서는 안되므로—

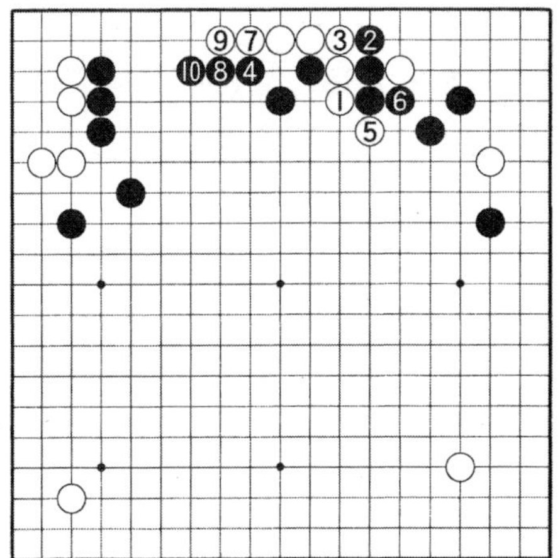

4도(실전)

백1로 머리를 내미는 것은 어쩔 수 없다. 그러나 흑2부터 흑4 이하로 공격하여 백은 시작부터 곤경에 처하고 말았다.

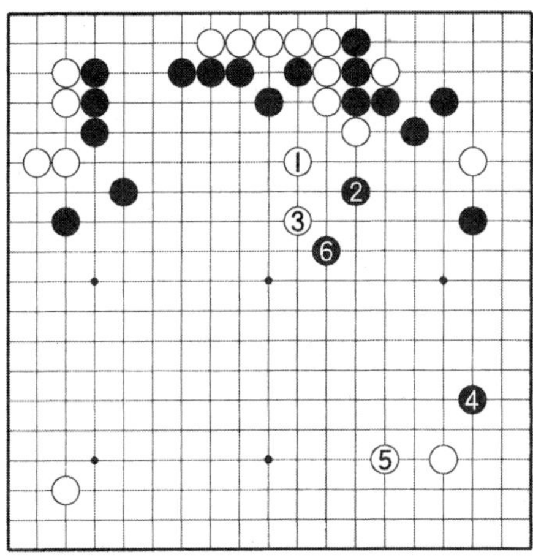

5도(4도의 계속)

백1은 어쩔 수 없는 수비다. 이때 흑2·4·6의 공격이 좋은 흐름이다. 이로써 우변에 거대한 흑진이 구체화되려 하고 있다.

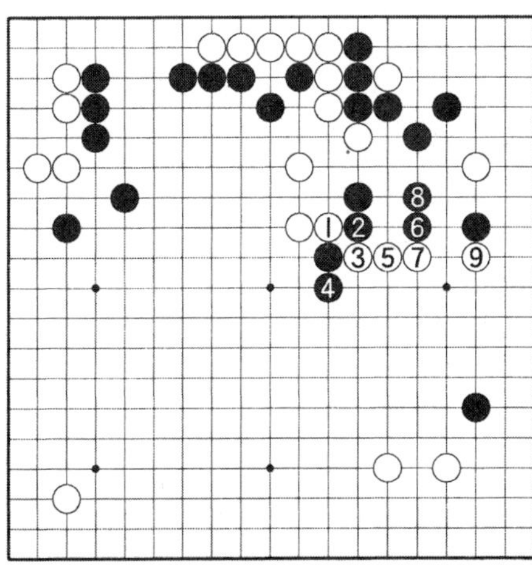

6도(5도 계속)

백1 이하는 불리한 상황을 극복해 보려는 백의 전단 모색이다. 백9에 대해 흑도 물러나기만 해서는 공세가 뒤바뀔 수도 있으므로―

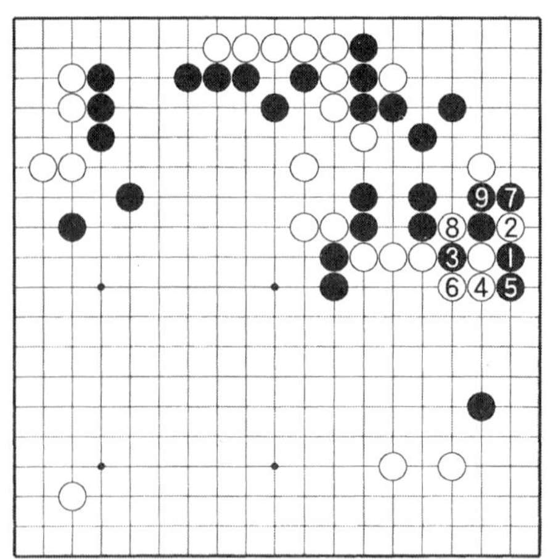

7도(6도 계속)

본도 흑1로 젖혀 흑9까지 이 백을 역공하는 것이 전술의 흐름이다. 수순 중 만약 흑5로—

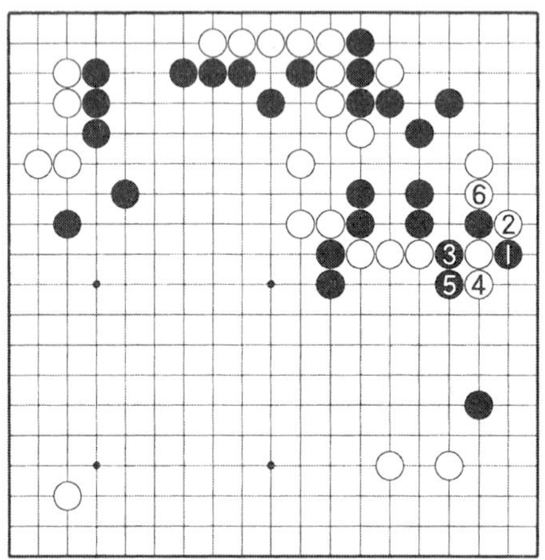

8도(실속 없음)

본도 흑3·5로 뚫는 것은 기분만 좋은 것이지, 백6으로 실속은 백이 가진다.

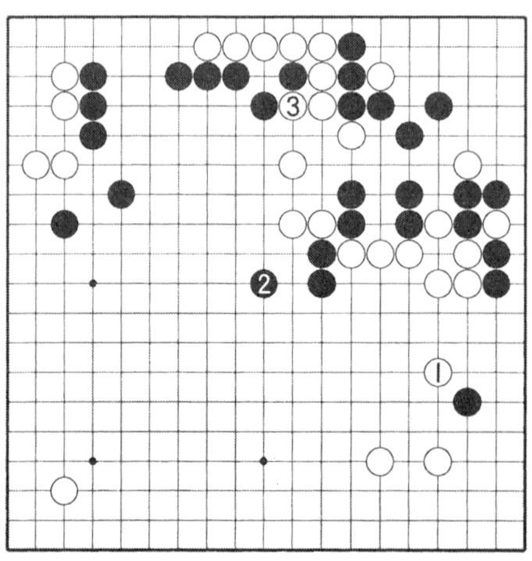

9도(실전)

백1은 절대다. 이쪽에서 흑의 기동을 허락하면 상변 백과 맞물려 글자그대로 양곤마가 된다. 흑2는 백3을 강요하면서 새로운 전술을 선택하기 위한 준비에 해당하는 것으로—

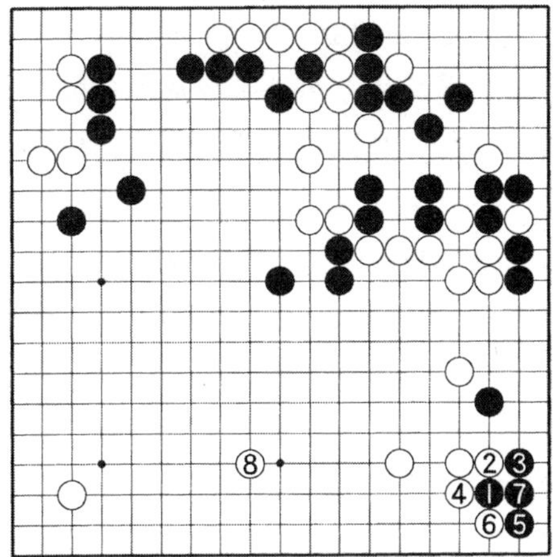

10도(공세 보류)

본도 흑1로 두어 집을 차지하면서 공세를 보류하는 것도 전술적 사고다. 백의 다음 태도를 주시하는 것이다. 백8로 하변을 키우면—

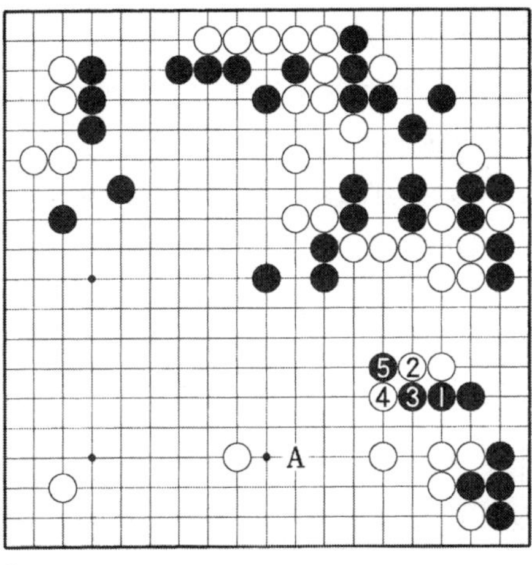

11도(10도 계속)

흑1·3·5로 끊어 새로운 전단을 만들고 있다. 이 싸움의 배경에는 흑A의 침입이 전제되어 있다.

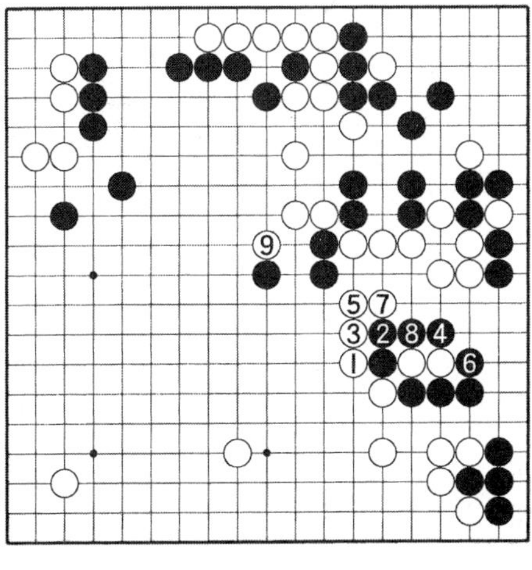

12도(11도 계속)

백1 이하의 양보가 불가피할 때 흑2 이하로 집을 벌어둔다. 백9에는—

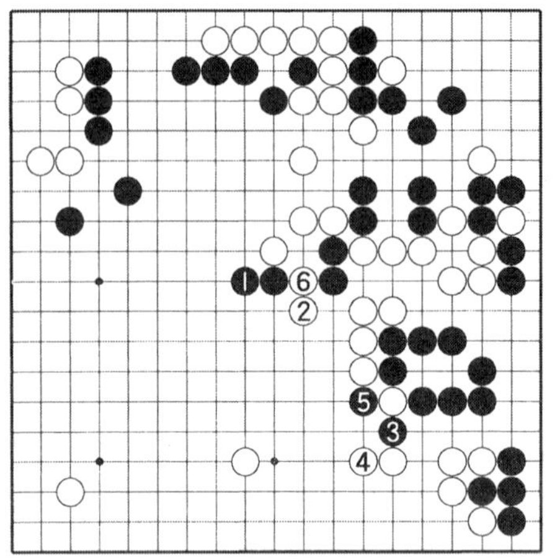

13도(양보)

본도 흑1 이하로 양보해 주고 눈을 돌린다. 마지막 전장은 하변과 좌하귀가 되는데, 집이 부족한 백은 필사적으로 덤빌 것이 분명하므로 적당한 정도의 이득만 얻어내면 그것으로 승부도 끝이다.

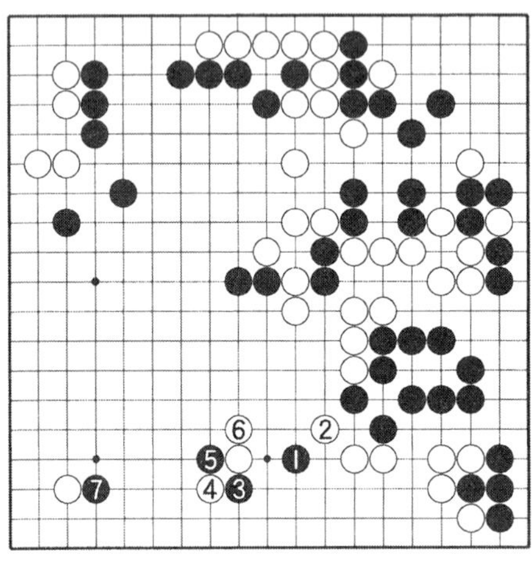

14도(13도 계속)

흑1의 침입을 흑3·5의 교란으로 연관시켜 흑7로 파급시킨다. 여기에는 부분전술에 해당하는 맥이 도사리고 있다.

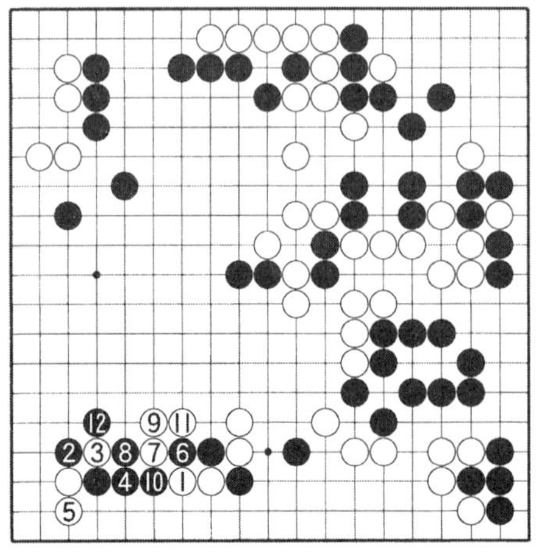

15도(승부 끝)

백1 이하는 부분전술이다. 흑12까지 바둑도 끝났다. 이 바둑은 초반 백의 무리를 추궁하여 공세를 견지하면서 백의 교란을 허락하지 않은 흑의 전술적 성공이 눈부신 한 판이었다.

중반전술

제14형 사석작전과 공격으로 승세를 잡는 흑의 전술

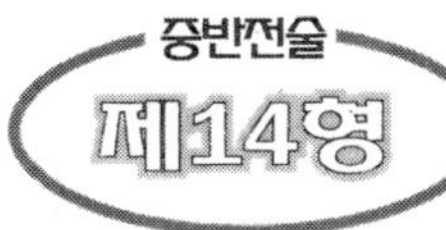

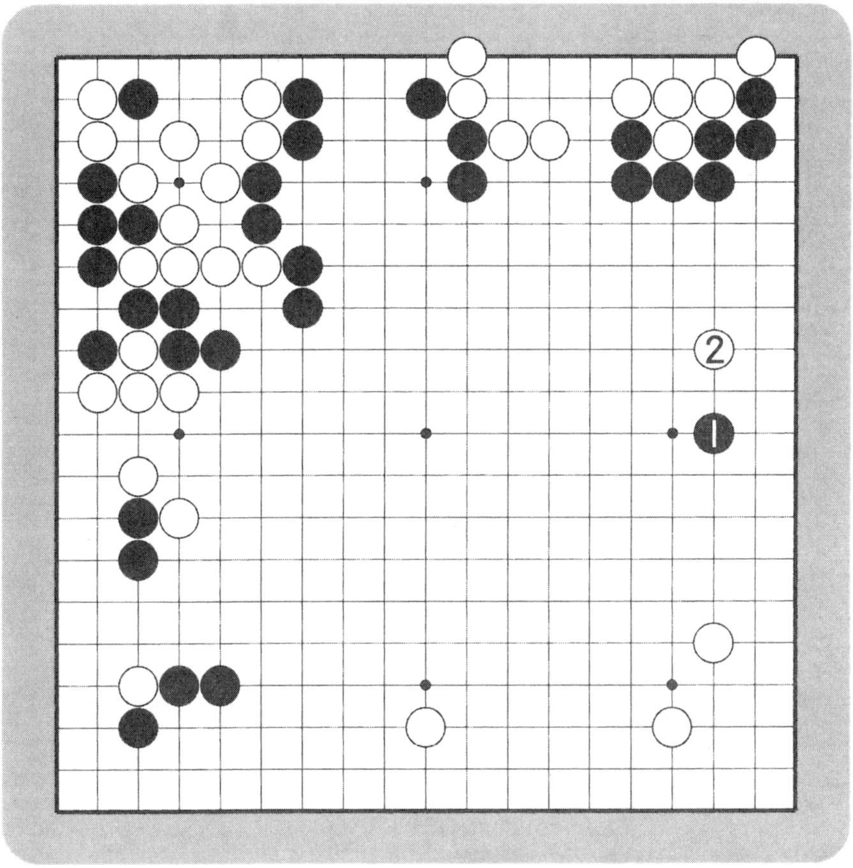

흑1의 전개에 대한 백2의 급격한 침입은 교란이 목적이다. 흑이 두텁기는 하나 이곳 마저 교란된다면 집 부족이 될 공산이 크다. 다만 여기서 선택할 수 있는 흑의 전술은 좌변 백을 염두에 둔 것이어야만 한다는 제한된 전술일 뿐이다. 참고로 이 바둑은 덤이 없다.

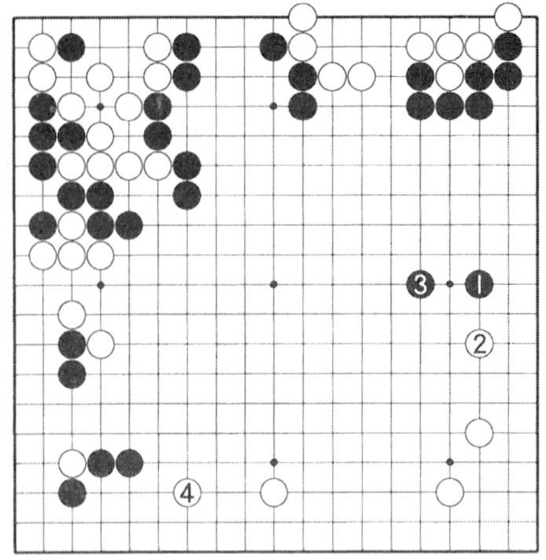

1도(지구전)

백2·4는 원래 백이 가장 먼저 생각할 수 있는 온건책이다. 다만 이 진행이 지구전이어서, 백으로서는 권도를 부리기 위해 침입을 시도했을 가능성이 크다.

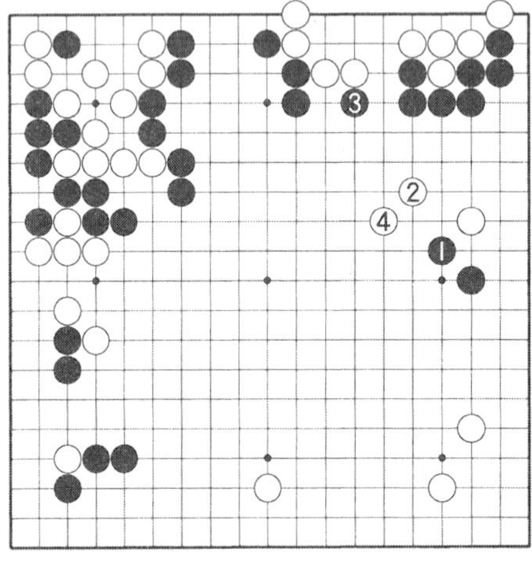

2도(전술부재)

흑1은 이 한 수지만 흑3으로 달아나는 것은 일관성이 없다. 백4라면 흑과 동행하게 되어 더 이상 공격이 어려운 것이다. 따라서 흑3으로는—

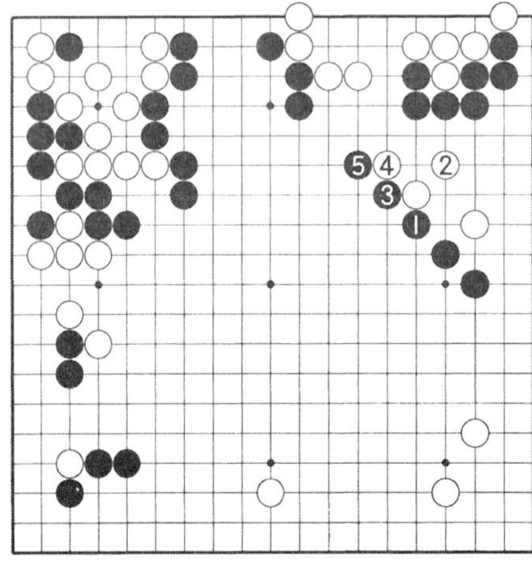

3도(사석작전)

흑1·3·5로 우상 흑7점을 잡도록 강요하는 것이 강인한 전술이다. 물론 이 전술의 배경에는 좌변 백의 공격이 전제되어 있다.

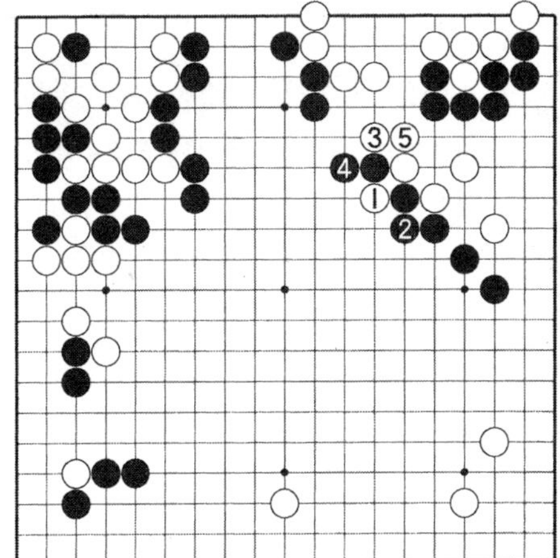

4도(3도 계속)

이렇게 된다면 백도 백1 이하로 흑을 잡을 수밖에 없다. 만약 백1 의 단수가 아까워—

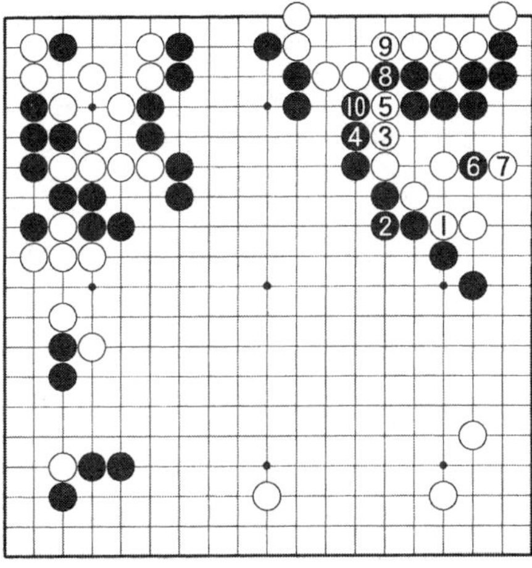

5도(백 곤경)

백1 이하로 두는 것은 흑6 이하 의 반격이 있어 백이 졸지에 사경 을 헤매게 된다.

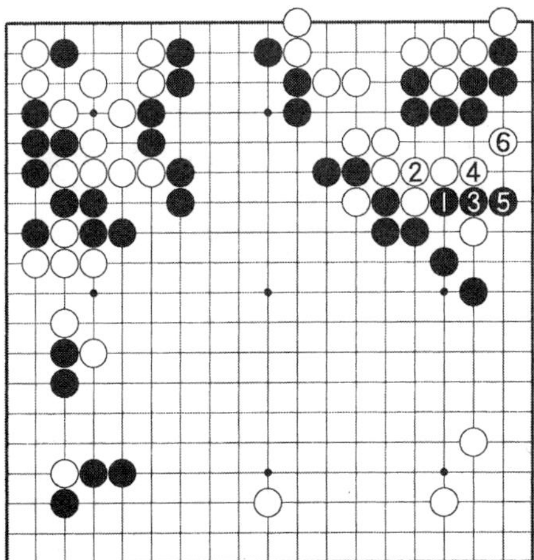

6도(4도 계속)

4도를 계속하면 아직 흑에게는 흑 1 이하의 활용이 남아있다. 또 수 순 중 백6은 억울하지만 어쩔 수 없는 후퇴로—

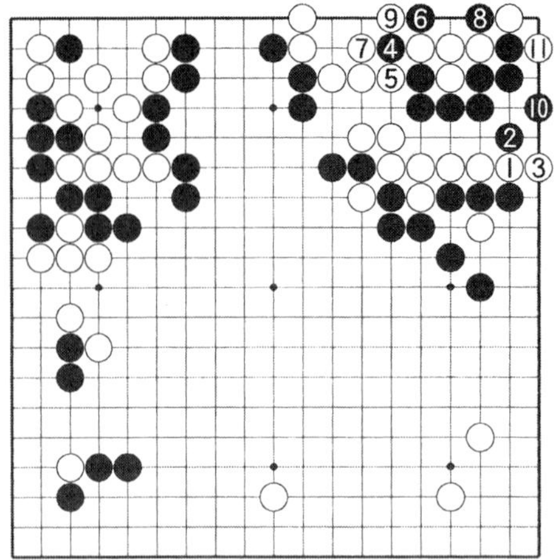

7도(패맛)

백1로 욕심내는 것은 흑2 이하 흑10까지 패맛을 남기게 되기 때문 이다.

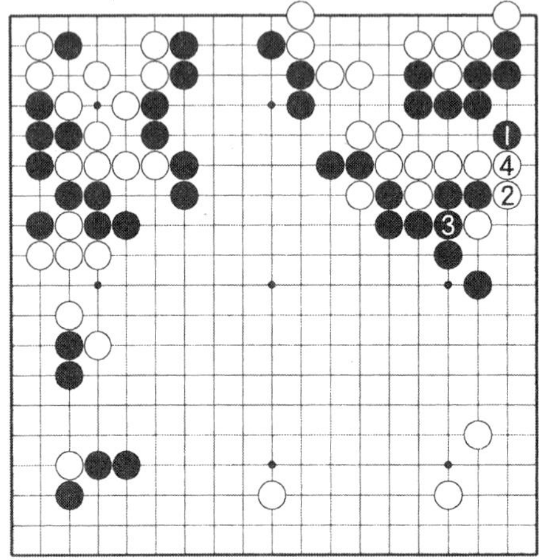

8도(흑의 욕심)

또 6도 흑5로 본도 흑1로 먼저 두는 것은 7도처럼 패맛은 남지만 백2쪽의 모양이 달라 중앙의 공방 에 변수가 생길 수 있으므로, 이는 흑의 욕심이 지나친 것이다.

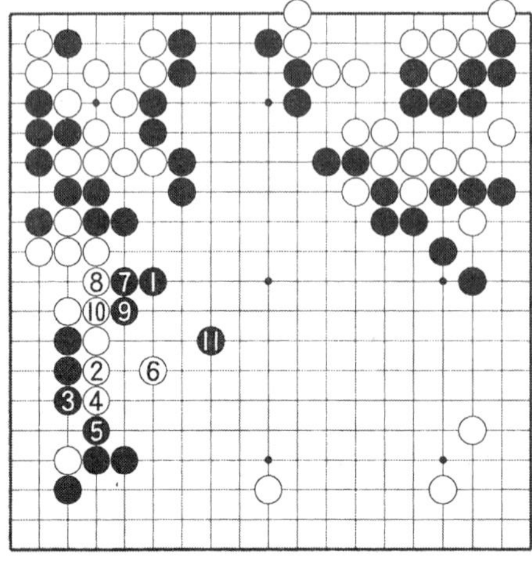

9도(실전)

우상귀를 선수로 처리하고 흑1 이 하로 공격하는 것이 준비된 전술의 수순이다. 흑11까지 중앙에 새로운 모양의 세력권이 형성되고 있다.

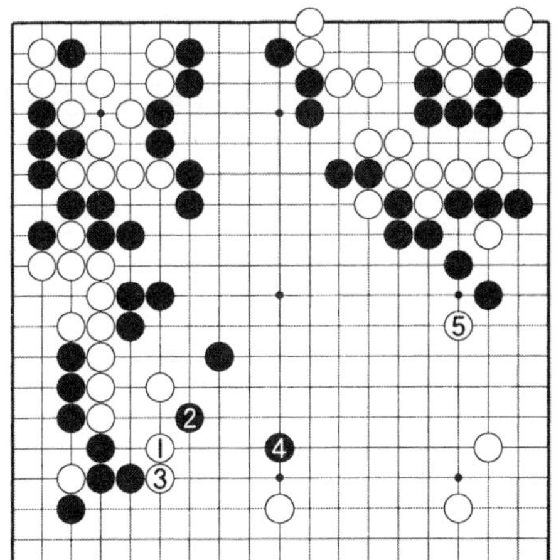

10도(9도 계속)

백1에 대해 흑2·4로 세력권을 넓히는 것은 흑의 일관성 있는 전술이다. 이때 백5로 교란을 시작하려 하고 있다.

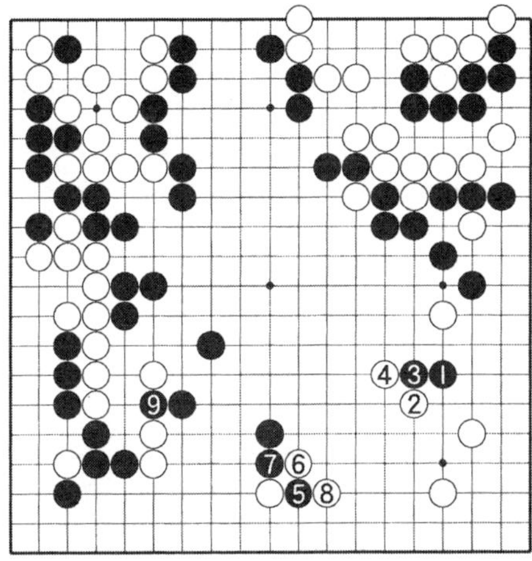

11도(반격)

흑1은 백의 교란에 정면 도전한 것이다. 백4때 흑5 이하 흑9까지는 어느 쪽이 교란하는지 알 수가 없을 정도로 현란한 진행이다.

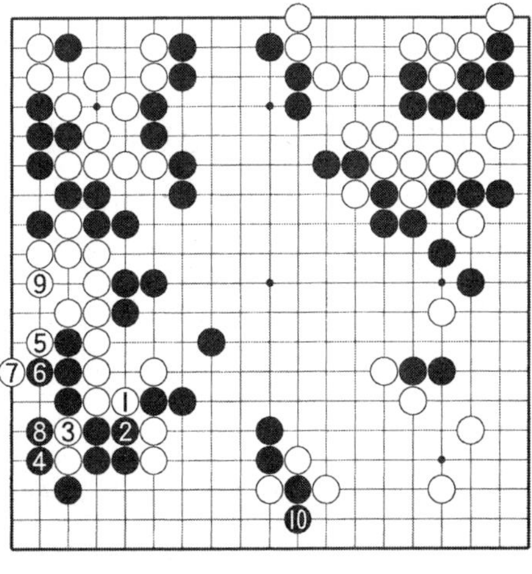

12도(11도 계속)

백1 이하 백9까지는 필연이다. 이때 흑10으로 뻗어 여기서 흑이 성공하면 바둑도 끝이다.

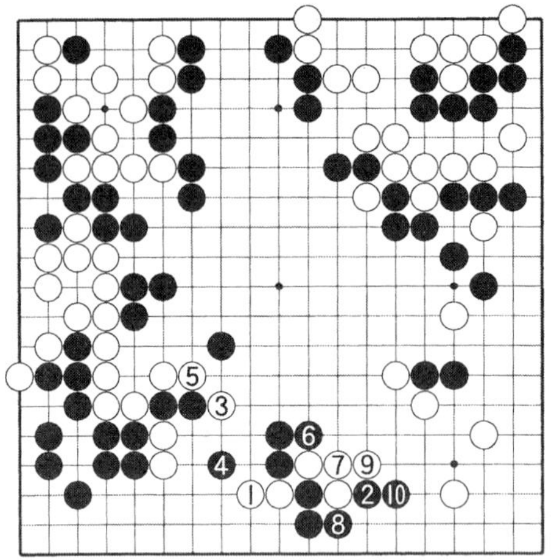

13도(12도 계속)

백1 이하의 반발에는 흑2 이하의 수순이 준비되어 있다. 흑10까지 백진은 철저히 유린되고 이곳에 흑집이 생겨 승부도 끝났다.

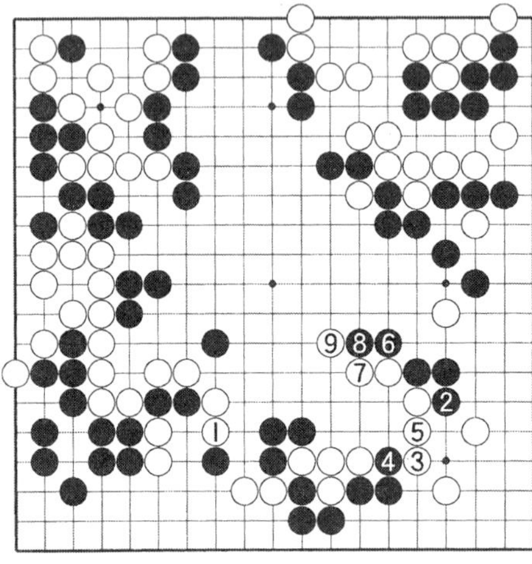

14도(13도 계속)

백1 이하는 막말로 두어보는데 불과한 수순이다. 백9는 일종의 던질 곳을 찾은 것인데, 여기서 흑은—

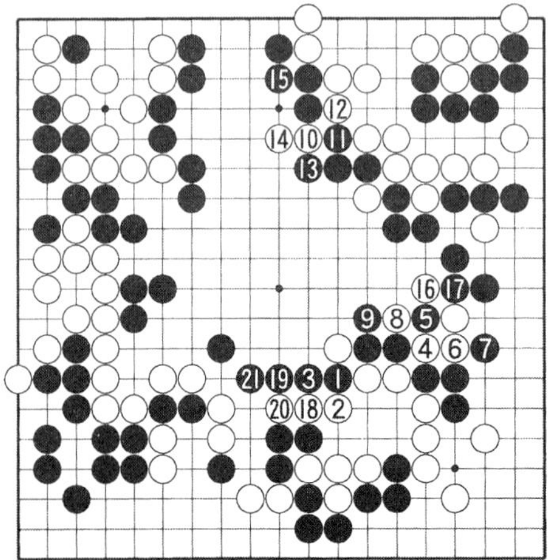

15도(흑 쾌승)

흑1 이하로 확실하게 종국시키고 있다. 이 바둑은 우상귀의 침입에 대해 사석작전으로 대응하여 분란의 소지를 없애면서 좌변 백의 공격을 통해 승세를 잡는 흑의 전술적 주도가 충만한 진행이었다.

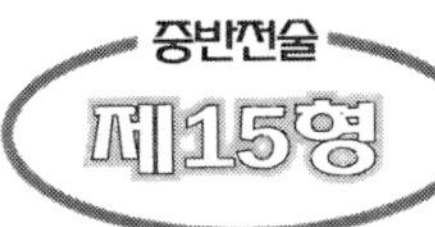

중반전술

제15형 흑세력의 견제에 대해 흑의 전술적 포인트는?

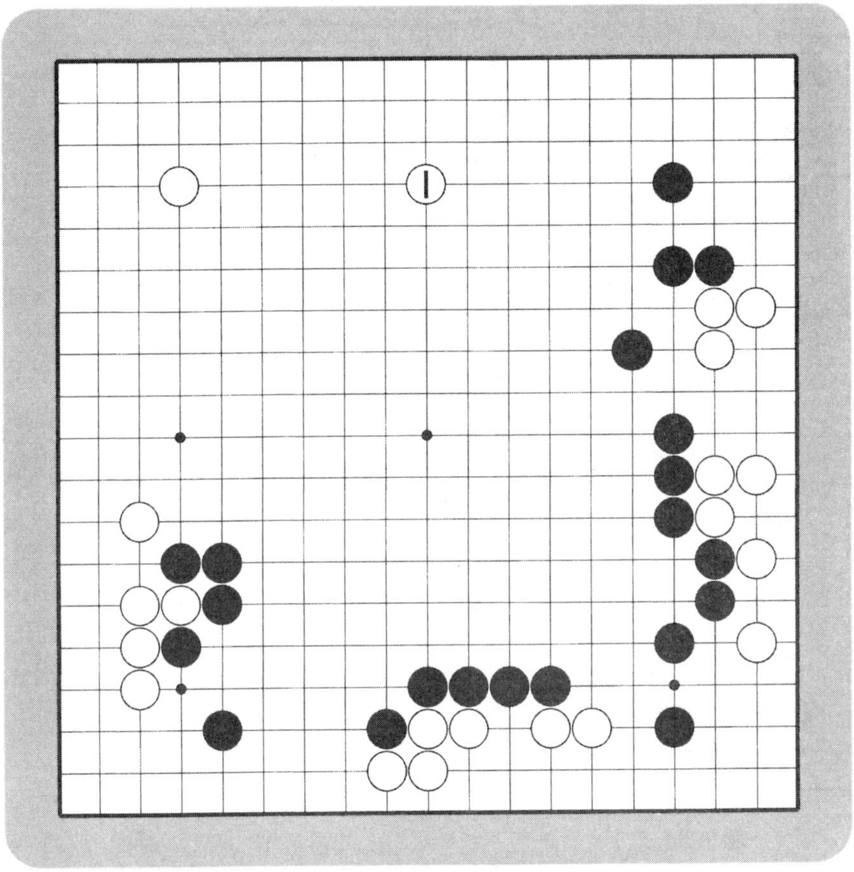

백1은 흑세를 의식한 견제성 전개다. 따라서 흑이 견제당하여 세력을 활용하지 못하고 삭감되거나 교란된다면 집이 부족해질 수도 있다. 흑은 어느 선에서 전술의 포인트를 잡을 것인가?

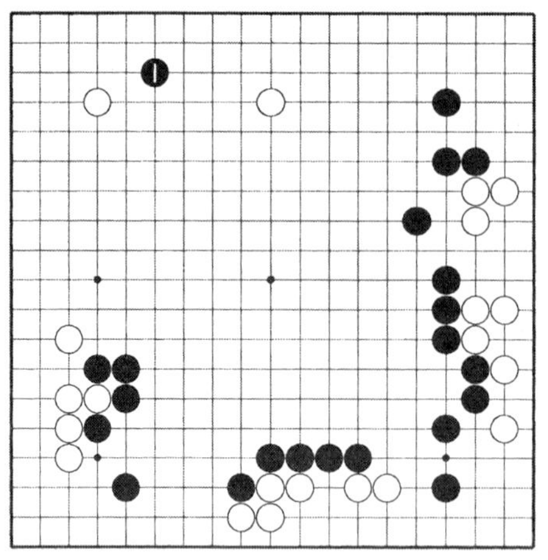

1도(실전)

흑1은 실전이지만 무조건 이렇게 갈라치고 볼 일이다. 유사시 귀를 공격해야 하기 때문이다.

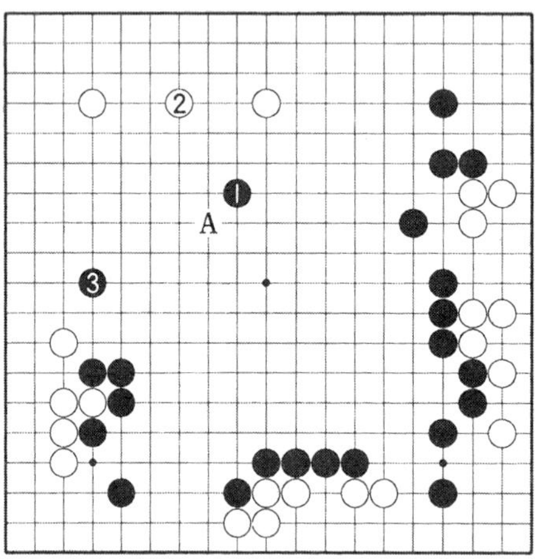

2도(지구전)

흑1로 크게 중앙을 에워싸는 것은 전술적으로 책략이 부족하다. 백이 백2로 지킨다면 흑3으로 확장해도 백A 정도의 삭감이 있어 지구전이 될 수도 있으며, 어쩌면 집부족이 될 공산이 더 크다.

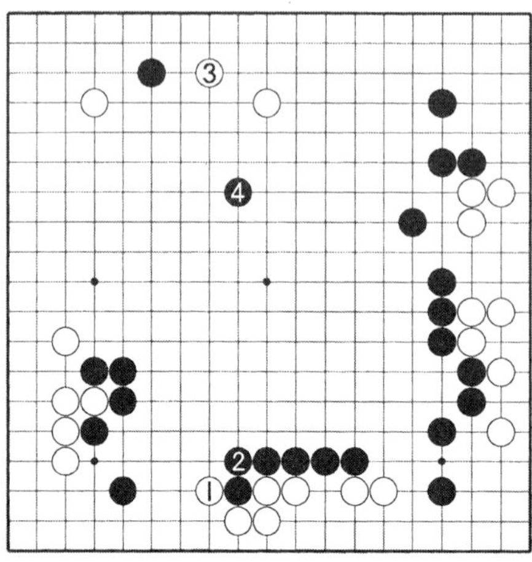

3도(실전)

실전은 백1을 교환하고 백3에 두는 것을 기다려 흑4로 지켰는데 이것이 좋은 감각이었다. 백이 한 수를 더 들여도 아직 귀의 흑은 준동할 여지가 남아있기 때문이다. 따라서 백도—

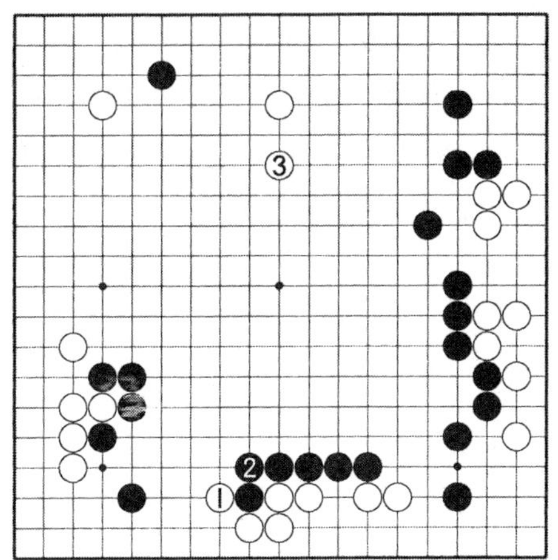

4도(세력의 분기점)

백1만 교환하고 백3으로 뛰는 것이 더 나았을 지도 모른다.

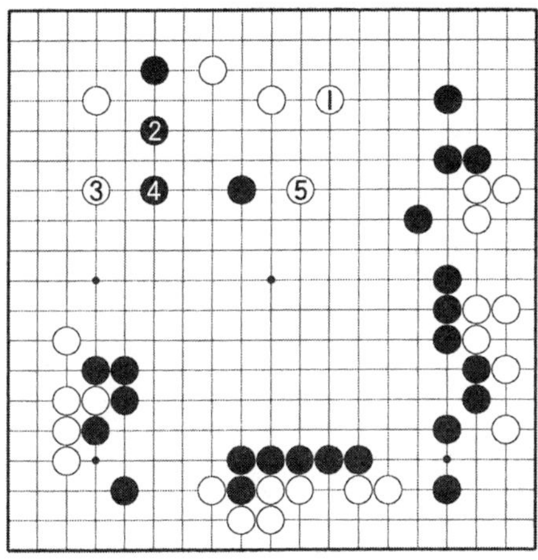

5도(실전)

백1은 백5의 진출을 보는 것이지만, 흑도 흑2·4로 뛰어 이제 전술의 선택을 할 수 있는 자세가 갖춰졌다. 백5에 대해—

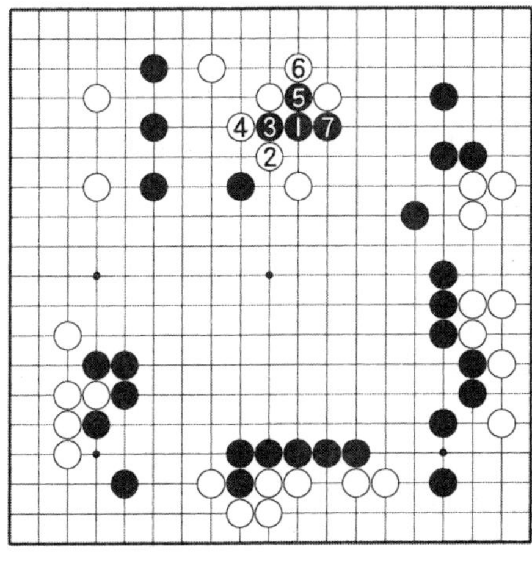

6도(반격)

흑1 이하로 반격할 수 있게 된 것이다. 절단이 눈에 보이므로 이제 흑은 백의 교란에 말리지만 않으면 공격의 댓가는 얼마든지 얻을 수 있다.

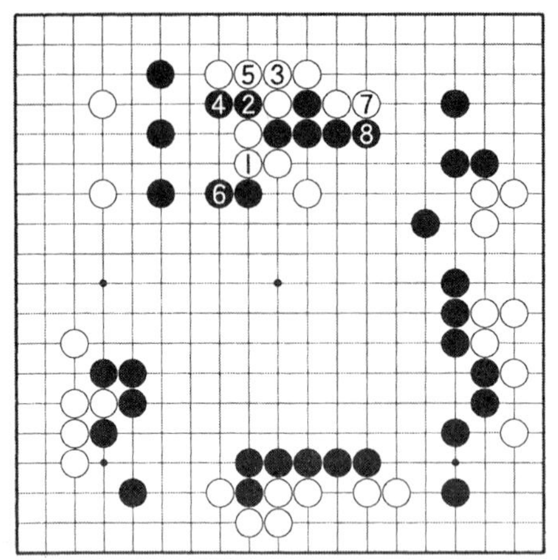

7도(6도 계속)

따라서 백1은 어쩔 수 없다. 계속해서 흑2 이하 흑8까지는 여기까지 된 이상 필연이다.

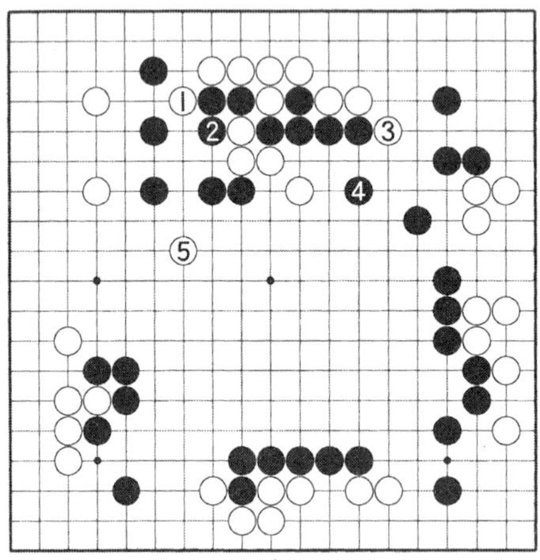

8도(삭감)

백1 이하 흑4까지 되었을 때 백5가 삭감을 노린 교란전술이다. 흑이 이 수를 가볍게 보는 것은 위험하다.

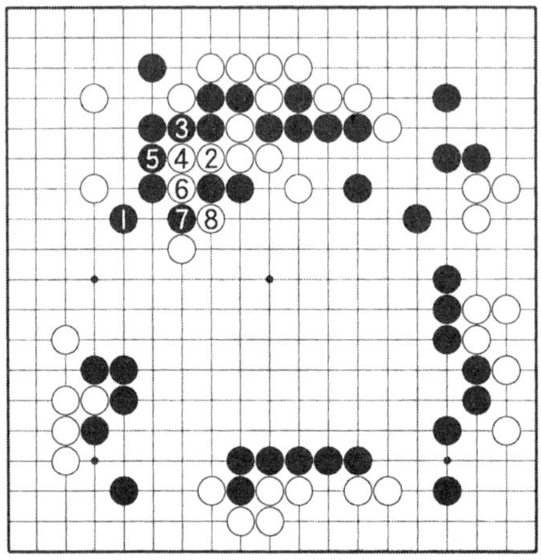

9도(흑 걸림)

흑1로 욕심내는 것은 위험천만이다. 백2·4의 수단이 있어 백6·8로 뚫리게 되므로 이는 완전히 흑이 걸린 꼴이다.

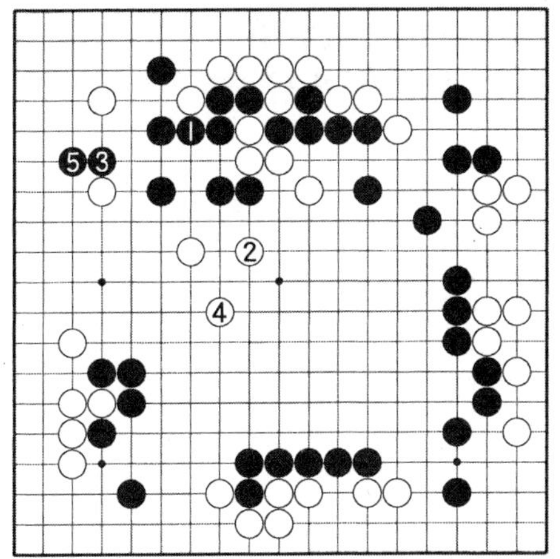

10도(간접공격)

따라서 흑1이 불가피할 때 백은 백2로 더 깊이 진입한다. 흑도 이 백을 직접 공격하는 것을 보류하는 것이 좋다. 흑3·5로 이곳에서 이득을 보아 만족인 것이다. 만약 흑3에 대해—

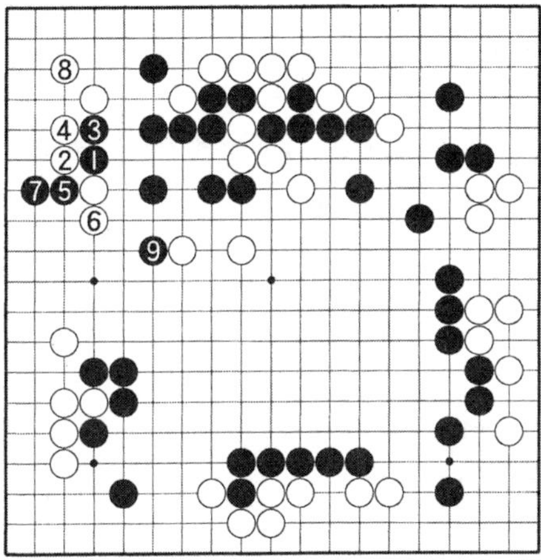

11도(백 욕심)

본도 백2로 응수하는 것은 욕심이다. 흑3 이하 흑9까지 백의 응수가 난처하다.

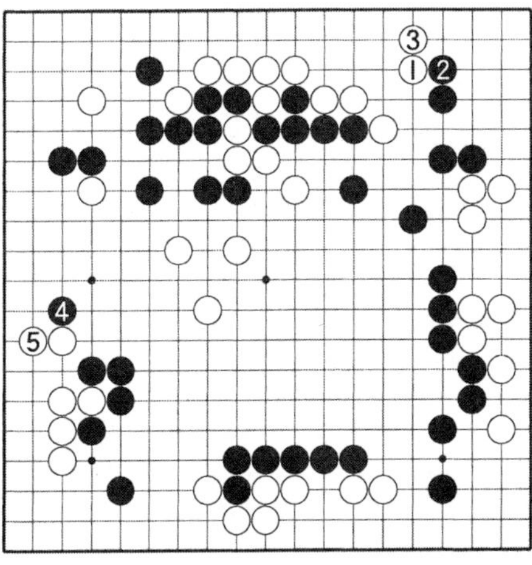

12도(10도 계속)

백1·3은 큰 곳이다. 백도 이렇게 집을 벌어두지 않으면 승부가 되지 않는다. 그러나 흑은 중앙 백의 공격을 포기한 것이 아니다. 우선 흑4에 대해 백은 백5로 후퇴할 수밖에 없다. 만약 백5로—

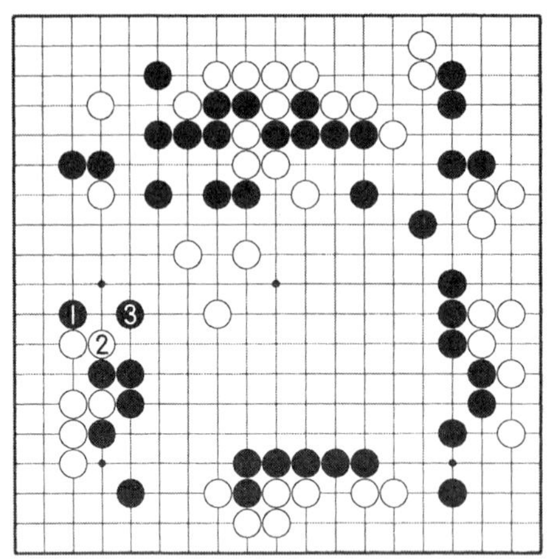

13도(연락두절)

본도 백2에 나와도 흑3으로 연결
이 불가능하다.

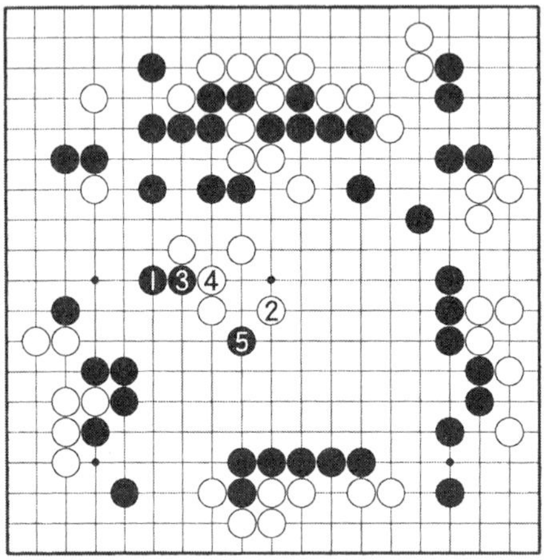

14도(필살)

흑1은 필살을 노리는 것이다. 백
2로 안형을 확보하려 해도 흑3·5
로 불가능하다.

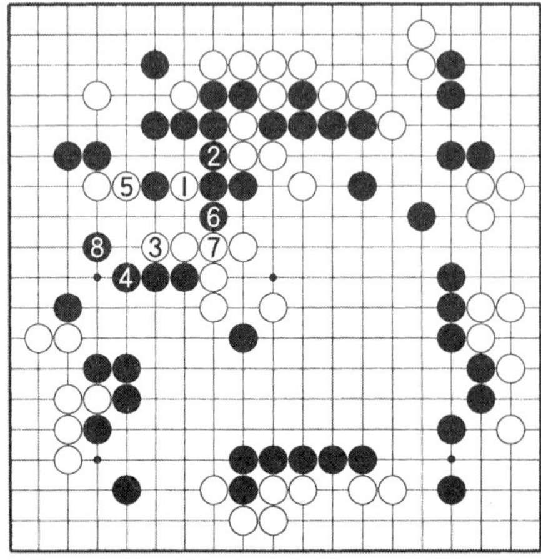

15도(승부 끝)

백1 이하 백7까지 안간힘을 써
봐도 때는 늦었다. 흑8까지 이 백
은 죽음이다. 이 바둑은 흑세력에
대한 백의 견제성 전개에 대해 한
순간의 방심을 놓치지 않고 찬스를
포착한 후, 교란에 말리지 않고 공
격에 성공한 흑의 전술이 볼만했던
대국이다.

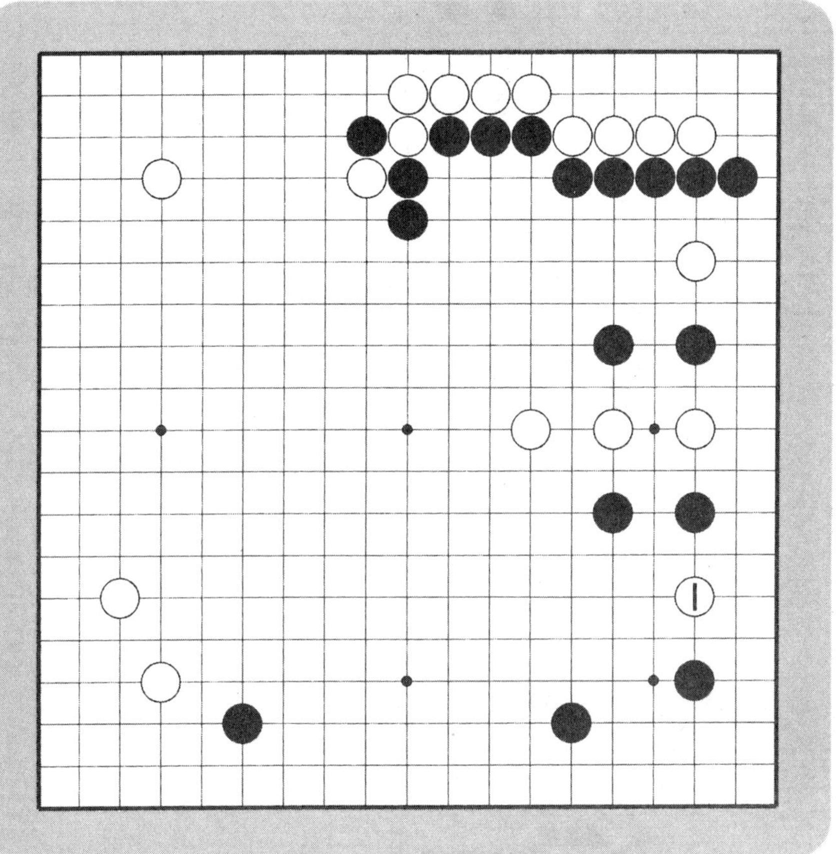

백1은 우변 백3점에 대한 흑의 공격을 무력화하기 위한 교란전술이다. 흑이 이 교란에 현혹되지 않고 공격에 성공한다면 일거에 우위에 설 수도 있는 국면이므로 신중을 요한다.

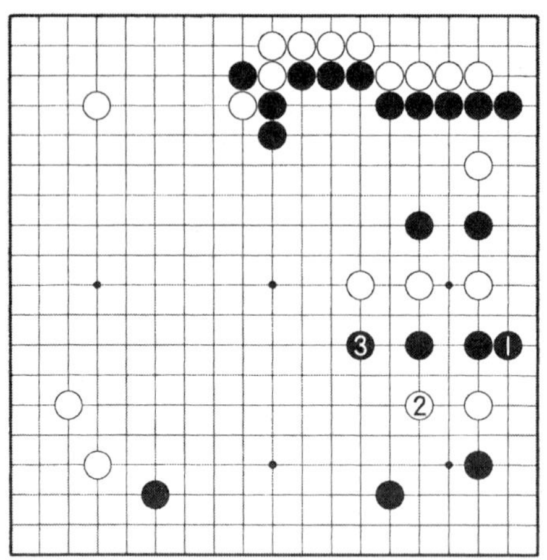

1도(실전)

흑1은 실전인데 대단히 강력한 대응이었다. 백2에 흑3으로 뛰어 이제 전술의 선택이 가능해졌다.

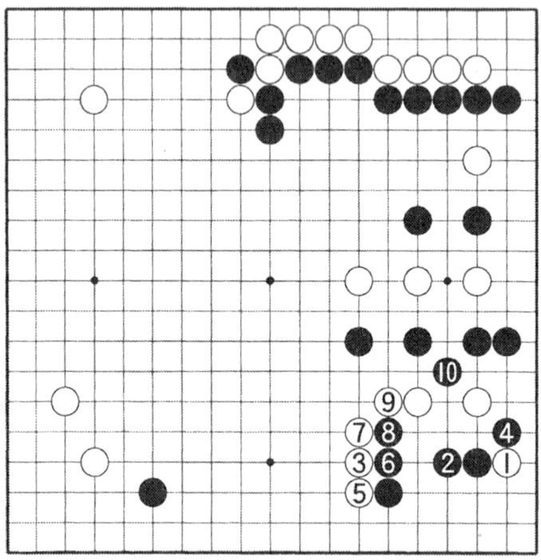

2도(1도 계속)

백1의 붙임도 교란전술의 일환이지만 여기서 흑2가 또 강력했다. 흑10까지 흑은 완벽한 공격자세를 갖추게 됐다.

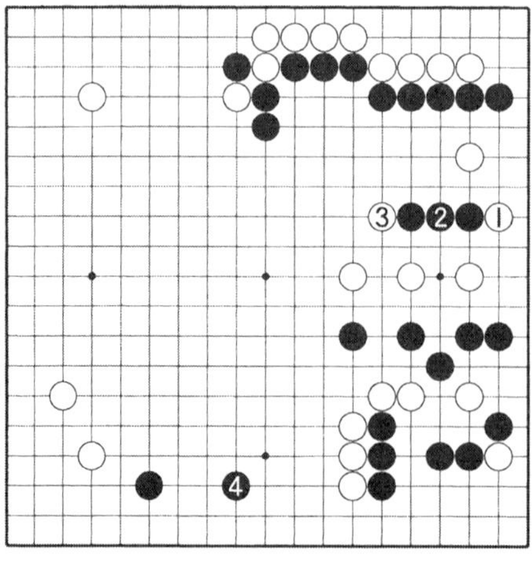

3도(강수 연발)

백1도 교란이다. 이때 흑2가 백의 교란을 두절시키는 또 하나의 강수다. 그리고 백3에는 흑4로 공격의 고삐를 잠시 늦추어 안정을 하면서 우하의 백을 노려보고 있다.

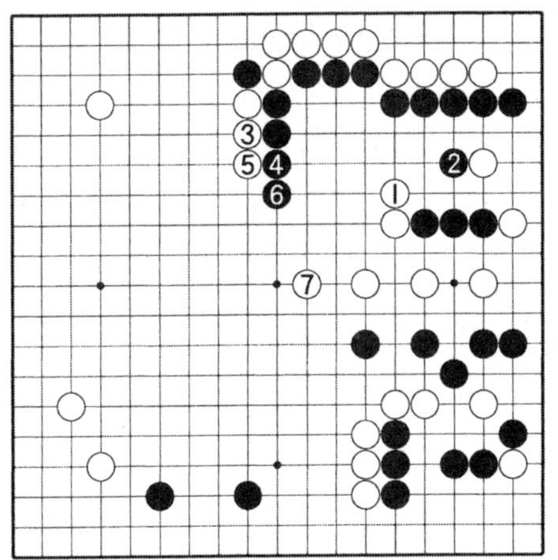

4도(3도 계속)

백1 이하는 흑의 공격권에서 일단 벗어나려는 것이다. 백7을 두기 전에 백3·5를 결정짓는 것은 일종의 능률이다.

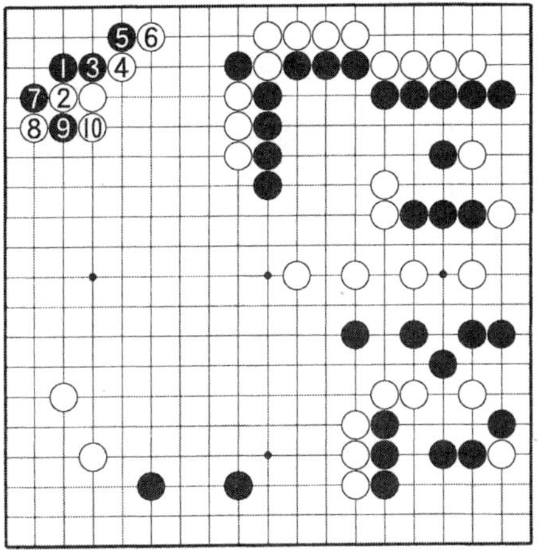

5도(4도 계속)

흑1의 3·三침입은 집의 확보에도 게을리하지 않으려는 실전감각이다. 지나친 공격의 폐단은 언제나 집의 부족에서 생기기 때문이다. 여기서 흑의 수순에 잠시 살펴볼 것이 있다.

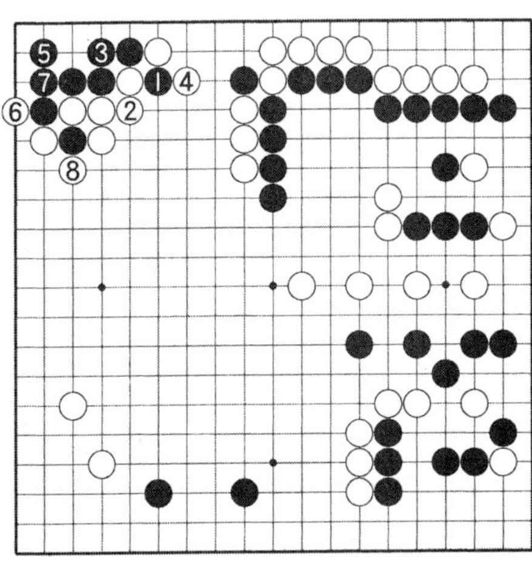

6도(수순이 바뀐 이유)

실전은 흑1 이하로 보통의 수순과 다르다. 어째서일까? 백8을 절대로 만들어 선수를 잡아야 하기 때문이다. 이 수순이라면 백8은 손뺄 수 없다. 참고로—

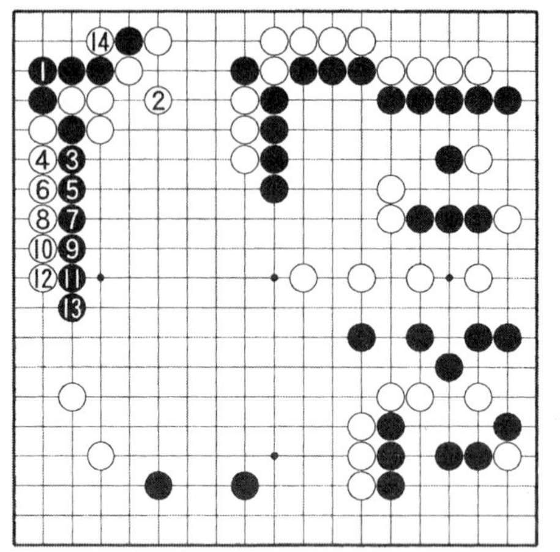

7도(원래 수순)

원래의 수순이라면 흑1을 먼저 이어야 한다. 계속해서 흑13때 백은 백14로 귀의 흑을 잡을지도 모른다. 그리고 이 백집은 생각보다 크다. 이때 흑이 공격에 실패한다면 집이 부족해질 수도 있다는 계산인 것이다.

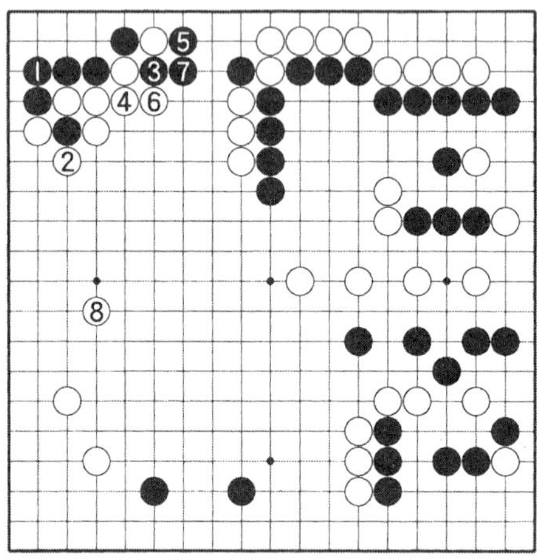

8도(몽상)

흑1에 대해 백이 백2 이하로 받아준다는 생각은 부질없는 착각이다. 백은 절대 이렇게 손해는 보지 않을 것이다.

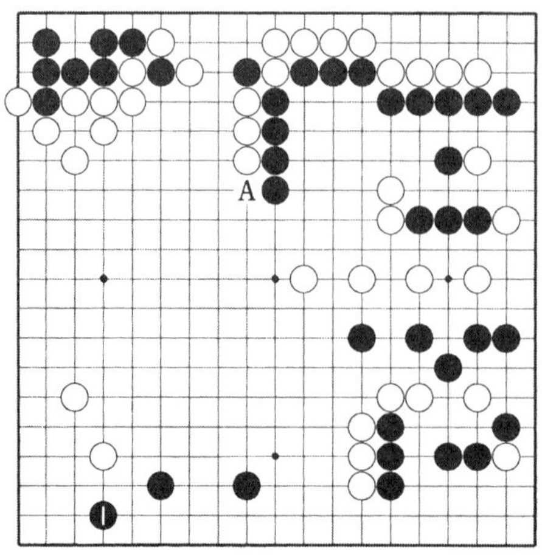

9도(침입의 결론)

흑이 좌상귀의 손해를 감수하면서까지 선수를 잡은 것은 흑1을 두기 위한 것이다. 또 우변 백 공격과 연관하여 A의 대세점이 흑의 차지가 된다고 보았을 때 상변 백집이 그다지 크지 않다고 본 것이다. 바로 이런 것이 모두 전술의 주변 사고에 해당한다.

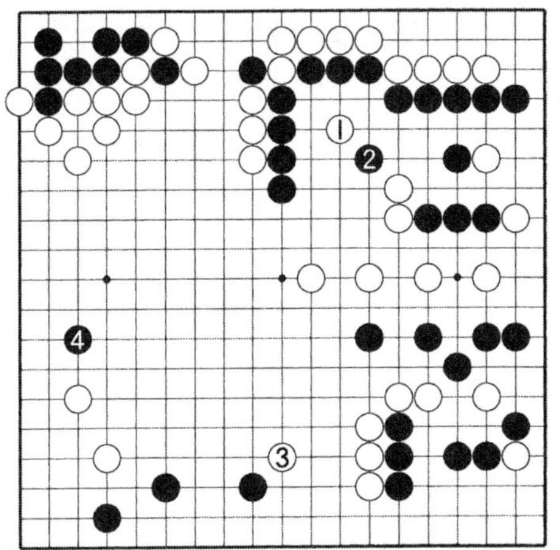

10도(9도 계속)

이제와서는 백3의 수비도 필연이다. 이때 흑4는 좌변 전개와 좌하귀 백의 공격을 맞보면서 우변 백의 공격도 염두에 둔 전술적 착점이다.

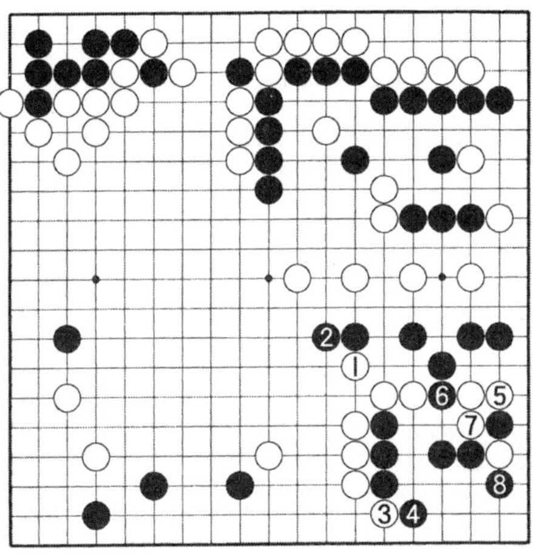

11도(귀의 분란)

백1 이하는 백이 보아두었던 수단이다. 백3의 수순이 교묘하여—

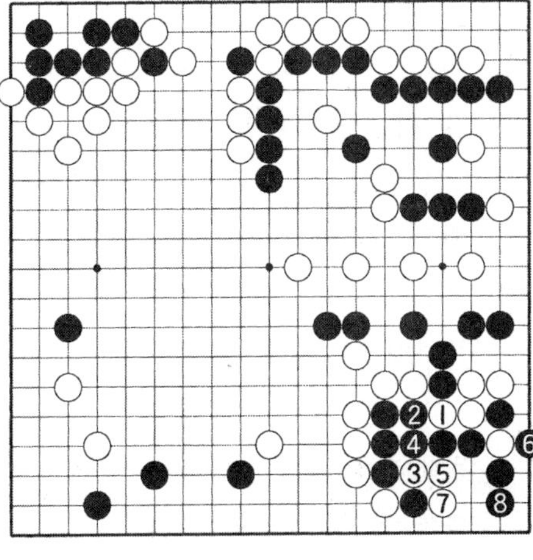

12도(11도 계속)

백1 이하로 귀를 도려냈다. 이것으로 하변의 백은 완생이다.

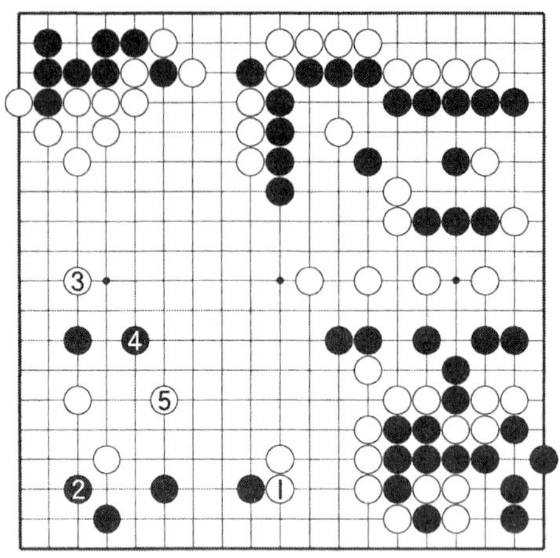

귀를 도려낸 이상 백1은 어쩔 수 없다. 따라서 흑2는 흑의 차지가 된다. 백5때—

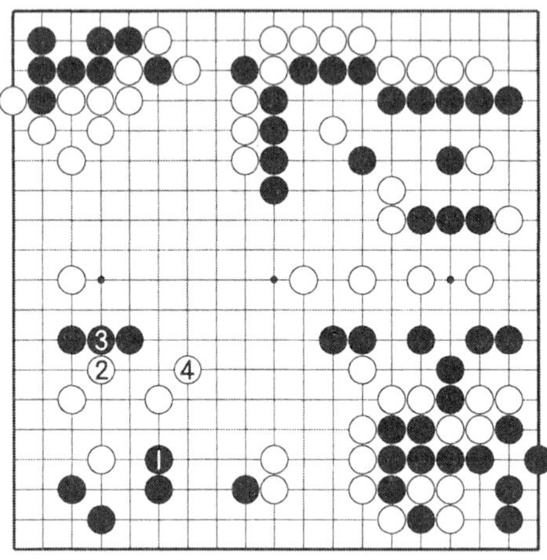

흑1이 급소다. 이곳을 탈취해야 공격이 되는 것이다. 백4때 흑도—

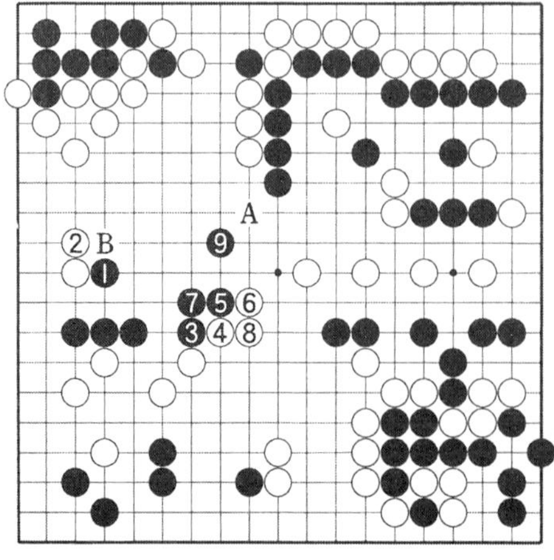

흑1 이하로 두어 흑9까지 안정하면 이것으로 흑이 우세했다. A와 B는 맞보기이다. 실전에서는 우변 백을 지나치게 공격하다 위기를 맞았으나, 다시 백이 끝내기에서 실족하여 재역전되는 파란이 있었다. 이 바둑은 우변의 공방에서 백의 교란에 대해 강력하게 대응한 흑의 전술이 볼만한 대목이었다.

제17형 중앙에 널린 대마를 공략하는 흑의 전술

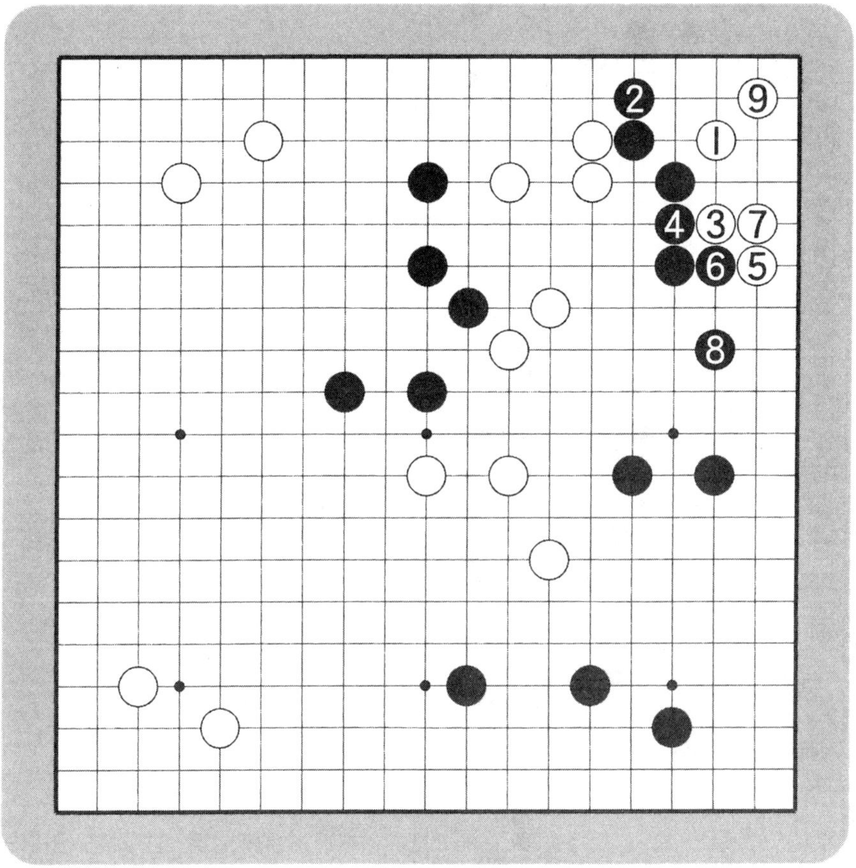

백1 이하의 침입은 흑2로 집을 굳히면서 공격하려는 흑의 의도를 간파한 대응이었지만, 이것으로 중앙 백이 약해진 것도 무시할 수 없다. 따라서 흑은 중앙 백을 공략하여 그만한 댓가를 받아내지 않으면 안된다.

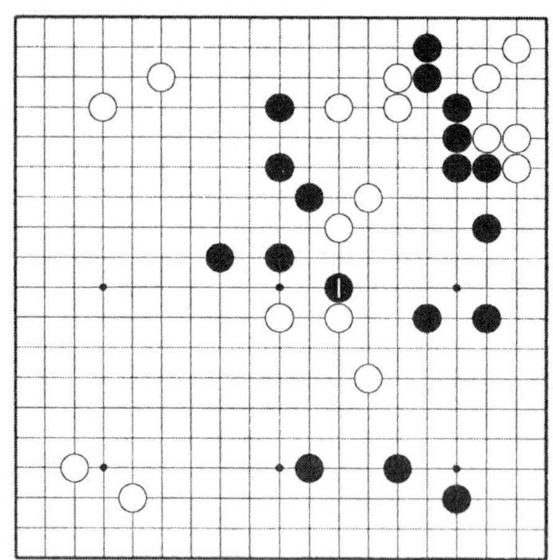

흑1은 실전이다. 어찌됐건 흑은 이렇게 공략하여 귀를 내준 댓가를 받아내야 한다.

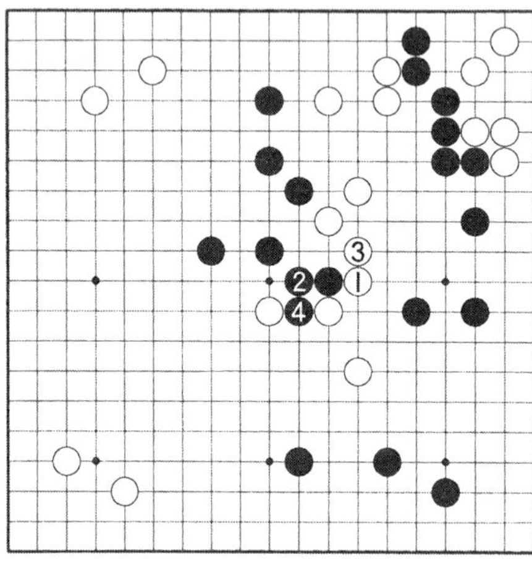

2도(응수두절)

백1은 생각이 부족하다. 흑2·4에 응수가 없는 것이다.

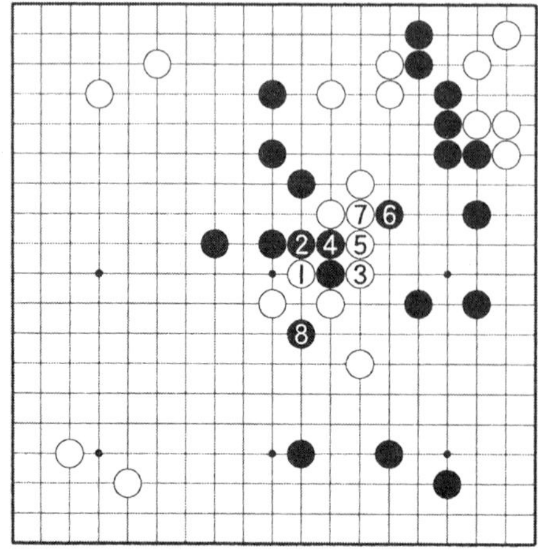

3도(실전)

백1 이하의 수순이 맞다. 이래야 연결에 탄력이 생겨 우환에 대비할 수 있게 된다. 또 흑8에는 달리 대책이 있다.

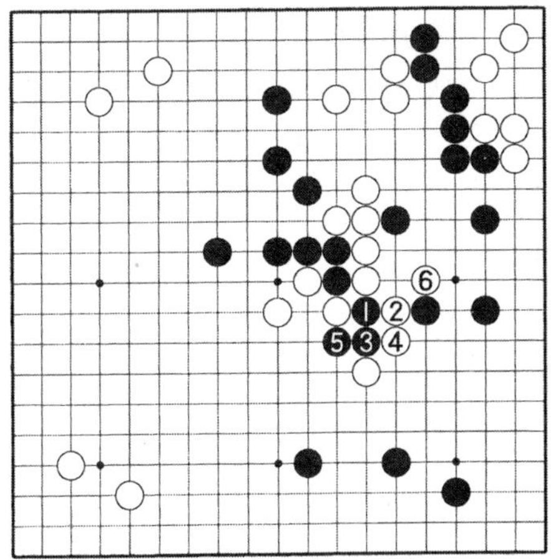

4도(무리)

흑1의 끊음은 흔히 과격한 하수자의 생각이다. 축과 장문은 아니지만 백6으로 탄력이 생겨 흑진만 유린되고 있다.

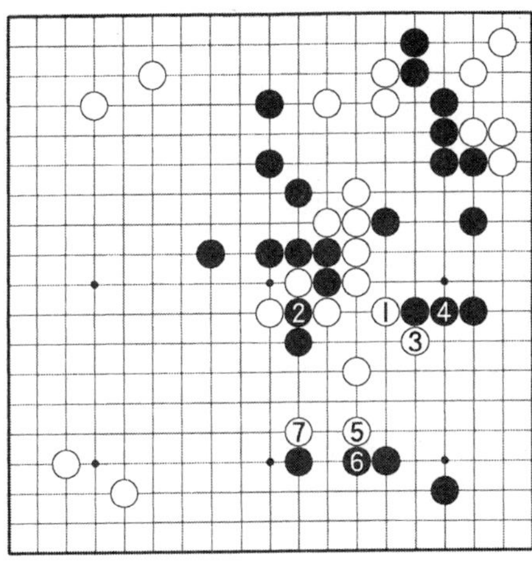

5도(실전)

3도에 이어 흑의 치중에는 백1로 보완한 다음 흑2의 끊음에는 백3·5·7로 기대어 탈출한다. 여기서 한바탕 전투가 예상되므로 어쩌면 백은 이 상황을 피하여 백7로—

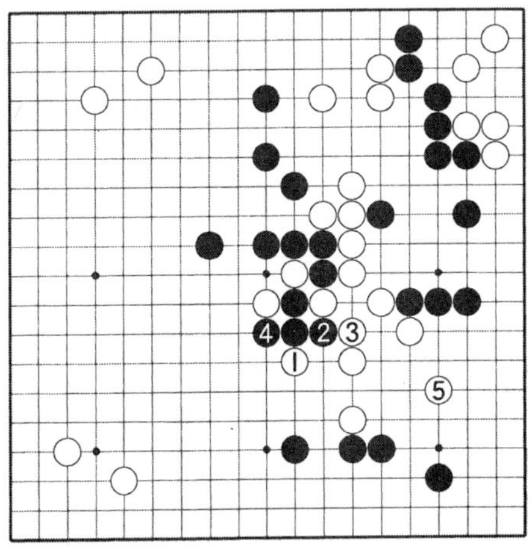

6도(비껴가는 진행)

백1·3·5의 수순을 밟는 것이 나았을 지도 모르겠다.

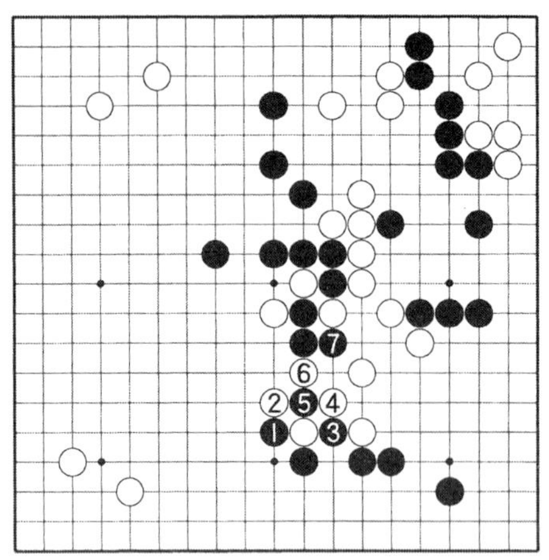

7도(완력)

5도에 이어 흑1 이하는 패를 각오한 완력이다. 흑7 이후―

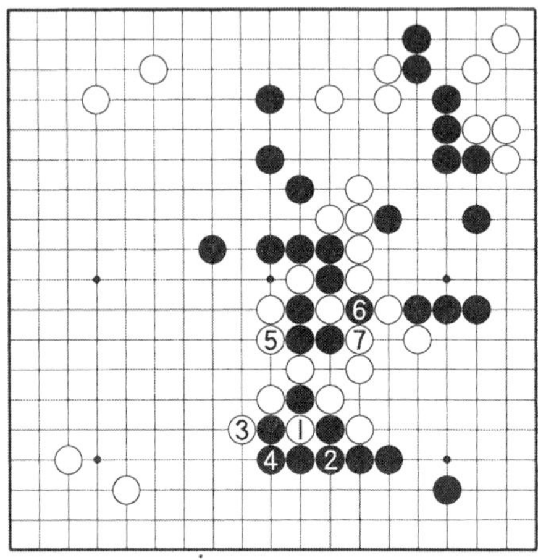

8도(실전)

백1 이하로 서로 양보 없이 패를 결행할 태세인데, 흑에게 팻감은 우상귀밖에 없다.

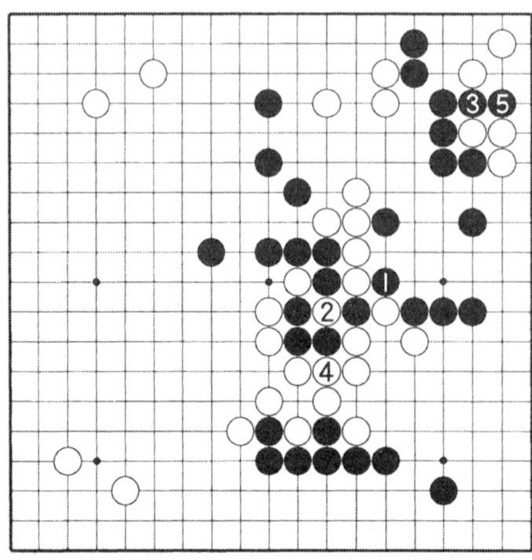

9도(8도 계속)

흑1로 패가 되면 흑5까지는 필연이다. 이 결과는 우상귀는 잃었지만 백도 선수인데다 두터워 불만은 없다.

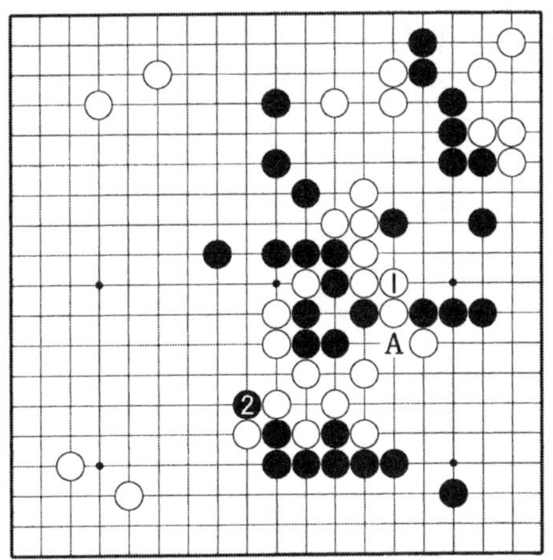

10도(박력부족)

8도에서 패가 두려워 백1로 잇는 것은 박력이 부족하다. 흑A의 단점이 여전히 남았을 뿐 아니라 흑2의 절단에 응수가 없는 것이다.

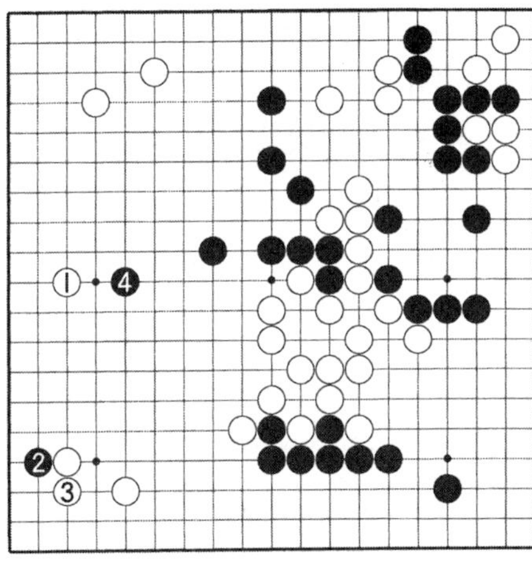

11도(9도 계속)

백1에 손이 돌아와 계가바둑의 양상이다. 계속해서 흑2·4는 전술의 일관성이 약간 부족했다.

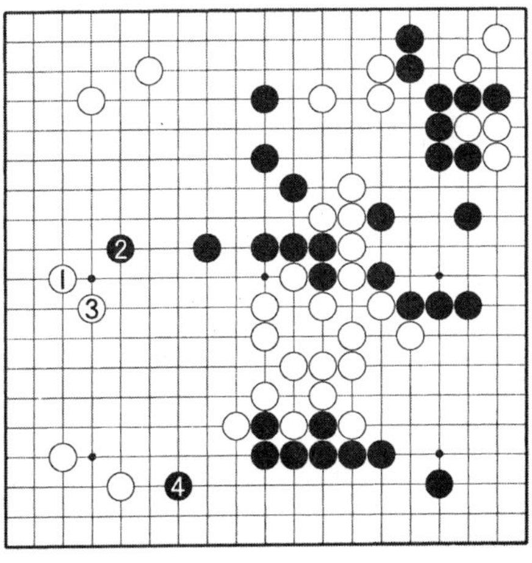

12도(전술적 사고)

흑2로 백3을 강요하고 흑4를 차지하는 것이 보다 나았다.

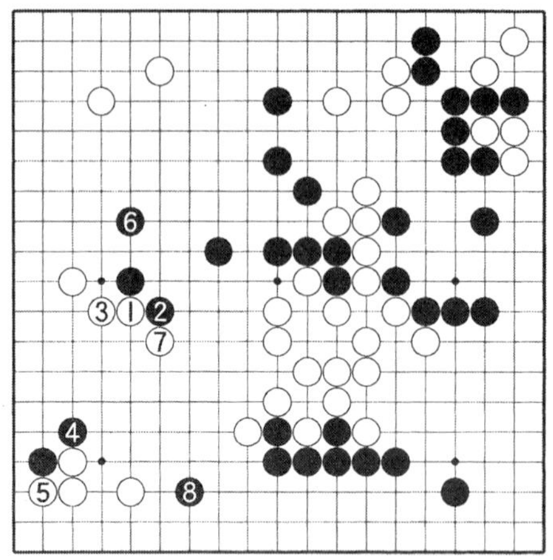

13도(실전)

백1 이하로 백집이 약간 불어나
이 결과는 흑이 불만이다. 그러나
백이 다시 끝내기 실수를 범하게 되
는데—

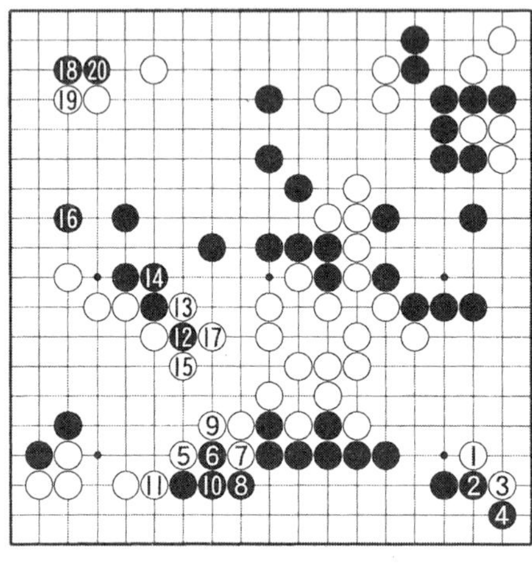

14도(손익계산)

백1·3의 수순은 기민했다. 그러
나 백5가 생각보다 작았다. 흑16까
지 정리된 다음 흑18의 침입을 허
용하여 흑승이 결정되고 말았다.

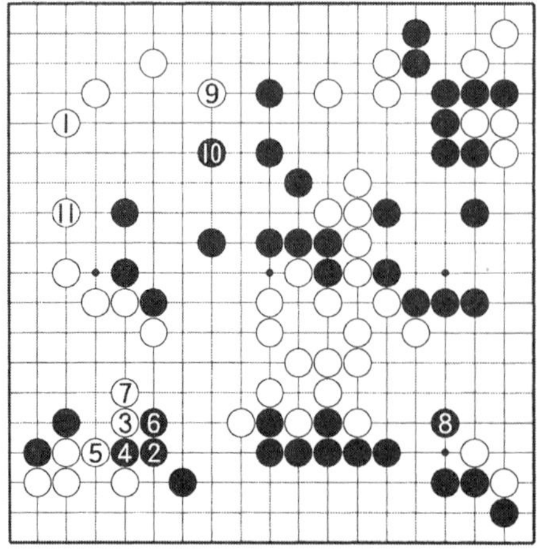

15도(박빙)

백1 이하의 수순이었다면 박빙의
승부였다. 이 바둑은 중앙 패를 둘
러싼 흥정과 이후 좌변의 끝내기 흥
정이 전술적 차원에서 흥미진진했
던 한판이었다.

제18형 중앙을 간접 공략하는 숨겨진 흑의 전술

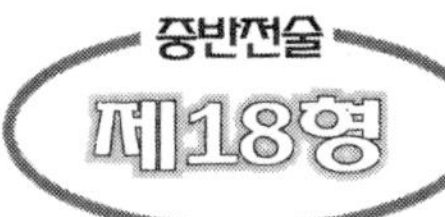

전체적으로 흑이 두터운 가운데 백1·3·5는 삭감에서 흔히 등장하는 모델같은 행마다. 흑은 이 우세를 승리까지 알기 쉽게 종결짓기 위해서는 이 백에 대한 공격이 필요하다. 그러나 흑이 이 백을 직접 공략하기는 쉽지 않기 때문에 먼저 이곳과 관련된 전단을 모색하는 것이 바람직하다.

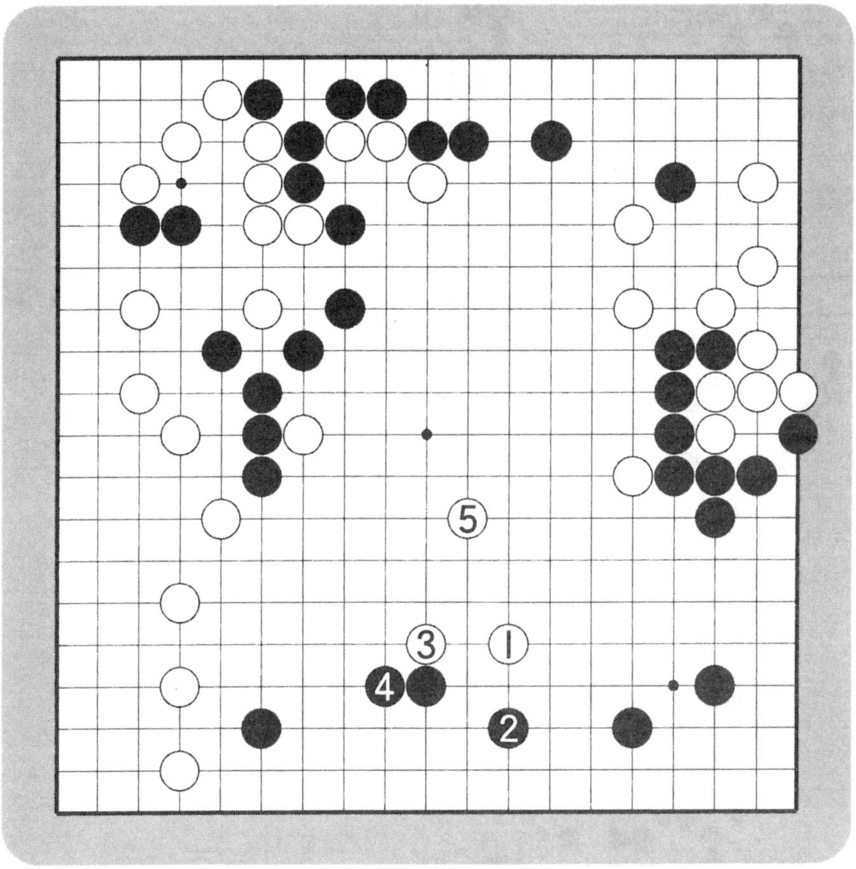

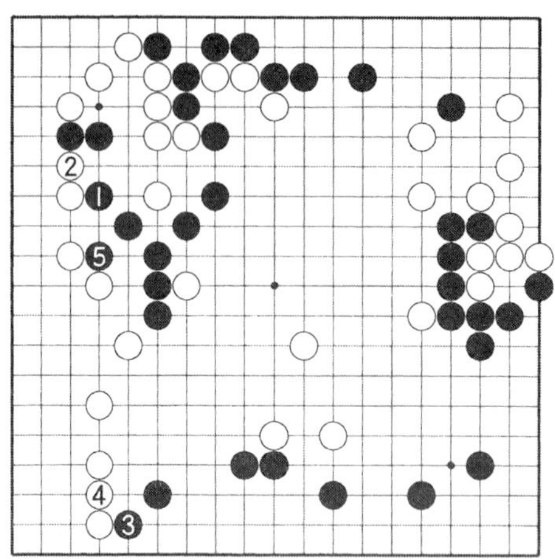

1도(실전)

흑1부터 흑5를 유도하여 전술의 윤곽을 잡는다. 흑5에는 백의 선택이 따르는데—

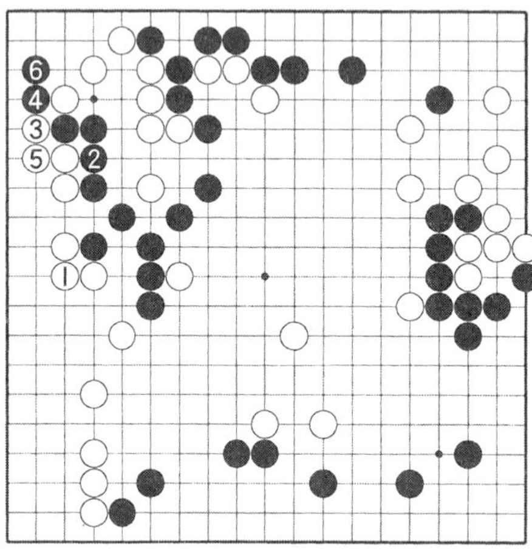

2도(놓고 따기)

백1로 이으면 흑4·6이 보장되어 백이 흑돌을 놓고 따내야 되므로 이는 백이 불만이다. 따라서 백은—

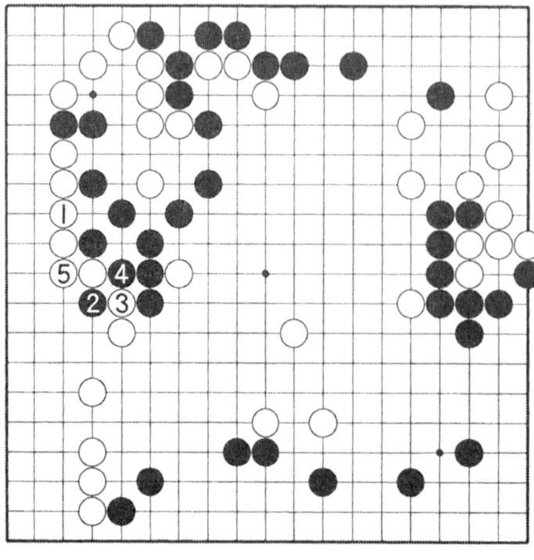

3도(1도 계속)

백1로 이어 흑의 전술에 직접 대응한다. 이때는 흑2로 건너붙여 흑4를 교환한 후—

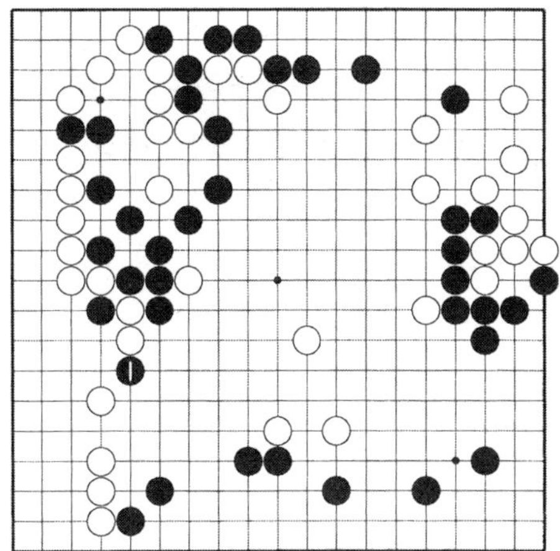

4도(맥)

흑1의 붙임을 노리는 것이 흑의 전술이다. 이 수도 사실은 거의 교과서적인 맥이다.

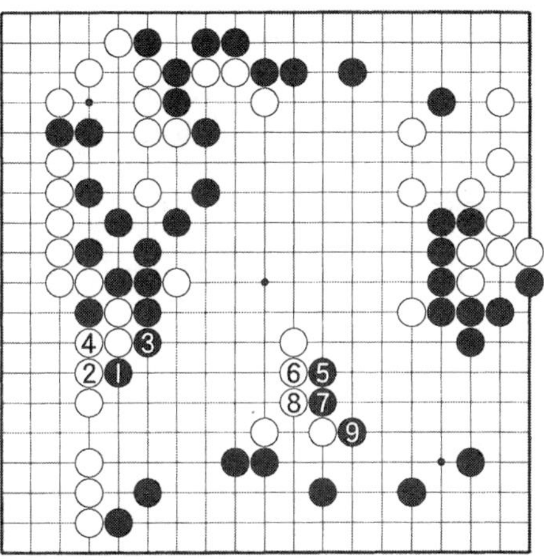

5도(흑 완승)

흑1에 대해 백이 백2로 굴복하는 것은 패배를 인정하고 마는 것이다. 흑3으로 틀어막고 흑5 이하로 집을 지으면서 공격하게 되면, 이 진행은 흑의 낙승이 예상된다.

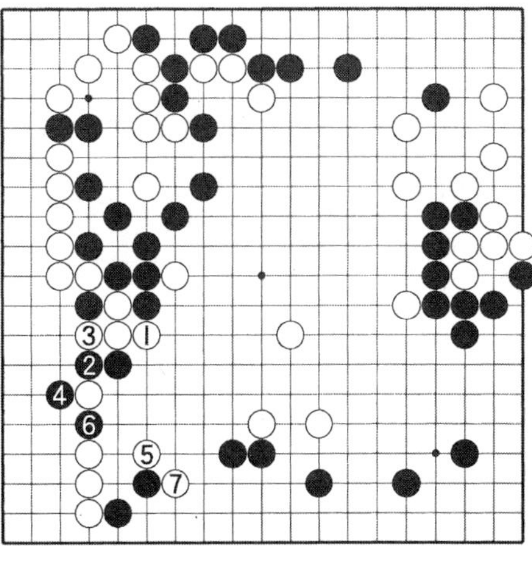

6도(반발)

따라서 백도 백1 이하로 반발하는 수밖에 없는데 백7까지 그야말로 상전벽해의 대변화다.

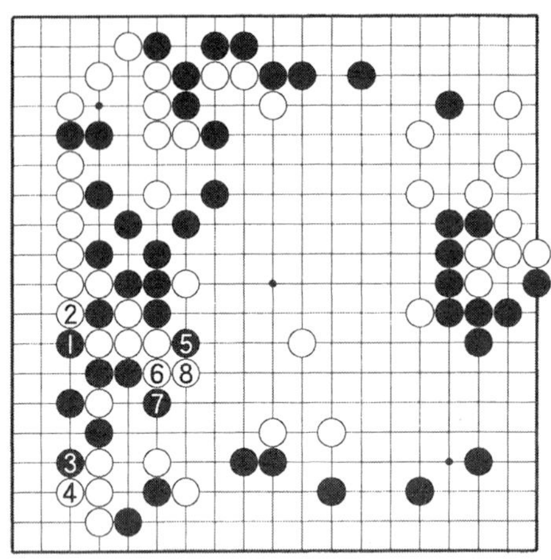

7도(6도 계속)

흑1 이하는 필연이다. 백8로 중앙의 백은 안정됐지만, 백집이 크게 파괴되어 손익계산은 제로에 가깝다.

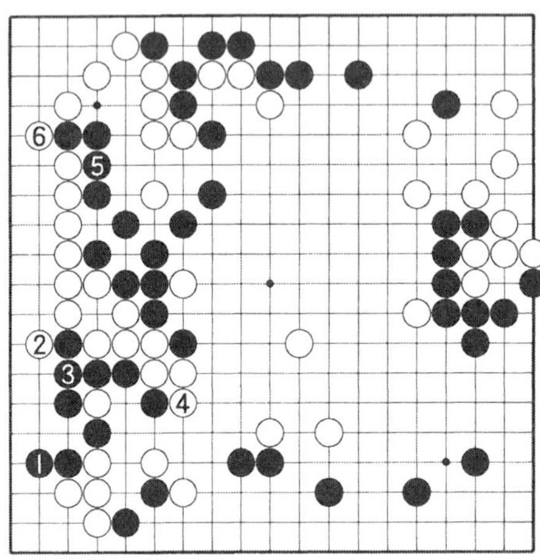

8도(7도 계속)

백6까지 이곳의 전단은 끝났다. 그러나 경천동지의 대변화였지만 형세에는 변화가 없다.

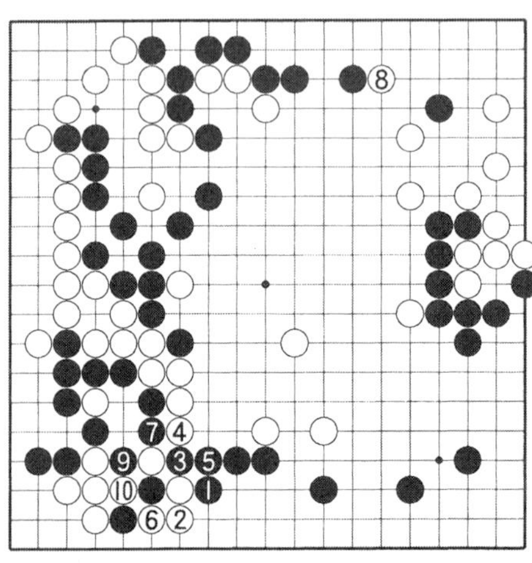

9도(새로운 전단)

흑1 이하는 이렇게 될 곳이다. 문제는 백8의 교란에 대한 흑의 대응인데—

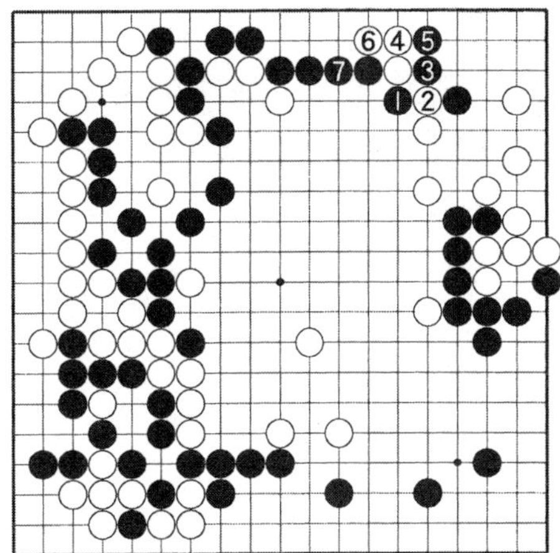

10도(실전)

흑1 이하는 9도에 이은 실전인데 여기서 흑의 실수가 있었다. 바로 흑7인데, 이 수로는—

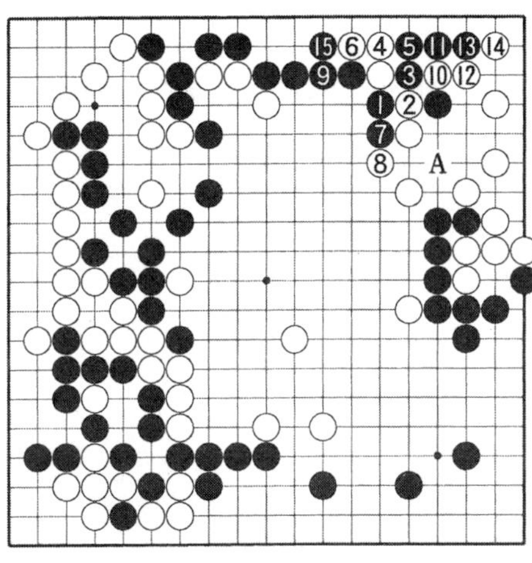

11도(수순)

본도 흑7을 먼저 두어야 했다. 백8이라면 흑15까지 된 다음 흑A의 치중이 남게 되는 것이다. 만약 백8로—

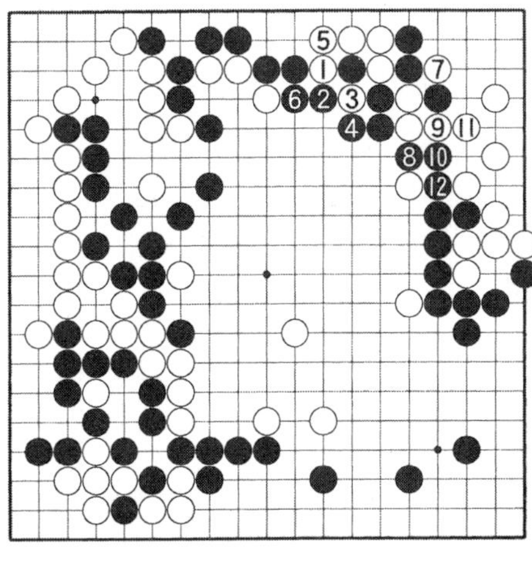

12도(반발)

본도 백1로 반발하면 흑2 이하 흑12까지 중앙이 봉쇄되어 흑 필승의 국면이다. 또 11도 흑5로는 처음부터—

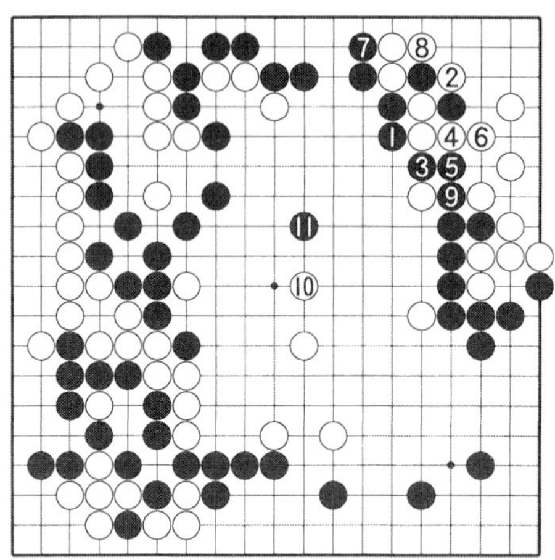

13도(정교)

본도 흑1에 두는 것이 정교했다. 이 진행이라면 흑11까지 흑의 완승이다.

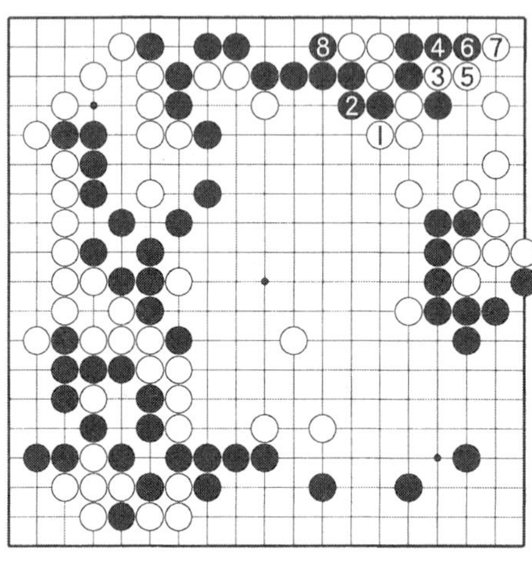

14도(실전)

실전은 백1을 당하여 손해가 컸다. 전도와 비교하면 확실히 차이가 나는 것이다.

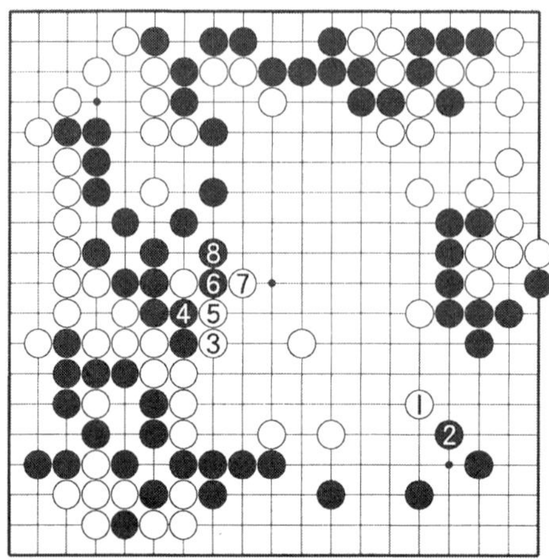

15도(14도 계속)

실전에서 다행히 역전에는 못미쳐 흑이 신승했다. 이 바둑은 중앙 백의 공략에 관련된 좌변의 공방과 우상귀의 접전에서 숨어있던 수순이 볼만한 바둑이었다.

착각을 철저히 추궁한 흑의 대규모 전술

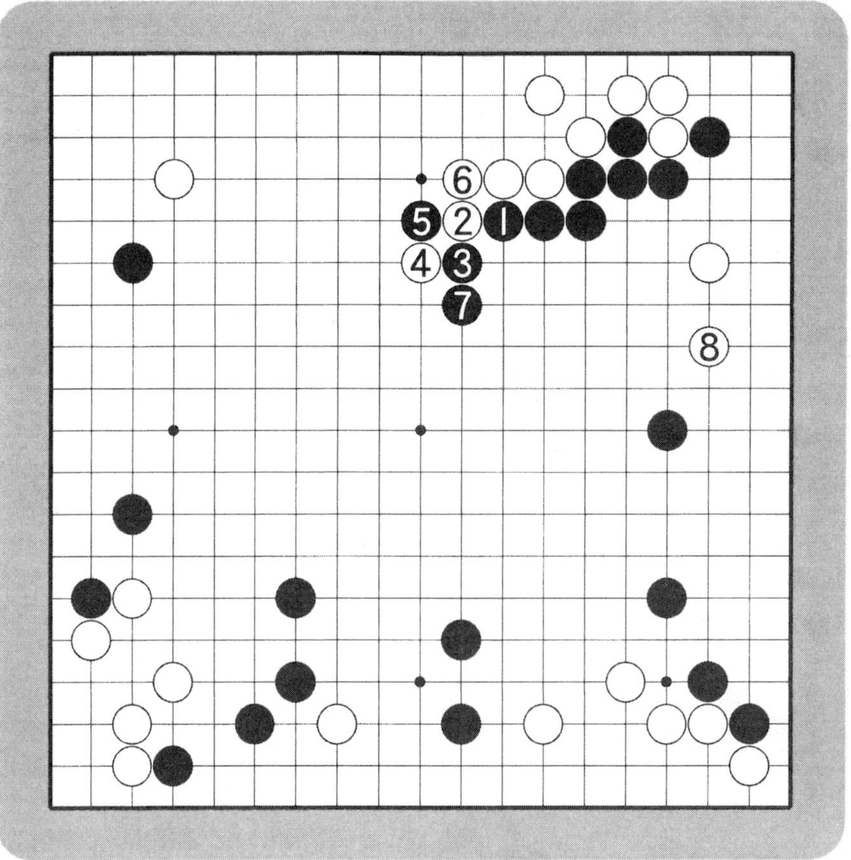

흑의 두터움이 백의 실리를 약간 앞선 가운데 백8로 흑진에 근거를 가지려는 백의 교란전술이 시도된 장면이다. 흑도 이 백을 고분고분하게 살려주어서는 손해가 크므로 어떻게든 괴롭혀 응분의 댓가를 받아내야 한다.

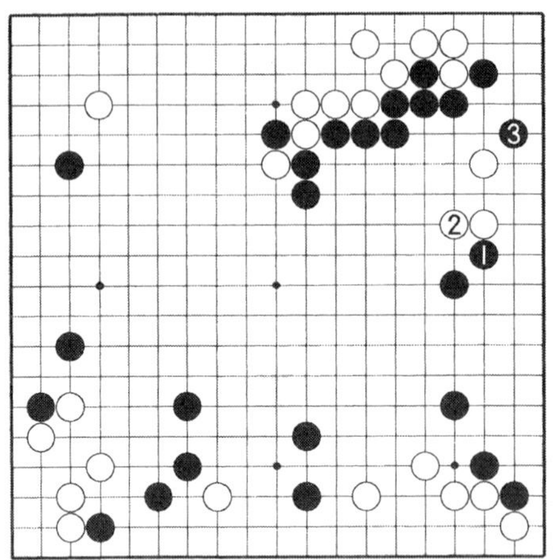

1도(실전)

흑1은 무조건 이렇게 둘 곳이다. 백2에도 흑3으로 근거를 탈취하는 것이 당연하다. 어쩌면 백은—

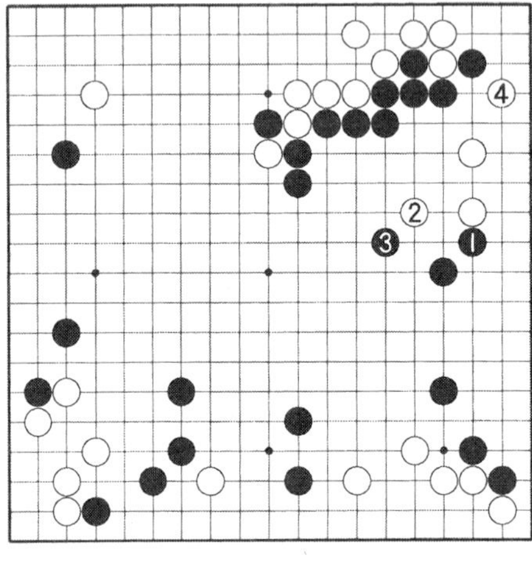

2도(백의 선택)

흑1에 백2로 한칸 뛰고 흑3으로 씌어오면 백4로 살아두는 것이 현명했을 지도 모른다. 그러나 이것으로는 부족하다고 본 것인데—

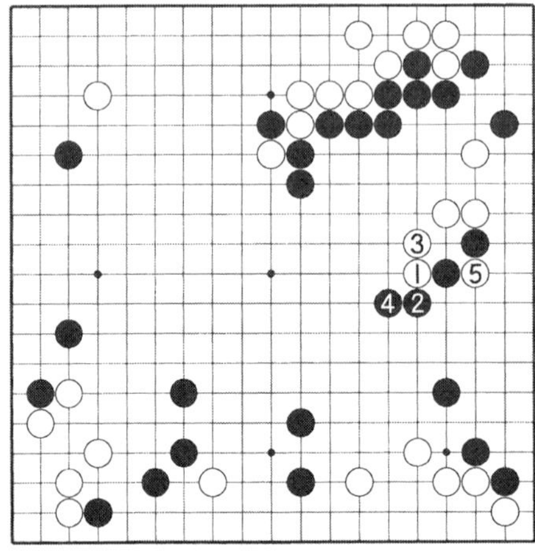

3도(백의 노림)

백은 백1·3 이후 백5를 너무 민 것 같다. 그러나 이는 흑의 강수를 미처 예측하지 못했던 것이다.

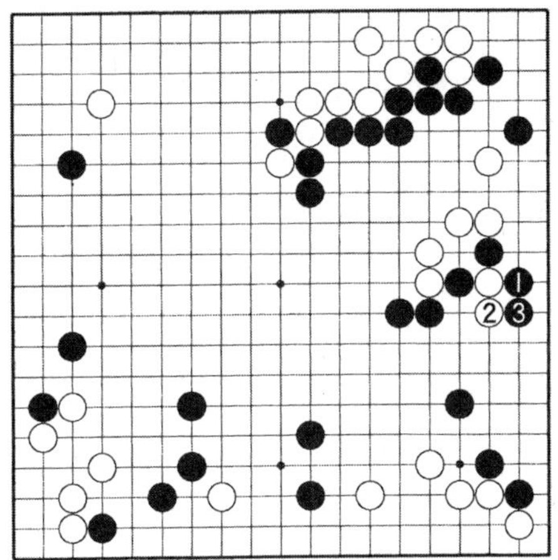

4도(강수)

흑1·3의 강수가 흑에게 준비되어 있었다.

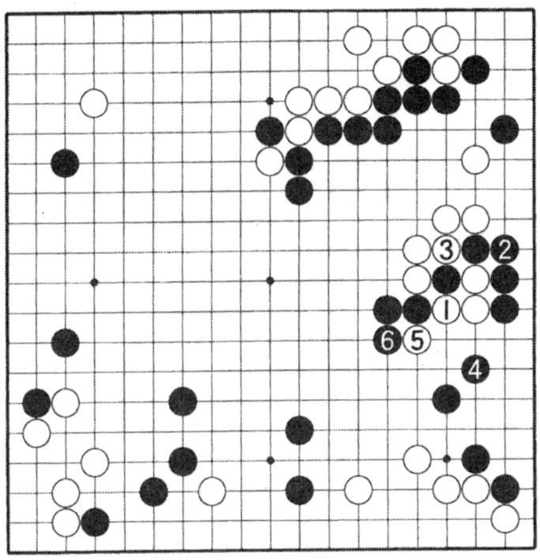

5도(4도 계속)

백1 이하에 대해서는 흑2·4·6으로 크게 다시 포위하여 백의 난국이다.

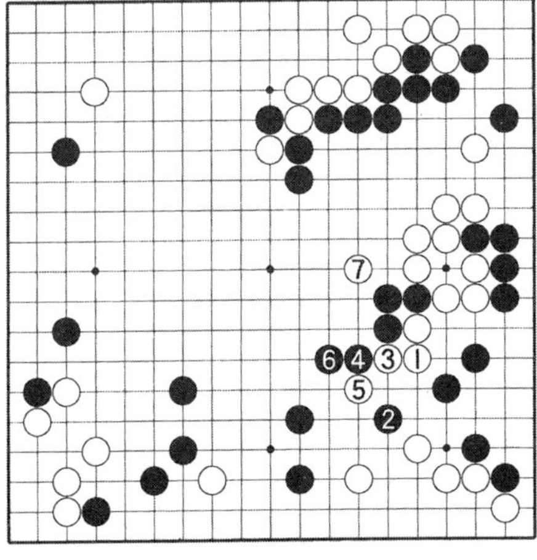

6도(강수)

백1에도 흑2의 강수가 준비되어 있다. 이로써 백은 더 이상 벗어날 수 없다.

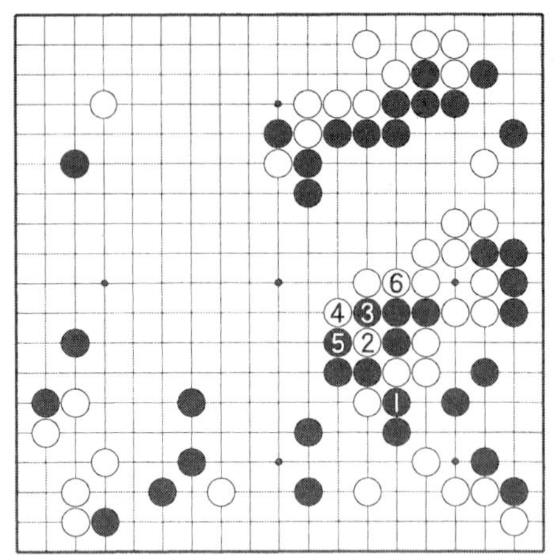

7도(6도 계속)

백2 이하로 얻어맞는 것도 흑은 감수할 수 있다. 이 백을 공격하여 얻는 득이 더 많기 때문이다.

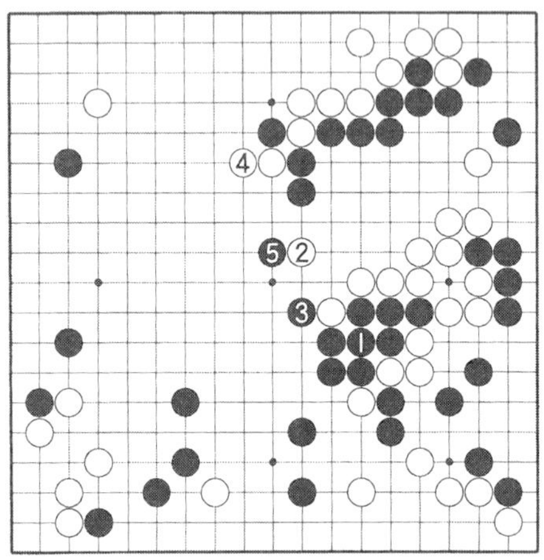

8도(7도 계속)

흑3에 이르러 백은 탈출을 포기하고 백4로 실익을 챙겼다. 자체 삶을 도모하는 것이 쫓기는 것보다 낫기 때문이다. 흑5로 포위되면—

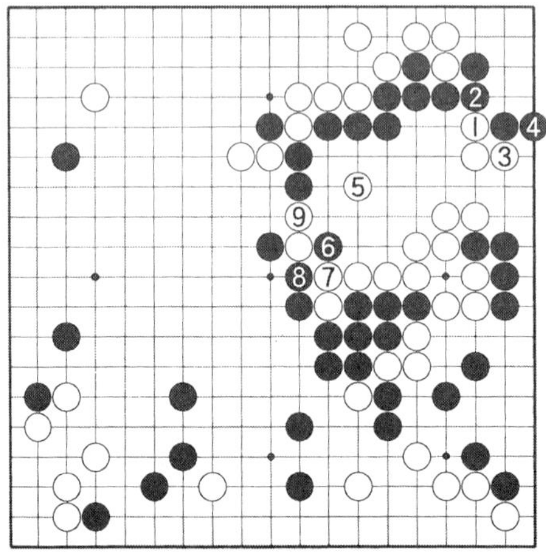

9도(착각)

백1·3·5로 자체 삶을 구할 수밖에 없다. 이때 수순 중 백9는 착각이다.

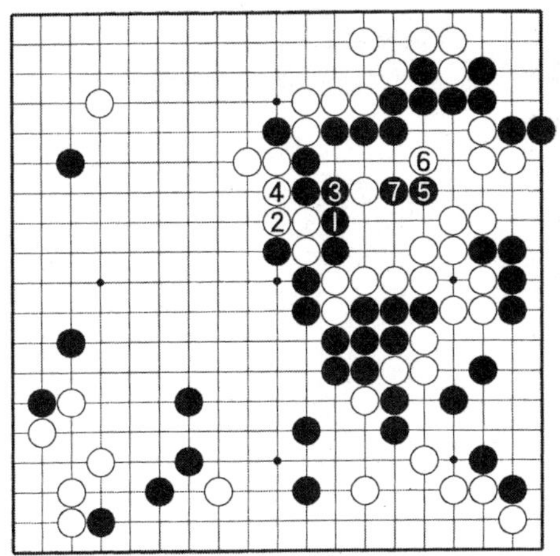

10도(죽음)

백2로 달아나면 흑3 이하로 대마가 죽기 때문이다.

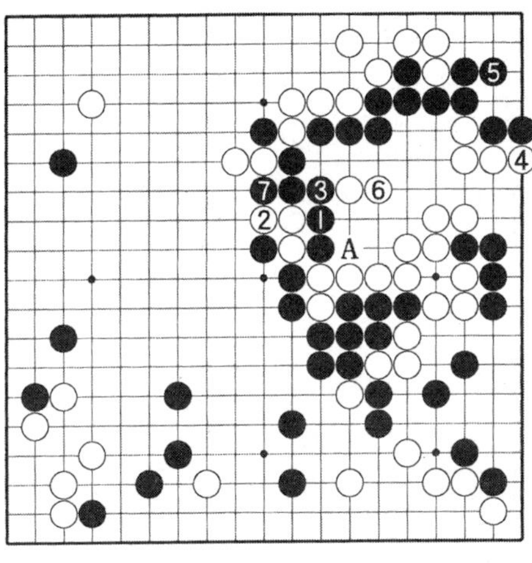

11도(마찬가지)

백4·6으로 자체 삶을 구해 흑7까지 되어도 여전히 흑A로 잡는 수가 남아있다.

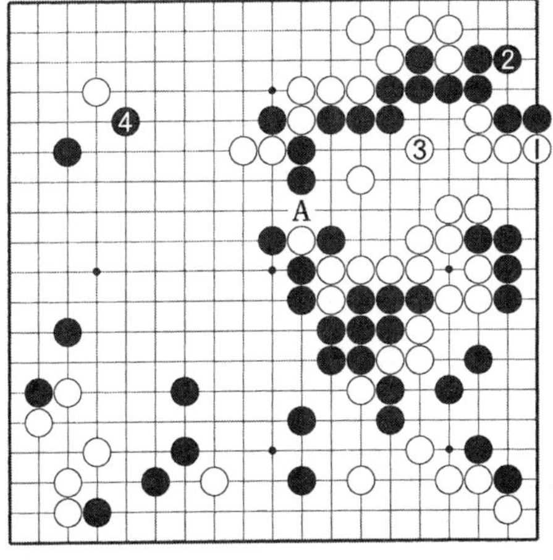

12도(정수)

백은 백1·3으로 살아두는 것이 정수였다. 그러나 형세가 역전되는 것은 아니고, 흑4로 여전히 흑 우세에는 변동이 없다. 백이 A로 달아나는 것은 이제 의미가 없다.

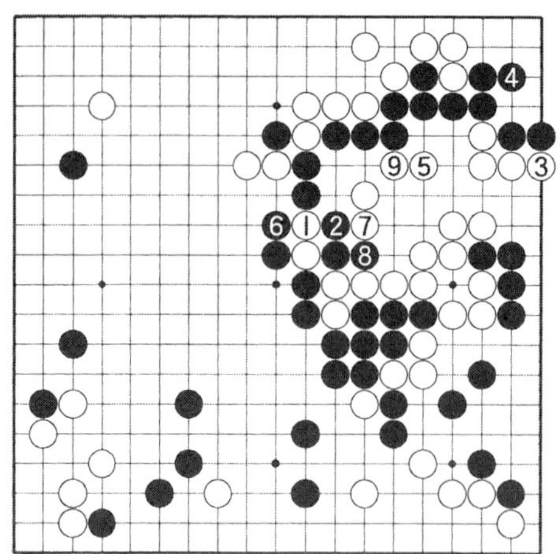

13도(실전)

실전은 백9까지 진행되어 백이 살기는 했으나 백1로 키워 죽인 피해가 커 패색이 짙다.

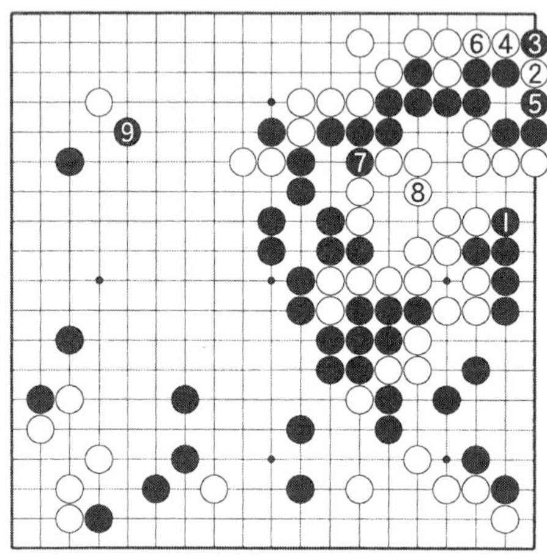

14도(13도 계속)

흑1 이하 흑7까지를 선수한 다음 흑9에 선점하여 흑승은 부동이다.

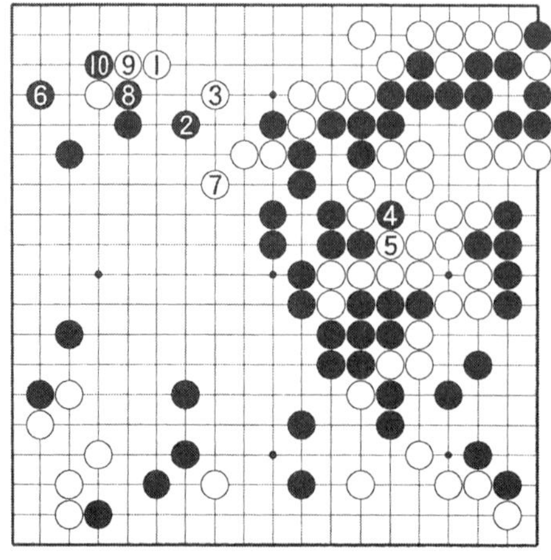

15도(승부 끝)

흑10까지 백은 더 이상 해볼 곳이 없다. 이 바둑은 우변 흑진에서 백의 착각을 흑이 철저히 추궁하여 대규모 전술을 성공시킨 케이스다. 우변에서 보인 흑의 전술은 한마디로 일품이었다.

중반전술

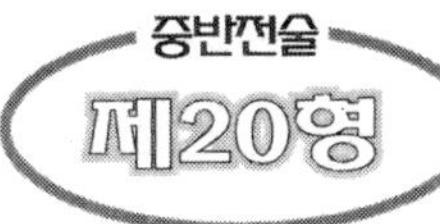

제20형 하변 백대마의 공격을 감안한 다른 곳의 접전이 포인트

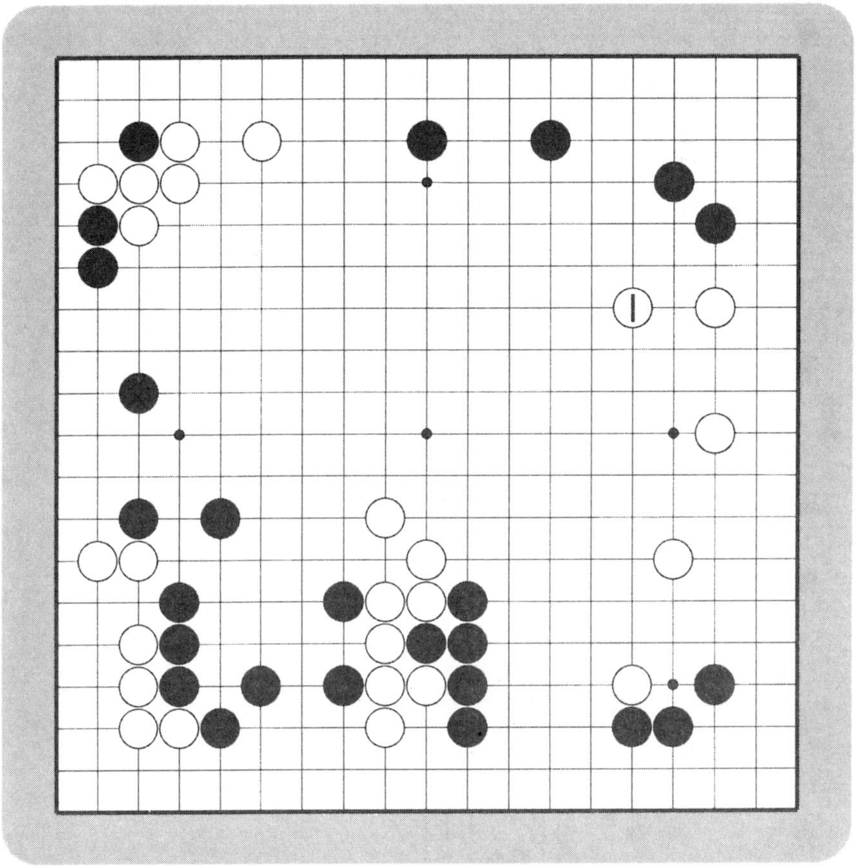

백1은 우변을 정비하면서 하변 백에 응원을 보냄과 동시에 우상귀의 침입도 노리는 견실한 수비다. 흑이 우세를 확립하기 위해서는 하변 백을 적절히 공략하여 이득을 얻는 길이다.

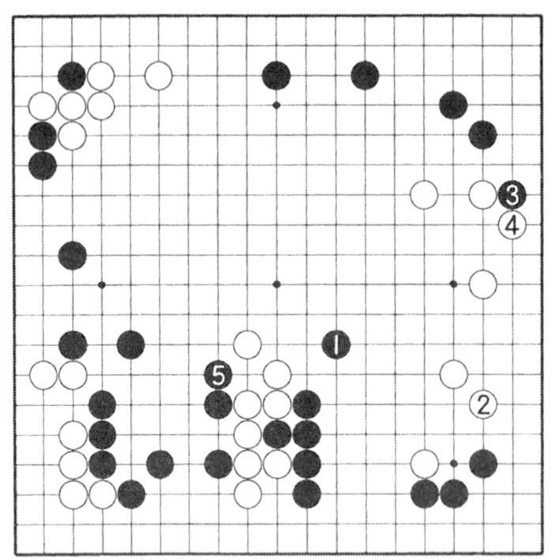

1도(실전)

흑1은 실전이다. 우선 이 수로 백진의 연결을 차단하는 것이 급선무다. 백2의 수비에는 흑3으로 응수 타진하고 흑5로 공격의 고삐를 당긴다.

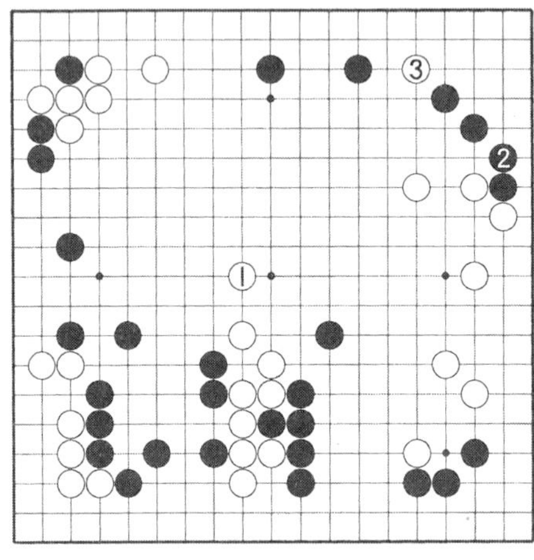

2도(1도 계속)

백1을 기다려 공격을 보류하고 흑2로 집을 확보하는 것이 전술의 요체다. 백3의 침입에는―

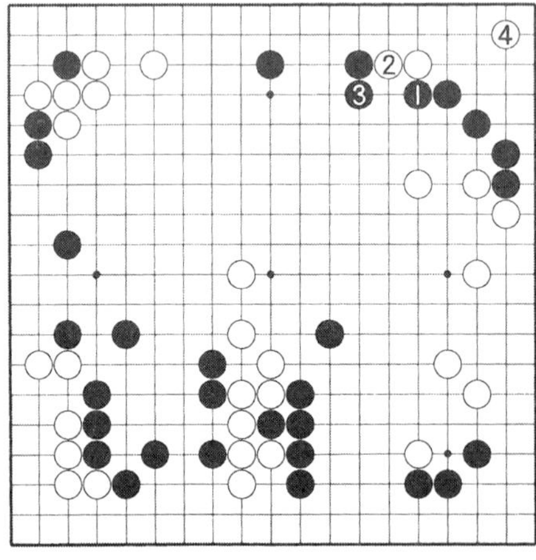

3도(2도 계속)

흑1·3으로 받은 후 백4로 교묘하게 살고자 해도, 다음 교과서에 실린 맥이 기다리고 있다.

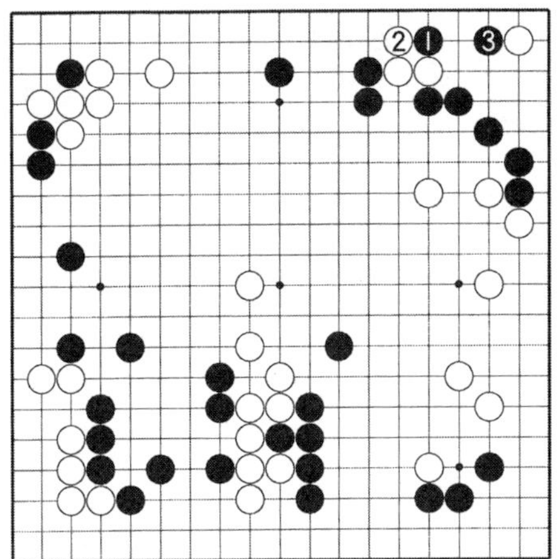

4도(맥)

흑1·3이 맥이다. 이것으로 백에게 삶은 없다. 백이 수단을 부리자면 백2로—

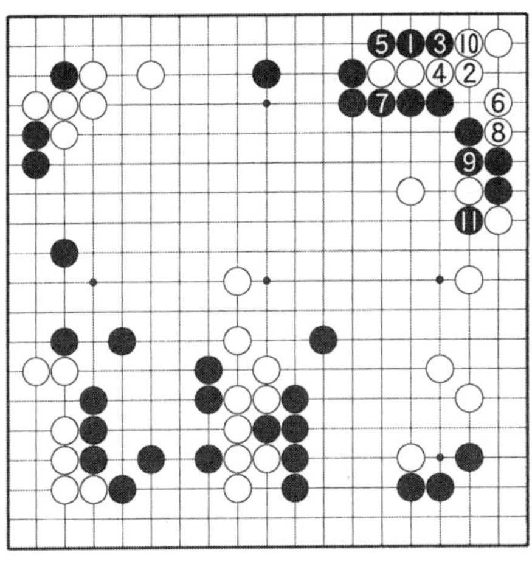

5도(살더라도)

백2 이하의 수단이 없는 것은 아니지만, 흑11로 손실이 커 별로 도움이 되지 않는다.

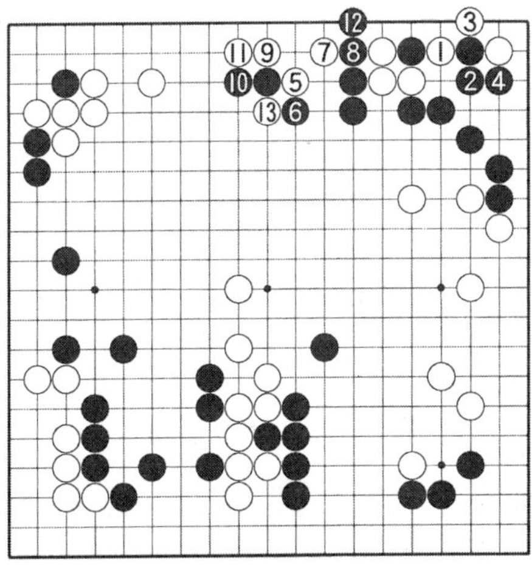

6도(실전)

백1 이하는 실전이다. 백5 이하는 손실을 만회하려는 수단이지만 도움이 될 것 같지는 않다. 백13의 끊음도—

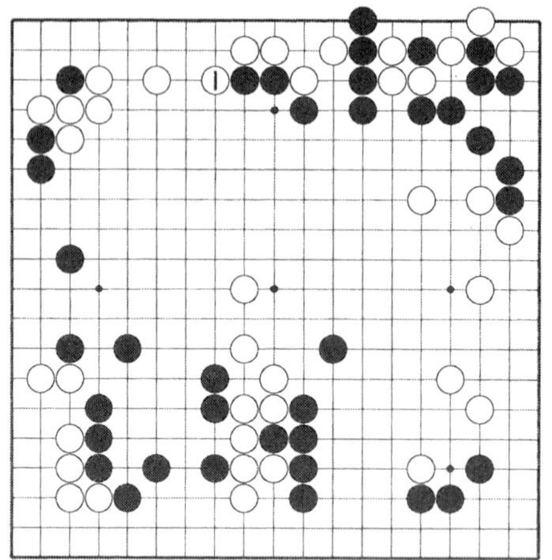

7도(정수)

본도 백1로 두는 것이 무난했다. 실전은 악전 고투의 연속이다.

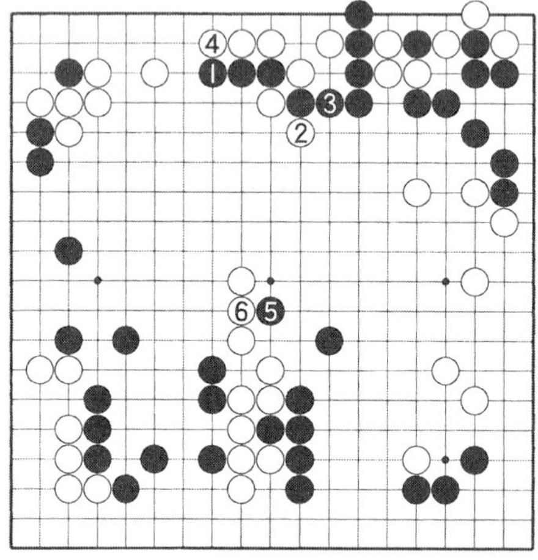

8도(전술의 구체화)

6도에 이어 흑1 이하로 두고 나면 하변 백이 가시거리에 들어온 느낌이다. 그러나 직접 공격은 조심스럽다.

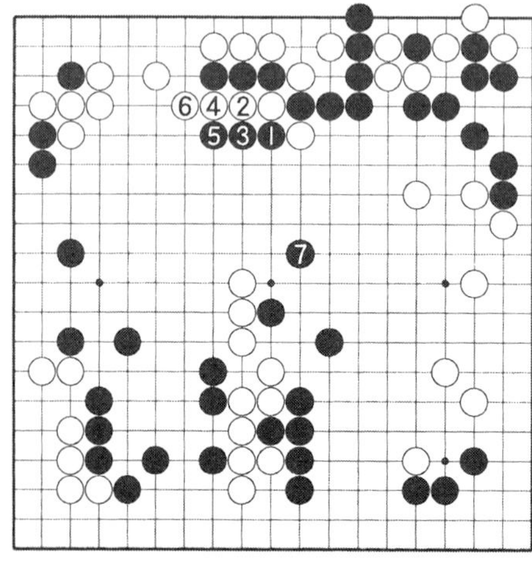

9도(8도 계속)

흑1 이하의 교환을 결정하고 흑7로 공격을 시작해 흑이 국면을 리드하고 있다.

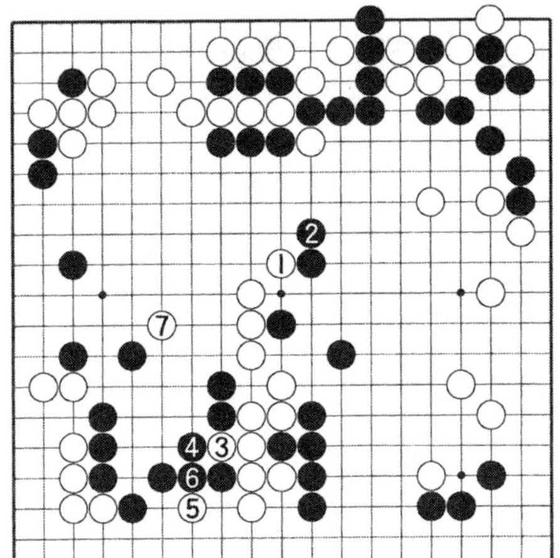

10도(9도 계속)

백1 이하는 수습이다. 흑이 이 백을 강력하게 공격하지 않는 것은 실패의 손실을 우려해서다.

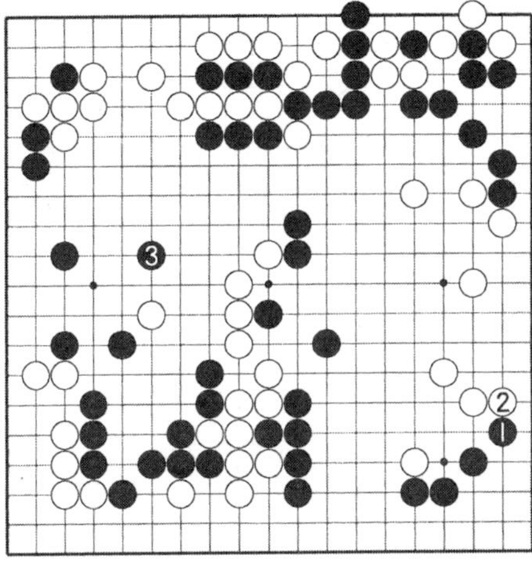

11도(10도 계속)

흑1로 끝내기를 하면서 흑3. 약간의 이득만 보겠다는 계산이다.

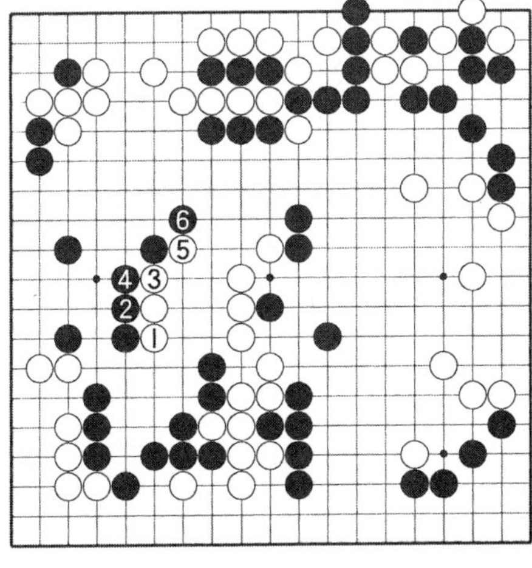

12도(11도 계속)

흑2 이하는 좌변에 흑집을 얼마간 확보하려는 것이지만, 실패를 걱정해서인지 약간 소극적이다.

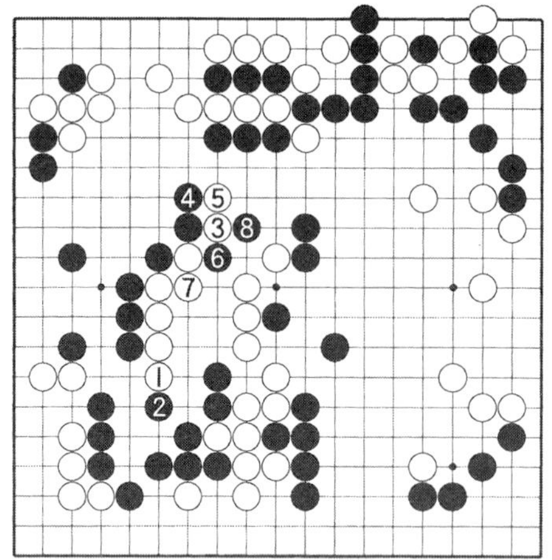

13도(12도 계속)

백1 이하로 진행되었을 때 흑6·8이 강력한 듯 했으나―

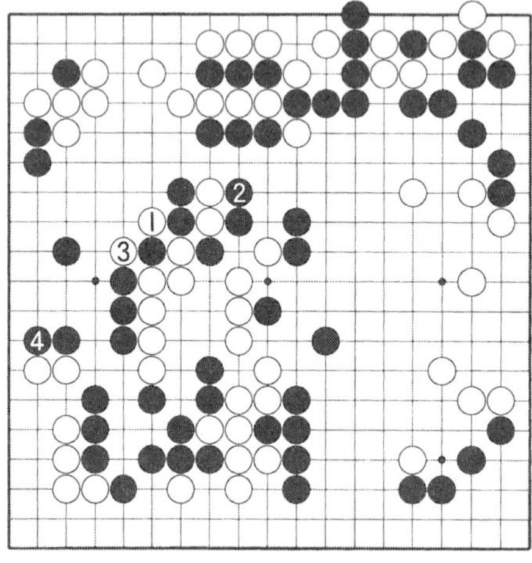

14도(13도 계속)

본도 백1·3을 허용하여 이득이 없다. 오히려 손해가 되고 말았다. 그러나 역전에는 미치지 않는다.

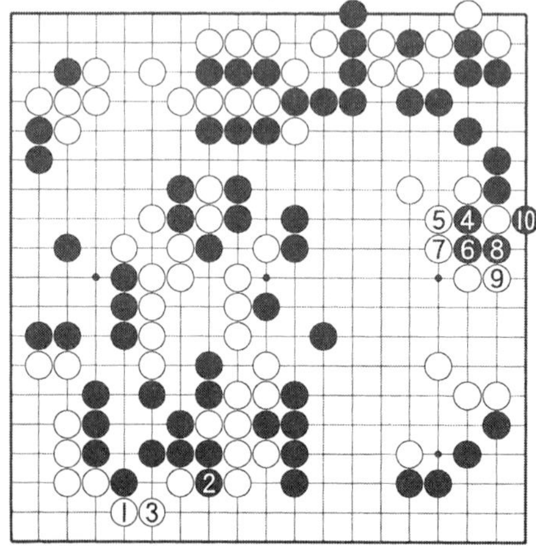

15도(승부 끝)

흑4로 끊는 수순이 돌아와서는 승부에 변동은 없다. 이 바둑은 중앙 흑의 공격을 염두에 둔 다른 곳의 접전이 의미심장하며, 우상귀의 침입에서는 아마추어가 배워둘 만한 맥이 있었다.

중반전술

제21형 흑의 유인책을 거부하여 역공하는 전술

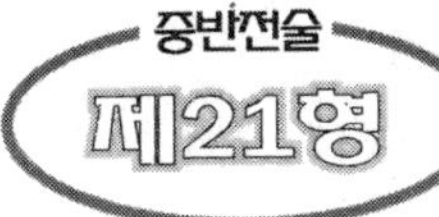

흑1은 백의 주문을 거부하여 나름대로의 전술을 구사하려는 것이다. 또 이 수는 백으로 하여금 유인하도록 하려는 암수성 짙은 행마의 표본이다.

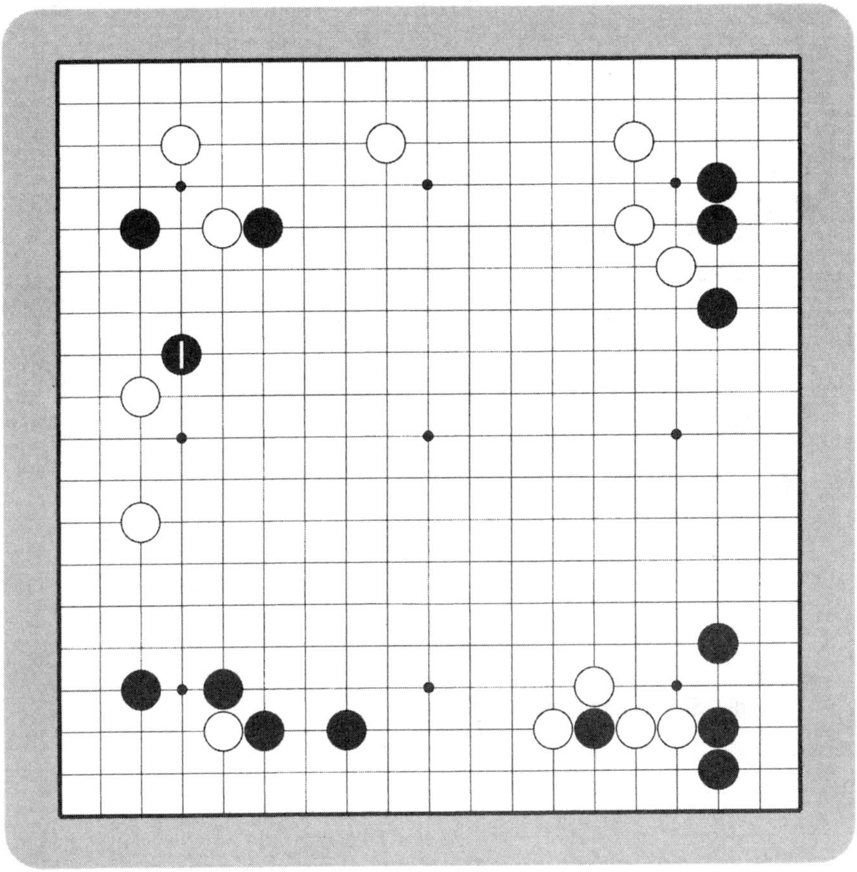

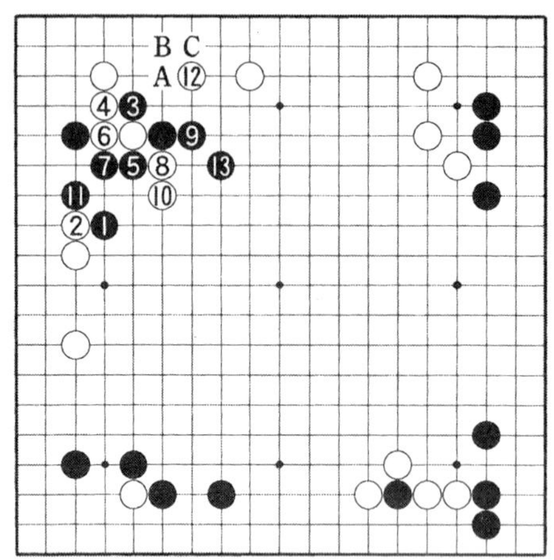

1도(흑의 의도)

백2는 흑의 주문에 장단을 맞추는 수다. 백12까지 되어도 흑A, 백B, 흑C로 끊는 맛이 남아 백이 기분 나쁘다. 따라서 백은—

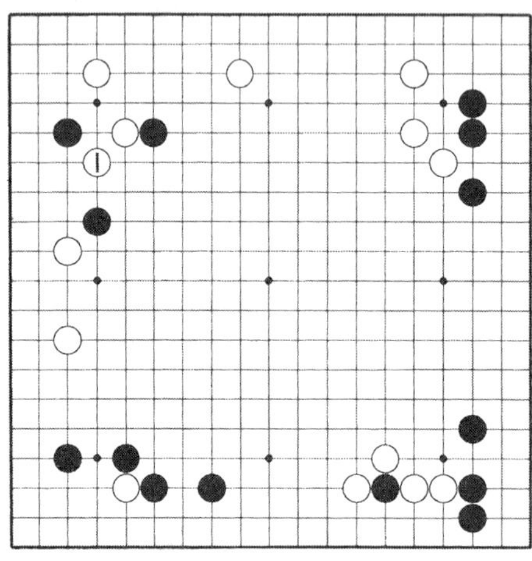

2도(유도 거부)

백1로 흑의 유인책을 거부하여 역공하는 것이 일책이다. 흑도 이제는—

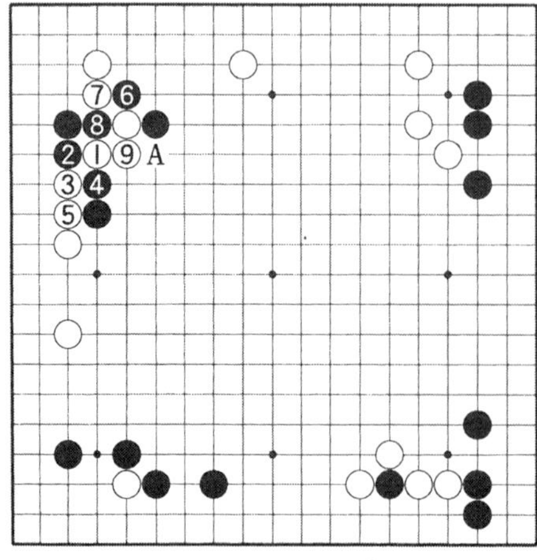

3도(축 관계)

흑2로 두는 수는 성립하지 않는다. 흑A의 축이 안되기 때문이다.

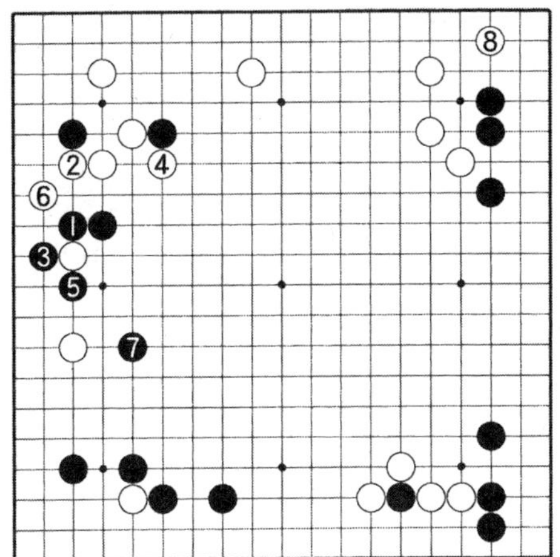

4도(실전)

흑1 이하는 실전인데, 백8에 선점하여 주도권은 백이 가졌다.

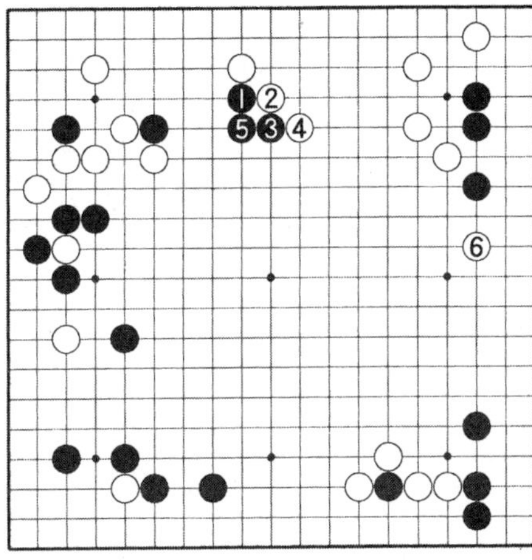

5도(흑의 교란)

흑1 이하로 두는 것은 일종의 교란전술이다. 이에 대해 백은 백6부터 전술의 실마리를 잡는다.

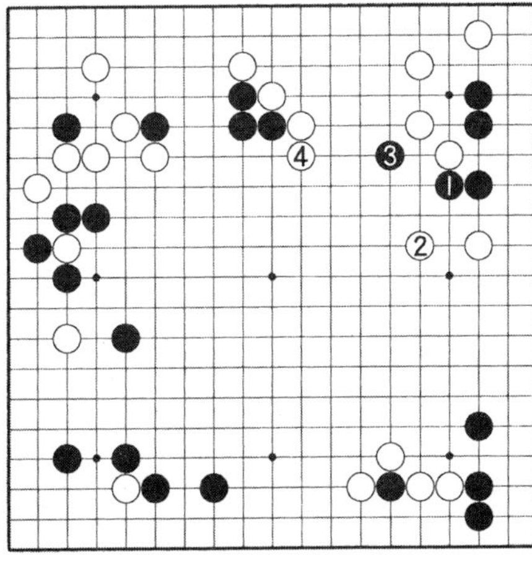

6도(5도 계속)

흑1이라면 백2로 추격하여 백4의 수순을 얻고 있다. 이곳이 전술의 분기점이다.

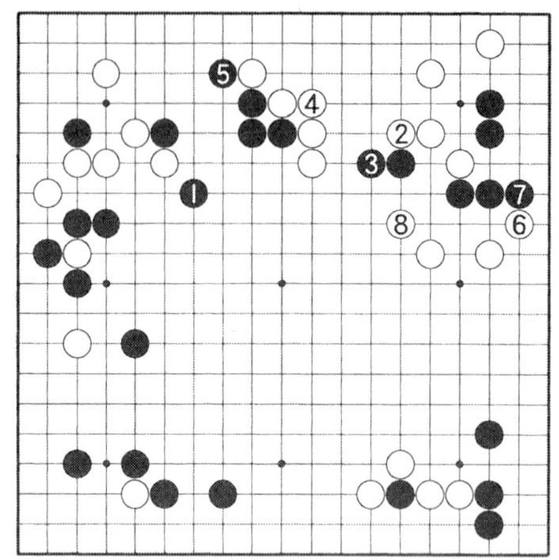

흑1에는 다시 백2로 이 흑을 건드려 백4의 수순을 얻는다. 흑5때 다시 백6·8로 우상 흑을 괴롭히며 흑2점의 절단을 남긴다. 이것이 전술의 극치다.

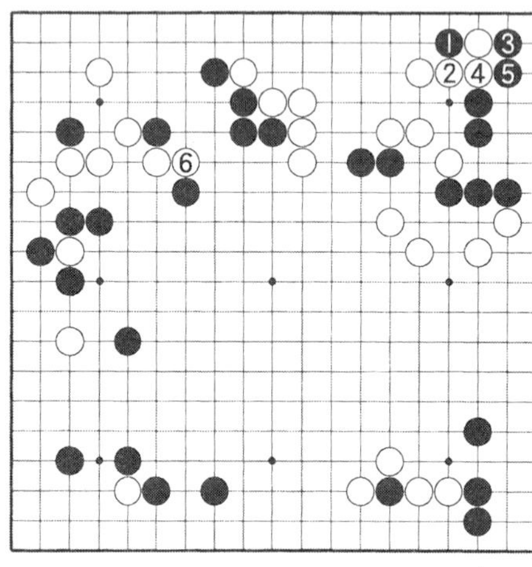

8도(7도 계속)

흑1 이하로 삶을 구하는 것은 도리가 없다. 이때 백6으로 상변의 흑을 추궁한다. 참고로 귀의 사활은—

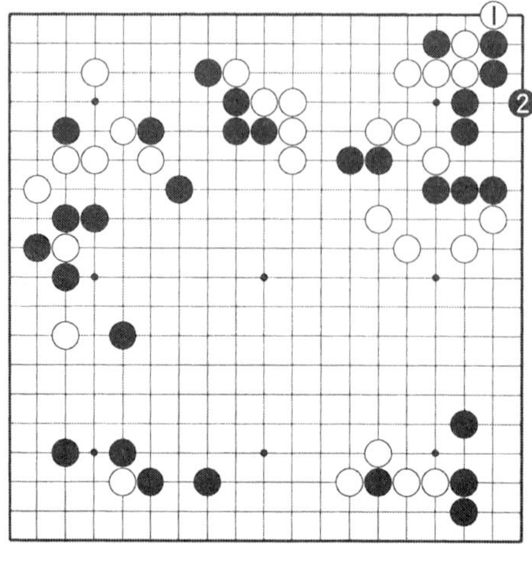

9도(삶)

백1에는 흑2로 완생이지만—

392

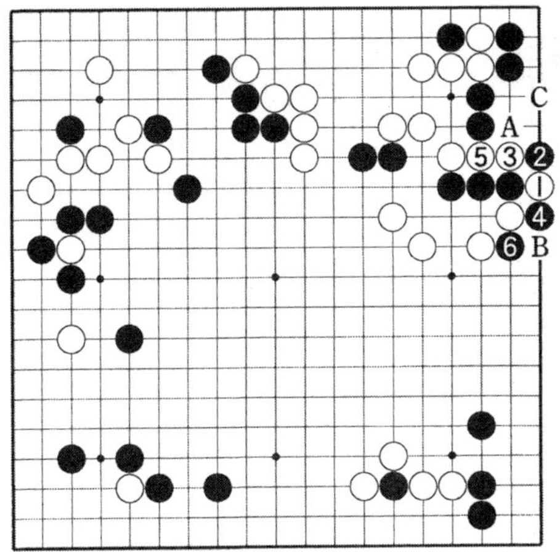

10도(수단의 여지)

백1로 젖히는 수가 나중에 성립할 수도 있다. 흑6까지라면 흑귀가 죽으며, 흑6으로 흑A에 두어 귀를 살리면 백B, 흑C로 패모양이 생긴다. 지금은 중앙의 공방이 급하므로 시기가 아니지만, 주변의 여건이 변한다면 우상귀 쪽의 변화에 눈을 돌려야 할 것이다.

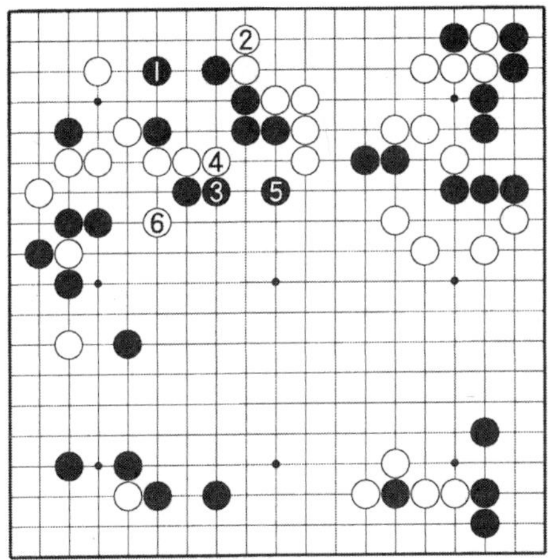

11도(실전)

실전의 연속이다. 흑1에는 백2로 근거를 주지 않는다. 드디어 백6으로 공격에 나섰다. 이 공격의 배후에는 좌변에 고립된 백 한점이 크게 활용될 것이다.

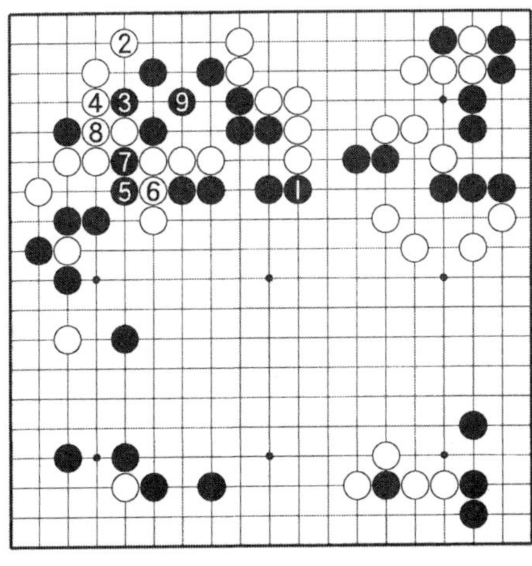

12도(전투개시)

흑1에는 백2로 실익을 챙기면서 흑의 움직임을 주시한다. 아직도 이 흑은 연결이 되어 있지 않다. 흑도 흑5 이하로 절단하여 본격적인 전투가 시작되었다.

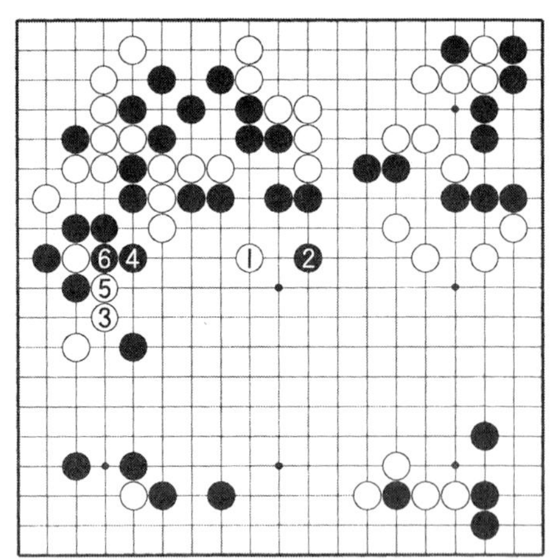

13도(급소)

백1은 상변 흑 전체의 급소와 같다. 흑2의 수비가 불가피할 때 이제 백3으로 이쪽의 움직임은 이 전술의 본론이다.

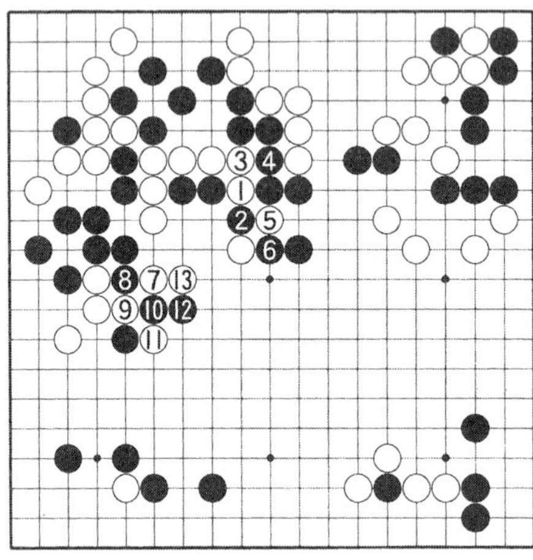

14도(수순)

백1 이하를 선결해 두고 다시 백7로 움직이는 흐름이 눈부시다.

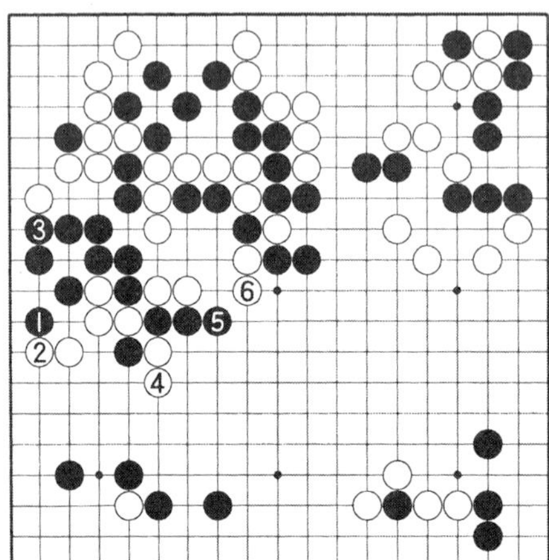

15도(실전)

흑1·3으로 사는 것은 절대다. 이때 백은 백4로 흑5를 유도하여 좌측과 연계된 대규모 전술을 시도할 예정이다.

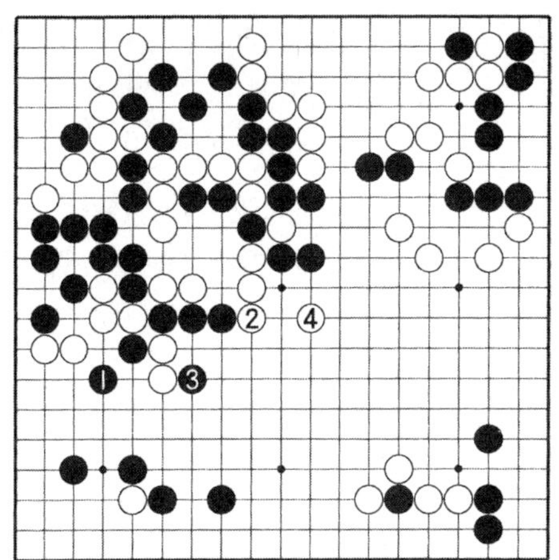

16도(15도 계속)

흑1로 잡아두는 것은 어쩔 수 없다. 이 백이 살면 집이 부족하기 때문이다. 이때 백2·4로 상변 흑을 다시 추궁한다.

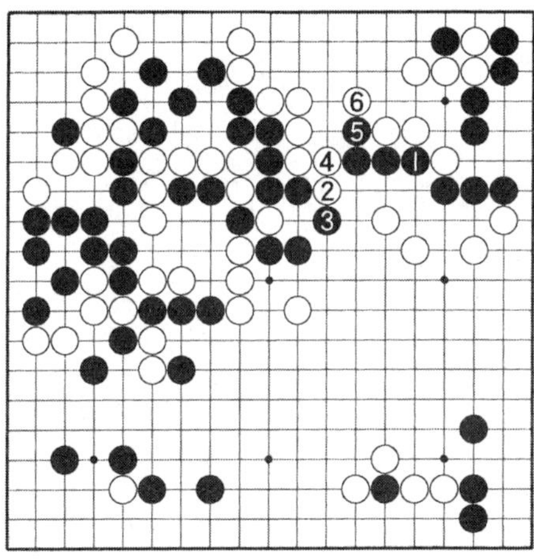

17도(16도 계속)

흑1로 두어도 이미 백2·4로 차단되어 있다.

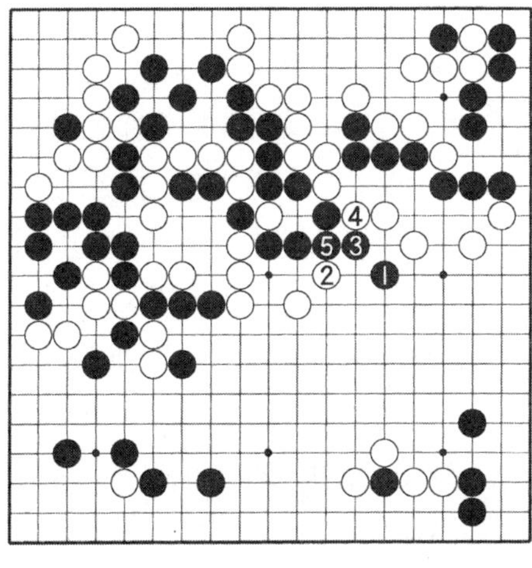

18도(17도 계속)

좌 중앙 흑 넉점이 다칠 우려가 있으므로 흑1로 탈출할 수밖에 없지만, 백4까지 강요한 다음—

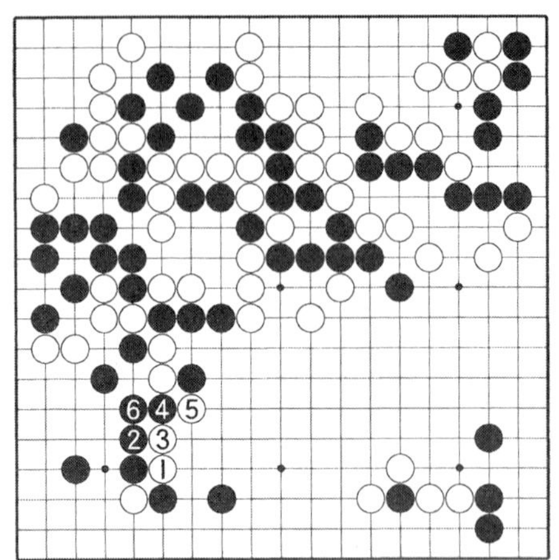

19도(간접 전술)

백1부터 이곳에 또 하나의 활용이 기다리고 있다. 백5까지 활용하여 하변 흑에 영향력을 행사할 수 있는 이와 같은 간접전술이 유력한 것은 상변 흑이 약하기 때문이다.

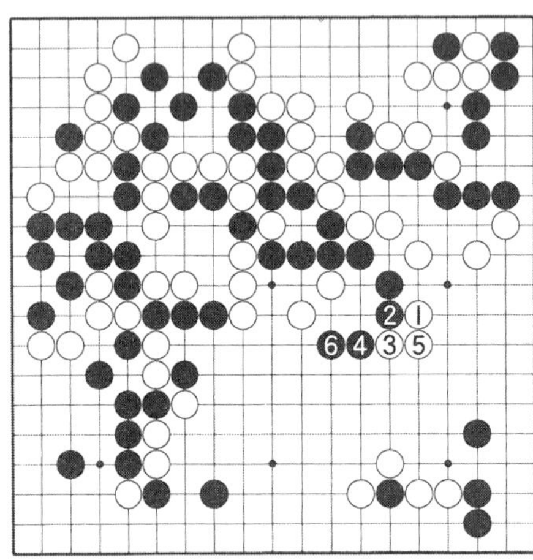

20도(다시 공격)

백1 이하로 공격을 재개하는 것은 좌측에 포위선이 설치됐기 때문이다. 흑6이라면—

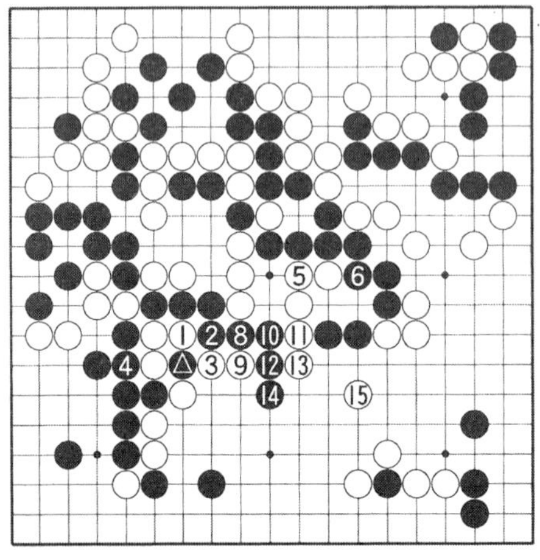

21도(대마 횡사)

백1·3을 만들어 놓고 백5를 선수한 후 백7에 이어 백11로 관통하기까지 모두 예정된 수순이었다. 이 바둑은 상변의 교란을 유인하여 우상귀로 연관시키고 다시 좌변과 연관시켜 다이나믹하게 공격을 주도한 백의 거대하고 치밀한 전술의 극치를 보여주고 있다.

⑦…△

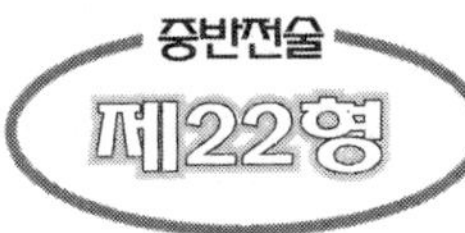

제22형

백의 응수타진에 반발하여 공세의 주도권을 잡는 포인트는?

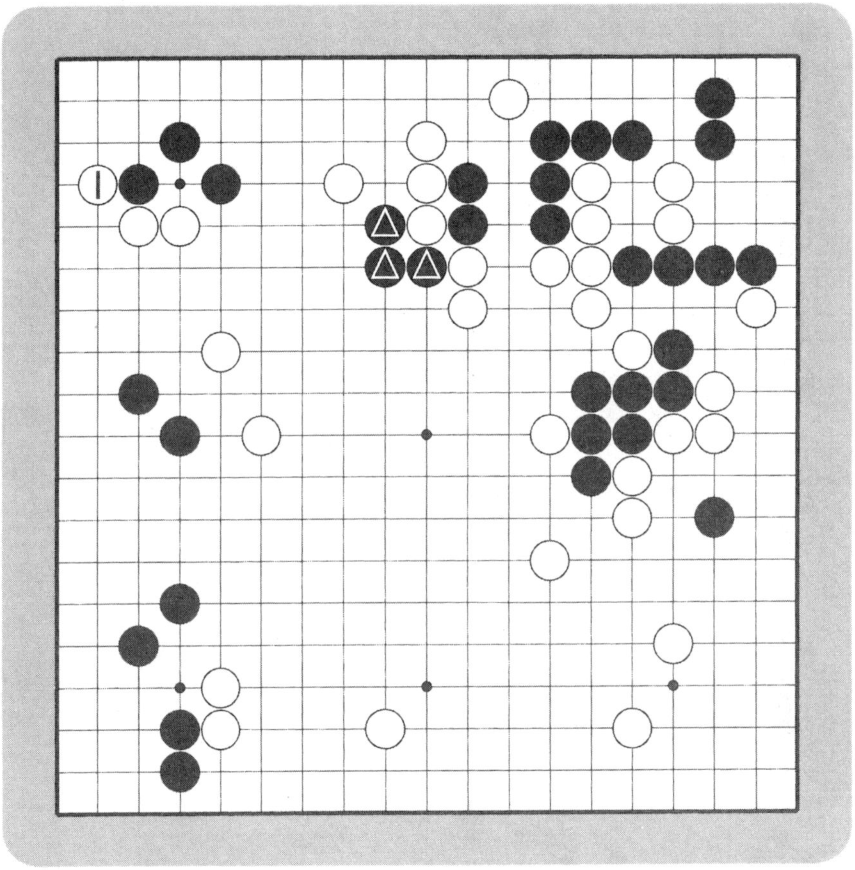

백1은 흑▲와 관련한 응수타진이다. 흑은 상변의 백과 우상귀에서 중앙으로 길게 뻗은 백을 공략하여 공세의 주도권을 잡아야 하는데, 포인트는 어디일까?

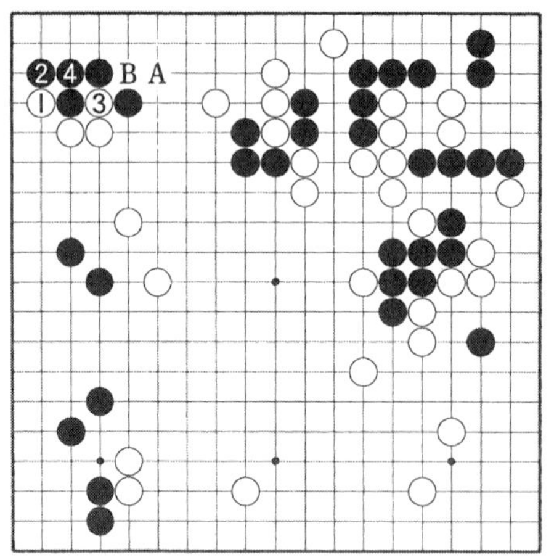

1도(백의 의도)

백의 의도는 백1·3으로 선수한 다음 A, B 등을 노리면서 중앙 흑 석점을 공격하려는 것이다.

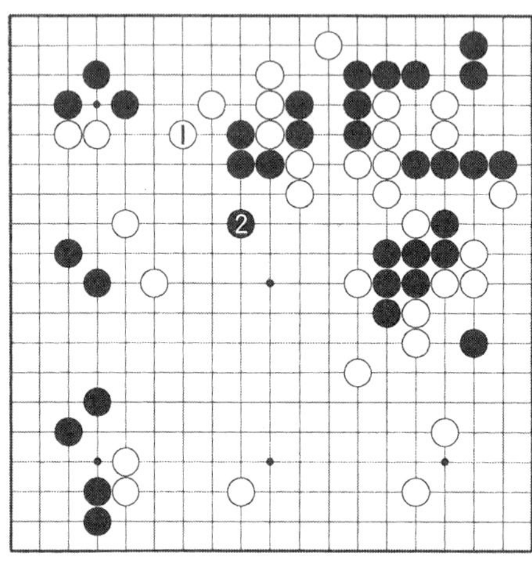

2도(무난)

백1이면 무난하기는 했다. 그러나 기본형은 흑2로 달아나면 백과 동행하여 분란의 소지가 있을 것을 염려한 백의 응수타진이었는데―

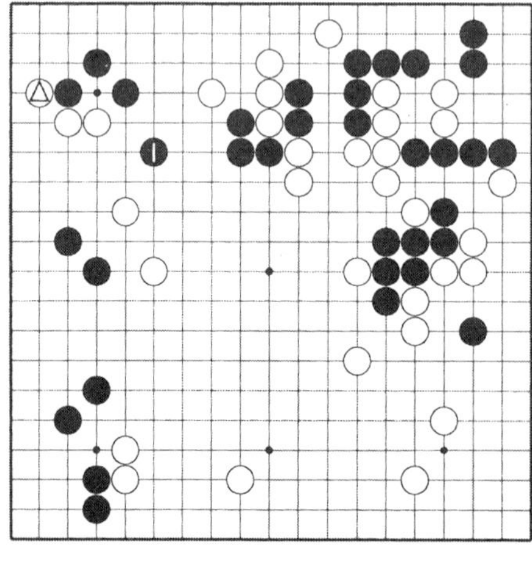

3도(반발)

백△에 응수하지 않고 흑1로 크게 포위한 것이 흑의 원대한 전술 선택이었다.

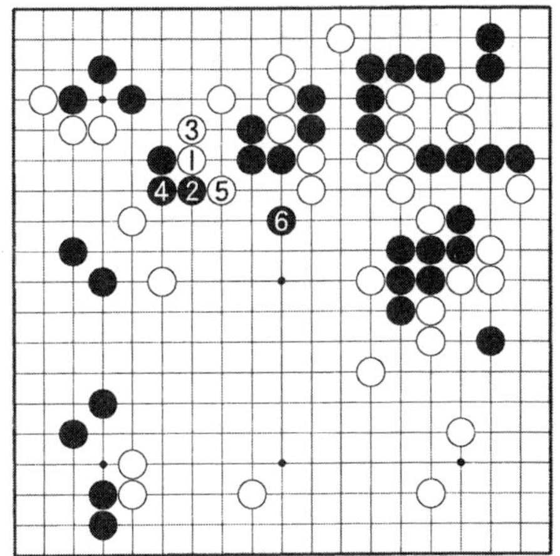

4도(3도 계속)

백1에는 흑2·4로 포위하는 척하면서 흑6으로 우측 백을 노리고 있다.

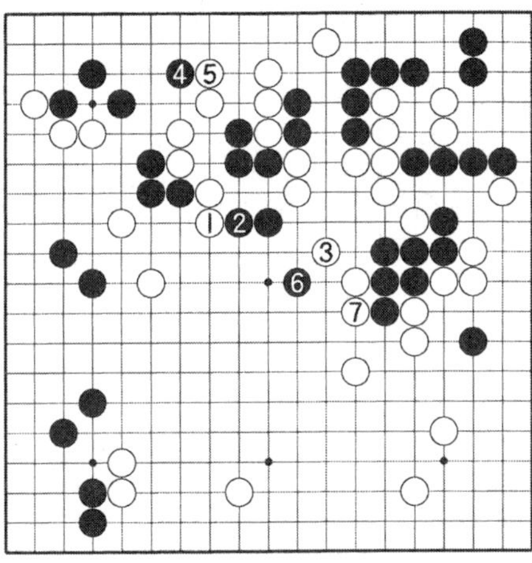

5도(4도 계속)

백3은 어쩔 수 없다. 또 흑6에 대해 백7이 불가피할 때—

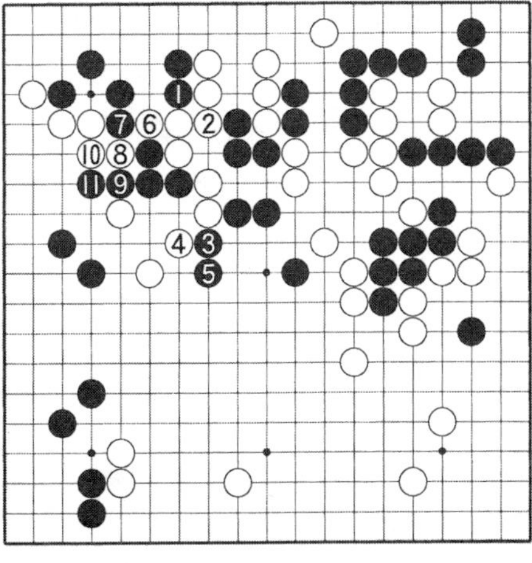

6도(5도 계속)

흑1 이하로 상변을 가두는 것이 강력한 수순이다. 흑11까지는 필연인데—

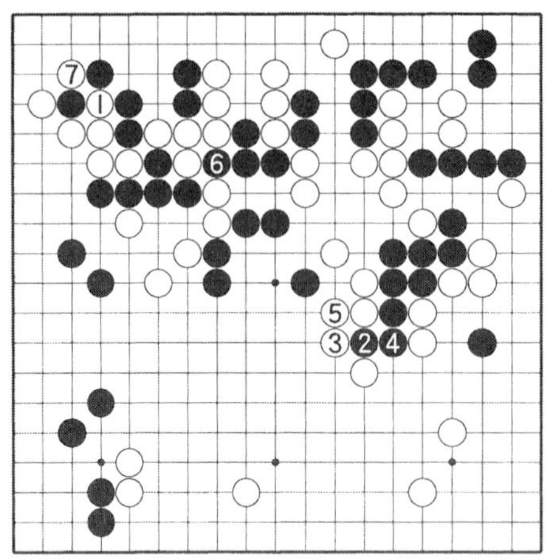

7도(6도 계속)

백1에는 다시 흑2·4로 중앙에 흠집을 내고 흑6으로 끊어 분란의 소지를 없앤다. 이때 백7은 손뺄 수 없다. 그 이유는—

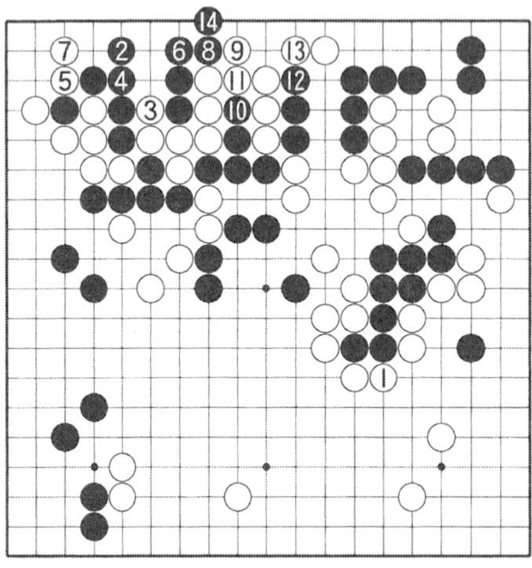

8도(수부족)

백1은 두고 싶은 곳이지만 흑2가 절묘하여 이하 흑14까지 상변의 수상전은 백이 한 수 부족이다. 또 수순 중 백5로—

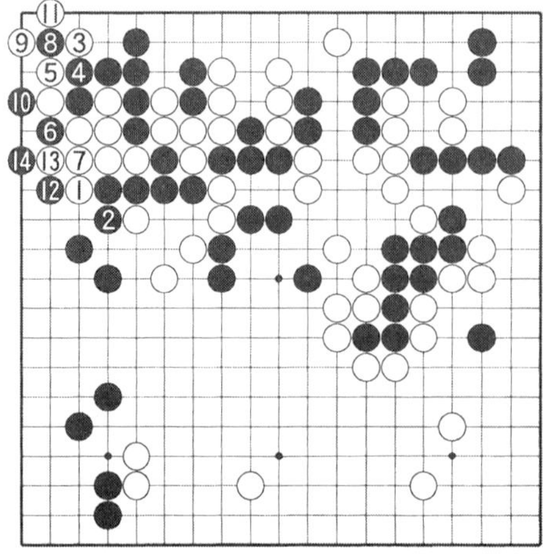

9도(패)

백1·3으로 상변 수상전을 유리하게 만들려는 것은 흑4 이하 흑14까지 패가 되는데, 백은 패에 지면 전멸이다.

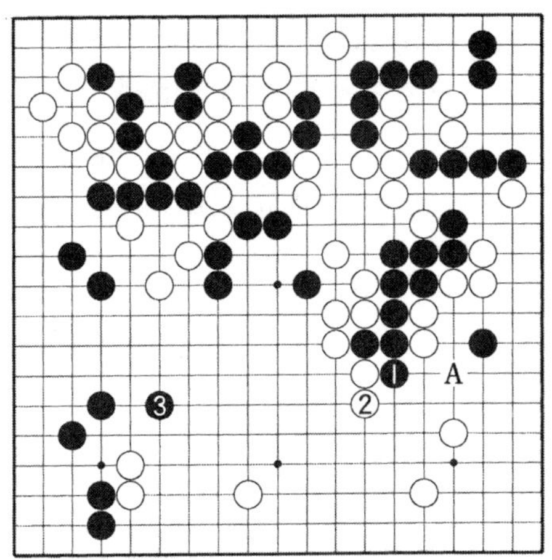

10도(실전)

따라서 흑1은 흑의 차지다. 백2 때 흑3이 대국적인 안목의 착점인데, 흑A보다 훨씬 큰 곳이며 이것으로 흑승은 결정적이다.

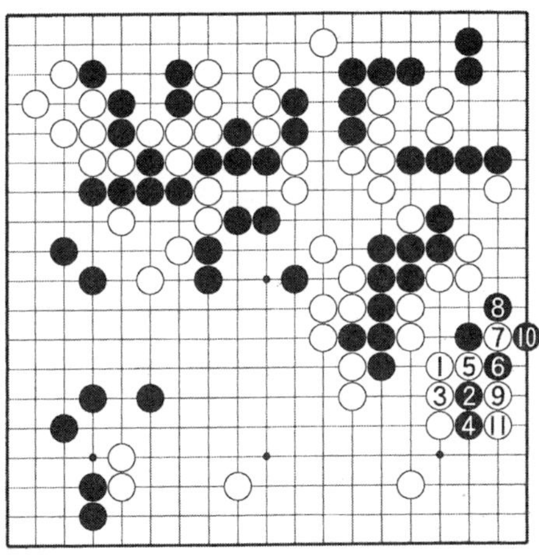

11도(10도 계속)

백1에는 아직 흑2 이하의 수단이 남아있다. 백11까지 되었을 때—

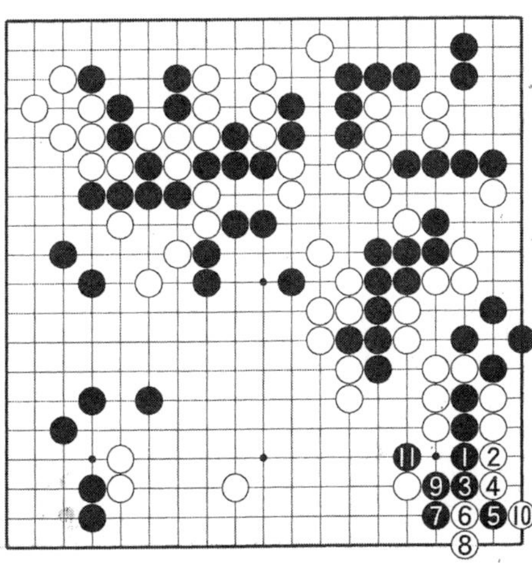

12도(11도 계속)

흑1 이하의 싸움은 백진 속의 싸움일 뿐 흑은 손해가 없다. 그리고 하변에는 아직도 중앙의 약점을 이용한 전술의 소지가 다분하여 흑의 승리에는 변동이 없다.

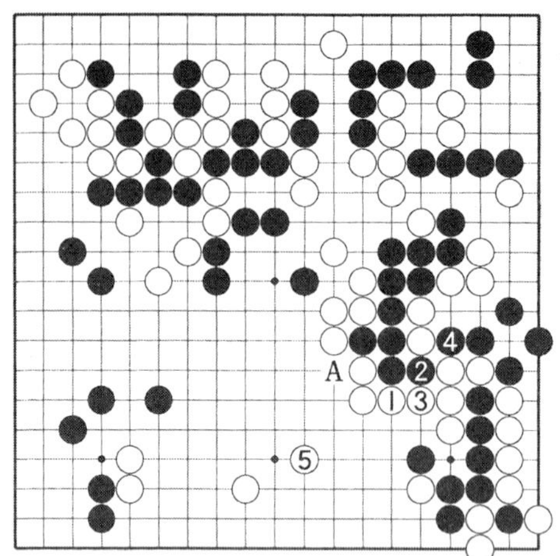

13도(12도 계속)

　백1은 A의 약점 때문에 도리가 없다. 흑은 흑4로 백 여섯점을 잡고 승승장구하고 있다.

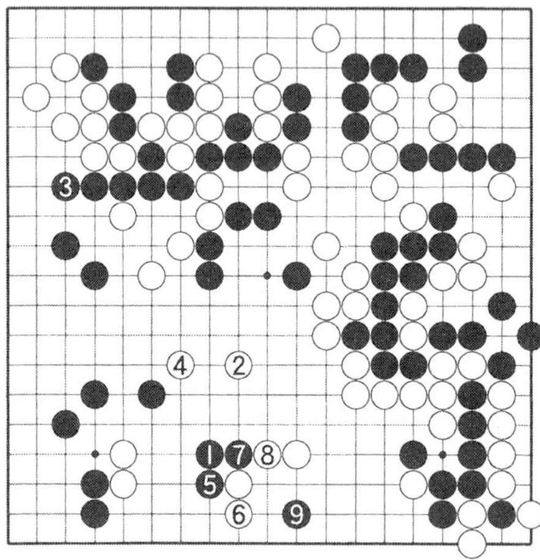

14도(13도 계속)

　본도 흑9는 이 흑을 살리려는 것이 아니다. 다만 백이 물러서면 끝내기를 하려는 것인데—

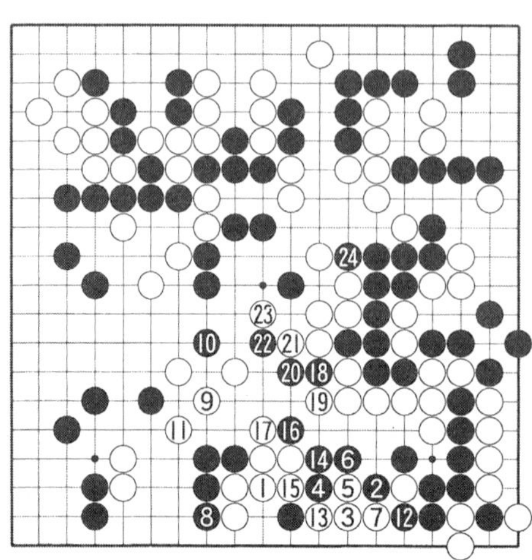

15도(대마 횡사)

　백1 이하로 진행된 실전에서 백이 옥쇄한 마지막 수순이다. 흑24까지 승부 끝. 이 바둑은 좌상귀 백의 응수타진에 반발하여 승기를 잡은 흑의 거대한 전술적 성취가 크게 돋보인 한판이었다.

중반전술

제23형

정석을 둘러싼 전술적 수순

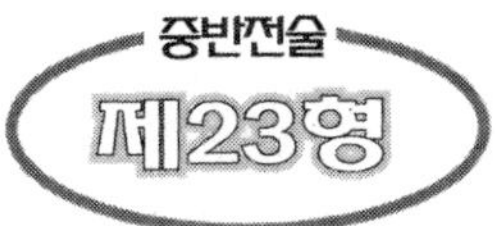

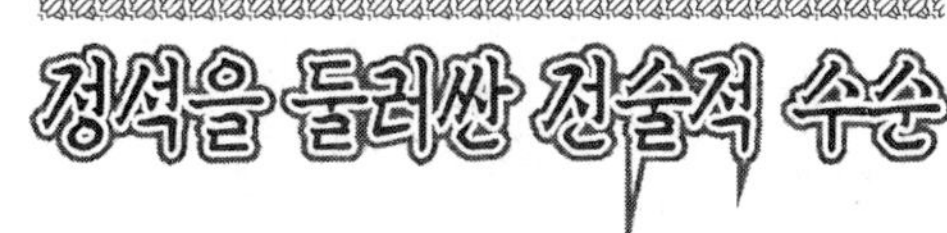

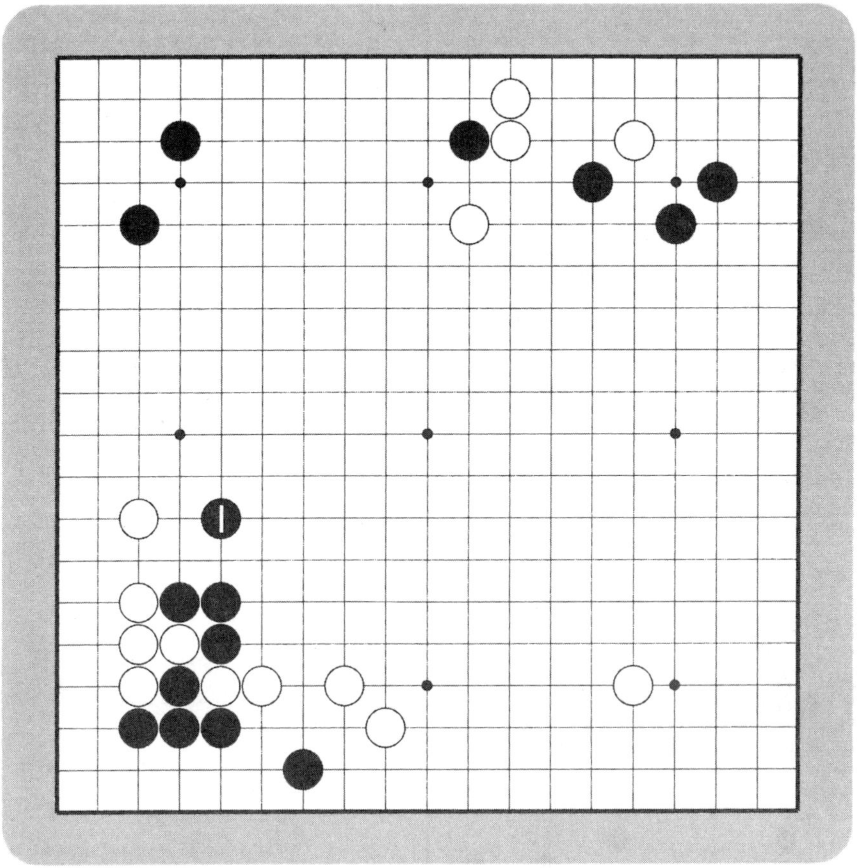

흑1은 정석의 도중이지만 여기에는 백의 전술적 판단이 절대적으로 요구되는 수순이 숨어있다. 초반이지만 중반으로 연결되는 대목이므로 선악의 가치가 뚜렷한 전술적 수순이다.

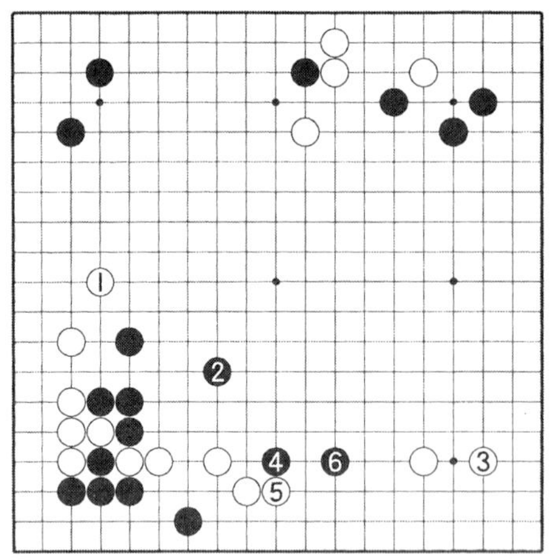

1도(정석)

백1은 정석이다. 그러나 흑2까지 정석이 완결되었을 때 백3의 굳힘이 흑4·6에 의해 가치없는 수로 둔갑하여 백의 수순에 전술적으로 결함이 있었음을 발견할 수 있다.

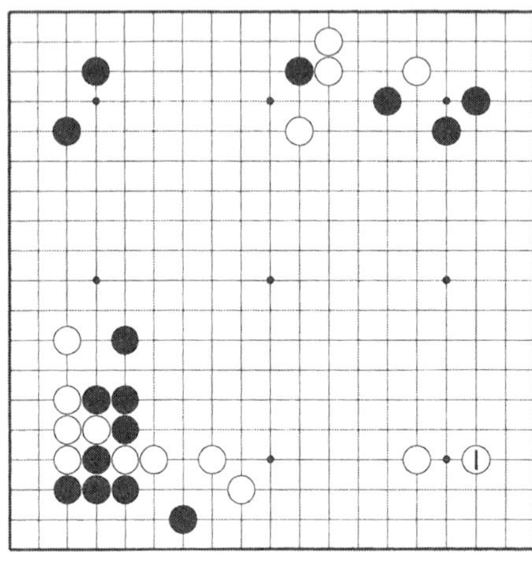

2도(수순)

따라서 백1의 굳힘은 정석에 앞서 주변을 고려한 전술적 의도가 있는 것이다.

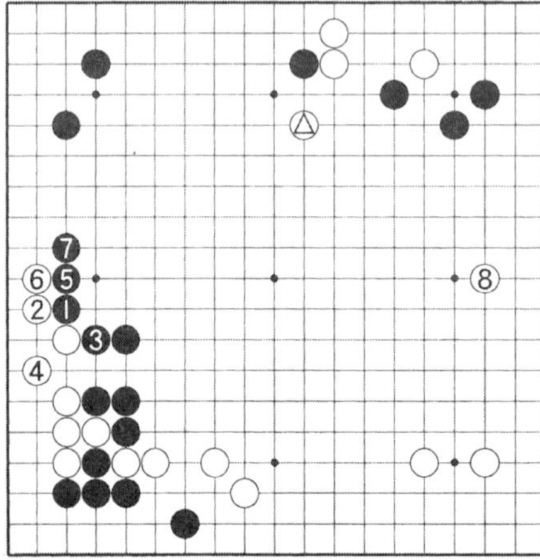

3도(흑 실기)

흑1 이하는 이곳을 손뺐을 때 사용하는 상용수단이다. 그러나 다시 후수가 되어 백8도 뺏기게 되므로 절대 열세의 국면이 되고 만다. 흑세는 백△에 의해 철저히 제한되고 있다.

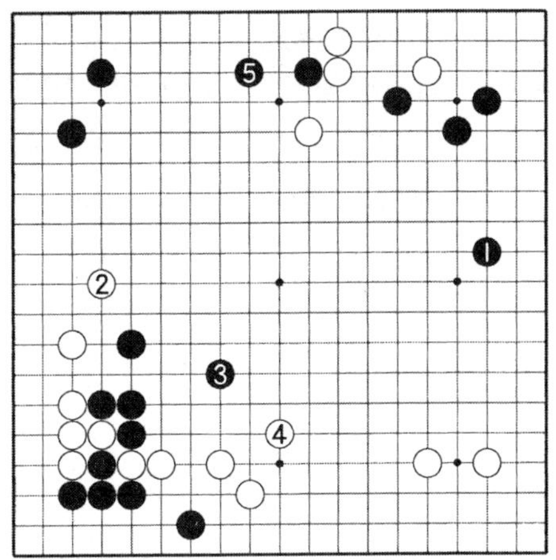

4도(실전)

 따라서 흑1도 필연이다. 흑3에는 백4까지, 이 결과를 1도와 비교하면 확실히 수순의 중요성을 알 수 있다.

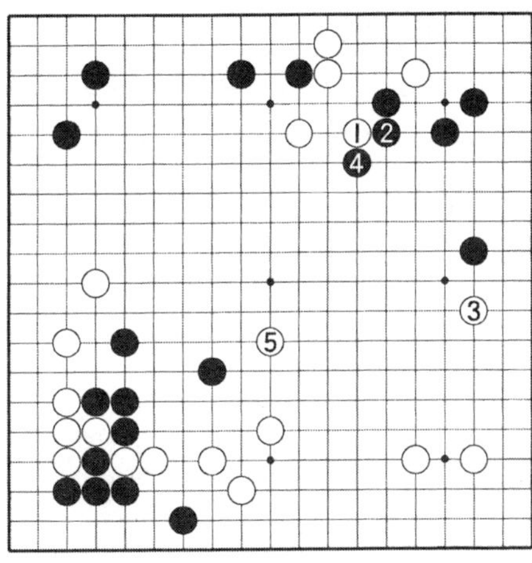

5도(4도 계속)

 백1을 선수하고 백3. 흑4때 백5. 이 수순으로 때이르게 백이 국면을 리드하고 있다.

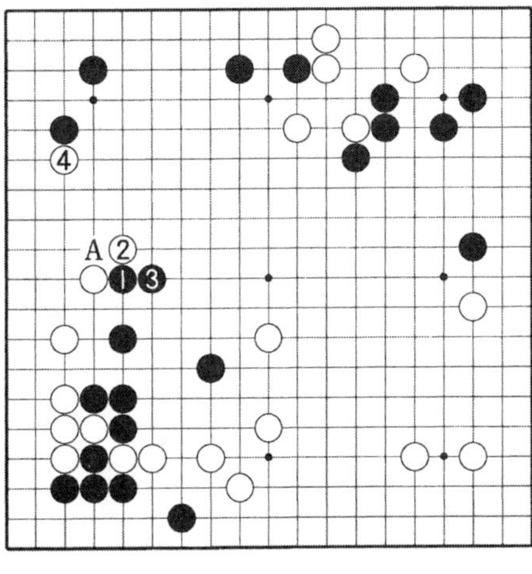

6도(5도 계속)

 흑1·3이 불가피할 때 백은 또 한번의 전술적 선택을 할 기회가 왔다. 흑A의 절단에 대한 대비책인데, 실전에서는 백4로 능률적인 수비를 생각했으나—

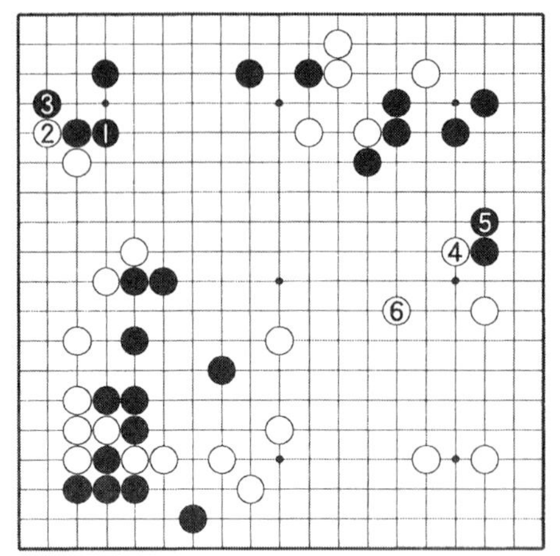

7도(흑 무책)

흑1로만 받아주면 백이 성공이다. 백4·6으로 진영의 폭을 넓혀 승리가 목전에 있다. 그러나 실전으로 봤을 때는—

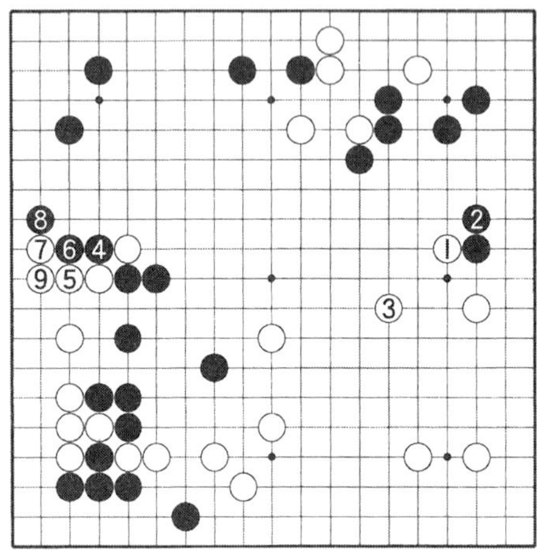

8도(합당)

흑4의 절단을 감수하고라도 백1·3을 먼저 서둘렀어야 했다. 왜냐하면—

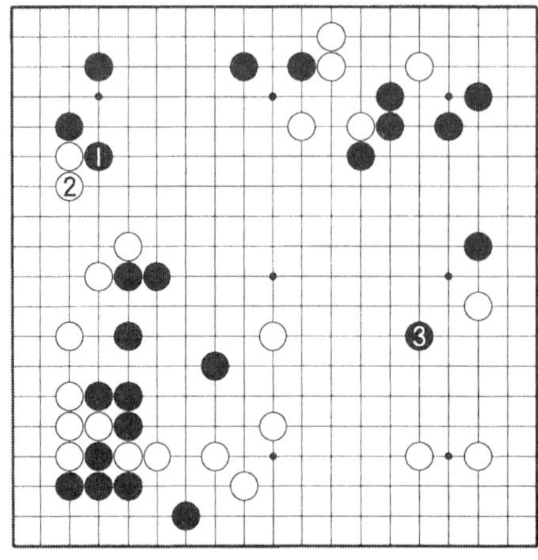

9도(실전)

실전에서는 흑1을 선수하고 곧바로 흑3에 두었기 때문이다. 여기는 그만큼 중요한 곳이다.

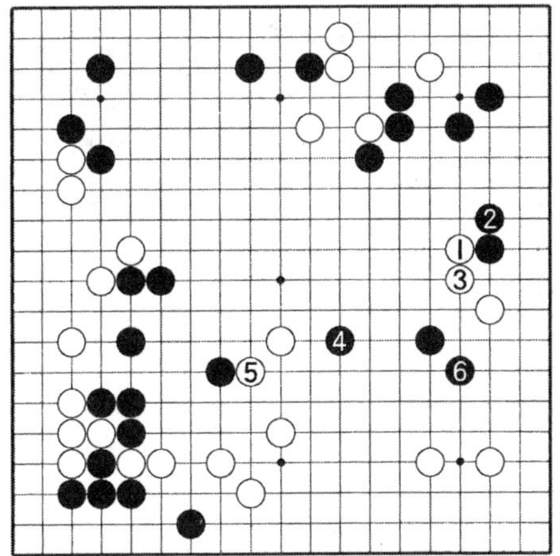

10도(9도 계속)

백1 이하는 흑의 공격에 초점을 맞춘 것이다. 좌중앙의 흑과 연계하여 가능한 착상이며 이것이 기백이다.

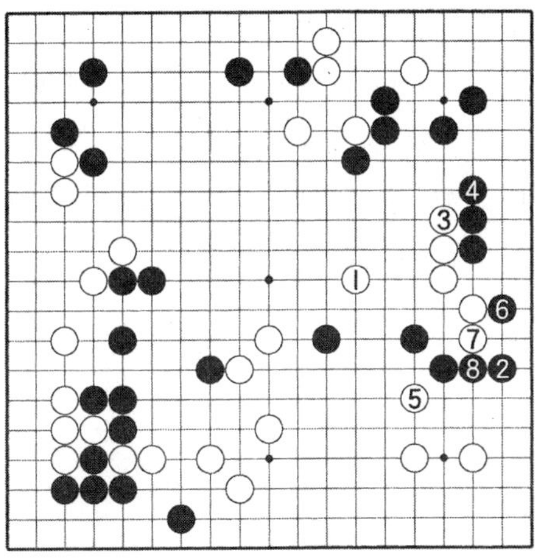

11도(10도 계속)

흑도 백1의 공격에 대해 흑2로 우선 뿌리를 내려 반격을 엿보고 있다. 돌이 중앙쪽으로 흐르면 좌중앙에 영향을 미칠지도 모르기 때문이다. 흑8까지 일단 연결되어 한숨을 돌리게 됐다.

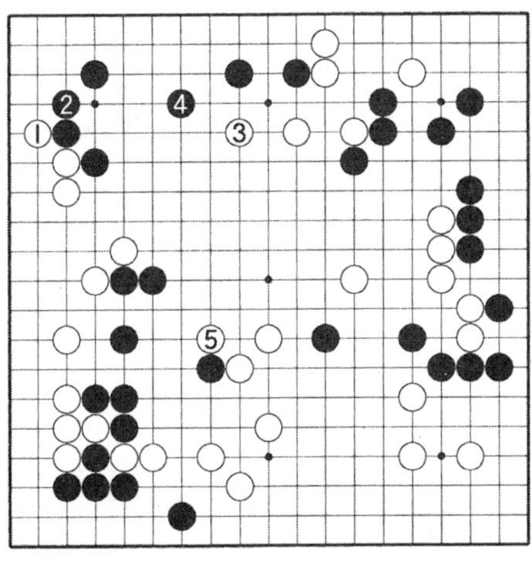

12도(11도 계속)

백도 백1로 남겨둔 실득이 있었다. 그리고 백3으로 은근히 힘을 비축하고 있다. 드디어 백5로 본격적인 공략에 착수한다. 만약 흑4로—

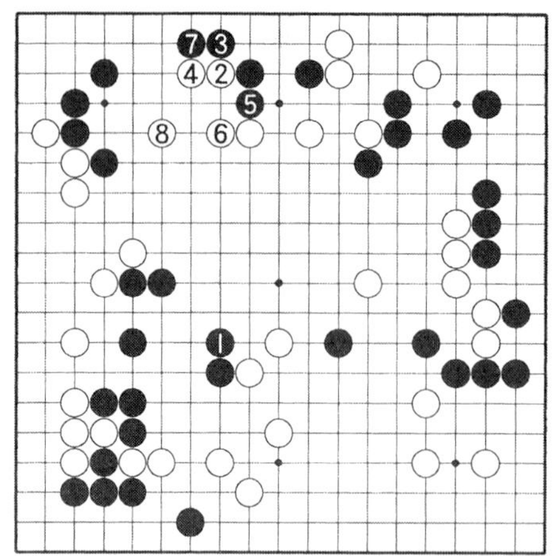

13도(흑 상변 위축)

흑1로 대마를 돌보면 백2부터 상변을 압박하여 백이 우세하다. 흑도 이렇게는 둘 수 없다. 그만큼 초반이 나빴기 때문이다.

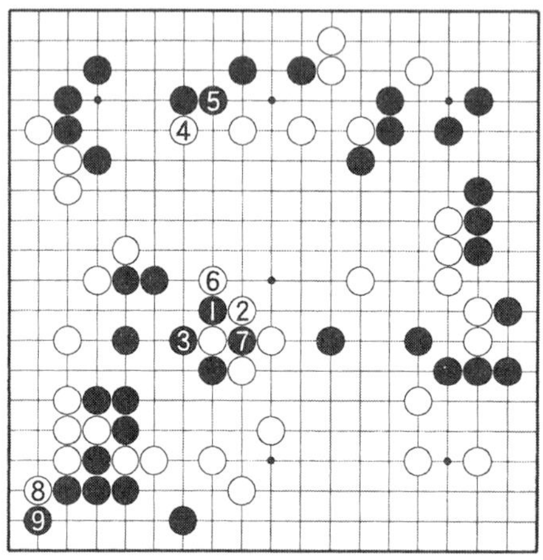

14도(버티기)

12도에 이어 흑1 이하는 대마의 패에 승부를 건 작전이다. 이렇게 버티지 않으면 그대로 질 것이 분명하기 때문이다.

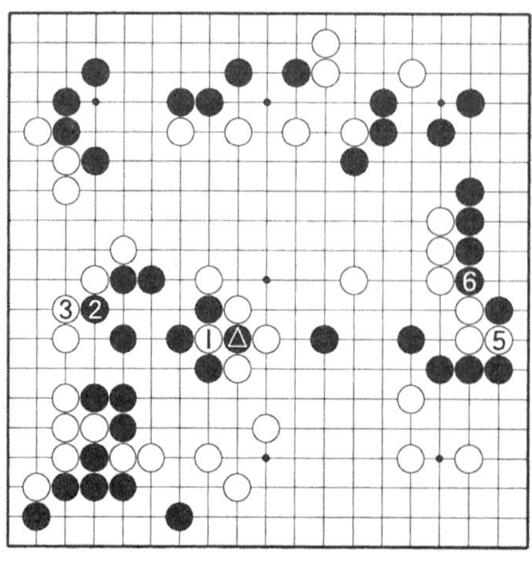

15도(14도 계속)

백1 이하로 패가 계속되지만 어디까지나 흑이 괴로운 것은 사실이다.

4…△ ⑦…①

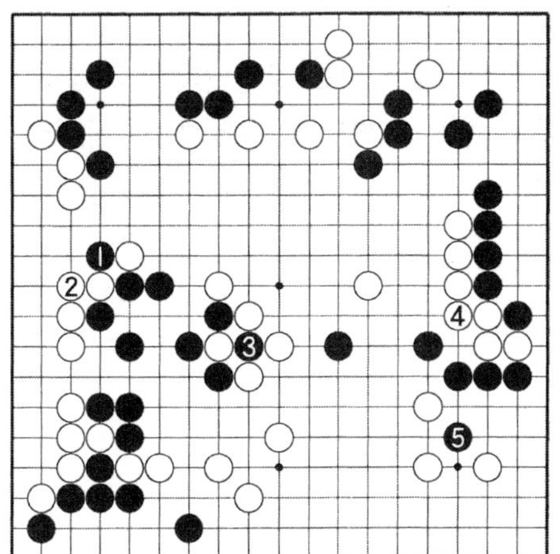

16도(15도 계속)

백4의 패감에 흑이 흑5로 반발한 시점에서 흑은 패 도중의 승부수를 생각하고 있다.

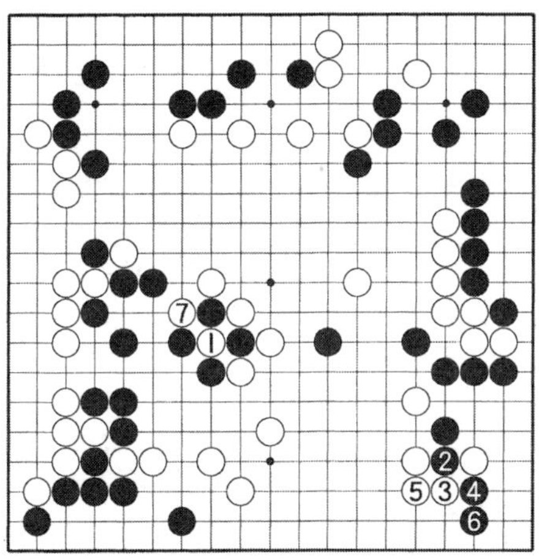

17도(승부수)

백1의 패에 응답하지 않고 흑2로 귀를 차지한 것이 흑의 승부수다. 중앙 흑의 사활에 운명을 맡긴 것이다. 그러나 타개가 용이하진 않을 것이다. 그만큼 흑의 초반이 나빴다는 이야기가 된다.

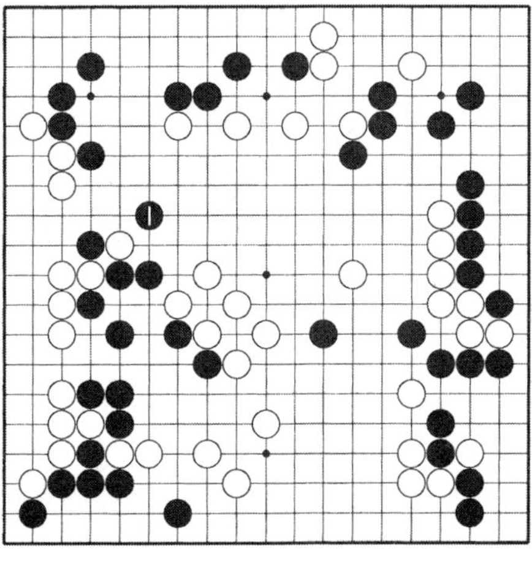

18도(17도 계속)

흑1은 이 한수다. 달리 두어서는 탈출이 쉽지 않다. 여기서 백의 결단이 필요했다.

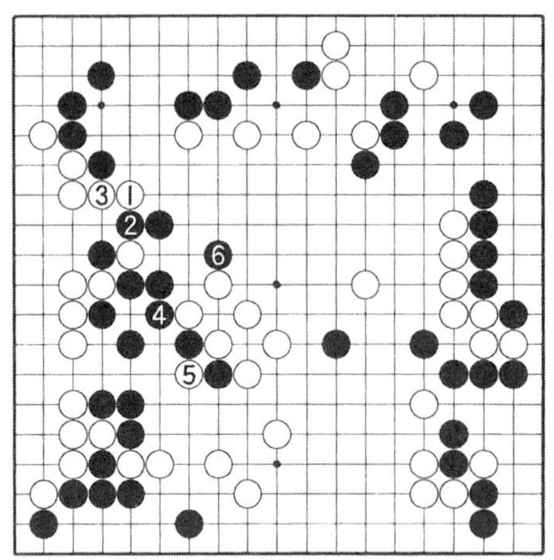

19도(실전)

백1 이하는 실전인데 흑4·6으로 수습의 탄력이 생겨 이젠 백도 느긋할 입장이 아니다. 따라서 백은 백1로—

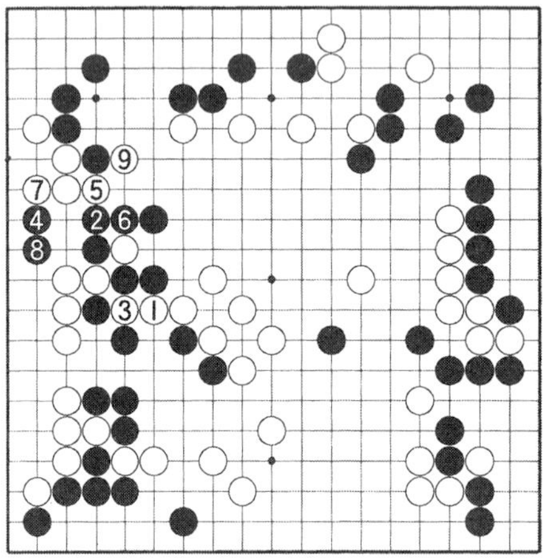

20도(수순 누락)

백1을 선결했어야 했다. 흑2라면 백3으로 잡아두고 흑4의 차단에는 백5 이하로 수습하는 길이 있었다. 이랬다면 백의 낙승이었다.

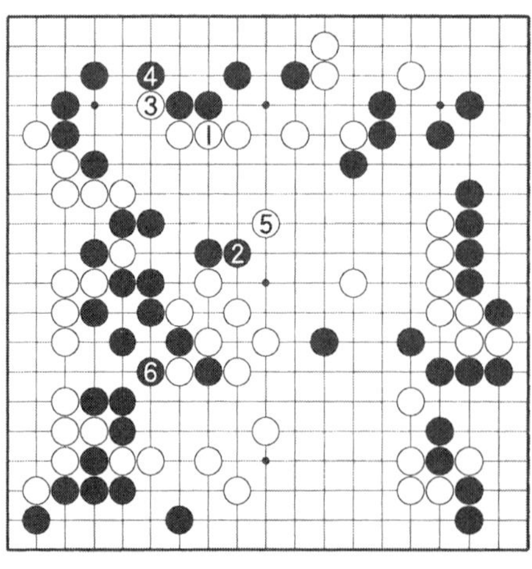

21도(실전)

백1로 공격을 하지만 흑6으로 버티어 전국은 다시 혼돈으로 빠졌다. 이 바둑은 초반의 정석을 둘러싼 전술적 수순과 패를 둘러싼 흥정의 공방이 볼만한 대국이었다.

중반전술
제24형

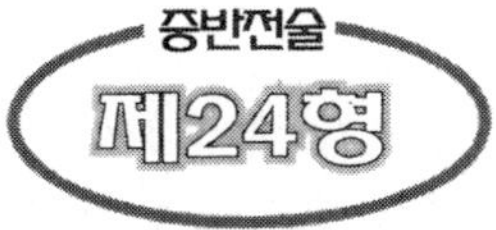

기동력 강한 급공의 전술

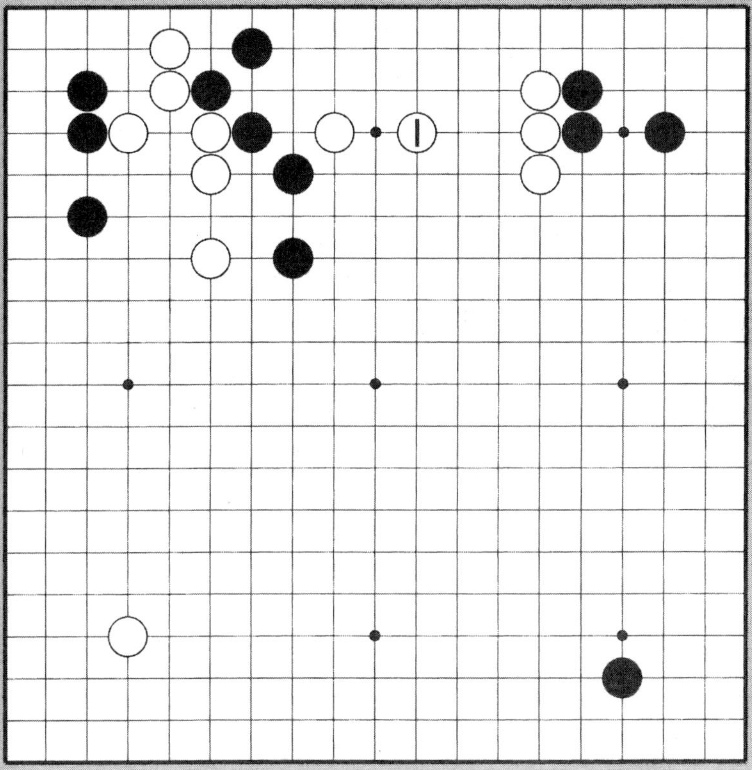

백1은 견실한 수비였으나 한발 늦었다. 좌상의 공방에서 한발 뒤진다는 것은 패배로 직결될 수도 있을 만큼 치명적이다. 여기서 흑의 전술적 기동력이 발휘되면 지금부터 중반까지 일거에 주도권을 잡을 수 있다.

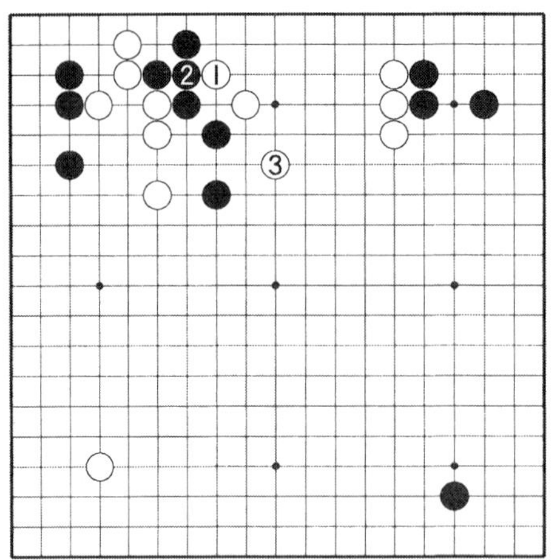

1도(무난)

기본형의 백1은 본도 백1·3이 무난했다. 백3의 위치는 흑이 좌상 귀를 공략하는데 약간이라도 부담을 주는 자리이기 때문이다.

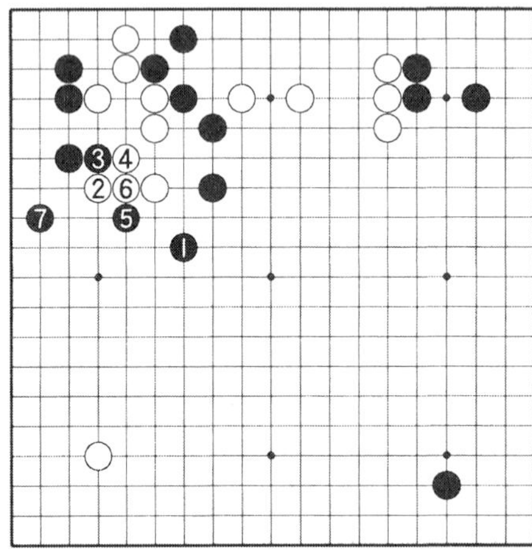

2도(급공)

흑1 이하는 실전인데 백의 완착을 추궁하는 기동력 강한 급공의 전술이다. 흑은 여기서 전술적 주도권을 갖게 될 것이다.

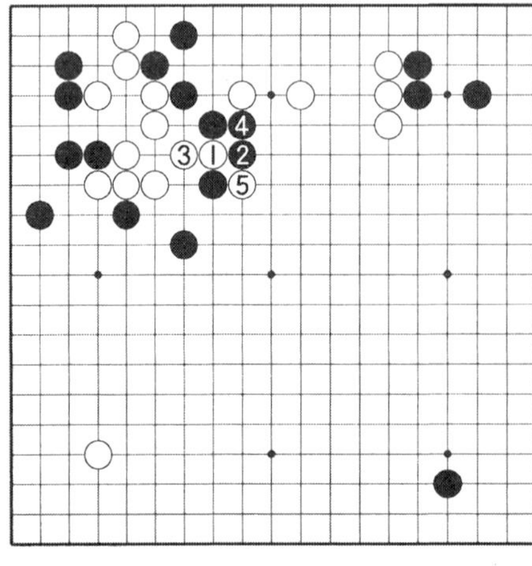

3도(안정)

백1·3은 반격이 아니다. 반격을 위장한 안정이다. 흑의 공세에 말리면 주도권을 잃기 때문에 우선 안정한 것이다. 그리고 백5로 반격으로 나섰지만 상변의 백은 완전한 모양이 아니다.

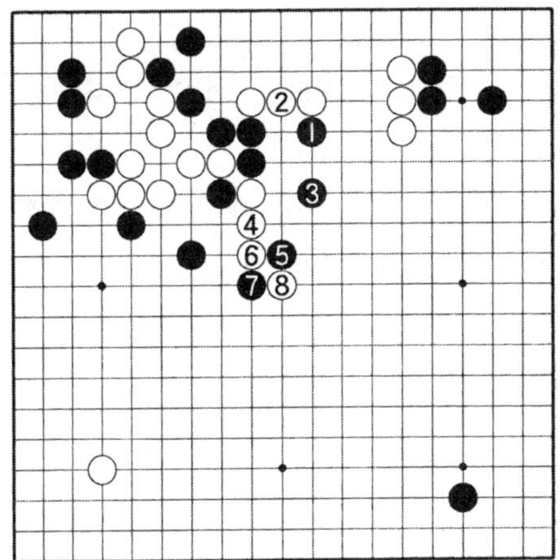

4도(행마)

흑1·3은 모범적인 행마다. 백4에 대해 흑5로 다시 역공의 자세를 취할 수 있다. 백8도 반격이지만 백이 쉽지는 않을 것 같다.

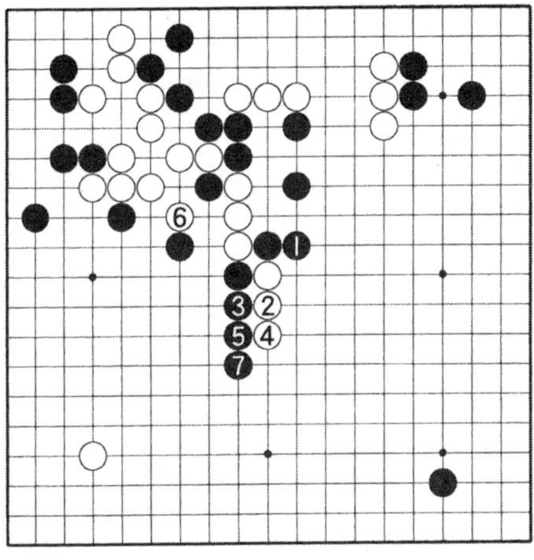

5도(주도권)

흑1로 이곳의 돌은 흑이 항상 먼저다. 전술적으로 우위에 섰다는 뜻이다. 백4로 힘을 비축해보려 하지만 백6이 불가피하여 흑7로 다시 제공권은 흑의 차지다.

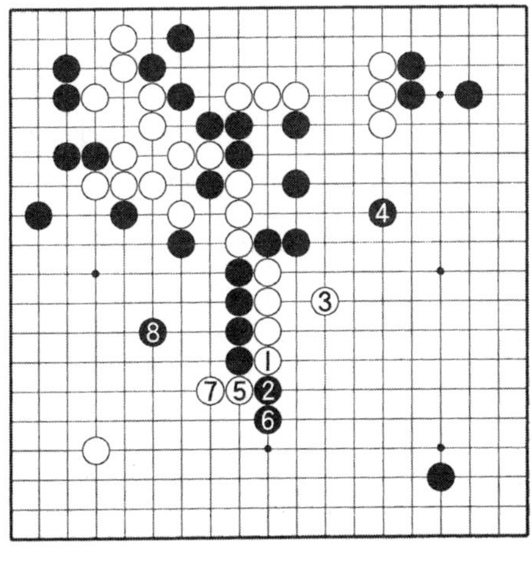

6도(전술적 전투)

백1 이하 흑8까지는 이른바 힘겨루기, 또는 완력자랑인데 이런 것이 전술적 전투라 할 수 있다.

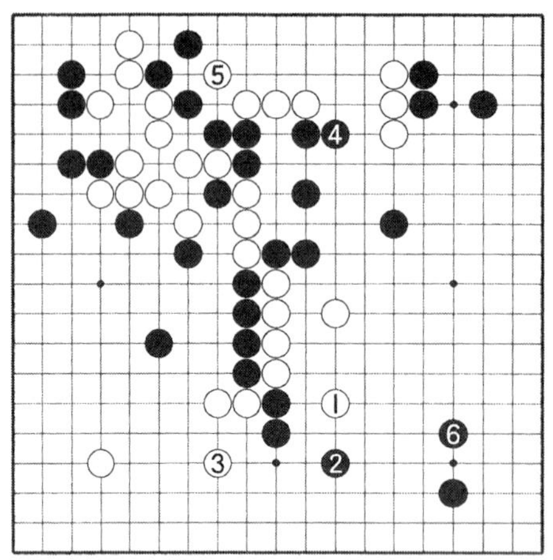

7도(완착)

 본도의 수순 중 백5는 손따라 둔 완착이다. 흑6으로 집을 지키며 중앙 백을 엿보아 백의 전술은 선택권이 없어졌다. 백5로는—

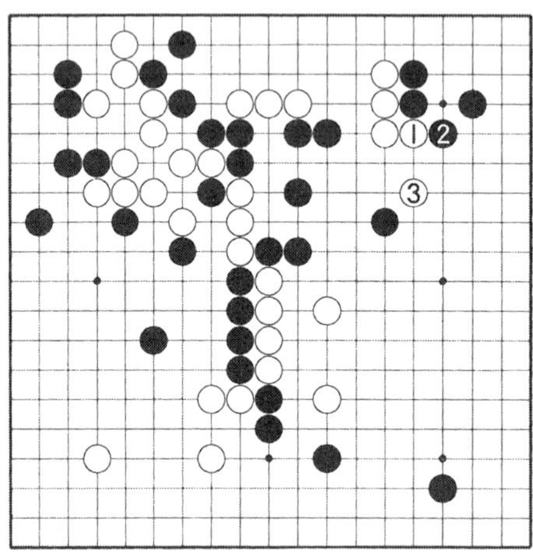

8도(전술적 수순)

 백1·3으로 우상쪽을 가르고 나왔어야 했다. 이렇게 되면 흑도 우하귀를 지키는 수순을 쉽사리 가질 수 없었다.

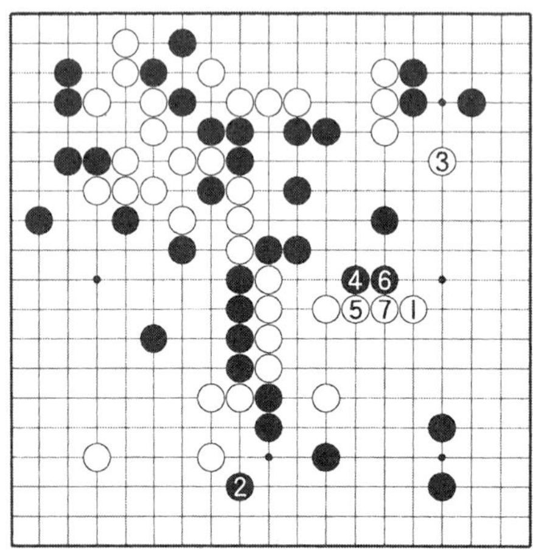

9도(실전)

 실전의 백1 이하는 단순한 수비에 불과하여 억울하기 짝이 없는 진행이다. 흑은 흑2의 이득까지 보고 있다. 반면 백은 아직도 상변 흑 한 점도 잡지 못하고 있다.

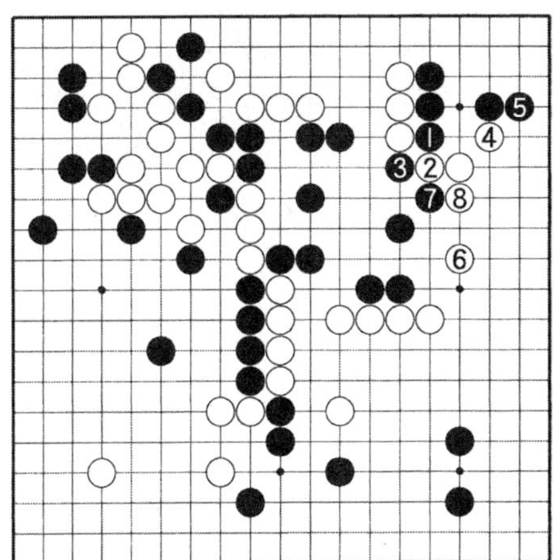

10도(9도 계속)

흑1 이하의 절단은 중앙 흑의 사활과 관련하여 선수를 취하는 수순이다.

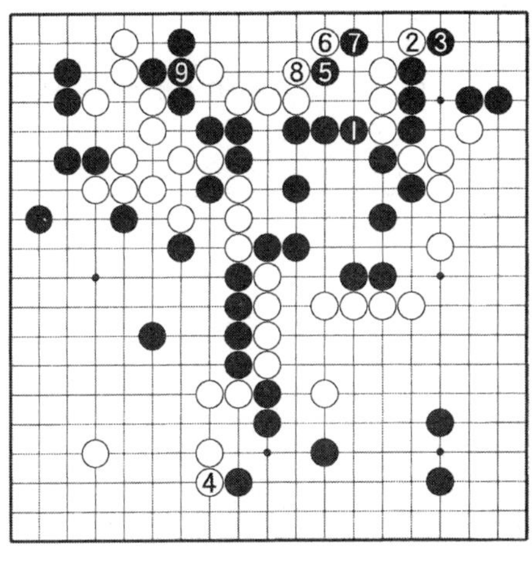

11도(10도 계속)

흑1에 대해 백2로 임시변통하는 것은 백4를 두지 않으면 안되기 때문이었다. 그러나 흑5 이하 흑9까지의 손실도 작은 것이 아니다.

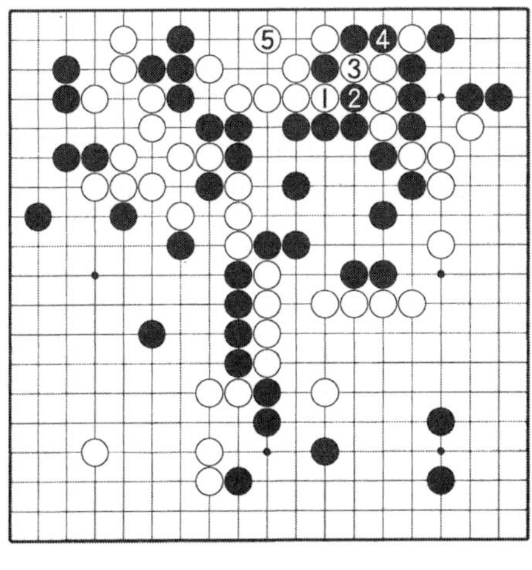

12도(생불여사)

백1 이하 백5까지 살기는 했지만 이래서는 생불여사다.

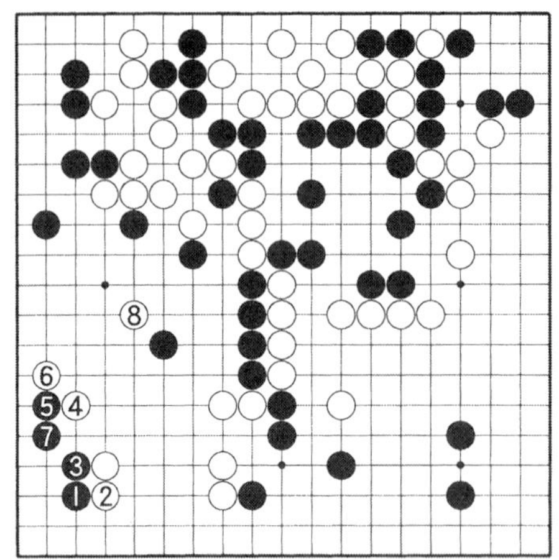

13도(12도 계속)

흑1의 침입으로 이제 백이 집으로 역전하기는 늦었다. 백8로 분란을 일으켜 보지만—

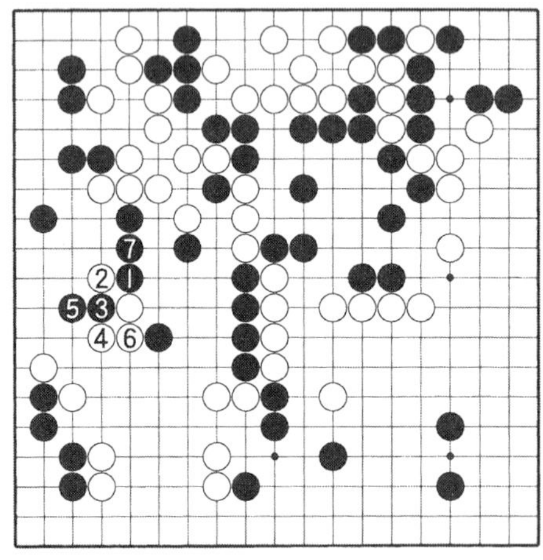

14도(수습)

흑1 이하로 흑의 수습에는 아무런 지장이 없다.

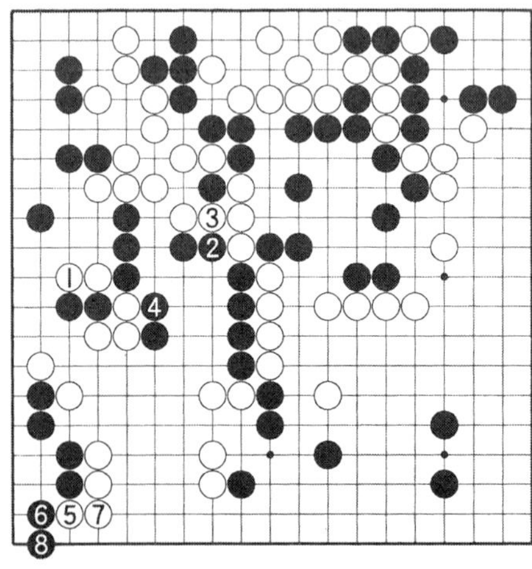

15도(승부 끝)

실전은 더 진행되었지만 흑8까지 된 시점에서 승부는 이미 끝나 있다. 이 바둑은 초반 백의 완착을 틈탄 흑의 기동력이 돋보인 한판이다. 백의 반격의지를 완벽하게 좌절시킨 흑의 전술적 대응이 볼만한 한판이었다.

416

제25형 백의 완착을 추궁한 흑의 전술적 선택

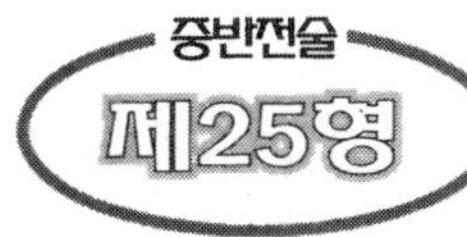

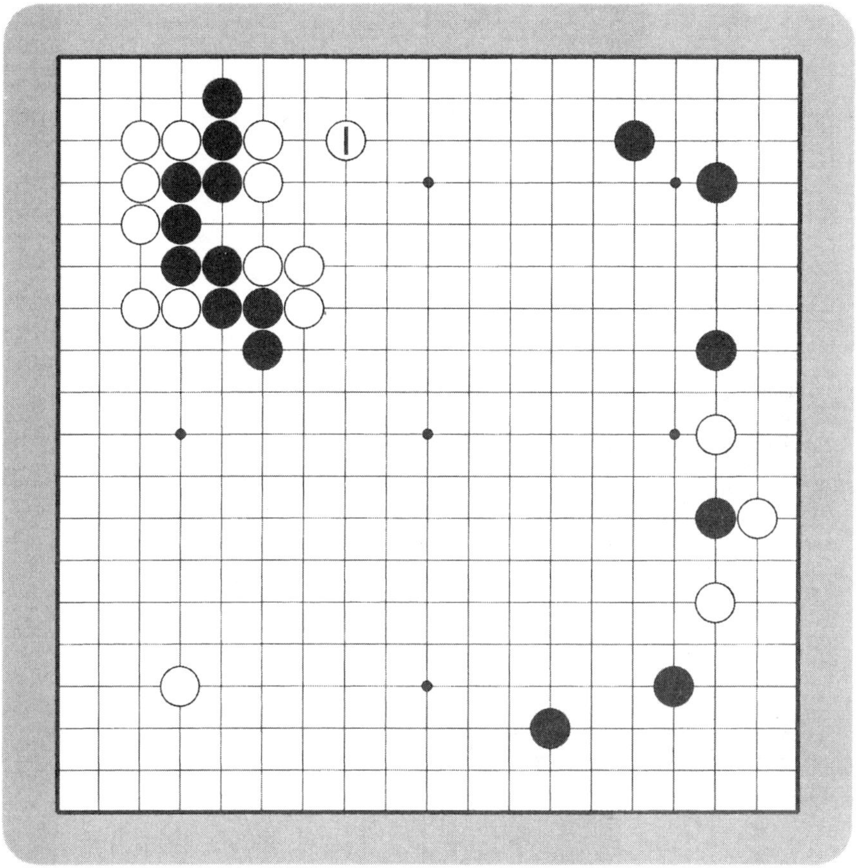

백1은 견실한 수비지만 완착이었다. 흑은 초반의 이러한 완착을 추궁하여 전술적 우위를 확보할 수 있다. 그것으로 중반이며 그 우세를 잠그면 그것이 바로 종반이다.

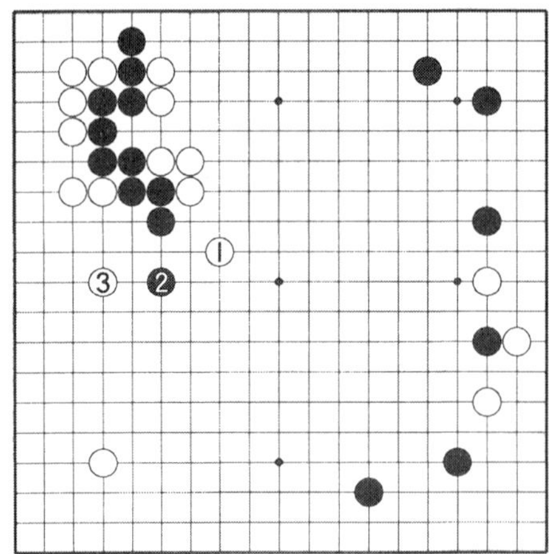

1도(전술적 행마)

　기본형의 백1은 본도 백1이 행마였다. 흑2때 백3으로 지켜 집으로 일단 뒤지지 않아야 했다.

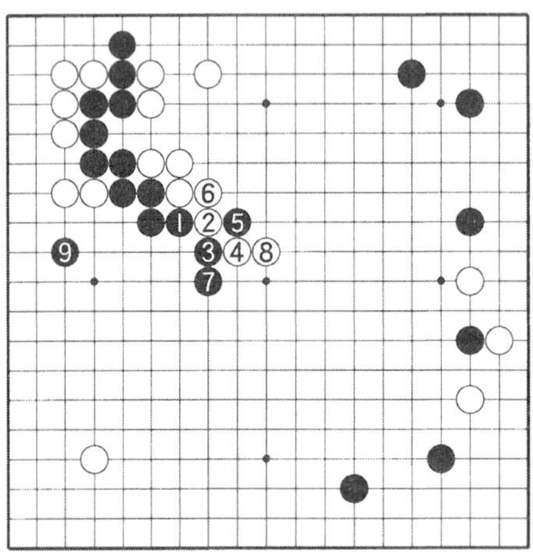

2도(실전)

　실전의 흑1부터 흑9까지 흑은 전술적 선택을 할 수 있게 되어 우위에 섰다. 흑9는 급소의 위치다.

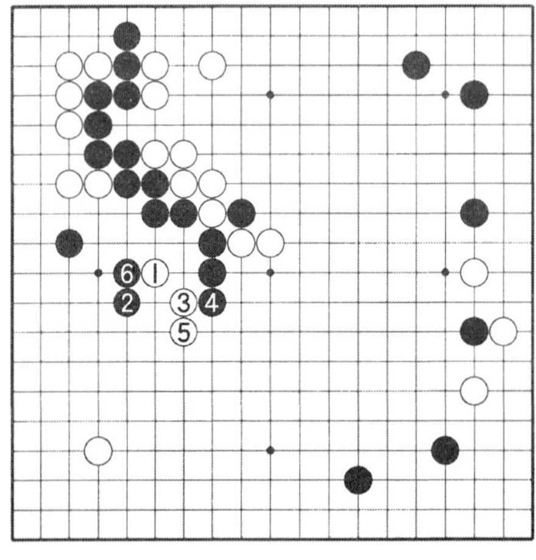

3도(2도 계속)

　백1의 치중은 반격이지만 위력적이지 못하다. 흑2의 수비가 좋아 소득이 없다.

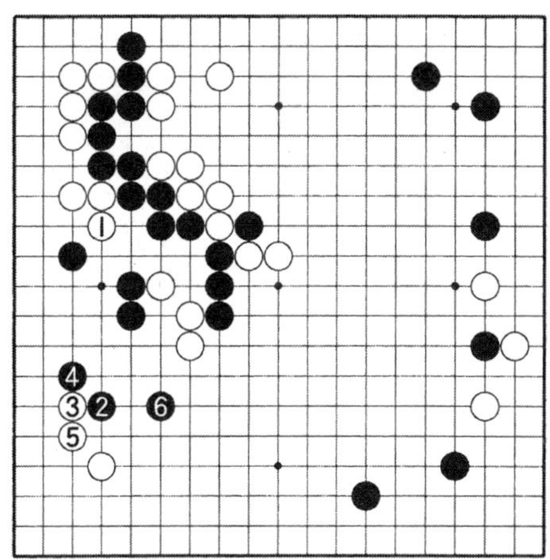

4도(3도 계속)

백1은 어떻게든 흑의 모양을 추궁하려는 것이지만, 흑2 이하의 간접 공격으로 대응하여 백의 고전이 예상된다.

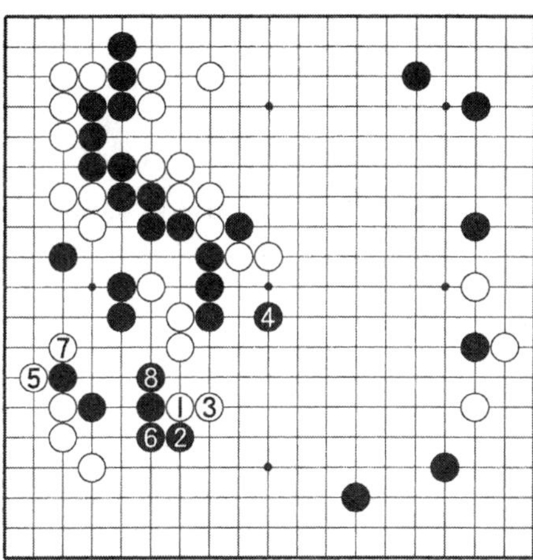

5도(전술적 수순)

백1·3도 임시변통이다. 흑4로 진출할 때 백5·7로 집을 취하는 등 백은 바쁘기만 하다. 그 사이 흑은 흑8로 다시 공격을 재개한다.

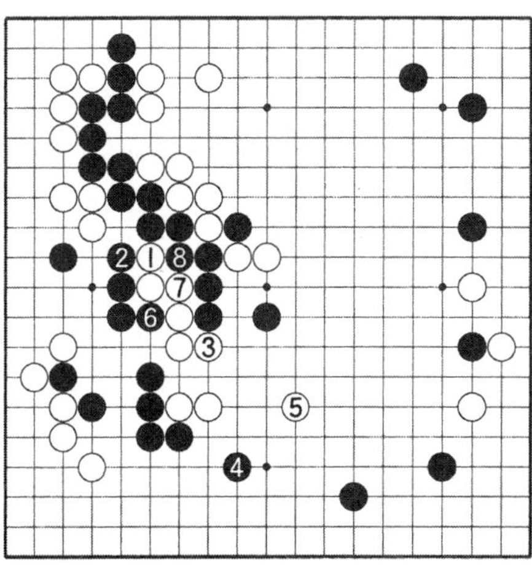

6도(5도 계속)

백1 이하는 어떻게 해서든 흑과 동행해 보려는 속셈이지만, 흑4로 추격하여 집을 지으면서 공격하는 최상의 전술패턴으로 흑 우세는 결정적이다.

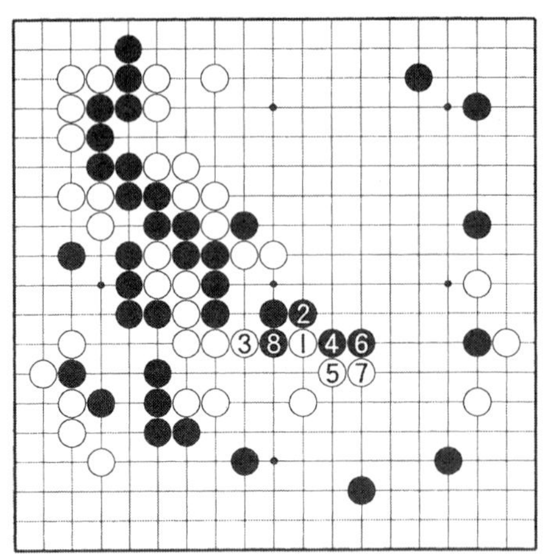

7도(6도 계속)

백1 이하는 하변으로 돌이 가지 않게 하여 흑집을 굳혀주지 않고 수습하려는 의도지만, 흑8의 공격이 강력해 수습이 쉽지 않다.

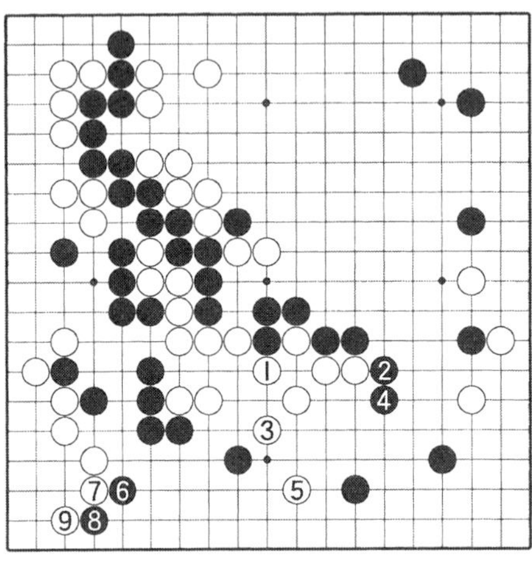

8도(포위)

백1로 막아야 할 때 흑2·4의 포위는 내친 걸음이다. 이제 형세는 백이 산다고 해서 무조건 역전될 수 있는 상황이 아니다.

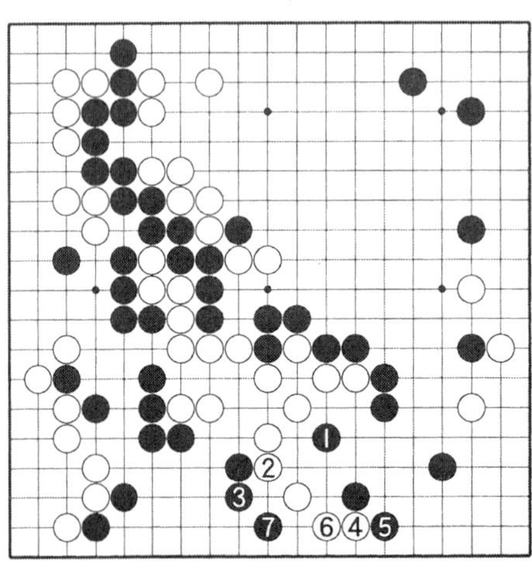

9도(치명타)

흑1의 공격은 치명적이다. 이로써 백은 살아도 이기기 쉽지 않게 되었다.

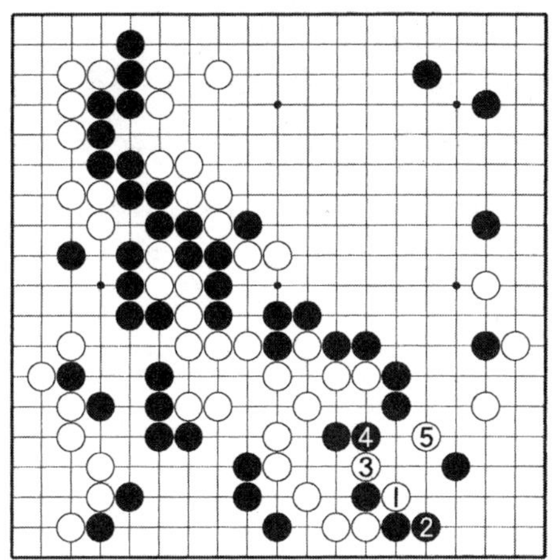

10도(안간힘)

백1 이하 안간힘을 쓰고는 있지만, 문제는 백이 살고도 이기기 힘든 형세라는데 있다.

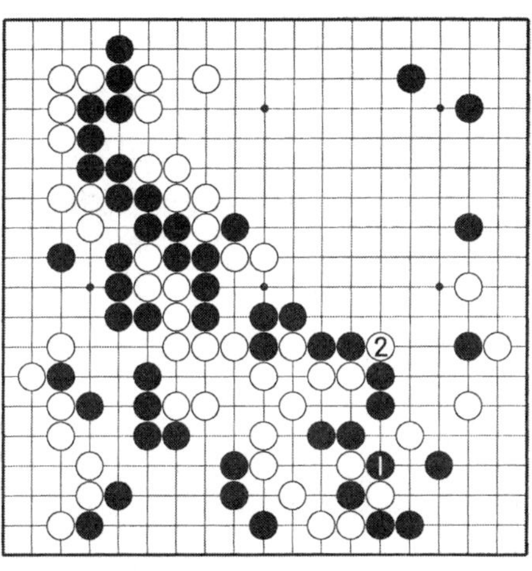

11도(10도 계속)

백2로 분란을 일으키려 하지만 때는 늦었다. 흑은 이 백을 살려주는 전술로 선회할 것이다.

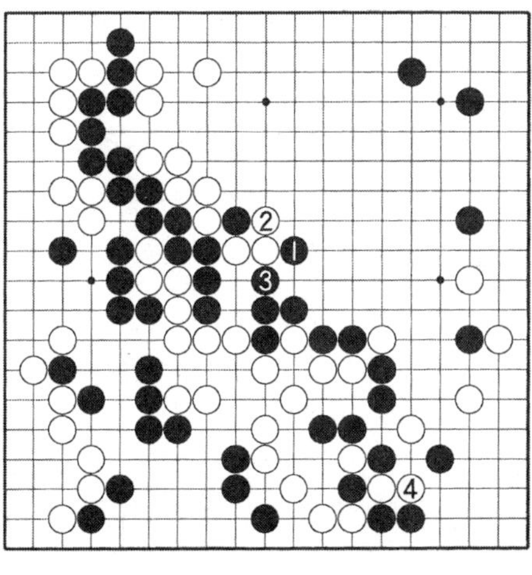

12도(기사회생이지만)

흑1·3으로 수비하는 것은 계산이 서있기 때문이다. 백4로 기사회생하고는 있지만—

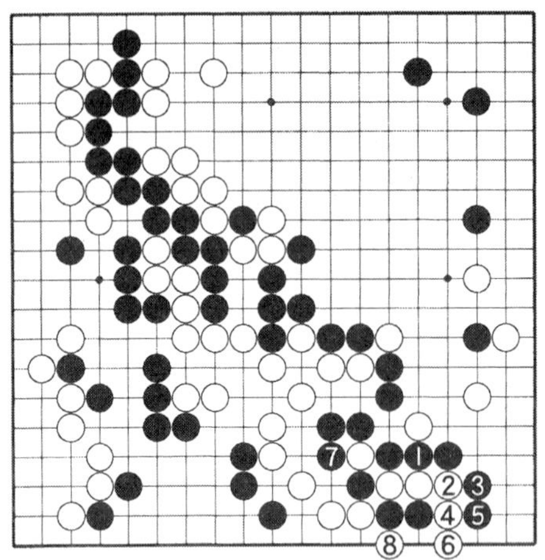

13도(12도 계속)

흑1 이하로 백이 사는 것은 결정되었다. 그러나 이 댓가로 우변의 백이 허약해져 승패는 부동이다.

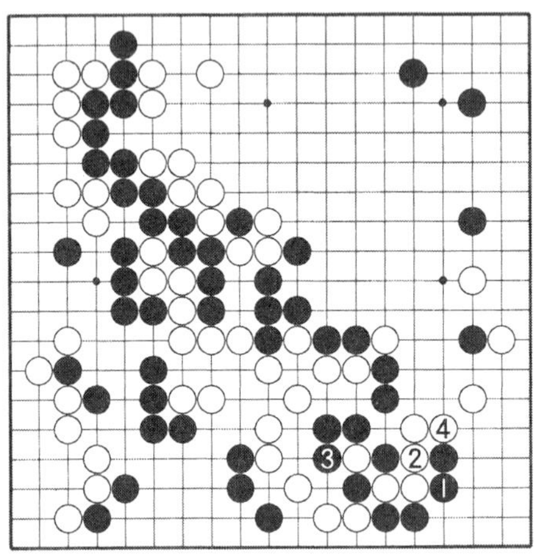

14도(욕심)

전도의 장면에서 흑1로 백을 잡으려는 것은 함정에 빠진다. 백4면 흑은 귀를 살아야 하기 때문에 위쪽 흑이 위험하다.

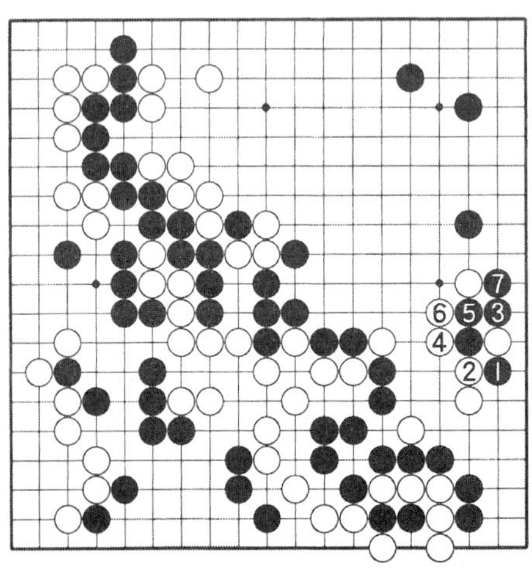

15도(승부 끝)

흑1 이하로 두게 되어서는 10여 집의 차이가 확실해져 승부도 결정되고 말았다. 이 바둑은 초반 백의 완착을 추궁한 흑의 전술적 선택이 백의 무리를 유도하여 완급을 조절한 공격수법으로 시종 리드한 한판이었다.

제26형 · 찬스를 살리는 고도의 전술적 수순

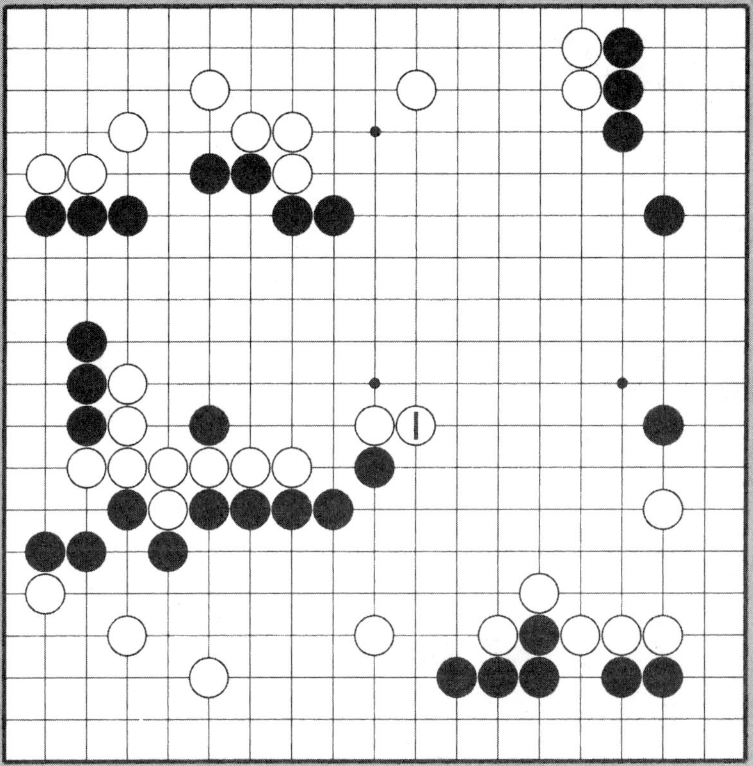

백1은 수읽기에 착각이 있는 무리수다. 흑은 여기서 무리수를 추궁하여 단숨에 우위를 점할 수 있는 전술적 찬스를 살려야 한다. 그러기 위해서는 고도의 전술적 수순이 요구된다.

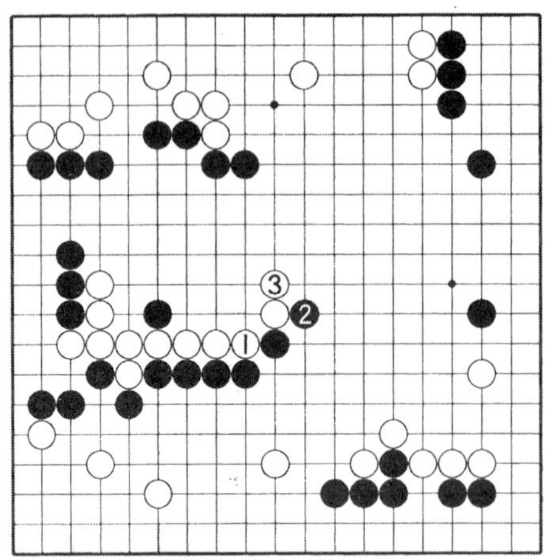

1도(정수)

기본형의 백1은 본도 백1·3으로 두는 것이 무난했다. 이랬다면 백은 집으로 다소 앞서 있었다.

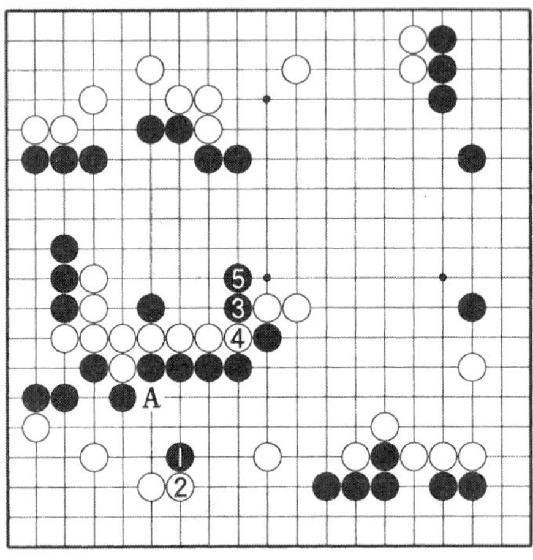

2도(수순)

실전의 진행인데, 흑1은 A의 절단을 예방한 수순이다. 계속해서 흑3·5로 반격하는 것이 예정된 코스다.

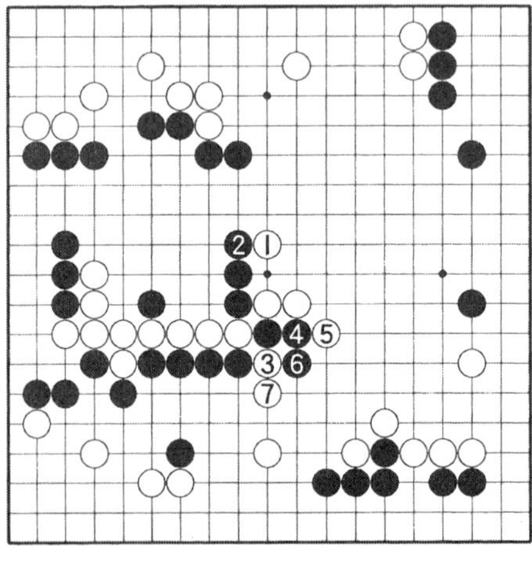

3도(백의 착각)

백의 착각은 백1로 인해 백3·5·7이 성립하므로 흑 요석이 갇힌다고 읽은 데 있었다.

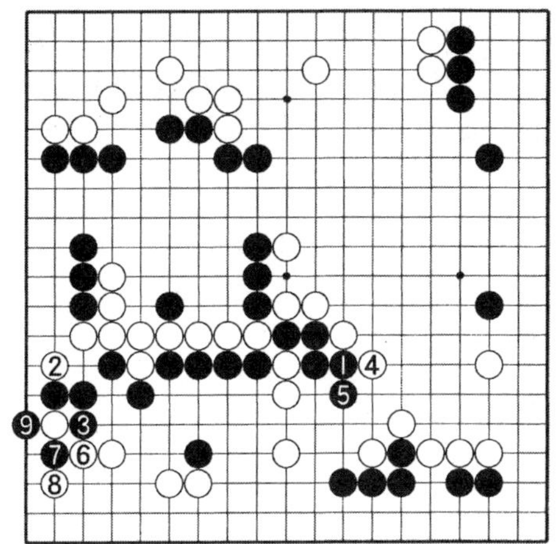

4도(응수두절)

실전은 흑5에 의해 백의 응수가 없어진 것이다. 이제 백은 살기 급급해졌다.

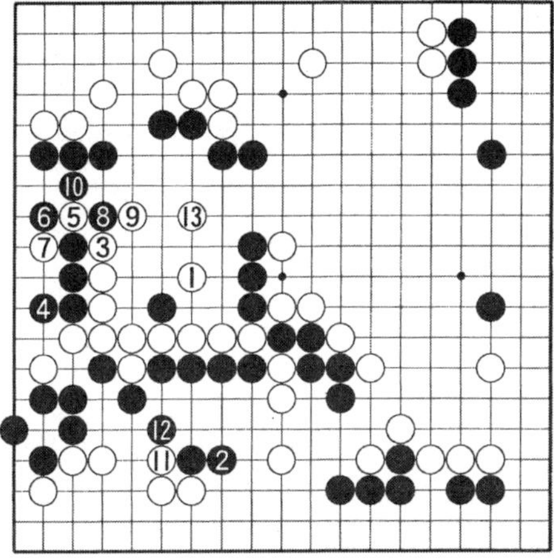

5도(실전)

본도의 수순으로 백이 죽지는 않는다. 그러나 흑이 선수가 되어 백의 전도가 막막하다.

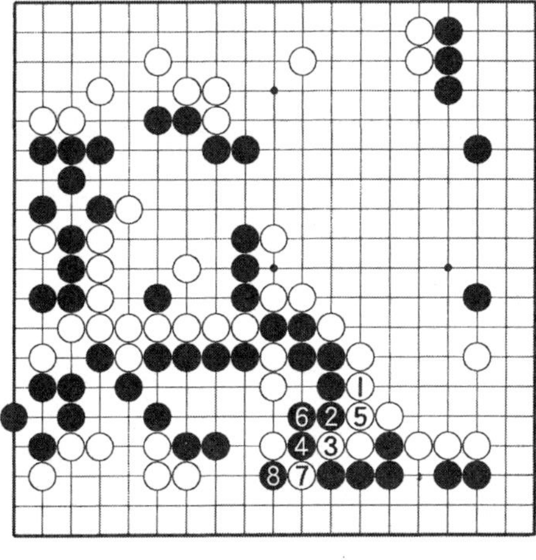

6도(변화1)

3도에서 백의 착각이란 5도의 수순중 흑10 다음 본도 백1이 성립하지 않는다는 것과—

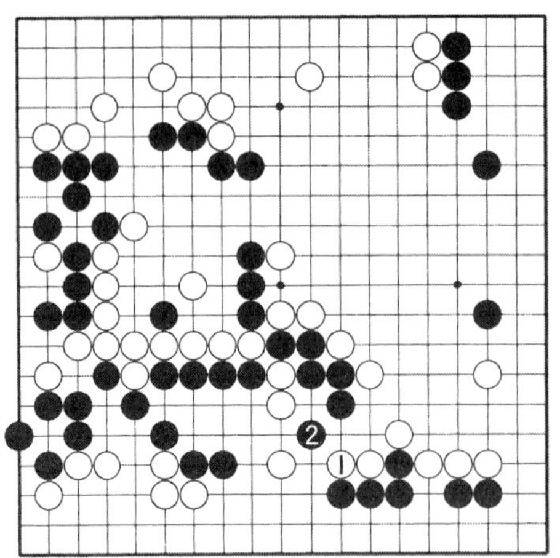

7도(변화2)

본도 백1이 성립하지 않는다는 것
까지 읽기는 했지만—

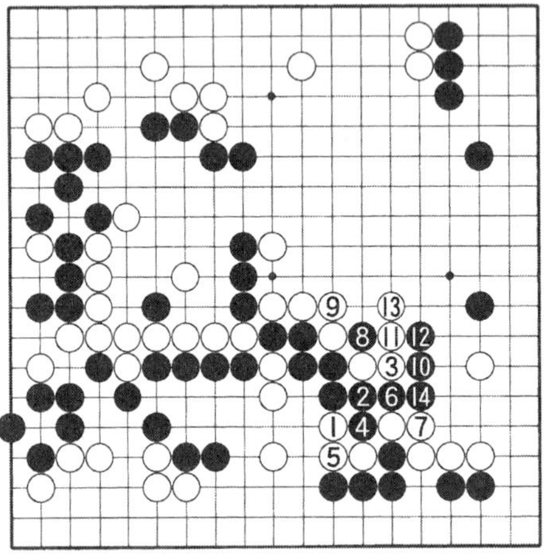

8도(착각)

백1에 의해 흑이 잡힌다고 읽은
것이다. 그러나 흑은 흑2 이하의 수
순으로 탈출하게 된다. 이것이 백
의 착각이었다.

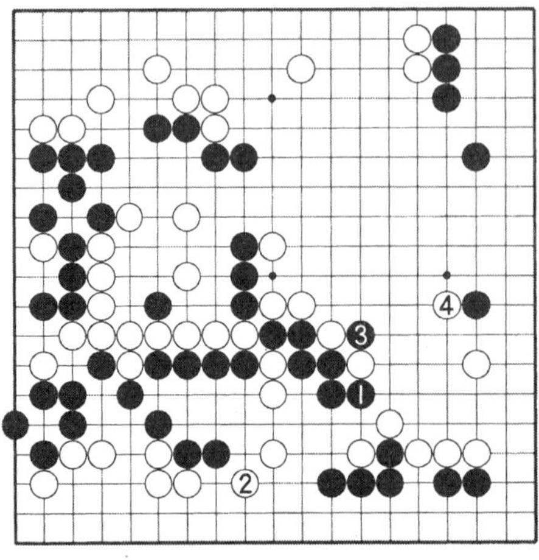

9도(실전)

흑1·3으로 중앙이 붕괴되어 백
은 앞이 막막하다. 백4로 이곳의 포
위선을 뚫지 않으면 그것으로 승부
도 끝이다.

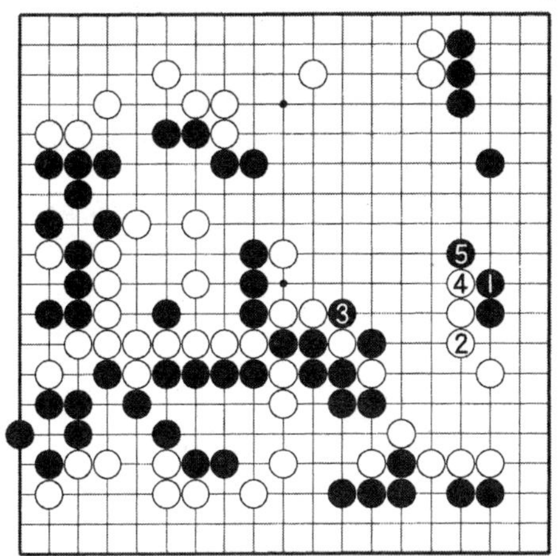

10도(9도 계속)

백2때 흑3의 따냄이 두터운 수다. 이것으로 중앙에도 10여집이 보장되어, 우측 백의 공격에도 초조할 필요가 없다.

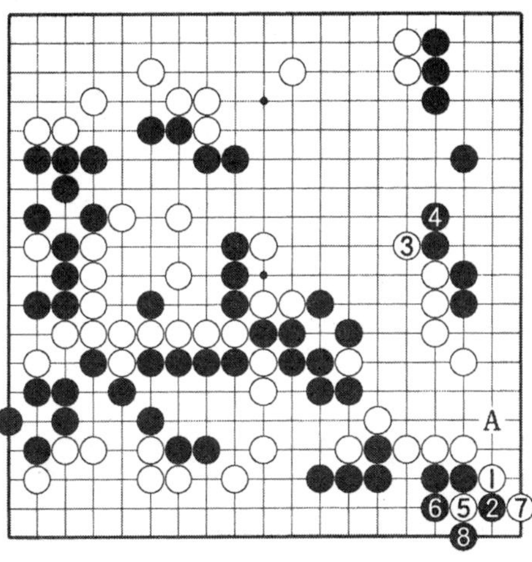

11도(10도 계속)

백1 이하는 A를 두어 살 수 있는 수순을 전제한 것이기도 하지만, 백이 손뺐을 경우 이곳의 수상전 관계에서도 작용력이 있다. 이 부분은 이후 실전에서 등장한다.

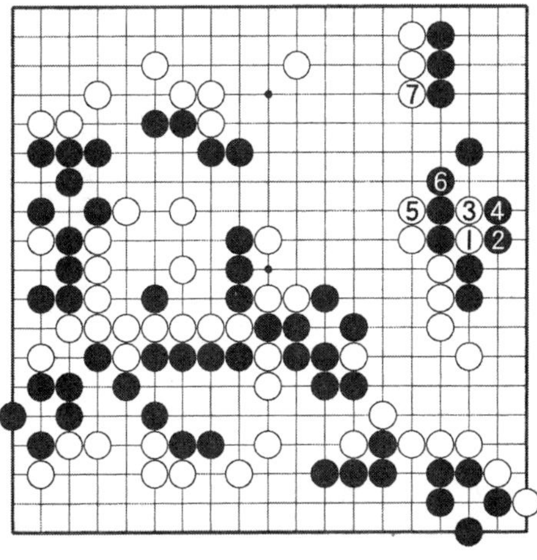

12도(승부수)

백1부터 백5까지 교환하고 백7에 민 것은 승부수다. 백은 우하귀에 가일수하면 무조건 진다고 판단한 것이다.

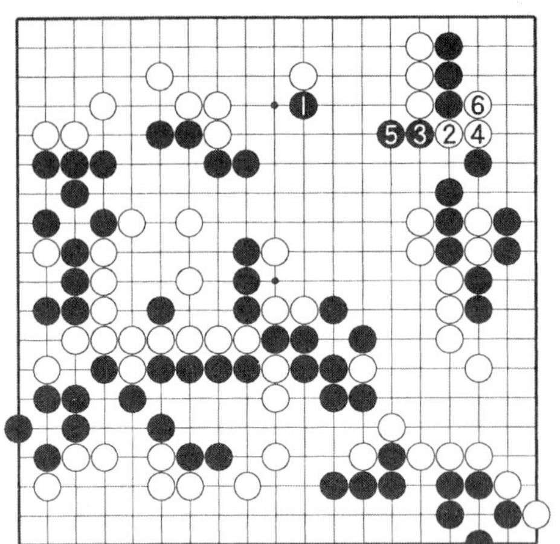

13도(반격)

12도에 대한 흑1은 그에 대한 반격이다. 백2 이하는 기세의 충돌인데 여기서는 피차 물러서지 못하는 기호지세가 되었다.

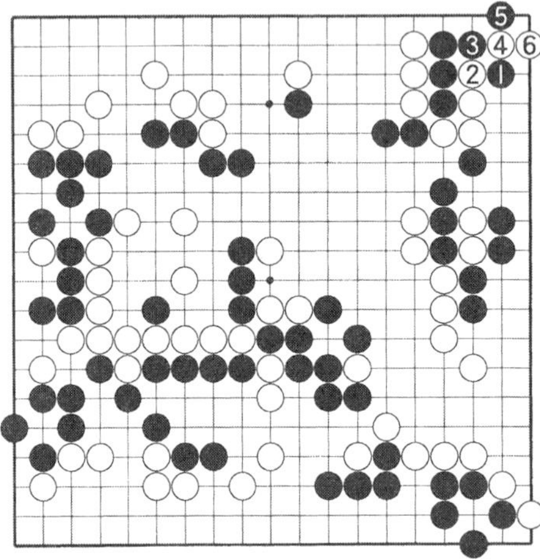

14도(귀삼수)

흑1은 언뜻 귀삼수의 맥을 착각한 것 같지만, 이는 오히려 백이 흑의 유도전술에 걸린 것이다.

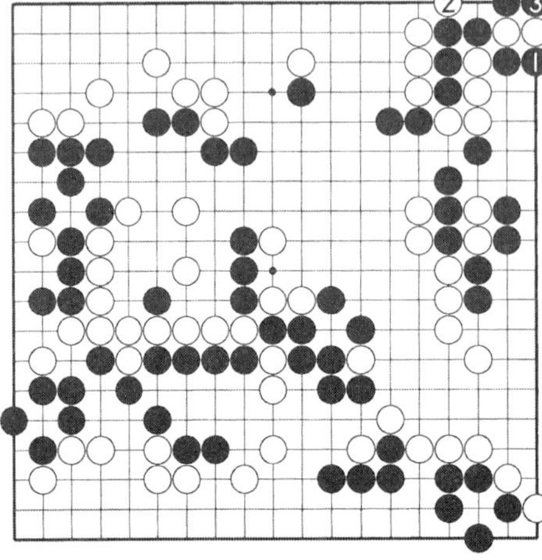

15도(흑의 음모)

흑1 이하로 이 흑의 일단을 잡고 백이 살아서는 흑집이 크게 파괴되어 역전으로 보이지만 실상은 그렇지 않다.

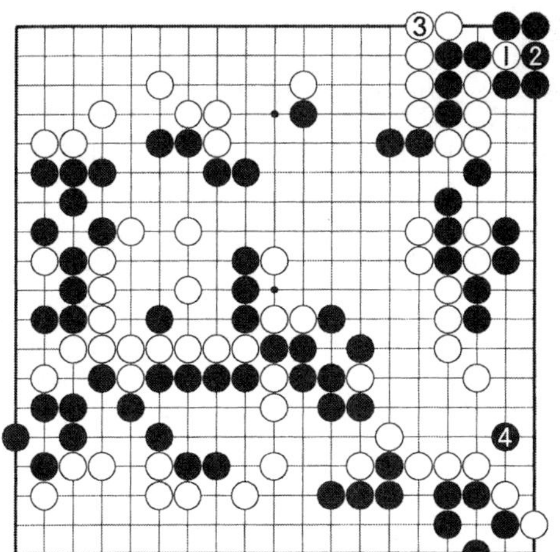

16도(노림수)

백1·3으로 잡았을 때 흑4의 치중이 흑의 오랜 노림수였다. 이것으로 우하귀 백은 풍전등화의 위기를 맞았다.

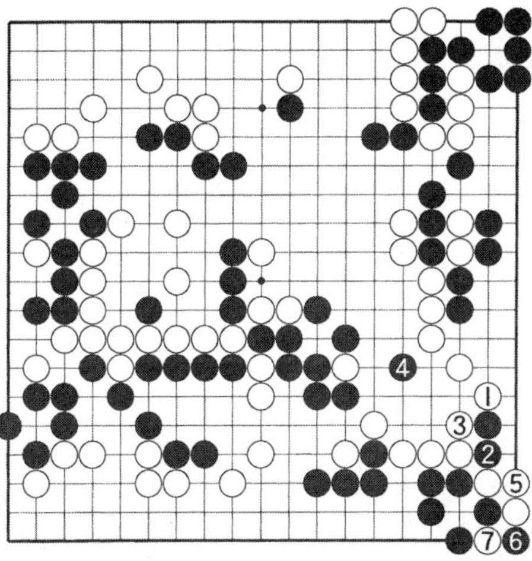

17도(11도의 의미)

백1 이하로 진행되었을 때 백5로 이을 수 있다는 것은 11도에서 교환된 수순의 덕이다. 흑6으로 패가 시작되었는데 흑은 우상귀를 팻감으로 활용할 수 있다.

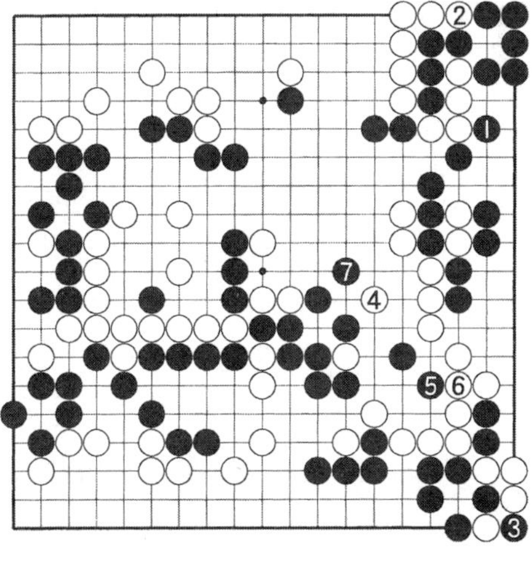

18도(대마 패)

패가 진행되는 가운데 어느덧 백 전체의 사활로 변해버렸다. 흑7이 전체를 잡겠다는 뜻이다.

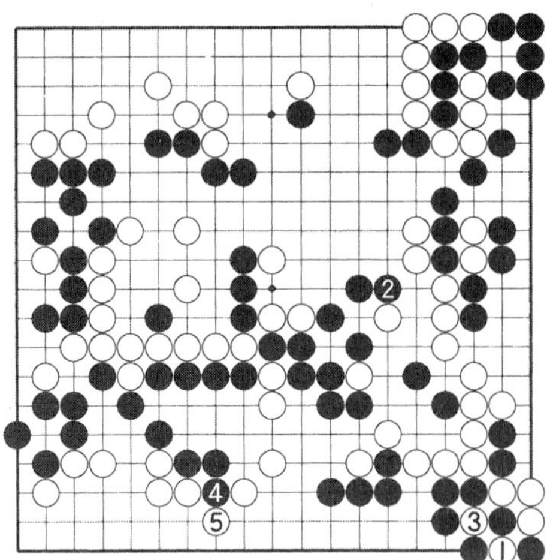

19도(18도 계속)

백3부터는 본격적인 패다. 백의 입장에서는 이제 이 패를 지면 그것으로 끝이다.

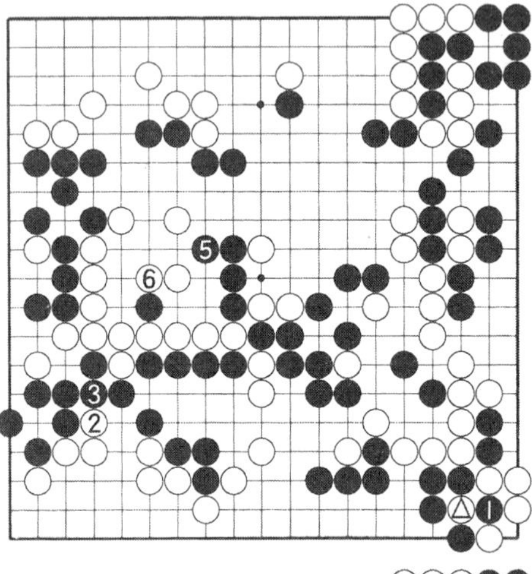

20도(19도 계속)

패가 진행은 되고 있지만, 우상귀의 모양은 흑이 선수하면 백에게 사활문제가 생겨 상변이 파괴될 수 있다는 점이 백으로서는 아프다.

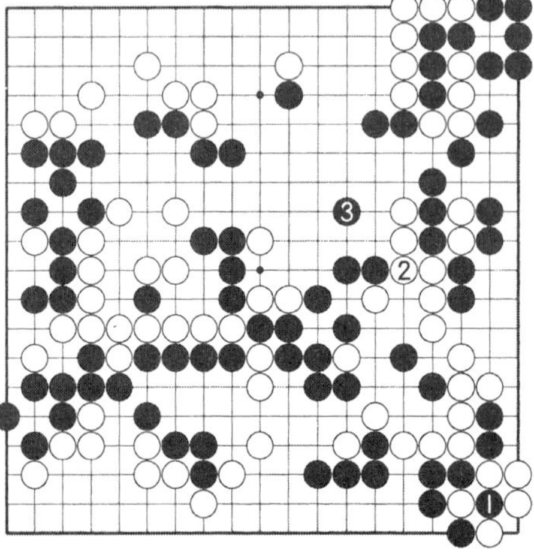

21도(사실상 승부 끝)

흑3에 이르러서는 백이 패를 이겨 살아도 사실상의 승부는 끝났다. 상변이 팻감공장이기 때문이다. 실전은 더 진행되었지만 역전은 없었다. 이 바둑은 중앙 백의 무리를 추궁한 흑의 기습과, 우상귀의 귀삼수를 유인하여 백 대마를 공격한 흑의 유인전술이 돋보인 한판이었다.

제27형 공략을 통해 이득을 취하는 전술적 사고가 포인트

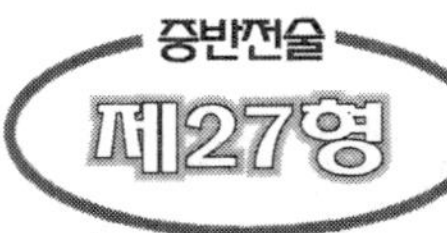

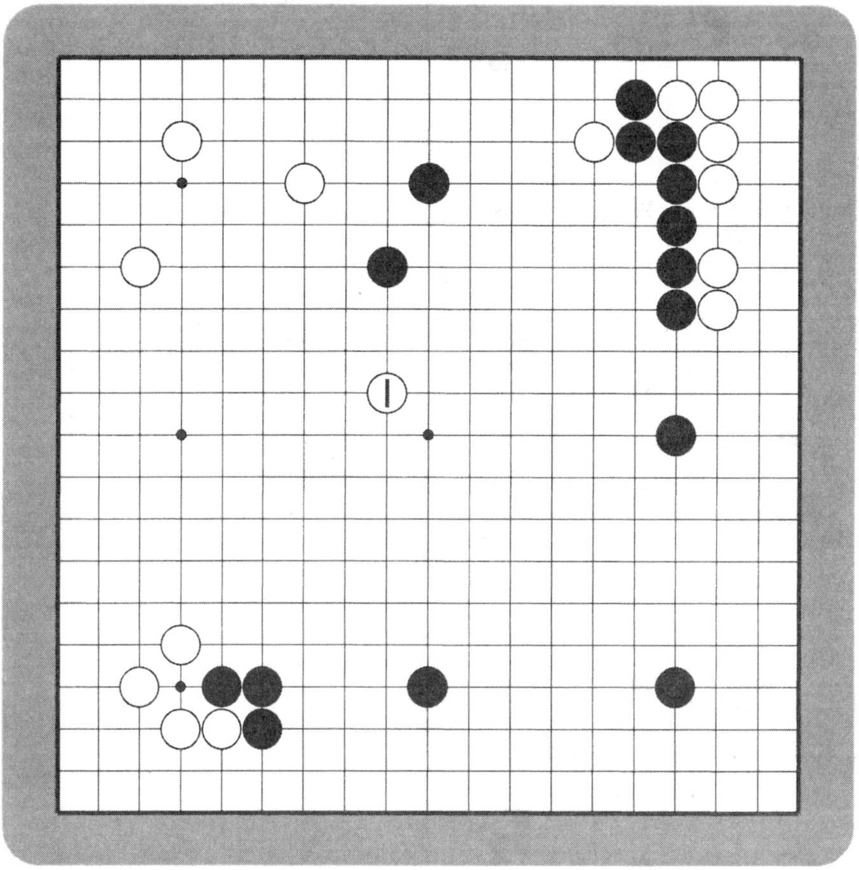

백1은 흑진의 확장을 견제한 삭감이다. 흑도 이대로 물러서면 집에서 뒤지므로 적절한 공략을 통해 이득을 취하는 전술적 사고가 요구된다. 어디부터 움직이는 것이 효과적인지 판단하는 것도 전술적 사고에 의한 판단이다.

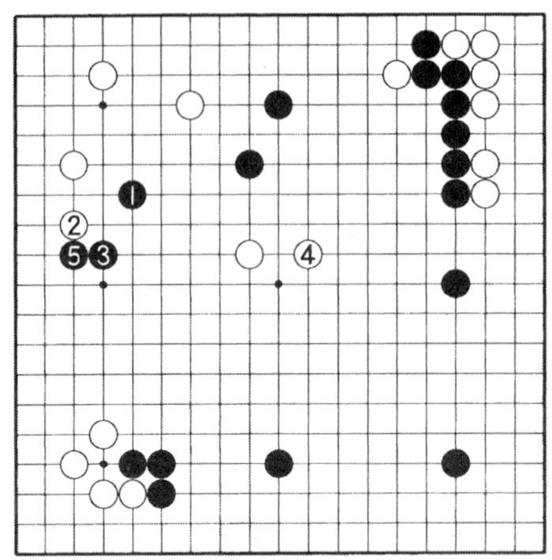

1도(실전)

흑1부터 중앙 백을 크게 포위하는 것이 실전의 구상이었다. 백4를 허용하더라도 흑5로 유사시에는 이곳에서 득을 취한다는 유연한 사고가 필요하다.

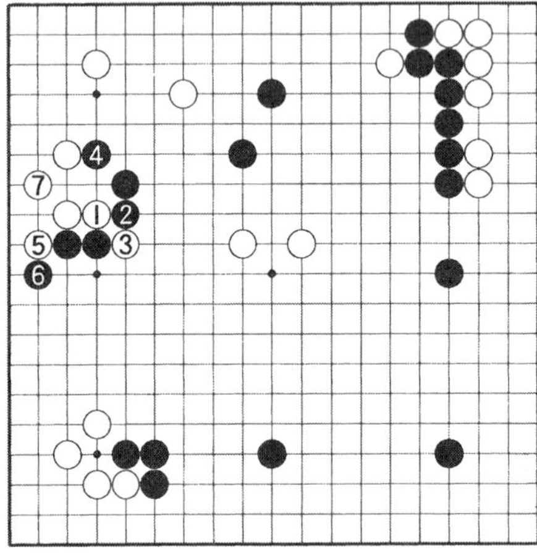

2도(1도 계속)

백1 이하는 예상된 접근전이다. 백5·7도 일반적인 수순이며—

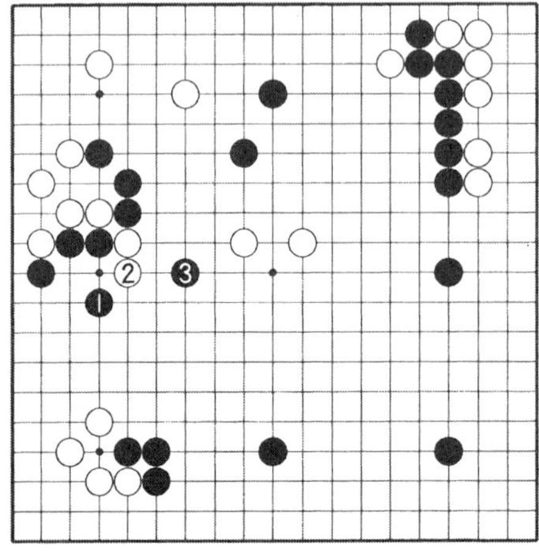

3도(급소)

흑1의 수비에 백2로 위협할 때 흑3이 예리한 급소일격이었다. 이 수로—

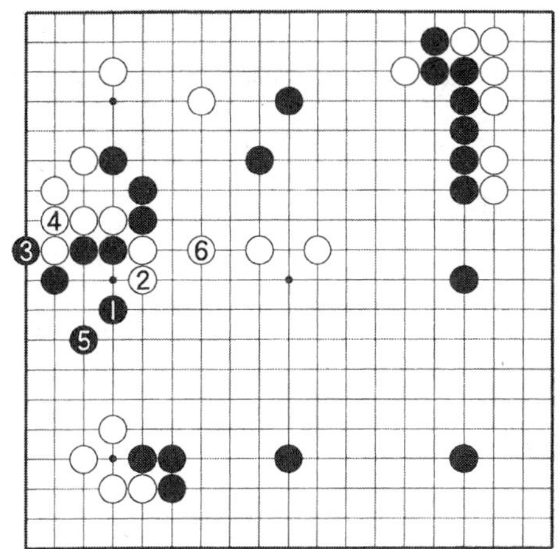

4도(전술부재)

흑5로 지키는 것은 무책이다. 백 6이라면 중앙에서 백이 떵떵거리며 활개치게 되어 흑은 무엇을 한 것인지 알 수 없다.

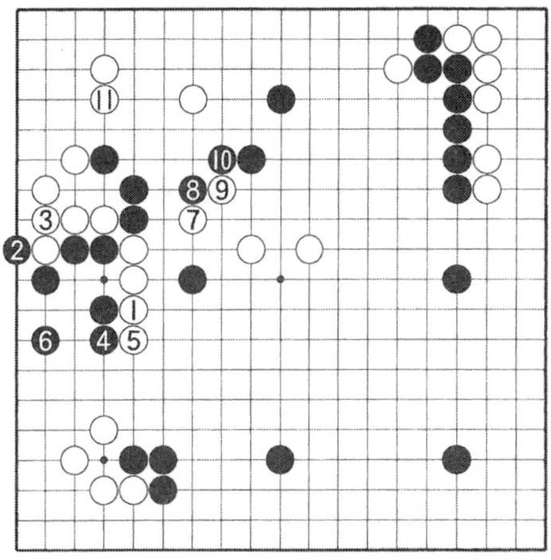

5도(실전)

백1을 유도하여 이하 백11까지 피차 양보없는 공방이다. 3도의 급소치중은 조금 더 있다 효력을 나타낼 것이다.

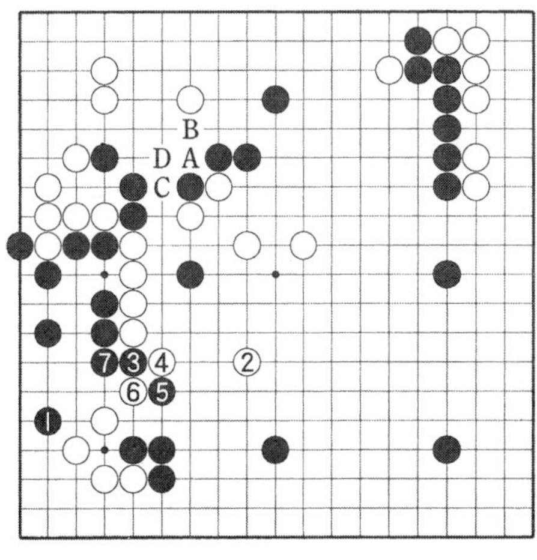

6도(5도 계속)

흑1로 활용할 때 백2는 하변의 확장을 견제한 수다. 따라서 흑3 이하는 예정된 추궁이다. 참고로 백A의 절단에 흑은 흑B, 백C, 흑D로 강력하게 둘 수 있다.

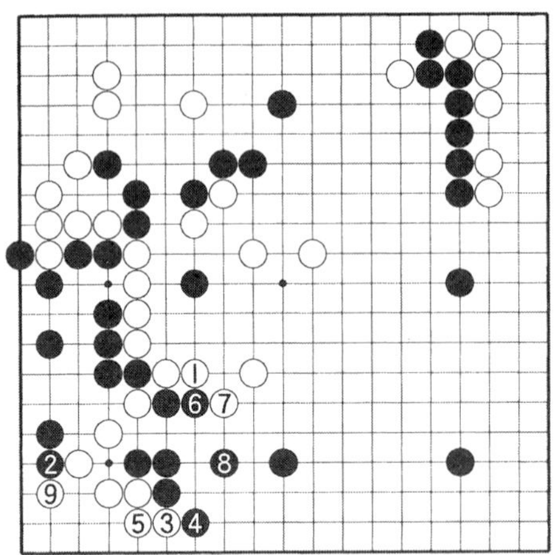

7도(6도 계속)

백1 이하의 진행은 필연이다. 이때 흑의 노림수가 작렬하게 되는데—

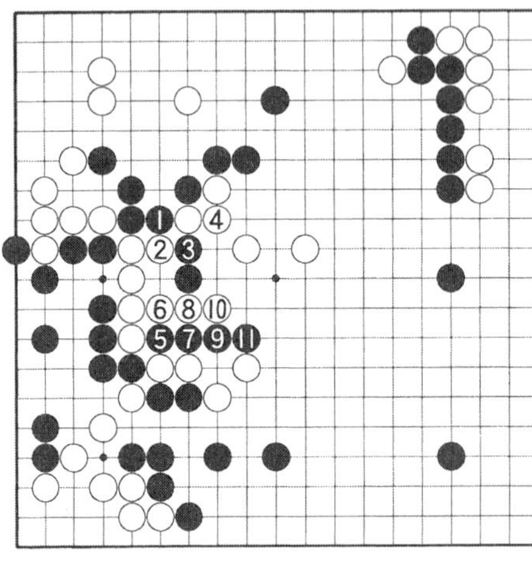

8도(통렬)

흑1 이하는 진작부터 노리던 흑의 통렬한 절단이었다. 3도 흑3의 효과다. 이것으로 흑 우세는 결정적이다.

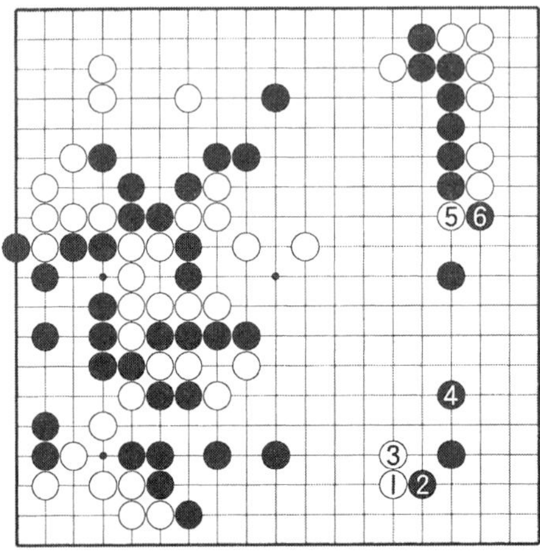

9도(8도 계속)

백1은 흑진이 굳어지는 것을 경계한 것이지만, 무언가 교란을 일으키지 않으면 안되는 형세다. 백5부터 분란을 획책한다.

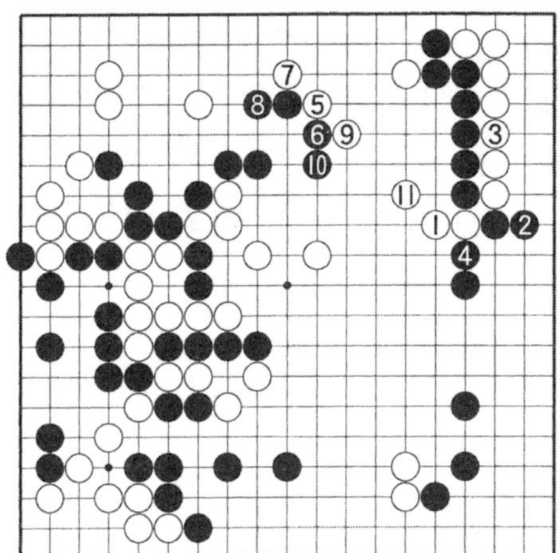

10도(교란)

백1 이하 백11까지 백의 교란전술이 무르익고 있다. 흑은 어떤 대응책을 가지고 있을까?

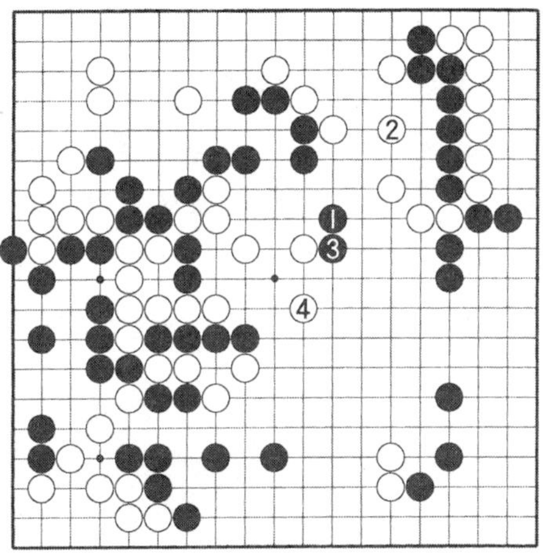

11도(교란 성공)

흑1이라면 백의 교란을 성공시켜 준 완착이다. 이래서는 거의 역전이다. 따라서 흑은—

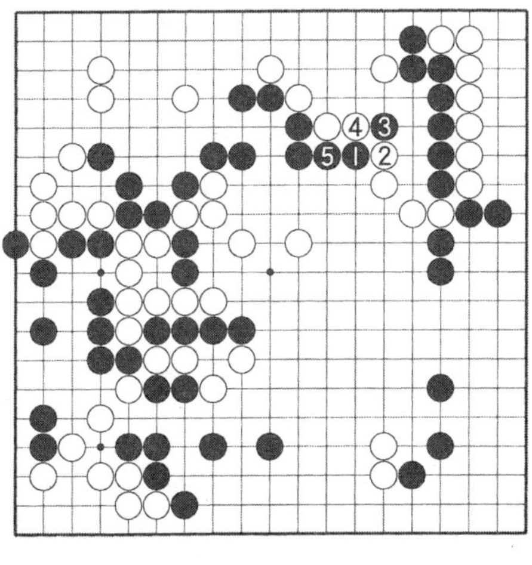

12도(역습)

흑1 이하로 반격했다. 이 수순은 단순한 반격이 아니다. 기나긴 수순의 통쾌한 사석작전을 준비하고 있는 것이다.

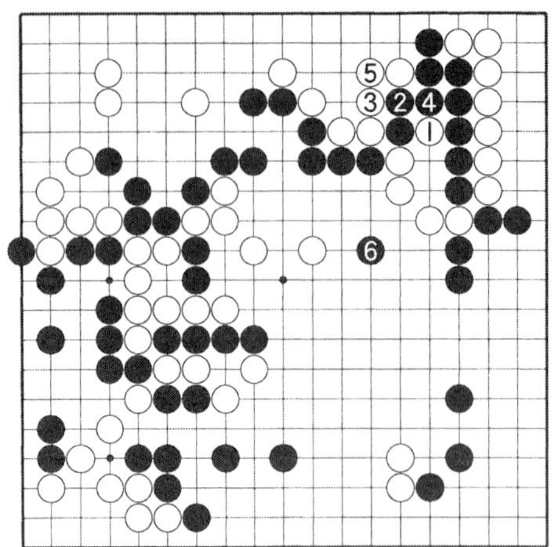

13도(사석작전의 진수)

백1 이하는 필연이다. 그러나 백은 이미 흑의 전술에 휘말린 것이다. 흑6으로 사석작전은 그 모습을 서서히 드러낸다.

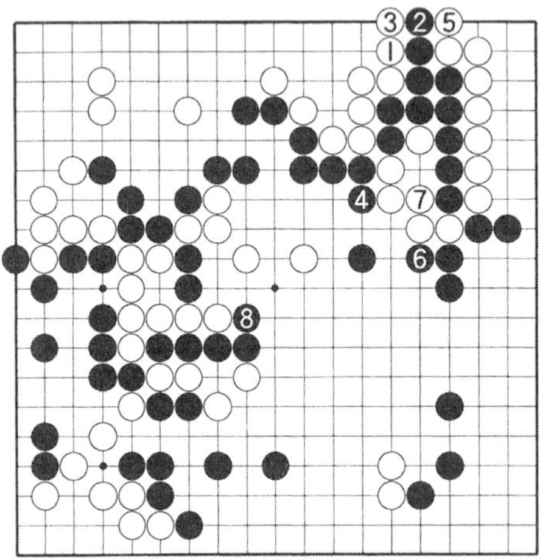

14도(필살)

백1 이하로 이 흑은 한수 부족으로 죽었다. 그러나 흑4·6의 조임수가 들어 흑8에 이르자 중앙 백의 삶이 없어졌다. 사석작전의 진수를 보고 있는 것이다.

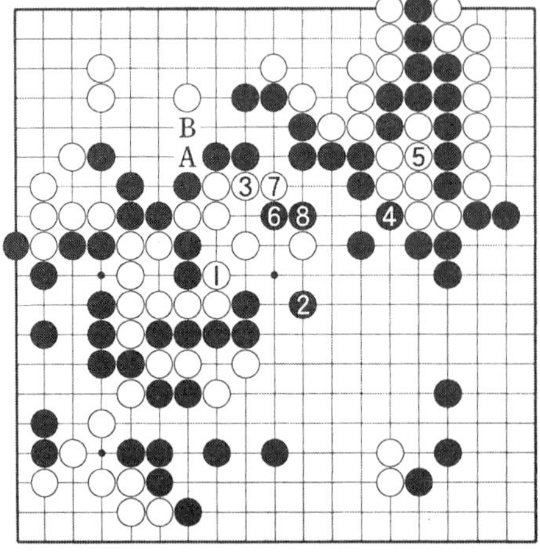

15도(대마 횡사)

백1 이하는 두어본 데 지나지 않는다. 또 백A에는 흑B로 수습하여 문제가 없다. 이 바둑은 3도 흑3의 치중과 우상귀 백의 교란에 과감한 사석작전으로 대응한 흑의 전술적 수순이 볼만한 한판이었다.

중반전술

제28형 일관성있게 전술을 수행하는 수순의 선택

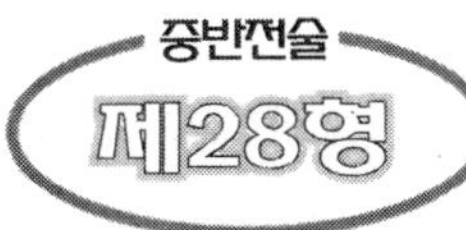

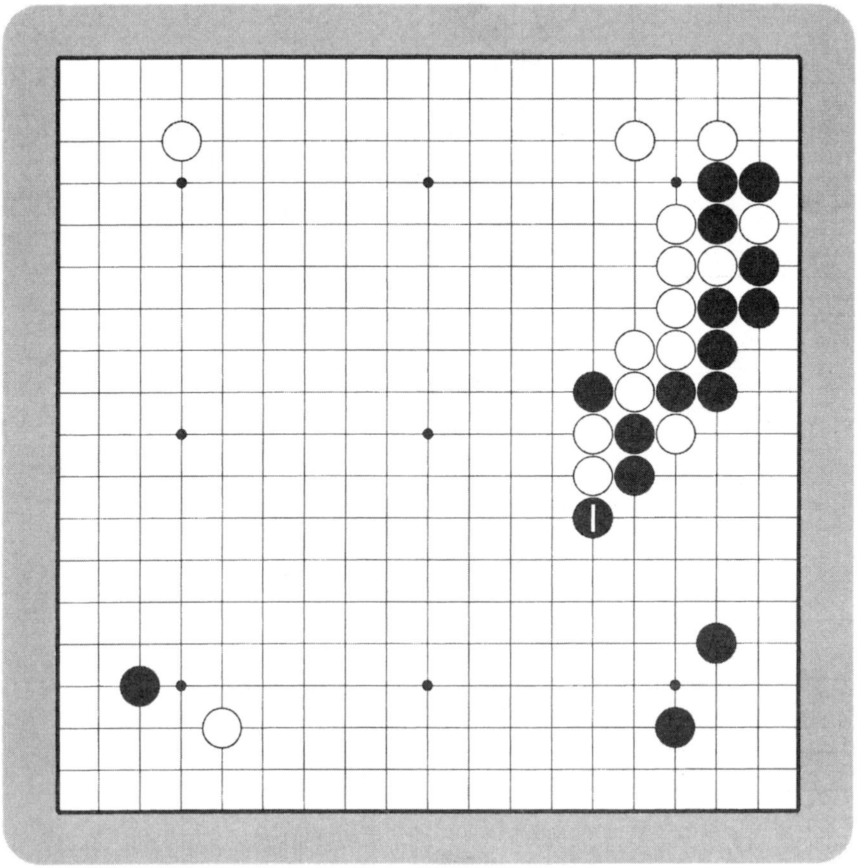

백의 과감한 세력작전이 시도되고 있는 가운데 흑1은 이렇게 두지 않으면 안되는 젖힘이었다. 여기서 백은 일관성있게 전술을 수행하고 싶지만 그 수순의 선택에는 고심해야 한다.

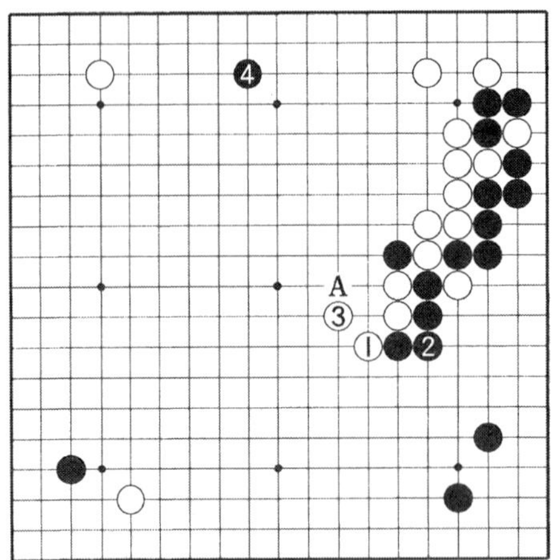

1도(무책)

백1·3은 무책이다. 흑4를 허락하고 또 A의 붙임이 언제든 고약한 맛으로 남게 되기 때문이다.

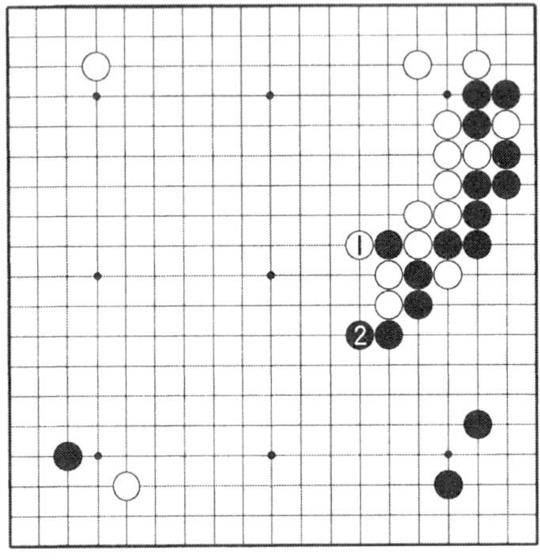

2도(하책)

백1은 아예 하책이다. 흑2로 뻗는 자세가 힘차 백이 전술을 제대로 수행할 수 있을지 의문이다.

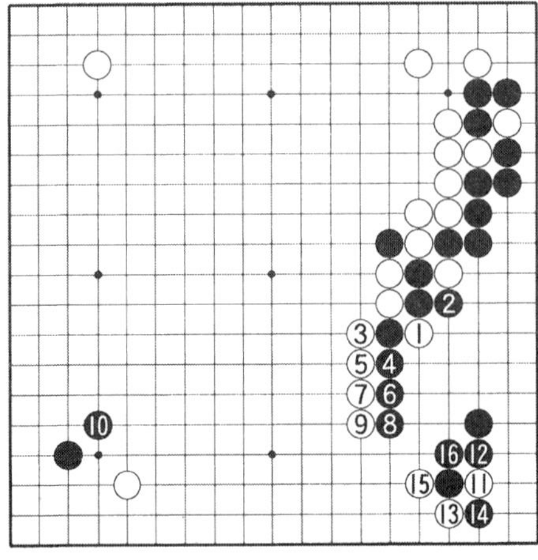

3도(실전)

백1로 어쨌든 이곳에 흠집을 남기는 것은 당연한 발상이며, 백7까지 밀어붙이는 것도 일관성이 있다. 다만 백9에는 약간의 전술적 사고가 필요했다. 흑10의 자세가 너무 좋았기 때문이다. 백9로는──

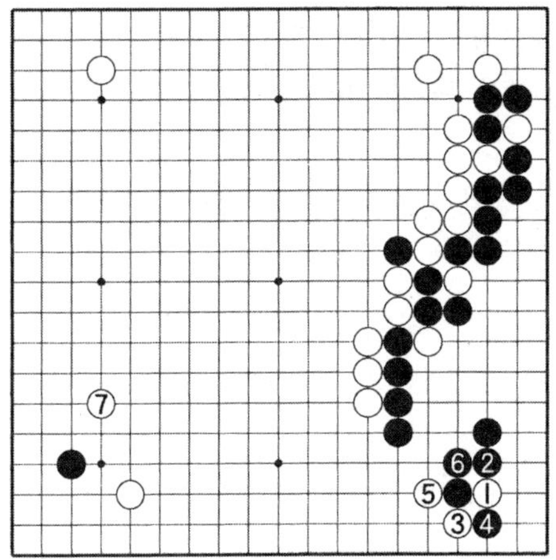

4도(전술적 사고)

백1 이하를 먼저 활용해 두고 백 7로 중앙을 선점한다. 이 결과는 백의 전술적 수순이 성공하고 있는 진행이다. 또 수순 중 흑2로—

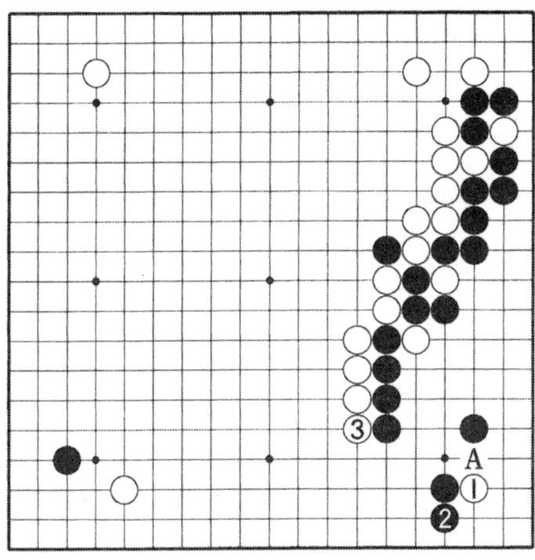

5도(뒷맛)

흑2로 두면 이때는 백3이 강력해진다. 백A의 준동이 있어 백3에 대한 흑의 반발이 쉽지 않기 때문에 이쪽은 막혀있다고 보아도 좋다.

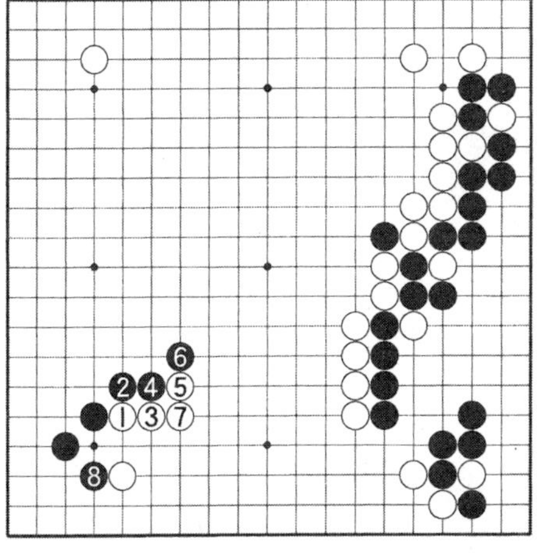

6도(실전)

이 진행은 실전이다. 흑8때 백은 세력을 배경으로 강력히 대응할 필요가 있다.

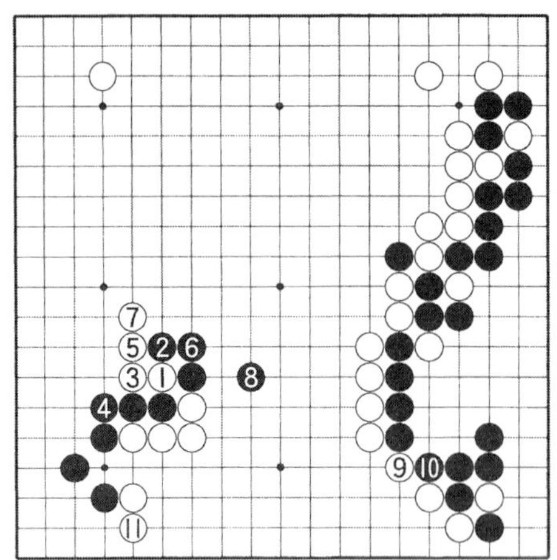

7도(6도 계속)

백1의 절단은 당연한 기세다. 흑도 일전불사의 기세이기 때문에 피차 전술적 충돌은 어쩔 수 없다.

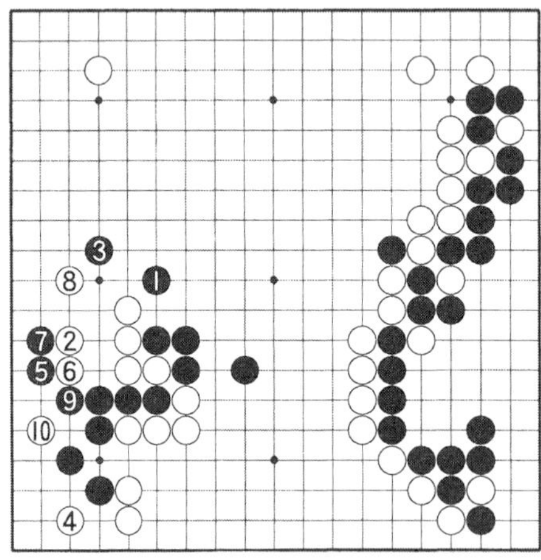

8도(7도 계속)

흑1 이하도 흑의 기세다. 흑7이 강력하지만 백8 이하의 대응도 철저하여 피차 한치도 물러서지 않는 공방의 연속이다.

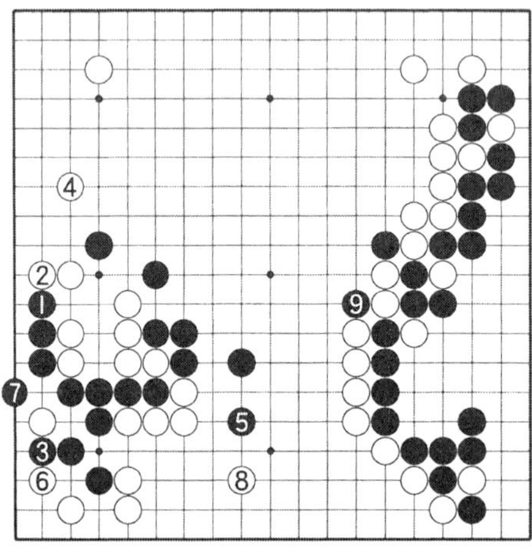

9도(8도 계속)

흑1 이하 백8까지는 피차 최선이다. 이때 흑9로 끊은 수가 투지과잉의 한 수였다. 그 이유는—

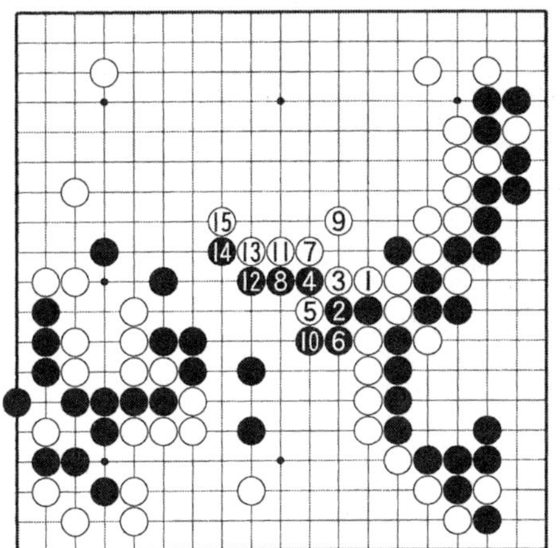

10도(형세 결정)

백1 이하로 진행되면 백15까지가 선수로 들어 상변이 집으로 굳어지게 되었기 때문이다. 따라서 9도 흑9는—

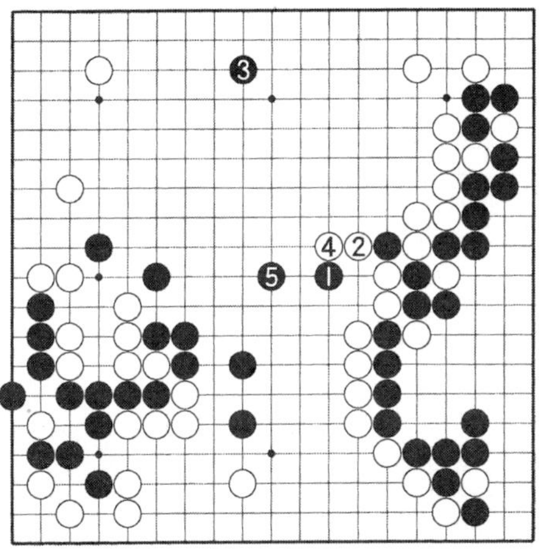

11도(유연)

흑1로 가볍게 처리하고 흑3에 두어 집에서 앞서야 했다. 백4에는 흑5로 안전하다.

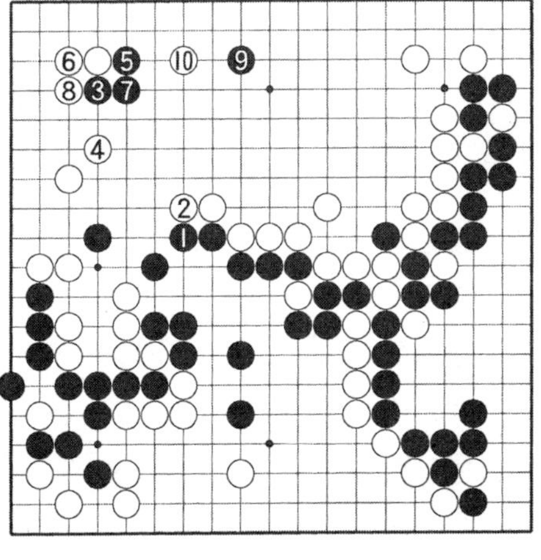

12도(필살)

흑3 이하의 교란이 시작되었을 때 백4의 필살적인 수법에는 약간의 전술적 결함이 있었다. 백4로는—

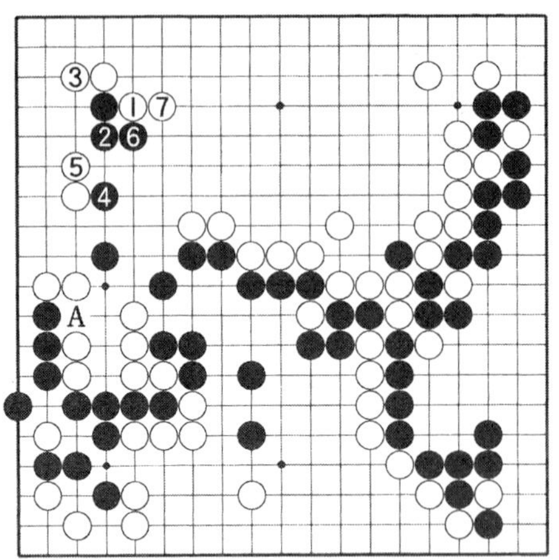

13도(유연)

백1 이하로 상변을 집으로 만드는 유연성이 필요했다. 이 진행이라면 백이 집으로 분명 앞서 있다. 좌변 백은 A가 선수로 들어 삶이 보장되어 있다.

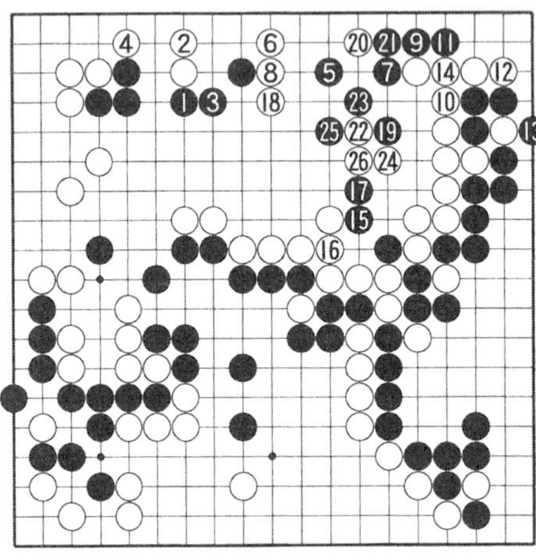

14도(실전)

흑1 이하의 실전은 그야말로 필살의 기백이다. 공격하는 백과 타개로 맞서는 흑의 공방이 볼만한 진행이다. 다만 수순 중 흑7로는—

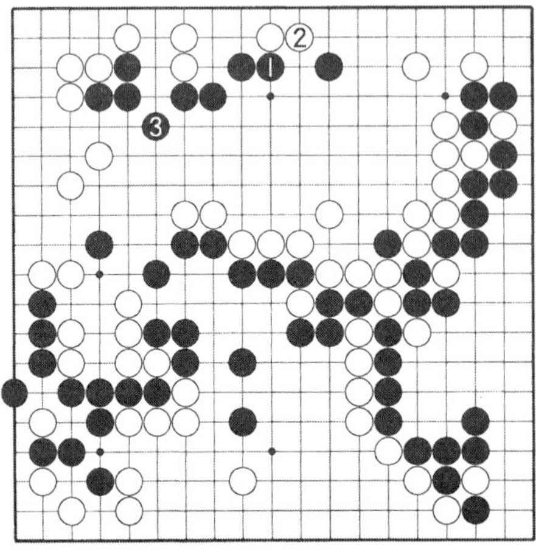

15도(간단한 수습)

흑1·3으로 처리하면 안전했다. 이 흑은 흑3쪽에 의외로 탄력이 있어 잡힐 돌이 아니다. 실전은 이 수순을 놓친 흑이 결국 역전에 실패했다. 이 바둑은 초반 세력의 분기점에서 중반전으로 돌입하는 전술적 수순과 치열한 공방이 볼만한 대국이었다.

중반전술

제29형 전술적으로 우위에 설 수 있는 타이밍

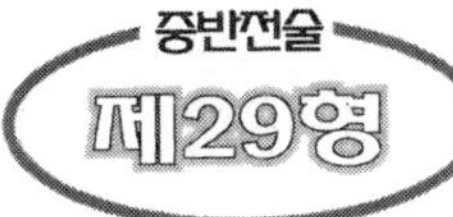

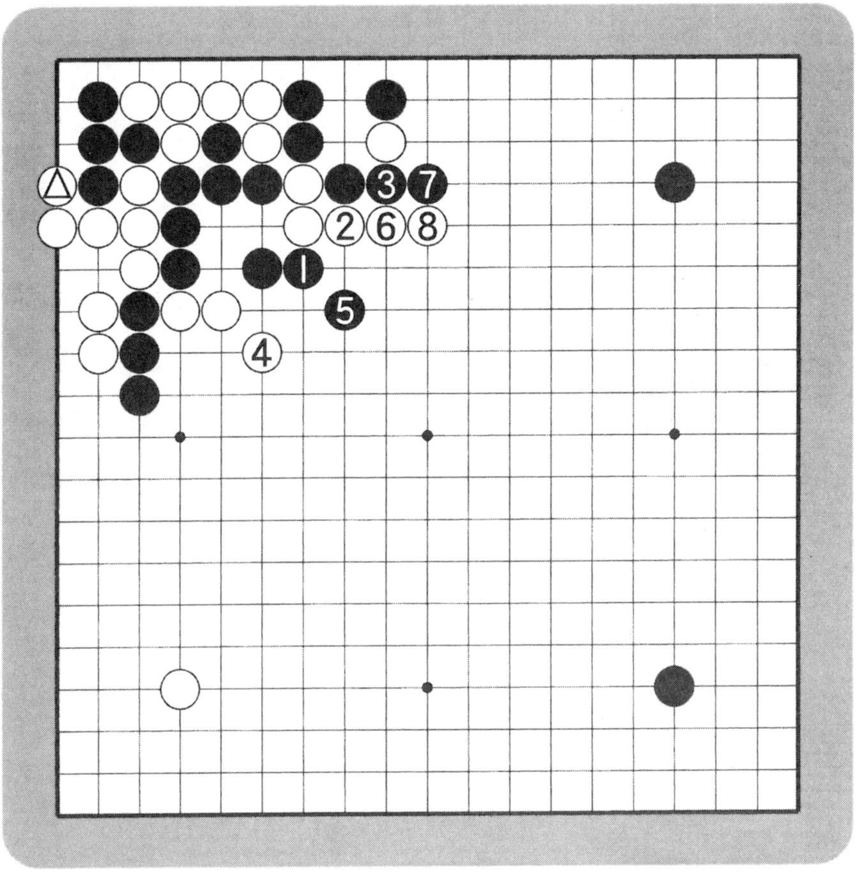

백△까지 좌상귀의 신형이 만들어진 가운데 중반전으로 돌입하고 있다. 흑5로 머리를 내밀었을 때 백6 · 8은 상변 흑을 압박하여 중앙쪽의 흐름을 얻으려는 것이다. 여기서 흑은 전술적으로 우위에 설 수 있는 타이밍을 얻었다.

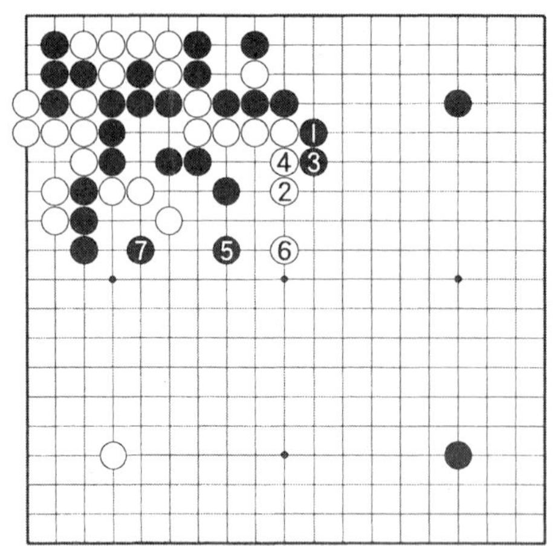

흑1 이하는 실전이다. 흑5로 백과 동행하면서 흑7로 여기까지 흑이 전술의 모티브를 잡은 장면이다. 백이 석점을 포기하면 백의 전술도 선택의 여지가 없어지므로—

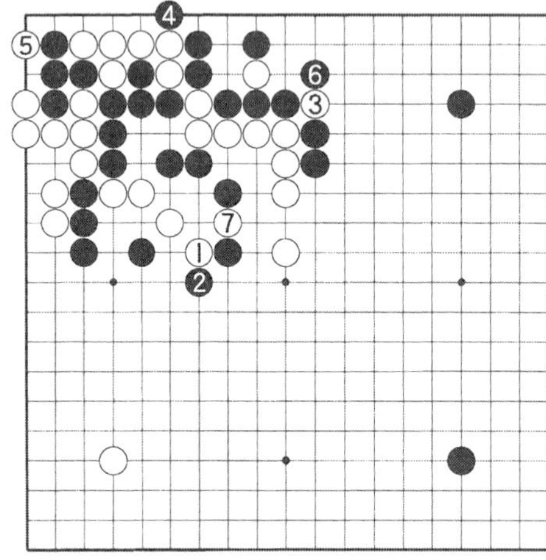

백1은 필연적인 반발이다. 그러나 여기서 흑은 전술의 결정을 내릴 수 있게 되었다. 백7을 유도하여—

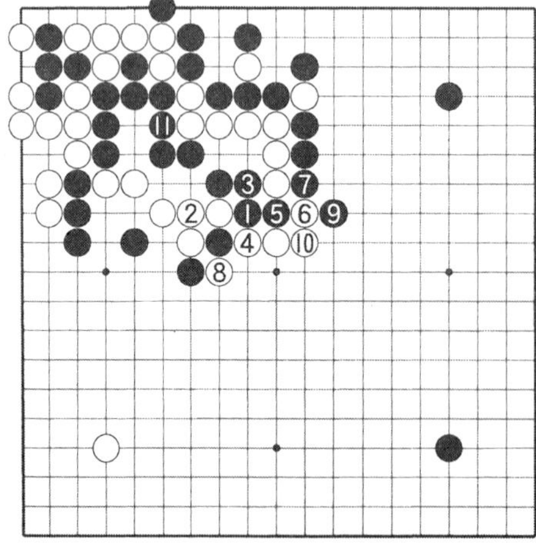

흑11까지 흑은 백을 잡고 이제 우세를 견지하는 전술로 전환해야 한다.

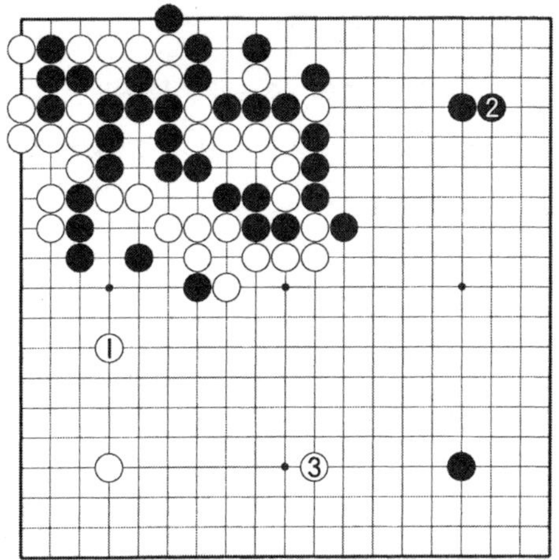

4도(침입의 보류)

백1은 절대다. 이 흑까지 산다면 더 이상 해볼 것도 없다. 이때 흑 2가 침입의 전술을 결정하기 위한 전략적 수비다. 백3이라면—

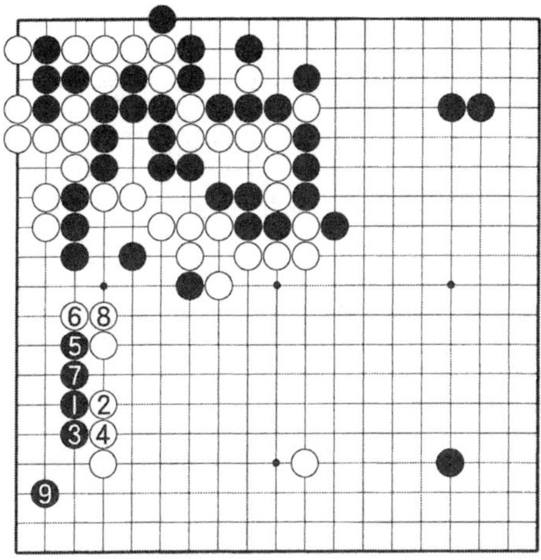

5도(결정)

흑1의 침입을 결정할 수 있다. 흑 9까지 이곳을 도려내고 다시 백의 동태를 살핀다. 삭감이냐 침입이냐 교란이냐의 선택을 하기 위한 것이다. 참고로 흑1에 대해—

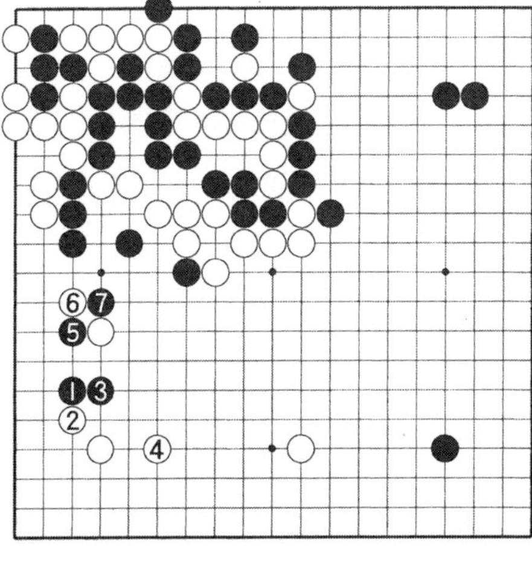

6도(분란)

백2·4에는 흑5·7로 분란을 일으킬 수 있다. 이후는 어떻게 변화해도 백에게 좋은 결과는 없다.

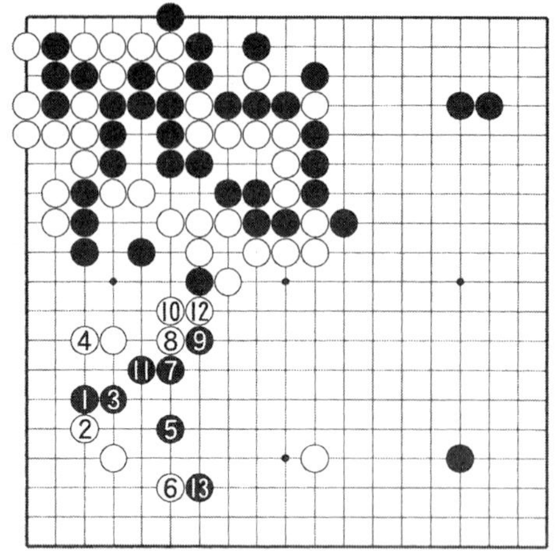

7도(안정)

백4도 흑5 이하로 모양을 갖춰 백이 이 흑을 더 이상 공격하는 것은 무리다.

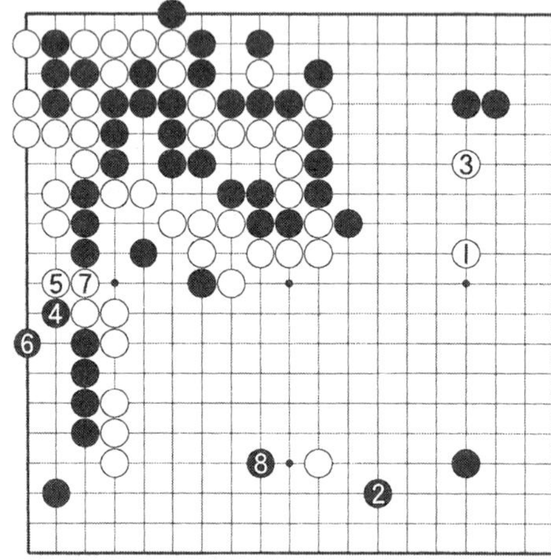

8도(마지막 침입)

5도에 이어 백1·3도 어쩔 수 없다. 서로 집을 지으면 이제는 흑집이 훨씬 더 크기 때문이다. 따라서 흑8의 침입이 성립하게 되었다. 수순 중 흑4·6은 기민한 끝내기다.

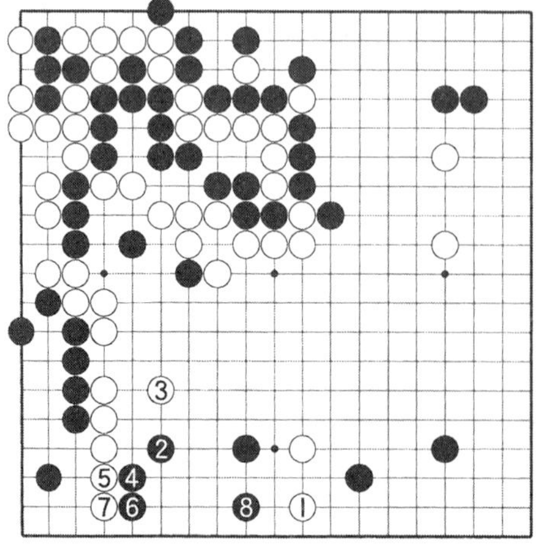

9도(안정)

흑2로 두면 백3은 절대다. 반대로 흑이 이곳을 두면 중앙 백집도 보장받지 못한다. 흑8까지 근거를 잡아 이 흑은 거의 살아 있다.

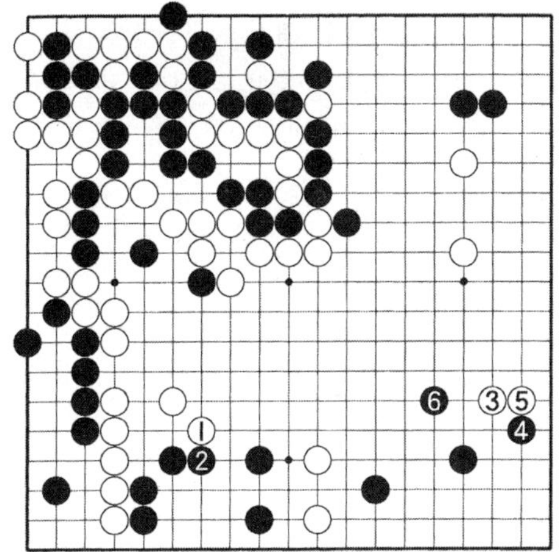

10도(9도 계속)

백3은 마지막 전장이다. 그러나 흑4·6의 반격이 강력하여 백에게 역전의 기회는 올 것 같지 않다.

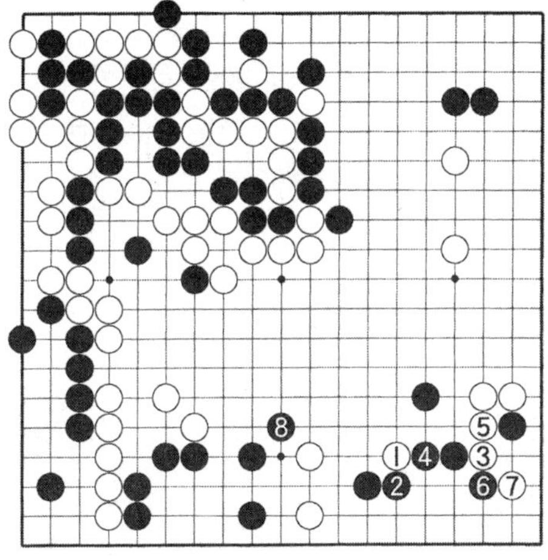

11도(교란)

백1·3은 마지막 교란책이다. 그러나 흑8의 반격으로 승부는 끝났다. 이 백이 탈출하는 것은 불가능하다.

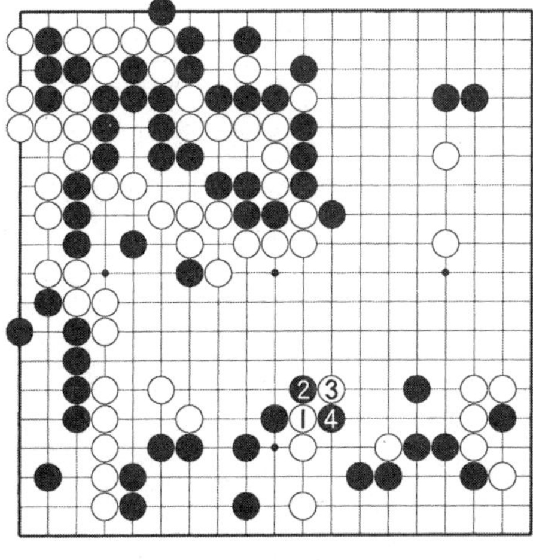

12도(11도 계속)

백1 이하는 두어보는 것에 지나지 않는다. 백도 이 돌이 살 수 없다는 것을 모르고 있지는 않다.

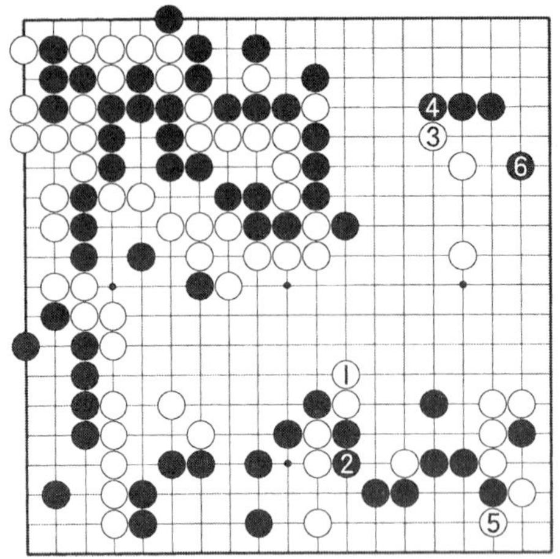

13도(12도 계속)

백1 이하의 진행은 던질 곳을 찾는 수순이다.

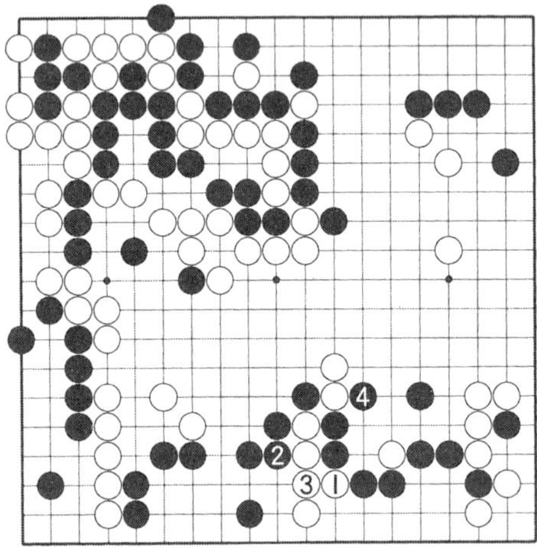

14도(13도 계속)

백1 이하의 수단도 마찬가지다. 흑에게 실수가 없다면 이 백은 살 수 없는 것이다.

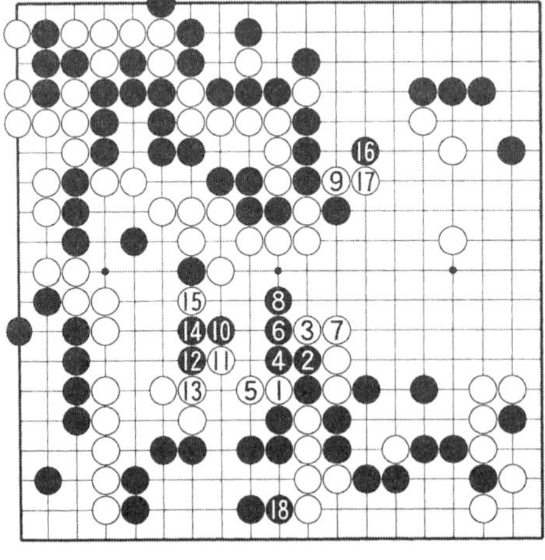

15도(승부 끝)

백1 이하는 백이 던질 곳을 찾는 수순이다. 이 바둑은 초반전투에서 흑의 바꿔치기 전술이 주효하여 성공을 거둔 뒤 백진을 차례로 침입하여 백에게 분란의 빌미를 주지 않고 완승한 흑의 전술적 수순이 볼 만한 한판이었다.

제30형 과수를 사석작전으로 추궁한 흑의 전술

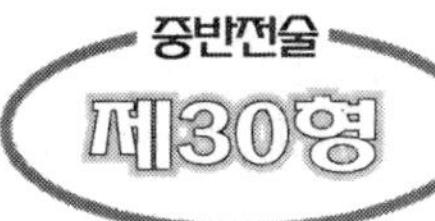

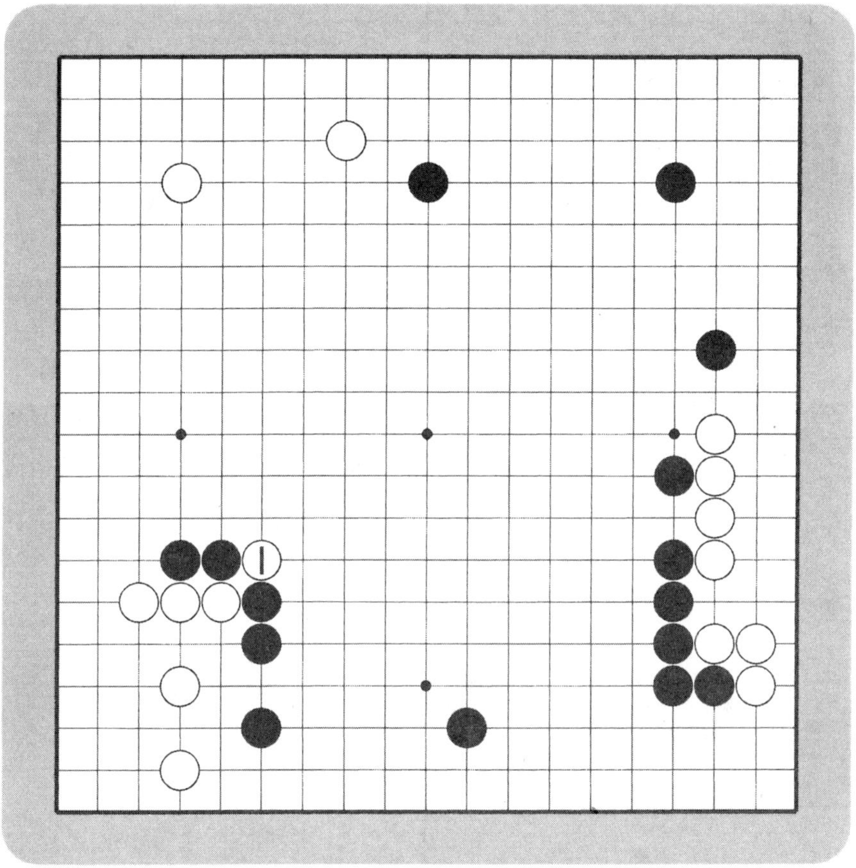

백1의 절단은 전투를 통해 중앙 흑세를 견제하려는 수다. 이 수를 둘러싼 공방에서 흑은 잠시라도 느슨하게 대응하면 흑세가 무력화되어 주도권을 상실하게 된다.

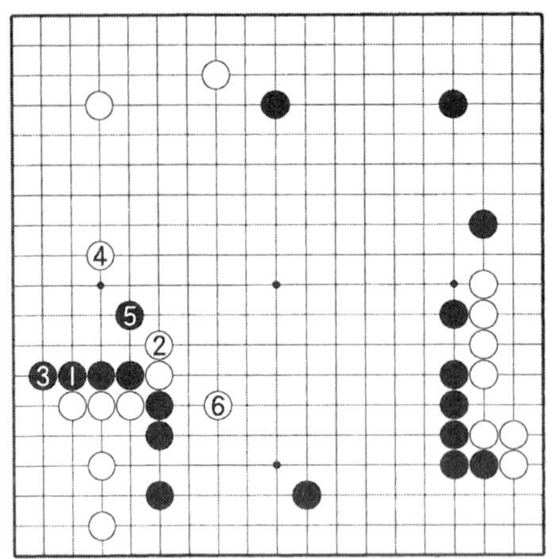

1도(실전)

흑1 이하는 실전인데 백6이 지나
쳤다. 흑이 이런 수를 용서하면 그
즉시 형세는 백에게 기울어지고 만
다. 백6으로는—

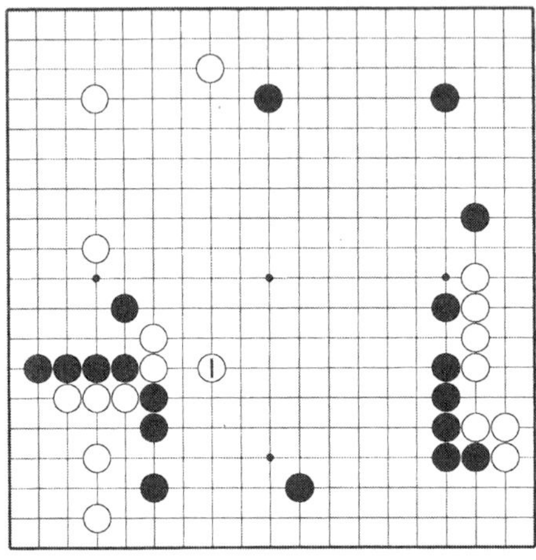

2도(정수)

본도 백1이 무난했다. 백이 이 수
를 두지 않은 것은 무난하게 진행
되는 것보다 약간의 기술을 발휘해
여기서 주도권을 잡으려는 욕심이
있었기 때문이다.

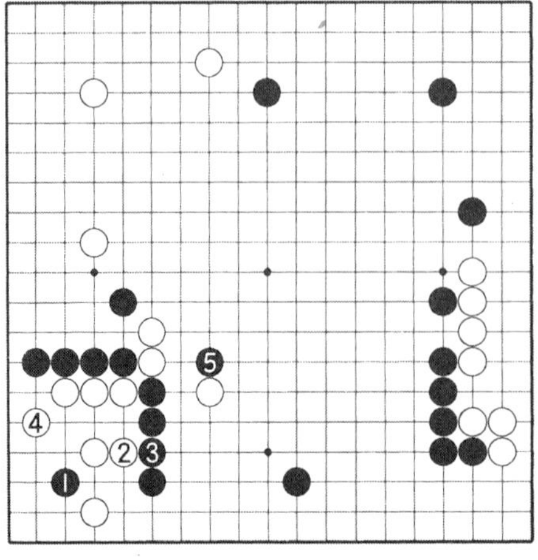

3도(강수)

흑1로 백2를 강요하여 흑3쪽의
약점을 없애고 흑5에 붙인 점이 통
렬했다. 이 수가 전술의 포인트가
되는데, 백의 다음 수가 보이지 않
는다.

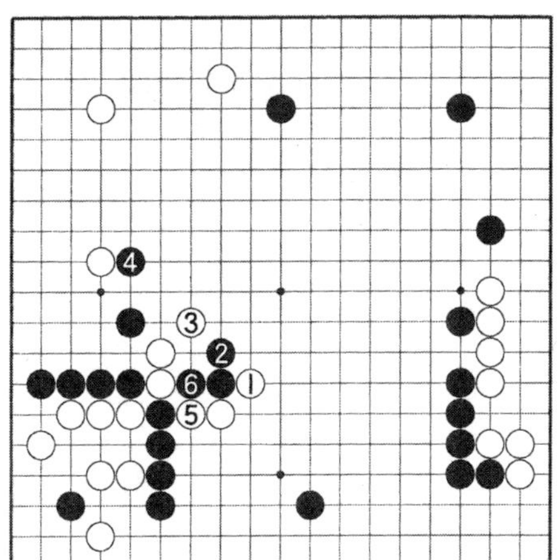

4도(교란)

백1 이하는 난국을 극복해보려는 교란책이다. 그러나 흑에게는 이미 전술적 수순이 준비되어 있다.

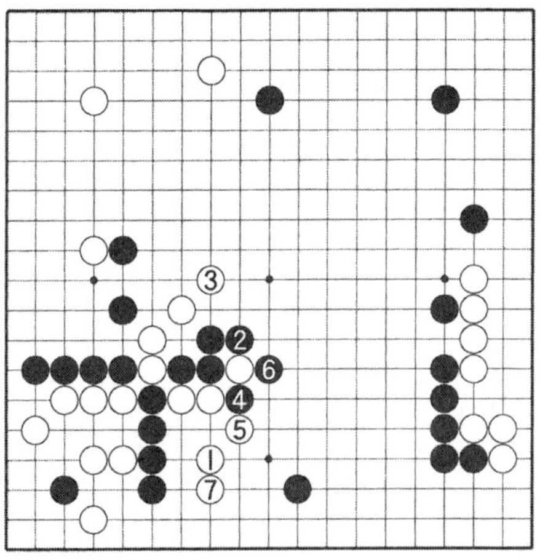

5도(사석작전)

백1의 교란책에 계속 응수하는 것은 흑이 휘말릴 공산이 크다. 흑이 준비한 수순은 사석작전이었다. 백7까지 되면 간힌 흑 넉점은 살 수 없지만―

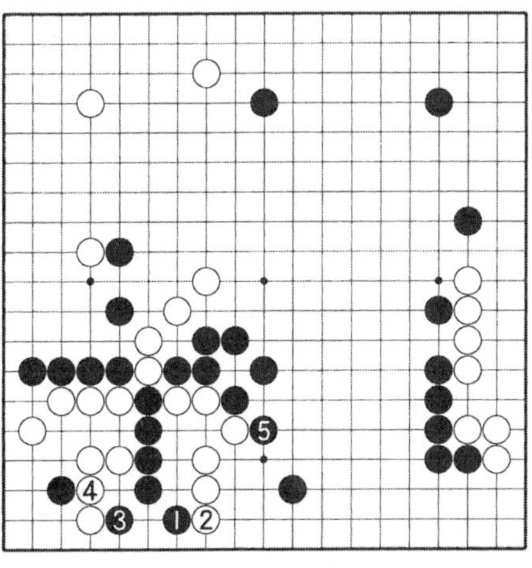

6도(수순)

흑1·3의 수순이 기민했다. 그리고 흑5로 조인 다음―

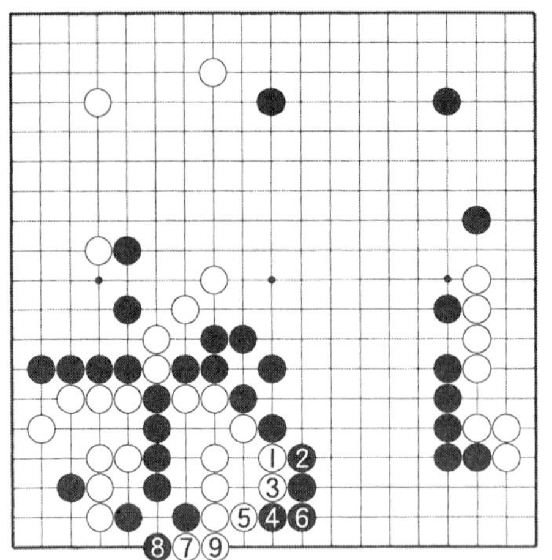

백1 이하 백9까지 되었을 때, 이 수상전은 유가무가가 아니다.

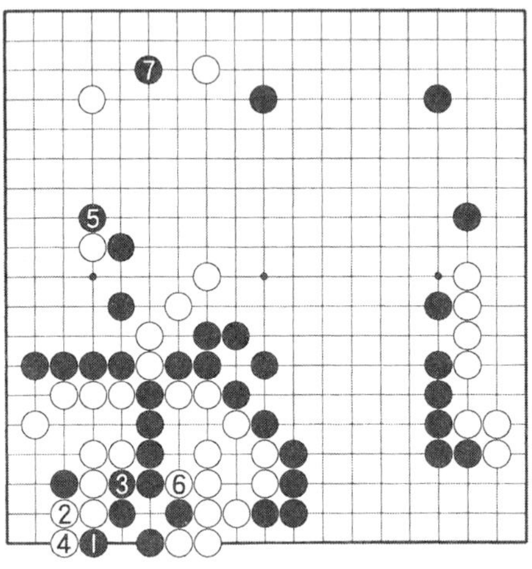

흑1의 젖힘이 있어 그냥 죽지는 않는다. 이 결과는 패다. 따라서 흑5에 백은 백6을 두지 않을 수 없다. 흑7에 손이 가서는 단번에 흑이 우세를 확립하게 됐다.

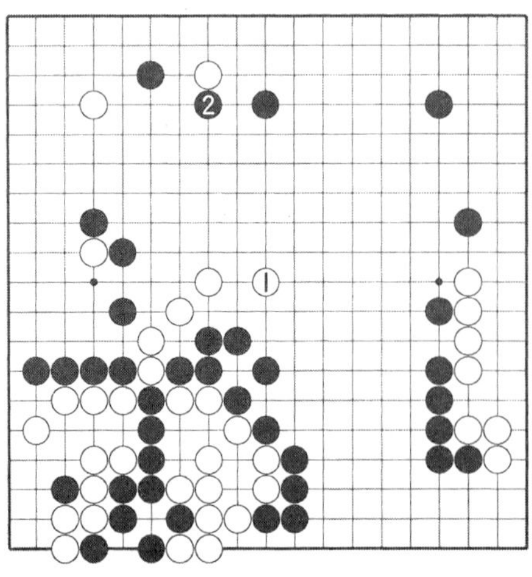

백1도 요처다. 좌하의 흑이 5수나 늘어진 상태로 죽어 있으므로 이 근처의 전투는 백이 자유롭지 못하다. 그래서 흑2도 흑의 차지가 되어 흑 절대 우세의 국면이다.

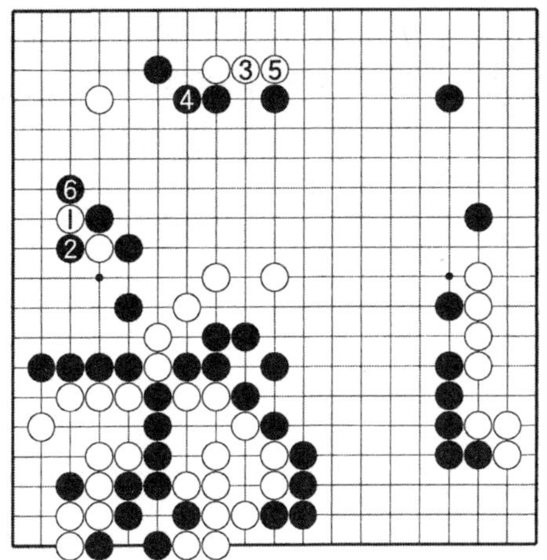

10도(견실)

백1·3·5때 흑6은 침착 견실의 한 수다. 교란의 책동을 원초적으로 방지하고 있다.

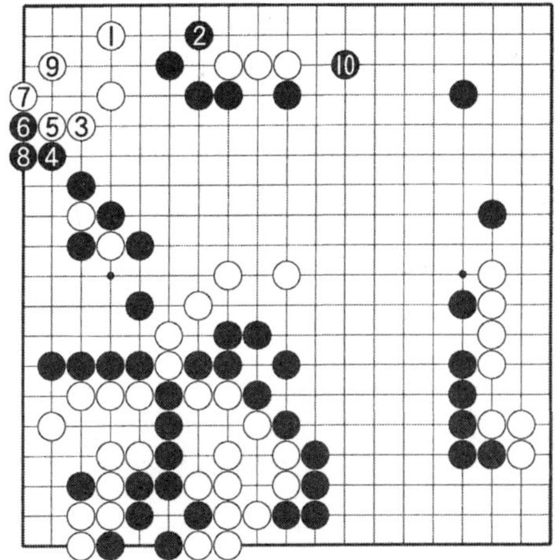

11도(흐름)

백1의 귀수비를 이용하여 흑2을 얻는다. 계속해서 백이 귀를 정비할 때 흑10으로 상변 백을 공격하는 흐름을 타게 되어 흑 우세는 불변이다.

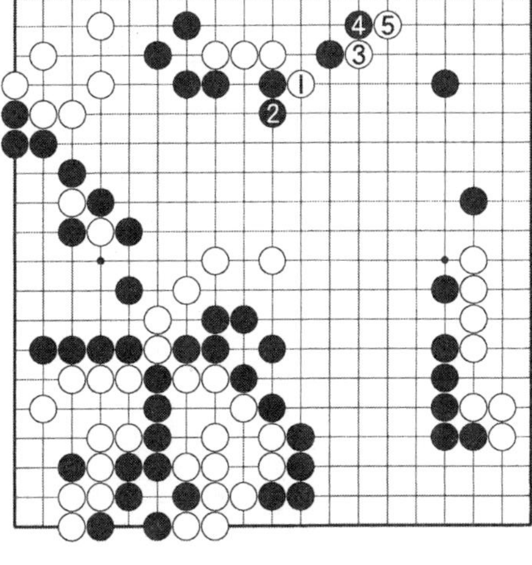

12도(교란)

백3·5는 고도의 교란전술로 흑의 응수가 쉽지 않다. 백이 여기서 다소 만회할 것 같다. 그러나 역전에 미치지는 않을 것이다.

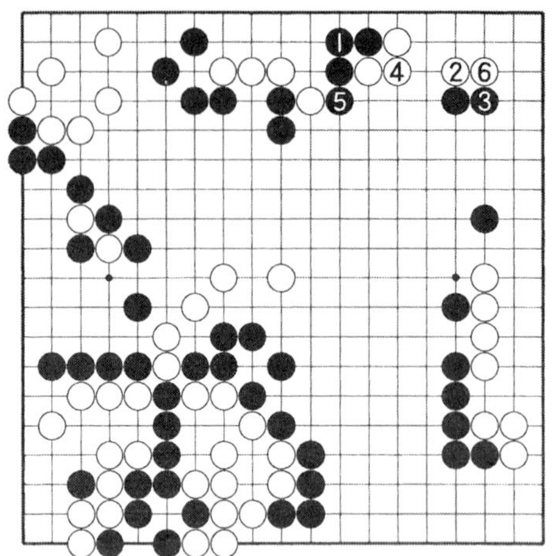

13도(최선)

흑1은 최선이다. 백2의 교란에도 흑3이 견실하다. 백6까지 귀를 차지해서는 백이 약간 만회했다. 그러나 흑승은 부동이다.

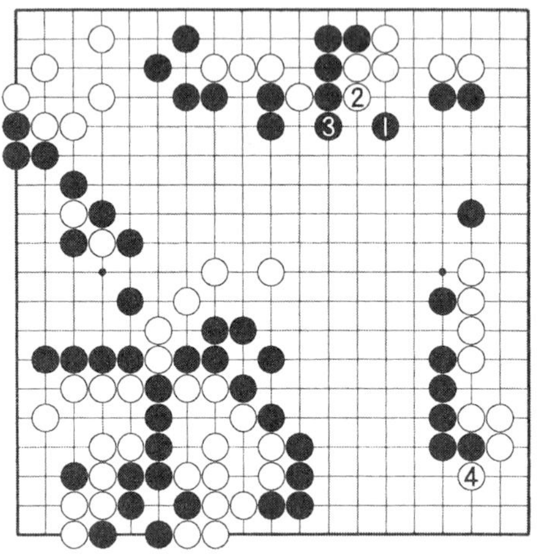

14도(13도 계속)

흑1·3은 백의 역습을 예방한 것이다. 백4때—

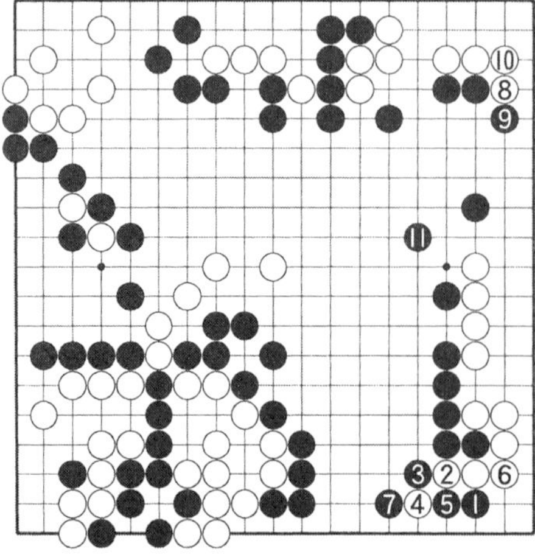

15도(흑승)

흑1로는 백6에 끊어두고 먼저 백10의 곳에 젖히는 수순이 있었지만 유리하므로 안전운행한 것이다. 이것으로 미세하지만 흑승은 결정되었다. 이 바둑은 초반 백의 과수를 사석작전으로 추궁한 흑의 전술이 돋보인 한판이었다.

제31형 — 중앙요석을 사석으로 처리하는 백의 전술적 극치

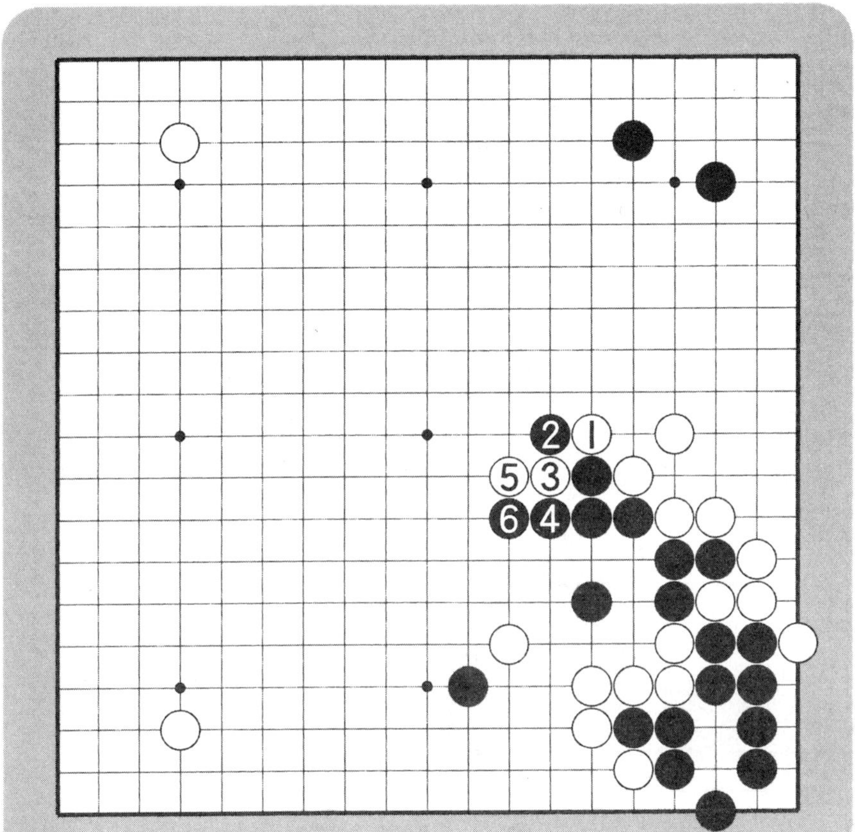

백1·3은 과수처럼 보인다. 그러나 과수를 두었다해서 그에 연연해하면 돌이킬 수 없는 파국으로 치닫게 된다. 흑6까지 추궁당했을 때 백의 수습은 가능할까?

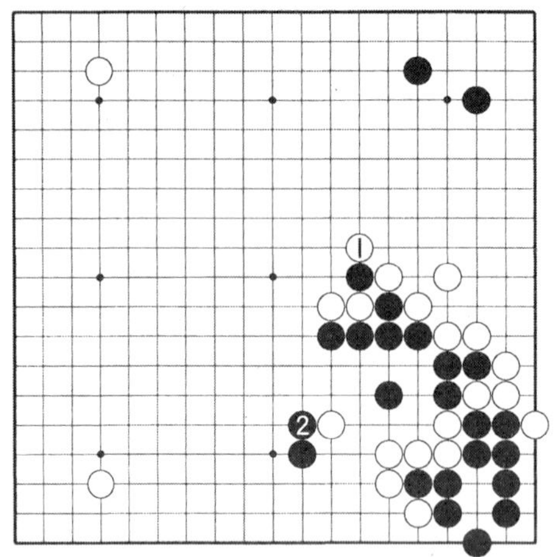

1도(행마법이지만)

백1은 이런 경우 흔히 사용하는 행마법이지만 지금은 통용되지 않는다. 흑2로 갇히기 때문이다.

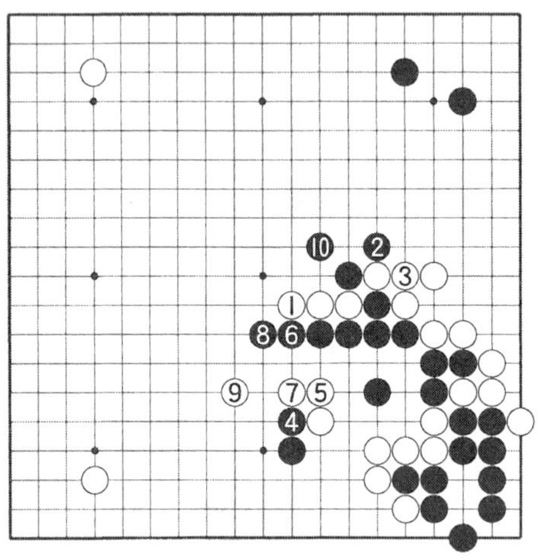

2도(투자는 부담)

백1로 두는 것은 일종의 투자다. 그러나 일단 투자가 되면 부담도 그만큼 느는 것이다. 흑10까지 중앙 백이 부담되고 있다.

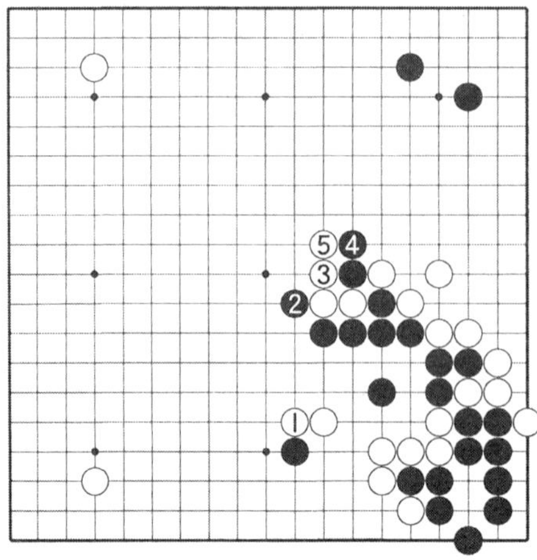

3도(실전)

백1은 일단 투자의 부담에서 벗어나는 길이다. 흑2때 백3·5로 따냄을 허락하지 않는 것은 투자가 아니라 버리기 위한 수순이다.

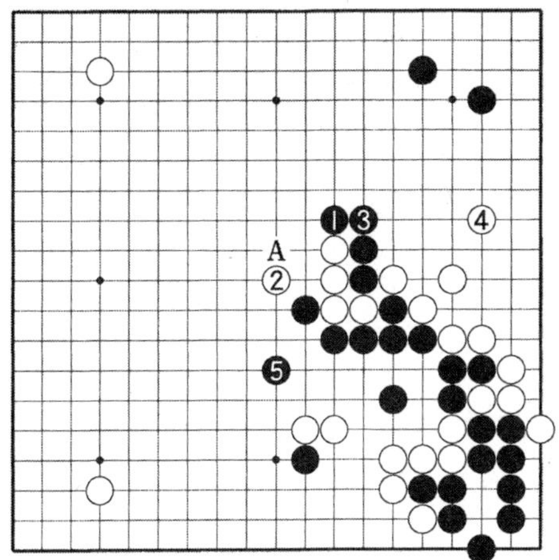

4도(사석작전의 수순)

흑1·3때 백4를 얻어내는 것도 버릴 수 있는 요건이다. 이제 흑5에 대해 마지막 결단만이 남았다. 참고로 중앙 백은 이대로 방치하면 A의 붙이는 맥으로 잡힌다.

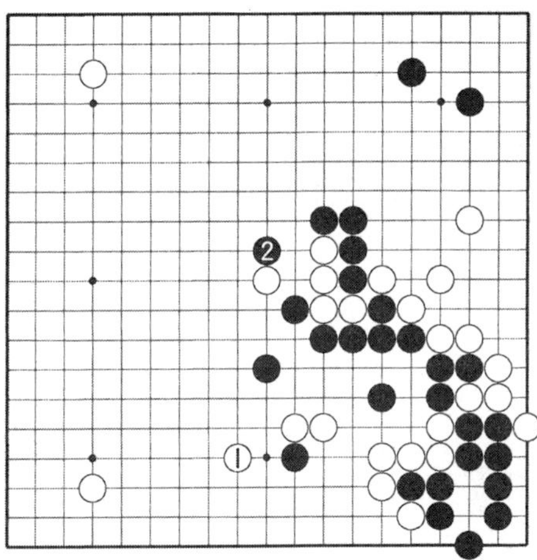

5도(결단의 실체)

중앙을 포기한 백1은 과감한 결단이다. 그러나 이 결단은 이제 와서 어쩔 수 없게 되니까 포기하는 것이 아니다. 백 4점은 이제 자기 몫을 다했기 때문에 버리는 것이며, 이 계획은 이미 오래 전에 세워진 것이었다.

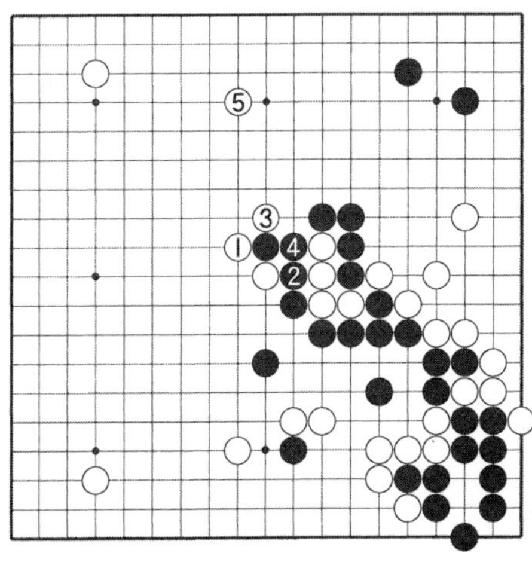

6도(전환)

백1·3의 활용도 백이 번 것이다. 그리고 백5로 전환하여 백은 4점을 포기하는 대신 우변, 하변, 상변을 차례로 얻고 있다.

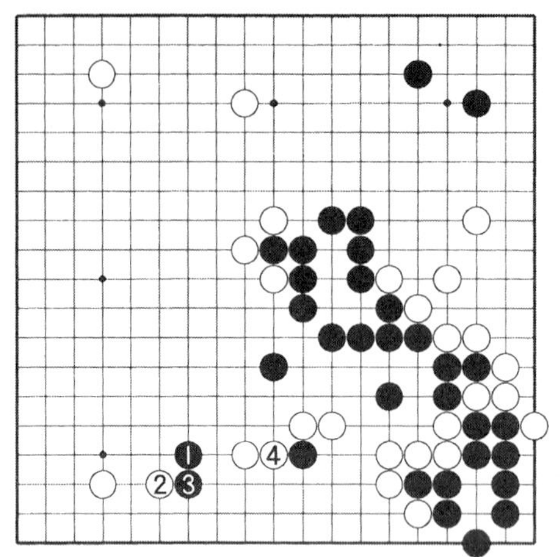

7도(침입)

흑1은 두터움을 믿은 흑의 침입이다. 그러나 백은 분규에 말릴 이유가 없다. 주변 흑이 강하므로 백 2·4 정도로 타협하는 것이 당연하다.

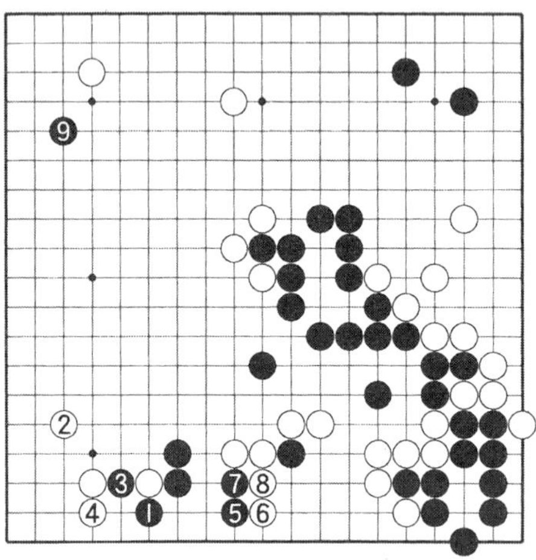

8도(타협)

흑1 이하 백8까지는 이렇게 될 자리다. 집에서 앞서고 있는 백은 변수를 하나둘 씩 지워나가는 것이 좋다.

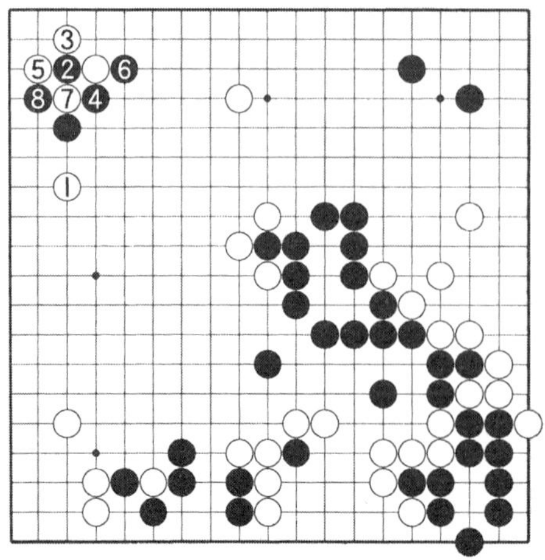

9도(마지막 전단)

백1 이하는 흑에게 전단을 제공한 졸속전술 같아 보이지만, 여기서 모든 변수를 일거에 소멸시키려는 백의 적극전술이다.

458

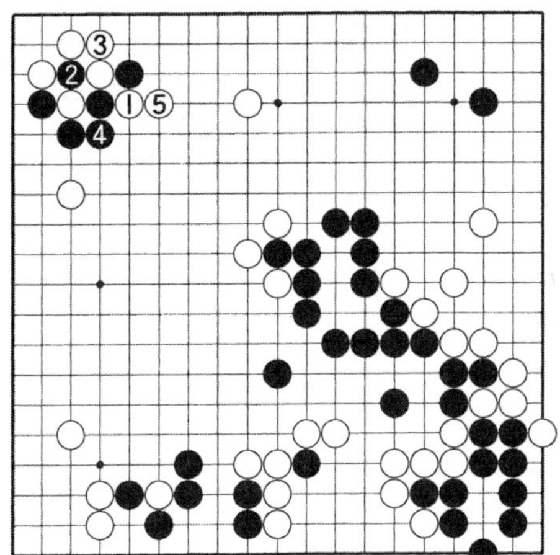

10도(패맛)

백1 이하는 예정된 수순이다. 귀의 패맛은 흑이 전술을 시도하기 위한 빌미로 남았지만, 여기까지 일단 백이 집으로 확실히 앞서고 있다. 반면 흑의 두터움은 공격목표가 설정되어 있지 않다.

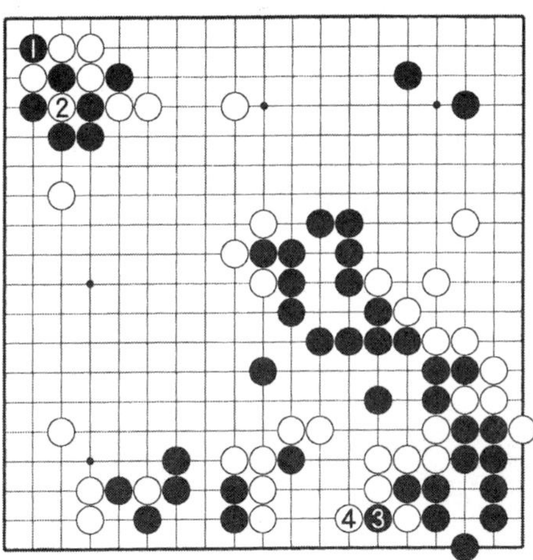

11도(팻감)

흑1부터 흑의 시비가 시작되고 있다. 흑은 이 패를 통해 전단의 실마리를 찾으려 하는 것이다. 그러나 팻감이 문제다.

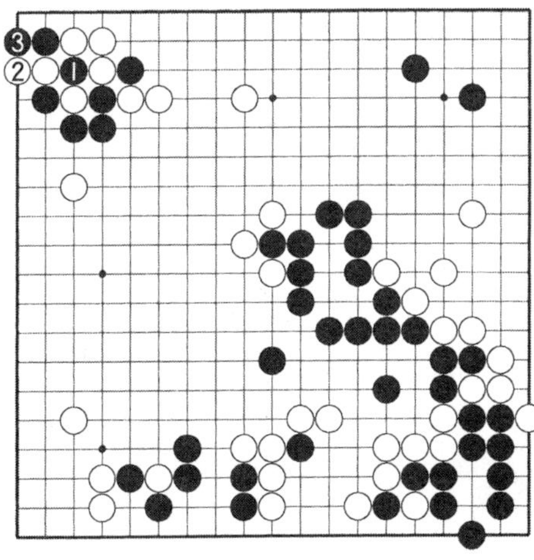

12도(11도 계속)

백2는 패의 부담을 키운 것이다. 백은 이 패를 져도 같은 크기지만 흑이 지면 부담이 더 큰 것이다.

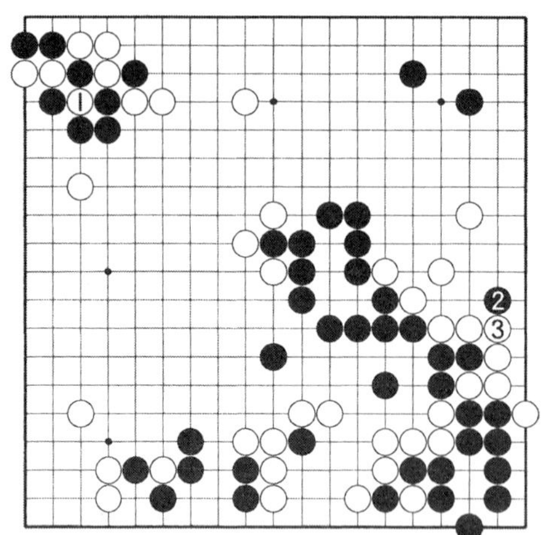

13도(12도 계속)

흑2는 어찌됐든 일단 손해패다. 크기로 따지면 약2~3집쯤.

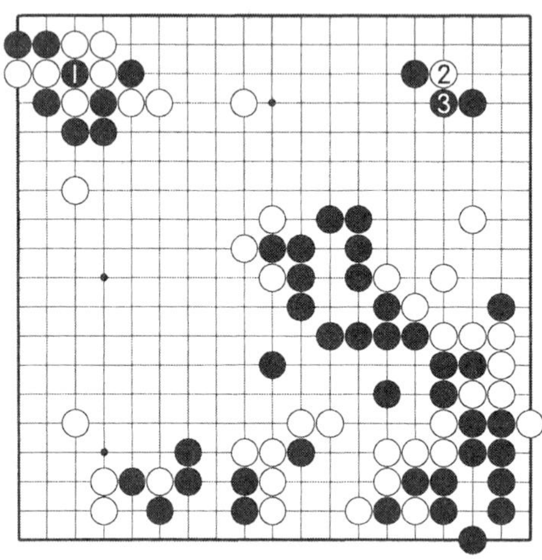

14도(13도 계속)

백은 백2쪽에 팻감이 있다. 그러나 좌상귀의 패는 흑이 이겨도 한 번을 더 두어야 결론이 난다.

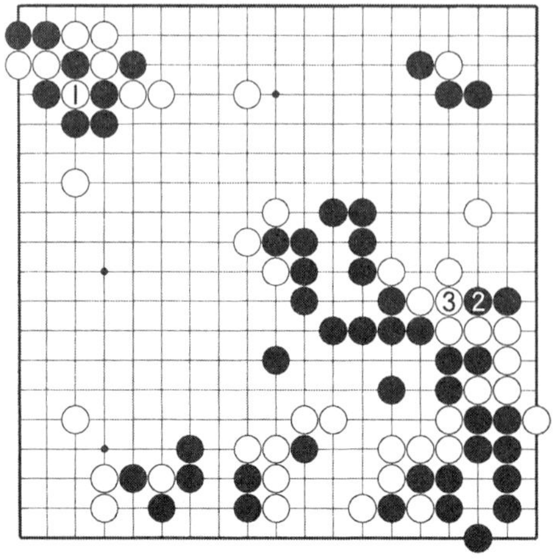

15도(14도 계속)

흑2도 손해의 의미가 있다. 그러나 패를 이겨야 하므로 그런 것을 일일이 따질 겨를이 없다.

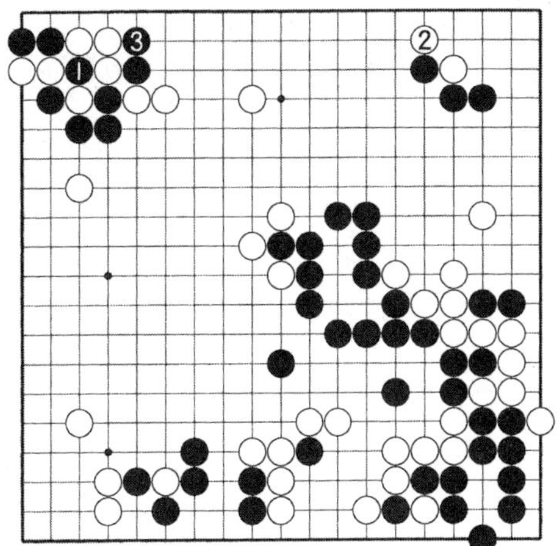

16도(패 종결)

백2때 흑3은 정수다. 이렇게 두지 않고 그냥 백 두점을 따내면 한 수가 놀게 되어 손해다. 백도 이곳을 그냥 손뺄 수는 없다.

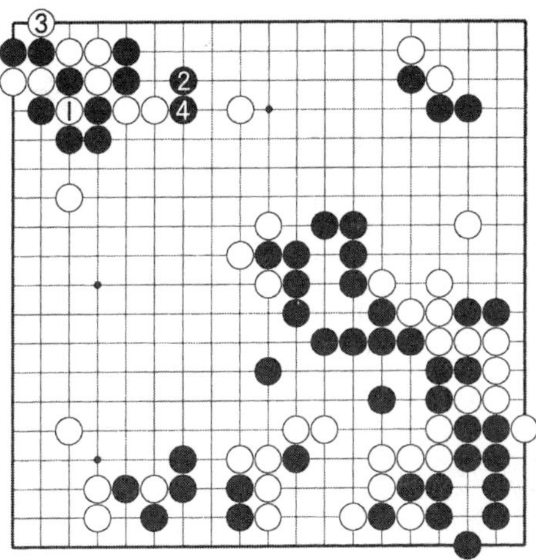

17도(16도 계속)

백1·3과 흑2·4의 교환은 기세상 어쩔 수 없다.

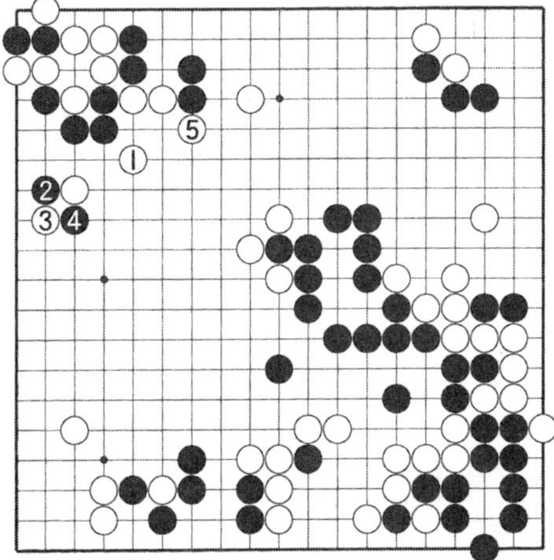

18도(난전같지만)

백1 이하는 난전같지만 거의 결과가 결정된 수순이다. 흑은 이렇게라도 싸우지 않으면 안되기 때문에 역투하고 있을 뿐이다.

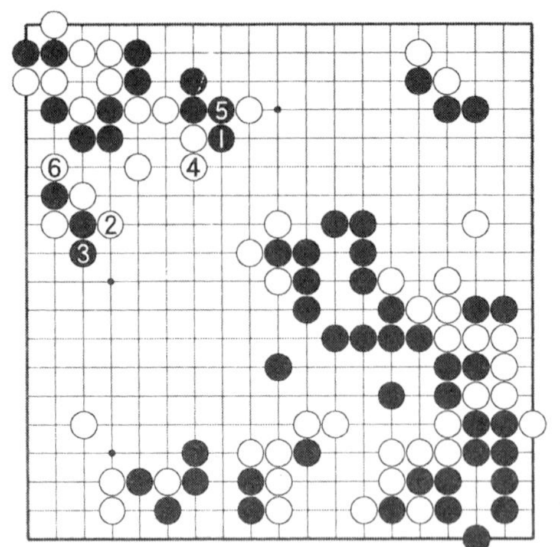

19도(18도 계속)

흑1 이하도 피차 물러설 수 없는 진행이다. 백6까지 싸움도 거의 마무리될 단계까지 왔다.

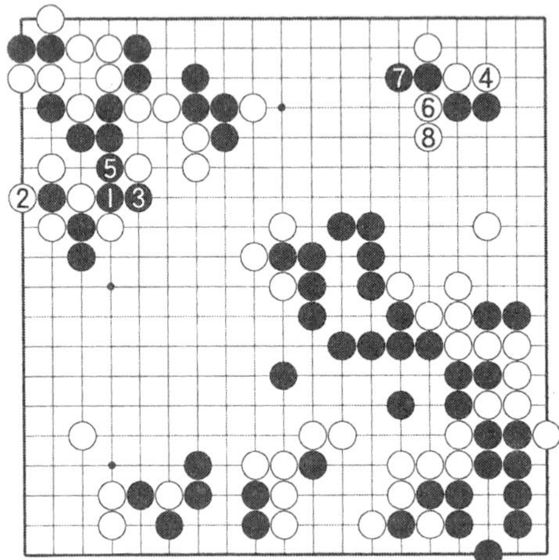

20도(흥정)

흑1·3에서 다시 패싸움의 흥정이 시작되었다. 그러나 백4때 흑은 이곳을 받을 수 없다. 팻감이 없기 때문이다. 흑5로 패 수단을 없앴을 때 백6·8은 강수였다.

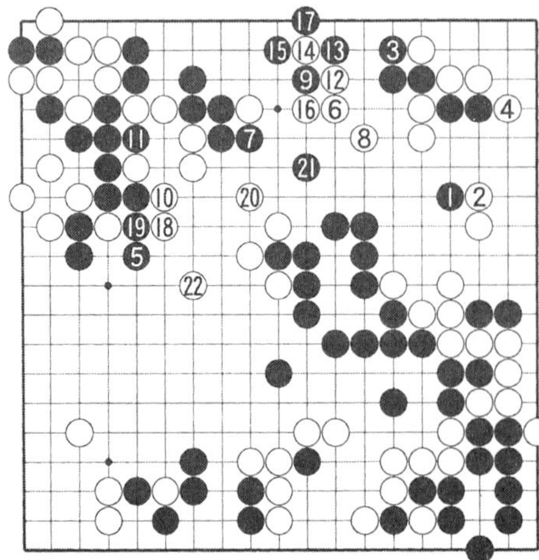

21도(타개)

흑1 이하 흑3까지 처리하고 흑5로 지켰으나 백6 이하의 수순이 교묘하다. 백22까지 중앙 백이 수습되어서는 흑이 이길 수 없다. 이 바둑은 초반 중앙요석을 사석으로 처리하는 백의 수순이 전술의 극치를 보여주었으며, 좌상의 패를 둘러싼 공방이 볼만했다.

중반전술

제32형 백의 모양을 구축하는 것이 전술적 포인트

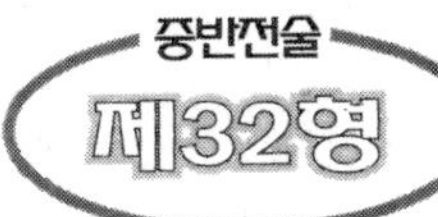

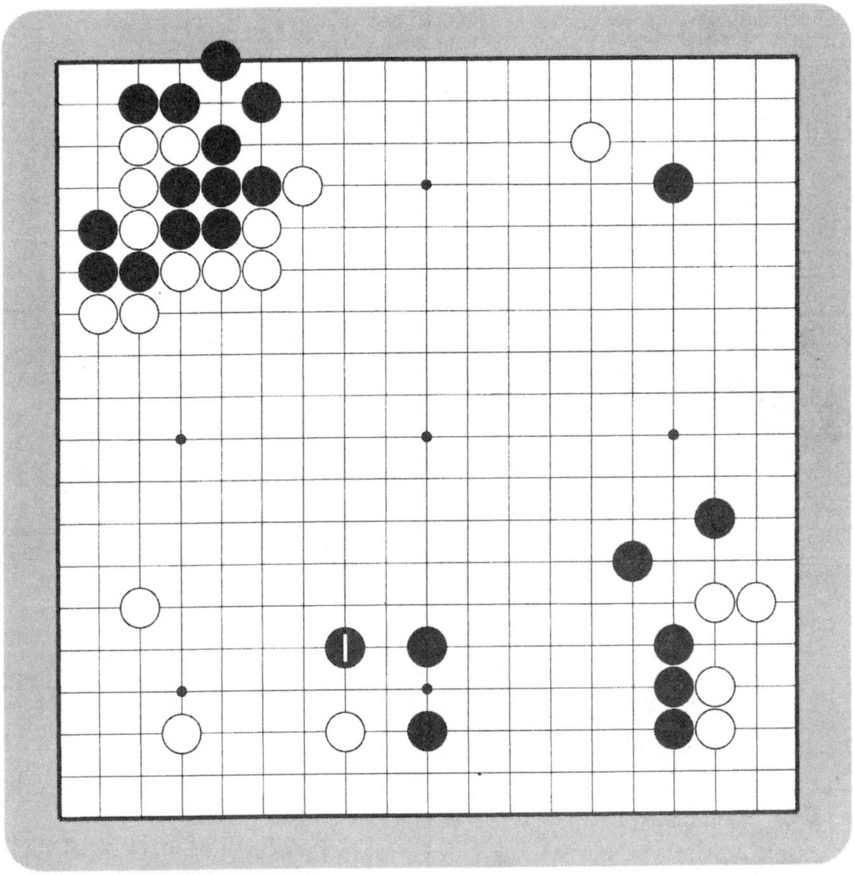

흑1의 모자는 일반적으로 사용되는 행마법으로 정수다. 백이 지금 취할 수 있는 전술은 좌변의 모양을 어느 정도 구축하고 우상 일대의 흑집이 불어나는 것을 저지하는 것 외에는 달리 선택할 길이 없다. 교란할 흑집도 없고 공격할 대상도 없기 때문이다.

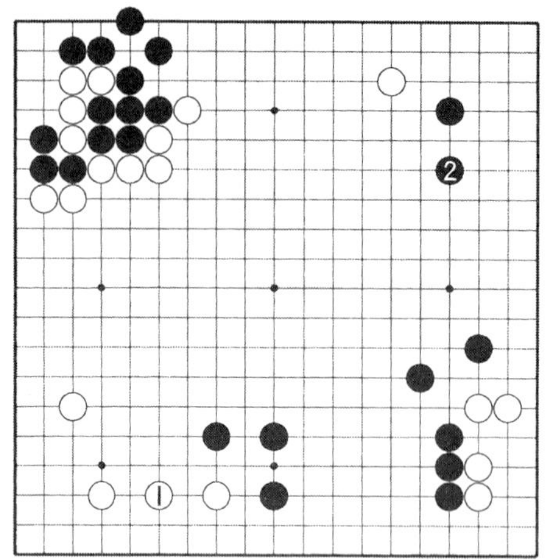

1도(상식)

백1은 정직한 수비다. 그러나 바둑의 전술은 정직으로 해결되는 법이 결코 없다.

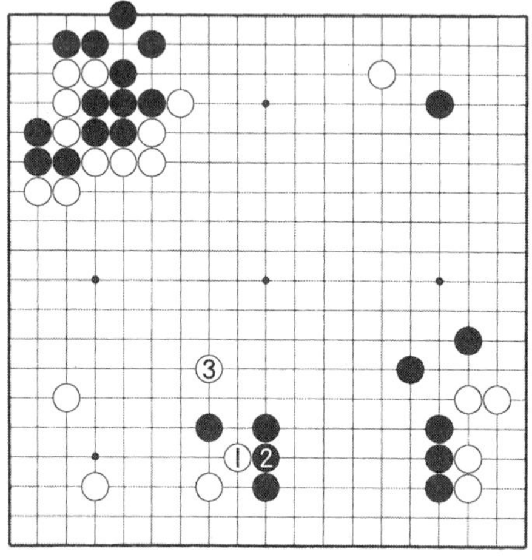

2도(실전)

백1은 보통 악수라 하여 기피하는 수지만 이 경우 시기 적절한 응수타진이었다. 백3이 백1과 연관하여 전술적 요처가 되었기 때문이다. 만약 흑2로―

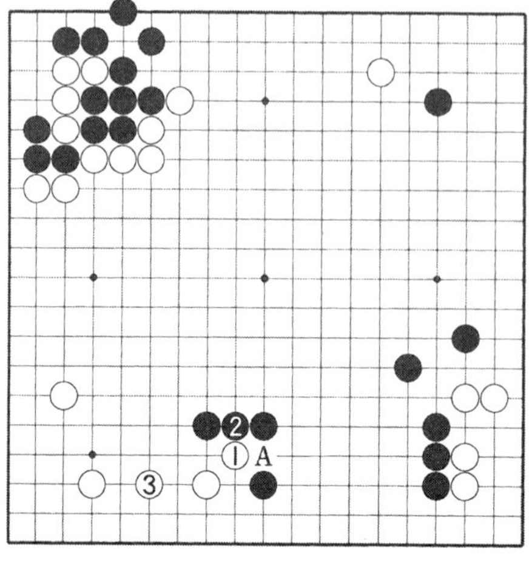

3도(수순)

본도 흑2라면 백3이다. 이때 A의 약점이 남아 흑이 불만인 것이다.

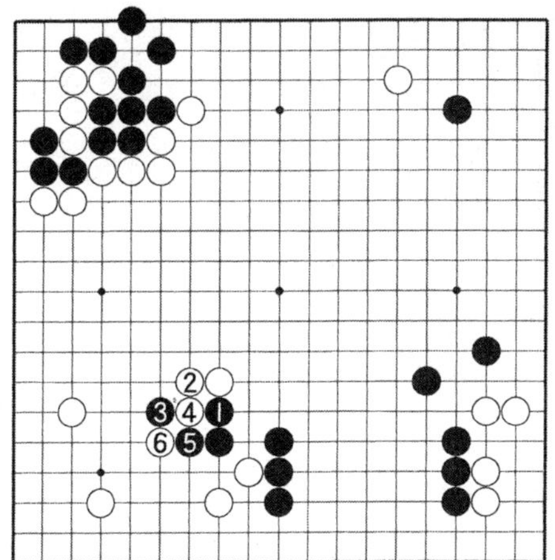

흑1 이하는 실전이다. 백의 의도대로 백6까지 좌변이 크게 결정되고 있다.

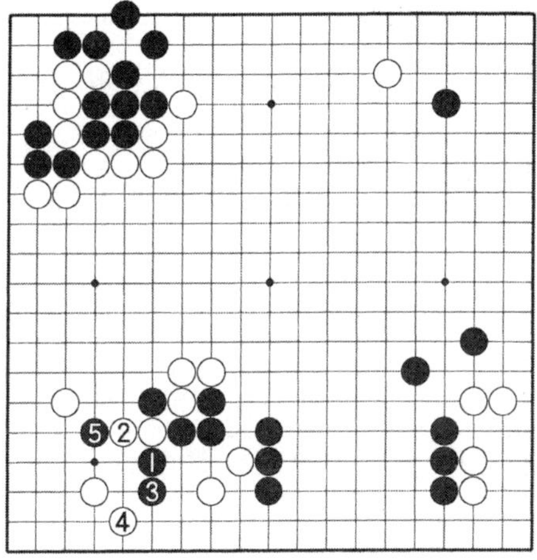

백4때 흑5는 맥점이다. 그러나 흑은 이 맥을 너무 믿었던 것 같다. 물론 흑5에 대해—

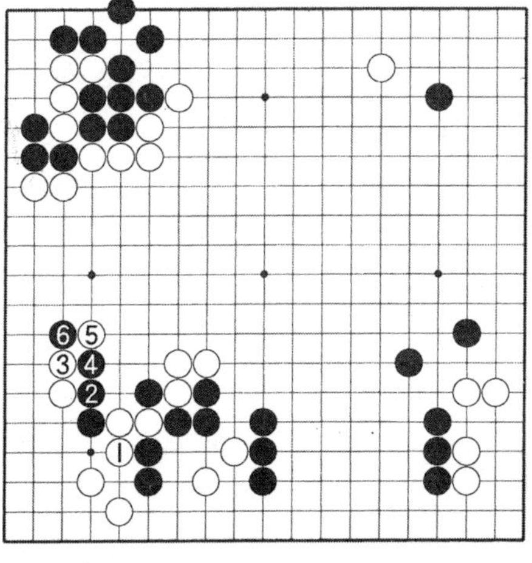

백1로 강력 대응하는 수는 위험하다. 흑6까지 분란이 일어날 수 있기 때문이다. 여기서 분란이 일어나서 수가 성립하는 날이면 바둑도 그것으로 끝이다.

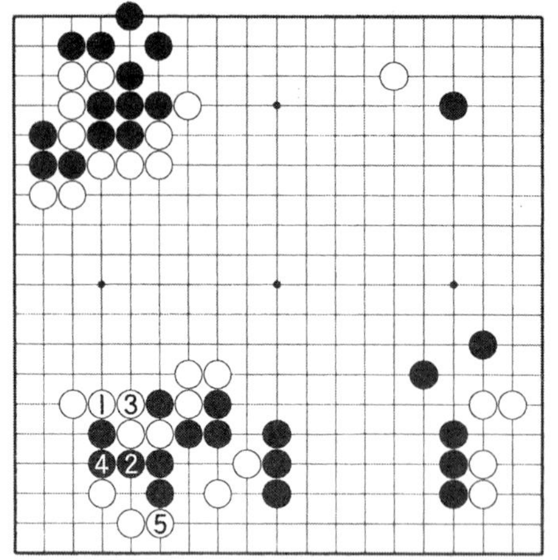

7도(양보)

백1은 안전책이다. 그리고 백5가 보장되어 있어 이만한 양보는 충분히 감수할 수 있다.

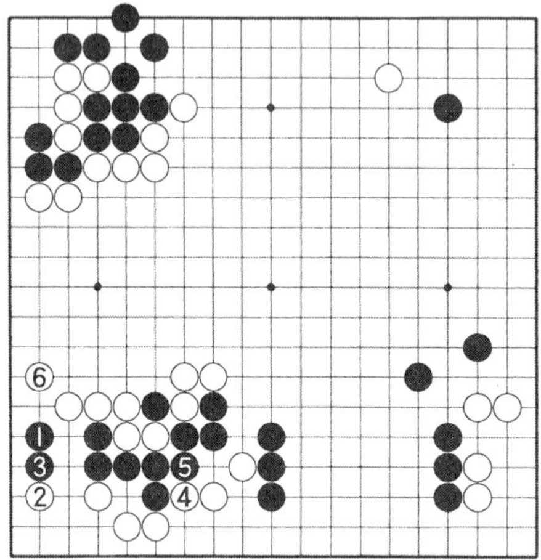

8도(정수)

흑1 이하는 이렇게 처리될 곳이다. 다만 유의할 점은 백6의 곳인데, 이런 장면에서는 이렇게 한발 늦추는 이 수가 정수다. 좌하귀와 관련된 양보의 수비다.

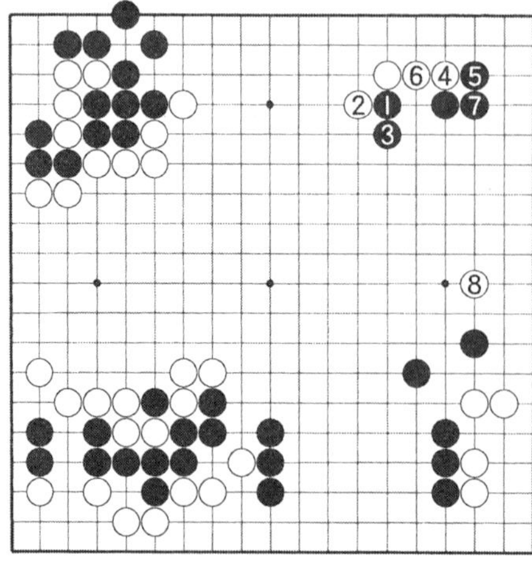

9도(침입)

흑1 이하 흑7까지 되었을 때 백8의 침입은 이 한수다. 귀로 넘는 수를 보면서 우변에 전개할 수 있는 여유를 가지고 있다.

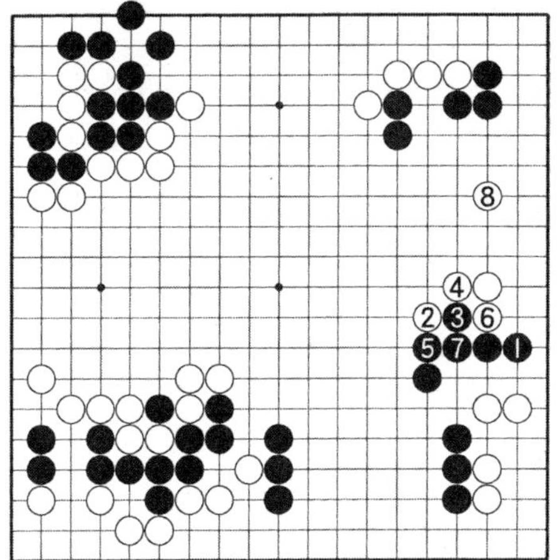

10도(9도 계속)

흑1 이하도 이렇게 밖에는 되지 않는다. 그러나 백8로 전개하여 승부의 윤곽도 드러나고 있다.

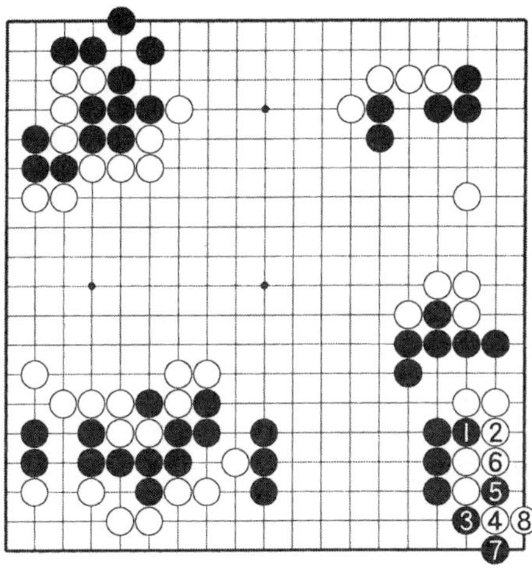

11도(수순)

흑1 이하는 일반적인 끝내기 수순이다. 그러나 이것으로 흑이 가질 수 있었던 마지막 변수도 사라지고 말았다.

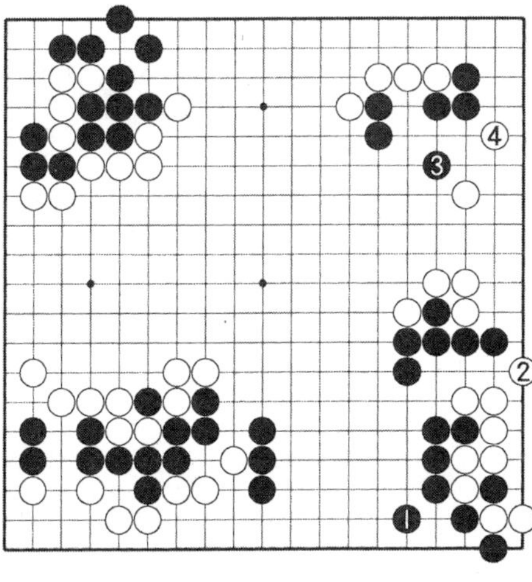

12도(11도 계속)

흑1때 백2로 지켜 우변의 백이 완전히 살았기 때문이다. 백2가 있고 없고는 큰 차이다.

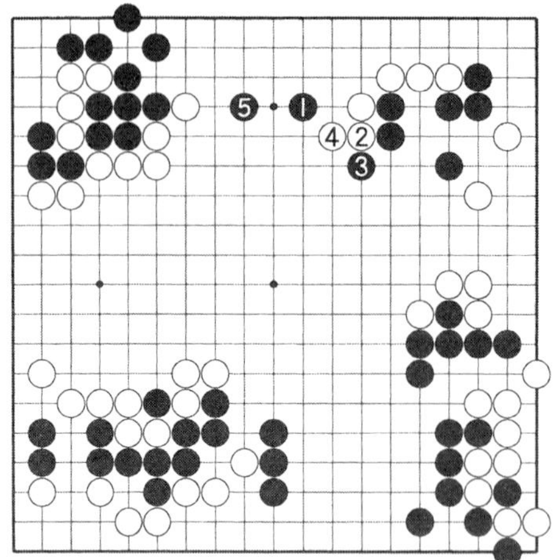

13도(12도 계속)

흑1 이하도 어쩔 수 없는 진행이다. 우상귀가 못살았기 때문에 흑도 강경한 자세를 취할 수 없다.

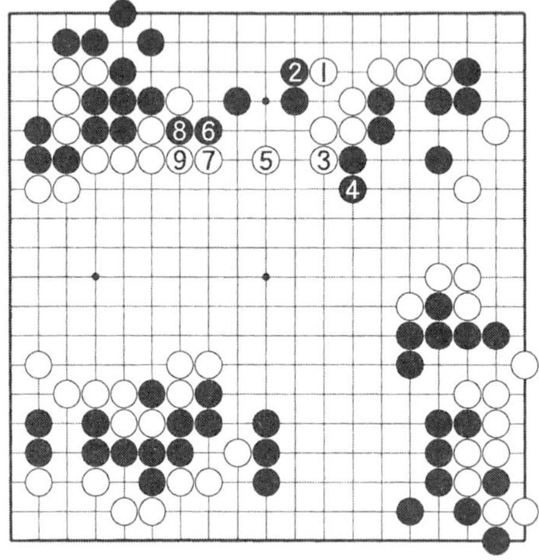

14도(마무리)

백1 이하 백9까지 바둑의 모든 변수는 사라졌다. 이것으로 승부도 결정되고 말았다.

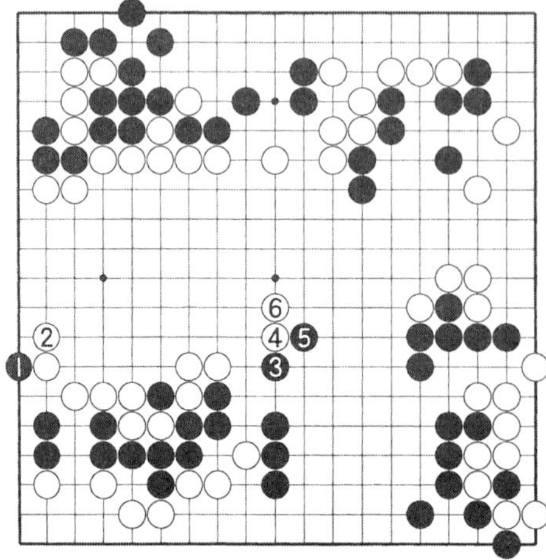

15도(승부 끝)

흑1때 백2로 늦춘 것은 안전책이다. 그리고 백6까지 승부가 뒤집어질 수 있는 요인은 아무데도 없다. 이 바둑은 2도 백1·3의 수순이 바둑의 흐름을 전술적으로 뒤바꾼 하나의 사례다.

제33형 백의 작전에 찬물을 끼얹는 흑의 과감한 전술

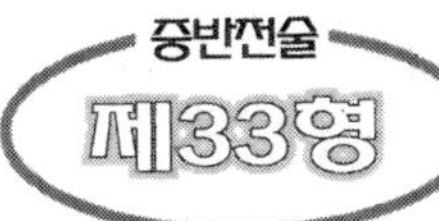

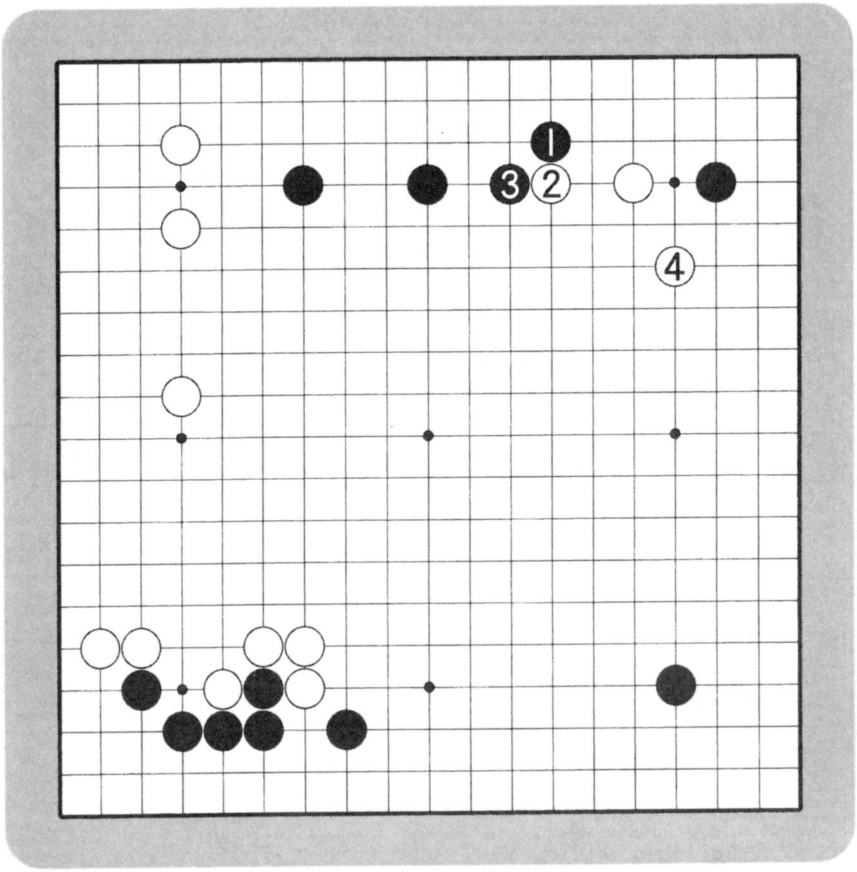

백2는 백4를 두기 위한 부분적인 전술수순이다. 그러나 여기서 흑은 하나의 전술을 구체화시킬 수 있는 타이밍을 얻었다. 이 찬스를 어떻게 살려 주도적인 국면운영으로 연결시킬 수 있을까?

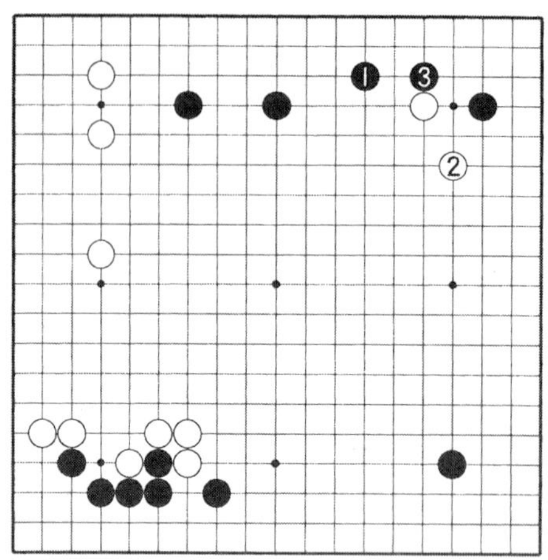

1도(수순의 의미)

기본형의 백2를 두지 않고 본도 처럼 그냥 백2라면 흑3으로 넘어갈 수 있어 의미가 없다.

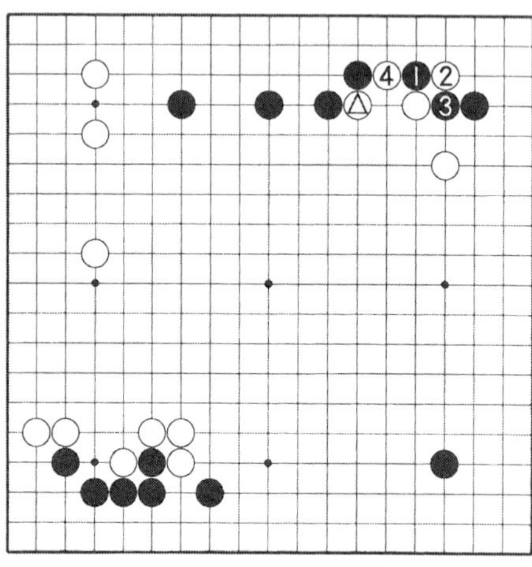

2도(관통)

백△가 있는 상황에서는 흑1이 통 하지 않는다. 백2·4의 관통으로 이 는 흑이 걸린 모양이다. 백△의 역 할이다.

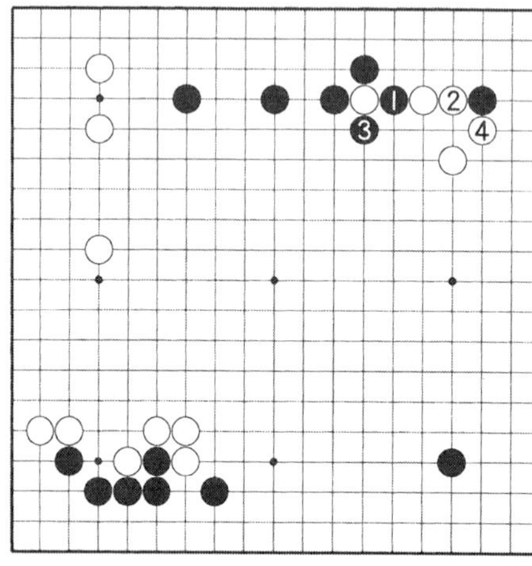

3도(타이밍)

흑1·3이 백의 전술에 찬물을 끼 얹는 강수였다. 부분적으로는 백4 까지 귀가 크지만 흑은 이 따냄으 로 얻은 두터움을 배경으로 하나의 전술을 시도할 수 있게 되었다.

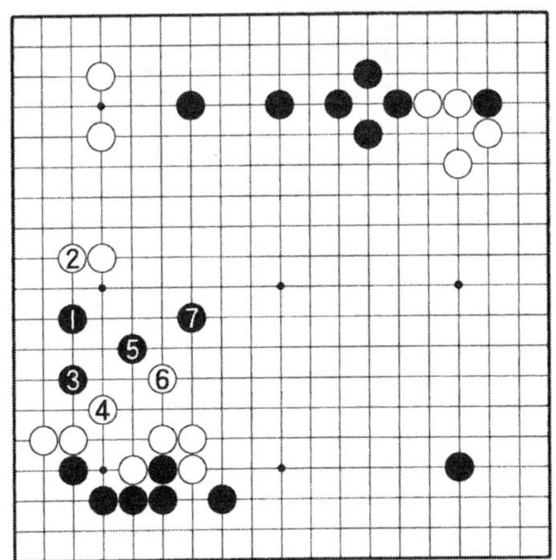

4도(침입)

흑은 흑1의 침입으로 새로운 전술을 구사할 수 있다. 흑7까지 좌하쪽 백을 공격하여 주도권을 확보할 수 있을 것 같다. 다만 주의해야 할 점은, 수순 중 흑3으로—

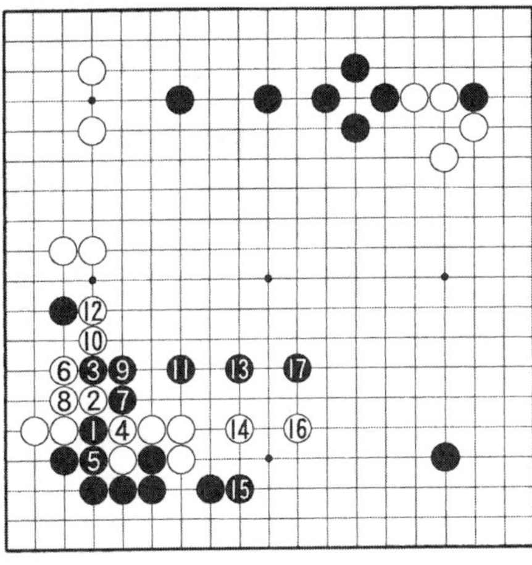

5도(맥 같지만)

본도 흑1·3으로 두는 수가 맥점으로 통렬할 것 같지만 백12까지 집을 먼저 뺏기기 시작하는 만큼 흑이 불만이다. 이 집을 벌충하는 것은 쉬운 일이 아니다.

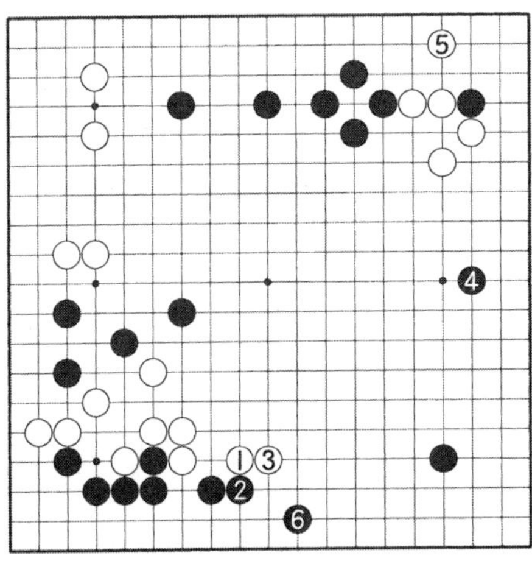

6도(공세보류)

4도에 이어 흑4와 같은 전개가 공격의 리듬을 갖는 포인트다. 이렇게 공세를 보류하면서 중간 중간 이득을 취하는 것이 가장 공격적인 것이다.

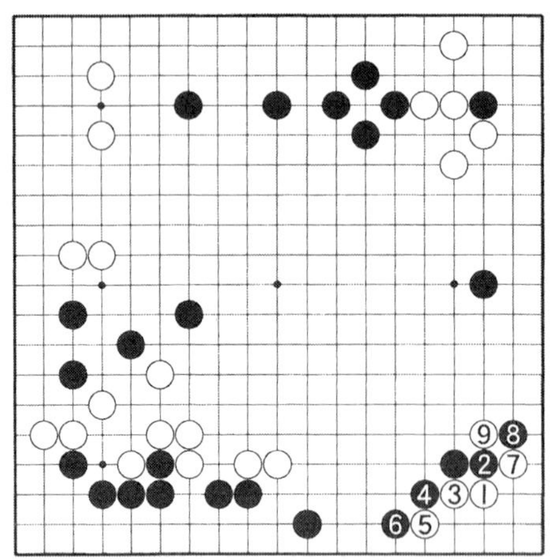

7도(전단)

백1은 집에 민감한 수다. 집이라도 앞서 있지 않으면 공격받는 입장에서는 괴로운 법이다.

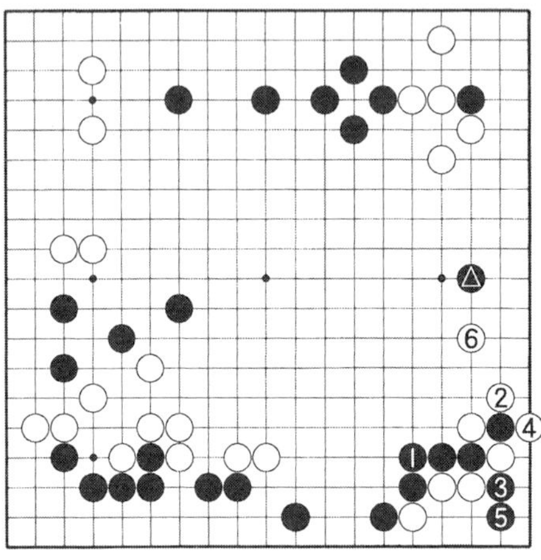

8도(선택미스)

흑1은 잇는 곳의 선택미스다. 백6까지 갑자기 흑△가 고립되었기 때문이다.

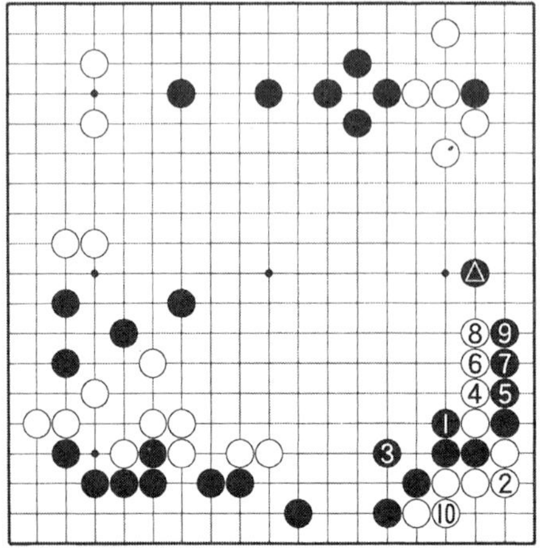

9도(선택)

흑1 이하의 선택이 맞다. 이 수순의 정당함은 흑△의 위치가 말해주고 있다. 백10때 선수를 잡아—

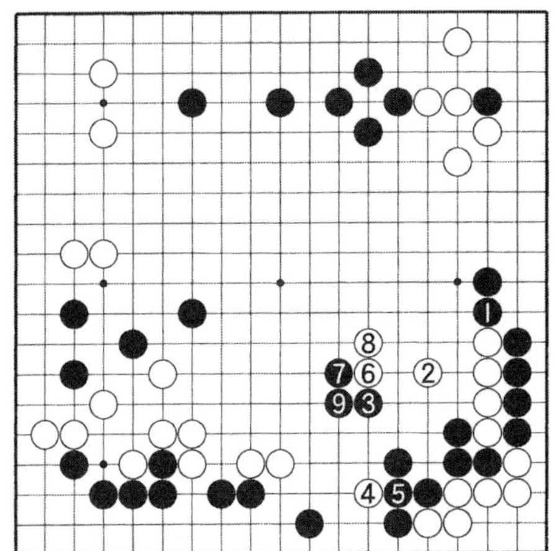

10도(양곤마)

흑1부터 시작하여 흑9까지 글자 그대로 양곤마로 공격할 수 있다.

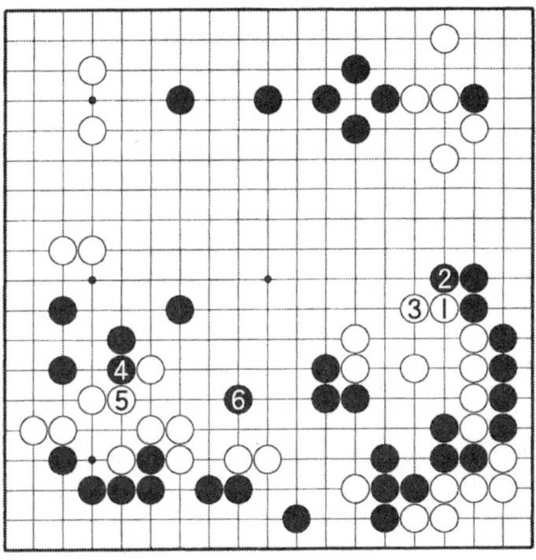

11도(10도 계속)

백1·3은 정수다. 이렇게 눈모양을 갖추지 않으면 무사하기 힘들다.

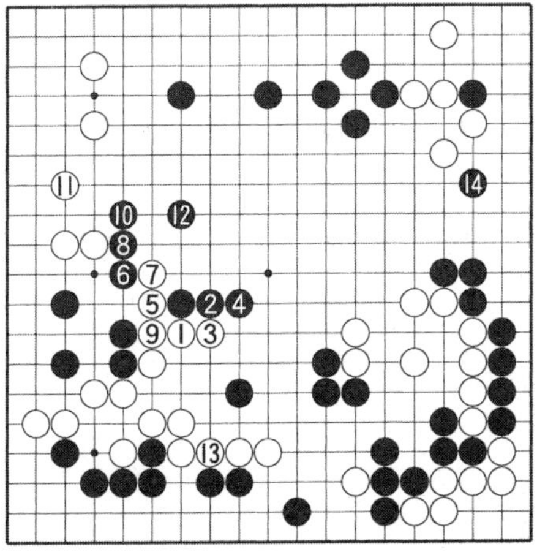

12도(공격의 수순)

백5에는 흑6에서 흑12까지 다시 포위할 수 있다. 여기서 중앙에 흑집이 보장되고 있음에 유의하자. 이런 것이 공격의 묘미다. 또 공세를 보류하고 흑14. 이것이 공격의 수순이다. 또 흑14로는―

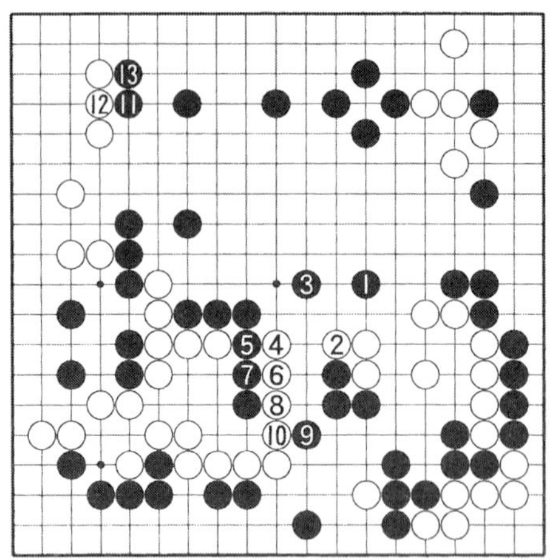

13도(공세 중지)

흑1 이하로 살려주고 흑11·13으로 상변을 정리하여 집으로 이길 수도 있었다.

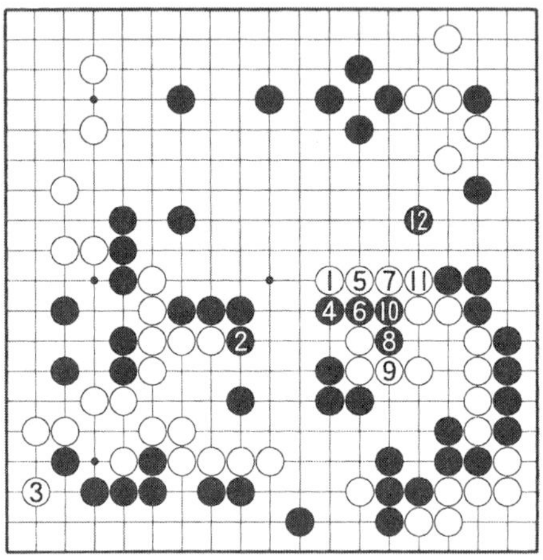

14도(실전)

실전은 백1로 우측 백의 안정을 꾀했을 때 흑2로 차단한 다음 흑4 이하로 우하쪽의 백에 대한 필살의 공격을 시작했다. 그러나 이것도 가능한 수단이었으며, 또한 강력한 방법이었다.

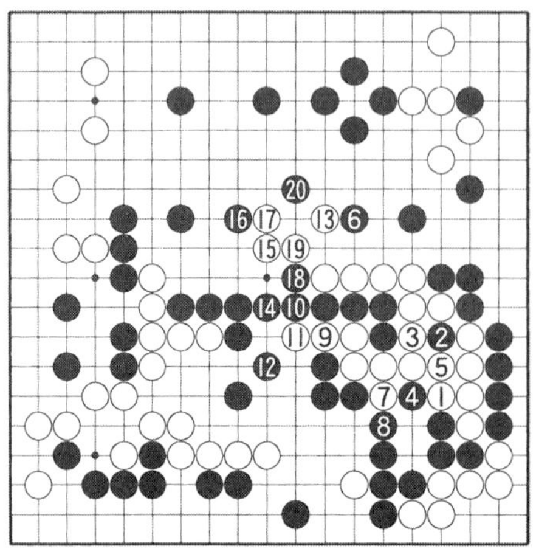

15도(대마횡사)

백1 이하는 대마의 죽음을 확인한 수순에 불과하다. 흑20까지 이 백이 사는 길은 없다. 이 바둑은 초반 백의 응수타진에 대해 전술선택의 타이밍으로 보고 과감한 결단을 내려 공격에 성공한 흑의 전술이 볼 만했다.

제34형 간접전술로 대응한 흑의 양동작전

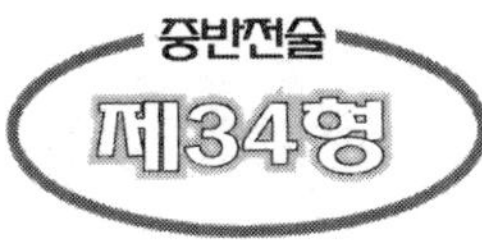

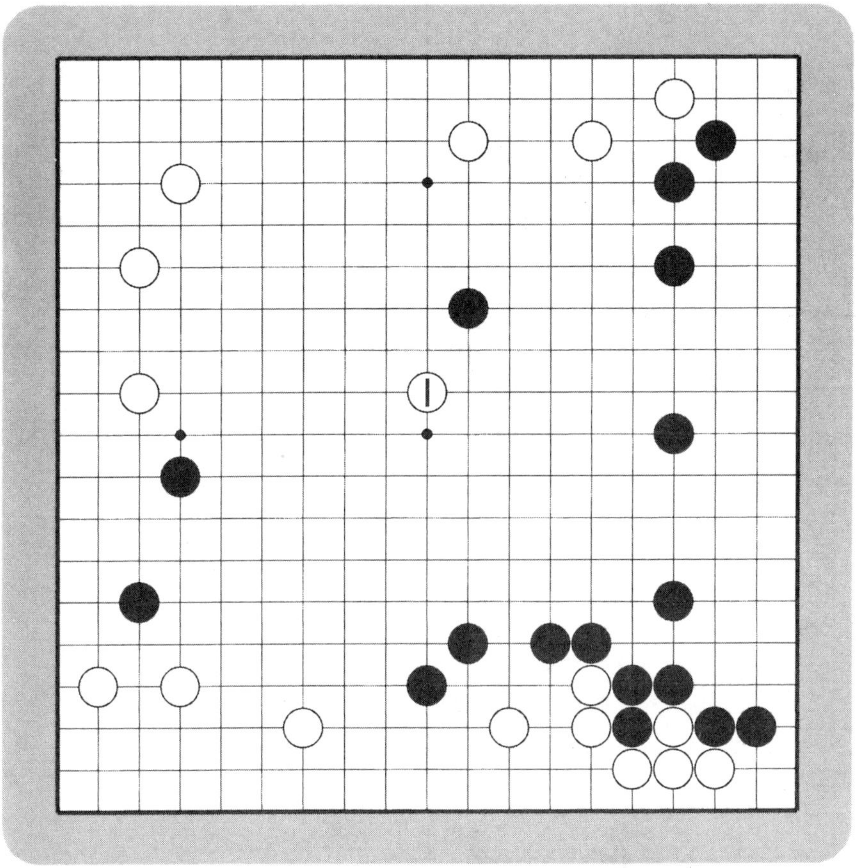

백1은 당장 이 정도의 삭감을 서두르지 않으면 흑집이 너무 크게 굳어져 그대로 지기 때문에 어쩔 수 없다. 그러나 흑도 이 수에 대해 적절한 공세를 통하여 그만한 이득을 얻지 못하면 이길 수 없다. 어디부터 공세의 포인트를 잡을까?

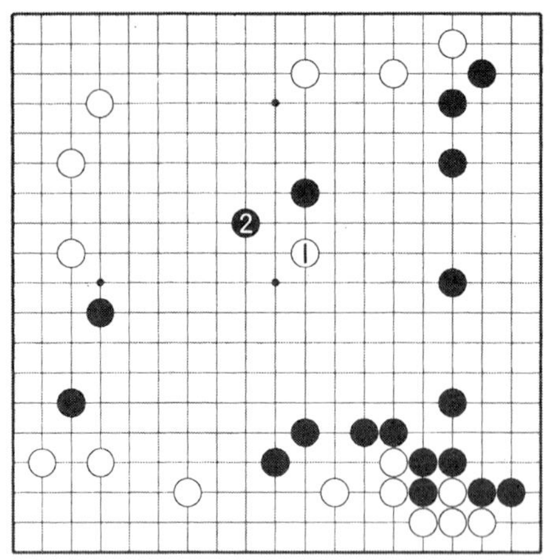

1도(위험)

백1은 너무 깊다. 흑2로 포위하면 중앙의 백이 탈출하는 과정에서 좌하귀 어느 곳인가가 피해를 입을 가능성이 높다.

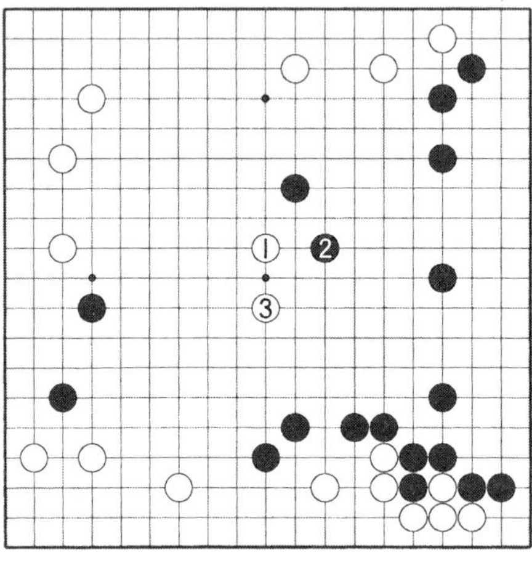

2도(옹졸)

백1에 대해 흑2는 위축된 수비다. 백3쯤으로 삭감해 오면 흑집이 부족해진다.

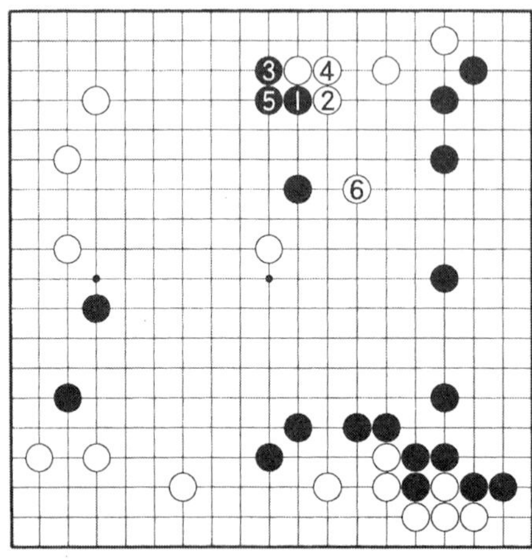

3도(공격 마인드)

흑1은 실전이다. 이 응수타진의 의미는 이곳의 진행에 따라 공격의 패턴을 정하려는 것이다. 백2로—

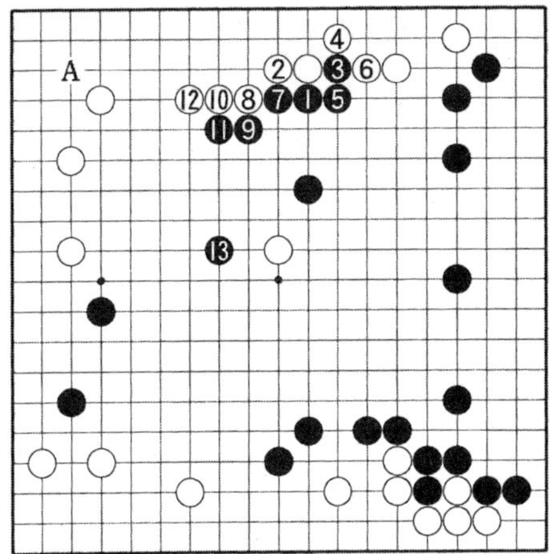

4도(백 위축)

본도 백2 이하로 받아주면 백12 까지 정리한 후 흑13으로 크게 공격할 수 있다. 좌상귀는 아직 A의 침입이 남아 큰 집이 아니다.

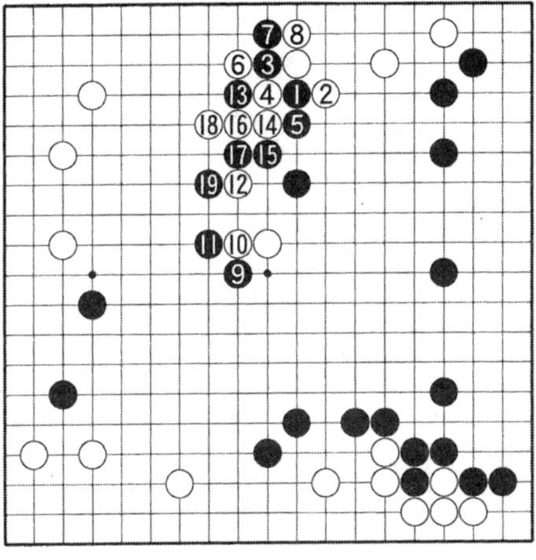

5도(포위의 수순)

흑3때 백4 이하로 반발하는 것은 무리다. 흑9 이하 흑19까지 현란한 수순으로 백이 걸려든 모양이다.

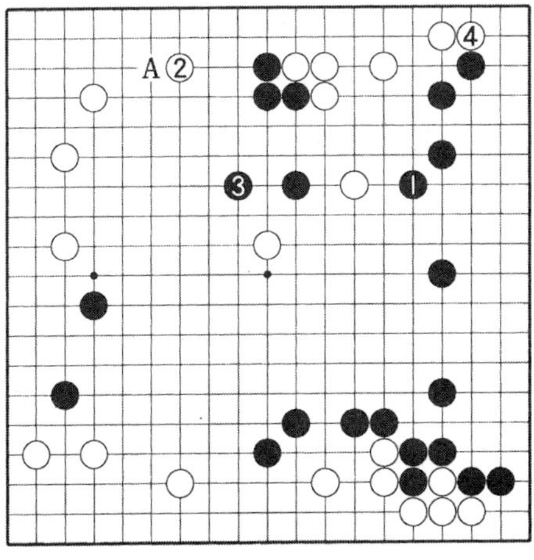

6도(실전)

흑1은 단순한 수비가 아니다. 백의 차단도 동시에 노리고 있다. 이때 백2의 눈목자 수비는 집에 민감한 수단인데 다소 지나치다. 이 수로는 A의 날일자쯤이 무난했을 것이다. 이 약점은 이후 백에게 치명적으로 작용한다.

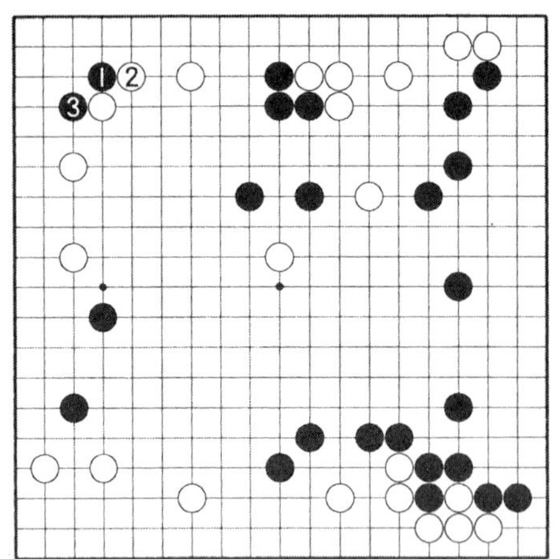

7도(교란)

흑1·3은 백의 실수를 추궁하는 수법으로 일종의 교란이다.

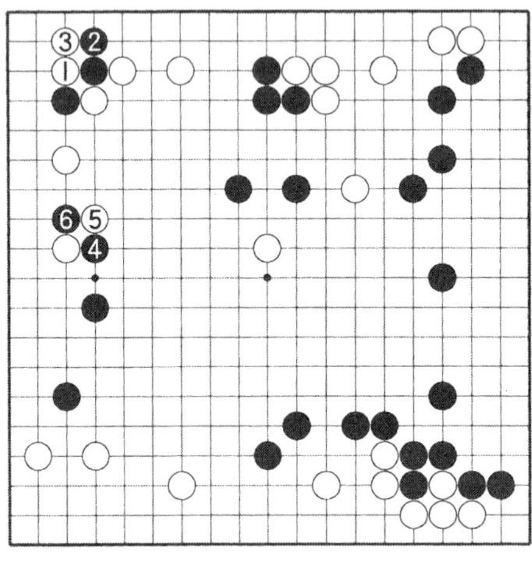

8도(현란)

백1·3때 흑4·6도 현란한 수순이다. 백이 반발하기 힘든 것은 주변 백이 약하기 때문이다.

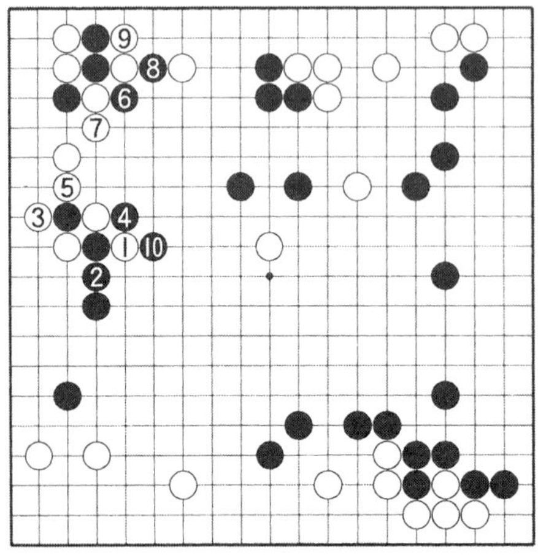

9도(8도 계속)

흑10까지 이곳 흑의 두터움은 집으로 환산될 정도로 확실해졌다.

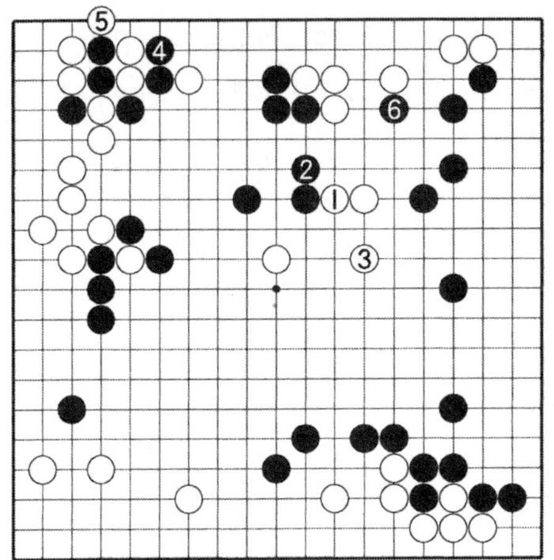

10도(추궁)

백1·3은 어쩔 수 없는 수비다. 그런데도 흑은 흑6으로 약점을 추궁할 수 있다. 이것으로 백은 차단이다.

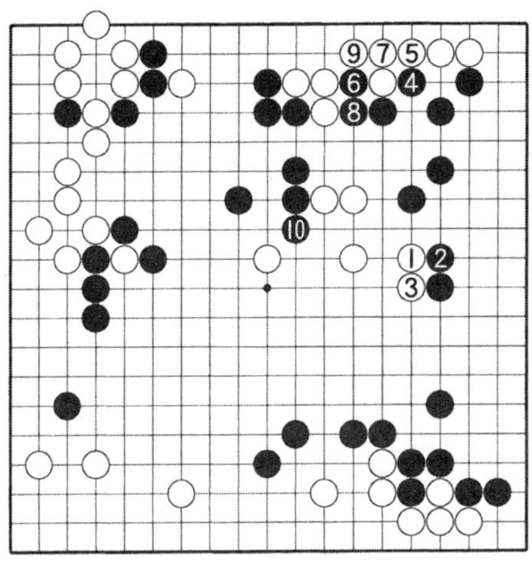

11도(필살)

백1·3으로 안형을 갖출 때 흑4 이하로 완전 차단한 다음 흑10으로 이제는 중앙 백에 대한 필살의 공격으로 가고 있다.

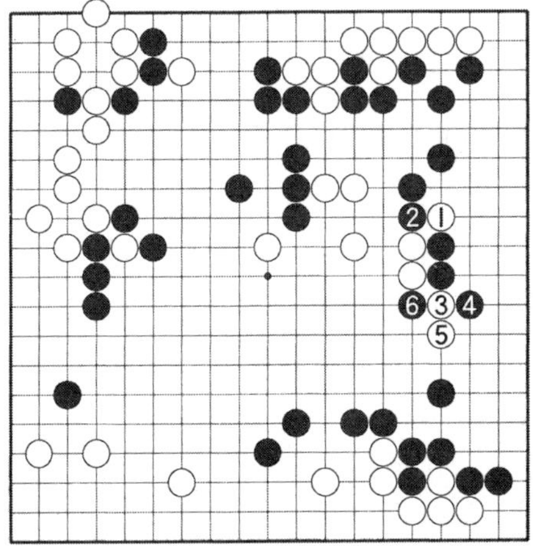

12도(강수)

백1 이하의 교란에 흑6으로 절단한 것은 강수다. 주변 흑이 워낙 두터워 백이 수습하기는 불가능한 것 같다.

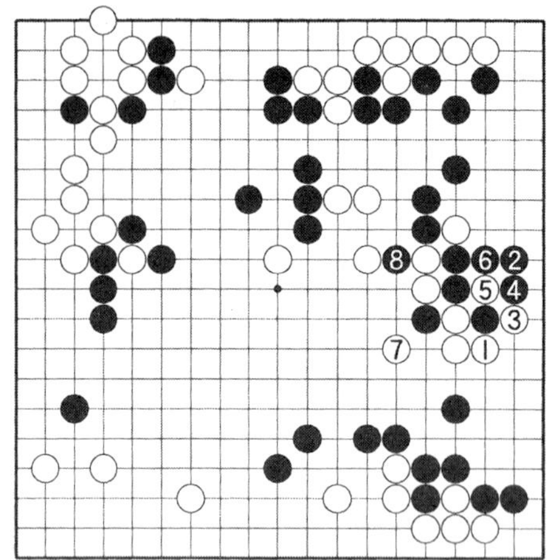

13도(12도 계속)

백1 이하는 위쪽을 떼어주고 수습하려는 것이지만 쉽지 않다.

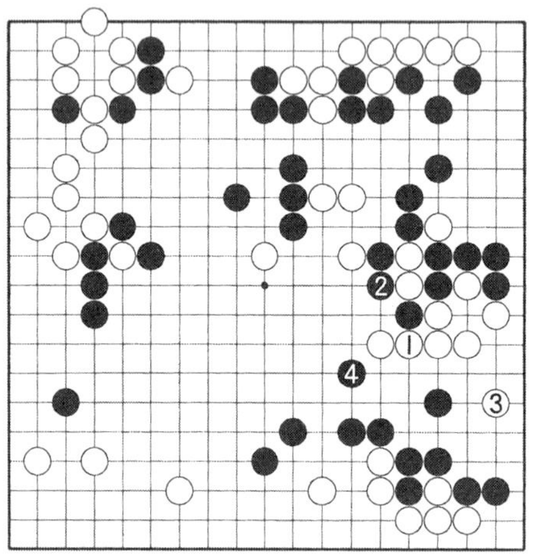

14도(최후)

흑4로 우변 백은 포위되었다. 그리고 자체 삶은 없다. 이후 진행을 보면—

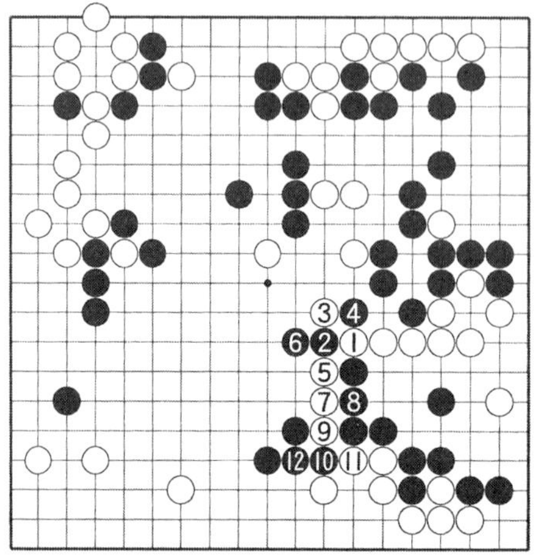

15도(대마 횡사)

백1 이하의 반격도 흑12에 이르러 무위로 끝났다. 수순 중 흑8은 절대수로 이곳이 아니면 백에게 활로가 생긴다. 이 바둑은 백의 중앙 삭감에 대해 간접전술로 대응하여 승기를 포착한 흑의 양동작전이 볼 만했던 한판이었다.

제35형 백의 무리를 추궁한 흑의 기대기전술

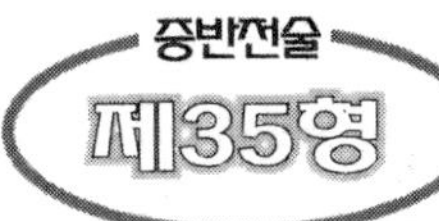

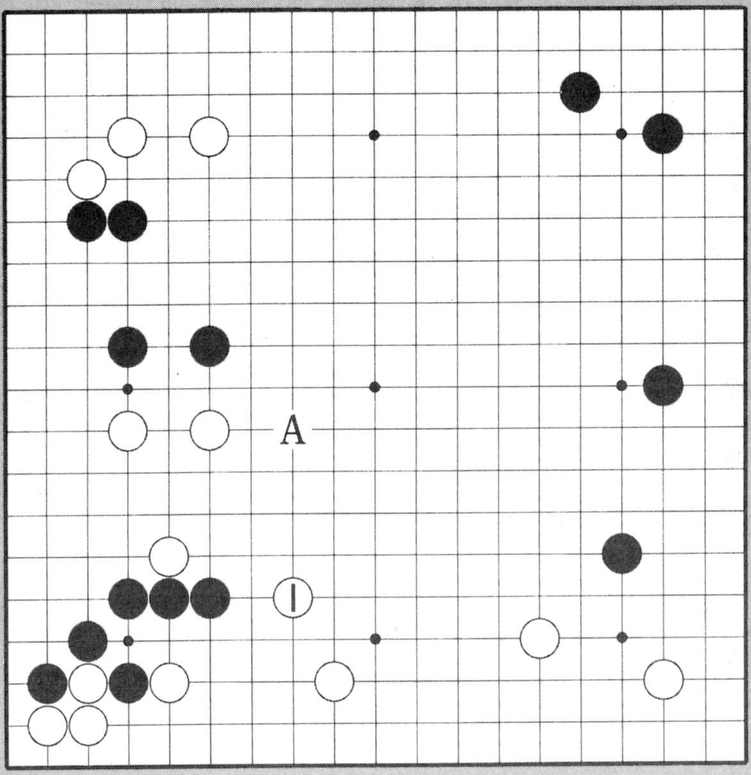

백1은 흑6점에 대한 공격과 하변의 확장을 보고 있는 것이지만 약간 무리한 감이 있다. 이 수로는 A 정도가 무난했을 것이다. 좌변 백도 약하다는 사실을 간과한 것이다. 흑은 반격할 수 있는 전술적 수순을 찾아야 한다.

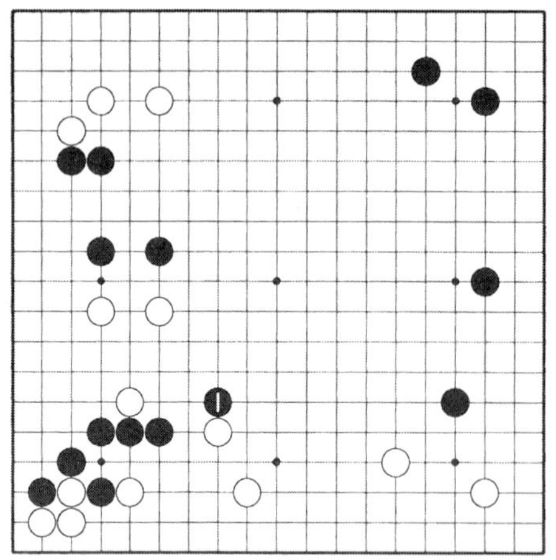

1도(반격)

흑1의 반격은 기세상 당연한 것이다. 그러나 백의 강공에 맞설 수 있는 대비가 없어서는 곤란하다.

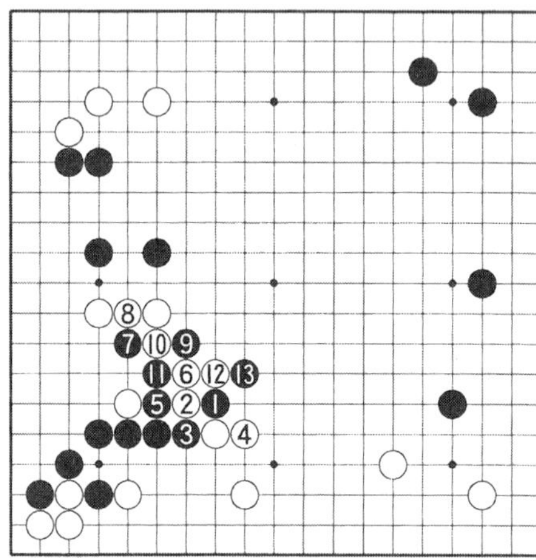

2도(대안)

흑1을 둘 수 있는 이유는 만약 백2로 젖힌다면 흑7·9의 통렬한 수순이 준비되어 있기 때문이다. 이 수를 보지 못하면 흑1을 결행하기 불안할 것이다.

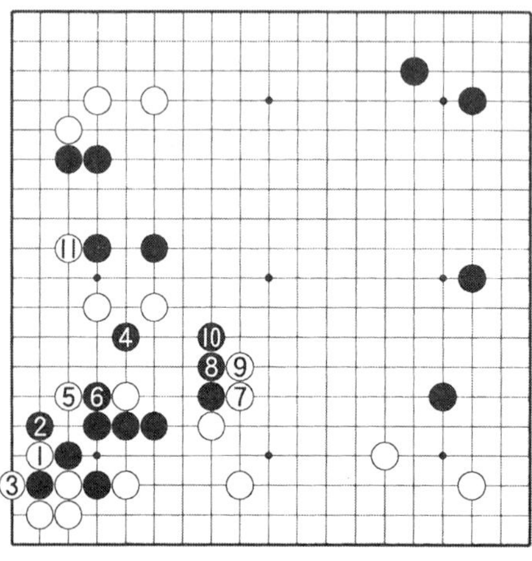

3도(실전)

실전은 백1로 후퇴했는데 다소 위축된 느낌이다. 흑4로 역공하게 되어서는 흑의 페이스가 되었다. 여기서 백11이 지나쳤다. 이 수로는—

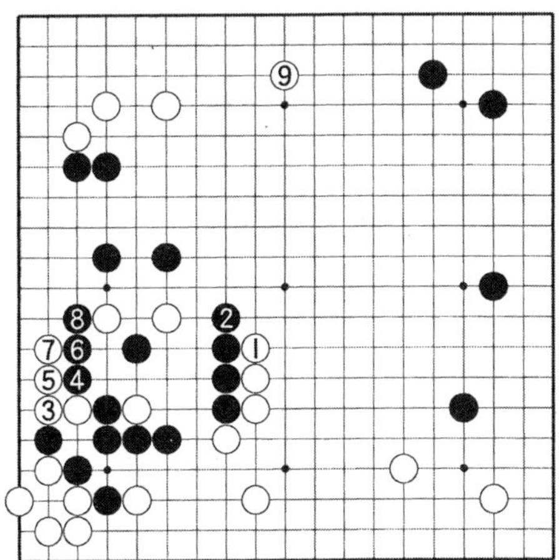

4도(억울하지만)

백1 이하로 좌측 몇 점은 포기하고 백9로 큰 곳을 차지하는 것이 나았다. 실전은 일관성이 부족한 느낌이다.

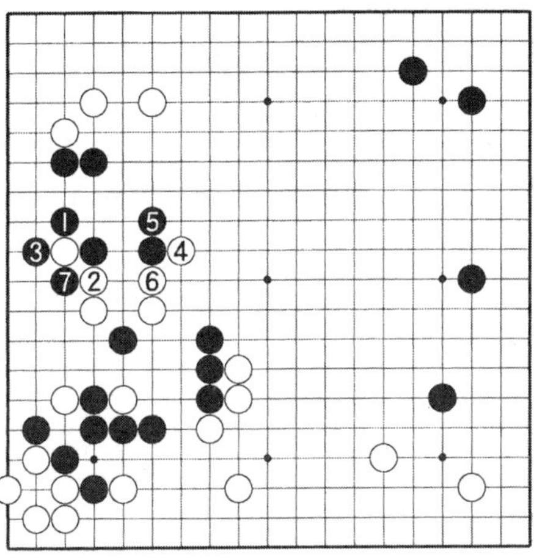

5도(강수)

흑7이 강수였다. 이 백을 강공하겠다는 의지의 표현이다.

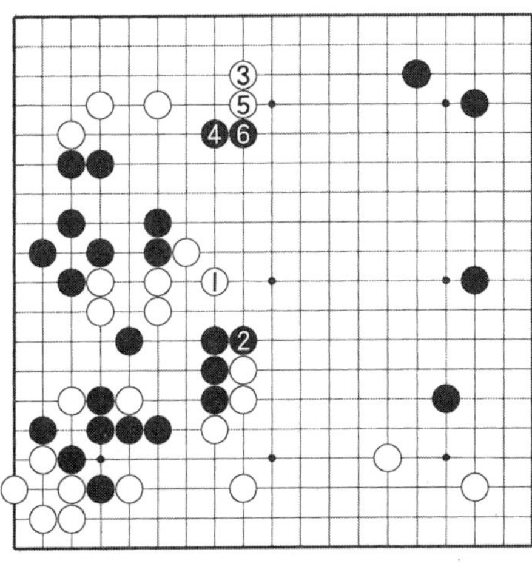

6도(5도 계속)

백3은 중앙이 공격당하더라도 집에서는 뒤지지 않겠다는 전술인데 이 백이 과연 온전할까? 흑4·6은 기대기 전술이다.

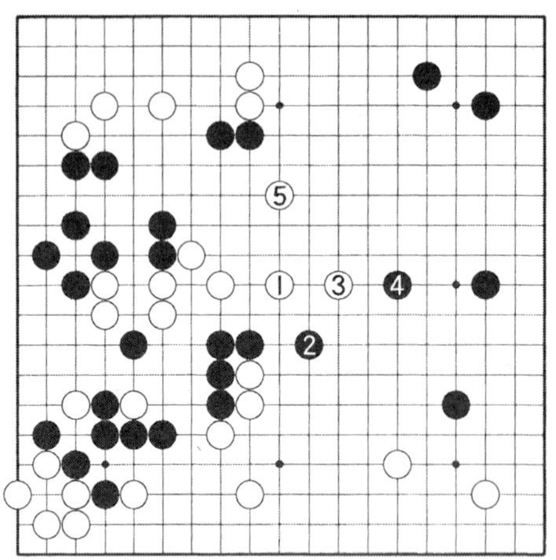

7도(6도 계속)

백1 이하는 수습을 위한 행마다. 그러나 흑은 흑4에서 공격의 득을 이미 얻고 있다.

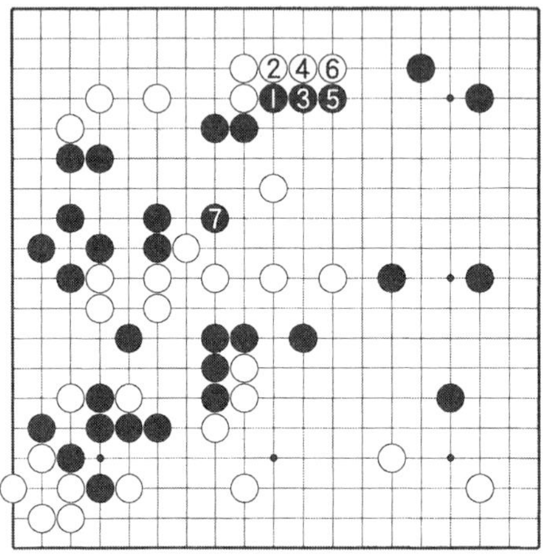

8도(통렬)

흑1 이하도 기대기전술이다. 이때 백6은 지나친 감이 있다. 흑7이 통렬하여 순간 휘청거리기 시작한다. 따라서 백6으로는—

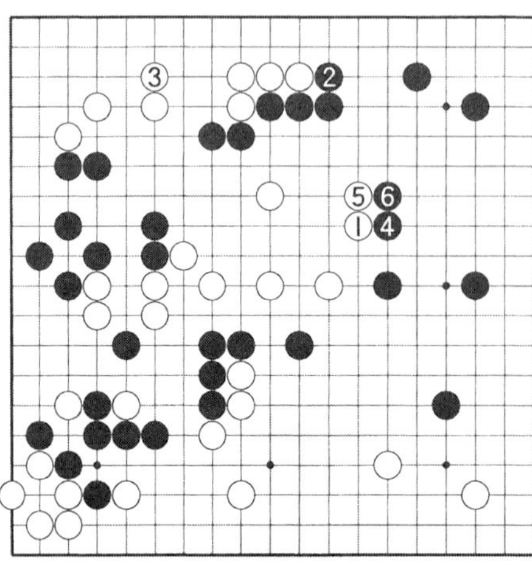

9도(안정)

백1 정도 중앙을 지키는 것이 무난했다. 흑2에는 백3으로 수비하는 정도. 어쨌든 이 자체로 흑도 득을 보고 있어 불만은 없다. 공격의 무서움은 죽음에 있는 것이 아니라 고통에 있는 것이다.

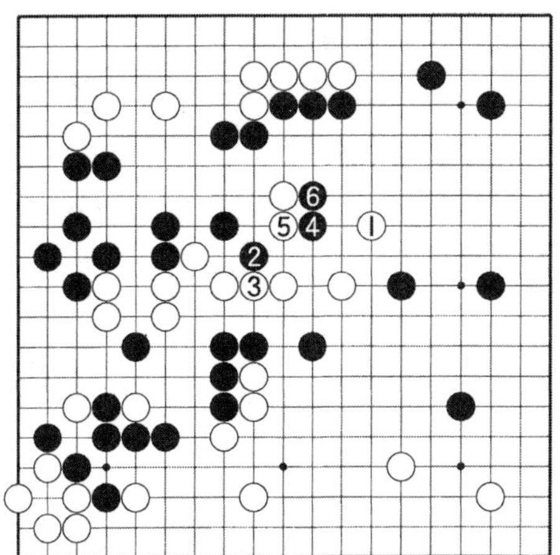

10도(맹공)

8도에 이어 백1은 뒤늦은 수습이다. 흑6까지의 맹공을 견딜 수 있을까?

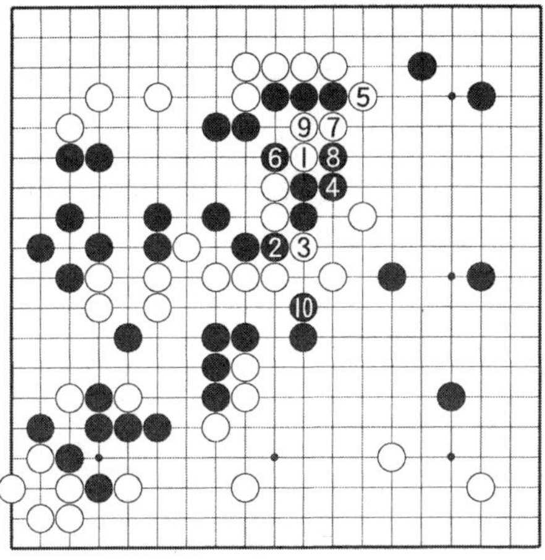

11도(10도 계속)

백1 이하는 공방의 수순이다. 백의 수습이 주목되는 가운데 공격의 방향은 우하로 이어질 것 같다.

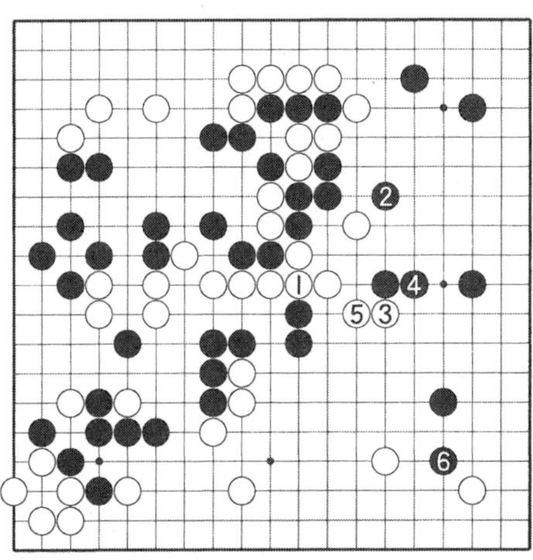

12도(11도 계속)

흑2 이하로 공격의 방향이 우하로 이어지고 있다. 여기서 흑6은 기대기다. 간접공격으로 바뀐 것이다. 그러나 이 수를 백이 받을 수 있을까?

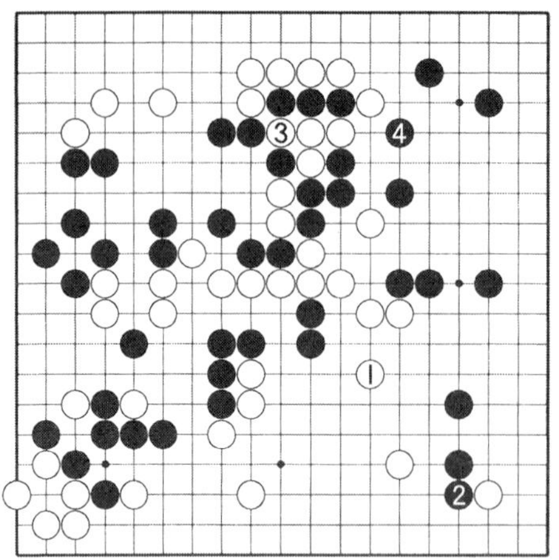

13도(공격의 득)

백1은 어쩔 수 없다. 흑2쪽을 계속 받아주면 백 전체가 위험해진다. 다만 백3때 흑4가 너무 공격에 미련을 둔 완착이었다. 이 수로는—

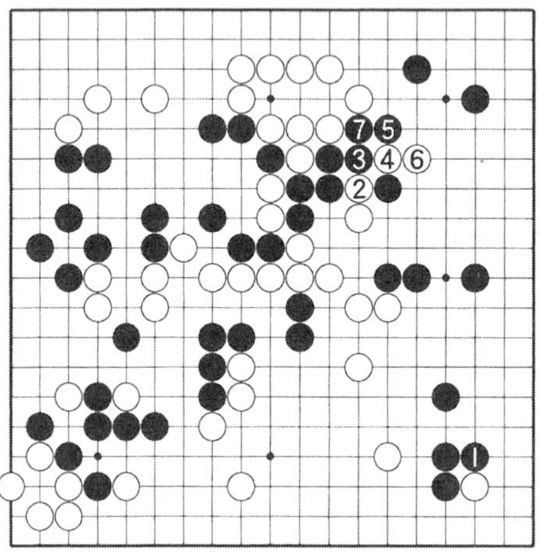

14도(잠그기)

흑1로 승부 끝이었다. 백2에는 흑7까지 문제가 없었다. 흑이 이렇게 두지 않아 다시 백의 반발이 시작됐다.

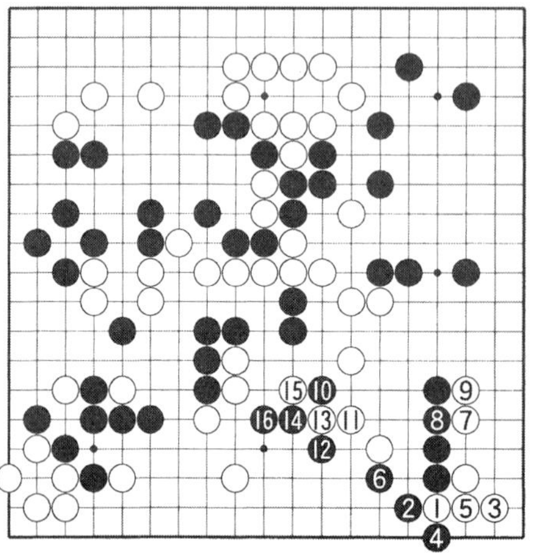

15도(실전)

13도에 이어 백1부터 시작된 백의 반발이 만만치 않다. 그러나 흑16까지 다시 시작된 난전의 결과는 결국 흑의 승리로 끝났다. 이 바둑은 초반 백의 무리를 추궁하여 기대기전술로 국면을 리드한 흑의 기동력이 볼만했던 한판이다.

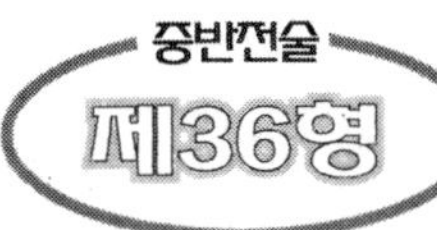

중반전술
제36형 백의 중앙착점을 무력화시킨 흑의 간접공격 전술

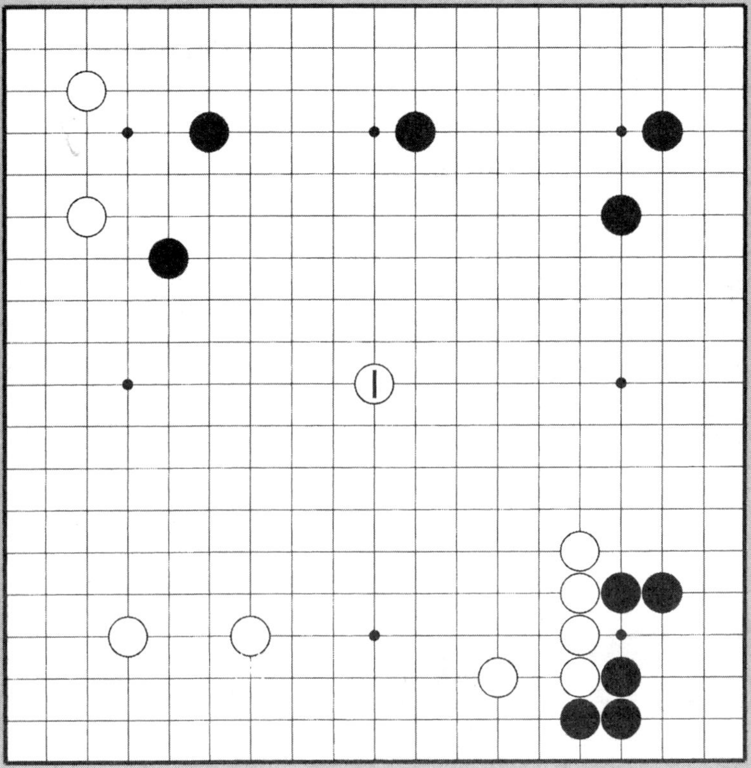

백1은 흑진에 대한 삭감일까 백진의 확장일까? 그러나 이것은 중요한 것이 아니다. 삭감이든 확장이든 여기서 흑은 귀중한 선수를 백1이 무의미해지도록 전술적으로 대응하는 것뿐이다.

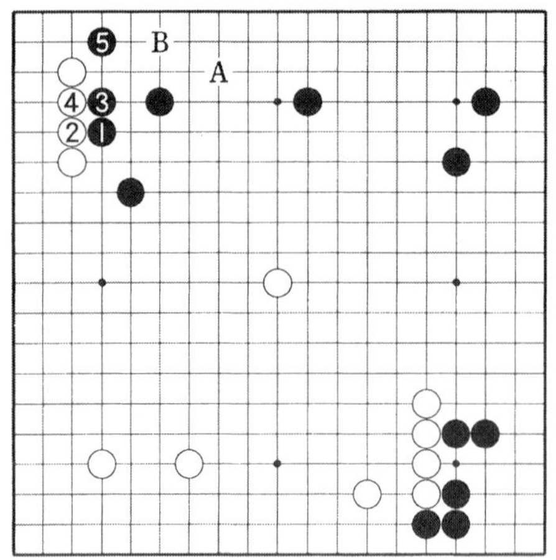

1도(실전)

실전에서 흑은 우선 흑1 이하로 진영의 단속에 나섰다. 이 수(흑1)는 A의 침입이나 B로 달리는 수를 없애면서 다음 백의 동태를 살피는 침착한 한수였다.

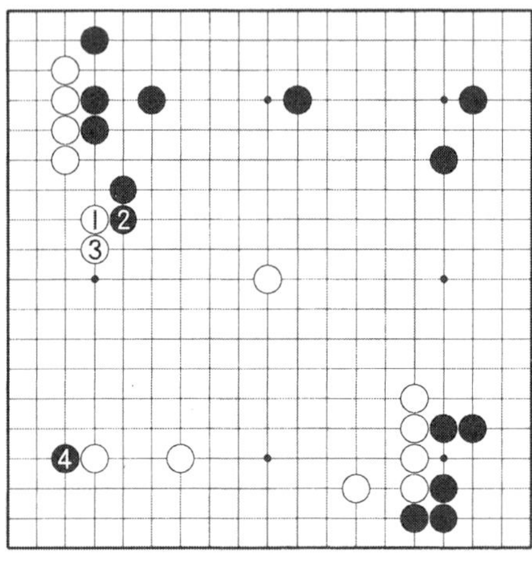

2도(1도 계속)

백1은 절대다. 이곳은 흑에게 막히는 자체로 선수인데다 집 자체로도 크기 때문에 흑에게 허락할 수 없는 요처다. 이때 흑4도 방치할 수 없는 큰 곳이다.

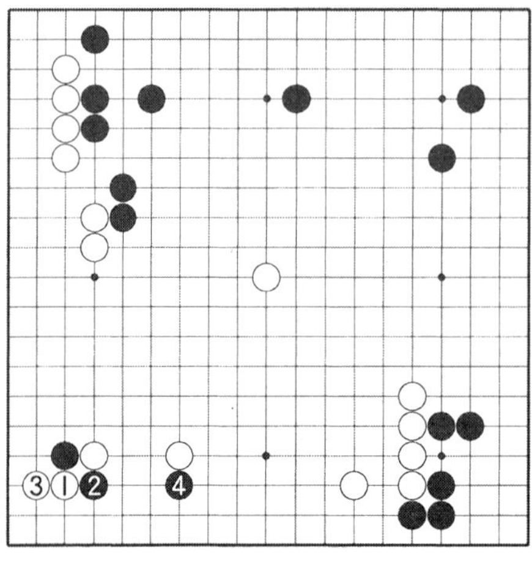

3도(맥과 수순)

흑2·4는 이런 경우 흔히 사용되는 교과서적인 맥의 수순이다.

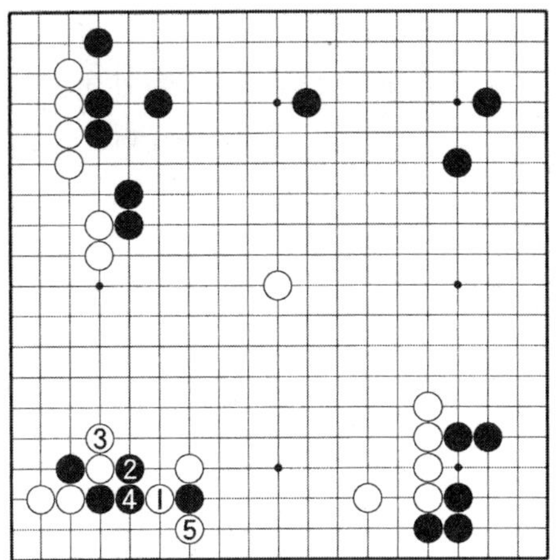

4도(공방)

백1 이하는 피차 최선의 공방이다. 한수라도 느슨하면 무너질 수 있는 접근전이 진행되고 있다.

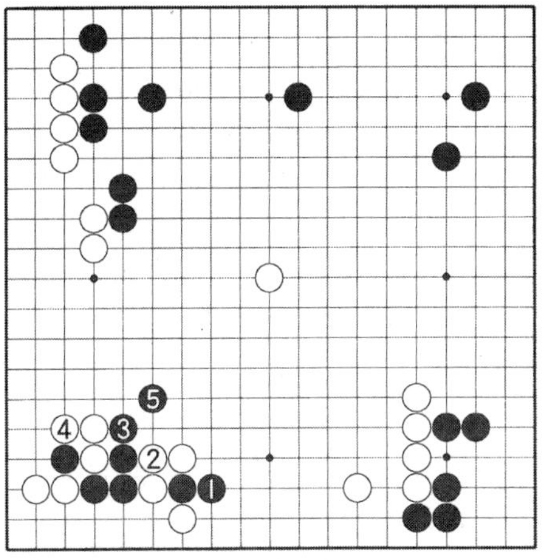

5도(타협)

흑1 이하는 타협의 결과다. 흑5에 이르러 흑은 백진을 어느 정도 파괴했다. 백도 공격의 여지를 남긴 채 타협하고 있다.

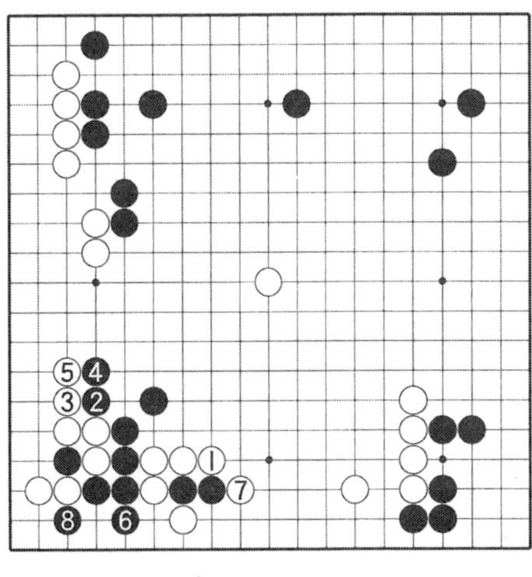

6도(5도 계속)

백1 이하 흑8까지는 타협의 끝인데, 백은 선수를 잡은 것으로 만족할 수밖에 없다.

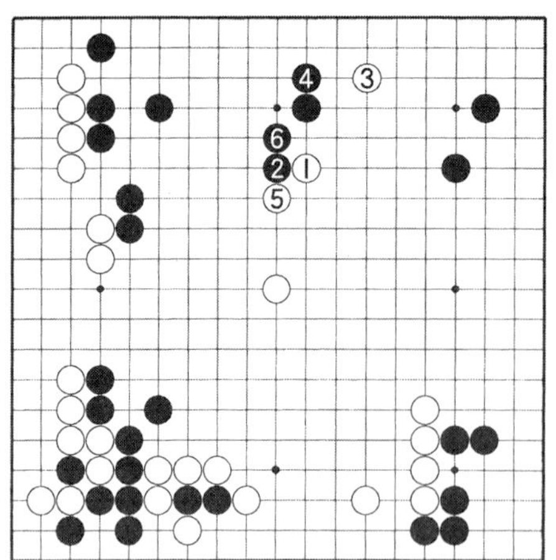

7도(삭감)

백1의 삭감은 백3의 침입과 연관
하여 고도의 교란전술이다. 이때 흑
2·4가 강수였다.

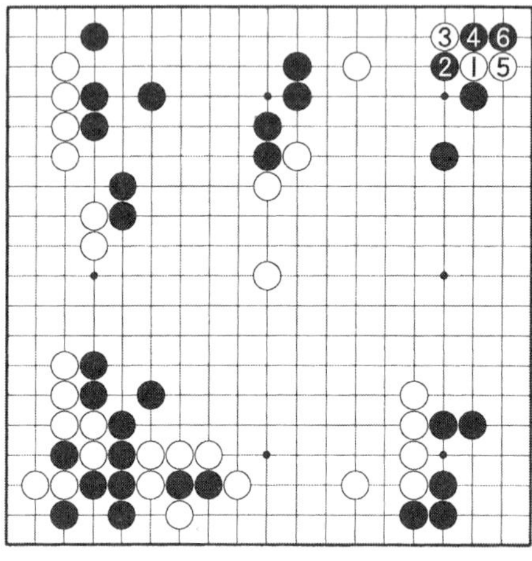

8도(교란)

백1 이하는 이 모양의 상용적인
교란전술이다. 흑6은 강경수단인
데—

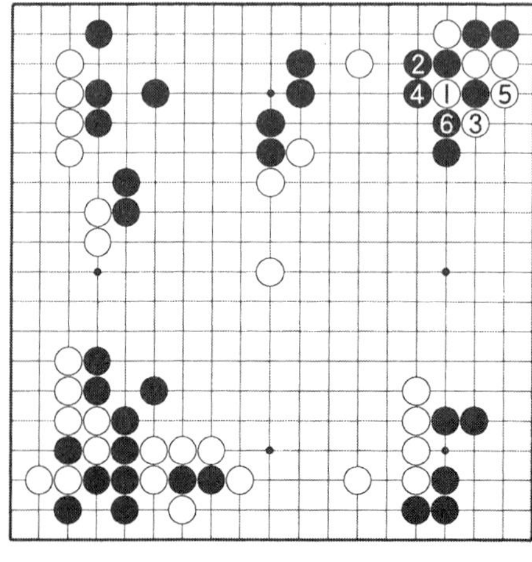

9도(강수)

백1·3에 대해 흑4·6이 강수였
다. 이 백은 어떻게 수습될까?

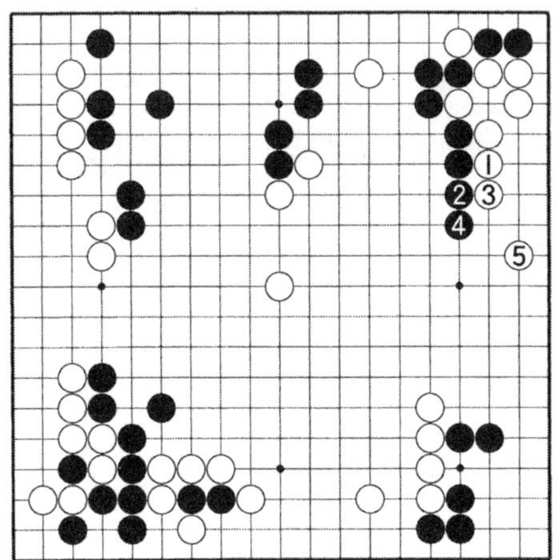

10도(성공)

백1 이하는 어쩔 수 없다. 백5까지 이런 정도인데, 이 결과는 흑이 두터워 백의 침입이 실패한 느낌이다. 그 이유는—

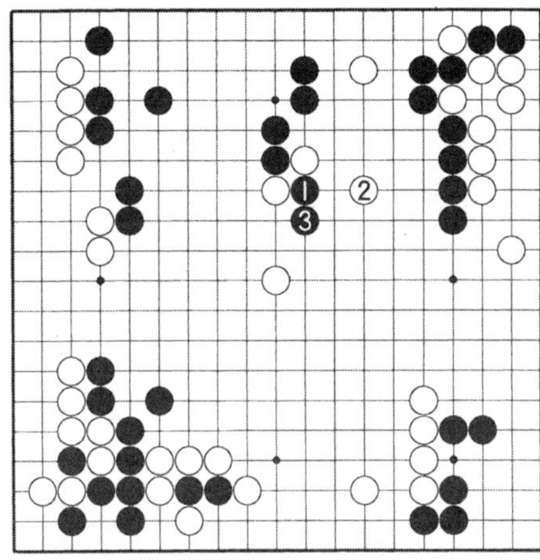

11도(10도 계속)

흑1의 절단이 통렬했기 때문이다. 백2는 무리지만 이 정도 깊이 들어가지 않으면 승부가 되지 않는다.

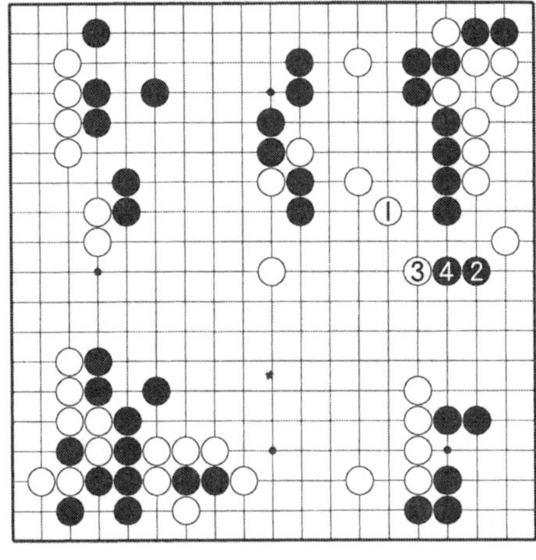

12도(11도 계속)

백1·3은 뒤틀린 행마지만 달리 두는 수도 마땅치 않다. 직선적인 행마로는 중앙의 백진까지 돌파당하기 때문이다.

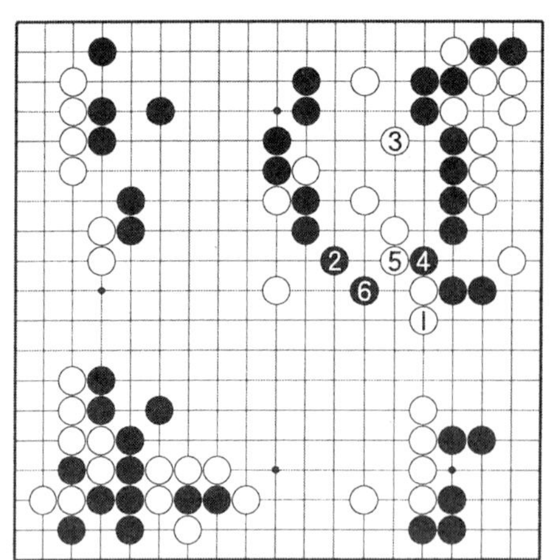

13도(공격의 득)

백1때 흑2 이하는 공격의 득이 무엇인지 보여주는 진행이다. 공격하면서 자연스럽게 백의 중앙세력을 지우고 있다.

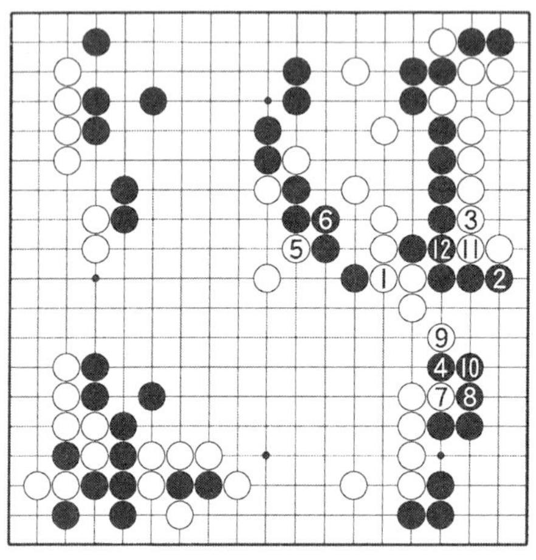

14도(13도 계속)

백1 이하로 백이 죽는 일은 없다. 그러나 흑은 그 대신 흑10까지 집을 벌고 있다. 중요한 것은 중앙의 백이 연결되려면 더 큰 손해를 보아야 한다는 것이다.

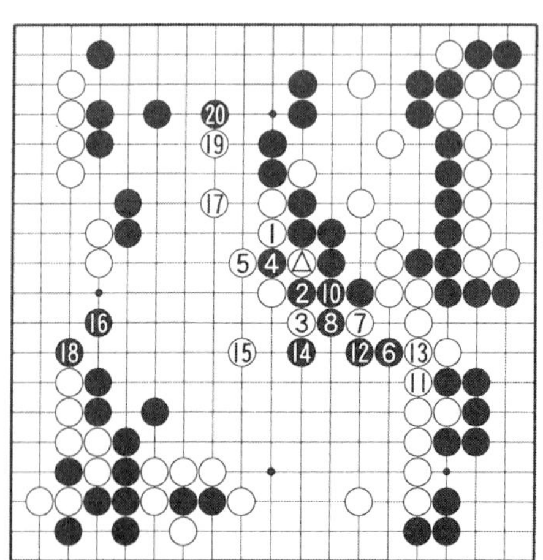

15도(승부 끝)

백1 이하는 두어본데 불과할 것이다. 여기까지 와서는 역전이란 생각할 수 없다. 이 바둑은 백의 초반 중앙착점을 서서히 무력화시키는 흑의 간접적인 공격전술의 흐름을 볼 수 있었던 한판이다.

⑨…△

흑의 무리를 응징한 백의 유연한 전술

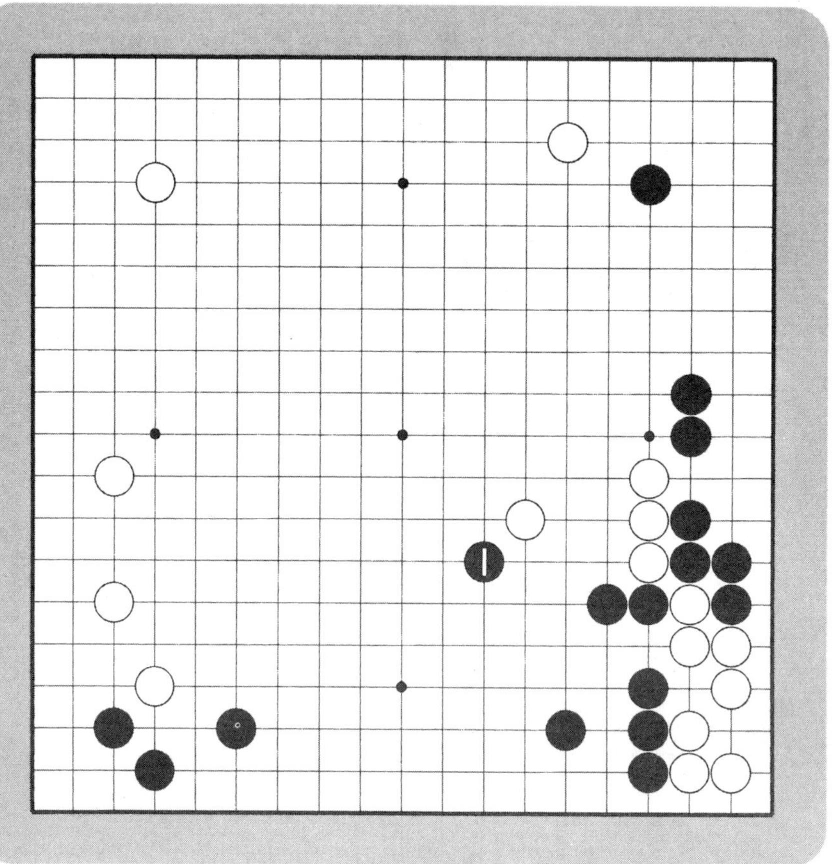

흑1은 공세를 취하는 듯 하면서 진영을 부풀리려는 착상이다. 그러나 결론적으로 지나친 수였다. 이 수의 무리를 응징하는 전술적 반격은 없을까?

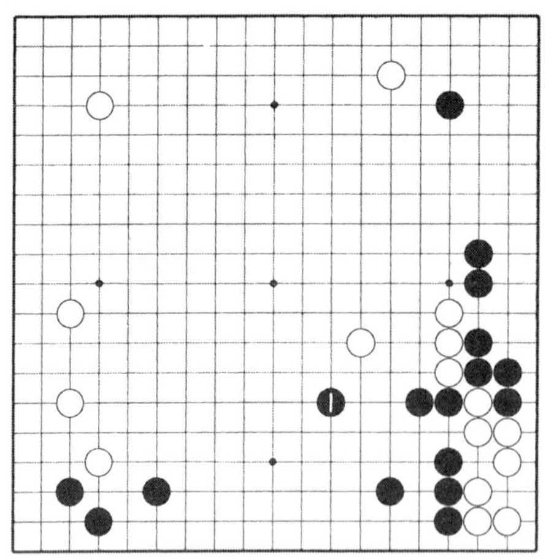

1도(정수)

기본형의 흑1은 본도 흑1이 정수
였다. 이렇게 둘 수 없었던 이유는
실전에 임한 기사들의 투지와 기세
에 따른 경우가 대부분이다.

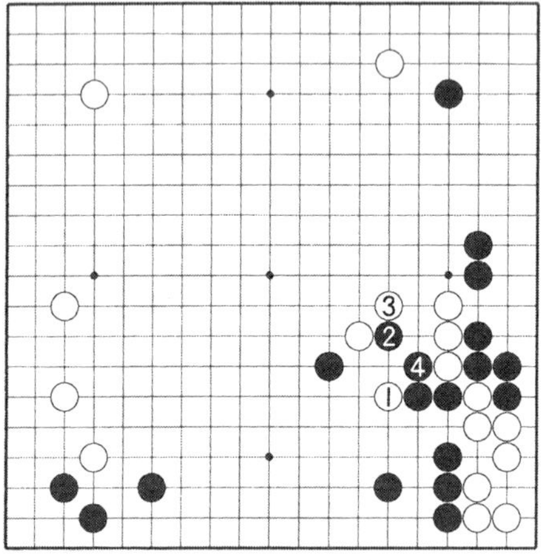

2도(반격)

실전의 백1이 흑의 지나침을 추
궁한 강수였다. 흑4까지 백이 곤란
한 듯 보이지만—

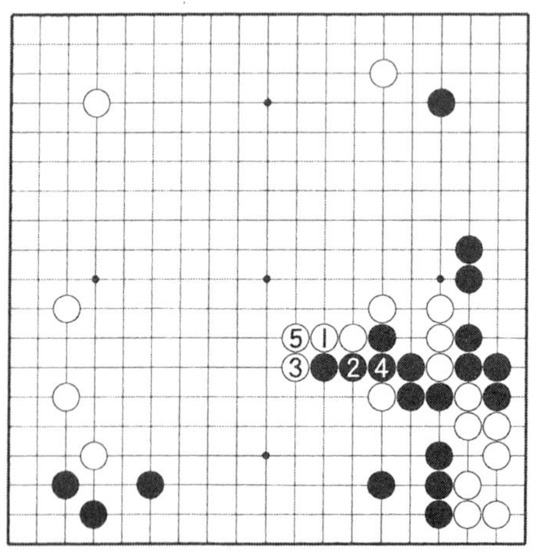

3도(수순)

백1이 준비된 수순이었다. 백3·5
까지 흑의 중앙진출을 완벽히 봉쇄
하여 때이른 백의 우세다.

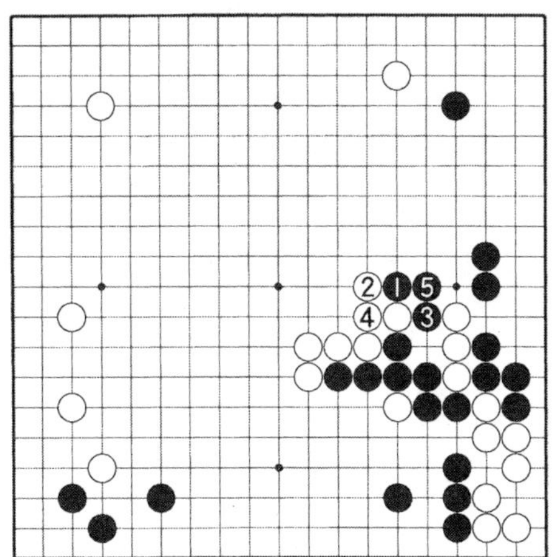

4도(버림돌)

흑1의 붙임도 예리한 듯 하지만 백2·4에 의해 무산된다. 백의 변신이 눈부시다.

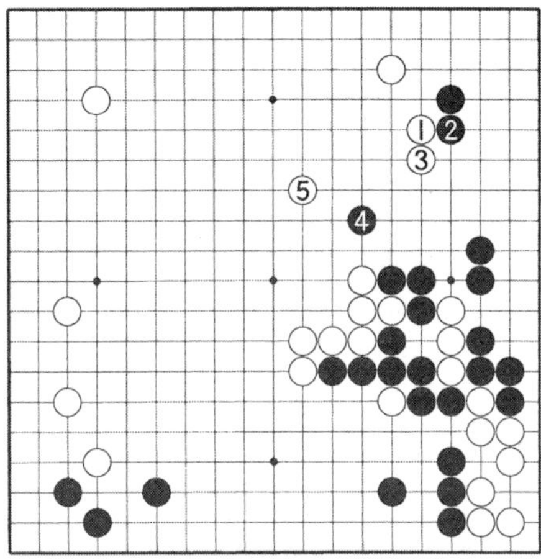

5도(과신)

그러나 흑2때 백3이 손바람이 만든 과수였다. 백3때 당연히 받아주리라는 생각이 백의 과신이었다. 흑4에 백5로 물러서지 않으면 안된다는 것이 백으로서는 후회스럽다. 백3으로는——

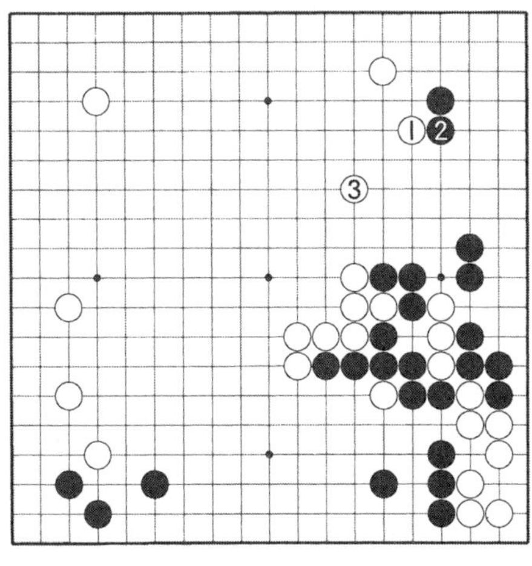

6도(요처)

백3의 곳이 요처였다. 이곳을 놓쳐 간발의 우세가 뒤집어질 뻔했지만 다행히 아직은 흑의 초반 실점이 더 크다.

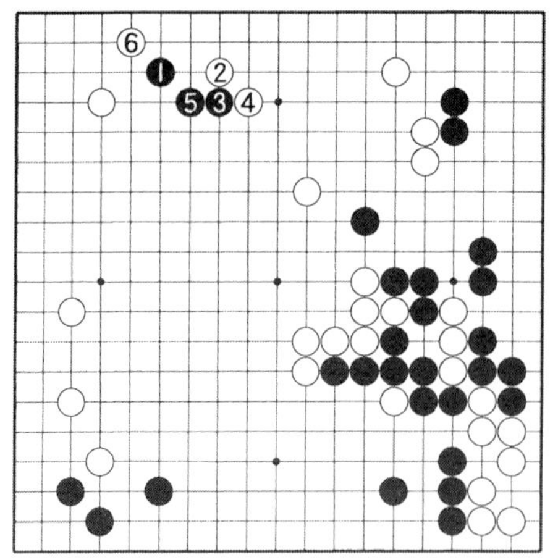

7도(실전)

흑1의 걸침 이하는 접근전의 공방이다. 이곳이 승부의 기로이기 때문에 피차 양보할 수 없는 접전이 예상된다.

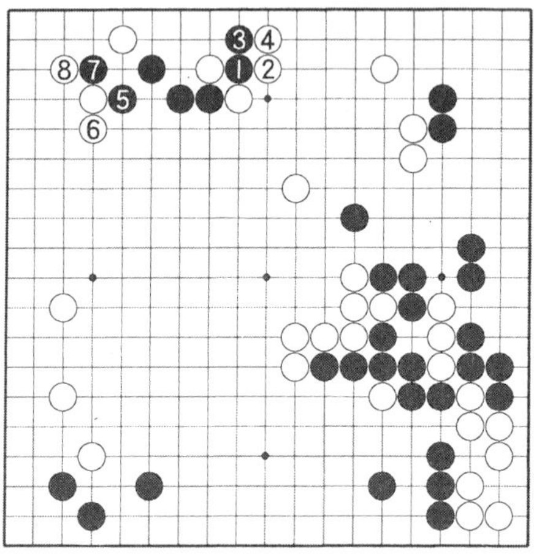

8도(접전)

흑1부터 백8까지는 치열한 공방이다. 여기서 선수를 누가 갖느냐가 승부로 직결될 것이다.

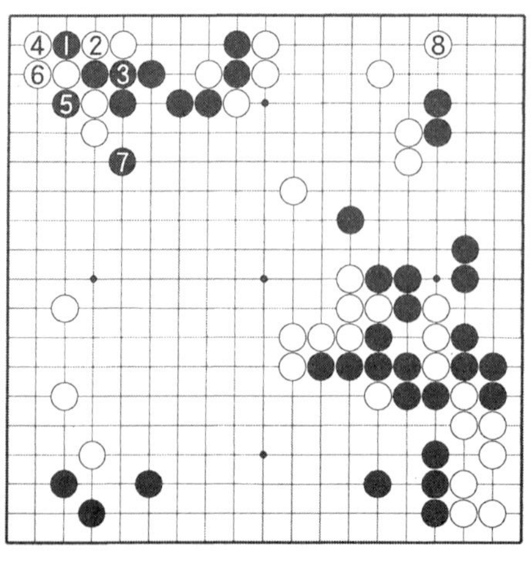

9도(큰 곳)

흑1 이하 흑7까지는 이런 형태에서는 필연적인 수순이다. 백8의 수순이 백에게 돌아와 백이 간발의 우세를 견지하고 있다.

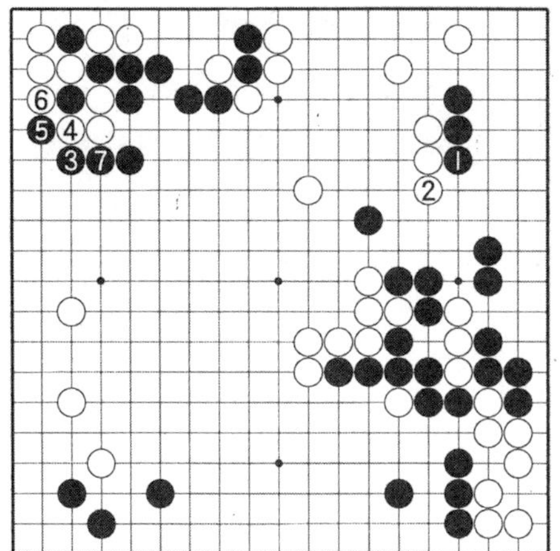

10도(승부수)

흑1로 임시변통해 두고 흑3 이하로 둔 것은 승부수다. 이곳을 두텁게 해두지 않으면 승부가 되지 않는다.

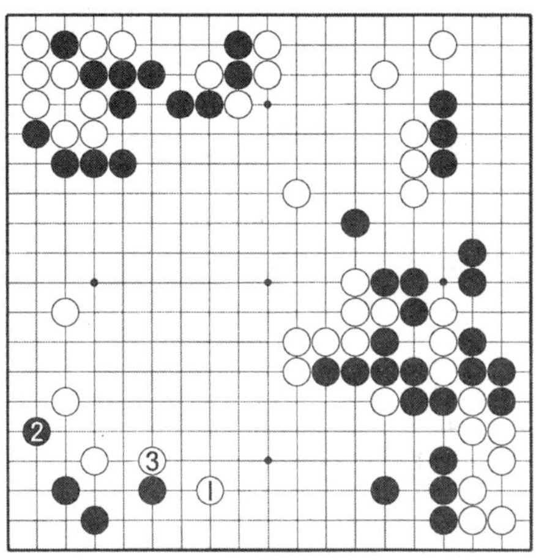

11도(10도 계속)

백1은 승부를 마무리짓는 수다. 흑2에 백3으로 봉쇄하여 흑이 역전시키기는 어렵게 되었다.

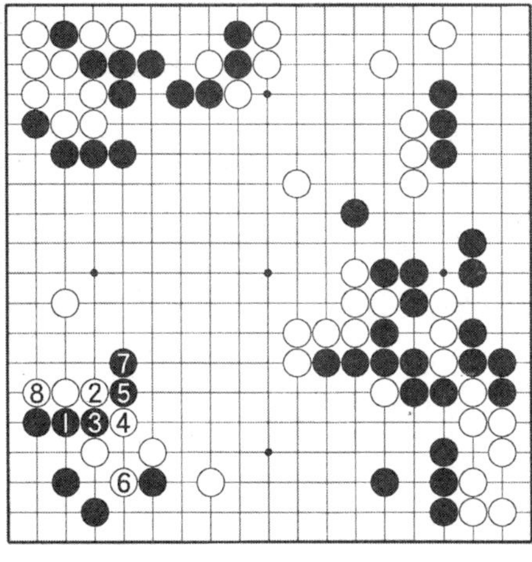

12도(마지막 반격)

흑1 이하는 마지막 몸부림이다. 그러나 백8까지 분란이 일어날 것 같지는 않다.

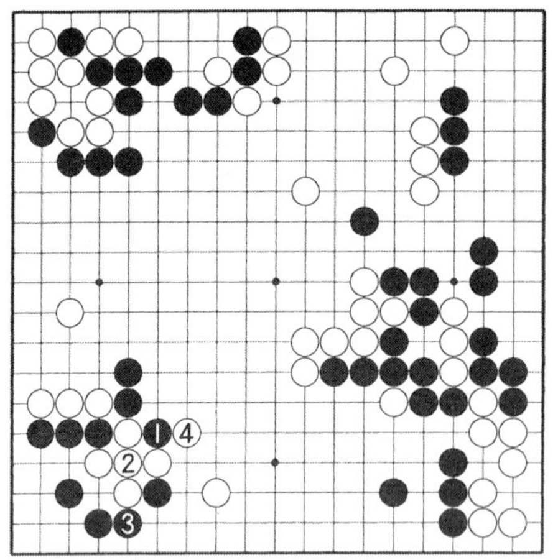

13도(12도 계속)

백4까지 중앙 백이 워낙 두터워 흑이 백을 공격하기란 쉽지 않다.

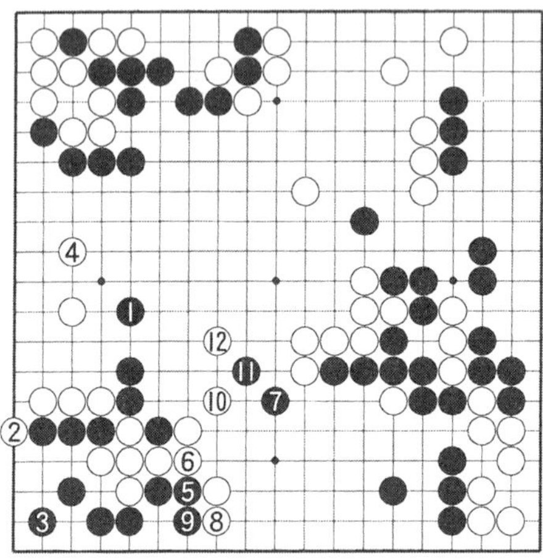

14도(13도 계속)

흑1 이하로 무언가 전단을 찾으려 하지만 억지에 가깝다.

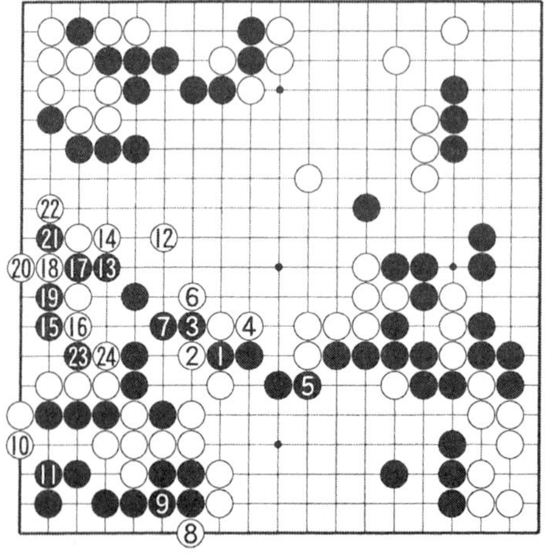

15도(대마 횡사)

흑1 이하는 무리지만 마지막 안간힘이다. 백24에 이르러 흑대마는 살 길이 없다. 수순 중 백20은 묘수였다. 이 바둑은 초반 흑의 무리를 예리하게 추궁하여 전반적으로 우세를 끝까지 견지한 백의 유연함이 돋보인 한판이었다.

제38형　난전으로 주도권을 장악하는 백의 교란 전술

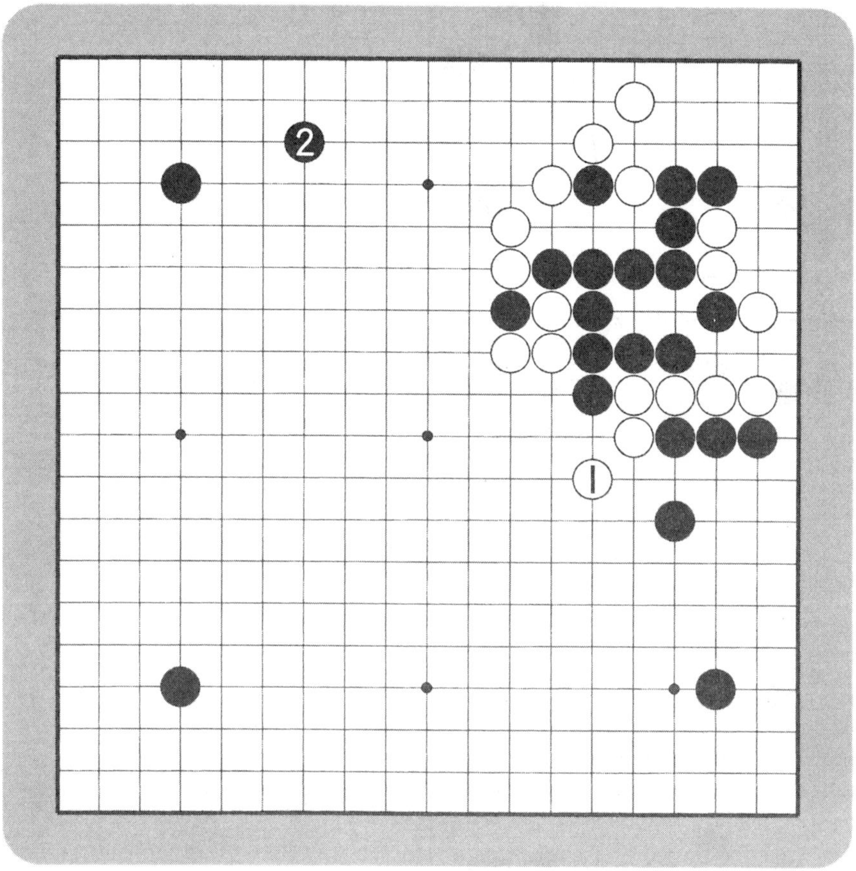

　　3점 접바둑이다. 백1때 흑2는 백의 모양이 커지는 곳이므로 두지 않으면 안되는 수다. 그러나 백은 상수의 권도로 흑을 교란하여 전술적인 주도권을 장악해야 한다.

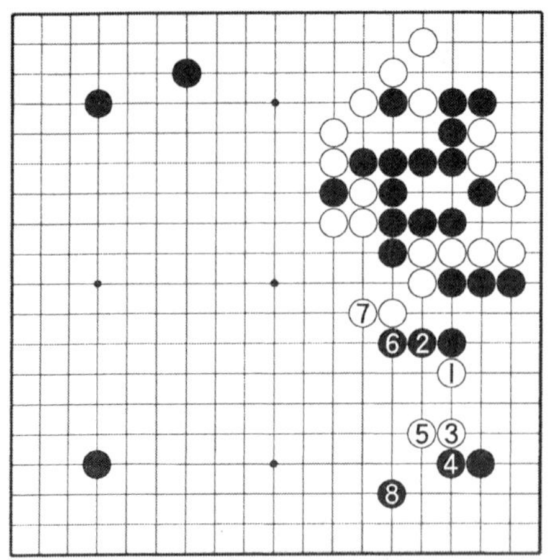

1도(실전)

백1 이하는 난전으로 이끄는 현란한 수법이다. 백7까지 일단 백은 흑을 공격할 수 있는 모티브를 잡았다.

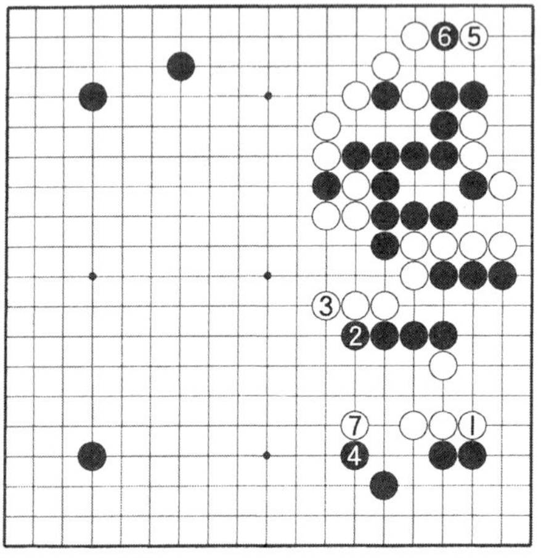

2도(1도 계속)

백1 이하 백5까지는 우상 흑의 가일수를 종용하고 있다. 흑6은 맥이지만 백7에 이르자 흑으로선 불안이 없을 리 없다.

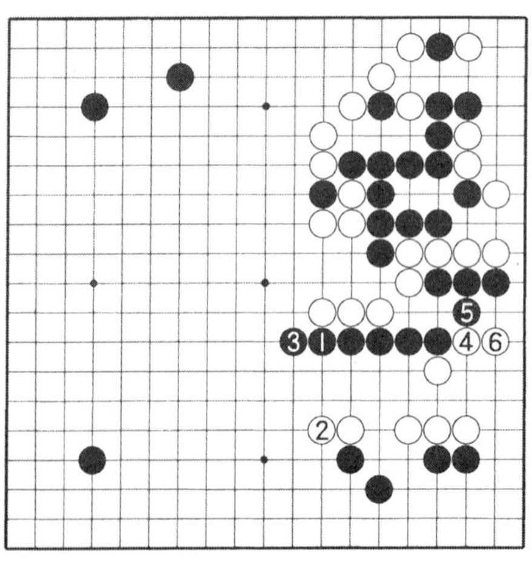

3도(2도 계속)

흑1은 전투에 자신이 없어 후퇴한 수다. 백은 백4·6으로 근거를 박탈하고 공격의 고삐를 쥔다. 흑은 지금도 우상귀의 사활이 신경쓰일 것이다.

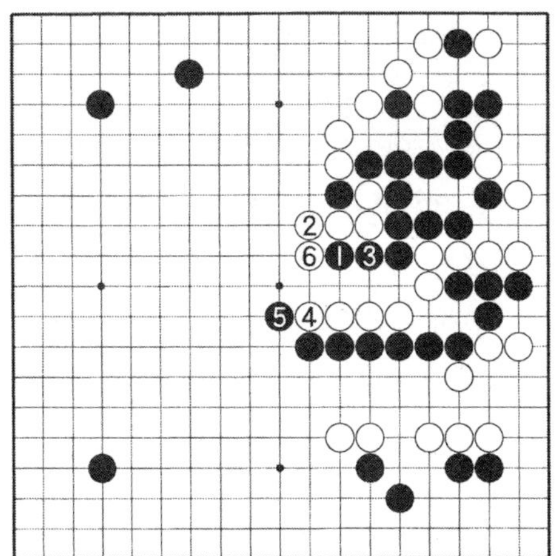

4도(배짱)

흑1 이하 흑5에 대해 백6으로 두는 것은 배짱이자 유혹이다. 흑은 이곳을 끊을 수 있을까?

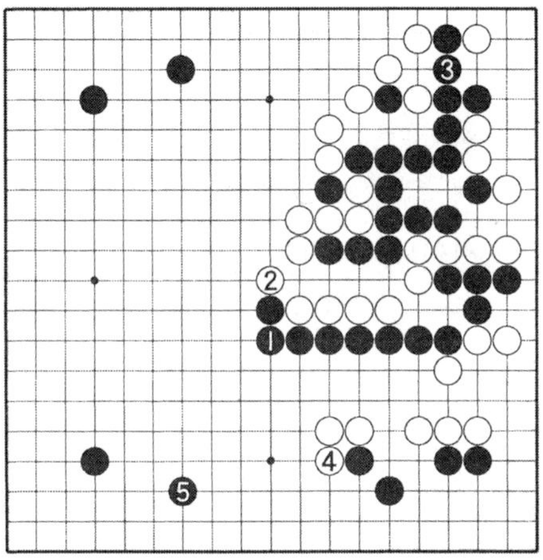

5도(후퇴)

흑1은 일단 심리적으로 위축이다. 그러나 상수의 권도란 원래 그런 것이다. 결국 흑3으로 가일수하여 백에게 백4의 두터운 곳을 허락했다. 흑5로 다시 집을 챙겼지만 중앙이 온전할까?

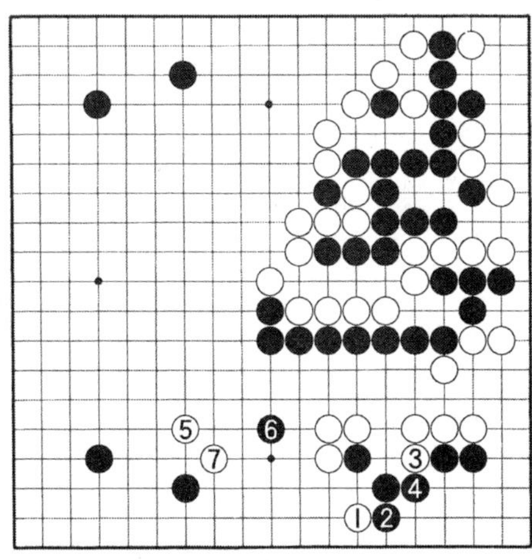

6도(간접 공격)

백1·3은 지나는 길의 수순이다. 그리고 백5. 우중앙의 흑이 이 수에 의해 간접적인 공격을 받고 있다. 흑6은 반격이지만 백7로 포위망을 벗어나는 것은 아니다.

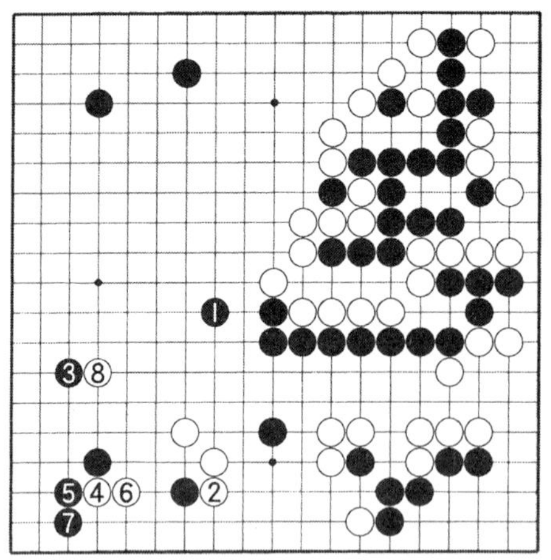

7도(공격의 진수)

흑1은 어쩔 수 없는 보강이다. 그러나 이 수로 중앙이 안전해진 것은 아니다. 아직도 공격당할지 모르는 불안 속에 방치되어 있다. 백2 이하 흑7까지 된 후 백8. 기대기 전술이다. 이 수를 일일이 받아주다 보면 중앙 흑이 다시 포위될 지도 모른다.

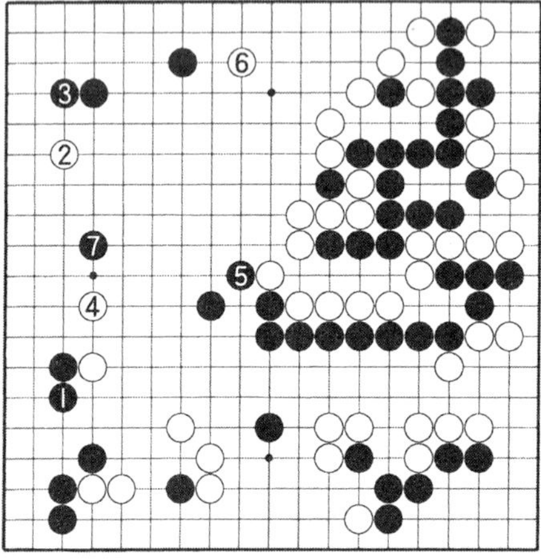

8도(미생의 고통)

흑1의 후퇴는 변수를 줄이기 위한 양보다. 백6과 같은 집의 확보에 흑은 다시 집부족의 불안에 휩싸인다. 그래서 흑7. 그러나 무리다. 3점의 치수에서 이런 침입은 파탄을 초래하기 십상이다.

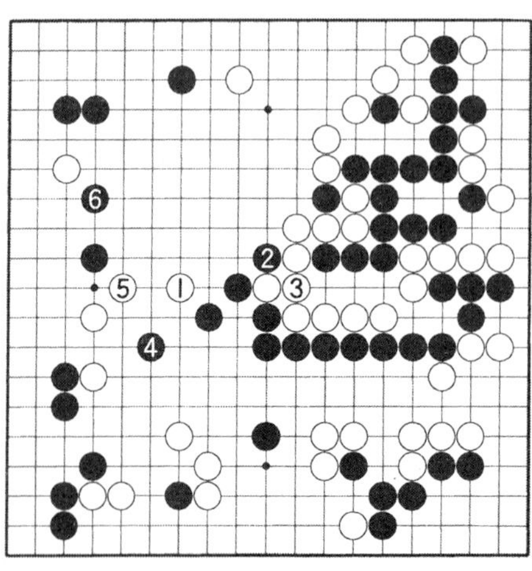

9도(위장 공격)

백1은 위장된 공격이다. 흑6은 내친 걸음으로 대마의 사활에 승부를 건 것인데—

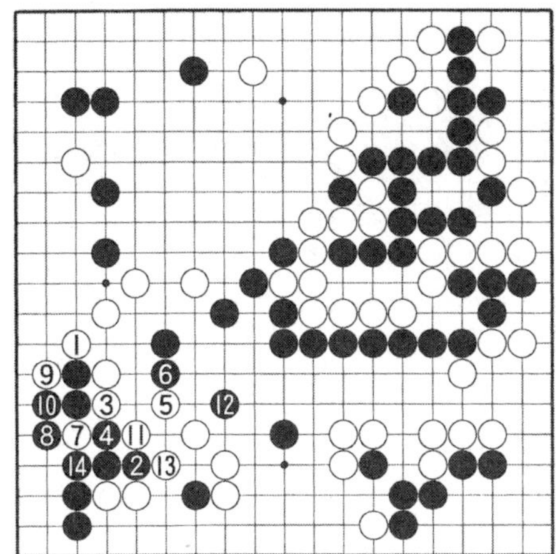

10도(간접 공격)

백1 이하는 공격을 서두르지 않는 상수의 권도를 느끼게 하는 섬세함이다. 백13까지 처리하고—

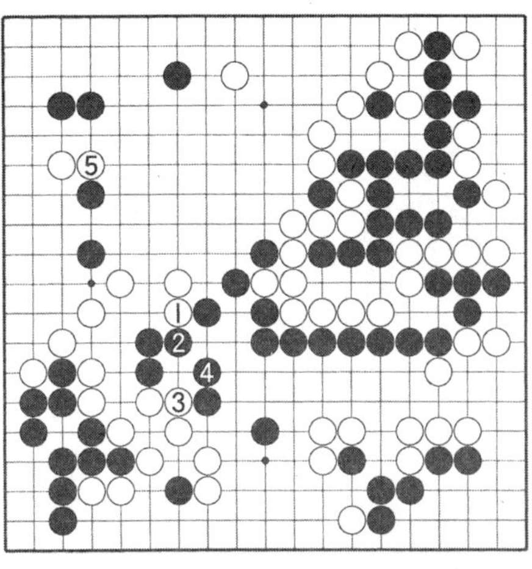

11도(엮기)

백1·3은 대마를 엮기 위한 준비 작업이다. 그리고 백5. 이제 본론으로 들어간다. 이곳의 교란을 통해 중앙 흑을 엮겠다는 협박이다.

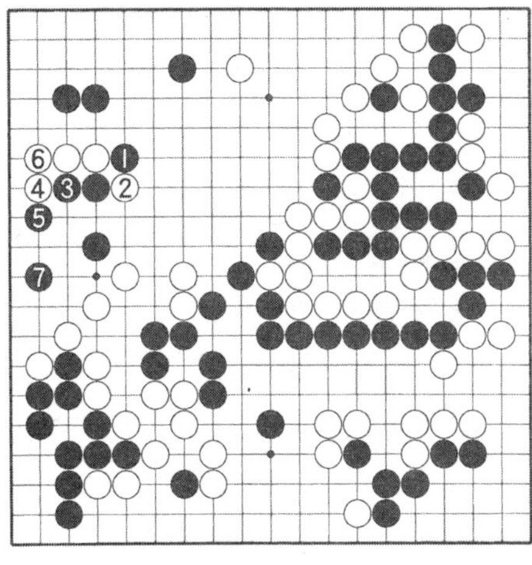

12도(11도 계속)

흑1 이하를 유도하여 난전으로 끌고 간다. 계획된 시나리오다.

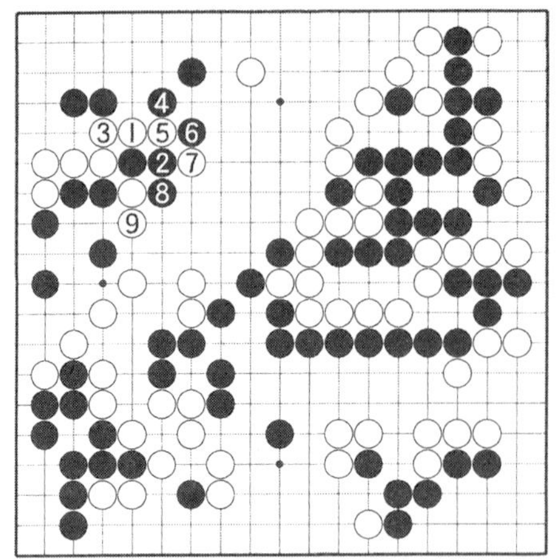

13도(12도 계속)

백1 이하는 엮는 수순이다. 백9 까지 흑은 결국 백의 함정 깊숙이 빠지고 말았다.

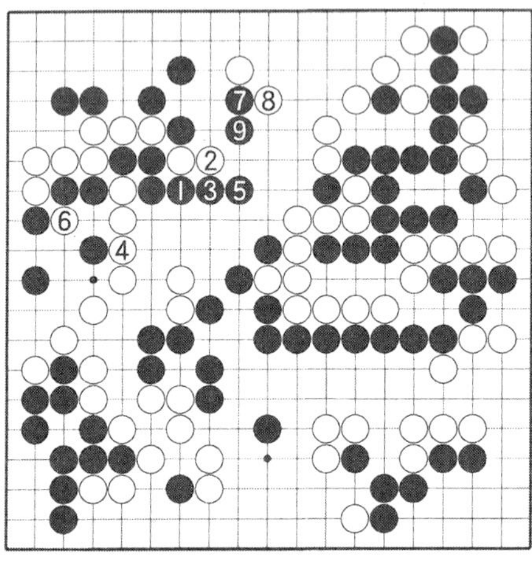

14도(허무)

흑1 이하는 어쩔 수 없는 수순이 지만 그 틈에 백6. 이제는 집으로 도 흑이 부족하다. 흑9때——

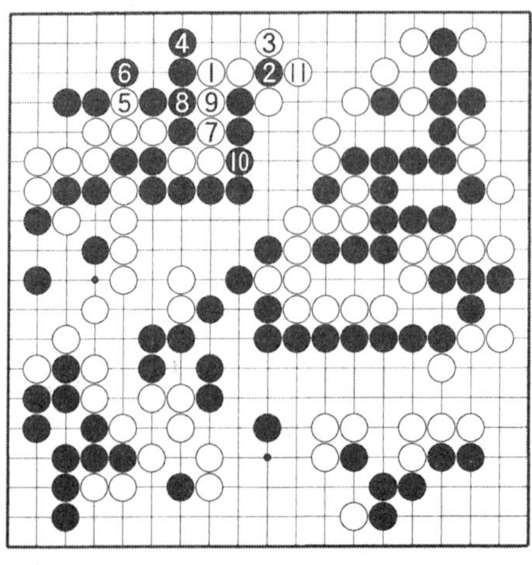

15도(완패)

백1 이하는 피니시 블로우다. 실 전의 결과는 흑대마가 횡사하는 참 극까지 벌어졌지만 이미 집으로도 흑이 많이 져있는 국면이다. 이 바 둑은 흑의 집차지 바둑에 대해 백 이 상수로서 어떻게 다양한 공격전 술을 구사하는지를 보여준 사례라 하겠다.

504

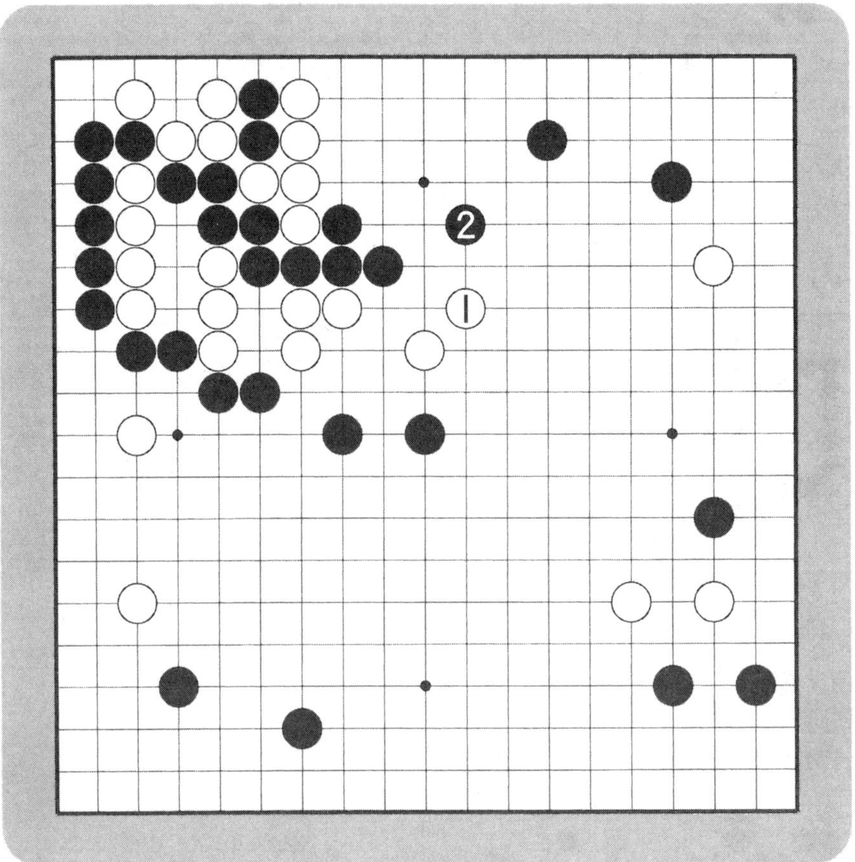

이 바둑은 5점 접바둑이다. 최초의 접전이 끝난 상황에서 백1에 대한 흑2의 수비는 약점이 있는 자세였다. 이 약점이 어떤 과정을 통해 노출되는지 상수의 유도전술을 구경해 보자.

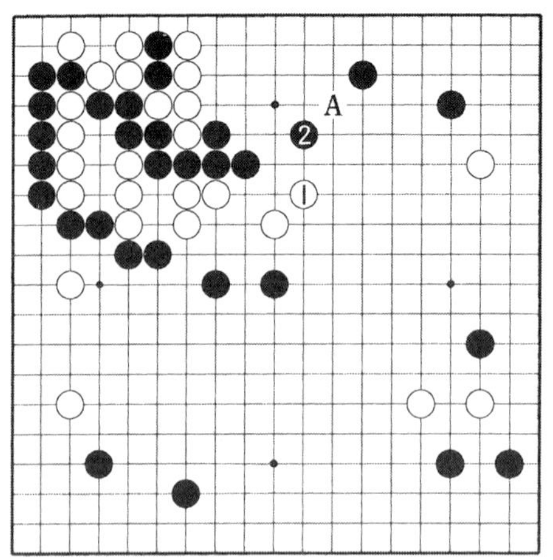

1도(약점)

백1에 대한 흑2는 유사시 A로 분리되는 약점을 가지고 있다. 그러나 백이 이 약점을 극대화시키려면 중앙이 두터워진 다음에야 가능하다. 그래도 약점은 약점이므로 흑2로는—

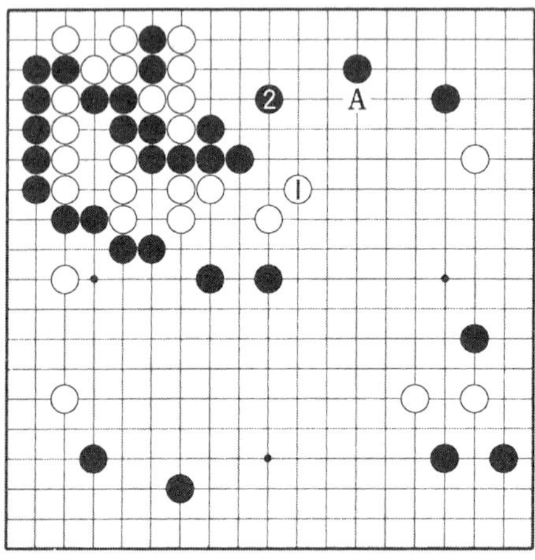

2도(무난)

흑2가 무난했다. 물론 백A 정도의 교란이 없는 것은 아니지만, 1도처럼 치명적은 아니라는 것이다.

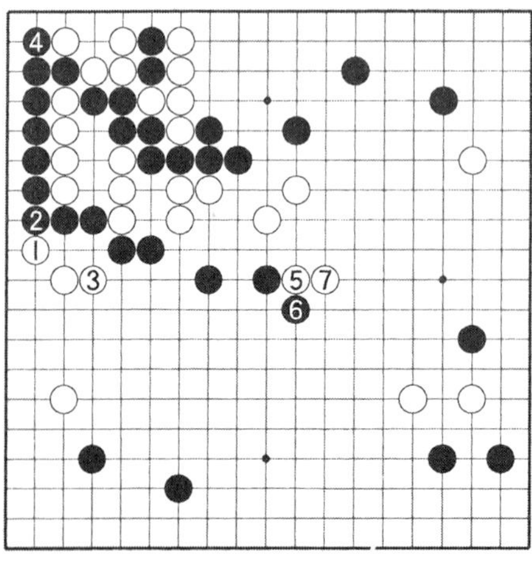

3도(실전)

백1·3은 지나는 길의 선수 활용이다. 그리고 백5·7. 예상대로 중앙을 두텁게 하고 있다.

506

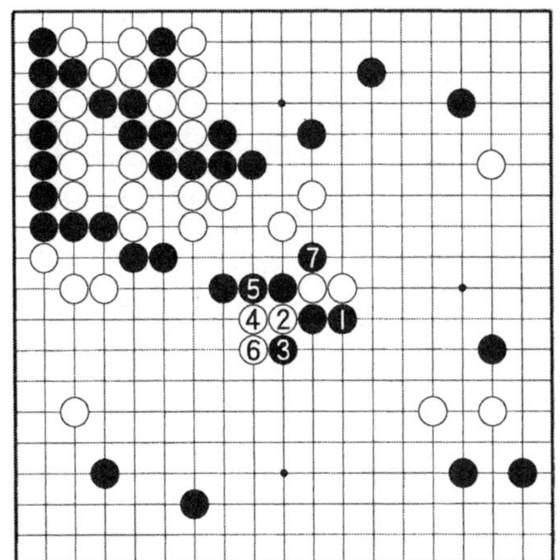

4도(반발 유도)

흑1때 백2·4는 단순한 전투욕이 아니다. 흑은 백의 유인책에 빠져들고 있는 것이다. 힘이 센 하수자를 상대로 상수는 항상 이런 유인 전술을 시도한다. 흑7이라면—

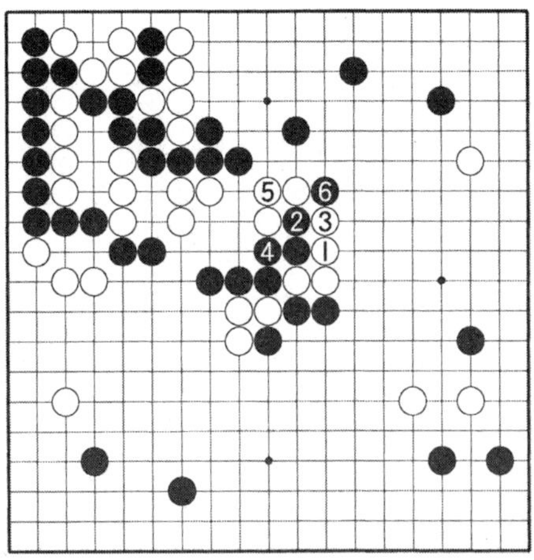

5도(함정)

흑6까지 된 결과는 얼핏 백이 곤경에 빠진 듯이 보인다. 그러나 여기까지가 함정이었다.

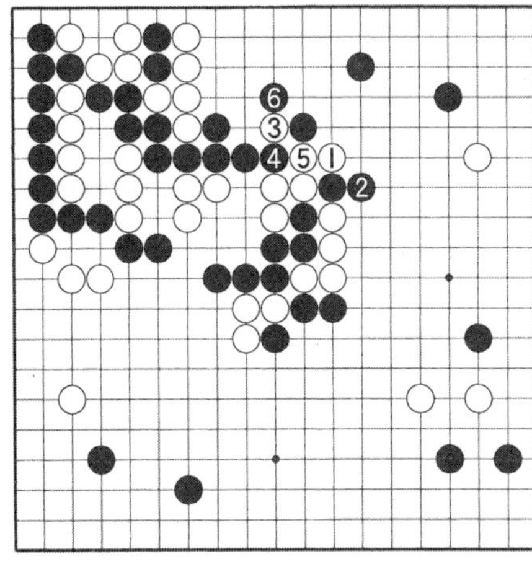

6도(함정의 수순)

백1·3·5는 백의 안간힘처럼 보인다. 그 이유는 함정의 실체가 아직 그 모습을 드러내지 않았기 때문이다.

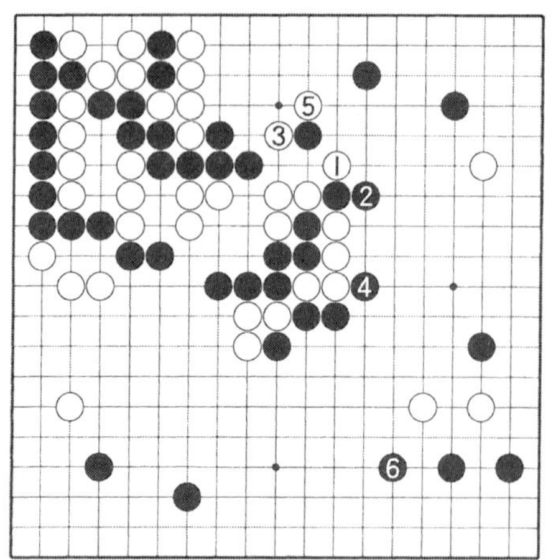

7도(눈치)

함정인지 눈치를 챘더라면 백3때 흑4로 바꿔치기가 일어났을 것이다. 그러나 이를 눈치챌 정도면 5점은 접을 수 있는 치수가 아니다.

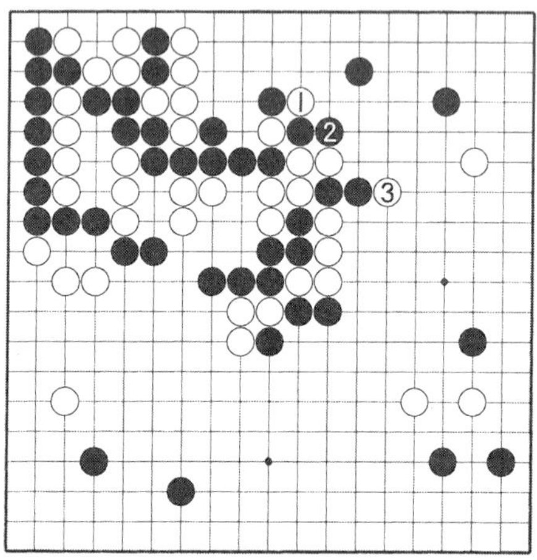

8도(함정의 실체)

백1에 이어 백3. 이것이 함정의 실체였다. 참으로 교묘한 수순이다. 흑의 다음 수가 있을까?

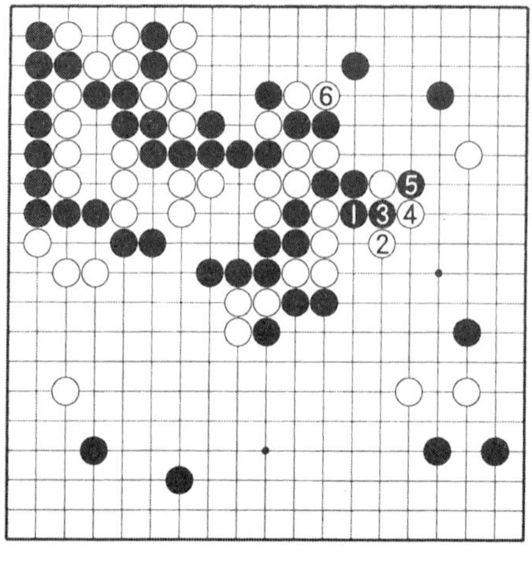

9도(8도 계속)

흑1때 백2. 흑5때 백6. 이 수순으로 흑은 백의 깊은 함정을 도저히 벗어날 수 없다. 백6때 흑이 눈치를 못 채고 더 진행하면—

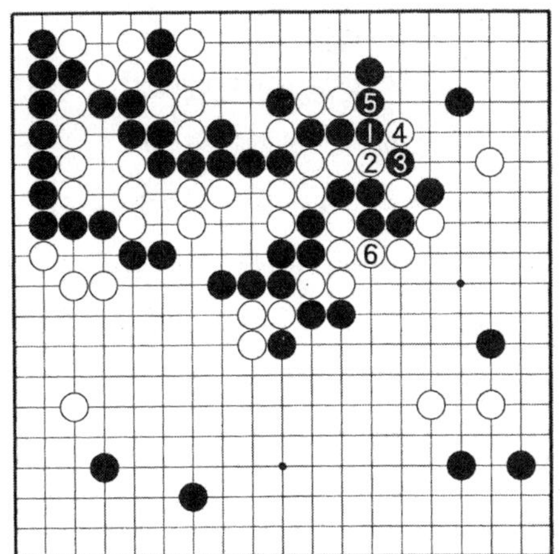

10도(축)

백2 이하의 수순으로 요석이 축
으로 잡힌다. 여기까지가 백이 쳐
놓은 덫의 실체였다.

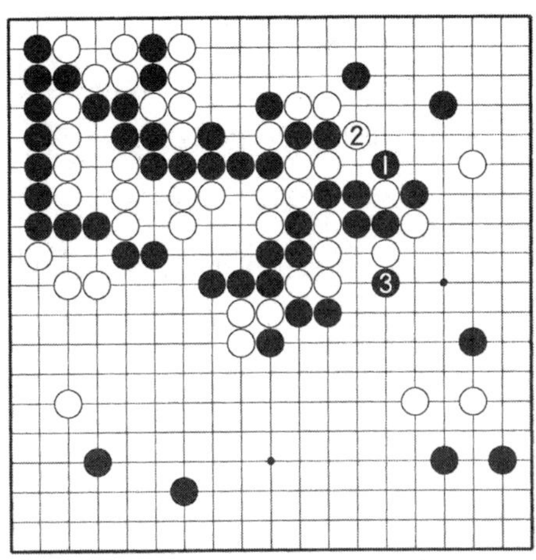

11도(실전)

흑1은 어쩔 수 없는 포기다. 그
리고 흑3으로 요석을 잡아 그나마
도 다행인데—

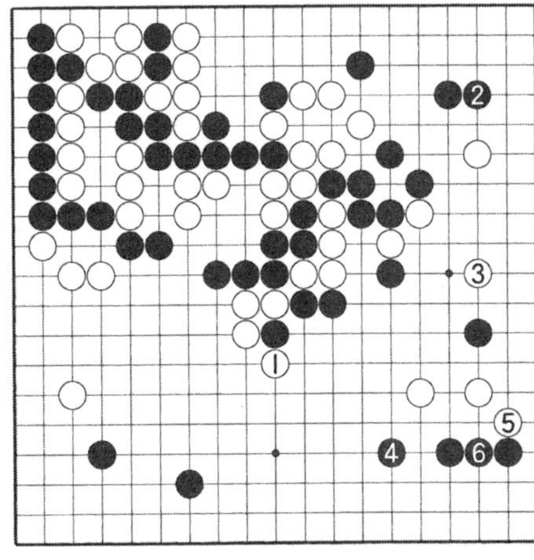

12도(교란)

백1 이하는 흑에게 다시 한번의
유혹을 던지고 있다. 우변 일대의
백을 잡아보라는 것이다. 잡을 수
있을까?

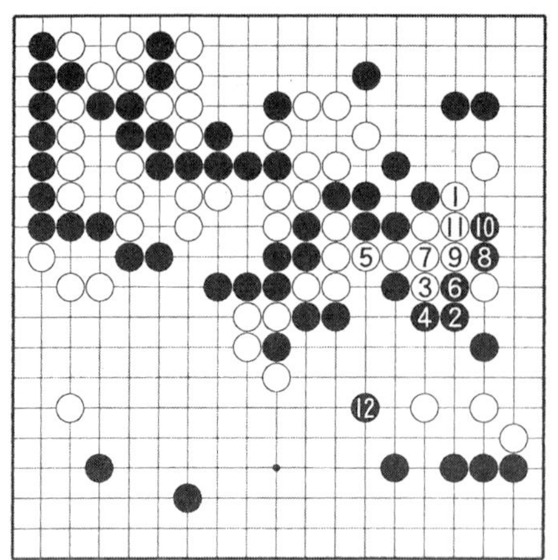

13도(교란)

백1은 흑7로 받으면 흑2의 곳을 차지하여 흑 한점을 잡고 크게 살겠다는 뜻이다. 흑2는 그에 대한 반발이다. 그러나 백3·5로 요석이 살아가고 말았다. 이제 흑12로 우하를 크게 잡아 만회하고 싶지만 뜻대로 될까?

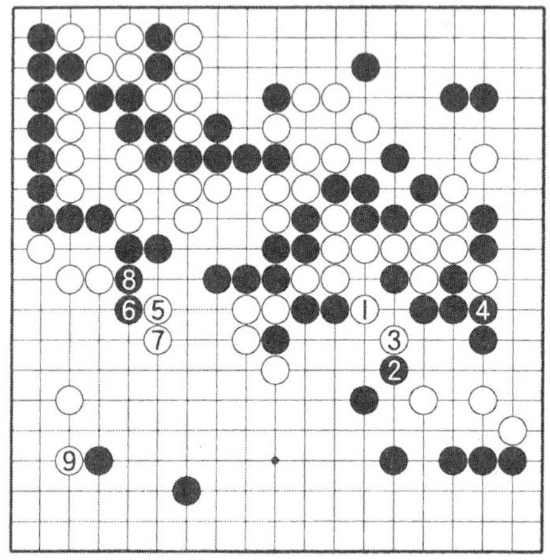

14도(양동작전)

백1·3으로 요석을 선수로 잡아두고 백5로 중앙을 위협하며 결코 서두르지 않는다. 흑8때 백9는 잡으려는 듯 안 잡으려는 듯 이른바 그 유명한 양동작전이다.

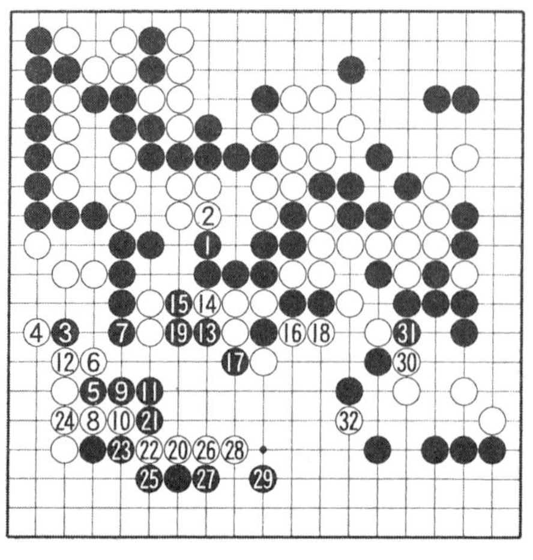

15도(승부 끝)

흑1 이하는 옥쇄를 택하는 수순이다. 그러나 백은 이 흑을 잡을 마음이 없다. 백32까지 이득을 보는 것으로 족하다. 이 바둑은 전투력 강한 하수의 힘을 역이용하는 백의 유인전술이 크게 돋보인 한판이다.

Foreign Copyright:
Joonwon Lee
Address: 127, Yanghwa-ro, Mapo-gu, Chomdan Building 6th floor,
          Seoul, Korea
Telephone: 82-70-4345-9818
E-mail: jwlee@cyber.co.kr

바둑 新 사전 시리즈 ❼

전술 新 사전

2000. 4. 24. 초   판 1쇄 발행
2009. 9. 18. 초   판 4쇄 발행
2011. 6. 24. 초   판 5쇄 발행
2014. 10. 27. 장정개정 1판 1쇄 발행
2016. 11. 10. 장정개정 1판 2쇄 발행

저작권
본사
소유

지은이 | 양재호 九단
펴낸이 | 이종춘
펴낸곳 | BM 주식회사 성안당

주소 | 04032 서울시 마포구 양화로 127 첨단빌딩 5층(출판기획 R&D 센터)
       | 10881 경기도 파주시 문발로 112 출판문화정보산업단지(제작 및 물류)

전화 | 02) 3142-0036
       | 031) 950-6300
팩스 | 031) 955-0510
등록 | 1973. 2. 1. 제406-2005-000046호
출판사 홈페이지 | **www.cyber.co.kr**
ISBN | 978-89-315-7772-3(13690)
       | 978-89-315-7765-5(세트)
정가 | **15,000원**

이 책을 만든 사람들
책임 | 최옥현
진행 | 정지현
표지 | 상:想 company
홍보 | 박연주
국제부 | 이선민, 조혜란, 고운채, 김해영, 김필호
마케팅 | 구본철, 차정욱, 나진호, 이동후, 강호묵
제작 | 김유석